Riemann

Geseko v. Lüpke

Zukunft
entsteht aus
Krise

Antworten von
Joseph Stiglitz, Vandana Shiva,
Wolfgang Sachs, Joanna Macy,
Bernard Lietaer u. a.

Riemann

*Joanna Macy gewidmet,
durch die ich so viel lernen durfte –
den unverstellten Blick auf das, was stirbt,
ebenso wie die Liebe für jene Generationen,
die nach uns kommen und uns aufrufen,
den großen Wandel zu leben.*

Umwelthinweis:
**Dieses Buch wurde auf 100 % Recycling-Papier gedruckt,
das mit dem blauen Engel ausgezeichnet ist.**
Die Einschrumpffolie (zum Schutz vor Verschmutzung)
ist aus umweltfreundlicher und recyclingfähiger PE-Folie.

1. Auflage
Originalausgabe

Satz: Barbara Rabus
Druck und Bindung: GGP Media GmbH, Pößneck
Printed in Germany
ISBN 978-3-570-50112-2

www.riemann-verlag.de

Inhalt

V. TEIL
Treibhäuser der Zukunft

Einleitung
Zukunft entsteht aus Krise

Ein neuer Blick auf das Gespenst der Gegenwart

Die Krise ist allgegenwärtig. Doch es scheint, als säße die westliche Zivilisation gegenüber diesem Phänomen kollektiv gebannt wie das Kaninchen vor der Schlange. Tag für Tag hagelt aus den Medien eine Krisenbotschaft nach der anderen in unser Leben, Tag für Tag wird beschwichtigt, ebenso unglaubwürdig wie halbherzig. Wir starren auf das, was da kommen mag, verstehen es nicht, verhalten uns reglos wie gelähmt. Ganz so, als wäre uns angesichts dieser schwer einschätzbaren Bedrohung von den drei evolutionär antrainierten Reaktionsweisen »Angriff«, »Flucht« und »Totstellen« nur die letztere geblieben. Dieses Buch widmet sich der Tatsache, dass es eine Menge anderer Möglichkeiten gibt, um auf die Entwicklungen der Gegenwart zu reagieren.

Fraglos sind die Facetten der Krise immens. Dass sie kommen würde, hat man uns seit Langem vorhergesagt. Doch wir haben kollektiv den Kopf in den Sand gesteckt in der naiven Erwartung, dass all jenes, was wir nicht sehen wollen und verdrängen, dann auch nicht passiert. Solange die Hungerkrise nur Afrika traf, die Zerstörung der Wälder nur die Länder mit tropischem Regenwald, die Klimakrise die grönländischen Inuit und ein paar tief gelegene Gegenden in Asien oder Inselstaaten im Pazifik, haben wir sorgenvoll geschaut und allenfalls mit ein paar Spenden oder Signaturen auf Unterschriftenlisten unser Gewissen beruhigt. Dass es mit der Finanz- und Wirtschaftskrise nun zu allererst die reichen Länder des Nordens traf, hat uns trotz allem wie ein Schock getroffen. Denn die industrielle Wachstumsgesellschaft war sich in fast blindem Optimismus nach wie vor sicher, dass sie das Rezept gegen alle Unbill sicher in der Tasche habe: Geld, noch mehr Wachstum und eine alles erlösende Technologie. Diese Ansicht ist kaum mehr als eine naive Hoffnung, ein begrenztes und immer weniger brauchbares Weltbild, das ohne böse Absicht auf allen Ebenen der westlichen Kultur weitergegeben wird – in Schulen, Universitäten und Medien: das Paradigma einer Welt, die wie eine große Maschine funktioniert, von lauter einzelnen konkurrierenden Menschen bevölkert wird, die außerhalb ihrer natürlichen Mitwelt stehen und in einem sinnlosen Universum nach persönlichem Reichtum streben. Es ist ein mechanistisches und reduktionistisches Weltbild, das wie eine kulturelle Gehirnwäsche wirkt.

Teil des Ergebnisses dieser kulturellen Gehirnwäsche ist die bis in die höchsten Ebenen von Politik und Wissenschaft vertretene Überzeugung, dass die vielfältigen Krisen der Gegenwart nur sehr wenig miteinander zu tun hätten. Sie wurden separat behandelt, ganz so, als ginge ein an Immunschwäche Erkrankter zu zehn Fachärzten, die bis zum Tode des Patienten voller Überzeugung die Vielfalt der Symptome behandeln, aber nicht die gemeinsame Wurzel erkennen.

Das schon sprichwörtliche »Herumdoktern an Symptomen« hat dazu geführt, dass immer öfter gut gemeinte Reparaturen oder Reformen an einzelnen Krisenphänomenen im Gesamtbild dazu führten, dass das Ungleichgewicht zunahm. So genannte Lösungen wirkten meist nur lokal und temporär, schufen aber an anderen Orten umso größere Not, die dann langfristig auf das Ganze zurückwirkten. Der Impuls für dieses Buch entstand aus der Einsicht, dass wir uns diesen gescheiterten Ansatz heute nicht mehr leisten können. Die hier zusammengebrachten Spezialisten und Zukunftsdenker/innen gehen vielmehr unisono davon aus, dass wir uns in einer historischen Häufung von bislang separat wahrgenommenen Krisen befinden, die sich in den kommenden Jahren und Jahrzehnten zu einer – dann nicht mehr lenkbaren – Megakrise verdichten könnten, die das Überleben menschlicher Zivilisation grundsätzlich in Frage stellen würde. Sie ziehen nüchtern bedrohliche Schlussfolgerungen. Sie reden aber auch unverblümt von einem gigantischen kulturellen Veränderungsprozess durch das absehbare Ende fossiler Rohstoffe, der ganz zwangsläufig in solare, regionale

Ökonomien, ganz neue Infrastrukturen und eine globale ökologische Landwirtschaft führen wird. Sie reden jenseits fortgesetzter Verdrängung nüchtern von einem »besseren Leben auf einem heißeren Planeten«, der vorher allerdings wegen der steigenden Meeresspiegel Wanderungsbewegungen bewältigen muss, wie es sie bislang in diesem Ausmaß noch nie gab. Sie reden mit erfrischendem Optimismus von der Möglichkeit einer kulturellen und geistigen Evolution, die in ganz neue Formen der Wahrnehmung, des Denkens und des gesellschaftlichen Gestaltens führen könnte.

Um die Wende in eine nachhaltige, gerechte, friedliche, lebenswerte Welt zu schaffen, gilt es, den immer komplexer werdenden Problemen nicht länger mit unverändert Krisen erschaffendem Handwerkszeug zu begegnen und aus dem Gefängnis beschränkten Denkens auszubrechen.

Statt Gesellschaften, Ökonomien oder Ökosysteme als unbewegliche Objekte zu sehen, die am besten zu handhaben sind, wenn sie stabil und fixiert sind, zieht sich wie ein roter Faden durch die gesammelten Gespräche dieses Bandes eine grundlegend andere Weltsicht, die von einem systemischen Zusammenwirken vielfältiger interdependenter Entwicklungsdynamiken, vom stetigen Wandel, Differenzieren, evolutionären Weiterentwickeln ausgeht. Wer aber – wie schon Heraklit – davon überzeugt ist, dass man niemals zweimal in den gleichen Fluss steigen kann, der muss auch seinen gegenwärtigen Standpunkt inmitten dieses sich ständig evolutionär verändernden Flusses bestenfalls als Momentaufnahme begreifen. Eine Momentaufnahme, welche die Optionen öffnet, angesichts der gegenwärtigen Strömung in verschiedene Richtungen zu schwimmen: gegen den Strom, mit dem Strom, an den langsameren Rand des Stromes. Man kann auch im Strom untergehen. Das aber, was in dieser Analogie völlig unmöglich ist, wäre das Einfrieren des Flusses, die Unbeweglichkeit, die Fixierung eines Status quo. Sie widerspricht aller evolutionären Dynamik. Doch diese Lösung ist genau jene, die heute von Politik und Ökonomie vorwiegend versucht wird: Minimale, isoliert eingesetzte, angstgesteuerte Maßnahmen, die nicht die Gesamtströmung als verändernde Dynamik aufgreifen, sondern nur stabilisieren wollen und statt anderer Zukünfte eigentlich nur die Illusion der Kontrolle wiederherstellen wollen.

Worum es hier also im Kern geht, ist eine radikale neue Sicht auf den Begriff der Krise. Während die traditionelle Weltsicht und die daraus entstehende Politik Krisen ausschließlich als bedrohliche Betriebsunfälle wahrnimmt, gehen die hier vorgestellten Pioniere und Aktivistinnen davon aus, dass in Krisen das entscheidende und hoffnungsvolle Element des Wandels verborgen ist. Obwohl der Slogan der »Krise als Chance« schon seit Jahrzehnten durch die Psychologie geistert und in zahllosen therapeutischen Settings individueller Entwicklungskrisen erfolgreich angewendet worden ist, hat dieser Denkansatz Politik und Wirtschaft bislang nur in Ausnahmen erreicht. Vielleicht deshalb, so vermutet in diesem Buch die Psychologin *Ega Friedmann*, weil kollektive Krisen uns Betroffene mit einem Gefühl von Ohnmacht konfrontieren, das wir gerade noch ertragen, indem wir uns vormachen, dass es uns nicht trifft.

Wenn scheinbar stabile Bäume umgeworfen werden, so sagt die alternative Nobelpreisträgerin und Aktivistin *Frances Moore Lappé*, dann ermöglichen sie einen Blick auf die ansonsten verborgenen Wurzeln und ihren Zustand. Diese Metapher macht deutlich, dass wir uns durchaus in einem heftigen Sturm befinden, bei dem einiges zu Bruch geht – dass wir aus diesem Chaos und dem Kleinholz, das der Sturm hinterlässt, aber nicht nur etwas lernen, sondern sogar eine neue Zukunft bauen können. Krisen, das will diese Analogie sagen, enthalten die Möglichkeit, die Schatten und Schwächen eines Systems zu erkennen, die bislang den meisten verborgen blieben. Krisen sind aus dieser Perspektive kein Schrecken, sondern ein letztlich begrüßenswertes Zeichen eines Übergangs.

Krisen müssen keine Katastrophen sein. Das Wort Katastrophe bezeichnet im Griechischen die gefährliche Kurve bei antiken Wagenrennen im Stadionrund, an der so mancher Wagenlenker sein Gefährt zum Kippen brachte. Das Wort ist damit aber keine Aufforderung zum Stillstand, sondern zur Achtsamkeit beim Richtungswechsel. Genau der findet statt und steht uns weiter bevor. Im medizinischen Sprachgebrauch kennzeichnet das Wort *Crisis* den Höhepunkt einer Krankheit – nicht aber den überraschenden Ausfall problemlos funktionierender Organe. Ob sprachgeschichtlich oder wissenschaftlich: Überall werden wir darauf verwiesen, dass Krisen eine notwendige Stufe in Transformationsprozessen darstellen, in denen komplexe Systeme, die aus dem Gleichgewicht geraten sind, sich auf dem nächsthöheren Niveau eine neue Balance suchen. Die Evolutionstheorie, der wir ansonsten gerne folgen wie einer wissenschaftlichen Religion, sagt genau dies. Sie spricht von Mutation und Selektion als Voraussetzung für evolutionäres Vorwärtsschreiten und meint nichts anderes als den krisenhaften Auswahlprozess zwischen gelungenen und misslungenen Zukunfts- und Lebensentwürfen. *Elisabet Sahtouris*, griechisch-amerikanische Evolutionsbiologin und Zukunftsforscherin, verweist uns darauf, dass ihre Kollegen die gegenwärtige Krisendynamik und ihre Konsequenzen als die *sechste* große Welle des Aussterbens in der Geschichte des Planeten kategorisieren. Der Umbruch der Gegenwart steht damit auf einer Ebene mit der evolutionären Erfindung der Photosynthese oder der Mutation zur Lungenatmung. Wir befinden uns angesichts dieser Vergleiche an einem zeitgeschichtlichen Übergang von enormen Dimensionen, der ebenso viel Risiko beinhaltet wie Potenziale für vollständig neue Entwicklungen. Den oftmals schwierigen Alltag in einer gesellschaftlichen und wirtschaftlichen Krise auch nur zeitweise in einen solchen evolutionären Kontext zu stellen, kann uns aus der Opferrolle herauskatapultieren und deutlich machen, an welch bedrohlicher, aber zugleich ungeheuer aufregenden Zeit wir teilnehmen und welch evolutionäre Zukunftsentwürfe wir gestalten können.

Ob diese Entwürfe im Sinne der Evolutionstheorie *Mutationen* sind, die sich durchsetzen oder von der *Selektion* hinweggefegt werden, ist offen. Es *muss* offen bleiben, weil wir uns sowohl angesichts eines absehbaren Scheiterns aller Bemühungen als auch bei einem sicher erscheinenden Durchbruch in eine lebensfähige Zukunft kaum noch engagieren würden. Ein unabwendbarer Zusammenbruch würde uns in einer No-Future-Lethargie versinken lassen, ein naiver Zukunftsoptimismus uns zum gefährlichen »Weiter so!« verleiten. Wir brauchen also, um aktiv zu werden und das Not-Wendige zu tun, die Krise als Handlungsimpuls, als Motivationsschub, ja als Treibstoff für unsere Kreativität. Ohne Krise, so lässt sich demnach sagen, wäre uns der langfristige Untergang gewiss.

Aus dieser Sicht ist das Phänomen der Krise eine absolute Notwendigkeit, um im Lauf der Dinge einen Schritt in eine Zukunft zu machen, die sich deutlich und innovativ von der Vergangenheit unterscheidet. Es verlangt nach einer kulturell wirklich verankerten Würdigung von anstrengenden Widersprüchen, schmerzhaften Gegensätzen, spannungsgeladenen Reibungsflächen. Es verlangt statt eines Ausweichens vor der Krise eine Bereitschaft, der Krise ins Auge zu schauen und den Mut die Krise zu nutzen. Die amerikanische Ökonomin *Hazel Henderson* erklärte im hier abgedruckten Dialog, es sei *»a crime to waste a crisis«* – ein Verbrechen, eine Krise ungenutzt vorbeigehen zu lassen. Dieses Buch zeigt in einundzwanzig Gesprächen auf, dass Zukunft heute im Wesentlichen aus Krisen entsteht, weil sich in Zeiten von Umbrüchen das Neue am ehesten durchsetzen kann. Denn dann zerbröseln bislang angenommene Wahrheiten wie morsches Holz, die Sehnsucht nach Änderung wächst und scheinbare Stabilitäten erweisen sich als wackelig. Der Widerstand gegen unbekannte Alternativen sinkt, wenn Systeme unter ihrem eigenen Gewicht kollabieren. Wann, wenn nicht in solchen Momenten, kann das Neue Fuß fassen?

Die Chaostheorie hat mit der Metapher, dass der Schlag eines Schmetterlingsflügels in Europa einen Orkan in Amerika auslösen kann, die Welt verändert. Denn was diese Metapher in ihrer Unglaublichkeit ausdrückt, ist die Tatsache, dass der globale Zustand des Fließgleichgewichts so extrem labil ist, dass ein minimaler Impuls an einem Ort, Effekte auslösen kann, die ganz unerwartet woanders kolossale Auswirkungen haben können. Die Schmetterlingsmetapher ist ein wissenschaftlicher Schlag ins Gesicht all jener, die auf Stabilität und Sicherheit setzen wollen. Diese Sicherheit gibt es nicht, sie ist im komplexen Netzwerk des Lebens nicht existent. Es gibt sie nur in unseren Köpfen. Bislang hat uns diese Metapher Angst gemacht, denn sie spricht von Kontrollverlust, nicht abschätzbarer Interdependenz und schließlich auch von gewaltigen Stürmen. Und Stürme sind Krisen. Trotzdem gilt es diese Metapher aufzugreifen und vielleicht ganz neu zu definieren. Denn es geht darin auch um die enorme Wandlungskraft von Krisen. Wir sollten darüber nachdenken, wie die Krise der etablierten Wirtschaft und ihres Geldsystems genutzt werden könnte, um im *positiven* Sinn andere Zukünfte zu erschaffen. Die systemimmanente Destabilisierung des Systems ermöglicht gerade jetzt Reformen, die ansonsten nur belächelt worden wären.

Zu dieser Neubewertung von Krisen gehört schließlich auch, den Zustand der Unsicherheit und der Ungewissheit, in dem sich die Gesellschaft zurzeit befindet, in seiner Normalität zu erkennen und zu würdigen. Zu allen Zeiten und in allen Kulturen haben Menschen krisenhafte Übergänge erlebt und diese Veränderungen kreativ gestaltet. Es mag überraschend klingen, aber das uralte Wissen um Übergangsrituale kann einiges dazu beitragen, den gegenwärtigen Krisenzustand besser zu verstehen. Traditionelle Kulturen haben verstanden, dass individuelle Transformation durch einen Prozess von Tod und Wiedergeburt zu gehen hat, bevor das Neue greifen kann. Sie entdeckten, dass der Übergang von einer Lebensphase zur nächsten eingeleitet wird, wenn die alten Erklärungs- und Verhaltensmuster nicht mehr greifen und eine Krise entsteht. Dieser Zeitraum des Übergangs ist oftmals schmerzhaft und extrem verunsichernd. Der gesellschaftliche Übergang, in dem wir uns kollektiv befinden, nachdem die alten Überzeugungen und Lösungsansätze nicht mehr greifen, ist es nicht minder.

Aber die Schwellenphase ist unabdingbar, um zu einer tieferen Wahrheit und den verborgenen Potenzialen durchzubrechen. *Claus Otto Scharmer*, Soziologe am renommierten MIT und Krisenmanager bei internationalen Unternehmen, verweist in diesem Buch auf nichts anderes: Wir brauchen den krisenhaften Kontrollverlust, um die Zukunft erahnen und begreifen zu können, die dahinter durchscheint. Auch hier zeigt sich, dass Krisen nicht das Ende bedeuten, sondern eine universelle Dynamik haben, mit der sich arbeiten lässt.

Dieses Buch besteht aus Gesprächen mit Menschen aus zahlreichen Disziplinen, die einen anderen Umgang mit Krisen erforscht haben und propagieren. Zu ihnen gehören Nobelpreisträger und alternative Nobelpreisträger, renommierte Natur- und Geisteswissenschaftlerinnen, Philosophen und Aktivistinnen aus fast allen Bereichen der Zivilgesellschaft. Letztere nehmen dabei eine zentrale Rolle ein. Denn alle grundsätzlichen Reformimpulse der Gegenwart gehen nicht von den staatlichen Institutionen aus, deren Aufgabe es ist, den Status quo zu schützen. Sondern sie kommen in der Regel von zivilgesellschaftlichen Initiativen, die unabhängig von den Zwängen des Status quo wegen der sie bedrohenden Krisen voller Engagement an neuen Modellen arbeiten – und damit die Zukunft entwerfen. Dieses Buch plädiert für eine innovative neue Form der *partizipativen Zukunftsforschung*, indem es Pioniere eines nachhaltigen, zukunftsfähigen Denkens und Handelns vorstellt. Sie alle machen auf verschiedene Art und Weise deutlich, wie die wachsende soziale Instabilität, die Krise der Finanzmärkte, das Welthungerproblem, die globale Erwärmung und die geistig-spirituelle Werte- und Orientierungskrise Teile einer gemeinsamen Dynamik sind.

Wir brauchen ein neuartiges Verständnis vom Aufbau der Welt und Wirklichkeit, das sich grundlegend vom linearen, monokausalen Weltbild mit seiner prognostizierbaren Zukunft unterscheidet. Wird die organische, eng vernetzte, sich selbst erschaffende und hoch dynamische Struktur des Lebens erkannt und verstanden, dann wird deutlich, dass die Etablierung von anderen Zukünften, der Aufbau einer neuen Kultur, der Umbau der Landwirtschaft, das Ende der globalisierten Gewalt, die Potenziale für eine neue Ökonomie, die Revolutionierung des zwischenmenschlichen Umgangs

Teile eines umfassenden kulturellen Wandels sind, der zurzeit stattfindet. In diesem Verständnis befinden wir uns nicht am krisenhaften »Ende der Zeiten«, sondern inmitten eines herausfordernden und nicht ungefährlichen Transformationsprozesses, der erkannt werden muss, damit er gestaltet werden kann. Anstatt jede Krise durch mehr Bewahrung des Status quo und die verzweifelte Stabilisierung zerbrechender Strukturen unbewusst zu verstärken, geht es darum, Chaos und Krise als große Chancen radikaler Veränderungen zu nutzen.

Die Krise, dieses Gespenst der Gegenwart, lässt sich auch wie eine große Welle der Veränderungen verstehen, auf der es sich zu surfen lohnt. Voraussetzung aber ist die grundlegende Neubewertung des Krisenbegriffs. Im Internet haben sich kreative Programmierer den Spaß erlaubt, ein Programm zu entwickeln, das immer dann, wenn irgendwo der Begriff »Krise« auftaucht, stattdessen den Begriff »Chance« einsetzt.* Die Idee ist gut, aber damit ist es nicht getan. Wir müssen die Veränderung mit Kopf, Körper und Seele verstehen, um sie ins Leben zu bringen. Dazu lade ich Sie persönlich ein, da uns diesen Schritt niemand abnehmen kann.

Olching im Juli 2009 *Geseko v. Lüpke*

* https://addons.mozilla.org/en-US/firefox/addon/11381

I. TEIL

Die Dynamik von Umbrüchen

Wir sind an einem Wendepunkt, der Wandel liegt vor uns

Im Dialog mit dem Systemtheoretiker und Zukunftsforscher Ervin Laszlo

Prof. Dr. Ervin Laszlo ist einer der bedeutendsten Theoretiker der Allgemeinen Systemtheorie. Geboren 1932 in Budapest, wurde er zunächst Konzertpianist, studierte dann Naturwissenschaften und promovierte an der Sorbonne. Danach lehrte er als Professor für Philosophie, Systemwissenschaft und Zukunftsstudien an verschiedenen Universitäten, in den USA, Europa und dem Fernen Osten. Er ist Mitbegründer des Club of Rome sowie Gründer und Präsident des Club of Budapest. Er ist Herausgeber der Vierteljahreszeitschrift World Futures – The Journal of General Evolution und der Buchreihe World Futures General Evolution Studies sowie Mitherausgeber von Behavioral Science und der vierbändigen Friedensenzyklopädie »World Encyclopedia of Peace«. Als Mitbegründer des »World Shift Networks« arbeitet er daran, zahlreiche kulturelle und politische Initiativen und Aktivisten für eine grundlegende Wende miteinander zu vernetzen. www.clubofbudapest.org, www.worldshiftnetwork.org

Stehen wir heute nur vor einer kollabierenden Finanzwelt? Oder ist diese Entwicklung nur ein Aspekt einer nicht zukunftsfähigen Welt?

Wir befinden uns in einer Welt, die nicht nachhaltig ist, am Anfang einer globalen Welle von Krisen. Die Finanzkrise kam überraschend rasch. Aber sie ist nur der erste Vorläufer. Die kommende Krisenwelle ist wie eine Reihe von Tsunamis, die absehbar sind, weil wir schon die Beben spüren können, die sie auslösen: Die Umwelt lässt sich nicht so behandeln, wie wir es noch tun, ohne dass es zu massiven Reaktionen oder »Feedbacks« kommt. Die gesellschaftlichen Probleme nehmen in vielen Gebieten zu, da schaukelt sich etwas hoch. Auch die ganze Problematik, fast sieben Milliarden Menschen auf dieser Erde auf die bisherige Art und Weise weiter am Leben zu halten, ist ungelöst und in ihren Auswirkungen dramatisch. Also, wir sind nicht am Ende einer bewältigten Krise, sondern am Anfang zahlreicher unbewältigter Krisen. Wenn wir so weitermachen wie bisher, dann werden wir die gegenwärtige Ordnung vielleicht nur noch bis zum berühmten Datum Ende 2012 aufrechterhalten können. Dann häufen sich die Krisen. Sie werden nicht länger die Ausnahme sein, sondern zunehmend Normalität. Und wir müssen lernen, mit ihnen umzugehen.

Wie ist der aktuelle Zustand des Planeten? Wo stehen wir?

Wir stehen an einem Kipp-Punkt, an dem sich die Zukunft der Menschheit entscheidet. Vielleicht können wir die Krise nutzen und die zerstörerische Dynamik noch in den Griff bekommen. Es gibt aber auch Krisen, die bekommt man nicht mehr in den Griff, weil man zu lange damit gewartet hat, sie wahrzunehmen und zu nutzen. Wir nennen solche Szenarien »Point-of-no-return-Situationen«. Noch ist unklar, ob dies auf die aktuelle Krisenwelle zutrifft. Grundsätzlich haben wir seit Langem zwei Probleme, die eng miteinander vernetzt sind. Eins ist der Zustand der sozialen und wirtschaftlichen Ordnung: Ein immer größerer Teil der Menschheit wird wirtschaftlich, aber auch kulturell marginalisiert und unterdrückt. Und das andere ist das ökologische Problem – die Verschmutzung und Zerstörung von allen natürlichen Lebenszyklen. Beide Bereiche müsste man aufeinander bezogen in einer Art und Weise stabilisieren, bei der sich die Gesellschaft nicht zurückentwickelt, sondern in einem dynamischen Gleichgewicht weiterentwickeln kann. Die aktuelle Situation ist eigentlich schon seit den letzten 10 000 Jahren in Vorbereitung, nämlich seitdem wir in neolithischen Zeiten angefangen haben, die Erde uns anzupassen und uns nicht länger den Bedingungen der Natur fügten. In dieser langen Geschichte der Naturkontrolle gab es immer wieder kleinere lokale

Krisen. Aber diese lokalen Krisen konnte man bewältigen und dabei die kulturelle Entwicklung ohne große Korrekturen fortsetzen. Mittlerweile sind wir aber in einer Situation, wo die Menschheit fast alle Gebiete, die bewohnbar sind, besiedelt hat und alle Ressourcen, die verfügbar sind, benutzt. Die Statistiken sind bedrohlich: Wir haben seit 1950 ebenso viele Ressourcen benutzt wie in allen Zeiten davor. Und das geht so einfach nicht weiter. Also wir sind an einem Wendepunkt: einem Punkt, der lange Zeit in Vorbereitung war, aber jetzt ist er wirklich da.

Der Nobelpreisträger Paul Crutzen nennt das neue Zeitalter, vor dem wir stehen, das »Anthropozän«, weil wir als Menschheit zu einer geologischen Kraft geworden sind. Gleichzeitig kommen wir dabei in eine Situation, in der uns diese Macht in den Untergang treibt. Ist diese Schnittstelle der Kernpunkt der Krise?

Das sind gar nicht zwei verschiedene Geraden, die sich schneiden, sondern ein grundsätzlicher Vorgang. Wir sind mächtig, aber wir benutzen unsere Macht nicht nachhaltig. Das ist der Punkt. Wir gehen miteinander und mit unseren Ressourcen nicht so um, dass es so weitergehen könnte. Wir verändern, aber wir verändern es nicht so, dass es nachhaltig wäre. Macht und Verantwortung sollten zusammengehen – aber bislang haben wir nur Macht ausgeübt. Und die Verantwortung hinkt sehr langsam hinterher.*

Steht der Mythos des Wachstums im Mittelpunkt der Krise?

Es geht nicht so sehr um das Für und Wider von Wachstum, sondern um die Art von Wachstum. Wir müssen vom quantitativen Wachstum wegkommen und ein qualitatives Wachstum erreichen, wo es nicht länger um den Lebensstandard geht, sondern um Lebensqualität. Meiner Meinung nach ist das westliche quantitative

* Ervin Laszlo: *Wie kann ich die Welt verändern. Ein Report des Club of Budapest*, Ullstein-Verlag 2005

Wachstum eine kurze historische Phase. Es hat sich schnell auf dem ganzen Planeten ausgebreitet, ist aber nicht dauerhaft lebensfähig. Das gilt besonders dann, wenn das quantitative Wachstum an zentralistische Strukturen gebunden ist. Man muss für das Wachstum andere Lösungen finden: viel dezentralisierter, viel mehr auf regenerative Energien bauend, ganz anders strukturiert. Dieser Wandel liegt vor uns.

Was weiß die Systemtheorie über die Dynamik von Übergangsprozessen?

Wir können sehen, dass sich die Evolution nie linear, schrittweise und gleichmäßig entwickelt hat. Entwicklungen von Systemen sind dauerhaft, also nicht reversibel. Sie sind nicht-linear, also von Sprüngen durchsetzt und von chaotischen Intervallen geprägt. Wenn ein System stabil ist, können grundsätzliche Änderungen nur dann stattfinden, wenn die große Mehrzahl der das System ausmachenden Individuen sich verändert. Wenn das System aber am Rande des Chaos steht, kann das sehr schnell gehen und braucht keine Mehrheiten. Offene Systeme entwickeln sich in engem Zusammenhang mit der Umgebung. Die Erde ist ein offenes System, in das dauernd Energie in Form von Sonnenlicht einströmt und Leben ermöglicht. Je mehr wir in diesem System Materie umwandeln, benutzen und wegwerfen, desto weniger kann sich das System wieder erneuern. In einem offenen System, das immer mehr Energie nutzt und Entropie, also »Unordnung«, erzeugt, kommt irgendwann ein Punkt, wo das Ganze an die Grenze der Umwandlungsmöglichkeit kommt. Dann kommt ein System in die so genannte Bifurkationsphase, also einen Punkt, wo es sich so nicht weiter erhalten kann. Das ist eine turbulente, chaotische Phase, in der sich zwei Alternativen ergeben: Entweder das System bricht zusammen und verschwindet, oder es reorganisiert und restrukturiert sich auf einer neuen dynamischen Ebene. Und wir sind jetzt an so einem Bifurkationspunkt angelangt.

Wie entwickeln sich soziale lebende Systeme wie eine Gesellschaft in Krisen? Entsteht da auch ein Punkt der »Bifurkation«?

Meiner Meinung nach, ja. Gesellschaften befinden sich nicht außerhalb dieses Systems. Gesellschaft und Natur bilden auf diesem Planeten zusammen ein integriertes Gesamtsystem. Natürlich ist in das lebende System der menschlichen Gesellschaft sehr viel Autonomie vom natürlichen System eingebaut – aber mit dem Aspekt der menschlichen Bewusstheit auch sehr viel Willkür und Fehlentscheidung. Die Natur kann keine langfristigen Fehler machen – was nicht funktioniert, wird durch die natürliche Selektion in der nächsten Krisensituation automatisch ausgesondert. Wir hingegen können Fehler machen, lernen aus ihnen aber nicht automatisch, sondern versuchen, überholte oder falsche Ideen und Konstrukte so lange am Leben zu halten und zu verteidigen wie nur möglich. Dann aber kommt es zu einem kritischen Punkt, wo das nicht mehr möglich ist. Die menschliche Gesellschaft ist diesem kritischen Punkt ebenso ausgesetzt wie die Natur. In der Natur regelt sich das über die biologische Evolution. Bei den Menschen gibt es die kulturelle, soziale Evolution, die jetzt umso mehr gefragt ist, aber eben nicht von alleine passiert.

Nun sind wir ja aus dem westlichen Denken sehr daran gewöhnt, in linearen Prozessen zu denken. Und deshalb irritieren uns solche plötzlichen Disbalancen, wie wir sie jetzt in der Finanzwelt erleben. Ist ein Krisenverlauf in lebenden Systemen, und eben auch in Gesellschaften, linear?

Es ist vollständig nicht-linear. Ab einem bestimmten Punkt greift die so genannte »Chaosdynamik«, wo nichts mehr linear funktioniert oder berechenbar ist. Wir wissen durch Simulationen an komplexen Systemen, dass in Krisen Folgendes passiert: Bis zu diesem kritischen Punkt kann man etwas verändern. Man dreht praktisch an einem Knopf und kann beobachten, wie das System darauf unmittelbar reagiert: Dreht man mehr, dann gibt es eine größere Veränderung, dreht man weniger, dann ist sie kleiner. Plötzlich aber kommt ein Punkt, wo die so genannten Schmetterlingseffekte auftreten und winzige Einflüsse riesige Wirkungen bekommen.* Das ist die typische Chaosdynamik. In der erwähnten Metapher ausgedrückt: Man dreht ganz wenig an diesem Knopf – worauf das System plötzlich entweder zusammenbricht oder ganz verändert wird.

Was geschieht in solchen komplexen Systemen wie Gesellschaften an diesem Kipp-Punkt? Ist das ein Schritt in den Kollaps, oder kann ein Zustand maximaler Labilität auch zu einem Durchbruch in eine neue Kultur und Gesellschaft führen?

Diese so genannten Bifurkationspunkte erlauben sehr viele verschiedene Ausgänge. Nur einer ist nicht möglich: der Status quo. Es ist höchst unwahrscheinlich, zu einem früheren Zustand zurückzukehren. Man muss also vorwärtsgehen. Ob der Weg nach vorne in den Abgrund führt oder aufwärts, ist jeweils offen. Welchen dieser Wege man wählt, hängt nach der System- und Chaoswissenschaft nicht von äußeren Faktoren ab. Das war ja das große Verdienst des Nobelpreisträgers Ilya Prigogine, der für seine Arbeiten an der Selbstorganisation in dissipativen Strukturen 1977 den Nobelpreis für Chemie erhalten hat. Durch ihn wissen wir, dass bei so einem Wandlungsprozess der Bifurkationspunkt weder durch die Vergangenheit des Systems bestimmt wird noch durch die Umwelt des Systems, sondern nur durch kleine Fluktuationen innerhalb des Systems, also letztlich durch die Sensibilität des Systems selbst. Das müssen wir nun auf das gesellschaftliche System übertragen, von dem wir ein Teil sind: Wir sind das System. Also ist unsere Sensibilität im Spiel. Und es kommt darauf an, ob wir kraft unserer Sensibilität durchbrechen oder zusammenbrechen. Das System wird kippen. So bleibt es nicht. Es ist durchaus möglich, dass es auf einer höheren Ebene der Organisation einen neuen dynamischen Gleich-

* Ervin Laszlo: *Systemtheorie als Weltanschauung. Eine ganzheitliche Vision für unsere Zeit*, Diederichs new science, München 1999

gewichtszustand, ein so genanntes Fließgleichgewicht, erreicht. Oder aber es bricht, wie ein chaotisches System das tut, in kleinere Einheiten zusammen. In gesellschaftlichen Systemen sind damit eventuell Krieg und Anarchie verbunden. Ob das passiert, hängt von uns ab. Es kommt darauf an, dass wir reagieren und vor allem zeitlich reagieren. Man muss heute umdenken, querdenken, interdisziplinär denken und weltweit anders agieren. Und das geht gewöhnlich nur, wenn man in einer Krise drin ist. Es ist aber zugleich ein gefährliches Spiel, in eine Krise hineinzugeraten. Es ist zu gefährlich abzuwarten, bis Energiepreise explodieren, Nahrungsmittel und Ressourcen ausgehen, Millionen verhungern, ethnische und soziale Konflikte zunehmen, die Umweltbedingungen sich verschlechtern. Wir müssen etwas tun, solange wir noch einen Spielraum haben.

Bisher haben wir ja in der Zukunftsforschung und -planung eher einen linearen Ansatz gehabt, wo Daten und Trends fortgeschrieben wurden. Lässt sich in einer komplexen Gegenwart, wie wir sie heute erleben, Zukunft überhaupt noch planen?

Deterministisch vorausplanen lässt sich Zukunft sicher nicht. Versucht man es, muss man ein kreatives Spiel mit dem Zufall treiben und mit gutem Fingerspitzengefühl, guten Erfindungen und mit Kreativität äußerst flexibel sein. Was wir aber tun können und was die Zukunftsforschung auch versucht, ist, Szenarios aufzuzeigen.* Wir können zeigen, was passieren würde, wenn wir uns *nicht* verändern. Dann wird deutlich, dass all die Trends, die heute schon kritisch sind, in die Zerstörung kippen würden, ein Negativtrend den anderen beeinflussen würde und das System in einem Zusammenbruch endet. Wir können aber auch Szenarien von einem positiven Wandel entwickeln und Kriterien für Entwicklungen formulieren, die zu einem Abbau von Krisen führen. Ich habe das selber

* Ervin Laszlo: *Das dritte Jahrtausend. Zukunftsvisionen*, Suhrkamp-Verlag, Frankfurt 2003

versucht und dabei festgestellt, dass positiver Wandel nicht durch deterministische, mechanistische Anweisung möglich ist. Vielmehr muss jeder Einzelne eigenständig den ersten Schritt machen, muss wissen, was notwendig ist, was die Hauptprinzipien sind – nämlich nachhaltig und friedlich zu leben – und dann erste kleine Schritte machen. Und in dieser Dynamik muss man dann immer wieder kreativ mit den sich zeigenden Chancen und dem Zufall umgehen.

Ich erinnere mich an diesen schönen Satz von Hazel Henderson, die einmal gesagt hat: »It is a crime to waste a crisis.« Demnach scheint sich ja Zukunft immer aus Krisensituationen zu entwickeln. Können wir in der Zivilgesellschaft heute schon solche Zukünfte finden?

Durchaus. Es gibt Bewegungen der Kulturkreativen*, es gibt die LOHAS *(»Lifestyle of Health and Sustainability«)*, es gibt viele neue kulturelle Ansätze. Die globale Zivilgesellschaft wächst weltweit exponentiell und experimentiert überall mit den Möglichkeiten zum Wandel. Grundsätzlich kann sich jeder Teil der Gesellschaft wandeln und verändern. Aber ganz offensichtlich ist die Sensibilität für notwendige Veränderungen und die Möglichkeit, praktische Veränderungen einzuleiten, in der Zivilgesellschaft größer. Wandel geschieht nicht bei armen Leuten. Arme Leute müssen von einem Tag zum anderen um das Überleben kämpfen. Wandel geschieht auch nicht bei den sehr Mächtigen. Denn Macht ist meistens mit dem gegenwärtigen System verbunden und dessen Nutznießer fürchten sich vor Wandel. Also liegt die große Chance für einen tiefgreifenden Wandel bei der Zivilgesellschaft. Dort könnte ein Erwachen stattfinden, neue Werte entstehen und ein Bewusstseinswandel einsetzen. Das ist meine größte Hoffnung.

* siehe das Gespräch mit Marco Bischof

Wenn es für eine Veränderung einen Bewusstseinswandel braucht, wie definieren Sie dann Bewusstsein?

Als das, was unsere Weltanschauung ausmacht. Wie denken wir über uns selbst? Wie denken wir über die Welt und unsere Beziehung zu ihr? Was nennen wir Verantwortung? Was glauben wir über Ethik und Werte? Alles das zusammen ist das menschliche Bewusstsein. Eine Kultur ist bestimmt vom Inhalt des Bewusstseins. Der Unterschied zwischen einer modernen, einer klassischen oder einer östlichen Kultur ist nicht nur die Technologie, die Macht und das Geld. Der grundsätzliche Unterschied liegt im unterschiedlichen Bewusstseinsstand der Menschen. Wir haben lange gedacht, gesellschaftlicher Wandel geschehe nur durch neue Technologien, also durch »*hard factors*« oder »*Hardware*«. Die »*Software*« ist auch wandlungsfähig. Die »*soft factors*« sind die menschliche Kultur, die menschlichen Werte, das menschliche Bewusstsein. Ein »neues Bewusstsein« ist aber nicht mehr ein rein materialistisches Bewusstsein, das alles von der Materie her ordnen will und sich in der Wirtschaft nur auf Geld und technische Ressourcen bezieht.* In Zukunft werden in der Wirtschaft Vorstellungen, Werte, Ethik eine sehr große Rolle spielen, an denen sich auch die Konsumenten orientieren werden. Es geht also um eine mehr geistige, spirituelle Haltung – aber nicht im esoterischen Sinne, sondern so, dass wir uns bewusst werden, dass wir in einer Welt, die immer mehr vernetzt ist und sich immer mehr in Richtung Krise bewegt, eine verantwortungsvolle Rolle haben.

Liegt darin auch das kreative Potenzial, um Krisen grundsätzlich zu wenden?

Es gibt so was wie ein Immunsystem der Gesellschaft, wobei, wie gesagt, die Sensibilität der Zivilgesellschaft am ausgeprägtesten ist. Wenn die Gesellschaft bedroht ist, spürt dieses Immunsystem das

* Ervin Laszlo (mit Bernd Seligmann): *Zu Hause im Universum. Eine neue Vision der Wirklichkeit*, Allegria-Verlag, München 2005

und äußert sich in einer Art kollektivem Stress. Dieser Stress kann im schlimmsten Fall eine Art Paralyse hervorrufen. Oder er ruft eine Kreativität hervor, indem die Leute sich fragen: »Was ist zu tun? Was kann ich tun? Kann ich etwas dazu beitragen?« Die Wurzel bei dieser Sensibilität liegt im Einzelnen. Und das ist das Positive.

Geschieht dieser Handlungsimpuls innerhalb der parlamentarischen Demokratie oder immer öfter in anderen Strukturen, die unter der Oberfläche entstehen?

Es entstehen neue Strukturen. Aus der Systemtheorie wissen wir, dass ein lebensfähiges System immer mehrschichtig arbeitet, aber das muss nicht mehr hierarchisch organisiert sein – das kann auch eine so genannte »Heterarchie« sein. In einem solchen Muster trifft jede Ebene eines vielschichtigen Systems ihre eigenen Entscheidungen, die vielleicht auch Modellfunktion haben. Diese können dann auf das nächste Niveau transportiert werden und von dort aus von dem ganzen System übernommen werden. Dabei fließt die Information in beide Richtungen. In einer Hierarchie fließt die Information immer nur von oben nach unten. Von unten nach oben, von den *Grassroots*, kommt nur sehr wenig. Wir müssen uns also von unten so umorganisieren, dass die Nachbarschaften, die Dörfer, die Städte selbst entscheiden, was sie möchten, und sich dann auf einer regionalen Ebene zusammenschließen, die regionale Ebene in der nationalen Ebene zusammenkommt, die wiederum nur eine Zwischenstufe ist zur transnationalen Ebene, wie zum Beispiel in einer ganzen Kulturregion, wie in Europa oder im indischen Subkontinent oder in Nord- oder in Südamerika. Und diese interregionalen Vereinigungen müssen sich dann auf der globalen Ebene zusammenschließen. Momentan ist systemtheoretisch gesehen das größte Problem, dass die 192 Mitgliedsstaaten der UNO so unterschiedlich sind. Da gibt es Großmächte, reiche, arme, wenig und viel Bevölkerung – mit diesen Verschiedenheiten kann man kaum kooperative Programme entwickeln, besonders dann, wenn ein jeder nur seine eigenen Interessen vor Augen hat. Wir brauchen also wahrscheinlich ein mehrschichtiges »heterarchisches« System, das durch die Informationstechnik heute sehr wohl möglich wäre. Europa ist am fortschrittlichsten auf diesem Gebiet – aber die anderen Regionen könnten sich ähnlich zusammenschließen. Dann wäre die UNO statt ein Club von nationalen Einheiten ein Forum für interregionalen Dialog und hätte ihre Basis an den *Grassroots* der Welt-Gesellschaft.

Was kann der Einzelne auf seiner persönlichen und auf seiner wirtschaftlichen Ebene tun?

In einer hoch vernetzten Welt* sind immer mehr Menschen Teil eines Informationsflusses, in dem sie durch ihr eigenes Verhalten wirken und sehr viel bewegen können – als Konsument zum Beispiel. Es beeinflusst das ganze Wirtschaftssystem, was man verantwortlich kauft und wie man es nachhaltig gebraucht. Das individuelle Verhalten auf der politischen Ebene, was für Meinungen man hat, wie man wählt, an was für einer Bewegung man teilnimmt, welcher NGO man angehört, bewegt viel, hat Vorbildcharakter und wird nachgemacht. Auf dieser Ebene entsteht alles Neue, was notwendig ist. Und von woanders her können wir Wandlungen eigentlich auch nicht erwarten. Die Führungskräfte auf den oberen Ebenen der Hierarchien werden sich nur dann bewegen, wenn sie sehen, dass die Bevölkerung sich bewegt.

Durch unsere traditionellen Glaubenssätze sind wir bislang meist davon überzeugt, hilflose Opfer zu sein, die nicht in der Lage sind, das System zu wandeln. Verhindern solche Mythen unsere Fähigkeit, adäquat zu reagieren?

Absolut! Es ist Aufgabe der Kultur, sie immer wieder infrage zu stellen. Einer der folgenschwersten Glaubenssätze ist zu glauben, dass alle Menschen isolierte Individuen seien: separat, für sich selbst

* Ervin Laszlo: *Die Neugestaltung der vernetzten Welt. Global denken – global handeln*, Via Nova Verlag, Petersberg 2004

und nur ganz zufällig mal mit anderen verbunden. Dahinter steht die philosophische Idee, dass wir in unseren Körper eingeschlossen sind, allein sind und alles andere »Außen« ist. Das ist ein sehr gefährlicher Glaubenssatz und Teil einer von Galileo, Kepler und Newton begründeten mechanistischen Denkweise, nach der das große Ganze sich aus der nur mechanistischen Verbindung vieler kleiner Teile ergibt. In der menschlichen Gesellschaft glauben wir entsprechend, dass hier »der Markt« alles wie eine Maschine arrangiere, so dass am Ende – wenn ich mich für mein eigenes Interesse einsetze – es früher oder später auch den anderen nutzen werde. Die organismische Denkweise ist hingegen etwas ganz anderes.

Passt da hinein auch der Mythos der »unsichtbaren Hand«, die auf dem Markt angeblich die Balancen herstellt? Wir stehen jetzt ja vor der Situation, dass diese Balance völlig weggekippt ist und die unsichtbare Hand sich als nicht vorhanden erwiesen hat.

Die »unsichtbare Hand« war schon immer eher ein unsichtbarer Fuß, der alles tritt, was nicht systemkonform handelt. Der Marktmechanismus funktioniert nur, wenn das Spielfeld eben ist – das heißt, alle mehr oder weniger dieselbe Chance haben. Dann kann man auf dem Markt spielen und nach einer gewissen Periode können dort auch die Gewinne gleichmäßig verteilt werden. Aber wenn einer alle Karten in der Hand hat – und damit mehr Macht, mehr Geld hat –, dann arbeitet der Markt im Interesse der Mächtigen. Das sehen wir heute in der Konzentration von Geld und Macht. Die Reichen werden reicher. Zwar gab es die Finanzkrise, aber die Konzentration bleibt – und die Macht ebenfalls. Und die Menschen machen das mit, weil sie nach wie vor an den Mythos »Geld macht glücklich« glauben. Auch das ist ein überholter Glaubenssatz und steht im Widerspruch zu wissenschaftlichen Forschungen, in denen man herausgefunden hat, dass ab einem gewissen Punkt das Gegenteil der Fall ist. Geld ist nur bis zu einem gewissen Punkt nützlich. Danach muss man umschalten auf das, was für ein glückliches Leben wirklich wichtig ist – und das heißt Qualität.

Kann man die kulturellen Mythen einfach umkehren? Die Ansätze sind ja bekannt, aber sie werden bislang nicht geglaubt, nicht umgesetzt, nicht als neues Paradigma akzeptiert?

Es gibt zwei wichtige Trends des Wandels.* Einer kommt aus der Zivilgesellschaft und einer sich dort entwickelnden neuen Kultur. Dort entwickelt sich ein großes Interesse für das Wissen traditioneller Kulturen, dort wird der Wert der Meditation für ein verbundenes, ruhiges Leben wiederentdeckt. Hier kommen die Impulse von unten, von den *Grassroots*. Auf der tiefsten Ebene sind das Impulse für die Entdeckung, dass wir auch etwas Gemeinsames haben und zur Natur gehören. Die anderen starken Impulse kommen sozusagen von oben – von der wissenschaftlichen Seite. Die neue Wissenschaft – angefangen mit der Quantenphysik, aber auch der Kosmologie, der modernen Gehirnforschung und der neuen Biologie – zeigt, wie Systeme voneinander abhängen, sich gegenseitig hervorbringen, sich selbst korrigieren und viel komplexer sind als angenommen. Dort wird heute nachweisbar, dass wir die Welt nicht nur durch unsere Augen und Ohren, sondern auch durch Gefühle und kraft unserer Intuition wahrnehmen. Wir haben Instinkte, die uns mit der Welt verbinden. Jetzt sehen wir: Es gibt sehr viel mehr Informationen, die wir von der Welt empfangen, als wir dachten. Die Quantenphysik zeigt, dass alle Quanten und Atome miteinander verbunden sind und über große Entfernungen aufeinander reagieren. Mittlerweile wird in der Quantenbiologie, der Gehirnforschung und Psychiatrie deutlich, dass diese Quantenresonanzeffekte nicht auf die Mikroebene beschränkt sind, sondern auf der Ebene der lebenden Welt Auswirkungen haben. Es gibt experimentelle Beweise dafür, dass Quanteneffekte überall in den Zellen und im Gehirn stattfinden. Jüngst hat man entdeckt, dass auch bei der Photosynthese Quanteneffekte da sind. Das heißt, der Ursprung des Lebens auf dieser Erde wäre ohne Quanteneffekte gar nicht möglich gewesen.

* Ervin Laszlo: *Die Neugestaltung der vernetzten Welt. Global denken – global handeln*, Via Nova Verlag, Petersberg 2004

Sind solche Erkenntnisse – vergleichbar mit der »Gegenkultur« – eine »Gegenwissenschaft«? Oder sind wir an einer Grenze, wo solche Positionen zum wissenschaftlichen Mainstream werden?

Wir sprechen hier schon noch von der vordersten Front der wissenschaftlichen Erkenntnis, dem *cutting edge*. Es ist ein verhältnismäßig langsamer Prozess, bis sich neue Paradigmen im *Mainstream* durchsetzen und schließlich auch überall an den Universitäten gelehrt werden. Aber auf der führenden Ebene hat er schon längst begonnen. Und ich glaube, innerhalb weniger Jahre wird es auch im *Mainstream* der Wissenschaft angekommen sein.

Wovon spricht die Systemtheorie, wenn sie von »Systemen« spricht?

Jeder Organismus ist ein System. Aber es gibt natürlich auch Systeme, die keine biologischen Organismen sind. Es gibt Galaxien, die Systeme sind, es gibt molekulare Einheiten oder Ökosysteme, die nicht Organismen als solche sind, aber es sind Systeme. Menschliche Kulturen, menschliche Gemeinschaften sind Systeme, die ganze Menschheit, die ganze Einheit von Menschheit und Natur auf diesem Planeten bilden ein sich selbst regulierendes System. Aber es ist kein Organismus im engsten Sinne des Wortes. Ein System ist formal die Summe seiner Teile. Aber zugleich ist es mehr: nicht eine einfache Summe, sondern ein zusammengesetztes Ganzes, das das System als Ganzes regelt.

Kann man zwischen individueller und kollektiver Entwicklung unterscheiden?

Jedes System ist ein Holon, sowohl ein Teil als auch ein Ganzes.* Also ist es aus der einen Richtung gesehen ein Subsystem oder ein Teil von einem größeren System. Von der anderen Richtung gese-

* Ervin Laszlo (mit Ulrike Kraemer): *Holos. Die Welt der neuen Wissenschaft*, Via Nova Verlag, Petersberg 2002

hen ist es aber zugleich ein ganzes System, das seine eigenen Subsysteme hat: Natürlich ist der Mensch ein übergeordnetes ganzes System, wenn man ihn von seinen Organen, Zellen, Molekülen und Atomen aus sieht. Aber er ist natürlich von der Familie, von den Gemeinschaften, von der Natur, von der Biosphäre und auch von dem Kosmos aus gesehen ein Subsystem. Man kann also nicht sagen, dass nur eine Gesellschaft ein ganzes System ist und das Individuum nur ein Teil. Das Individuum ist auch ein ganzes System und seine Organe und seine Zellen sind die Teile. In diesen komplexen zusammengesetzten Systemen hat auf der organisatorischen Ebene der Selbsterhaltung immer das übergeordnete System den höchsten Wert. Das Ganze regelt sich so, dass die Teile eine gewisse Freiheit haben, sich fügen, aber sich zusammen so fügen, dass das obere System, also das Supersystem sich erhält. Das ist die große Herausforderung auch beim Konkurrenzkampf, dass man nicht so konkurrieren darf, dass man das ganze System, das man gemeinsam bildet, zugrunde richtet.

Was bedeutet dieses Bild für eine nachhaltige Zukunft?

Man kann vieles davon ableiten. Zum Beispiel, dass es nicht einfach nur ein Wertsystem gibt, das aus einem System erwächst, sondern ein ganzes hierarchisches System von Werten. Deutlich wird dabei auch, dass der Mensch nicht das höchste System auf dieser Erde ist. Das höchste System sind eben Mensch und Natur zusammen. So eine Sichtweise steht im deutlichen Gegensatz zu einer Sichtweise isolierter Individuen. Im Extrem entsteht aus der mechanistischen Sicht ein Egoismus, der nicht auf seine Umgebungssysteme achtet und zu einer Art Krebs für das größere System mutiert, weil er nur für sich selbst wächst. Andere Systeme könnten im Extrem aber auch eine für das Individuum gefährliche selbst aufopfernde Haltung einnehmen, wo eben gesagt wird: Das System ist alles, und ich muss mich opfern, wenn das System es so will. Gefragt ist deshalb ein gesundes Verhältnis zwischen diesen Extremen, wo man sich selbst innerhalb eines Rahmens verwirklicht, in dem andere sich auch verwirklichen können. Und wo sich gleichzeitig das System, das man mit den anderen bildet, weiterentwickeln kann.

Wie determinierend sind dann nach den Gesetzen der Systemtheorie unsere Möglichkeiten, ein System umzugestalten?

Man hat im Systembild ein organisiertes, sich selbst entwickelndes Ganzes. Darin gibt es so etwas wie einen Makrodeterminismus und eine Mikrofreiheit. Das heißt, das Ganze ist einigen Prinzipien unterstellt. So gibt es zum Beispiel das Prinzip der Homöostase im Körper, wo eine Selbsterhaltung in fließender Balance funktioniert, um das Leben möglich zu machen. Wie diese Balance aber hergestellt wird, ist von dem Ganzen nicht determiniert. Verschiedene Zellen des Körpers können sich anpassen oder Arbeit teilen. Also ist das Ganze als solches ein fast determiniertes System, aber seine Teile haben unter sich eine Bewegungsfreiheit, um selbst die notwendigen Funktionen zu erfüllen.

Hat dann das größere System, das den Menschen umschließt, eine eigene Intelligenz, eine eigene Seele oder ein eigenes Bewusstsein?

Die Naturwissenschaften haben große Mühe mit Begriffen wie der Seele. Aber man darf sie deshalb nicht ausklammern und sagen, sie existieren nicht. Sondern man muss die Stelle finden, an der bei bestimmten komplexen Systemen Eigenschaften auftreten, die geistig oder seelenartig sind. Vielleicht reichen die Wurzeln solcher Phänomene in einfachere Systeme zurück. Aber sie treten erst bei einem bestimmten Komplexitätsgrad in Erscheinung. Sicher ist: Dort, wo es ein Bewusstsein gibt, gibt es auch Elemente der Geistigkeit, der Seele und so weiter. Ich würde von der naturwissenschaftlichen Seite her nicht sagen, dass die Seele etwas Übernatürliches ist, sondern es ist eine Erscheinung, die innerhalb der Evolution in natürlichen Systemen in Erscheinung tritt.

Dann hätten komplexe Systeme eine Art von kollektiver Intelligenz?

Man kann davon ausgehen, dass ein Neuron in unserem Gehirn, auch wenn es ein Bewusstsein hätte, keine Ahnung davon hat, ob das Gehirn als ein Ganzes ein Bewusstsein besitzt. Er könnte sich nur auf sein eigenes Bewusstsein oder seine bewusstseinsartige Intelligenz beziehen. Genauso wenig ist nachweisbar, ob jetzt alle Menschen auch ein gemeinsames Bewusstsein und eine Intelligenz haben, weil der Einzelne es hat. Aber indirekt können wir natürlich die Schlussfolgerung ziehen, dass die Möglichkeit besteht. So, wie komplexe Neuronen ein Gehirn bilden, das als gemeinsames Gehirnsystem Bewusstsein entwickelt, hat möglicherweise die Menschheit auch ein kollektives Bewusstsein. So etwas hat sich C. G. Jung oder Teilhard de Chardin vorgestellt. Aber das können wir bis heute nicht nachweisen. Wir wissen nur, dass aus Systemen durchaus Intelligenz entsteht, die aber systemintern ist. Jedes System, das sich in einer von dauernden Fluktuationen und Strömungen beherrschten Welt erhalten kann, muss eine gewisse Kreativität und »Intelligenz« haben. »Intelligenz« setze ich aber in Anführungszeichen, denn das Äquivalent von Intelligenz ist als Anpassungsfähigkeit schon bei den einzelnen Zellen da. Intelligenz entsteht in der dauernden Herausforderung, in einer Welt zu leben, in der man sich dauernd selbst erneuern muss, um weiter existieren zu können.

Da entsteht das Bild einer konstanten krisenhaften Erneuerung…

… und die Metaphern und Bilder der Systemtheorie spielen für das menschliche Selbst- und Naturbild eine grundlegende Rolle. Für den Mensch als kulturelles Wesen beeinflusst dieses Bild alles, was er macht. Wenn er sich die Natur nur als Mechanismus vorstellt und den ganzen Kosmos nur als Materie in maschineller Bewegung versteht, wird sich daraus natürlich eine andere Art Kultur entwickeln wie aus dem so genannten organismischen oder ganzheitlichen Bild. Das Interessante ist, dass dieses organismische, ganzheitliche Bild von außerordentlicher Bedeutung für unsere Zeit und für kommende Zeitalter ist, weil wir es hier mit Wechselwirkungen zu tun haben, die auf viel höherer Ebene stattfinden als bisher. Es betrifft eben nicht länger nur einzelne Menschen, einzelne Gemeinschaften, Nationen, sondern findet eigentlich auf einer interkulturellen und sogar planetarischen Ebene statt. Deshalb müssen wir letztlich eine Art planetarisches Bewusstsein entwickeln. Und das kann durchaus auf einer neuen wissenschaftlichen Basis beruhen.

Wie unterscheidet sich so eine neue Art des Denkens von der alten Sichtweise?

Die alte Art des Denkens hat jeden Teil eines Systems für unabhängig gehalten. Vom Atom bis zu komplexen Lebewesen hat man sich alles wie Billardkugeln vorgestellt, die sich unabhängig voneinander bewegen. In diesem mechanistischen System kommt es zu Zusammenstößen mit anderen isolierten Objekten oder Subjekten, die man vielleicht sogar vorausberechnen kann. Aber das Ganze ist ein Mechanismus, in dem ich mich wie ein unabhängiger Teil bewege. Die mechanistische Sichtweise hat lauter externe Beziehungen. Also eine Sache, ein Ding ist unbeeinflusst von seinen Beziehungen, was es ist. Beziehungen haben hier nur einen *externen* Einfluss auf das Ding, bestimmen aber nicht, was ein Ding in sich ist. Auch der westliche Mensch hat sich lange so betrachtet. Bei den organismischen *internen* Beziehungen ist ein Ding durch die Gesamtheit seiner Beziehungen das, was es ist. Also ist jedes System von allem kreiert und kreiert sich dauernd durch die Wechselwirkung zwischen sich selbst und der Gesamtheit seiner Beziehungen neu. So eine Wahrnehmung geht auf sehr alte Sichtweisen zurück, die von der mechanistischen Denkweise lange verdrängt waren. Jetzt ist es an der Zeit, auf einer neuen Ebene zu ihnen zurückzukehren.

Was ist aus solchen Erkenntnissen der Grundlagenforschung in Zeiten globaler Finanzkrisen zu lernen? Wie kann dieses Wissen eine künftige globale, sich selbst erhaltende Ökonomie im Sinne eines kooperativen, vernetzten, zukunftsfähigen Denkens voranbringen?

Was aus der neuen Wissenschaft abzuleiten wäre, ist zuallererst die Erkenntnis, dass mein Interesse mit dem Interesse anderer verbunden ist. Außerdem, dass alles, was ich anderen antue, ich mir auch selbst antue. Positiv interpretiert, lässt sich daraus ein kooperatives Wirtschaftssystem kreieren, in dem jede Handlung allen dient und Kreativität in Netzwerken organisiert ist. Kooperation ist in vielen Branchen möglich, auf regionalen Ebenen bringt sie heute oft schon sehr gute Resultate. Aber dieser Ansatz hat sich auf der globalen Ebene noch nicht wirklich durchgesetzt. Kooperation wird da eher als Widerspruch zu den Interessen und Zielsetzungen der Wirtschaft wahrgenommen. Die Wirtschaftswelt ist immer noch auf die so genannte *Shareholder*-Philosophie eingeschworen und reduziert sich darauf, »Geld zu machen«. Die einzige Verantwortung eines Managements liegt demnach darin, für den Shareholder, also die Aktionäre, Profit zu erzeugen. Das ist ein überholter Ansatz, der in den 70er-Jahren, also vor mehr als drei Jahrzehnten, von Milton Friedman proklamiert wurde.

Wie lautet die neue Philosophie des Marktes?

Aus dem *Shareholder*-Ansatz entwickelte sich die *Stakeholder*-Philosophie. Ihr zufolge müssen wir die Interessen von allen am wirtschaftlichen Prozess beteiligten Personen berücksichtigen, sogar die der Natur, die betroffen ist.* Sie stellt alle Aktivitäten der Unternehmen in eine neue Verantwortung. Ich meine, wir müssen jetzt diese *Stakeholder*-Philosophie so erweitern, dass wir nicht nur für Partner, Klienten und Konsumenten Verantwortung übernehmen,

* Ervin Laszlo u. a.: *Evolutionäres Management. Globale Handlungskonzepte*, Paidia-Verlag, Fulda 1999

sondern für die Gesellschaft selbst. Das ist durchaus möglich. Mohammed Yunus hat damit angefangen und der Welt gezeigt, dass »Social Business« eine erfolgreiche Möglichkeit ist.

Ein kooperatives Wirtschaftssystem scheint dann eher von kooperativer Weisheit getragen zu sein als von dem Wissen um einen erfolgreichen Kampf um Profite …?

Man kann menschliche Beziehungen oder Glück nicht kaufen. Weisheit muss einerseits aus der Wiederentdeckung der Werte des Zusammenlebens kommen und andererseits eine Bestätigung von den Pionieren der Philosophie und Naturwissenschaft bekommen. Denn dort ist deutlich geworden: Es gibt eigentlich keine Evolution. Es gibt nur Koevolution. Es ist immer das ganze System, das sich entwickelt. Nie nur der Einzelne innerhalb des Systems.

Was genau heißt »Koevolution«?

Wir können an der Natur sehen und lernen: dass jeder ein Teil vom Ganzen ist und sich nur gemeinsam mit dem anderen behaupten und weiterentwickeln kann. Es gibt innerhalb eines jeden beliebigen Systems – ob es jetzt eine Gemeinschaft ist oder eine Stadt, eine Nation oder ein Kontinent oder die ganze Menschheit – Zusammenhänge und Rückkopplungen, die bewirken, dass ein Zustand großer Fragmentierung die weitere Entwicklung eines Systems bremst. Auf der makroskopischen Ebene der Natur ist das in jedem Ökosystem der Fall: Wenn eine Spezies sich nicht mehr dem größeren Gleichgewicht fügt, dann wird sie ausgesondert. Ebenso gibt es auf der mikroskopischen Ebene innerhalb unserer Körper Zellen, die absterben, wenn sie sich nicht mehr in das größere System einfügen. Wenn sie nicht absterben, dann werden sie zum Krebs und provozieren, dass dann das System als solches untergehen wird. Auf der gesellschaftlichen Ebene sind zum Beispiel die allzu großen Unterschiede zwischen den Reichen und den Armen, zwischen den Mächtigen und den Machtlosen solche Fragmentierungen. Es muss also wieder eine Art Balance hergestellt werden, wenn das System als Ganzes erhalten bleiben soll.

Verlangt eine solche Sichtweise dann auch eine neue Form von demokratischem Denken? Brauchen wir mehr Teilhabe und Partizipation?

Für mich ist die Weiterentwicklung der Demokratie einer der größten Gründe für Hoffnung. Es gibt auch immer weniger Diktaturen auf dieser Welt. Die Möglichkeit für viel mehr Partizipation ist gegeben. Wir verfügen über große Mengen von Information und hoch entwickelte Kommunikationsnetze. Die ganze Welt ist durch diese Netzwerke zusammengeschlossen. Jeder könnte seine Stimme also hörbar machen. Dafür müssen die Monopolisten in den großen Machtstrukturen nur erlauben, dass die einzelne Stimme durchkommt. Und es braucht eine minimale Übersicht, damit sich nicht das Negative und Asoziale dieses Kommunikationssystems durchsetzt.

Wo stehen wir heute in diesem Wettrennen zwischen wachsender Zerstörung und der Dynamik wachsender Lösungen?

Es ist tatsächlich ein Wettrennen, dessen Ausgang nicht entschieden ist. Wir können das Ergebnis auch nicht abschätzen, sondern nur individuell dazu beitragen. H. G. Wells hat sinngemäß einmal gesagt: »Zukunft wird in einem Wettbewerb zwischen Erziehung und Katastrophe entschieden.« Ich würde heute sagen, dass sich die Zukunft in einem Wettbewerb zwischen einer neuen Kultur und den vorhandenen Problemen entscheiden wird – denn beide wachsen. Die Zukunft ist also nicht vorherzusagen, sie ist zu schaffen. Und was wir jetzt machen, wird entscheiden, welche Zukunft wir haben werden!

Die Aussage »Wir müssen uns verändern« geht eine Ebene tiefer als die politische, administrative, ökonomische Ebene der konventionellen Zukunftsforschung. Denn jetzt scheint es um den persönlichen inneren, ethischen Wertewandel zu gehen …

Das ist aber ganz kohärent mit der neuen systemischen Sichtweise. Solange man mechanistisch denkt: »Ich kann manipulieren! Ich versuche andere zu verändern oder neue Strukturen zu schaffen! Ich kann das alles kontrollieren!«, wirft man sich selber aus dem System heraus. Wenn man sich aber die neue Sichtweise und Weltanschauung aneignet, ist man selbst in diesem System drin. Dann kann sich das System nur verändern, wenn man sich selbst verändert. Das kann man nicht von außen machen. Wir können nicht genau sagen, wie das geht und wer betroffen ist. Wir müssen jeder unser Bestes tun. Wir müssen uns besinnen, dass wir an einem kritischen Punkt stehen und dass wir etwas tun können. Aber dieses Tun fängt mit uns an. Jeder kann auch ein »Chaospilot« sein, der durch diese unsichere Zone durchsteuert. Was das System nicht erlaubt, ist ein ganz hierarchisches Denken, dass man von oben gesagt bekommt, was zu tun sei und alles gut werde, wenn alle dem folgen. In lebenden Systemen ist es umgekehrt: Da hat jeder eine Rolle im Prozess der Veränderung. Da können minimale Einflüsse, eben diese Schmetterlingseffekte, sehr rasch eine größere Welle hervorrufen – aber das hängt von jedem von uns ab.

Was brauchen wir, um diesen Sprung zu schaffen?

Wir brauchen weitere Horizonte. Wir müssen uns klar darüber sein, dass wir Teil eines größeren Ganzen sind. Die Überzeugung, Teil von diesem Ganzen zu sein, kann man spüren und fühlen. Es ist von enormer Wichtigkeit, jetzt auch intellektuell zu begreifen, dass dieses ganze soziale und ökologische System auf dieser Erde so vernetzt ist, dass etwas, was an einer Stelle passiert, alle anderen Stellen beeinflusst. Dann wird klar, dass das ganze System bei der jetzigen Art und Weise der Gestaltung nicht nachhaltig sein kann und in Richtung Zusammenbruch gehen muss. Wenn man dies im Kopf hat, dann versteht man, dass wir in Zeiten eines großen Umbruchs leben, der sehr große Gefahren birgt, aber auch sehr große Möglichkeiten. Übrigens heißt »Krise« bei den Chinesen »Wei-jing«. »Wei« bedeutet *Gefahr*, »jing« bedeutet *neue Möglichkeiten*. Die Chinesen haben schon vor 5000 Jahren gewusst, dass in jeder Krise Chancen liegen. Wenn wir uns bewusst sind, dass sich in diesem dynamischen Prozess Chaos und Ordnung gleichzeitig abspielen und gegenseitig beeinflussen, in Wechselwirkung kommen, dann stößt uns das in die Verantwortung. Und zweitens erkennt man als integraler Teil des Systems die Möglichkeit, etwas zu tun. Der Einzelne hat nach der systemischen Sichtweise die Macht, etwas zu tun. Das ist es, was man im Englischen *»empowerment«* nennt. In einem chaotischen System, das wir heute wissenschaftlich in seinen sehr fein zusammengesetzten Ordnungen erklären können, haben kleinste Veränderungen die Möglichkeit, sich auszudehnen und das ganze System zu beeinflussen – das ist der so genannte Schmetterlingseffekt. Jeder einzelne Mensch ist so ein Schmetterling und hat die Möglichkeit, das ganze System zu beeinflussen. Wenn ein Schmetterling einen Tornado auslösen kann, wie viel mehr können wir Menschen dann auslösen?!

Der heilsame Einbruch des Unerwarteten

Im Dialog mit der Psychologin Ega Friedman

Ega Friedman, geboren 1948, ist eine Schweizer Psychologin, Autorin und Kulturkritikerin. Während ihrer Ausbildung in Schauspiel und Theaterpädagogik erforschte sie insbesondere die Rolle von Ritualen und der Kreation psychischer Räume im Schauspiel. Sie studierte Tiefenpsychologie am C.G. Jung Institut. Angeregt durch die Begegnung mit dem amerikanischen Tiefenpsychologen James Hillman entwickelte sie ihren eigenen Ansatz, der die Psychotherapie als Konzentrationspunkt und Verstärker der komplexen Selbstorganisation von psychischen Prozessen versteht. Aus der Auseinandersetzung mit der Trancearbeit nach Milton Erickson und der provokativen Therapie nach Frank Farrelly, die sie mit den Erkenntnissen moderner systemischer Naturwissenschaft kombinierte, entstand das Buch »Der Einbruch des Unerwarteten«. Neben ihrer therapeutischen Arbeit forscht Ega Friedman zurzeit am Zeitverständnis der Gegenwart und schreibt für die Zeitschrift *»weltenfrauen«*. www.ega.ch

Wir suchen im Leben nach Sicherheit und Orientierung. Ist das eine völlig falsche Wahrnehmung? Ist nicht eigentlich der Wandel das einzig Sichere?

Wir brauchen beides. Natürlich wartet der Wandel immer an irgendeiner Straßenecke auf uns, sowohl der individuelle wie der kollektive. Genauso brauchen wir Phasen der Stabilität, um den Wandel zu verankern und in unser Leben zu integrieren. Der Zeitmoment ist dabei bedeutsam. Wandel und Integration sind Prozesse in der Zeit, sie haben ihren eigenen Rhythmus und sind durch Einsicht alleine nicht zu leisten. Dauert Sicherheit zu lange, entsteht Routine, die Wahrnehmung trübt ein, der Bewusstseinsprozess verlangsamt und verliert an Flexibilität. Macht hingegen der Wandel keine Pause, so fehlt der Veränderung die notwendige Zeit, um in der Wirklichkeit Fuß zu fassen und ein Teil unseres Selbstverständnisses zu werden. Dann »frisst die Revolution ihre Kinder«. Es ist also durchaus sinnvoll, dass das Ich sich auf sein Kerngeschäft konzentriert, nämlich auf Sicherheit und Kontinuität. Der Wandel findet uns ungerufen – zu seiner Zeit.

Wir brauchen also ein vertrautes Setting, eine relativ sichere Umgebung, um individuell mit Krisen umgehen zu können.

Passender wäre zu sagen: ein Vertrauen evozierendes Setting. Das Setting selbst braucht gar nicht so vertrauenswürdig zu sein. Ein sozial stabiles Umfeld, das sich in seiner Haltung unbeteiligt, reduzierend und voreingenommen zeigt, verunsichert weit mehr als jede noch so windschiefe, doch grundsätzlich annehmende Umwelt. Die Entwicklung von Vertrauen, ein anderes Wort für »ein Gefühl von Sicherheit«, wurzelt in der Erfahrung, angenommen zu sein und in seinem Beziehungsfeld positiv gespiegelt zu werden. Die Statistik sagt – und ist wie alle Statistiken mit Vorsicht zu genießen –, dass Kindern aus verwahrlosten Verhältnissen mit miserablen Zukunftsperspektiven eine potenziell positive Entwicklungsprognose gegeben werden kann, wenn sie nur eine einzige solche positiv spiegelnde Beziehung in ihrem Leben erfahren. Vertrauen ist die Basis dafür, sich allen Niederlagen zum Trotz immer wieder einzulassen mit dem Unbekannten und zu riskieren, sich zu wandeln. Fehlt die Erfahrung des Vertrauen evozierenden Settings im psychischen Erfahrungsschatz, verkommt das normale Bedürfnis nach Sicherheit hingegen zu einem pervertierten Ersatzritual. Zugleich ist Vertrauen nur die eine Seite der Medaille und kann seine inhärenten Möglichkeiten erst entfalten, wenn es auf seinen Zwillingsbruder trifft: die Katastrophe. Stellen wir uns vor, Vertrauen ist das in unserer Psyche angelegte Immunsystem, das uns davor schützen soll, von feindlichen Viren und Bakterien überwältigt und zerstört zu werden. Ein allzu sicheres, vertrautes, also eher steriles Setting, das keine regelmäßige Einübung mit Zusammenstößen feindlicher Bakterienstämme anbietet, hindert dieses Immunsystem, sich zu entfalten. Doch solange wir nicht gerade im Glashaus sitzen, gibt uns jeder Tag genügend Irritationen, Zwischenfälle und Widersprüche und schafft damit jene notwendigen Reize, die unsere Wahrnehmung sensibilisieren, uns emotional anreichern, mental provozieren – und die unser psychisches Immunsystem aktivieren. Diese Probe-Provokationen halten uns fit für die großen Krisen, die wie Sturmwellen im Meer plötzlich auftauchen können. Sagt man von unserer Art nicht, dass wir wie keine andere es schaffen, sich an veränderte Verhältnisse anzupassen und unter allen Bedingungen zu überleben? Und sind es nicht ebendiese gefürchteten Sturmwellen, die uns so lebenstüchtig gemacht haben?

Wie reagieren wir psychologisch, wenn das gesellschaftliche Fundament, auf dem wir unser ganzes Leben aufbauen, ins Wanken gerät?

Individuelle Krisen können entstehen, wenn sich die bewusste Einstellung einseitig verfestigt und nicht mehr offen und flexibel genug ist, um Probleme kreativ zu lösen. Individuelle Krisen können sich aber auch progressiv konstellieren, um uns für zukünftige Entwicklungen, die sich zu diesem Zeitpunkt noch im Keimzustand befinden, fit zu machen. Immer ist in solchen Prozessen die Selbstorganisation von komplexen lebenden Systemen mit im Spiel, die uns in Balance hält, indem sie gleichzeitig Ordnung und Unordnung erzeugt, so wie turbulente Wasserströmungen zwar chaotisch erscheinen, in Wirklichkeit aber hoch organisiert sind. In der gesamten Lebenswelt wird Chaos in Ordnung umgewandelt. Ähnliches gilt für kollektive Krisen, sie brechen auf, wenn die politischen und wirtschaftlichen Systeme ihre Fähigkeit verloren haben, sich in ihrem Handeln sinnvoll auf ein real bestehendes Umfeld auszurichten. Die Absicht der Krise ist auch hier dieselbe: Etwas, das saturiert und lebensfremd geworden ist, soll geopfert werden, damit neue Kräfte ins Spiel kommen können, die das notwendige Potenzial haben, die Anpassung an eine veränderte Welt zu leisten. Eine solche Entwicklung ist ein heikler schöpferischer Prozess – in dem die Energien in eine anwachsende Unordnung von Revolution und Restauration ausbrechen –, bis schließlich eine erneuerte Balance auf einer komplexeren Ebene hergestellt wird.*

Das klingt eigentlich nach einem gesunden und wünschenswerten Prozess …

… und doch kenne ich keinen, den kollektive Krisen nicht zutiefst erschrecken. Das Erschreckende ist, dass ein kollektiver Umbruch keine Rücksicht auf die Bedürfnisse des Einzelnen nimmt. Die individuelle Krise tut das weitgehend, weil sie daran interessiert ist, das Individuum als Träger des Bewusstseinsprozesses am Leben zu erhalten und in eine funktionierende Zukunft zu transponieren. In kollektiven Prozessen hingegen hat eine Gruppe, ein Volk, eine Rasse den überlebensnotwendigen Wandel zu leisten. Es ist diese Gleichgültigkeit kollektiver Prozesse gegenüber dem Einzelnen, die uns erschreckt. Der Einzelne wird in solchen Zeiten auf seinen Platz verwiesen und wird daran erinnert, dass er ein Teil ist, er ist nicht das Ganze, und notfalls kommt das Ganze auch ohne ihn zurecht. Natürlich ist auch die Leistung der Einzelzelle wichtig, aber eben, es ist eine Zelle. Dazu kommt, dass größere kollektive Krisen mühsame Langzeitprozesse sind; es kann Jahrzehnte dauern, bis sich nach einem anfänglichen Aufbruch eine erneuerte funktionierende Balance definitiv konstelliert hat. So geben uns kollektive Krisen vorerst ein Gefühl von Ohnmacht, das wir gerade noch ertragen, indem wir uns vormachen, dass sie uns nicht treffen.

* Ega Friedman: *Der Einbruch des Unerwarteten*, Walter-Verlag, Düsseldorf 1997

Könnte man also sagen, dass wir ähnlich auf individuelle wie kulturelle Krisen reagieren und sich gesellschaftliche Krisen im persönlichen Leben fortsetzen?

Die kollektive Krise verbindet. Das allgemeine Leiden macht das eigene erträglicher, Misserfolg wird teilbar und schafft menschliche Nähe. Das vereinzelte persönliche Leiden hingegen ist stärker mit Scham behaftet und isoliert den Einzelnen von der Gemeinschaft. Was eine Krise, individuell oder kollektiv, von momentanen Störungen, Zwischenfällen, Anpassungsprozessen und ähnlichen Problemen unterscheidet, ist, dass jede Krise, sei sie individuell oder kollektiv, in ihrem Kern eine Wertekrise ist. Eine Krise der Werte kann nicht durch Gegenaktionen gelöst werden, die den bedrohten Wert wiederherstellen sollen. Das Ziel einer Krise ist es, Vorstellungen von Wirklichkeit, deren Zeit abgelaufen ist, durch ein komplexeres Verständnis abzulösen. Viel später werden wir sagen, dass das, was nach der Krise entstanden ist, ohne diese Krise gar nicht möglich geworden wäre. Doch im Augenblick der kollektiven und individuellen Krise gibt es keine festgelegte Lösung. Eine Krise kann bis zu einem gewissen Grad vorausgesagt werden. Doch wenn sie da ist, sind wir nicht wirklich darauf vorbereitet.

Wenn das Leben, in dem wir Sicherheit suchen, eine Form von Fixierung annimmt, kann man dann das Unerwartete als etwas verstehen, was Fixierungen löst oder was einen anderen Rhythmus ins Leben hineinbringen kann?

Wenn wir uns richtig festgefahren haben, gelingt es nicht mehr, die kleinen Bewegungen des Lebens als Auslöser für anstehende Veränderungen zu nutzen. Das ist ein lebensgefährlicher Zustand, denn nun braucht es eine ausgewachsene Katastrophe, damit uns das Leben wieder weiter vorwärtsbewegen kann. Offenheit erlaubt dem Leben, Veränderungen auszulösen, ohne gleich die Katastrophe herbeizuführen. Je größer die Starre, desto sicherer kommt der Wandel mit dem Knüppel.

Was hält uns denn auf der persönlichen Ebene davon ab, Einbrüche des Unerwarteten, wie sie ja tagtäglich passieren können, als einen schöpferischen Impuls zu nehmen?

Die Bürde unserer Bedeutsamkeit! Das Bild, das wir von uns haben. Das eine Mal geben wir diesem Bild eine viel zu positive, das andere Mal eine viel zu negative Bedeutung. In den Zeiten, in denen wir einfach sind, ohne groß über uns nachzudenken, das tun, was wir eben tun, ohne zu sehr damit beschäftigt zu sein, was dabei herauskommen könnte, in solchen Momenten sind wir offen für jene sanften Verschiebungen, die das Leben ringsum in Bewegung halten. In solchen Zeiten machen wir die telefonischen Anrufe zur richtigen Zeit, erhalten im zufälligen Gespräch mit einem Unbekannten die Informationen, nach denen wir schon lange suchen, und was der *minimal movements* mehr sind, die uns entgehen, wenn wir mit unserer Bedeutsamkeit besetzt sind. Die Einbrüche des Unerwarteten finden tatsächlich tagtäglich statt, wir sollten nur nicht drauf starren; dies wiederum vertreibt sie. In den Märchen ist es regelmäßig der »Dumme« – wobei Dummheit hier mit Unvoreingenommenheit übersetzt werden muss –, der die Prinzessin schließlich findet, einfach weil er offen ist für die Zeichen, die die Welt ihm gibt. Wir sollten uns erlauben, immer etwas ratlos zu sein, fragmentarisch zu bleiben. Es ist der natürlichste Zustand, den man sich denken kann, und er hält uns in Kontakt mit den Informationsflüssen der Wirklichkeit.

Ließe sich sagen, dass alle fundamentalistischen Werte destruktiv geworden sind und einen Crash provozieren, damit es überhaupt möglich wird, eine neue Balance herzustellen?

Das ist die positive Lösung. Im negativen Fall wird die persönliche oder kollektive Krise gewaltsam unterdrückt, und es kommt zu einer chronischen Depression. Die Gralslegende ist so eine Parabel eines verschleppten Crash. Ein alter König, schwer verwundet, kann nicht sterben. Aus seiner Zeit herausgefallen, leidet er vor sich hin, während sein Land zur Wüste verkommt. Sein Leiden entspringt einer verbitterten Beziehung zum Weiblichen, was in einer alten Sage nichts mit der Frauenemanzipation zu tun hat; das Weibliche im Gral steht für die schon erwähnte Selbstorganisation lebender Systeme jenseits der Konzepte, Strategien und Glaubenssysteme. Erst als die verwunschenen Frauen befreit sind und das Leben wieder in Fluss kommt, kann der alte König schließlich sterben und einem Wandel Platz machen.

Auf der individuellen Ebene ist es wichtig, Krisen nicht zu pathologisieren. Eine Krise des Wertesystems darf nicht auf vergangene Ereignisse reduziert werden, sie ist der Aufbruch einer neuen Lebensvision. Eine solche Krise seines persönlichen Wertesystems erlebt jeder Mensch mindestens drei bis vier Male in seinem Leben. Es sind dies die großen Lebensübergänge: Pubertät, der Aufbruch ins Erwachsenenalter; Midlife-Crisis und die Frage nach dem Wohin; das Alter und die Suche nach der Seele. Wir haben leider keine Übergangsrituale mehr, die solchen schöpferischen Lebenskrisen die Bedeutung geben, die sie verdienen.

Lässt sich ein ähnlicher Verlauf auch bei kollektiven Krisen feststellen?

Was die kollektiven Prozesse auszeichnet, ist, dass die destruktiven Kräfte, die hier losbrechen, um vieles größer und gefährlicher sind als in den individuellen Formen. Kollektive Werte, die in die Krise kommen, sind durch lange Traditionen abgesichert, die entschlossen sind, ihren Platz zu behaupten. Es gab meines Wissens bis heute noch keine kollektive Wertekrise, die nicht mit einem Ausbruch von Gewalt einherging. Am Ende gewinnt zwar das Neue, und es gelingt früher oder später, eine neue Stabilität herzustellen, aber um welchen Preis?! Denken wir etwa an den längst überfälligen Zusammenbruch der europäischen Monarchie zu Beginn des 20. Jahrhunderts und was Menschen dafür bezahlt haben, bis sich am Ende sichere demokratische Verhältnisse etablieren konnten.

Was passiert, wenn das Überraschende, das Unerwartete in unser Leben einbricht?

Das Unerwartete, das, was wir noch nicht kennen, überlistet uns. Ohne diese List des Lebens blieben wir ein Leben lang dieselben. Das Leben überlistet uns dauernd mit Situationen, die wir so nicht vorgesehen haben. Wir erarbeiten Strategien, machen To-do-Listen, haben Visionen einer idealen Welt. Wir basteln an der Sicherung unseres bestehenden Weltbildes, indem wir geschickt ausblenden, was es infrage stellen könnte. Bei so viel Naivität ist es für das Leben ein Leichtes, uns auszutricksen. Es findet ohne Anstrengung genau die Ecke, die zu sichern wir vergessen haben. Und ist das Unerwartete erst da, ist es zu spät zum Lamentieren. Wir ändern uns nur durch Zwang oder eben durch List.

Solche Überlistungen werden ja als Krise erfahren und negativ bewertet. Welchen positiven Nutzen kann so ein entstehendes Chaos im Leben haben?

Die Negativwertung kann eine weise Vorsichtsmaßnahme sein. Die Märchen, die sich nicht an unsere Moral- und Kulturvorstellungen halten, sondern von den Naturgesetzen der Psyche handeln, warnen, ungerufen eine Krise zu beschwören. Damit aus Krise Wandel werden kann, braucht es den richtigen Zeitpunkt. Eine Krise kann nicht nur unter dem Teppich gehalten und damit destruktiv werden, sie kann für uns auch zu früh kommen. Der richtige Zeitpunkt ist jener Moment, in dem die Selbstverständlichkeiten der gültigen Vorstellungen genügend erschöpft sind und das Neue genügend Energie und Aufmerksamkeit auf sich gezogen hat. Sich mit dieser kritischen Balance des »Stirb-und-werde-Prozesses« vorwärtszubewegen, obliegt der regulierenden Fähigkeit der Selbstorganisation der Psyche; sie schafft sozusagen den magischen Ring, der das Leben zusammenhält, während ich in Stücke falle. Es ist dieses Verständnis von der Notwendigkeit, in der Krise von der Balance der Lebensordnungen gehalten zu werden, das in den Initiationsriten aller Kulturen zu finden ist. Wer also aus Selbstüberschätzung seine Stelle kündigt, seine Familie verlässt und sein Geld verschenkt, weil er denkt, dass er durch eine Krise sein eigentliches Potenzial finden wird, ist schlecht beraten. Eine selbst gerufene Krise kann keinen erfolgreichen Ausgang haben; die Bedingungen des notwendigen Settings sind hier grundsätzlich falsch.

Also gibt es gelungene und vertane Krisen?

Ich spreche lieber von verlorenen und gewonnenen Krisen. Eine verlorene Krise bedeutet Verlust an Ressourcen, ohne dass etwas gewonnen wäre. Die alte Situation ist unbefriedigender denn je und das Vertrauen, einen Wandel zu schaffen, verloren. Im Märchen von Frau Holle ist es die Pechmarie, die mit schwarzem Pech übergossen aus dem Negativabenteuer herauskommt bzw. in ihr stecken bleibt. Ihre Krise war nicht unvermeidlich, sie war berechnet. Schwarzes Pech: Das verweist auf Depression, die Verengung des Selbstbildes und Anfälligkeit für zwanghafte Ideen. Anders die gewonnene Krise, sie steht für ein erneuertes Vertrauen in das Leben, für Reichtum, d.h. Lebensmöglichkeiten eröffnen sich, an die zuvor nicht gedacht werden konnte. Bleiben wir bei der Analogie des Frau-Holle-Märchens, dann wäre sie in der Goldmarie symbolisiert, die kreativ und offen auf die Herausforderungen reagiert. Dieses Gewinnen oder Verlieren hat sehr viel mit den Anfangsbedingungen, mit dem Setting der Krise, zu tun.

Wie kommt es, dass wir im individualpsychologischen Bereich eigentlich schon längst begriffen haben, dass Krise und Chance zum Wandel eng beieinander liegen, dies aber auf der kollektiven Ebene konsequent zu ignorieren scheinen?

Was bereits für den Einzelnen gilt, nämlich: Es soll sich alles ändern, aber es soll bleiben, wie es ist, gilt für den kollektiven Wandel Millionen Mal mehr. Da stellt sich die Frage, wie kann ich mich als Einzelner in dieser unübersehbaren Bewegung positionieren? Zumindest aus psychologischer Sicht gilt auch hier, das Neue wächst aus den *minimal movements*, die anfänglich fast unbemerkt an den intellektuellen und gesellschaftlichen Rändern der Gesellschaft auftauchen. Gerade dass dieses Potenzial des Unerwarteten regelmäßig unterschätzt wird, bleibt dessen stärkste Waffe. »Nicht vom Zentrum her geschieht die Entwicklung, die Ränder brechen herein«, schreibt Ludwig Hohl (1904–1980). Entwicklungsarbeit z. B. arbeitet so, zumindest punktuell, indem sie an übersehenen Randregionen neue Bedingungen schafft. Von diesen Rändern brechen neue Entwicklungen hervor. Ein anderer Ansatz, als Zelle meinen Beitrag zu leisten, liegt sicher darin, im persönlichen Bereich für die kleinen Verschiebungen, die am Rande meines Lebens auftauchen, offenzubleiben. Was sicher ist: Jeglicher Fanatismus, jegliches Gefühl der Selbstgerechtigkeit, sei es individuell oder kollektiv, lässt die Welt veröden und stört die schöpferische Selbstorganisation lebender Systeme mehr als jeder Tsunami. Das Heldenmodell hat sich erschöpft.

Und da kann praktisch das Unerwartete Hilfe bedeuten?

Nur das Unerwartete! Informationen, die über die konditionierten Kanäle hereinkommen, haben zwingend die Tendenz, die bestehende Version der Geschichte zu stabilisieren; zwar auf durchaus kreative Weise, wie etwa variieren, differenzieren und erweitern – doch es bleibt die gleiche Geschichte. Es braucht das Unerwartete, das mit einem großen Schlag oder mit unzähligen, leicht übersehbaren Verschiebungen einen Spalt in der bestehenden Vorstellung der Welt öffnet. In dieser Unterbrechung kann die Geschichte eine neue Wendung nehmen, die es so zuvor noch nicht gab.

Ist nicht die Tendenz da, dass wir diesen Spalt ganz schnell wieder zukleistern?

Ja, wo ist der Leim? Mit etwas Glück macht uns ein Freund oder ein Therapeut darauf aufmerksam: »He, du hast eben ganz anders reagiert als sonst. Bei dir ist etwas nicht mehr so verbissen. Merkst du das?« Ein solcher Spiegel bringt ins Bewusstsein, was sonst in Gefahr ist, von den bestehenden Vorstellungen wieder zugeleimt zu werden.

Kann man das so zusammenfassen, dass wir statt Hilfe von außen eigentlich eine heilsame Verwirrung brauchen, die einen Prozess der Selbstheilung anstößt?

Diese uns so selbstverständliche Arroganz unserer bewussten Einstellung, nämlich dass alles von unserer Klugheit abhängt, macht uns blind gegenüber der heilenden Selbstorganisation lebender Systeme. So könnten wir z. B. wenn etwas in unserem Leben anders verläuft als geplant, anstatt uns zu ärgern, uns einfach fragen: »Was ist an meiner Vorstellung überholt? Ist das, was passiert, wirklich falsch? Wenn ich meine jetzige Vorstellung darüber, wie das Ergebnis, die Beziehung, das Angebot, die Entwicklung, sein sollte, aufgebe, wie würde ich dann die Realität, so, wie sie ist, erleben?« Eine solche Haltung öffnet meine Geschichte für schöpferische Möglichkeiten, die ich im Normalraster unbewusst ausgeschlossen habe. Ich muss die Antwort auf solche Fragen auch nicht gleich wissen. Ihr Zweck ist es, meine Wahrnehmung für die mich umgebende Wirklichkeit und ihren Reichtum zu schärfen.

Wenn die Krise über uns einbricht, dann werden ja auch die größten Tabus Makulatur, und heilige Kühe dürfen angetastet werden. Können Krisen Mythen bewusst machen oder gar aufbrechen?

Es gibt im Buddhismus den Spruch: »Wenn du einen Buddha triffst, schlag ihn tot.« Kann man einen Buddha töten, indem man ihn erschlägt? Und wenn nicht, was erschlägt man dann genau? Möglicherweise jene dogmatischen Vorstellungen, die selbst einen Buddha in Ketten legen können. C. G. Jung meinte wohl etwas Ähnliches, als er sagte, dass die Bedeutung von Christus sich erst erschließt, wenn die Kirchen leer geworden sind. Geschichten, Bilder und Klänge, die sich nicht mehr verändern dürfen – wie dies übrigens in den mündlichen Überlieferungen noch der Fall war –, werden zur Falle für den schöpferischen Geist. Dasselbe gilt für uns, wenn wir uns selbst, schon fast zwanghaft, ständig die gleichen Geschichten über uns erzählen. Ist die Welt dagegen frei, sich an jedem Tag aufs Neue zu erschaffen, um die zu werden, die sie noch nie war, dann wird sie ein geheimnisvoller und aufregender Ort.

Das heißt, dieser leere Raum, der entsteht, wenn Konzepte zerfallen, ist ein schöpferisches Feld?

Die Geschichte, wie ich sie kannte und erzählt habe, darf im leeren Raum verlorengehen. Der leere Raum ist die Pause in der Musik; es ist der Moment, in dem der Vogel nicht mehr singt und noch nicht wieder angefangen hat zu singen. Es ist der Moment, bevor die Welt sich noch einmal erschaffen wird. So lassen Künstler ihre Motive, die sie inspirieren, in den verschiedenen Schaffensepochen neu auferstehen. Es sind jedes Mal dieselben Motive und Leidenschaften, doch sie kommen in verwandelter Gestalt daher, aus einem neuen Blickwinkel gesehen, den es vorher noch nicht gab. In diesem Sinne sind wir alle Künstler mit verschiedenen Schaffensperioden. Die Leidenschaft der Frühzeit bleibt – mit etwas Glück – unsere lebenslange Motivation. Die Geschichten, die wir daraus schaffen, sind Zeichen der Häutungen, die wir geleistet haben.

Was für ein Modell von Psyche steht hinter dieser Wirkungsweise von Interventionen?

Es ist das Modell der Selbstorganisation lebender Systeme, wie sie in der Santiagotheorie von Humberto Maturana und Francesco Varela erstmals formuliert worden ist: Geist wird da nicht als abstraktes Konstrukt verstanden, sondern als lebendiger Prozess. Kognition, der Prozess des Erkennens, findet nicht in einem abstrakten Raum statt, sondern ist Teil des Lebensprozesses. Diese Gleichsetzung von Geist und Leben ist einerseits eine radikal neue Vorstellung in der Wissenschaft, gleichzeitig ist es eine der tiefsten und ältesten Intuitionen der Menschheit. Das Verständnis von Kognition kann nicht auf den rationalen Verstand beschränkt werden, sondern umfasst den gesamten Prozess des Lebens.

Das heißt, es geht darum, die Fixierungen des Ichs aufzubrechen und die tieferen Ebenen des Unbewussten zu öffnen.

Ich finde den Begriff des Unbewussten zu einschränkend. Kognition im Sinne der Selbstorganisation lebender Systeme vollzieht sich sowohl auf der bewussten wie auf der unbewussten Ebene, was immer wir darunter verstehen. Ich selbst ziehe die Formulierung »implizites Wissen« vor. Natürlich stellt sich die Frage, warum wir diesem Netz von Informationen aus inneren und äußeren Quellen, dessen Fülle unser Denken nur beschränkt zu nutzen vermag, nicht mehr vertrauen, als wir es tun. Doch wir haben uns darauf fixiert, Kognition und Denken gleichzusetzen und so entging die Komplexität von Erkenntnisprozessen unserer Wahrnehmung. Außerdem sind wir als einzelne Wesen leichter manipulierbar, wenn wir uns an das halten, was man uns gelehrt und für richtig oder falsch erklärt hat. Deshalb ist es so schwierig, solche kollektiven Fixierungen zu verlassen.

Heißt das auch, dass durch den Einbruch des Unerwarteten Sachen, Erfahrungen, Änderungen in den sichtbaren Raum rein katapultiert werden?

Das ist das Faszinierendste an der Sache überhaupt. Wenn wir die narzisstische Besetzung aufgeben und uns auf diesen Prozess einlassen, ein autonomer Organismus innerhalb eines umfassenden Lebensnetzes zu sein, dann zapfen wir eine Goldader an. Wir öffnen uns dem Leben. Mit fixierten Vorstellungen bauen wir unnötig Widerstände auf, verpassen das Potenzial, das in einem bestimmten Moment, in der aktuellen Lebenssituation enthalten ist. Wenn wir die Vorstellung, wie Welt funktionieren soll, loslassen, machen wir das Leben zu unserem Verbündeten.

Bedeutet das, Krisen wirken wie Initiationen, wie Prüfungen, die uns in eine nächste Phase der individuellen oder kollektiven Entwicklung führen?

Nach Maturana sind alle Lebensprozesse kognitive Prozesse. Es sind die Krisen, die uns mit diesem Wissen konfrontieren. Die Krisen sind die Türöffner.

Das heißt, das moderne Leben befindet sich nach wie vor in dem Spannungsfeld von ständigem Tod und ständiger Wiedergeburt?

Unsere Seele braucht Initiation. Die Initiation hilft ihr zu verstehen, an welcher Station ihrer Reise sie sich befindet. Wir legen heutzutage Wert auf eine strategische Lebensplanung, auf Gesundheits- und Altersvorsorge – vielleicht als Ersatzrituale für die vergessenen Initiationen? – und übersehen die andere Seite der Wirklichkeit. Auch die Seele will Wirklichkeit, auch sie erfährt sich und reift in den verschiedenen Lebens- und Zeiträumen. Menschen werden krank oder verlieren die Lebensfreude, wenn ihnen ihre Seele abhandenkommt und sie den Rest des Weges ohne sie zurücklegen müssen. Dass wir das heute nicht mehr so malerisch formulieren, sondern sachlich von Depressionen sprechen, ändert nichts am Sachverhalt. Manchmal offeriert uns das Leben durch eine »zufällige« Situation eine solche Initiation. Manchmal brauchen wir es, dass andere oder ein anderer uns durch eine Initiation führt. Sinnschaffende Psychotherapien können manchmal ein Ersatz für die verlorenen Initiationswege sein.

Der Sprung von der Sicherheit ins Nicht-Wissen ist doch aber auch immer ein Sprung ins »Ver-rückte«, oder?

Zumindest ist es ein Sprung der erregenden Angst. Nicht wenige Menschen, besonders junge, suchen nach diesen Momenten. Ebenso sind schöpferische Menschen, bewusst oder nicht, grenzsüchtig, auf der Suche nach dem Spalt zwischen den Welten.

Welche Potenziale verbergen sich hinter der Angst?

Es gibt verschiedene Quellen der Angst. Eine Form der Angst entsteht, wenn ich unvertrautes, inneres oder äußeres Territorium betrete: Auf einen Schlag sind die Sinne geschärft, die Konzentration angespannt, die Instinkte aktiviert. Angst war und ist immer auch Teil von Initiationsritualen. Angst kommt unweigerlich ins Spiel, wenn ich die Grenzen der vorgestellten Welt überschreite und damit Tabus breche. Angst ist sicherlich nicht in allen Fällen eine bewusstseinserweiternde Droge, im Zusammenhang mit dem Einbruch des Unerwarteten kann sie es jedoch sein, denn Angst hält wie nichts sonst unsere bisherige Geschichte an. Wenn wir eben noch mit unseren Vorstellungen beschäftigt waren, so führt der Einbruch der Angst dazu, dass wir unabgelenkt offen und wachsam werden für das, was mit uns und um uns herum geschieht, das Hier und Jetzt verdichtet sich. Es ist wahr, die Angst kann uns vernichten, wenn wir uns ihr zu entziehen versuchen. Andererseits, wenn wir bereit sind, uns mit ihr zu konfrontieren, dann macht sie uns auf unvergleichliche Weise mit unserem Mut, unserer Kreativität und Ausdauer bekannt. Wir lernen unsere blinden Flecken kennen.

Was heißt das für den Umgang mit Krisen? Wie weit sollten wir uns auf sie einlassen, um ihr kreatives Potenzial zu nutzen?

Wir sollten uns auf den Spuren der Goldmarie bewegen! Als diese in den Brunnen gefallen und unten in einem anderen Land angekommen ist, weiß sie weder, wo sie ist, noch in welche Richtung sie gehen soll. Das ist der klassische Krisenzustand. Das Quälende ist nicht nur die Krise selbst, sondern genauso die Vorstellung, dass es nicht gut ist, dass ich in der Krise bin, dass ich nicht in der Krise sein sollte, dass ich etwas falsch gemacht haben muss und dass ich spätestens bis Freitag aus der Krise zurück sein sollte. Je schneller ich diesen Widerstand aufgebe – zumindest zeitweise –, desto leichter entsteht eine neue Bewegung. Die Goldmarie schaut sich einfach um und nimmt das Land wahr, durch das sie geht. Aus dieser Offenheit gegenüber dem Unbekannten fällt ihr ein, was als Nächstes zu tun ist: Nimm das Brot aus dem Ofen, schüttle die Äpfel vom Baum. Sie hat keine aufregenden Erkenntnisse, braucht keinen Drachenkampf und keine Schatzsuche, und doch betreibt sie optimale Krisenverarbeitung. Jeder, der schon bewusst eine Krise erfahren hat, weiß, wie viel erreicht ist, wenn es gelingt, sich von all dem, was sein müsste, könnte, sollte, zu lösen und sich zu fragen: »Was mach ich als Nächstes? Brot einkaufen. Wäsche bügeln. Das Kind abholen.« Die Desorientierung ist deswegen nicht aus der Welt, doch das Leben funktioniert auf einer Ebene, auf die ich keinen Zugriff habe. Die bisherigen Filter von Wollen, Sollen und Müssen sind ausgefallen, den Fernsehstationen ist der Strom entzogen. In solchen Phasen differenziert sich die individuelle Wahrnehmung, die Welt bekommt neue Farben und Töne. Die Samen einer erneuerten Selbstbestimmung beginnen zu sprießen.

Was setzt uns nach den Schlägen des Lebens, die unsere Welt zerfallen lassen, wieder zusammen?

Wenn wir beginnen, uns von der Selbstorganisation des Lebens inspirieren zu lassen, dann beginnen wir die unordentlichen, irritierenden und beunruhigenden Aspekte dieser Selbstorganisation als Teil einer funktionierenden Ordnung zu verstehen. Wir beginnen uns zu entspannen. In der gesamten Lebenswelt wird Ordnung in Chaos und Chaos in Ordnung umgewandelt, auch in unserem Leben, vorausgesetzt, wir vergeuden nicht unsere ganze Energie im Widerstand gegen das, was wir als Unordnung definieren.

Diese Sicht steht ja nicht isoliert da, sondern im Rahmen eines entstehenden Paradigmas, das die Welt als Netzwerk aus lebenden Systemen begreift. Ist das ein Rahmen, in dem das mechanistische Paradigma der Sicherheit nicht mehr gilt und durch ein kreatives Ungleichgewicht ersetzt wird?

Wir leben in einer Multidimensionalität von denkbaren Systemen. Die Quantentheorie hat zwar Newton überholt, aber Newton funktioniert weiterhin in den meisten Angelegenheiten des Alltags. Die Physiker geben sich die größte Mühe, die Quantenmechanik und die Relativitätstheorie unter einen Hut zu bringen. Doch die eine funktioniert nun einmal besser im Mikroraum und die andere wiederum im Makrokosmos. Die größte Herausforderung unserer Zeit ist es, der Rechteckigkeit der theoretischen Kasten und Kästchen zu entkommen. Die Welt lässt sich nicht zu Ende erklären, die Welt ist.

Die System- wie die Chaostheorie spricht von nichtlinearen Systemen. Lässt sich das also nicht nur auf komplexe kulturelle Systeme, sondern auch auf menschliche Reifung beziehen?

Die neue Physik hat für das Verständnis von Psyche als ein komplexes, nichtlineares System mehr beigetragen als jede andere Disziplin, dadurch, dass sie für das für unser bisheriges Denksystem Unbegreifliche von Lebens- und Bewusstseinsprozessen sinnlich fassbare Modelle gefunden hat. Das Denken hingegen funktioniert weiterhin nach dem Newton'schen Prinzip. Das Ganze lässt sich also nicht über den theoretischen Diskurs lösen. Das Verständnis dafür, dass Lebensprozesse kognitive Prozesse sind, manifestiert sich in einer veränderten Wahrnehmung von individuellen wie kollektiven Erfahrungen: Leben als ein komplexes Netzwerk mit der Fähigkeit zur Selbstregulierung. So wird eine Gemeinschaft, die ein aktives Kommunikationsnetz unterhält, schnell aus ihren Fehlern lernen und passendere Muster entwickeln. Auch der Einzelne, der sich als ein komplexes selbstregulierendes Netzwerk versteht, wird durch die Relativierung seines narzisstischen Ichverständnisses

Krisen und Reifungsprozesse, Turbulenzen und existenzielle Herausforderungen selbstverständlicher angehen, weniger bedroht, und in einem gewissen Sinne spielerischer leisten. Ein komplexeres Gefühl von Sicherheit stellt sich ein, entstanden aus der Erfahrung, dass der Wandel ein sicherer Ort sein kann und uns auf dynamische Weise Zeichen und Orientierung gibt, die die scheinbare Unordentlichkeit von Entwicklungen durchaus vertrauenswürdig werden lässt.

Was bedeutet das für gegenwärtige und künftige Krisenzeiten? Aufgabe der Kontrolle? Hoffnung? Zukunft?

Meine Hoffnung ist, dass das Verständnis für die Selbstorganisation von lebenden Systemen zu einem teilnehmenden – und nicht nur analysierenden – Selbstverständnis führt und zu einem aufmerksamen Umgang mit der Welt, die uns umgibt. Die Seele, die spätestens seit Kant in den Himmel verbannt war, käme zurück in die Welt. Das wäre ein guter Grund, sich im Leben, so, wie es ist, wieder zu Hause zu fühlen.

II. TEIL

Paradigmenwechsel: Von der Maschine zum Organismus

Sag nie, dass etwas unmöglich ist!

Im Dialog mit dem Quantenphysiker Hans-Peter Dürr

Prof. Dr. Hans-Peter Dürr, Jahrgang 1929, war Schüler des Quantenphysikers Werner Heisenberg. Als Doktorand von Edward Teller, dem Erfinder der Wasserstoffbombe, war er zudem mit dem Denken der ersten Generation von Atomwissenschaftlern vertraut und konnte durch seine wissenschaftlichen Kontakte Friedensinitiativen auf höchster Ebene initiieren. Der Münchner Quantenphysiker und ehemalige Direktor des Max-Planck-Instituts für Astrophysik hat auch zahlreiche zivilgesellschaftliche Einrichtungen gegründet. Hans-Peter Dürr erhielt neben vielen anderen Auszeichnungen 1987 den Alternativen Nobelpreis für sein internationales Engagement gegen die »Star Wars«-Pläne des US-Präsidenten Ronald Reagan. Dürrs jüngste Initiative war 2005 die Ausarbeitung des »Potsdamer Manifests«, in dem rund 100 Wissenschaftler aus aller Welt ein am holistischen Weltbild orientiertes »Neues Denken« einfordern. Er gilt heute als eine der wesentlichen moralisch integeren Stimmen der kritischen Wissenschaft bei der Suche nach neuen Denkansätzen für eine langfristig lebensfähige Kultur. www.gcn.de

Wo steht die Wissenschaft angesichts der allgegenwärtigen Krisen? Stellt sie uns Lösungen zur Verfügung?

Die Horizonte der Forschung haben sich immer weiter hinausgeschoben. Die von den Wissenschaftlern betriebene Forschung war und ist außerordentlich erfolgreich und hat uns viele aufregende, manche geradezu fantastische Erkenntnisse gebracht. Wir sind aber nicht mehr so sicher, ob sie uns auch tiefere Einblicke in die Wirklichkeit der Welt gegeben hat. Hat man doch den Eindruck, dass vor allem jene Kenntnisse zunehmen, die einerseits geeignet sind, uns das Leben üppiger, unbeschwerter und abwechslungsreicher zu machen und uns andererseits ermöglichen, größere Macht über andere und anderes zu gewinnen. Vieles von dem Wissen, das wir heute sammeln, lässt sich als *Verfügungswissen* bezeichnen – ein Wissen, das nicht so sehr den Einblick in unsere Welt erweitert und vertieft, sondern uns die Natur dienstbar macht. Es fragt sich, ob uns dabei heute nicht schon ganz Wesentliches abhandengekommen ist. Wissen war ursprünglich ja weniger als Verfügungswissen gedacht, mit dem wir in die Natur eingreifen können, um sie zu beherrschen und sie zum eigenen Nutzen zu manipulieren. Vielmehr sollte Wissen vornehmlich dazu dienen, Einsichten über uns in der Welt und über den Sinn der Welt zu gewinnen, um auf diese Weise eine Orientierung zu bekommen und uns so erlauben, uns für die Zukunft besser zu positionieren.

Was also ist das primäre Ziel wissenschaftlichen Forschens?

Ich habe den Eindruck, dass die Beherrschung und die Eroberung der Erde für uns im Augenblick immer noch absoluten Vorrang hat. Es stellt sich uns deshalb die Frage: Wie können wir diesem Trend gegensteuern, um auch die anderen Dimensionen wieder vermehrt zu erfassen? Wenn wir die alten Instrumente, in welcher verbesserten und vermehrten Form auch immer, weiter benützen, bleiben wir in einem kognitiven Gefängnis. Wir irren uns nämlich nicht nur aufgrund einer Ignoranz gegenüber faktischem Wissen, sondern schwerwiegender, weil die Wirklichkeit eine ganz andere Struktur hat als das, was von uns erfasst werden kann. Wenn wir über die Wirklichkeit sprechen wollen, verwenden wir eine Sprache, die der eigentlichen Wirklichkeit nicht angemessen ist.

Sind wir uns also gar nicht einig über das, was wir in der Welt wahrnehmen?

Die Krise, vor der wir stehen, ist sicher an der Wurzel eine Krise der Wahrnehmung. Unsere moderne Kultur hat irgendwann einmal die von uns wahrgenommene Wirklichkeit, unsere Welt, zur dinglichen Realität kastriert, damit wir sie gedanklich erfassen und sie – für uns lebensdienlich von außen – manipulieren können. Wir brauchen umfassendere Sichtweisen, um wieder in Verbindung zur eigentlichen, lebendigen Wirklichkeit zu treten. Ohne diese Rückbindung sind wir ohne Wurzeln und haben keine Zukunftschancen. Heute gilt es, diese offenere Welt wieder zu entdecken, um frei zwischen Realität und Wirklichkeit pendeln zu können.

Wo liegt der Unterschied zwischen Wirklichkeit und Realität aus Ihrer Perspektive?

Wir begreifen etwas, das wir fassen können. Das ist die Realität. Gleichzeitig wissen wir sehr wohl, dass es sehr viel in unserem Erleben gibt, das nicht von dieser praktisch fassbaren Art ist. Wir haben eine lebendige Sprache, die weit über das hinausreicht, was wir begreifen können. Wir haben Worte wie *Hoffnung, Vertrauen, Liebe*. Empfindungen, die wir nicht als Objekte greifen können – und trotzdem können wir uns darüber verständigen. Das ist die viel größere Wirklichkeit. Mit den modernen Erkenntnissen in der Physik ist deutlich geworden, dass ein Wissen, wie wir es im objektiv-realen naturwissenschaftlichen Sinne gebrauchen, der Wirklichkeit streng genommen nicht angemessen ist. Wir brauchen ein neues Welt- und Menschenbild, um uns hier besser hineinzudenken.

Worauf müsste das basieren?

Letztlich auf den revolutionären Erkenntnissen der neuen Physik, die aber auch schon über 100 Jahre alt sind. Es waren Max Planck, der 1900 die ersten entscheidenden Hinweise lieferte, und der junge Werner Heisenberg, dem 1925, also 25 Jahre später, eine überraschende Erklärung oder besser eine unorthodoxe Interpretation gelang. Das Erstaunliche dabei ist, dass diese neuen Erkenntnisse bis zum heutigen Tage noch kaum intellektuell rezipiert worden sind. Und dies nicht etwa, weil sie zu keinen wesentlichen Konsequenzen geführt hätten. Im Gegenteil, die Folgen waren nicht nur für die Wissenschaft, sondern auch für die technische Entwicklung atemberaubend. Daraus haben sich nicht nur die gesamte Atomindustrie samt ihren schrecklichen Waffen, sondern auch die chemisch-medizinische Großindustrie, die gesamte Mikroelektronik und die modernen Kommunikationstechnologien entwickelt. Trotzdem scheint es, als würden die erkenntnistheoretischen Konsequenzen einfach ausgegrenzt. Der Grund für die mangelhafte theoretisch-inhaltliche Aufnahme der modernen Physik im Vergleich zur praktischen und technischen Akzeptanz liegt zweifellos darin, dass die moderne Physik so andersartig ist, dass jeder zunächst sagt: »Das kann doch nicht wahr sein! Das ist so paradox, dass wir es nicht verstehen!« Die moderne Physik fordert ein grundsätzlich neues Denken.*

Also kann das konventionelle wissenschaftliche Denken die Krise nur bedingt lösen?

Für jede wissenschaftliche Beobachtung ist unsere Art zu denken und an die Dinge heranzugehen wesentlich. Denken ist eine Art des Fragmentierens, des Auseinandernehmens. Die Wissenschaft beruht auf der analytischen Vorgehensweise, sie benutzt reduktionistische Methoden. Das heißt aber, dass all das, was beim Zerlegen kaputtgeht, sich mit wissenschaftlichen Methoden nicht direkt erfassen lässt. Was nicht objektivierbar ist, ist für die konventionelle Forschung unzugänglich. Diese Vorgehensweise ist vergleichbar mit einem Fischer, der mit einem Netz mit einer Maschengröße fischt. Alles, was kleiner ist als seine Maschengröße, kann er nicht fangen. Trotz dieser reduktionistischen Methoden der Forschung beansprucht die Wissenschaft aber, allgemein verbindliche Aussagen über die Wirklichkeit machen zu können. Damit gleichen ihre

* Hans-Peter Dürr (mit Rudolf zur Lippe und Daniel Dahm): *Potsdamer Manifest 2005. We have to learn to think in a new way*, Potsdamer Denkschrift, Oekom-Verlag 2005

Aussagen aber dem Prinzip eines Fleischwolfs, in den man oben die Wirklichkeit hineinsteckt und durchdreht, wodurch vorne, je nach Endscheibe, verschieden geformte Würstchen herauskommen. Wir sind heute – in einer Analogie gesprochen – in der Situation, dass bei vielen Wissenschaftlern der völlig falsche Eindruck entsteht, dass die ursprüngliche Wirklichkeit aus diesen Würstchen aufgebaut sei. Demgegenüber brauchen wir die Erkenntnis, dass die erkennbaren Fragmente der Wirklichkeit immer ein Ergebnis unserer speziellen Herangehensweise und Verarbeitung sind. Also versuchen wir heute, im 21. Jahrhundert, verzweifelt die Folgen der modernen Technologie mit der veralteten Denkart – und dazu gehören insbesondere auch die Wirtschaftstheorien – in den Griff zu bekommen. Damit müssen wir zwangsläufig scheitern.

Was ist der wesentliche Unterschied zwischen der alten und der neuen Sichtweise? Und was bedeutet das für unseren Umgang mit Zukunft?

Das klassische Weltbild ist uns allen geläufig: Die Welt ist »da draußen«, und ich sehe und beschreibe sie. Als stiller Beobachter habe ich mit der materiellen Welt da draußen nichts zu tun, sie existiert vor mir und ohne mich, und ich muss einfach »was dort ist«, eins nach dem anderen benennen und wahrnehmen, was »vor sich geht«. Die Materie ist für uns also das Primäre in der Welt. Wir nennen deshalb die Wirklichkeit auch »Realität«, anders ausgedrückt: eine »dingliche Wirklichkeit«. Dass etwas »passiert«, zeigt uns, dass die Welt mit ihren drei Raumdimensionen nicht einfach unverändert da ist, sondern sich in der Zeit verändert. Eine neue Gegenwart stellt sich ein, deren Existenz uns bislang verschlossen war. Wir versuchen deshalb aus der jeweiligen Gegenwart und ihrer Abfolgen heraus zu erkennen, was wohl die Zukunft bringt. Die klassische Physik erkannte hierbei eine strenge Regelmäßigkeit, die in der Formulierung eindeutig determinierter Naturgesetze ihren Ausdruck fand: Die Welt zeigte sich als dynamisches Uhrwerk, das nach strengen Gesetzen abläuft, mit der Konsequenz, dass ich, wenn ich diese Gesetze kenne und alle Bedingungen erfasse, prinzipiell die Zukunft prognostizieren und umgekehrt auch herausbekommen kann, was in der Vergangenheit war.

Kommt der Mensch damit nicht in die Rolle des Uhrmachers oder Maschinisten, der scheinbar unbeteiligt manipuliert?

Genau! Entscheidend ist, ob ich mich als Mensch selbst als ein Teil des Uhrwerks sehe oder ob ich ein Außenstehender bin, der mit dem Uhrwerk spielen und es manipulieren kann. Und selbstverständlich liegt es nahe zu sagen: Als Mensch bin ich ein Außenstehender, weil ich keine Maschine bin und offensichtlich die Möglichkeit habe, absichtsvoll zu handeln. Wenn ich dies bejahe, und das tun wir kulturell bislang, kommt es in diesem alten Rahmen zu einer prinzipiellen Spaltung von Mensch und Natur. Aus dieser Vorstellung heraus erwächst notwendig eine Arroganz des Menschen: Er ist dann nicht nur die »Krone der Schöpfung«, sondern avanciert zu ihrem Herrn oder wenigstens zu ihrem Mitschöpfer. Einige, darunter vor allem die mächtigen weltlichen Herren, fanden und finden das sehr befriedigend, andere dagegen als inakzeptabel, insbesondere die Nicht-Mächtigen, aber auch die Frauen, die man zunächst einfach pauschal zur Natur zählte.

Zumal ja in diesem Weltbild alles Emotionale konsequent ausgegrenzt wird – sowohl unsere Angst vor Kontrollverlust als auch unser Mitgefühl für das Leben …

Es könnte ja auch sein, dass die Wissenschaft prinzipiell zu einfältig ist, um das eigentlich Wichtige überhaupt wahrzunehmen, geschweige denn dieses in Begriffe zu fassen.* In der Euphorie des erfolgreichen und glorreichen Aufschwungs des rationalen Denkens nach der Aufklärung war Wissenschaft ein mächtiges Instrument,

* Hans-Peter Dürr (mit Marianne Österreicher): *Wir erleben mehr, als wir begreifen. Quantenphysik und Lebensfragen*, Herder-Verlag, Freiburg 2008

um sich gegen jegliche Bevormundung durch die traditionellen Mächte zu wehren. Wissenschaft schickte sich an, die Religionen völlig zu verdrängen in dem Glauben, dass mithilfe des von der Wissenschaft aufgedeckten Wissens Gott und die Religionen letztlich überflüssig werden. Die Wissenschaftler erschienen nun endlich *die* Menschen zu sein, die berechtigt waren, kompetent über das wirklich Wahre zu sprechen. Auf der Grundlage des klassischen Welt- und Menschenbildes war es also für die Naturwissenschaftler und insbesondere die Physiker naheliegend, durch die präzise Erforschung der materiellen Welt und ihrer Naturgesetze die Welt vollständig in den Griff zu bekommen. Zu diesem Zweck war es notwendig, nach der reinen Materie zu suchen. Die Suche nach der reinen Materie bedeutete die Suche nach dem »Unteilbaren«, nach dem »A-tom«. Es war die Suche nach dem Kleinsten, aus dem sich alle Formen zusammensetzten. Bei den kleinsten Bausteinen der chemischen Elemente glaubte man sich am Ziel und nannte sie Atome, sie erschienen unspaltbar, sie waren Kandidaten der reinen Materie. Daraus entstand eine Welt, die letztlich einem Legokasten ähnelte, an den wir immer noch glauben wollen. Doch dann kam der große Wandel …

… der worin bestand?

Zuerst stellte Rutherford mit seinen Alphastrahlen fest, dass Atome doch eine innere Struktur hatten: ein winzig kleiner Atomkern inmitten einer diffusen Hülle aus Elektronen. Atome waren also aus noch kleineren Bestandteilen aufgebaut, die man Elementarteilchen nannte. Aber dann kam die große Überraschung: Dieses System aus Kern und Hülle konnte nach den Regeln der klassischen Physik nicht stabil sein, es müsste spontan in sich zusammenstürzen. Dieses System konnte nur stabil sein, wenn man eine ganz eigenartige Dynamik zugrunde legte: Es konnte diese Teilchen gar nicht geben, sie wurden nur durch eine stationäre immaterielle Schwingung vorgetäuscht. Daraus folgerte: Atome sind nicht mehr aus Materie aufgebaut. Die Materie verschwand, und nur eine Form blieb übrig. Das alte Physikgebäude kam zum Einsturz, hatte man doch felsenfest darauf vertraut, dass die Welt eine »ontische« Struktur habe, ein »Sein«, bei der es sinnvoll ist zu fragen: Was ist? Was existiert? Sein und Existenz hingen eng mit dem Begriff Materie zusammen. Und nun stellte sich heraus: Materie ist nicht aus Materie aufgebaut, das Fundament der Welt ist nicht materiell. Stattdessen finden wir hier Informationsfelder, Führungsfelder, Erwartungsfelder, die mit Energie und Materie nichts zu tun haben. Das war selbstverständlich eine verwirrende Vorstellung. Wenn Materie nicht aus Materie aufgebaut ist, dann bedeutet das: Der Primat von Materie und Form drehte sich um.

Das heißt, die Grundlage des Weltbildes, aus der die sozialen und kulturellen Strukturen entstehen, brach eigentlich weg?

Und es gab keine Fluchtmöglichkeiten! Man musste die Grundanschauung der Physik an dieser Stelle ändern. Die Natur – so musste man schlussfolgern – ist im Grunde nur Verbundenheit, das Materielle stellt sich erst hinterher heraus. »Nur Verbundenheit« klingt in unserer Sprache künstlich: zusammengesetzt und trotzdem elementar? Denn wir können kaum über Verbundenheit nachdenken, ohne zu überlegen, was womit verbunden ist? Es gibt nur wenig Substantive in unserer Sprache, die Verbundenheit elementar ausdrücken: Liebe, Geist, Leben. Letztlich sind eigentlich nur Verben geeignet: leben, lieben, fühlen, wirken, sein. Wir sagen also: Wirklichkeit ist nicht dingliche Wirklichkeit, Wirklichkeit ist reine Verbundenheit oder Potenzialität, nur die *Kann*-Möglichkeit, sich unter gewissen Umständen als Materie und Energie zu manifestieren, aber nicht die Manifestation selbst. Diese fundamentale Verbundenheit führt dazu, dass die Welt eine Einheit ist. Es gibt streng genommen überhaupt keine Möglichkeit, die Welt in Teile aufzuteilen, weil alles mit allem zusammenhängt. Damit ist prinzipiell die Basis entzogen, die Welt reduktionistisch verstehen zu wollen, sie auseinanderzunehmen, nach ihren Bestandteilen zu fragen.

Also ist Zukunft dann auch nicht mehr reduktionistisch berechenbar?

Ganz richtig. Das bedeutete erst einmal: Die Zukunft ist durch Naturgesetze nicht eindeutig bestimmt, sondern sie ist in einem gewissen Grade offen. Nicht beliebig offen, aber so, dass ich die Möglichkeiten habe, so oder so zu gehen. Und wir sind aufgefordert, das auch zu tun. In dieser modernen Welt gibt es keine Materieteilchen, die zeitlich mit sich selbst gleich bleiben. In kreativen Prozessen entstehen und vergehen Dinge: Etwas entsteht aus dem Nichts und vergeht im Nichts. Dafür können wir die Vorstellung von »Evolution« aber nicht mehr wie bisher verwenden. Wir haben ein neues Bild von der Welt, in dem sich die Schöpfung nicht in der Zeit entwickelt. Vielmehr ist es dann so, dass sich die Welt *in jedem Augenblick neu schöpft* – aber mit der »Erinnerung«, wie sie vorher war. Das heißt, sie wird nicht total anders, sondern sie ähnelt der Welt, wie sie vorher war. Was gleich bleibt, ist die Ausnahme – materielle »tote« Objekte, auf die wir unser Weltbild bislang bauten. Aber das ist es, woran wir uns orientieren! Die eigentliche Wirklichkeit – diese kreative Verbundenheit oder Potenzialität oder wie auch immer wir sie nennen – hat deshalb mehr Ähnlichkeit mit dem Lebendigen als mit dem Toten. Sie ist im Prinzip kreativ, hat keine Grenzen, ist offen, ist dynamisch, ist das unauftrennbare Ganze – ich könnte diese Wirklichkeit als *Geist* charakterisieren*. Dies hieße: *Die Grundlage der Welt ist nicht materiell, sondern geistig.* Und die Materie ist gewissermaßen die Schlacke des Geistes, sie bildet sich hinterher durch eine Art Gerinnungsprozess.

* Hans-Peter Dürr (mit Marianne Österreicher): *Auch die Wissenschaft spricht nur in Gleichnissen. Die neue Beziehung zwischen Religion und Naturwissenschaften*, Herder-Verlag, Freiburg 2008

Was bedeutet diese erstaunliche Sicht für unseren Umgang mit der Welt?

In dem alten materiellen Weltbild haben wir – um die Welt zu erklären – mit dem Getrennten angefangen, dann die Wechselwirkung hinzugefügt und uns erstaunt gefragt, wie es diesem wilden Gemisch aus getrennter Materie und Wechselwirkung gelang, immer kompliziertere Formen zusammenzubasteln, bis schließlich am Ende auch der Mensch möglich wurde. Im neuen Weltbild sieht dies ganz anders aus: Es war, ist und bleibt immer das Eine oder das Nicht-Auftrennbare, das sich zu *differenzieren* beginnt, ohne je die Gemeinsamkeit aufzugeben. Es wird die Differenzierung organisiert, nicht das Zusammenkommen von Getrenntem, wie im alten Bild. Das heißt, wir haben ein ganz anderes Bild von der Welt, da sie nicht vom Getrennten ausgeht. Die Welt ähnelt gewissermaßen mehr einer befruchteten Eizelle, die anfängt, sich zu teilen: Sie teilt sich aber gar nicht, es wird nur eine Membran eingeführt, sodass die linke Hälfte von der rechten etwas abgeschirmt wird, wie eine Hecke, aber keine Mauer. Es ist immer noch das *eine* System, aber man kann links ziemlich unbekümmert etwas anderes machen als rechts. Das heißt, wenn wir in der modernen Anschauung mit dem Ganzen anfangen, können Untersysteme sich immer zurück auf das Ursprüngliche beziehen und auf diese Weise Bedeutung und Sinnhaftigkeit aus dem Verbleiben im Gesamtzusammenhang ableiten.

Gilt dieses Bild einer Ganzheit, die sich dann ja auch immer gegenseitig beeinflusst, nur für die winzige Welt der Atome oder auch für die menschliche Lebenswelt?

Bislang erschien es so, als wäre die Lebendigkeit dieser Mikrowelt unbedeutend, weil diese unendliche Menge dieser Beziehungsprozesse dort so ausgemittelt werden, dass nichts von der Lebendigkeit am Grunde in unsere Welt nach oben schwappt. Dass dem aber nicht so ist, versuche ich immer am Beispiel des Pendels darzustellen. So ein Pendel, nach oben gedreht, hat einen statischen Instabilitätspunkt, der es aus der perfekten Balance nach links oder rechts fallen lassen kann. Die Freiheit des Pendels, nach links oder rechts zu fallen, wird deshalb von den feinsten Einwirkungen und damit in letzter Konsequenz von diesen komischen »lebendigen« Kräften gesteuert, die in der Quantenphysik von Wichtigkeit sind. Wenn ich ein Pendel mit mehreren Instabilitätspunkten – also weiteren beweglichen Gelenken – habe, dann werden die Schwingungsformen des Pendels absolut unberechenbar und seine Bewegungen erscheinen »chaotisch«. Ich mache jetzt einen großen Sprung. Ich behaupte, dass dem Lebendigen solche »chaotischen« Bewegungen zugrunde liegen. Das Lebendige gleicht im Grunde nicht einer fest verschraubten Maschine, sondern rührt von chaotischen Bewegungen her, die auf statischen Instabilitäten beruhen. Das heißt, Lebendigkeit, Ausdruck des Lebens, entspringt einem hoch sensibilisierten Zustand, weil sie auf Instabilität beruht, in der die Hauptkräfte sich wechselseitig kompensieren. Die Bewegung ist jedoch nicht chaotisch im Sinne von »zufällig«, sondern spiegelt vielmehr die mikroskopische Lebendigkeit wider.

Bedeutet das dann nicht auch, dass das Paradigma eines Kampfes und des Wettbewerbs nicht mehr zu halten sind?

Es geht nur mit Kooperation.* Die Kooperation von zwei Instabilitäten kann zu einer Bewegung führen, die dynamisch stabil ist. *Lebendigkeit ist dynamisch stabilisierte Instabilität.* Jeder von uns ist einmalig. Das ist die Differenzierung, die da ist. Aber diese Einmaligkeit bedeutet nicht, dass wir im Hintergrund abgetrennt sind. Sondern wir sind auch verbunden miteinander. Das Schöpferische führt zur Differenzierung. Das Zweite ist, dass das Differenzierte die Fähigkeit hat zu kooperieren: auf eine Art und Weise einen

* Hans-Peter Dürr: »Quantenwirklichkeit und Alltagswelt«, in: Monika Sauer-Sachtleben & Geseko v. Lüpke: *Kooperation mit der Evolution*, Diederichs new science, München 1999

neuen Zusammenhang zu bilden, wo die Verschiedenartigkeit nicht darwinistisch ausgesiebt wird, sondern eine Struktur entsteht, wo die Verschiedenartigkeit beibehalten wird und auf einer höheren Ebene miteinander kooperiert. Das ist eben die nächste Stufe der Entwicklung. Daran müssen wir uns orientieren: *Differenzierung und kooperative Integration sind das Charakteristikum des Lebendigen!* So funktioniert Evolution: Differenzierung, aber nur bis zu einem gewissen Grade. Dann schließt sich eine kooperative Integration der Unterschiede an, sodass sich wieder etwas neues Ganzes bildet, das die Vielfalt nicht zerstört.

Passt diese Sichtweise dann überhaupt noch zusammen mit dem herrschenden Paradigma der allgegenwärtigen Konkurrenz?

Nein, und das Schlimmste ist dieser Begriff des Wettbewerbs. Der ist in doppelter Hinsicht falsch. Wettbewerb als eigenes Ziel zu nehmen, ist schon ein Irrtum. Wettbewerb als ein Mittel ist gemeint, um die besonderen Fähigkeiten, die man hat, in die Gemeinschaft einzubringen und ihr damit die Möglichkeit zu geben, aus einer Situation herauszukommen. So, wie wir aber bislang Wettbewerb definieren, können wir ja gar kein Interesse haben, die eigenen Fähigkeiten mit den Interessen des anderen zu kombinieren, um zu etwas Höherem zu kommen. Die Entwicklung des Lebendigen aber funktioniert wie ein Orchester: Es geht darum, das Neue hineinzunehmen, um die Klangfülle zu erweitern. Nur auf diese Art und Weise ist der Mensch in dreieinhalb Milliarden Jahren zustande gekommen, aber doch nicht auf die Weise, dass jeder, der ein neues Musikinstrument mitbringt, erst mal niedergemacht und rausgeschmissen wird. Wettbewerb zerstört das gegenseitige Vertrauensverhältnis, das da ist, weil wir eben verbunden sind. Die Kooperation ist letzten Endes nur eine Selbstwahrnehmung eines größeren Ichs. Es ist nicht Altruismus, sondern ich erkenne mich in dem Anderen. Die Nächstenliebe ist eine Eigenliebe, aber »Eigen« bedeutet eigentlich immer das Ganze. Definiere ich mich so im Rahmen eines größeren Ganzen, dann ist von mir gefordert, dass ich meine eigenen Fähigkeiten voll entwickeln muss, um dieser Gemeinschaft ein Geschenk zu machen. Dass ich also meine Eigenentwicklung als einen wesentlichen Baustein sehe, das Ganze, in dem ich eingebunden bin, zu bereichern und in der Bereicherung des Gemeinsamen – das ich ja selber bin – meine Spezialisierung zu würdigen und zu entwickeln.

Was bedeutet das in der Konsequenz für die heutigen Fragen und Probleme?

Wir müssen davon abgehen, dass nicht die Maximierung in Bezug auf ein fixiertes Ziel das Wichtigste ist, sondern die sensible Balance von Unterschiedlichem. Das bedeutet, dass ich in dem Anderen, in seiner Unterschiedlichkeit, einen Vorteil sehe. Wenn ich auf einem Bein stehe, egal auf welchem, falle ich irgendwann um. Wenn beide Beine aber miteinander kooperieren und nicht dasselbe machen, dann kann ich laufen und eine Bewegung zustande bringen, die das einzelne Bein nicht kann. Auf diese Weise ist die Kooperation des einen mit dem anderen, in dem sie genau das Gegenteil machen, genau geeignet, um das zu erreichen, was keines von ihnen von alleine kann. Das ist das Grundprinzip des Lebendigen: Ein geglücktes Zusammenspiel von Unterschiedlichkeit führt zu einer gesteigerten Lebendigkeit.

Was bedeutet das wiederum für unsere Chancen, Wirklichkeit zu verändern?

Dass jeder aufgefordert ist, auch an dieser Schöpfung mitzuwirken, gewissermaßen diesen Plan auch mit weiterzuzeichnen. Ich bin ein Teilhabender mit unscharfen Grenzen nach außen. Wir sind alle beteiligt an dieser Sache. Es ist nicht ein »Gott«, der dieses schafft. Alles, was da ist, hat die Eigenschaft, diesen Plan fortzusetzen, aber unter der Bedingung, dass ich die Neuschöpfung immer auf dem Hintergrund mache, der schon da ist. Wir sagen in der Physik: Da baut sich ein »Erwartungsfeld« auf, in dem der nächste Schöpfungsakt eine höhere Wahrscheinlichkeit hat, in diese oder jene Richtung zu gehen. Aber auf diese Wahrscheinlichkeiten haben wir einen Einfluss. Die ganze Evolution besteht darin, dass in jedem Augenblick neue Fragen gestellt werden und jede Frage eröffnet einen Raum »Ja« oder »Nein«. Die Antworten fordern eine entsprechende Verantwortung.

Wie geht das in einer Situation, in der ich nicht weiß, wie die Zukunft sein wird?

Indem ich mich so flexibel mache wie möglich! Flexibilität bedeutet Kooperationsfähigkeit. Das Entwicklungsschema besteht darin, die verschiedenen Talente kooperativ in Bezug auf eine Zukunft einzusetzen, die zu meistern ist, an die man sich aber eben kreativ anpassen muss. Das ist der Grund, warum wir überlebt haben: Wir sind die flexibelsten Lebewesen, die auf der Erde sind. Es ist das natürliche Entwicklungsprinzip des Lebendigen. Das Paradigma des Unlebendigen lautet: *In Zukunft passiert das Wahrscheinlichere wahrscheinlicher.* Das Lebendige geht jedoch in die umgekehrte Richtung. Hier gilt: *In Zukunft ist das Unwahrscheinliche nicht unwahrscheinlich.* Die Evolution des Lebendigen fing mit einfachen Systemen an, und schon nach dreieinhalb Milliarden Jahren haben wir einen Menschen, ein ungeheuer komplexes System, das Unwahrscheinlichste, das man sich überhaupt vorstellen kann. Wenn man sich ausrechnet, wie unwahrscheinlich das ist, wird man sagen: Vergiss es, absolut unwahrscheinlich, unmöglich! Und trotzdem ist das in dreieinhalb Milliarden Jahren zustande gekommen. Das Gleiche gilt für das ganze Netz des Lebens. Eine ungeahnte Kooperation von Instabilität macht das ganze System zu dem, was wir die Biosphäre nennen. Eine fantastische Kooperation!

Das klingt so optimistisch, dass dieses Netzwerk fast unverletzlich erscheint – was doch aber nicht so ist!?

Das Biosystem unserer Erde dürfen wir uns nicht vorstellen wie eine Granitpyramide: Ganz unten die einfacheren Arten und dann immer höhere darüber und ganz oben thronend der Mensch als das komplexeste System, das man sich überhaupt vorstellen kann. Wir Menschen haben den Eindruck, wir könnten beliebig auf etwas herumturnen, das absolut solid und stabil ist. Aber eigentlich gleicht das Biosystem mehr einem Kartenhaus, jede Karte eine Instabilität, die sich alle wechselseitig stützen. Das Biosystem ist aber stabiler als ein Kartenhaus, weil es (durch die Sonnenstrahlung) dynamisch stabilisiert wird. Hier werden gewissermaßen durch gegenwirkende Kräftepaare die Karten immer wieder hin und her geschoben, neu justiert, damit – wenn sich das Gewicht oben verlagert – das Ganze nicht einstürzt. Die Natur ist aufgrund dieses Stabilisierungsprozesses, der über Jahrmilliarden eingeübt wurde, ungeheuer robust. Deshalb ist das Bio-Kartenhaus trotz des großen Unfugs, den wir Menschen im Augenblick betreiben, bisher noch nicht zusammengestürzt. Aber ich kann selbstverständlich abschätzen, was noch an Belastungen fehlt, bevor das ganze Kartenhaus zusammenbricht, also die Biosphäre in ihrer Artenvielfalt und Kooperationsfähigkeit ernstlich beschädigt wird und damit der Mensch sich in tödliche Gefahr begibt.

Also wäre die Krise das reale Ergebnis unserer mangelnden Einsicht in die Struktur der Wirklichkeit?

Wir erleben zurzeit eine Eskalation von struktureller Gewalt mit politischen und vor allem wirtschaftlichen Komponenten. Geopolitische, soziokulturelle wie ökonomische Machtstrategien, die unbegrenzte Expansion globalisierter Marktwirtschaft und ihrer Produktivitätszwänge bedrohen und zerstören die räumliche und stoffliche Begrenztheit unserer Erde. Die zerstörerischen Auswirkungen sind offenkundig. Die Machtstrategien und das damit verknüpfte

Menschenbild hängen eng mit dem materialistisch-mechanistischen Weltbild zusammen. Es war bislang die vorgeblich wissenschaftlich legitimierte Ideologie für große Bereiche des wissenschaftlichen und politisch-strategischen Denkens. Die modernen Gesellschaften befinden sich seitdem in einem kalten Krieg gegen Vielfalt und Wandel, Differenz und Integration, gegen offene Entfaltung: also gegen alles, was die lebendige Evolution in der Natur und mit ihr die Menschen bestimmt. Das dafür benötigte Verfügungswissen liefern primär die empirischen Wissenschaften, die dieses Weltbild besonders auch über die politischen, sozialen und ökonomischen Wissenschaften auf alle Lebenszusammenhänge und -prozesse auf der Erde projizieren. Dies schlägt sich wiederum in Formen des Handelns nieder, deren Ergebnisse solche Realität auf kurze Sicht streng zu legitimieren scheinen.

Was heißt das alles für unseren Umgang mit der Welt und zugleich die Chance, Wirklichkeit neu zu kreieren?

Diese vielfältigen Krisen, mit denen wir heute konfrontiert sind und die uns zu überfordern drohen, sind Ausdruck einer geistigen Krise im Verhältnis von uns Menschen zu unserer lebendigen Welt. Und diese hängt wesentlich mit unserer Weigerung zusammen, diesen im Vergleich zur gewohnten dinglichen Realität revolutionär erweiterten Charakter der Wirklichkeit nicht wie bisher nur formell im wissenschaftlichen Kontext, sondern bewusst mit allen Konsequenzen zu akzeptieren. Dies nötigt uns zu einer Bescheidenheit bezüglich des prinzipiell Wissbaren. Wenn die neue Physik uns zeigt, dass die Zukunft prinzipiell nicht vorhersagbar und die Natur keine Maschine ist, dann bedeutet das, alle gesellschaftlichen und ökonomischen Strukturen, die sich an diesem überholten Weltbild orientieren, infrage zu stellen. Die Einsichten in der Mikrophysik legen eine Weltdeutung nahe, die grundsätzlich aus dem materialistisch-mechanischen Weltbild herausführt. Aus dem neu gewonnenen, aber schon alten Wissen über die Welt erschließt sich uns eine Ethik, die einer umfassenderen neuen »naturalistischen«

Weltsicht und weniger isolierten Menschensicht eine neue Zukunft eröffnet. Wir müssen lernen, dass wir, wie alles andere auch, nicht nur Teile dieser wundersamen irdischen Geobiosphäre sind, sondern untrennbar mit ihr verbundene TeilnehmerInnen und Teilhabende. Erst dieses dynamische Wechselspiel zwischen den Menschen und ihrer lebendigen Mitwelt ist wirklich Wohlstand schaffend und fordert und fördert den Menschen in seinem ganzen Wesen. Wir müssen unser Denken erweitern und unser jetziges Verhalten grundlegend korrigieren. Wir müssen das Denken in starren Strukturen grundsätzlich so emanzipieren, dass flexible Beziehungen an deren Stelle treten können. In der Folge sollte dies zur sanften Auflösung monostruktureller und zentralistischer Konstruktionen führen: zentralistisch organisierter Herrschaft, unbeweglichen transnationalen Konzernen, riesenhaften Risikotechnologien.

Das klingt nach einer gigantischen, kaum zu bewältigenden Aufgabe…

Gleichzeitig zeigt unsere neue Sicht aber auch, welches enorme Potenzial wir haben: Der einzelne Mensch, wie alles andere auch, ist prinzipiell nie isoliert. Er wird im allverbundenen Gemeinsamen in seiner nur scheinbaren Kleinheit zugleich vielfältig einbezogen und bedeutsam. Unser Handeln darin beeinflusst die gesamte gesellschaftliche Verfasstheit und verändert die sich ständig dynamisch wandelnden Möglichkeiten der lebendigen Wirklichkeit. So ist die Einzigartigkeit des Einzelnen als Faser im Gewebe des Lebens tragender Bestandteil unseres gemeinschaftlichen kulturellen Evolutionsprozesses. Und es heißt: Sag nie, dass etwas unmöglich ist, sondern in dem Augenblick, wo du dieses Unwahrscheinliche denkst, hast du den Keim in die Welt gesetzt, der den Hintergrund verändert. Wenn du sagst, es kann nur das passieren, was du in der Vergangenheit erfahren hast, bist du selber derjenige, der eben die Vergangenheit in die Zukunft hereinschleppt. Und dann bist du nicht besser als die Materie, die das sowieso dauernd macht. Die sagt: »Es gilt nur, was in der Vergangenheit war.« Das nennen wir eben Materie. Aber dann nutzt du deine Beweglichkeit, nun wirklich aus diesem Muster herauszutreten, gar nicht aus. Das ist die Schwierigkeit, die wir heute haben: dass unsere »Realisten« eigentlich diejenigen sind, die eben genau das negieren, was das Leben ausmacht: dass die Zukunft anders ist als die Vergangenheit.

Kann die neue Wissenschaft also Strategien benennen, wie die Krise zu wandeln ist, wenn wir von ihr zu neuen Sichtweisen gezwungen werden?

Der Entwicklung neuer dezentraler Produktions-, Verteilungs- und Entscheidungsstrukturen kommt besondere Priorität zu. Ökonomie muss sich an ihren lokalen und regionalen soziokulturellen Bezügen und Bedürfnissen messen, um zukunftsfähig zu sein. Hierzu braucht es ein größtmögliches Maß an dezentraler Initiative und Fähigkeit zur Eigenversorgung. Die ökologische Grundlage der Erde darf nicht weiter zentralisiert verwaltet und nicht monopolisiert werden, weder privat noch staatlich, noch überstaatlich. Der Aufbau sich ergänzender Wirtschaftsstrukturen ist notwendig. Hierfür ist eine Verringerung der Monopolstrukturen weniger Unternehmen zugunsten einer Vielfalt von wirtschaftlichen und zivil getragenen Unternehmungen notwendig. Um die natürlichen Lebensgrundlagen nicht weiter zu destabilisieren, brauchen wir ökonomisch geschlossene Produktions- und Stoffkreisläufe und eine entsprechende Minimierung ökologischer Risiken. Wir müssen so handeln, dass Lebendigkeit vermehrt und vielfältig erblüht. Wir können uns darauf verlassen, dass diese Kraft in uns wirkt. Denn die Allverbundenheit, die wir Liebe nennen* können und aus der Lebendigkeit sprießt, ist in uns und in allem anderen von Grund auf angelegt.

* Hans-Peter Dürr und Raimon Panikkar: *Liebe – Urquelle des Kosmos. Ein Gespräch über Naturwissenschaft und Religion*, Herder-Verlag, Freiburg 2008

Krisen lösen die nächste Welle der Evolution aus

Im Dialog mit der Evolutions- und Zukunftsforscherin Elisabet Sahtouris

Dr. Elisabet Sahtouris gehört zu der wachsenden Gruppe moderner Naturwissenschaftler, die konventionelle Wissenschaft mit der Gaia-Theorie und dem Wissen traditioneller Kulturen verbinden. Die griechisch-amerikanische Philosophin, Biologin, Zukunfts- und Systemforscherin und Beraterin bei den Vereinten Nationen lebt in San Francisco und lehrt im Bereich lebender Systeme und alternativer Ansätze zur Evolutionstheorie. In diesem Zusammenhang berät sie auch die Vereinten Nationen sowie Unternehmen und Regierungen in den USA, Brasilien und Australien. Sie lehrte an den Universitäten von Massachusetts und am MIT, arbeitete als Wissenschafts-Journalistin und Fachautorin und hält international Vorträge zu neuen Ansätzen in Biologie und Zukunftsforschung. In Deutsch ist von ihr das Buch »Gaia. Vergangenheit und Zukunft der Erde« (1989) erschienen, im Amerikanischen kommen Bestseller wie »Earth Dance« und »A Walk through Time« hinzu. www.sahtouris.com

Sie sind nicht nur Evolutionsbiologin und beschäftigen sich mit den Tiefen der Vergangenheit. Auch als Zukunftsforscherin versuchen Sie, die Tiefen der Zukunft auszuloten. Müssen wir die Tiefen der Vergangenheit kennen, um uns die Tiefe der Zukunft zu eröffnen?

Wenn Sie wirklich ein Verständnis evolutionärer Prozesse gewinnen wollen, dann müssen Sie sowohl kurzfristig als auch in Kategorien von Milliarden Jahren denken können. Ich glaube, ich bin Evolutionsbiologin, also Vergangenheitsspezialistin geworden, um eine gute Futuristin sein zu können. Je mehr wir darüber wissen, woher wir kommen und wie wir uns in der Vergangenheit verhalten haben, wie wir uns entwickelt haben, wie andere Gattungen sich entwickelt haben, desto mehr gewinnen wir Einsichten in die Möglichkeiten, die vor uns in der Zukunft liegen.*

Nun ist die Evolution in den vielen Millionen Jahren ja schon durch viele existenzielle Krisen gegangen. Wie sind aus dieser Perspektive die wesentlichen Krisen der Gegenwart zu bewerten?

Im Moment ist die größte Krise, vor der wir stehen, fraglos die Erwärmung des planetaren Klimas. Im Gegensatz zu einer neuen Eiszeit, die man noch vor ein paar Jahrzehnten befürchtete, bewegen wir uns auf ein »heißes Zeitalter« zu – also das absolute Gegenteil des alten Szenarios, in dem es nicht einige Grade kälter, sondern heißer wird. Und das wird zu überaus dramatischen Konsequenzen nicht nur im Bereich des Klimas, sondern auch in der Geografie des Planeten führen und damit bestimmen, wo, wie und ob die Lebewesen auf dieser Erde leben werden. Und in diesem Zusammenhang wird es natürlich auch darum gehen, wie wir Menschen in der Lage sein werden, uns diesem heißeren Klima anzupassen.

Bisher dominiert die Haltung, diese Aussichten zu verdrängen. Wir hoffen weiterhin, dass es dazu nicht kommen wird, obwohl uns die Wissenschaft immer genauer bestätigt, dass diese Zukunft vor uns liegt. Also verweigern wir uns zukünftigen Realitäten. Was zeigt sich, wenn wir die Verdrängung überwinden?

Es stimmt, dass sich die Menschen, besonders in den gemäßigten Zonen, bislang in einem Zustand der Verdrängung befinden. In den extremeren klimatischen Regionen der Erde wird die globale Erwärmung längst nicht mehr in Frage gestellt, weil sie für die Menschen so offensichtlich ist. In Grönland schmilzt das Inlandeis

* Elisabet Sathouris: *Gaia. Vergangenheit und Zukunft der Erde*, Insel-Verlag, Frankfurt 1992

in rasantem Tempo. Im Eismeer lösen sich große Eisflächen auf und führen dazu, dass die Eisbären nicht mehr länger Robben auf den Eisschollen jagen können und verhungern. Orkas, die wir auch »Killerwale« nennen, ziehen in diese jetzt wärmeren Gewässer. Sie ernähren sich zunehmend von den Robben, was dazu führen wird, dass die Polarbären sehr bald aussterben werden. Damit werden aber auch die menschlichen Nahrungsketten massiv gestört. Indigene Älteste verüben im hohen Norden in wachsender Zahl Selbstmord, weil sie nicht mehr wissen, wie sie unter derart extremen Bedingungen überleben sollen. Im Pazifischen Ozean müssen in Kürze ganze Inseln evakuiert werden, weil der Meeresspiegel schneller gestiegen ist als erwartet. In den tiefer liegenden Ebenen von Bangladesh hat die Menge von Tsunamis, Überschwemmungen und Feuern dramatisch zugenommen, seit die bisherigen Wetterrhythmen aus dem Gleichgewicht gekommen sind. Gleichzeitig beobachten wir eine massive Eisschmelze bei den Gletschern in den Gebirgen der Welt, die die Flüsse mit Wasser versorgen. Wenn die Gletscher verschwinden, werden die Flüsse austrocknen. Also werden große Teile der Welt versteppen und verwüsten. Und viele der zwanzig großen Städte, sagen wir die dreizehn an der Küste liegenden Megastädte, wird es buchstäblich wegwaschen. Und ihre Bewohner werden auf höher gelegene Gebiete ausweichen müssen, was zu einer massiven Entwurzelung und zahllosen sozialen Notlagen führen wird. Und in alledem werden wir gezwungen sein herauszufinden, wie wir in Zukunft besser und nachhaltiger auf einem heißeren Planeten leben können.*

* Elisabet Sathouris und James Lovelock: *Earth Dance. Living Systems in Evolution*, San Francisco 2000

Wie könnten wir besser auf einem heißeren Planeten leben? Heißt das, dass wir uns durch die Krise wandeln und eine nachhaltige Zukunft in einer Welt bauen, die wegen all des Wassers aber sehr anders aussehen wird?

Ja, genau darauf wird es hinauslaufen. Und das Interessante an dem Phänomen der Erwärmung ist die Tatsache, dass sie die Evolution beschleunigt. Sie erwähnten ja eben schon die Krisen, die der Planet bereits früher erlebt hat. Und da gab es eine Reihe von Krisen, in denen das Klima so einbrach, dass zwischen 50 und 95 Prozent aller Arten dadurch ausgelöscht wurden. Nun haben die Wissenschaftler die aktuelle Klimakrise als das sechste große Aussterben in der Geschichte des Planeten bezeichnet. Denn schon vor all den Sorgen wegen der globalen Erwärmung hat das Artensterben wegen der Zerstörung von Ökosystemen und den Unterbrechungen natürlicher Kreisläufe durch den Menschen in einem enormen Ausmaß zugenommen. Also stehen wir heute vor einer Situation, in der Ökosysteme zerstört werden, in der wir uns an ein verändertes Klima anpassen müssen und in der wir zugleich den ökonomischen Zusammenbruch des ganzen Systems erleben, das wir in den letzten hundert Jahren aufgebaut haben. Was da also passiert, ist ein Zusammenfluss von krisenhaften Entwicklungen. Diese Konvergenz von Krisen, die zur gleichen Zeit in ein kritisches Stadium gehen, zwingt uns wirklich, alle grundlegenden Gewohnheiten unserer bisher gewohnten Lebensweise radikal infrage zu stellen. Das reicht von der Art des Geldes, das wir benutzen, über die Form der Ökonomie, die wir erhalten wollen, bis hin zu der Art, wie wir neue Technologien entwickeln. Denn sie müssen sauberer und grüner sein und beispielsweise Wege bereitstellen, wie wir Wüsten begrünen können, da wir ja wissen, dass die Wüsten wachsen werden. Das Gute an all diesen Problemen ist, dass sie nach wie vor lösbar sind. Wir können es durchaus schaffen.* Wir sind eine enorm kreative Spezies.

* Elisabet Sahtouris, *The Biology of Globalization, Perspectives on Business and Global Change*, San Francisco 1997

Gibt es bestimmte Muster, wie die Evolution auf Krisen reagiert – sodass wir vielleicht erkennen können, wie der Planet mit früheren Krisen umging, und daraus lernen können?

Ich verstehe die Evolution so, dass sie sich in einem zyklischen Prozess der Reifung bewegt, in dem junge Spezies sehr kämpferisch und konkurrenzbetont agieren, was dann jeweils auch zu einem hohen Maß an Erfindungsreichtum und Kreativität führt. So haben zum Beispiel selbst die ersten Bakterienkulturen auf dem Planeten in den frühen Phasen hoher Konkurrenz solche unglaublichen Dinge erfunden wie ein erstes World Wide Web – und zwar in der Form eines konstanten Informationsaustauschs zwischen allen Bakterien auf dem Globus über das Medium der DNA. Sie tauschen heute noch DNA aus, so wie alle anderen Gattungen nach ihnen es auch tun. Außerdem haben sie schon damals etwas erfunden, was sich am ehesten mit einem Elektromotor vergleichen lässt: nämlich Bakterien, die an ihrem hinteren Ende so etwas besaßen wie einen winzigen molekularen Motor, der sie schneller vorwärts brachte und ihnen ermöglichte, in andere Bakterien einzudringen. Es gab ganz verschiedene »Technologien«, die sie erfanden: Sie nutzten die Solarenergie zur Herstellung von Nahrung aus Wasser, Sonnenlicht und Mineralien, nachdem alle freien Kohlenhydrate und Säuren aufgefressen waren, die sich auf der Oberfläche des Planeten gebildet hatten. Diese enorm konkurrenzbetonte Evolutionsstufe mündete dann aber in die Entdeckung, dass es weit energieeffizienter war, freundlich miteinander zu kooperieren – zum Beispiel den Feind zu füttern, anstatt ihn zu töten. Und von diesem Moment an waren die Bakterien in der Lage, kooperative Beziehungen miteinander einzugehen, die schließlich zur Entstehung von Einzellern führte, aus deren Nachkommen auch wir Menschen bestehen. Danach wurde wiederum eine Milliarde Jahre in konkurrierender kreativer Feindschaft zwischen den großen einzelligen Lebewesen verbracht, die auch irgendwann die Kooperation entdeckten und miteinander multizelluläre Lebewesen bildeten. Und in der Pionierphase von Ökosystemen waren diese multizellulären Wesen wiederum enorm kreativ und kämpferisch, bis auch sie denselben Lernschritt machten: nämlich dass Kooperation viel effizienter ist und weniger kostet als gegenseitige Feindschaft. Und so entstanden dann schließlich sehr reife und hoch kooperative Ökosysteme wie Regenwälder und Prärien und Korallenriffe, in denen alle Gattungen miteinander zu einem großen Netz verknüpft sind und sich gegenseitig schützen, ernähren oder Unterschlupf bauen und in denen die eine Spezies das Futter für die andere erschafft.

Was können wir aus dieser Pendelbewegung zwischen Kampf und Kooperation im Lauf der Evolution lernen?

Ich glaube, dass wir heute im Prozess der Globalisierung exakt an dem gleichen Punkt sind, weil wir uns aus einer Phase feindlicher Konkurrenz, die beispielsweise in die Finanzkrise führte, nun auf eine Phase erwachsener gereifter Kooperation zu bewegen. Sie wird wiederum begünstigt von Erfindungen wie dem Internet, das dieses Zusammenspiel ermöglicht und erleichtert. Sie wird aber auch durch die mehr als eine Million Nichtregierungsorganisationen (NGOs) gefördert, die ohne jede zentralistische Führung gemeinsam daran arbeiten, den Planeten zu einem besseren Platz zum Leben werden zu lassen. Auch unter evolutionären Gesichtspunkten muss man sich klarmachen, dass diese enorme Bewegung ohne jeden Namen die größte Bewegung in der Menschheitsgeschichte ist.

Aber das hieße in der Analogie, dass wir trotz all unserem Stolz auf unser Denken, unsere Weltbilder und unsere Errungenschaften quasi in einem ähnlichen Stadium sind wie die frühen Bakterien – nämlich in einem System, das von Konkurrenz statt von Kooperation regiert wird. Sind wir komplexe multizelluläre Organismen, die sich wie Bakterien benehmen?

Zugespitzt könnte man das durchaus so formulieren. Was ich aber mit dieser Auflistung auch betonen will, ist, dass auf jeder Ebene der Evolution, angefangen mit den Ur-Bakterien und dann mit jedem neuen Entwicklungsschritt, alle Organismen durch einen Lernprozess gegangen sind – ganz ähnlich, wie jedes Kind nach seiner Geburt durch eine Phase der Jugend gehen muss, bevor es lernt, erwachsen zu agieren.* Wir wundern uns ja auch nicht, dass Teenager sich kämpferisch aufführen und in Konkurrenz aneinander messen, ohne ihnen abzusprechen, dass sie etwas später reife Erwachsene werden können, die in ihren Gemeinschaften in kooperativer Weise miteinander arbeiten können. Ich glaube also, dass wir exakt denselben Reifungsprozess, durch den jeder von uns als menschliches Wesen geht, auch auf jeder Stufe der Evolution auf dem Planeten erkennen können. Deshalb – ja: Unser gegenwärtiges konkurrenzorientiertes Wirtschaftssystem, in dem die Unternehmen hauptsächlich dafür geschaffen sind, Profite zu machen, die Einzelpersonen zugute kommen, gehört eindeutig in die jugendliche oder pubertäre Phase eines lebenden Systems. Und die eher reifere Phase, in der man kooperiert, ist das, worum wir zurzeit so mühsam ringen. Wir können ja bereits erste Formen von kooperativen Allianzen wie die Europäische Union, die NATO oder das Internet – und all die kooperativen Prozesse darin – entdecken, auch wenn vieles dort dem alten Denken entstammt. Ebenso gibt es zahlreiche kooperative Prozesse in den Vereinten Nationen, den interreligiösen Dialogen oder der internationalen wissenschaftlichen Zusammenarbeit bei der Raumfahrt. Auch in der Kommunikationstechnik zeigt sich diese kooperative Entwicklung, wo wir uns von einer Kommunikation von einem zum anderen erst in Richtung einer Sendetechnik von einem an viele und jetzt in den Bereich der Netzwerke entwickeln, wo viele mit vielen in kooperativem Kontakt sind. Sichtbar wird Kulturwandel zur Kooperation auch in der wachsenden Sehnsucht nach Frieden, weil so viele Menschen des Kämpfens überdrüssig sind und klar erkennen, dass Kriege nur Profite für das alte Konkurrenzsystem schaffen, aber eben überhaupt nicht dem Aufbau einer sauberen grünen Wirt-

* Elisabet Sahtouris: *A walk through time. From Stardust to us*, Verlag John Wiley & Sons, New York 1998

schaft dienen, die den Menschen der Welt wirklich dient. All das ist noch nicht umgesetzt, aber absehbar. Wir stehen also vor einer Situation des Wandels, in der eine alte Welt und eine neue Welt simultan und nebeneinander existieren.

Die Art, wie Sie Evolution beschreiben, unterscheidet sich stark vom klassisch darwinistischen Gedankengut, nach dem die Weiterentwicklung primär durch Mangel und Zufall regiert wird. Verstehe ich Sie richtig, dass Sie davon ausgehen, dass die evolutionäre Dynamik sich nicht nur in Organismen, sondern auch in lebenden Systemen findet? Müssen wir also unsere Vorstellung von Leben und Evolution korrigieren?

Ja, das ist auch der Grund, weshalb das Verständnis lebender Systeme so enorm wichtig ist. Denn wir haben bisher alle unsere Organisationen, unsere Wirtschaftsunternehmen, unsere Regierungen, ja selbst unsere Schulen und Krankenhäuser und alle sozialen Institutionen seit Hunderten von Jahren auf der Basis mechanisierter Befehls- und Kontrollmodelle aufgebaut, in denen wir eine zentrale Autorität haben, die bestimmt, was jeder im System zu tun hat, und dann entsprechende Rechenschaft verlangt. Dieses Modell kommt an sein Ende. Die jungen Menschen heute wollen nicht länger innerhalb solcher Institutionen nur wie Zahnräder funktionieren. Sie wollen als intelligente Teilnehmer einer lebendigen Organisation behandelt werden. Für diese neuen Organisationsformen können wir uns an den Prinzipien lebender Systeme orientieren. Denn man kann durchaus sagen, dass jede einzelne Zelle in einem menschlichen Körper ein intelligenter Teilnehmer in einem kooperativen Unternehmen mit hundert Billionen Zellen ist, von denen jede einzelne so komplex ist wie eine große Stadt.*

* Elisabet Sahtouris und Wilis Harmann: *Biology revisioned*, North Atlantic Books New York 1998

Heißt das, dass wir die gleichen kooperativen Strukturmodelle in Organismen vorfinden können wie in Gesellschaften – und dass biologische Systeme uns deshalb als Modell dienen können?

Das ist nach wie vor nicht einfach zu verstehen, weil diese Art von Biologie relativ neu ist, erst in den letzten Jahrzehnten entstand und noch nicht wirklich durchgesickert ist ins öffentliche Bewusstsein. Aber viele Menschen können mittlerweile etwas mit dem Begriff der »Fraktale« anfangen, die versuchen zu vermitteln, dass im Mikro- wie im Makrokosmos ähnlich komplexe Organisationsmuster herrschen: Es gibt diese filmischen Animationen dazu, wo man sich auf einem Raumschiff befindet, vor sich einen Punkt sieht, näher hinkommt und erkennt, dass es sich dabei um eine ganze Galaxie handelt. Dann, wenn man sich in diese Galaxie hineinbewegt, sieht man in der Ferne einen weiteren Punkt, auf den man sich zubewegt und dann plötzlich ein Sonnensystem vorfindet, in dem sich Planeten um einen Stern bewegen. Dann fährt die Kamera auf einen einzigen Planeten und auf ein menschliches Individuum zu, das wiederum aus hundert Billionen Zellen besteht. Und wenn die Kamera in die einzelne Zelle hereintaucht, findet man in ihr als eine ihrer Funktionen 30 000 kleine Recyclingcenter. All diese Systeme sind höchst komplex und ineinander verschachtelt. Man muss sich das vorstellen: Wir bestehen aus Billionen solcher komplexer Einheiten, in der jede einzelne Zelle in 30 000 kleinen Prozessen konstant jeden Tag Proteine erneuert. Und in jeder dieser Zellen gibt es Energieträger und Botenstoffe, die zirka tausend Banken gleich, frei eine Art »Geld« in das System geben, um die Ökonomie der Zelle funktionieren zu lassen. Also laufen wir Menschen herum und tragen unzählige Miniaturmodelle in uns, die uns zeigen könnten, wie eine kooperative Ökonomie aussehen könnte, wie gesunde lebende Systeme funktionieren und wie sie gestaltet sein könnten. Und exakt das Gleiche passiert in entwickelten Ökosystemen, wo wir ein kooperatives Netzwerk entwickelter Lebewesen vorfinden. Da gibt es niemanden, der das Ganze lenkt oder kontrolliert. Und doch »weiß« jedes Subsystem, was zu tun ist, genauso wie jedes Organ im menschlichen Körper weiß, was es zu tun hat. Ebenso fraglos ist, dass jeder Teil des Ganzen gebraucht wird und das Ganze nicht funktionieren würde, wenn eines seiner Organe nicht da wäre. Wir sehen schon: Da gibt es eine Menge von Modellen, mit denen man kulturell und gesellschaftlich einiges anfangen kann.

Besonders in Deutschland gibt es große Bedenken, die Natur als gesellschaftliches Modell zu nutzen. Denn in der Geschichte des Dritten Reiches wurde Hitlers Rassenpolitik und letztlich auch der Holocaust ideologisch mit einem sozialdarwinistischen Ansatz legitimiert, nach dem Mutter Natur grausam sei und die brutalste Spezies oder Rasse gewinnen würde. Deshalb ist man hier sehr misstrauisch gegenüber allen biologistischen Weltbildern. Brauchen wir heute ein neues Verständnis von Biologismus?

Das ist ein ganz wichtiger Punkt. Fraglos hat der Sozialdarwinismus nicht nur zur Ausbeutung des Menschen durch den Menschen in einer Maschinenwelt beigetragen, in der man Kinder an Maschinen kettete. Sondern er führte tatsächlich auch zur Rassentheorie Hitlers und der grausamen Praxis, die daraus erwuchs. Aber der klassische Biologismus beruht auf einem Missverständnis, weil er nur einen Teil der Evolution anerkennt und ihn für das Ganze hält. Darwins Theorie wurde in selektiver Form von den Theoretikern einer aufblühenden kapitalistischen und imperialistischen Industriegesellschaft aufgegriffen, weil der reduzierte Slogan des »Survival of the Fittest« aktuellen wirtschaftlichen Interessen sehr entsprach. Er stellte genau die passende Theorie bereit, um die Ausbeutung der großen Mehrheit durch die Geschicklichkeit und Gewalt einiger Weniger zu legitimieren. Das nutzte dann auch der Faschismus. Auf der ideologisch anderen Seite stand dem im sowjetischen Osten die Evolutionstheorie von Kropotkin gegenüber, der die evolutionäre Entwicklung in der Natur als kooperativen Prozess beschrieb. Ich habe es als meine Aufgabe gesehen, beide miteinander zu verweben, um zu verstehen, wie die Beziehung zwischen den konkurrierenden und den kooperativen Aspekten der Evolution funktioniert.

Was für ein Weltbild entsteht in dieser Synthese aus Kooperation und Konkurrenz?

Wenn man diesen ideologischen Gegensatz überwindet und die beiden Ansätze miteinander kombiniert, dann kann die Synthese uns dabei helfen, diesen in der Natur verborgenen Reifungsprozess besser zu verstehen. Denn man kann in der Natur sowohl Beweise für Konkurrenz finden ebenso wie für Kooperation. Sobald man erkennt, dass Konkurrenz nur ein Entwicklungsstadium auf dem Weg zu einem kooperativen System ist, in dem alle Teile eines lebenden Systems in sich gleichermaßen wichtig sind und sich in ihm die Chancen für Harmonie und Frieden vervielfachen, macht die Biologie auch wieder in gesundem Sinne Sinn!

Aber ist Kooperation an sich immer nur gut? Gibt es nicht auch zahllose Beispiele dafür, dass strategische Kooperation Konkurrenz, Gewalt und Ausbeutung verstärkte?

Das gab es in der Geschichte ebenso wie in der Gegenwart: Große Unternehmen, die miteinander kooperieren, um ihre Konkurrenzfähigkeit gegenüber dem Rest des Marktes zu erhöhen. Man denke nur an die großen Ölkonzerne, die oftmals ihre Wurzeln im Zweiten Weltkrieg haben. So hat während des Krieges die amerikanische Standard Oil aus New Jersey eng mit den deutschen Unternehmen Siemens und IG Farben zusammengearbeitet. Da wurde kooperiert, indem man die Waffensysteme beider Seiten mit Rohstoffen belieferte. Das ging so weit, dass die deutschen Industrieanlagen von der Bombardierung häufig verschont wurden. Diese Zusammenarbeit setzte sich nach dem Krieg in Preisabsprachen und strategischen Absprachen fort, als man die Ausbeutung von Ölfeldern und Entwicklung von Produkten absprach. Und insgesamt führte es dazu, dass beide gemeinsam umso besser den Rest der Weltbevölkerung und die globalen Rohstoffe ausbeuten konnten. Wenn wir derartige Strategien auf die wirtschaftliche Globalisierung anwenden, dann führt das schlimmstenfalls dazu, dass sich niemand auf dem Planeten mehr der Ausbeutung entziehen kann. Und doch bleibt das ein unreifer Konkurrenzansatz, der keine Zukunft hat. Das hat sich seitdem immer wieder herausgestellt und zeigt sich auch heute. Wir müssen also immer wieder neu hinschauen und prüfen, wie man diesen Missbrauch überwinden kann. Wie man weitergehen kann und aus einem System katastrophaler Ausbeutung eine Kooperation werden kann. Und auch immer wieder vergleichen, wie sich Kooperation in der Natur entwickelt, wo in entwickelten Ökosystemen jeder und zum integralen Teil einer kooperierenden Gemeinschaft wird. Da liegen die Vorbilder für den Rest der Welt.

Gibt es also eine Art Fließgleichgewicht zwischen Konkurrenz und Kooperation? Oder würden Sie sagen, dass in der Natur Konkurrenzverhältnisse in einen viel größeren kooperativen Rahmen eingebettet sind?

Sicherlich sind sie in einem Sinne eingebettet, so wie die Jugend in das Erwachsensein eingebettet ist. Man kann kein gereifter Erwachsener werden, ohne vorher bis zu einem gewissen Punkt jugendlich gewesen zu sein. Man kann nicht zum Schmetterling werden, ohne vorher Wurm und Raupe zu sein. Diese Entwicklung hat ihre natürliche Grundlage. Aber wenn in diesem Prozess der Entwicklung die Reife nicht eintritt, dann kann die Konkurrenzphase in eine Katastrophe kippen, so wie das im Dritten Reich passiert ist. Wenn der Zustand der Reife rechtzeitig eintritt, führt das zu einer kooperativeren Welt. All diese Möglichkeiten liegen in der Natur. Somit liegt es an uns, sicherzustellen, dass unsere Kultur nicht mit den Extremen des Sozialdarwinismus oder Faschismus die Menschheit in den Abgrund führt, sondern vielmehr den Wechsel in eine kooperative Welt schafft.

Heißt das, Darwin – auf dessen Theorie das Paradigma der Moderne gebaut wurde – hat sich geirrt? Oder waren seine Theorien zu reduziert und einseitig?

Ich würde sagen, dass Darwin nicht völlig danebenlag. Die Grundgedanken der Evolution sind ja auch weitgehend akzeptiert, wenn man mal von den Kreationisten absieht, die sich wortwörtlich auf irgendwelche Bibelstellen beziehen. In der Frage, wie Evolution funktioniert und wo uns der angeblich dominante Konkurrenzkampf hinführt, war aber sein Ansatz viel zu beschränkt. So kam er überhaupt nicht auf den Gedanken, dass man in einem als Reifung verstandenen Entwicklungsprozess eine kooperative Phase auf eine Konkurrenzphase aufsatteln kann. Denn erst das rundet die Evolutionstheorie sinnvoll ab. Man darf dabei auch nicht vergessen, dass dieses darwinistische Grundparadigma der modernen Welt eigentlich gar nicht der Natur entstammt. Heute wissen wir, dass Darwin seine Theorie auf die Gedanken von Thomas Malthus aufgebaut hat. Thomas Malthus war der ökonomische Chef der Ost-Indien-Gesellschaft und Dekan der Ökonomischen Fakultät am englischen Hilabilly College. Nach all den Entdeckungen und Eroberungen des britischen Imperialismus war es sein Job zu kalkulieren, wie lang die eroberten Güter reichen, wie man sie verteilen soll und ob man damit eine nachhaltige Zukunft für die Menschheit schaffen könnte. Dabei kam er zu dem Ergebnis, dass die Nachfrage immer größer sei als das Angebot und man langfristig Knappheit und den endlosen Konkurrenzkampf um Ressourcen nicht verhindern könnte. Als Darwin nach einer Erklärung für seine Naturbeobachtungen suchte, übernahm er Malthus' Theorie menschlicher Wirtschaftssysteme und nahm an, dass die Natur genauso funktionierte. In seinem Hauptwerk über »Die Entstehung der Arten« sagt er klar und deutlich, dass seine Arbeit darin bestünde, die ökonomische Doktrin von Malthus auf jeden Aspekt der Natur zu beziehen. Aus meiner Perspektive hat er auf der Basis dieses ökonomischen Paradigmas einfach nicht scharf genug hingeschaut und deshalb übersehen, dass es sich bei der Konkurrenz um eine Entwicklungsphase handelt, die überwindbar ist. Und Malthus hat übersehen, dass man unter kooperativen Verhältnissen auch genug für alle produzieren kann, ohne dass das Ganze kollabieren muss, weil wirklich kooperative Gesellschaften ihr Wachstum von alleine beschränken.

Wie soll man sich das vorstellen?

Kampf um Rohstoffe wird akut, wenn zu viele sich wenig teilen müssen. Also müssen wir etwas gegen die Überbevölkerung tun. In einer auf Kooperation ausgerichteten Gesellschaft wäre der beste Weg, das Bevölkerungswachstum einzuschränken, etwas für die Bildungschancen von Mädchen zu tun. Sobald man die Lernchancen junger Frauen in einer Kultur erhöht, kommen weniger Babys auf die Welt. Sie haben dann andere Dinge, die sie in ihrem Leben tun können und wollen – und das passiert ganz von allein. Deshalb gibt es ja auch in den entwickelten Ländern ohne große Armutsprobleme keine Überbevölkerung. Menschen haben nur dann viele Kinder, wenn sie nicht sicher sind, wie viele von ihrem Nachwuchs die katastrophalen Bedingungen überleben und wer ihnen im Alter beisteht.

In gewisser Weise ist der Darwinismus zu einer neuzeitlichen Schöpfungsgeschichte geworden, mit der uns die Welt erklärt wurde. Ist dann Ihre Sicht der Dinge eine Art alternative Schöpfungsgeschichte für eine kooperative Zukunft?

Genau so ist es! Und das öffnet auch historisch eine interessante Perspektive. Denn eigentlich sind in der Geschichte ja in den meisten Kulturen die Kirchen, die Priesterschaft oder die Ritualmeister in den Tempeln zuständig für das Erzählen einer Schöpfungsgeschichte gewesen. Bis es in Europa, wo die Kirche eng mit dem Staat als Herrscher über das Land verbunden war, zur industriellen Revolution kam. Damals entwickelte sich eine neue Klasse junger Unternehmer, die offen war gegenüber einer Wissenschaft, die bislang von der Kirche abgelehnt wurde. Daraus entstand die neue Allianz aus Wirtschaft und Wissenschaft, die man zu einer Industrie ausbaute. Die zahlreichen Anwendungen wissenschaftlicher Erkenntnisse beim Aufbau der industriellen Welt stärkten den säkularen Staat, in dem den Wissenschaftlern gleichzeitig die Autorität zugestanden wurde, die Schöpfungsgeschichte auf Basis ihrer Erkenntnisse neu zu schreiben. Diese aktuelle Schöpfungsgeschichte des Industriezeitalters stammt deshalb jeweils zur Hälfte aus der Feder von Physikern und Biologen. Der physikalische Teil erzählt uns von einem nichtlebendigen Universum mit verschiedenen Naturgesetzen, die alle auf einen kosmischen Niedergang hinauslaufen, wenn gemäß den thermodynamischen Gesetzen alles im kalten Tod der absoluten Entropie endet. Dieser traurige Prozess wird zudem als geistlos und ohne Sinn und Zweck beschrieben und führt mit Sicherheit abwärts. Die Biologie ergänzte dazu Folgendes: Auf dieser Schussfahrt in den kosmischen Niedergang stellt sich das Leben der Entropie entgegen – deshalb nennen Biologen Leben auch »Neg-Entropie«. Das Leben kämpft sich in einer harten Konkurrenz angesichts der allgegenwärtigen Knappheit bergauf – so in Kürze das darwinistische Modell. Es verliert diesen Kampf aber irgendwann im unvermeidbaren Tod des Universums. Und das ist wirklich eine enorm deprimierende Schöpfungsgeschichte.

Wie lautet die neue Schöpfungsgeschichte, die es jetzt zu erzählen gilt? Wenn Sie die Evolution als einen Reifungsprozess beschreiben, dann stellt man sich ja fast so etwas vor wie einen Organismus, dessen Verständnis ebenso wächst wie seine Intelligenz und Komplexität …

Genau. Aus diesem Grund haben sich auch viele westliche Wissenschaftler seit den 30er-Jahren und besonders in den Sechzigern und Siebzigern stark an wissenschaftlichen Modellen der östlichen Welt orientiert. Im westlichen Modell des Universums beginnt das Ganze als materielle Schöpfung: Auf einen heißen Urknall hin kühlt sich alles ab und hinterlässt ein sinnloses, zweckloses und materielles Universum. Ein mögliches Bewusstsein entsteht dann allenfalls aus der chemisch-biologischen Evolution von Lebewesen mit Nervensystemen. Das östliche Modell ist genau andersrum: Es sagt, dass ursprünglich Bewusstsein, genauer »kosmisches Bewusstsein« am Beginn der Evolution stand und daraus erst die kosmische Materie hervorging. Deshalb sind die Wissenschaftler heute zwischen diesen beiden diametral gegensätzlichen Weltbildern hin- und hergerissen, von denen das eine das Universum als im Wesentlichen leblos und sinnlos charakterisiert und das andere von einem selbstorganisierenden lebendigen und intelligenten Universum ausgeht.

Die neue Schöpfungsgeschichte berichtet von einem lebenden Universum, in dem die Planeten sich in einem selbstorganisierten Prozess entwickeln und alle Lebewesen über das Medium der DNA ihre Erbanlagen miteinander austauschen. Heute begreifen wir, dass die Erde ein einziges großes lebendes System ist, ein System, das sich intelligent verhält.

Was aber bedeutet diese Weltsicht für den Berg an Konflikten und Problemen? Ändert sie irgendetwas zum Besseren?

Was wir in einem lebenden System beobachten können, ist ein konstanter Lernprozess, in dem es darum geht, aus Gegensätzlichkeiten und Feindschaft in eine Richtung zu reifen, wo es zu kooperativen Lösungen kommt. Das ist selbst auf einem heißeren Planeten möglich, auf den wir uns klimatisch zubewegen. Auch in Ländern wie Marokko oder Israel und ähnlichen anderen Orten hat man gelernt, mit knappen Wasserressourcen umzugehen, sich vor Hitze zu schützen und sich weiter mit Nahrungsmitteln zu versorgen. Das können auch wir lernen. Andere kooperative Lösungen zeigen sich in den Kommunikationsformen im Internet, wo junge Menschen kreative Ideen haben, sich in Blogs und auf »Plattformen« international begegnen, sich austauschen, kennenlernen. Wenn erst einmal eine ganze Generation sich so darauf einigt zu sagen: »Schluss mit dem gegenseitigen Morden wegen unserer kulturellen Unterschiede. Lasst uns die Vielfalt ehren und die Unterschiedlichkeit als Wert schätzen und schauen, welche Welt wir zusammen errichten können!« – dann wären die Kriege zu Ende. Denken Sie nur an all die Ressourcen, die dann eingespart würden und welche nachhaltigen Technologien damit erschaffen werden könnten. Wir könnten erschaffen, was wir brauchen, vorausgesetzt, wir vergiften nicht länger die Erde und bauen alles recyclebar. Wir könnten die Wüsten begrünen, die sich eventuell jetzt ausbreiten werden. Wir könnten mit unserer enormen Kreativität alles Mögliche verwirklichen. Wir sind außergewöhnliche Wesen, die zu so viel fähig sind, wenn sie sich mit einer lebendigen und intelligenten Natur verbinden, anstatt sie zu zerstören. Dann können wir zu Mitschöpfern werden: Wir könnten die Art der Wirtschaft verändern, wir können unser gegenseitiges Wissen ehren, wir können zusammenarbeiten. Und das alles ist keine Science-Fiction, sondern entwickelt sich an vielen Orten der Welt in kreativer Selbstorganisation. Selbst in der Krise: Als in New York die Aktienkurse einbrachen, wechselten die Investoren fast unmittelbar auf den Markt sauberer grüner Unternehmen. Und nun beginnen solche Unternehmen, alternative Währungen untereinander zu nutzen, die fair sind, statt länger einseitig Reichtum durch Zinsen zu schaffen. All das sind Lernschritte, die überall auf dem Planeten zu beobachten sind. Ich weiß, dass wir es schaffen können!

Solche Systeme mögen kooperative Strukturen haben, aber sie existieren offenbar nicht ohne Hierarchien. Müssen wir von der Natur lernen, dass wir individuelle Ganzheiten und zugleich Teil größerer Systeme sind, deren Regeln wir uns unterordnen müssen?

Ganz richtig! Ökosysteme sind keine Anarchien. Sie sind nicht hierarchisch, sie sind holarchisch. Holarchie ist ein sehr simples Konzept, das zeigt, wie lebende Systeme ineinander eingebettet sind. Ganz so wie die russischen Babuschka-Puppen kleinere Puppen in sich tragen, ist auch der menschliche Körper eine Holarchie aus Zellen in Organen in Organsystemen in Körpern. Wir finden Holarchien im Individuum, das Teil einer Familie ist, einer sozialen Gemeinschaft, eines Ökosystems, einer Nation, einer Welt. Und auf der nächsthöheren Ebene ist der Einzelne dann Teil eines Planeten, eines Sonnensystems, einer Galaxie – und immer so weiter. In der Natur sind alle existierenden Dinge in andere größere Dinge eingebettet. Und darin liegt eine Ordnung, die das Ergebnis »intelligenter« Verhandlungen zwischen diesen verschiedenen Systemebenen darstellt. Denn jede deiner Körperzellen muss ihre Bedürfnisse befriedigen können, ebenso aber auch jedes Organ. Leben erhält sich nur dann, wenn diese unterschiedlichen Ansprüche kooperativ ausgehandelt und beantwortet werden können. Die Aufrechterhaltung von Gegensätzen führt nicht weit. Das gilt auch für Gesellschaftssysteme: Als Kommunismus und Kapitalismus sich als Konkurrenten gegenüberstanden – gemäß den Evolutionstheorien, die sie vertraten –, da opferte der kapitalistische Westen die Gemeinschaft dem Einzelinteresse. Und die Sowjets opferten die Einzelinteressen der Gemeinschaft. Dort wurden die Menschen gleichgültig oder hatten kein Interesse an Eigeninitiative und herausfordernden kreativen Erfindungen. Wenn man aber beide Ansätze zusammenbringt und realisiert, dass wir Einzelinteressen innerhalb und mit der Gemeinschaft entwickeln müssen und konstant zwischen beiden Polen verhandeln und ausgleichen sollten, dann entstehen daraus kooperative Systeme von bemerkenswerter Komplexität.

Welche Rolle spielt das Individuum aber dann in diesem riesigen und höchst komplexen Spiel?

Erst einmal ist es schlicht wunderbar, dass die jüngste Phase im Prozess menschliche Evolution der Aufgabe gewidmet war, wirklich Individualität zu entwickeln. Denn damit sind wir jetzt in der Lage, die Rechte und die Verantwortung des Individuums auch zu verstehen. Wenn wir also heute Gemeinschaft bilden, dann tun wir das auf einer anderen, höheren Ebene. Denn mittlerweile können wir einerseits als Individuen mit all seinen einzigartigen Interessen funktionieren. Aber wir wissen genauso, dass ein Teil dieses berechtigten Selbstinteresses im Wohlergehen der ganzen Gemeinschaft liegt. Also ist das Projekt, das evolutionär vor uns liegt, die Entwicklung einer neuen Form von Gemeinschaft – nämlich einer Gemeinschaft von Individuen. Und das ist etwas anderes als eine Gemeinschaft, in der jeder einfach nur ein irgendwie funktionierender Teil ist.

Welche Rolle spielt das Eigeninteresse in dieser ganzen Struktur?

Nun, wir kommen ja als Menschen mit bestimmten Talenten, speziellen Sehnsüchten und Neigungen in dieses Leben. Wenn man nun unter einer Diktatur lebt und andere von oben bestimmen, dass man Arzt werden sollte, obwohl der tiefste innerste Wunsch eigentlich ist, Zirkusakrobat zu werden, dann wird das keinen guten Weg nehmen. Wir müssen also gesellschaftliche Räume kreieren, in denen es möglich ist, das in uns angelegte Potenzial so zu fördern, dass klar wird, welche Rolle man am besten in Gemeinschaft spielen kann und wie man sich dabei mit anderen vertragen kann. Das heißt nicht automatisch, dass wir damit die Konkurrenz loswerden würden. Aber wir machen dann zumindest den Schritt von feindseliger Konkurrenz zu freundlicher Konkurrenz. Nehmen wir einfach mal den Sport als Beispiel. Ich erinnere mich an eine Situation, die so einen Wechsel von einem feindlichen Umgang zu einem kooperativen sehr schön illustriert. Ich hatte in den 70er-Jahren die Gelegenheit, China zu besuchen, wo man mich zu einem Basketballspiel einlud. Als der erste Korb geworfen wurde, applaudierte der Chinese neben mir voller Begeisterung. Als das andere Team kurz danach ebenso erfolgreich war, klatschte er genau so laut. Und so ging das bei jedem Korbwurf weiter. Schließlich fragte ich ihn, für welches Team er denn sei. Er guckte mich verständnislos an und fragte: »Was meinen Sie damit? Ich habe kein Team?« Ich sagte ihm, dass wir in der Regel ein Team haben, dem wir den Sieg wünschen würden. Worauf er sagte: »Oh, wir haben hier einfach zwei Teams, die gegeneinander antreten, um ihre vorzüglichen Leistungen zum Vorschein zu bringen – und ich applaudiere für diese Leistung!« Und bei mir fiel der Groschen, als ich realisierte, dass es beim gleichen Spiel tatsächlich zwei völlig entgegengesetzte Möglichkeiten der Interpretation gab über das, was da auf dem Spielfeld passierte. In der einen Sichtweise gab es keinen Verlierer, während die andere Sichtweise immer Gewinner und Verlierer hervorbrachte. Und das ist – im Kleinformat – der Unterschied zwischen einem Konkurrenz- und einem Kooperationssystem.

Wie lässt sich dieser letztlich kulturelle Durchbruch von der Konkurrenz zur Kooperation ermöglichen? Wie vollzieht er sich? Welche Schritte, die wir bisher ausgrenzen, müssen wir unternehmen, um aus dem alten Paradigma auszusteigen?

Man muss einfach nach den Vorteilen Ausschau halten. Nehmen wir den Krieg im Irak. Natürlich war es außerordentlich profitabel, das ganze Land zu zerstören. Und es erwirtschaftet mindestens noch mal so viel Profit, danach so zu tun, als würde man es wieder aufbauen und diesen Zustand, so lange es geht, hinzuziehen, um währenddessen dem Land so viel Ressourcen und Geld zu entziehen wie möglich. Man stelle sich aber nur einmal vor, wir hätten das Geld, das die USA bislang im Irakkrieg ausgegeben haben, nutzen können, um Freundschaft mit dem irakischen Volk und dem ganzen Mittleren Osten zu schließen. Wenn wir alles daran gesetzt hätten, die Konflikte dort zu lösen und den Menschen geholfen hätten, ihre Wirtschaft zu entwickeln, dann hätten wir mit aller Wahrscheinlichkeit mittlerweile einen kooperativen Mittleren Osten geschaffen. Ebenso in Afghanistan – da wäre es doch viel fortschrittlicher, den Lebensstandard aller Afghanen zu erhöhen, statt das Land erst in Schutt und Asche zu legen und dann wieder aufzubauen. Es ist so eindeutig, dass die gute Lösung, eine kooperative Welt zu bauen, viel billiger gewesen wäre als das, was wir angerichtet haben.

Wenn wir – um diesen Schritt zu schaffen – ein neues Selbstverständnis brauchen, dann handelt es sich dabei ja um ein neues systemisches Verständnis der Welt als kooperatives lebendes System. Ist es möglich, Konzepte für eine lebendige kooperative Ökonomie aus dem Wissen zu entwickeln, das wir mittlerweile über lebende biologische Systeme haben?

Das ist absolut möglich! Wir können zum Beispiel an unserem eigenen Körper sehr schön darstellen, was passieren würde, wenn er nach den Mechanismen der Weltwirtschaft funktionieren müsste. Stellen Sie sich einfach mal vor, das Herz-Lungen-System wären die »Nördlichen Industriellen Organe«. Und dass sie das uneingeschränkte Recht hätten, die Minen in allen Knochen im Körper auszubeuten. Man stelle sich weiter vor, die abgebauten Knochenmarkzellen würden ins Herz-Lungen-System transportiert, wo das Blut gereinigt und mit Sauerstoff angereichert wird. Wenn man dieses Beispiel weiterdenkt, dann wäre es wohl so, dass die »Nördlichen Industriellen Organe« das Blut besitzen und verarbeiten. Das Herz-Verteilungszentrum würde dann den Blutpreis festlegen und nur noch an jene Organe im Körper liefern, die es sich leisten können. Jedes Kind kapiert, dass so ein »Gewinner-Verlierer-System« nicht funktionieren kann, weil eben der *ganze* Körper Blutzufuhr braucht und nicht einzelne Organe sich auf Kosten der anderen bereichern können. Es funktioniert einfach nicht. Denn jeder menschliche Körper ist ein perfektes Beispiel für ein hoch entwickeltes biologisches System, das weit jenseits von konkurrierender Feindschaft auf der Basis ganzheitlicher Kooperation funktioniert. Und das Gleiche lässt sich in vielen Ökosystemen beobachten.

Aber gerade dort erklärt uns die konventionelle Biologie ihre Weltsicht des Fressens und Gefressenwerdens …?

Ja, in allen möglichen Dokumentarfilmen über die Natur wird einem im Fernsehen immer wieder die Beziehung zwischen Raubtier und Beutetier als Beispiel für eine allgegenwärtige feindliche Konkurrenz vorgeführt. Aber das ist eine einseitige Interpretation. Erst einmal findet dort in der Regel keine feindliche Konkurrenz innerhalb der Gattung statt, wie das bei uns Menschen ist. Was man da sieht, ist ein Prozess, wo die eine Gattung die Aufgabe übernimmt, die andere Spezies gesund und stabil zu erhalten, indem sie die schwächeren Mitglieder der Gruppe als Beute aussucht. Und diese Beute ist zugleich die Nahrungsgrundlage für das »Raubtier«. Also sind eigentlich beide Gattungen fast so miteinander verbunden wie zwei Organe in einem System, die sich gegenseitig ernähren und gesund erhalten. Und wir interpretieren diesen Prozess aus unserer menschlichen Perspektive dann als »gewalttätig« oder »schlimm«. Aber da ist eigentlich nichts Widerwärtiges dran. Diese Tiere jagen nur das, was sie zum Überleben brauchen, weder horten sie etwas, noch nehmen sie mehr als nötig. Ihr Verhalten ähnelt vielmehr dem von Menschen in indigenen Kulturen, die ja, beispielsweise in Nordeuropa, auch sehr kooperative Beziehungsstrukturen zwischen menschlichen Gemeinschaften und Rentierherden etabliert haben. In ihnen nimmt der Mensch auch nur das, was er unbedingt braucht, sieht aber seinen Auftrag ansonsten darin, die Rentiere zu beschützen und zu füttern. Diese Kooperation führte in solchen Kulturen dazu, dass die Spezies der Rentiere ebenso gesund bleibt wie die Spezies der Menschen. Und diese Menschen wussten sehr genau, dass diese Sicherung der Nahrungsmittelversorgung nur möglich war, wenn sie die Rentiere ehrten, alles für sie taten und sie liebten. Wenn wir einmal begreifen, dass die Natur solche Systeme aus gutem Grund entstehen ließ, dann würden sich auch Vorurteile wie »Der brutale Löwe reißt den Hasen in Stücke« auflösen: Tatsache ist, dass sich das Schmerzsystem des Hasen ausschaltet, sobald der Löwe ihn gestellt hat. Wir müssen darüber hinwegkommen, das als blutige feindselige Angelegenheit zu sehen, und erkennen, dass die Natur sich auf der Ebene des Recycling organisiert.

Um kooperative Strukturen in der Wirtschaft zu etablieren, müssen wir doch aber offenbar unsere kulturelle Wahrnehmung völlig verändern. Wir müssen zuerst quasi an eine neue Schöpfungsgeschichte glauben! Heißt das, die Hauptaufgabe besteht darin, kulturell neu verstehen zu lernen, wie die Welt im Innersten funktioniert? Eben, weil wir die »Gesetze der Natur« bislang so massiv missverstanden haben?

Das ist richtig. Und sobald wir das Konzept der »Holarchie« verstanden haben, sind wir in der Lage zu begreifen, dass gesunde lebende Systeme jeder Größenordnung grundsätzlich immer nach den gleichen Prinzipien funktionieren. Um das noch mal zu verdeutlichen: Dieselben kooperativen Prinzipien, die in den Zellen des ganzen Körpers wirken, funktionieren ebenso in der Struktur der Familie, in der Gemeinschaft, in der jeweiligen Nation und in der ganzen Welt. Es ist völlig menschlich, nicht drei Kinder hungern zu lassen, während man das vierte überfüttert. Das wäre ziemlich schräg und ungewöhnlich, wenn so etwas passierte. Im Rahmen der Familie ist dieses Gefühl von Kooperation also ziemlich selbstverständlich. Wir verstehen es sogar auch noch auf der Ebene der sozialen Gemeinschaft, die wir um uns haben. Aber wir schaffen den Sprung zur Weltwirtschaft nicht, die aber doch genauso ein lebendes System ist wie unser eigener Körper. Wir müssen also jetzt zuallererst vor Ort damit beginnen, eine bessere Art der Lebensführung in die tägliche Praxis umzusetzen – in unseren Gemeinschaften und sozialen Netzen. Und wir müssen uns der Frage stellen, wie wir uns im Fall eines Desasters selbst versorgen können. Wie wir uns gemeinsam auf Feuer oder Überschwemmungen oder sonst etwas vorbereiten können, was am Horizont auftaucht. Denn die meisten von uns werden auf die eine oder andere Art in solche Krisen involviert sein. Und wenn wir die Grundregeln gesunder lebender Systeme in unseren Gemeinschaften wirklich umsetzen, dann bekommen wir auch eine Idee davon, was das für die Welt als Ganzes heißt, und sind in der Lage, für die Bewältigung dieser Herausforderungen die richtigen Personen auszuwählen. Oder wir entwickeln dann bessere politische Systeme als die gegenwärtigen Formen von Demokratie. Denn vielleicht ist es ja wirklich nicht die allerbeste Form des Regierens, wenn die Hälfte der Leute daran gar nicht mehr teilnimmt. Vielleicht gibt es Wege in eine lebendige Demokratie, eine lebendige Politik, in der jeder an dem Prozess der Entscheidungsfindung teilhaben kann – jetzt, wo es mit dem Internet ganz neue Kommunikationsmöglichkeiten gibt – und wir bei vielen Entscheidungen einen wirklichen Konsens finden können. Wir sind ja jetzt schon weltweit in einer Situation, wo immer mehr Entscheidungen nicht mehr von Regierungen gefällt und umgesetzt werden, sondern von Unternehmen, zivilgesellschaftlichen Initiativen oder lokalen Gemeinschaften, welche die Verantwortung übernehmen, jeweils vor Ort gesunde und lebendige Ökonomien aufzubauen. Da gibt es so viel zu tun, wenn man sich nur mal in der eigenen unmittelbaren Umgebung umschaut: Welche Abfälle des einen Unternehmens könnten von einem anderen verwendet werden? Kann die Wärme, die eine Firma produziert, für die Heizung von Wohnhäusern nebenan genutzt werden? Kann der Müll so aufbereitet werden, dass daraus vielleicht Ziegel für den Hausbau entstehen? Welche Wirtschaft wäre möglich, in der alles genauso wieder verwendet wird, wie uns das die Natur vormacht? Ich will damit sagen: Je mehr wir innerhalb unserer Gemeinschaften in einen wirklichen Austausch miteinander treten und uns gegenseitig dabei helfen, besser zu leben, desto besser können wir eine andere Zukunft umsetzen.

Haben Sie ein praktisches Beispiel parat?

Ich lebte mal einen Winter lang in der Nähe von Seattle, wo die Leute passionierte Kaffeetrinker sind. Seattle mit seinen grauen langen Wintern ist nicht umsonst der Geburtsort solcher Unternehmen wie Starbucks. Dort war den Leuten klar, dass sie ihren Kaffee nicht vor Ort anbauen konnten. Also fanden sie eine Insel in Mittelamerika, die seit Langem auf den Anbau von Kaffee spezialisiert ist. Und sie sagten den dortigen Bauern: »Wir zahlen euch das

Zehnfache des Marktpreises für eure Kaffeebohnen, wenn ihr sie biologisch anbaut und nur noch für uns produziert. Packt die Ernte einfach in Säcke, wir zahlen den Transport!« So wurde es umgesetzt: Freiwillige in Seattle sorgten für die Verarbeitung und Verpackung und verkauften ihn zum Preis für organischen Kaffee und konnten die Bauern um ein Vielfaches besser entlohnen, weil es keine Zwischenhändler mehr gab. Es war ein klares Win-Win-System, bei dem es jedem besser ging. Und die Bürger von Seattle fühlten sich mit ihrer Partnergemeinde in der Karibik eng verbunden. Und mittlerweile helfen sie den Bewohnern dort dabei, ihr zusätzlich verdientes Geld sinnvoll in die Entwicklung ihrer dortigen Gemeinschaft zu investieren, anstatt es in irgendwelche Casinos zu tragen. Das ist ein Beispiel, mit wie viel Liebe und Zugewandtheit kreative Gemeinschaftskonzepte vor Ort oder auch über große Entfernungen in die Praxis umgesetzt werden können – und ein harmonisches Leben miteinander gefördert werden kann.

Ist in Ihrer Wahrnehmung eine solche »andere Zukunft« etwas noch weit Entferntes? Oder werden Wege nachhaltigen Lebens und einer Leben sogar fördernden Ökonomie schon aus der Krise des gegenwärtigen Systems heraus entwickelt?

Für mich kann Zukunft nur aus kooperativer Nachhaltigkeit bestehen. Und in mancher Art und Weise ist diese Zukunft tatsächlich schon gegenwärtig. Es gibt bereits Gemeinschaften in aller Welt, die solche Ansätze schon erfolgreich praktizieren. Ob es Ponticherry in Indien ist, wo es seit 40 Jahren in Gemeinschaften funktioniert, oder im schottischen Findhorn oder in spirituellen Gemeinschaften wie zum Beispiel der »Religious Science Church« in Los Angeles. Diese Pioniere leben heute schon Lebensstile, die sich viele Menschen für die Zukunft wünschen. Sie leben, als wäre die Zukunft *jetzt*! Sie versuchen jedes Individuum als jemanden wahrzunehmen, der liebenswert ist und ein Lehrer sein kann, ein Mitgeschöpf in einer miteinander verbundenen liebenden Welt. Und sie schaffen sich damit eine Realität, in der Menschen glücklich, produktiv und kooperativ leben. Es ist dieselbe Welt, auf der zeitgleich schreckliche Kriege stattfinden. Aber es ist möglich, solche Inseln der Zukunft zu kreieren.

Aber bleiben sie nicht kleine Inseln im stürmischen Meer der Weltwirtschaft?

Nicht unbedingt! Im spanischen Baskenland gibt es zum Beispiel eine Gemeinschaft, die sich die »Mondragon-Kooperative« nennt, aus über 150 Firmen besteht, 26 000 Personen einen Arbeitsplatz bietet und fast vier Prozent des baskischen Bruttosozialprodukts erwirtschaftet. Mondragon hat eine Industrie aufgebaut, die in Kooperativen zunächst Waschmaschinen, Kühlschränke und Geschirrspüler herstellte. Mittlerweile konstruieren sie in Kooperativen Busse, bauen Straßen und Brücken und sind auf dem europäischen Markt absolut konkurrenzfähig. Ihr ganzes Unternehmen ist vollständig im Besitz der lokalen Gemeinschaft. Und die dort Beschäftigten übernehmen in diesen Firmen im Zyklus verschiedene Tätigkeiten, sodass niemand eine leitende Position einnimmt, der nicht vorher auch mal am Fließband stand oder dorthin auch immer wieder mal zurückkehrt, um alle Arbeitsbedingungen zu kennen. Die Mitarbeiter entscheiden darüber hinaus im Konsens auch z. B. über Fragen, wie hoch der Unterschied zwischen dem niedrigsten und dem höchsten Einkommen sein soll. Und das Ergebnis dieser Diskussion war, dass der wichtigste Manager nicht mehr als sechsmal so viel verdienen sollte wie der billigste Pförtner. In der amerikanischen Wirtschaft gehen die Gehaltsunterschiede manchmal in das Tausendfache. Sie hingegen entschieden: »Es gibt zwar nicht gleichen Lohn für alle, sondern gewisse Unterschiede. Manche Jobs werden etwas höher entlohnt, aber wir wollen keine extremen Gegensätze. Stattdessen zirkulieren alle durch verschiedene Arbeitsbereiche, damit jeder jede Tätigkeit versteht und es damit allen in der Gemeinschaft gut geht.« Das ist ein erstaunliches Modell kooperativen Wirtschaftens. Und es ist nichts gänzlich Neues: Auch in der Vergangenheit gab es in vielen Kulturen Gemeinschaftsökonomien, die darauf ausgelegt waren, jeden glücklich zu machen, alle zu ernähren und jedem Menschen ein Zuhause zu geben. Der König des Himalaja-Landes Bhutan hat kürzlich versucht, so etwas aufzugreifen, indem er als Maßstab für Wachstum nicht das materielle Bruttosozialprodukt heranzog, sondern das Maß an Glück und Zufriedenheit seiner Bürger. Es gibt also zahlreiche Beispiele in aller Welt, wo Leute heute schon Zukunft praktizieren.

Sie sagten, der Wandel wäre möglich, sobald wir verstehen, dass wir nicht in einem Konkurrenzsystem, sondern in einer »Holarchie« leben… Was muss passieren, damit wir die Wurzeln der Krise verstehen? Oder ist ein Kollaps notwendig, um auf eine andere Ebene des Begreifens zu kommen?

Das ist eine sehr gute Frage. Ich habe für den größten Teil meines Lebens gehofft, dass unser Bewusstsein in der Lage ist, Szenarios vorauszudenken, die Zukunft zu planen, absehbare Krisen zu erkennen und sich entsprechend vorzubereiten. Je älter ich werde, desto mehr erkenne ich, dass es in menschlichen Gesellschaften genauso abläuft wie in der Natur: Die Natur ist sehr konservativ mit Dingen, die gut funktionieren, kann dann aber völlig unvermittelt in einen radikalen Krisenzustand fallen und daraus schnell Innovationen entwickeln, damit das System wieder ins Gleichgewicht kommt. In diesem Sinne lässt sich sagen, dass Evolution durch Desaster ausgelöst und beschleunigt wurde. Krisen lösen die nächste Welle der Evolution aus. Sie entwickelt sich also nicht über lange Zeitläufe durch Zufälle, wie es Darwin beschrieb, sondern durch plötzliche Veränderungen in Krisensituationen. Aus diesem Grunde findet man in der Evolutionsgeschichte auch nach jeder Phase der Auslöschung ganze Häufungen von neuen Arten, die alle zur gleichen Zeit aufzutauchen scheinen. Und so etwas passiert auch heute, aber halt eher auf der menschlich-kulturellen Ebene. Deshalb sage ich manchmal sarkastisch: Je härter das kommende Zeitalter wird, desto schneller wird es uns nach vorne in die nächste Stufe der Evolution stoßen.

Lässt sich prognostizieren, was da vor uns liegt?

In einigen Teilen der Welt wird es schlimm werden, in anderen nicht so sehr. Ich kann die Zukunft nicht vorhersagen und weiß nicht, wie es ausgehen wird. Aber ich weiß, welches Szenario in eine nachhaltige Zukunft führt und welches in ein massives Desaster. Und deshalb ermutige ich die Leute immer wieder: Denkt in den Begriffen und Strukturen einer kooperativen Welt, die es aufzubauen gilt, und handelt entsprechend. Tut, was euren Fähigkeiten entspricht und was eure Herzen jubeln lässt. Sucht nach Wegen, diese Qualität einzuweben in das, was im großen Teppich des menschlichen Dramas gebraucht wird. Verschwendet keine Energie und Schuldzuweisungen oder Hass. Sagt euch einfach: »Hier passe ich mit meinen Ideen rein und kann den Wandel in eine lebbare Zukunft ein kleines bisschen mitgestalten.«

Es erscheint fast wie ein Tabubruch, sich vorzustellen, es könnte uns in einem kommenden »heißeren Zeitalter« besser gehen. Sind solche Gedanken ein Tabubruch? Oder müssen wir uns damit ganz real beschäftigen?

Absolut! Das ist die Krise, die jetzt vor uns liegt. Wir hatten zahllose Legenden in der Menschheitsgeschichte, in denen es angesichts eines Übergangs um den Kampf mit dem Drachen und die daraus folgende Erlösung einer Prinzessin oder was auch immer ging. Der vor uns liegende Reifungsschritt wird einer Initiation ähneln, in der eine unreife Menschheit erwachsen wird. Viele indigene Kulturen waren sich schon lange dieser Notwendigkeit bewusst. Und sie schafften es oft, in Harmonie mit der Natur zu leben und nachhaltige Kulturen aufzubauen, die manchmal für Tausende von Jahren hielten. Unsere modernen »Weltreiche« sind demgegenüber alle gescheitert. Die Konsequenzen wird die Menschheit geografisch ganz unterschiedlich zu spüren bekommen. Und je mehr wir uns aktiv darauf vorbereiten, desto besser.

Vorhin sprachen Sie von den vielen Städten auf Meereslevel, in denen knapp die Hälfte der Weltbevölkerung lebt. Wenn nun allein über die Schmelze der Grönlandgletscher der Meeresspiegel um sieben Meter steigen kann, dann stehen wir vor einem Zeitalter der Katastrophen. Ist das ein dunkler Tunnel, durch den wir durchmüssen, um uns zu wandeln?

Die Zahl von sieben Metern aufgrund der Schmelze in Grönland ist schon wieder überholt, weil mittlerweile auch die Antarktis zu schmelzen beginnt. Und das letzte Mal in der Evolution, als beide Pole eisfrei waren, lag der Meeresspiegel sechzig Meter höher. Das hieße in den Hafenstädten der Welt, dass das Meer bis zum 15. Stock der Hochhäuser reicht! Man stelle sich das mal in Tokio oder Manhattan bildhaft vor – Wasser bis zum 15. Stock! Warum also sollten wir uns nicht damit auseinandersetzen und rechtzeitig genug beginnen, in höhere Regionen umzusiedeln, bevor wir dazu gezwungen werden und Millionen von hungernden Flüchtlingen haben? Denn es wird kommen! Wegschauen nützt uns nicht. Wir haben keine Technologie zur Verfügung, um die Pole wieder zu vereisen. Wir werden da hindurchmüssen. Und es kann Tausende von Jahren dauern.

Das erscheint wie ein extrem apokalyptisches Szenario.

Trotzdem wird es aber auf der Erde nicht so heiß werden, dass Menschen nicht gut auf einem Wüstenplaneten leben könnten. Auch die Ozeane werden nach wie vor da sein, größer als zuvor, weil all das Süßwasser, das bislang auf dem Land gebunden war, die Meere in Zukunft voller machen wird. Es wird vieles anders sein. Und das ist Grund genug, den Kopf nicht länger in den Sand zu stecken und mit der Verdrängung endlich Schluss zu machen. Grund genug auch, um unsere oberflächlichen Streitereien und Feindschaften zu beenden und uns gemeinsam dem zu widmen, was getan werden kann. China beginnt zurzeit im Inland »grüne Städte« zu bauen und baut doch zur gleichen Zeit zerstörerische Kohlekraftwerke. Überall auf der Welt gibt es massive Widersprüche, weil das Richtige und das Falsche zur gleichen Zeit gemacht wird. Haben wir nicht die Möglichkeit, uns gemeinsam auf die richtigen Schritte zu einigen? Auch in Amerika stecken wir mitten in diesem Prozess: Werden die USA es schaffen, eine grüne Ökonomie zu bauen, welche die kaputte Infrastruktur des Landes erneuert, eine soziale Gesundheitsversorgung etabliert und alternative Währungen entwickelt, damit die Menschen auch in einem völligen Zusammenbruch der Wirtschaft mit Nahrungsmitteln handeln können? Dann würde die Krise abgefedert. Oder wird die gegenwärtige Dynamik in einem vollständigen Zusammenbruch gipfeln, der zu einem viel größeren Maß an Leiden führen würde, als wenn man die richtigen Dinge zur rechten Zeit tut.

Sind Sie angesichts all dessen Optimistin oder Pessimistin? Oder kann eine Evolutionsbiologin gar nicht anders als optimistisch sein, weil sie weiß, dass es trotz allem irgendwie weitergeht?

Ich bin mit Sicherheit Optimistin, schon einfach deshalb, weil sich Pessimismus nicht lohnt. Ein kleines Beispiel: Wenn Sie nicht an ein Leben nach dem Tod glauben und damit recht haben sollten, dann werden Sie auch nie in der Lage sein, einmal zu sagen: »Ich hab's euch doch schon immer gesagt …!« Wenn ich aber mein Leben so verbringe, dass ich an ein Leben nach dem Tod glaube, dann habe ich zum einen keine Angst vor dem Tod und kann mir zudem wunderschöne Geschichten ausdenken darüber, was nachher passiert. Dann ist es ganz egal, ob ich mit meinem Glauben recht hatte oder nicht. Aber ich habe trotzdem ein Leben in dem Optimismus verbracht, mich für eine bessere Welt einzusetzen. Also glaube ich an eine Zukunft nach der Krise.

Von der Ideologie des Toten zu den Gesetzen der Lebendigkeit

Im Dialog mit dem Biologen und Philosophen Andreas Weber

Dr. Andreas Weber, geboren 1967, studierte Biologie und Philosophie in Berlin, Freiburg, Hamburg und Paris. Als freier Autor, Journalist und Redakteur schreibt er regelmäßig Beiträge für große Magazine und Zeitungen, u. a. für GEO, Natur & Kosmos, Die Zeit und Focus. Nach einer langjährigen Zusammenarbeit mit Francisco Varela promovierte er bei dem Pionier der Kognitionsforschung in Paris und bei dem Kulturtheoretiker Hartmut Böhme in Berlin. Mit der Veröffentlichung des literarischen Sachbuches »Alles fühlt« stellte er 2007 seinen Ansatz der »schöpferischen Ökologie« vor, der das radikal neue Naturverständnis einer ganzheitlichen Biologie formuliert. Nach dieser biologisch-philosophischen Synthese veröffentlichte er 2008 das Buch »Biokapital«, in dem er für eine konsequente monetäre Bewertung gesunder Natur eintritt. Andreas Weber tritt bundesweit als Referent auf und berät verschiedene Landesregierungen sowie den Rat für nachhaltige Entwicklung. Er lebt mit seiner Frau und zwei Kindern in Berlin.

Wir leben zwischen zwei Utopien: Einerseits wollen wir mit unbegrenztem Wachstum ein Konsumparadies verwirklichen, andererseits träumen wir von der Rettung der Natur und einer nachhaltigen Zukunft. Wie kommen wir aus der kulturellen Falle zweier sich widersprechender Hoffnungen heraus?

Die entscheidende Frage lautet: Was ist eigentlich der gefährliche Traum? Bisher gelten alle, die unseren kaum irgendwo hinterfragten Anspruch auf ständiges »Wachstum« kritisieren, als Utopisten und Fantasten. Aber die einfache Wahrheit, die doch schon jedem Kind klar sein kann, ist die: Unsere Erde ist ein begrenzter Raum. Sie wächst nicht. Die Bodenschätze wachsen nicht. Die Biosphäre wächst nicht – sie schrumpft sogar. Wie sollen wir hier ein bis in alle Ewigkeit fortgesetztes Wachstum ermöglichen? *Das* ist die eigentliche Utopie. Sie folgt dem schlechten Drehbuch aller wahren Utopien darin, dass sie die Realität ignoriert. Die Realität ist aber, dass unser Wachstum als Menschengesellschaft mit all unserem Material das kleine Reagenzglas sprengt, das uns dieser *»small planet«* bereitstellt. Die ersten Auswirkungen dieser Kollision sind spürbar: Das sich erhitzende Klima, die dröge Ödheit einer von Arten und Leben entleerten Landschaft.

Wo liegt der Fehler, vielleicht sogar die Lüge in unserem herrschenden Paradigma?

Von Lüge zu sprechen trifft in jedem Fall den Kern. Wobei es nicht hauptsächlich so etwas wie eine Propagandalüge ist, die das dumme Volk verblenden soll. Es ist mehr die Lüge einer Tiefenmetaphysik, die uns schon ein paar hundert Jahre begleitet. Sie geht davon aus, dass wir Menschen im Mangel leben, dass es uns nicht so gut geht, wie es uns gehen könnte, und dass dieser Mangel durch materielle Verbesserungen zu beheben sei. Einmal und endgültig. Der wachsende Wirtschaftsmarkt soll durch die Verbesserung unserer materiellen Versorgung nicht nur unsere Anfälligkeit für Leiden und Mangel, sondern unsere ganze metaphysische Zerbrechlichkeit überwinden helfen. Insofern ist die Idee, die unser durch und durch ökonomisches Wirklichkeitsbild beseelt, eine Fortsetzung des biblischen Erlösungsversprechens: »Eines Tages wird alles gut, werden alle Probleme gelöst sein.« Keynes geht ja sogar so weit, dass er die Maßlosigkeit dieser Wette erkennt, sie aber für notwendig hält: »Noch hundert Jahre«, so prophezeite er in den 1930er-Jahren, müssten wir uns vormachen, »dass schön hässlich sei und hässlich schön«, um das »ökonomische Problem« – das Problem nämlich, dass es Mangel gibt – zu lösen. Das ist natürlich nichts anderes als der Pakt mit dem Teufel. Sich zielgerichtet vorzumachen, dass das Schöne oder die Liebe hässlich sei und das Monströse gut: Das ist die Definition des Pakts mit dem Teufel.

Lange Zeit glaubten wir, alles, was der Wirtschaft und ihrem Wachstum diene, sei gut. Was verändert sich da heute?

Wir haben lange Zeit ja geglaubt, dass Wirtschaftswachstum automatisch die Menschen zufriedener mache: Dass das Maß der Wirtschaftsleistung ein Maß der Zufriedenheit sei, die man dann sozusagen gar nicht mehr überprüfen müsse, da sie sich von selbst verstehe. Darum hat man auch diese absurde Messgröße des Bruttoinlandsprodukts (BIP) entwickelt, die, wie es einmal Robert Kennedy gesagt hat, all das misst, was das Leben gerade nicht lebenswert macht. Eine Ölkatastrophe an der Küste steigert ja auch das BIP. Es zeigt sich aber schon seit Längerem, dass die BIP-Kurve zwar weiter wächst, dass die Menschen aber nicht mehr zufriedener werden. Solange sie bitterarm sind und durch bessere Wirtschaftsverhältnisse endlich ein Dach über dem Kopf haben, passt die Analogie. Aber darüber sind wir lange hinaus. Sogar in vielen ehemaligen Entwicklungsländern ist diese erste Schwelle der Zufriedenheit erreicht. Danach aber steigert sie sich nicht mehr. Im Gegenteil: Die Menschen im Westen werden trauriger. Nun werden die Bäume gefällt, der Lebenstakt wird noch schneller, effizienter, hektischer. *Mehr* und *besser* sind entkoppelt, und wir beginnen zu begreifen, dass beide nichts miteinander zu tun haben. Das ist ein Wendepunkt. Das ist das Ende einer jahrhundertealten Philosophie. Denken Sie daran, dass ja auch der Kommunismus noch eine Erlösung nur durch das »Mehr« vorsah, durch die Befriedigung aller Bedürfnisse, die erst den vollkommenen, den sozialistischen Menschen hervorbringen sollte.

Heißt das, wir brauchen weniger Wirtschaftsdenken oder mehr?

Man kann sagen, dass unsere bisherige, dominierende Wirtschaftsauffassung in Wahrheit *unwirtschaftlich* ist. Denn sie begreift nicht den wahren Charakter der Zusammenhänge, und somit begreift sie auch nicht, wie Güter angemessen, das heißt fair, maßvoll und effizient verteilt werden. Man kann angesichts der Naturkatastrophe tatsächlich vom größten Marktversagen der Erdgeschichte sprechen. Eine wirtschaftliche Pleite erster Güte.

Der Markt ist ja keine unabhängige Größe, die vom Rest der Gesellschaft abgetrennt ist, sondern beruft sich in seinem Selbstverständnis auf kulturelle Glaubenssätze und tradierte wissenschaftliche Überzeugungen. Wenn der Markt versagt, sind dann auch die dahinterstehenden Paradigmen am Ende?

Ja! Ich glaube, wir haben einfach ein vollkommen falsches Bild vom Leben. Und im Grunde genommen haben wir uns fest vorgenommen, das Leben und die Probleme des Lebens, wozu dann im weitesten Sinne auch die ökonomischen Probleme gehören, mit den Gesetzen der toten Materie zu lösen, also mit den Gesetzen einer Physik, die von Newton entwickelt wurde. Das sind immer noch unsere Standards. Und wenn man das macht, also das Phänomen des Lebendigen nach der Maßgabe einer Ideologie des Toten analysiert, dann erntet man natürlich Leichen. Unser Problem ist, dass wir die Lebenswelt einerseits als Welt der toten Automaten beschreiben und dass wir gleichzeitig die lebende reale Natur über die Klinge springen lassen. Das sind zwei Facetten derselben Sache, zwei Seiten derselben Medaille. Und insofern denke ich, dass ein Besinnen darauf, was Leben in Wirklichkeit ist, überhaupt den Schlüssel dazu darstellt, Leben zu schützen. Solange das nicht der Fall ist, bleiben natürlich alle Appelle wie »Rettet die Natur« letztlich ungehört. Denn die Natur ist ja im alten Denken eigentlich bloß tote Materie. Und um diese Logik vollständig zu machen, steht natürlich am Ende unseres Exzesses des Toten unser Zusammenbruch als Hochkultur. An dieser Grenze stehen wir jetzt. Natürlich steht am Ende nicht der Untergang der Naturgeschichte. Die wird weitergehen und eines Tages auch wieder neue Arten in Fülle produzieren. Aber letztlich ist der Ausgang dieser Dialektik, dass wir »Leben« falsch verstehen, unser eigenes Leben zu riskieren.

Also folgen wir einer überholten, irrealen, gefährlichen Ideologie?

Ja, natürlich. Wenn wir alles durch die kleinsten, unbelebten Bausteine erklären, folgen wir der Ideologie des Toten. Das entspricht natürlich, und so kam es ja wissenschaftsgeschichtlich auch zustande, einem letztlich religiösen Motiv: das Paradies auf Erden durch die Abschaffung des Mangels und letztlich die Vertreibung des Todes herzustellen. Es lässt sich gut beobachten, wie die neuzeitliche Wissenschaft den Menschen immer höher zu den Fähigkeiten Gottes aufsteigen lässt, der als die vollkommene Rationalität gedacht wird. Wenn man deren »Plan« erkannt hat, dann hält man alles in der Hand. Dann stellt man irgendwann fest, dass es ja gar keinen Gott gibt, sondern nur den rationalen Plan. Und irgendwann beginnt man zu glauben, dass es auch kein Leben gebe, sondern nur mehr oder weniger planmäßige Materieereignisse, die miteinander um beständige Optimierung wetteifern, und dass darin auch schon der ganze Sinn der Veranstaltung bestünde. Dann ist man so weit wie wir jetzt. Die Sinndimension ist so gut wie tot, Depressionen sind eine planetarische Volkskrankheit geworden, die sechste Welle des Artensterbens hat begonnen, und wir wollen immer noch mehr Wachstum, weil damit doch alle Probleme gelöst werden sollen, wie man es uns versprochen hat. Aber natürlich ist das Element der Allwissenheit und der Allmacht, das diese kurze und grobe Skizze der neuzeitlichen Wissenschaftsentwicklung enthält, auch wieder eine Variante des Paktes mit dem Teufel, wenn ich das bildhaft noch einmal so ausdrücken darf. Es ist schon interessant zu sehen, wie heute als Tugenden gehandelt wird, was jahrhundertelang als Frevel galt.

Was übersieht Ihr Fachgebiet, die Biologie als »Wissenschaft vom Leben« bislang, wenn sie im Streben nach ewigem Wachstum den Pakt mit dem Teufel einging und Gentechnik, Nanotechnologie oder künstliche Intelligenzen schafft?

Sie übersieht etwas ganz Wichtiges – und zwar auch dann, wenn das, was ihre Technik herstellen kann, funktioniert. Sie übersieht nämlich, dass jedes Lebewesen nicht determiniert beherrschbar ist, sondern bis zu einem gewissen Grade autonom und unberechenbar. Das ist gut an der grünen Gentechnik sichtbar, also in der Technik, genveränderte Nutzpflanzen anzubauen. Gewiss kriegt man die Gene in die Pflanzen rein, so weit kann man die Biologie beherrschen. Man kann aber nicht in voller Konsequenz abschätzen, was dann mit den veränderten Pflanzen passiert. Das sieht man ja am Beispiel der *superweeds* oder »Superunkräuter«: Sobald etwas lebt, ist es als ein autonomes, sich selbst am Leben haltendes Etwas plötzlich resistent gegen gesetzmäßige Einwirkungen von außen. Und dann stehen wir vor Überraschungen, die niemand wollte. Es ist in meinen Augen das große Problem der grünen Gentechnik, dass wir da etwas machen, was wir zwar können, aber noch gar nicht richtig verstehen. Wir beherrschen einen Teil des Lebendigen als Mechanik, aber sehen eben die andere Hälfte gar nicht. Ich glaube, dass die Biologie heute vor dem Wandel steht, vor dem die Physik Anfang des letzten Jahrhunderts stand. Das starre Denken, dass äußere Gesetze nach den Regeln der Mechanik Objekte determinieren, das kann jetzt auch die Biologie abwerfen. Ich denke, das ist letztlich der große Paradigmenwechsel, der uns bevorsteht, weil dann das Bild des Lebens, das ja diesem alten Denken gehorcht, ein anderes sein wird. Eine neue Biologie muss nun eigentlich so etwas sein wie eine poetische Lebenswissenschaft. Ich habe sie »schöpferische Biologie« genannt*, denn es wird eine Wissenschaft sein, der klar ist, dass die objektive Beschreibung nicht die vollständige Realität darstellt.

* Andreas Weber: *Alles fühlt. Mensch, Natur und die Revolution der Lebenswissenschaften*, Berlin-Verlag 2007

Was ist diese andere Hälfte der Realität, die wir nicht sehen?

Ein guter Biologe ist bislang jemand, der ein Lebewesen nimmt und es analysiert, es sequenziert, es zergliedert, es nach den Metaphern der Elektrotechnik oder der Computertechnologie verstehen will. So eine Wissenschaft übersieht, dass lebende Zellen nicht Automaten sind, sondern eigentlich Systeme, die sich selbst als Ziel erhalten wollen. Für die Biologie ist ein Lebewesen eine wie auch immer komplizierte Maschine, die keine Selbstidentität erreicht, wie sie uns als fühlenden Wesen von innen bekannt ist. Sie vergisst, dass es für jedes Lebewesen eine Welt der Bedeutungen, der Gefühle, der Innerlichkeit, der Werte gibt. Sie tut so, als würden solche Empfindungen nur für die Menschen gelten, die sich damit über die Natur erheben. Das ist grober Unsinn. Erkennt man diesen Fehler aber, dann muss man von Lebewesen eher als fühlenden Subjekten sprechen als von mechanischen Objekten.

Was bedeuten die Begriffe »Selbstidentität« und »Subjektivität« in Bezug auf Lebewesen?

Das sind natürlich philosophische Begriffe. Sie werden aber ganz praktisch, wenn wir beispielsweise eine Zelle ansehen. Eine Zelle ist geordnete Materie, die diese Ordnung über die Zeit aufrechterhält und sich im Prozess des Stoffwechsels immer wieder selbst herzustellen weiß. Das ist eigentlich unglaublich. Das haben wir eben gerade nicht unter Maschinen, die von uns hergestellte Dinge sind, die auf Knopfdruck etwas tun können. Maschinen sind eben keine lebenden Materiehaufen, die sich selbst in einer Ordnung aufrechterhalten. Ein Automat hat kein Interesse an sich selbst, ein jedes Lebewesen aber schon. Darin liegt letztlich auch die Verbindung zwischen dem Menschen und der natürlichen nichtmenschlichen Welt. Albert Schweitzer sagte: »Ich bin Leben, das leben will, inmitten von Leben, das leben will.« Wir können also erkennen: Aha, in jedem Lebewesen ist etwas, was mir eigentlich innerlich vollkommen bekannt ist – ein Streben nach Identität oder ein Begehren nach Sein oder nach Fülle oder nach Wachstum. Das haben wir bisher nicht wirklich gesehen. Und deshalb war natürlich die Wissenschaft des Lebens eine Wissenschaft der *Materie* des Lebens.

Dieses »Begehren nach Sein« ist aber etwas, was in der Kosten-Nutzen-Analyse der Wirtschaftswelt bisher keine Rolle spielt. Bringt das eine bislang unbekannte Dimension in die Biologie – das Fühlen?

Das Fühlen ist letztlich eine Folge aus der Art und Weise, wie sich Zellen als Geschlossenheit gegenüber der Welt organisieren. Wenn ich nicht mehr rein mechanistisch, deterministisch und kausal auf meine Umwelt reagiere, sondern sobald ich ein eigenes Ziel verfolge – und wenn es das minimale Ziel ist, dass ich weiter meine Ziele verfolgen kann –, dann gewinnt die Welt um mich herum plötzlich Werte. Dann gibt es nämlich gute Einwirkungen und schlechte Einwirkungen. Das heißt, sobald ich ein solches Minimalsystem habe, das sich am Leben erhalten will, habe ich automatisch Werte. Die Welt, in der alles fühlt, ist eine Welt voller Werte und Sinn, die wir nicht länger zerstören können. Ich glaube, dass die eigentliche Vernunft immer nur eine Weisheit des Herzens sein kann, also letztlich nicht das reine Kalkül, sondern das im eigenen gefühlten Leben auf Wirklichkeit geprüfte Kalkül.

Wie kommt es zu dieser kolossalen Gehirnwäsche, mit der wir einen wesentlichen Teil unseres Empfindens aus der Welterklärung so vollständig ausgegrenzt haben?

Ja, das ist heute die zentrale Frage: Wie kommt es dazu? Denn wenn wir die beantworten können, dann können wir es möglicherweise auch wieder rückgängig machen. Ich denke, dass wir sehr weit zurückgehen müssen. Ich denke, dass wir im Erbe des Christentums leben. Und das Christentum ist eine Erlösungsreligion, in der es ein positives Ende der Geschichte gibt. Wir müssen sehen, dass wir zudem im Erbe des griechischen Altertums leben, in dem die Abstraktion geboren wurde – das heißt, dass man sich aus der vitalen, zusammenhängenden Welt herauszieht und sie als ein möglichst reduziertes System vor sich stellen kann. Diese beiden Dinge haben zusammen ergeben, dass der Mensch dieses christliche Erlösungsversprechen in der Neuzeit in die Verheißung zum Paradies auf Erden verwandelt hat: Indem man sich auf abstrakte Weise des Schöpfungsplanes bemächtigte, schien es möglich zu sein, das Werk zu vollenden. Das ist in Kurzform das, was sich ereignet hat. Der sinnvolle, spirituelle Gehalt ist dabei immer weiter zurückgetreten gegenüber dem, was man zu können glaubte. Dann musste man vereinfachen, vereinfachen, vereinfachen, um überhaupt Ergebnisse zu erzielen. Das hat das Gerüst der Wissenschaften ergeben. Und die wurden dann letztlich zum Maßstab der Wirklichkeit, der nicht mehr in Frage gestellt wurde, weil sie doch dazu dienen sollte, »den Schöpfungsplan zu entschlüsseln«.

Bleibt eine solche poetische Biologie, die das innere Empfinden wieder in unsere Welterklärung hineinnimmt, l'art pour l'art, oder was muss passieren, damit eine solche Philosophie Lebenswirklichkeiten verändert?

Ich hoffe natürlich, dass sie nicht nur l'art pour l'art bleibt. Wir müssen jetzt verstehen, was der Haushalt des Menschen in dem großen Haushalt der Natur sein muss. Dazu müssen wir begreifen, wie sehr unsere Vorstellung von uns selbst als haushaltenden Wesen dieser alten biologischen Sicht geschuldet ist und deswegen in die Irre läuft. Können wir uns Wirtschaften stattdessen als eine Form von Produktivität innerhalb lebender Ökosysteme denken? Insofern gilt es da gleich zwei Paradigmen zu bekämpfen: nämlich unser falsches Selbstbild als von der Natur getrennte Lebewesen und unsere falsche Sicht, als Lebewesen im Mangel zu leben und dies durch immer mehr Güter zu überwinden. Es gibt zwei wichtige Schritte. Der eine besteht darin, dass wir begreifen müssen, dass unser seelisches Gleichgewicht und unsere Zufriedenheit eben nicht in einem bloßen Mehrhaben oder Mehrsein oder Mehrwerden bestehen, sondern in einer Form von Aufgehobenheit in Freiheit in einer Gemeinschaft von Lebewesen. Wir müssen also gucken, was wir eigentlich für humane Zufriedenheit brauchen. Das ist das eine. Das andere ist, dass wir uns auch stofflich ganz neu definieren müssen. Bisher ist das in der klassischen neoliberalen Wirtschaft so, dass sich der Markt völlig unabhängig von der Natur definiert. Das ist ein gewaltiger Irrtum. Wir müssen sehen, dass Leben immer nur in symbiotischen Zusammenhängen mit anderem Leben gesund gedeihen kann, und insofern muss unsere Wirtschaft auch ein symbiotisches Untersystem der Biosphäre sein. Das sind zwei Neuausrichtungen, die sich in ganz konkreten Forderungen niederschlagen müssen. Aus dieser Form von schöpferischer Ökologie muss tatsächlich eine Politik des Lebens werden. Die gibt es noch nicht, aber es ist immerhin wieder ein politisches Ziel – und zwar eines, das man mit Nachhaltigkeit vertreten kann. In meinen Augen ist die Vision einer Politik des Lebens durchaus ein Kulminationspunkt, den man geradezu mehrheitsfähig machen kann, weil das jeden betrifft.

Wie müssten dann die neuen Gesetze des Lebendigen lauten? Was sind das für Gesetze, die uns da fehlen?

Wir haben erstens das Prinzip der Fülle und der gegenseitigen Abhängigkeit. Wir haben zweitens das Prinzip, dass ein Gut und ein Schlecht in die Welt kommen, sobald Leben auftaucht, das sich immer erhalten und entwickeln will. Und wir haben drittens als Notwendigkeit für ein Leben in der Balance die Möglichkeit der Autonomie und viertens die Verpflichtung zur Verbundenheit. Jetzt könnte man mit den Regeln ziemlich weit kommen, vielleicht könnte man sogar so weit gehen, daraus ein minimales Sozialmodell zu entwerfen. Im Idealfall klingt für mich da auch das Prinzip von Subsidiarität durch, dass jede Ebene das tut, was für sie am besten ist, gleichzeitig aber nur bis zu der Grenze, wo sie dann Rücksicht nehmen muss auf das Ganze. Damit würde man schon ziemlich weit kommen.

Was bedeutet das für unsere Wahrnehmung der lebendigen Welt?

In Darwins 1858 in der Linnean Society in London erster öffentlich vorgetragener Fassung seiner Theorie von der »Entstehung der Arten«, an der sich Wissenschaft, Kultur und Ökonomie bislang ja in ihrem Weltbild orientierten, lautet der erste Satz: »Die Natur ist ein beständiger Krieg aller gegen alle.« Aber es ist in Wirklichkeit beileibe nicht so, dass da immer nur ein Gegeneinander sinnentleerter Atome um den Sieg in der Optimierung herrscht. Heute stellt sich vielmehr heraus, dass Individuen – ob Zellen oder größere Lebewesen – auf verschiedenen Ebenen immer wieder zu einem höheren Selbst zusammengehören, das sie gemeinsam hervorbringen. Es ist also so, dass ständig eine Form von Verflechtung zwischen diesen einzelnen Individuen stattfindet, die aufeinander immer wieder angewiesen sind. Das heißt, wir müssen viel stärker von einer Dialektik ausgehen zwischen dem, was ein einzelnes Wesen braucht, um sich abzugrenzen, und dem, was es von anderen benötigt, um es selbst zu sein.

Die traditionelle Vorstellung von der Natur lässt sich ja durchaus mit einem Markt vergleichen, in dem alles um Wachstum ringt? Ringen da aber überhaupt noch getrennte Objekte miteinander, wenn doch die Ökologie und die Systemwissenschaft nur noch von Netzwerken des Lebens sprechen?

Der Markt der Natur erfüllt die entscheidende Voraussetzung des humanen Marktes gerade nicht – dass er nämlich aus einer Vielzahl von atomaren Einzelkämpfern zusammengesetzt ist, die alle miteinander um das bestmögliche Überleben wetteifern. Gewiss ist die Natur voll von Konkurrenz – aber ihr Funktionieren beruht auch zugleich darauf, dass die Systemmitspieler grundsätzlich kooperieren. Denken wir an die DNA und ihre Verfügbarkeit für existentielle Innovationen: Sie wird nicht als Patent von den wichtigsten Mitgliedern des Ökosystems monopolisiert, sondern sie steht jedem zur Verfügung, der mit ihr experimentiert. Die DNA ist vollkommen *open source*. Ein Gemeingut, auf das nun unmoralischerweise Gentechniker großer Agroindustriefirmen Patente anmelden! Noch etwas Zweites kommt hinzu: Die Wesen sind nicht absolut voneinander getrennt. Denken wir allein daran, dass in der Natur alles grundsätzlich essbar ist. Wir leben in einem Universum der Essbarkeit. Es gibt keine Abfälle und auch kein Recycling in unserem technischen Sinne, sondern nur Essbarkeit. Das beruht darauf, dass alle Wesen Ausstülpungen eines gemeinsamen Materiepools sind – sie sind Knoten in einem zusammenhängenden Netz. Sie sind freilich auch autonome Individuen. Die Grazie der Lebendigkeit geht erst in diesem Wechselspiel auf, in dieser ständig wieder zu erobernden Freiheit.

Bedeutet das einen Abschied vom Paradigma der Konkurrenz und eine Hinwendung zur Kooperation?

Ich denke, dass wir mit einem Bild des Antagonismus nicht weiterkommen. Ich glaube aber auch, dass wir mit dem Bild, dass es stattdessen nur das Glück der Kooperation gibt, nicht weiterkommen. Was wir sehen können, ist immer eine Balance zwischen beidem. Auch in einem Körper sehen wir eine Form von fließendem Gleichgewicht zwischen den Interessen einzelner Zellen, einzelner Gewebe und den Gesamtinteressen. Der Körper ist das Ökosystem für die einzelnen Zellen. Und diese Analogie einer systemischen Balance, die letztlich immer alle einzelnen Mitglieder einer größeren Ebene vereinigt, brauchen wir natürlich letztlich für unsere Wahrnehmung der gesellschaftlichen und wirtschaftlichen Realität, denn das ist uns in unserer Einzelkämpfergesellschaft abgegangen.

Spiegelt sich in unserer Vorstellung einer von der Natur abgetrennten Wirtschaft unsere eigene Abtrennung von der Natur?

Ja, wir betrachten die Natur als einen Haufen toter Materie, deren Gesetzmäßigkeiten es zu beherrschen gilt, damit wir uns mittels dieser Kenntnis retten können. Der Mensch wird damit einerseits zu etwas ganz anderem: Er steht der Natur als Ressource und Müllabladeplatz gegenüber und muss – geradezu von ihr – erlöst werden. Andererseits unterliegen wir als Akteure aber auch denselben mechanischen Gesetzen. In der neoklassischen Wirtschaftslehre wird der Mensch zum rein abstrakten »Homo oeconomicus« aufgelöst. Dieser lässt sich in mathematischen Gleichungen formalisieren. Damit werden auch wir zu einem Teil der deterministischen Maschine, die wir ja beherrschen wollen, um unsere Freiheit zu gewinnen. Das ist schon eine wilde Dialektik: Wir wollen uns von der Natur erlösen, müssen uns dafür aber als ihr namenloser Teil verstehen und zerstören uns genau dadurch, dass wir alles Lebendige zu reiner, stummer, unbewegter Materie erklären.

Ist die Vorstellung der »unsichtbaren Hand« des Marktes, die jedes Problem löst, damit überholt?

Die unsichtbare Hand war eine grandiose Idee. Etwa zeitgleich mit Kant, der das Wort dafür das erste Mal benutzt, taucht hier eine Theorie von Selbstorganisation auf. Es ist nicht mehr Gott, der lenkt, sondern notwendige Funktionen erschaffen sich von selbst. Dabei ist das lebende System intelligenter als die Versuche seiner Steuerung. Insofern glaube ich, man muss die Vorstellung, die Adam Smith zu der in seinen Schriften übrigens ziemlich beiläufigen Formulierung der »unsichtbaren Hand« gebracht hat, erst einmal in ihrer Gänze verstehen. Dann begreifen wir, dass die »unsichtbare Hand« immer eines Spielfeldes mit Regeln bedarf. Wir verstehen heute im Neoliberalismus den Markt gerne so, dass er für alles sorgen soll: für den richtigen Maßstab der Stoffflüsse, für die faire Verteilung und für die effiziente Zuteilung. Aber die unsichtbare Hand kann nur das Letztere; für die Dimension unseres Marktes in der großen Marktwirtschaft der Natur und für die Gerechtigkeit müssen wir hingegen unsere Kultur bemühen.

Bisher wurde die Natur als Ressource gebendes Kapital aus den wirtschaftlichen Kalkulationen ebenso herausgehalten wie in ihrer Qualität, systemische Balance herzustellen. Ist das weiter möglich?

Interessant sind doch bereits die Begriffe: »Ökonomie« heißt »die Gesetze des Haushaltens«. »Ökologie« wird mit »die Lehre vom Haushalten« übersetzt. Nun berücksichtigen aber die Gesetze des Haushaltens nicht die Weisheit des Lebenshaushaltes der Erde. Der Wirtschaftsmarkt wurde bislang vollkommen an der Natur vorbei konzipiert. Die Natur war eben nur Ressource, aus der man weitgehend kostenfrei entnehmen konnte; und sie war Müllhalde. Das ging so lange gut und war scheinbar auch logisch plausibel, wie die menschlichen Aktivitäten, so groß sie auch schon waren, keine spürbaren Rückwirkungen auf eine als unendlich erlebte Natur zeigten. Das war die »leere Welt«, von der wir heute träumen und deren Ende zuerst die Romantiker beklagten, die feststellten, dass die Wälder verfeuert waren und die Industrieanlagen nicht nur Kohle fraßen, sondern auch Schönheit. Heute jedoch leben wir in der »vollen Welt«. Unser Wachstum beult die Grenzen der Wirklichkeit bereits aus. Und es zeigt sich deutlich: Wir sind alle drinnen. Die Natur ist keine *black box*, sondern sie ist die wahre Wirtschaft. Sie ist die Wirtschaft, die zuallererst die Produkte herstellt, ohne die keine menschliche Wirtschaft je denkbar wäre: Trinkwasser, Luft zum Atmen, Pflanzen zum Essen, Klimastabilität, Bestäubung, Flutschutz, Giftentsorgung. Das sind die Dienstleistungen der Natur, kostenlos erbracht und zu hundert Prozent unersetzlich. Das ist der eigentliche Haushalt. Jedes Wirtschaftssystem, das so sehr wächst, dass dieser eigentliche Wirtschaftshaushalt Schaden nimmt, schädigt seine eigenen Grundlagen. Es wächst, sagt der Ökonom Herman Daly, »unwirtschaftlich«. Das kann man heute an vielen Entwicklungsländern illustriert sehen, wo die Handlungsoptionen nicht so groß sind wie in unseren gemäßigten Breiten: Dort führt der Verbrauch von Natur für Investitionsobjekte – etwa Shrimps-Farmen in Mangroven – sofort zu einem wirtschaftlichen Schaden durch die Zunahme des Elendsproletariats an Migranten, die aus einer nun dysfunktional gewordenen Landschaft verdrängt worden sind. Ganz abgesehen von dem zerstörten menschlichen Glück. Und wenn man alle Posten addiert, dann wird eben auch ökonomisch klar, dass wir einen Fehler machen und das Naturkapital verringern, wenn wir nicht die ganze wahre Wirtschaft im Auge behalten.

Sind wir also noch im Denken des 19. Jahrhunderts gefangen und versuchen, damit die Probleme des 21. Jahrhunderts zu lösen?

Wir versuchen ja leider nicht, die Probleme des 21. Jahrhunderts zu lösen. Wir lösen immer noch die des 19. Jahrhunderts, nämlich die des vermeintlichen Mangels an Gütern. Im 19. Jahrhundert hat das noch für viele gestimmt: Da war wirklicher Wohlstand, also Wohlstand von Glück, für viele durch materielle Besserstellung zu erreichen. Heute gilt das natürlich auch noch für die Milliarden der Ärmsten auf dieser Erde. Doch der Weg des 19. Jahrhunderts führt in Entwicklungsländern leider zu oft direkt in die bitteren Wahrheiten des 21. Jahrhunderts.

Was gerät mit einer solchen Diagnose des Denkens in den Mittelpunkt der Aufmerksamkeit: unser Verständnis von »Natur«?

Lassen Sie mich lieber sagen: Unser Verständnis von Natur als Ausdruck eines schöpferischen, *lebenden* Universums. Dass Natur so schwindet, ist doch der besonders sichtbare Ausdruck davon, dass wir Leben – und eben auch den lebenden Haushalt, der die Biosphäre ausmacht – nicht verstanden haben. Wir müssten also Leben neu verstehen – wir müssten überhaupt Leben wieder als das grundlegende Phänomen zur Kenntnis nehmen, dessen Manifestation auch wir sind. Eine Ökonomie, ein Regelwerk für unser Haushalten, kann es erst sinnvoll geben, wenn wir die Regeln dieses Lebenshaushaltes wieder verstehen.

Welchen Input kann die moderne Biologie geben, um zu einem Verständnis eines holistischen oder ganzheitlichen und ökologischen Wirtschaftens zu kommen?

Die moderne Biologie sieht, dass Naturgeschichte mehr ist als der Kampf von namenlosen egoistischen Genen um das Überleben. Die Biologie wurde ja im Gefolge des Vulgärdarwinismus sehr auf eine »Ökonomie der Optimierung« hin gelesen. Daraus wurde dann umgekehrt wieder eine Bestätigung der Ökonomie – die sich damit letztlich bloß selbst in ihrer historisch krudesten Form beglaubigte. Aber die Biologie hat längst entdeckt, dass Organismen mehr als Überlebensmaschinen sind. Sie lassen sich viel besser als um ihr Wohl bedachte Subjekte verstehen, die ihren Bedürfnissen mit einer gewissen Freiheit folgen, dabei aber auch von allen anderen abhängig sind. Wir haben also keine totale Ellenbogengesellschaft in der Natur, sondern eher so etwas wie ein »global commons«, ein kooperierendes Gemeinwohlsystem. Außerdem ist die Natur keine Wachstumsökonomie. Das BIP der Natur wächst nicht, sondern bleibt gleich. Sie ist also das, was Herman Daly als »Steady State Economy« bezeichnet. Was aber zunimmt, ist nicht ihre materielle Dimension, sondern ihre »Tiefe«: mit einem anderen Wort – ihr Gehalt an Sinn. Immer mehr Nischen und Lebensentwürfe entwickeln sich, immer mehr Möglichkeiten des Erlebens entfalten sich. Nicht nur utilitaristische Nutzenmaximierung ist zu entdecken, sondern – Lebendigkeit. Diese Dimension ist real, sie ist das, was der »wahre Haushalt« des Lebens hervorbringt. Wie können wir dann hergehen und uns anmaßen, dass unser kleiner, bescheidener Haushalt, die Wirtschaft, auf diese Dimension, nämlich auf die Lebendigkeit, pfeifen dürfe?

Was ist dann die »ökologische Ökonomie«, für die Sie plädieren?

Ökologische Ökonomie ist ein Wirtschaften, das uns als Subjekte in einem Lebenszusammenhang begreift. Ein Wirtschaften, das sieht, dass der einzige wahre Haushalt die Biosphäre ist, das sich also nicht damit begnügt, unser biologisches und psychologisches Erleben als das stumpfe Mehrwertspiel des »Homo oeconomicus« zu preisen und alles danach auszurichten. Eine Ökonomie, die sich auf die Bedingungen des Ökosystems einlässt, wird die angestammten Bahnen des Neoliberalismus verlassen.

Ihr jüngstes Buch heißt »Biokapital«. Geht es also um eine neue Wertschätzung von Natur und ihrer unzähligen Dienstleistungen?*

Der Titel will schlagwortartig aufgreifen, dass wir das eigentliche Kapital noch gar nicht begriffen haben, nämlich das der lebendigen Biosphäre. Wir rechnen immer nur mit einem Bruchteil davon und sind aber bereit, für diesen Bruchteil die wahren Werte zu verramschen. Ein Weg, diesen wahren Wert zu demonstrieren, besteht in der Monetarisierung der Dienstleistungen der Natur. Wenn man deren Wert ausrechnet, gleichsam das Volumen des eigentlichen Marktes der Natur gegenüber dem vorgeblichen unserer Wirtschaft in der *»full world«*, dann kommt man auf eindrucksvolle Zahlen, gegenüber denen auch noch die beim jüngsten Finanzmarktcrash herausgeschmissenen Summen geradezu lächerlich klein wirken. Natürlich ist diese Monetarisierung nur ein heuristisches Mittel: Es geht nicht darum, die Natur nur noch als Geldwert zu begreifen. Und auch nicht darum, sie zu verkaufen. Es geht im Gegenteil darum, den Wert dessen, was da so jeden Tag kostenlos über den Ramschtisch geht, ansatzweise in die Diskussion einzubringen. Denn in unserem Wirtschaftsdiskurs gilt eben immer noch die »harte Zahl«. So kommt man etwa darauf, dass im letzten Jahr allein durch die Vernichtung von Wäldern Ökosystemleistungen im Wert von sechs Billionen Dollar vernichtet wurden. Allein in den Wäldern! Oder denken wir an die Mangroven: Pro Hektar erwirtschaften diese Küstenwälder, das hat gerade eine UN-Studie gezeigt, einen Wert von 2100 Dollar pro Jahr, wenn sie naturbelassen

* Andreas Weber: *Biokapital. Die Versöhnung von Ökonomie, Natur und Menschlichkeit*, Berlin-Verlag 2008

werden – etwa als Brutstätte für Speisefische, als Arbeitsplatz für Küstenfischer, als Tsunami-Schutz, als Touristenmagnet. Reißt man die Stelzenbäume aber weg und legt Tiger-Prawn-Kulturen an, so sinkt ihr Wert auf nur noch 420 Dollar, die auch noch in den Kassen von irgendwelchen multinationalen Konzernen verschwinden – und dann möglicherweise auch noch als Giftpapiere von Lehman Brothers oder anderen *Bad Banks* vernichtet werden.

Was würde eine solche Bewertung der Naturreichtümer zum Beispiel für die Landwirtschaft bedeuten?

Sie bedeutet interessanterweise, dass fast immer die naturnaheste Nutzung auch die wirtschaftlichste ist. Konkret heißt das, dass uns die agroindustrielle Landwirtschaft durch die Schäden, die sie den Biodienstleistungen zufügt, reales Geld kostet. Etwa fünf Milliarden Euro muss der Steuerzahler in Deutschland jährlich allein für Reinigung von durch Intensivkulturen verschmutzten Wassers aufwenden. Aber die meisten Kosten sind ja nicht offengelegt. Was frisst etwa der gigantisch hohe CO_2-Ausstoß der mechanisierten Agrikultur? De facto stellen wir heute ja ein Kilo Nahrungsmittel mit mehr als zehn Litern Öl her. Wir essen also eigentlich Öl! Die Ironie besteht darin, dass es das volkswirtschaftlich Gesündeste wäre, zur flächendeckenden Biolandwirtschaft überzugehen, dass aber in Diskussionen solche Ideen immer noch als Spinnerei, als Utopie eben, abgetan werden. Dabei sind diese »Utopien« die einzig realistischen Lösungen. Auch hier stockt einem wieder der Atem: Wir könnten eine um Welten schönere Landschaft haben, gesünderes Essen, das viele Krankheiten vermeidet, einen Reichtum von Arten, von Betätigungen, von Sinn – und auch noch materiell reicher dabei sein. Und doch verhindern wir diese Welt mit aller Kraft.

Wird mit der Einbeziehung der bisher für gratis genommenen Naturwerte die Bewahrung der Natur zum Wirtschaftsfaktor?

Das sollte die Konsequenz sein. Rechnet man mit den wahren Zahlen, also mit den Werten der Ökosystemdienstleistungen, dann zeigt sich in Form einer monetären Bilanz, dass uns nur die Bewahrung der Natur reich macht. Sehen wir uns doch die Wirtschaftskurven an, die in einer engen und heißen Welt zu kippen beginnen. Denken wir an China, wo Insider mutmaßen, dass alle 15 Prozent durchschnittlichen jährlichen BIP-Zuwachses der letzten Jahre in Wahrheit durch die Kosten der Naturvernichtung wieder aufgezehrt werden. Die grünen Ökonomen sind sicher: Hätte die Natur einen Preis, würde die »unsichtbare Hand« des Marktes sie ganz von alleine schützen. Dieses *»green accounting«* wäre der Weg zu einer wirtschaftlichen Wende – zu der einzig möglichen übrigens auf einem Planeten, dessen fossile Energiereserven schwinden und dessen Atmosphäre überlastet ist.

Verlangt das nicht ein grundsätzlich anderes Wirtschaftsdenken, da sich ja bislang Zerstörung lohnt, solange jede Reparatur das Bruttosozialprodukt und damit das Wachstum steigert oder der Ansatz der Zinsabschreibungen Zerstörungen befördert?

Ja. Die Verdienste der Zukunft werden auch nicht aus dem Verbrauch, sondern aus dem Wiederaufbau, aus der »Restoration« sprudeln. Sobald wir richtig rechnen, ist Naturzerstörung immer bilanzschädigend. Aber wir können jetzt schon sehen, dass Wirtschaft, die Natur schont, sich noch da lohnt, wo andere, konventionelle, fossile, auf hohen Verbrauch setzende Konzepte versagen. So hat allein in Deutschland eine Reihe von Gemeinden schon heute den Schritt in die Freiheit von fossilen Energien geschafft – sie erzeugen Energie solar und durch Biomasse und werden dabei selbst zu Energieexporteuren, was die Gemeindekassen mit harten Euros füllt. Für einen Euro, den wir heute in den Schutz der Natur investieren, schätzt der Oxforder Zoologe Balmford, zahlt die Natur in der Zukunft hundert Euro zurück. Für jeden Finanzmakler schiene klar: Eine solche Rendite auszuschlagen wäre Irrsinn.

Bisher hat unsere Kultur das natürliche Lebenssystem als fehlerhaft und verbesserungsbedürftig angesehen. Muss diese Vorstellung dahingehend korrigiert werden, dass es sich bei dem, was Sie »Biokapital« nennen, um ein ideales Gleichgewicht handelt, das wir mit unseren Kontroll- und Fortschrittsvorstellungen nur schädigen?

In jedem Fall ist es problematisch, dass wir als Zivilisation lange Zeit diese phaetonische Haltung angenommen haben, dass uns das Hiersein nicht genug war, wir nach den Sternen greifen mussten und das Steuer des Sonnenwagens selbst in die Hand nehmen wollten. Der bessere Weg, so glaube ich, wäre der Realismus, sich mit der Wirklichkeit zu bescheiden, zu akzeptieren, was das menschliche Maß ist. Das heißt: die Sterblichkeit akzeptieren und also auch unser letztliches Scheitern. Zu akzeptieren, dass es nur momentane Erfüllung gibt, nichts perfekt bleibt und alles ausgehandelt werden muss. Das ist eine sehr schwierige Haltung: Aushalten. Ich glaube nicht, dass uns irgendetwas in der Welt dauerhaft gestattet, ein »ideales Gleichgewicht« zu finden. Es gibt dieses Gleichgewicht nicht. Das Leben ist kein Gleichgewicht, sondern ein gewagter und letztlich immer wieder in den Tod stürzender Balanceakt. Ich glaube darum nicht, dass es bei der ökologischen Wende darum geht, endlich das natürliche Paradies vor unseren Augen zu erkennen. Es gibt dieses Paradies nicht. Es geht aber darum, die Illusion, dass wir uns künstlich ein Paradies schaffen können, abzulegen. Denn die selbstgemachte Erlösung versklavt uns in dem Maß, wie sie uns materielle Freiheit verspricht. Es gibt dieses Paradies nicht – aber es gibt gleichwohl die Qualitäten des Göttlichen, nach denen wir uns sehnen. Es gibt Schönheit und Edelmut und Grazie! Es gibt sie vielleicht nur unerlöst, nur als Geste des ständig ausgesetzten und diese Ausgesetztheit in Kauf nehmenden Lebendigen. Das ist die Anti-Utopie, von der die Rede sein soll: endlich aufzuhören, vermeintliche Gleichgewichte zu suchen, die den Moment überdauern. Erinnern wir uns, um im Bilde zu bleiben: Auch das endgültige »Verweile doch, du bist so schön« zum Augenblick besiegelt den Pakt mit dem Teufel.

Was veränderte sich, wenn wir statt Wachstum, Profit und Effizienz endlich Lebensqualität als Maßstab einsetzen würden?

Bisher spielt ja das subjektive Befinden der Marktteilnehmer keine Rolle für das, was wir als wirtschaftlich effizient betrachten. Die Menschen sind heute eher mathematisierbare Algorithmen geworden. Die wichtigen Entscheidungen für Wirtschaftlichkeit werden mit dem Primat der Effizienz begründet – die seelischen Folgekosten aber werden als unvermeidbare Nebeneffekte hingestellt. Das ist dann aber nicht mehr Wirtschaft, die menschliche Probleme löst. So aber war das ja ursprünglich gedacht – die Ökonomie sollte ein Werkzeug zur Bewältigung des materiellen Mangels sein. Eine solche Ökonomie aber, die – um zu einem hohen BIP zu kommen – gierig auch Zerstörung und Verluste bilanziert, ist schon längst inhuman. Der US-amerikanische Autor Bill McKibben sagt es so: »Das wirtschaftlich Gesündeste ist nach BIP-Maßstäben ein unheilbar Krebskranker, der auf dem Weg zum Scheidungsanwalt sein Auto in den Totalschaden fährt.«

Müssen wir also – auch angesichts der Krise – gegen das BIP einen anderen Index setzen? Und wie könnte der aussehen?

Herman Daly und John Cobb Jr. haben den »ISEW«, den »*Index for Sustainable Economic Welfare*« entwickelt, in den ungefähr 50 verschiedene Komponenten für wirtschaftliche Nachhaltigkeit einfließen – auch solche Faktoren wie die Kosten für Pendelverkehr und der Preis der Luftverschmutzung. Legt man das ISEW zugrunde, so sinkt unser Wohlstand in den westlichen Ländern bereits seit den 1970er-Jahren. Das ist übrigens auch die Zeit, zu der die Zufriedenheitskurve ihren Knick nach unten macht. Und die Zeit, in der die letzten wilden Felder verschwinden, die Schmetterlinge rapide seltener werden, der Computer weiträumig seinen Einzug erhält und beginnt, unser Handeln zu takten und die Massenarbeitslosigkeit als Gesellschaftstatbestand verewigt wird. Aber man könnte vermutlich auch als Maßstab ansetzen, ob in dem beurteilten Raum Arten schwinden oder Arten stabil bleiben oder ob CO_2 festgelegt oder freigesetzt wird. Das ist heute der Maßstab eines gesunden Wirtschaftens – wo die Ökonomie Natur verbraucht, ist sie immer nachweislich unökonomisch. Wir brauchen also kein hochmathematisches Bewertungskriterium. Bleiben wir bei den fast verschwundenen blühenden Feldern und ihren Besuchern: Es lässt sich sehen, ob wir wirtschaftlich arbeiten. Das müssen wir uns nur bewusst machen.

Müssen wir in einer »ökologischen Ökonomie« gegen den Mythos der Knappheit und des Kampfes ein Bild des Überflusses setzen, den die Natur bereithält?

Ich glaube, Knappheit und Kampf sind Realitäten. Wir müssen damit leben. Aber die Wirklichkeit ist auch etwas anderes: nämlich Überfluss und brüderliche Verschwendung. Der amerikanische Ethnologe Marshall Sahlins war in den 1970er-Jahren sehr verblüfft, als er bei seiner Feldforschung mit australischen Stammesvölkern feststellte, dass diese Menschen, von denen es doch hieß, dass sie wie unsere Steinzeitvorfahren unter primitivsten Bedingungen und in der bittersten Not lebten, im Schnitt nur fünf Stunden pro Tag arbeiteten. Und das nicht einmal besonders hart. Sie litten auch keinen Hunger. Die Menschen wussten unzählige Möglichkeiten, ihre Bedürfnisse genussreich zu stillen – und waren ihrerseits erstaunt über die Fragen des Amerikaners, der sie mit dem Hinweis, »es könnten ja schlechte Tage kommen« zur Vorratshaltung animieren wollte. Offenbar war der ursprüngliche Mensch nicht besonders effizient – aber eben auch nicht besonders überarbeitet, sondern vielmehr ziemlich entspannt und zufrieden. Seine Zeit blieb ihm, um mit seinen Dorfgenossen herumzualbern. Oder auf rituelle Weise seine Verbindung mit der Natur zu feiern. Und die Natur ist im Vergleich zu unseren ökonomischen Maßstäben gewiss nicht effizient. Die großen Räuber, die »hocheffizienten Beutegreifer« aus den Vorabend-Kitsch-Filmen, sind so ziemlich das Verschwenderischste, was die Natur hervorgebracht hat. Sie sind so wenig sparsam wie Straßenkreuzer, Warmblütigkeit ist per se nicht energieeffizient und sparsam, sie produziert viel zu viel Abwärme. Wirklich effiziente Wesen findet man, wenn man auf dem Grund der Tiefsee sucht. Dort leben Haarsterne, die sich im Jahr nur ein paar Meter fortbewegen. Die Natur verschwendet allenthalben: Damit zwei neue Kabeljaue entstehen, lässt das Weibchen fünf Millionen Eier in die Leere der See entschweben. Es ist die reinste Verschleuderung – aber sie hat einen tieferen Sinn: andere, Kooperierende und Konkurrenten, das ganze System, in das jedes Lebewesen eingebettet ist, können sich von dieser Fülle nähren. Es ist ein Prinzip der Fülle, das wir in der Natur erleben, und das sollte unsere Handlungen leiten: Nicht geizige Effektivität, sondern Maßlosigkeit, Schrankenlosigkeit ist der Kern des Lebens. Das Prinzip des Lebens aber muss die wichtigste Devise unseres Wirtschaftens sein.

Werden wir zu einer »Politik des Lebens« in der Lage sein?

Die Grundidee einer Politik des Lebens beruht darauf, dem Einzelnen seinen Platz in der Gemeinschaft der anderen Menschen und aller Welt zurückzugeben. Wir brauchen eine Balance zwischen größtmöglicher Autonomie des Individuums und dem besten Gedeihen des Ganzen. Die entscheidenden Säulen sind Freiheit und Notwendigkeit. Die Freiheit des Einzelnen zu wachsen wird von der Notwendigkeit eingebettet, dass das Ganze sich entfalten kann. Die solare, dezentrale, ökologische Kultur wäre eine Kultur der Zugehörigkeit und der Mitbestimmung – eine Kultur des Lebens und nicht wie bisher eine Kultur des Toten. Das, was der gegenwärtige Ausverkauf der Lebenssysteme wirklich bedroht, ist nicht die Natur selbst, sondern unsere Hochkultur. Vieles spricht dafür, dass wir am Beginn eines »dunklen Zeitalters« stehen, eines Übergangs, nach dem wenig bleiben wird wie zuvor. Es gilt somit, eine Politik des Lebens zu entwerfen. Am Ende meines Buches habe ich das so formuliert: »Es wird eine andere Welt kommen, eine kleinere. Aber es wird immer noch eine sein, die lebt. Vielleicht ist die ›Politik des Lebens‹ ein Modell für die Zeit danach, für die neue Welt nach den Umbrüchen und Krisen, die uns erwarten. Wir sollten schon jetzt für sie planen. Es ist eine produktive Chance, und wir können sofort mit dem Neuen beginnen. Die Poesie wird auch auf einer heißeren, kleineren Erde die Wirklichkeit regieren.«

An der Schwelle zu einem pluralen integralen Bewusstsein

Im Dialog mit dem Bewusstseinsforscher und Mystiker Jim Marion

Jim Marion, geboren 1950, kombiniert höchst ungewöhnliche Berufsbilder. Er ist Jurist, Schriftsteller, Mystiker, radikaler Kirchenkritiker und spiritueller Lehrer. Er gründete mit dem Bewusstseinsforscher Ken Wilber das »Institute for Integral Spirituality« und ist selber Gründer und Vorsitzender des »Institute for Spiritual Awareness«. Sein Engagement in der homosexuellen Männerbewegung bringt ihn in zunehmende Distanz zu kirchlichen Institutionen. Von 1973 bis 2004 arbeitete er als politischer Rechtsanwalt in Washington D. C., beriet die Regierung von Jimmy Carter und den amerikanischen Kongress und vertiefte sich parallel neben seiner spirituellen Entwicklung auch in die Bewusstseinsforschung. In seinem ersten Buch »Wege zum Christus-Bewusstsein« plädiert er für einen freien Zugang zu christlicher Spiritualität. In seinem zweiten Buch »The Death of the Mythic God« analysiert er die Bewusstseinsentwicklung am Beginn des 21.Jahrhunderts und skizziert einen religiösen Wertewandel auf dem Weg zu einer »integralen Spiritualität«.

Immer öfter ist heute von einem Bewusstseinswandel die Rede, um so neue Antworten für alte Probleme finden zu können. Ist so etwas möglich? Was wissen wir über die Möglichkeit, unser Bewusstsein weiterzuentwickeln?

Ich bin davon überzeugt, dass so etwas möglich ist. Denn wir Menschen wachsen und entwickeln uns auf vielen Ebenen. Schließlich vollzieht jeder von uns in neun Monaten die gesamte biologische Evolution nach, solange wir noch im Bauch unserer Mutter leben:

angefangen mit zwei Einzellern, bald schon als vielzelluläres Wesen in der Körperform von Fisch, Reptil, Säugetier, Primat und schließlich als Mensch. Dann, nach der Geburt, scheint es mir so zu sein, dass wir nach und nach die gesamte soziokulturelle Evolution rekapitulieren, bis wir schließlich auf der Bewusstseinsebene ankommen, die unsere jeweilige Kultur dominiert. Manche Menschen bewegen sich – durch spirituelle Übungen der einen oder anderen Tradition – über die durchschnittlichen Bewusstseinsebenen ihrer Gesellschaft hinaus und erforschen die Ebenen, die sich in der Zukunft entwickeln werden. Aber wie bei der biologischen Evolution fängt jeder immer bei null an.

Wenn wir biologisch Fisch, Reptil, Säuger und Primat sein müssen, bevor wir Mensch werden, welche Ebenen durchschreiten wir dann im Bewusstsein?

Bewusstseinsforscher haben mittlerweile recht gut identifizieren können, durch welche Stufen unser Bewusstsein in der Kulturgeschichte gegangen ist und wie sich das analog in der geistigen Entwicklung des heutigen Menschen widerspiegelt. Anfangen tut es mit dem archaischen Bewusstsein der Steinzeitmenschen, das wohl dem eines heutigen Säuglings entspricht. Auf der nächsten Stufe finden wir das magische Bewusstsein, das es in animistischen und schamanischen Stammesgesellschaften gibt, und eben auch bei jungen Kindern bis zum Alter von sieben Jahren. Die dritte Stufe wäre dann das individualisierte Kriegerbewusstsein von marodierenden Stämmen, Clans und Kriegsfürsten oder – bezogen auf heute – Jugendlichen in Gangs und Banden. Viertens folgt dann die Ebene des mythologischen Bewusstseins, die historisch den klassischen Weltreichen und der Blütezeit der monotheistischen Religionen entspricht und bei uns heute dem geistigen Entwicklungsstand eines Kindes vor der Pubertät. Auf der fünften Ebene käme dann das rationale Bewusstsein des jungen Erwachsenen, das kulturell den säkularisierten Demokratien von Nationalstaaten mit ihren persönlichen Freiheiten und wissenschaftlichen Errungenschaften entspricht. Eine Ebene darüber finden wir sechstens eine pluralistische Ebene der Globalität, des Multikulturalismus, gegenseitigen Respekts und gleicher Rechte aller Rassen, Geschlechter, sexueller Orientierungen und so weiter. Ab der siebten Ebene wird schließlich das mystische Bewusstsein berührt, in dem man offensichtlich die zugrunde liegende Einheit aller vorherigen Ebenen erfährt.

Was Sie eben die »Bewusstseinsebene« nannten, »die unsere Kultur dominiert«, scheint ja dann einiges mit den aktuellen Weltproblemen zu tun zu haben. Wo stehen wir denn heute, welche Ebene ist dominant?

Die aktuelle Situation ist sehr komplex. Denn nicht alle heute vorhandenen Kulturen haben sich auf gleiche Art und Weise entwickelt. Wir haben zum Beispiel nach wie vor Länder wie Afghanistan, die hauptsächlich von Stämmen und Warlords geprägt werden, was dann am ehesten den Ebenen zwei und drei entsprechen würde. In den Vereinigten Staaten und zum Teil in Europa erleben wir heute eine Art Kulturkampf zwischen Vertretern der vierten, fünften und sechsten Bewusstseinsebene, also zwischen den mythologischen Traditionsbewahrern und den Vertretern säkularisierter Politik mit ihrer rationalistischen Wissenschaft und ihren transnationalen Unternehmen und drittens jenen Pionieren, die eine kulturell globalisierte, sozial und wirtschaftlich gerechte, nachhaltige ökologische und gesunde Welt anstreben und eine nichtkonfessionelle Spiritualität entwickeln. Diese Situation ist natürlich ziemlich kompliziert. In den USA würde ich beispielsweise sagen, dass ein Viertel der Bevölkerung noch in einem mythologischen Bewusstsein wahrnimmt, denkt und handelt; rund die Hälfte der Menschen auf der rationalistischen fünften Ebene und mittlerweile vielleicht 20 Prozent auf der sechsten Ebene angekommen sind. In Westeuropa scheint es mir so zu sein, dass schon ein paar mehr Menschen die rein rationalistische, konsumorientierte, wissenschaftsgläubige Ebene hinter sich gelassen haben.

Wenn sich Bewusstseinsebenen und damit auch Weltbilder ändern, ändert sich dann auch unsere Vorstellung von Gott?

Ja, selbstverständlich wandeln sich unsere Gottesbilder im Laufe der Zeiten. Das ist genauso wie der Wandel des Weltbildes zwischen den Jahren der Kindheit und dem Erwachsensein. Wenn da immer wieder neue Weltsichten entstehen, ändern sich zugleich der Blick auf die Figur Gottes und die Religion. Das wiederum passiert auch nicht nur auf der individuellen Ebene, sondern – deutlich langsamer – genauso auf der kollektiven Ebene der ganzen Gesellschaft.

Stehen wir dann also sowohl in der so genannten realen Welt wie auch in unseren religiösen Konzepten vor massiven Umbrüchen? Sie sprechen ja in Ihrem letzten Buch vom »Tod des mythologischen Gottes«. Was meinen Sie damit?*

Ich glaube, dass die Menschen im Westen wie im Osten seit etwa 3000 Jahren eine mythische oder mythologische Vorstellung des Göttlichen haben. Da ist Gott ein Wesen, das getrennt von uns ist, das seinen Platz im Himmel hat und das sich in menschliche Angelegenheiten mischt, wenn Menschen ihn im Gebet darum bitten. Gott ist dabei eigentlich immer maskulin. Es ist also ein patriarchales System, in dem die Menschen an die buchstäbliche Wahrheit ihrer religiösen Mythen glauben. Also glauben Juden und Christen buchstäblich an die Schöpfung in sechs Tagen oder Moslems, dass Mohammed wirklich vom Felsendom auf dem Tempelberg aus gen Himmel fuhr. Mythologische Gläubige dieser Art betrachten sich selbst als Gute und alle anderen als Böse. Sie sind davon überzeugt, Gott auf ihrer Seite zu haben und die ganze Welt von ihrem Glauben überzeugen zu müssen. Nach diesem Konzept haben wir nun 3000 Jahre gelebt. Und erst in den letzten 100 Jahren beginnt dieses Gottes- und Weltbild mit all seinen Glaubenssätzen zu kollabieren.

* Jim Marion: *The Death of the Mythic God. The Rise of Evolutionary Spirituality*, Hampton Roads Publishing 2004

Die buchstäbliche Wahrheit, auf die man sich da bislang bezog, beruhte ja im Christentum auf den biblischen Evangelien. Ist eine solche Form der Wahrnehmung dann also immer nur Mythos?

Es ist nur ein Mythos, ja! Natürlich können Mythen eine symbolische Bedeutung haben, sie können mystische Erklärungen geben oder spirituell Sinn machen. Wir Menschen können von Mythen durchaus eine Menge lernen. Aber sie waren nie, selbst im Urchristentum, buchstäblich gemeint. Heute liegt ein zusätzliches Problem darin, dass die Menschen häufig eben schon nicht mehr mythologisch denken, sondern eigentlich rationalistisch, wissenschaftlich und historisch, wo man auf buchstäbliche Wahrheiten baut. Und wenn sie dann ihre Bibel lesen und ihren Text genauso glauben wie alle anderen Dokumente in ihrem Leben, dann machen sie halt leider einen kolossalen Fehler. Aus dieser Sicht ist Fundamentalismus ein absolut modernes Phänomen: Das Bewusstsein der Menschen operiert 95 Prozent der Zeit rational und logisch, und wenn sie diesen Ansatz dann auf die Bibel und ihre Analogien oder den Koran anwenden, dann kommt etwas raus, was so nie gemeint war.

In der Welt der Religion ist der Widerspruch zwischen Rationalität und Mythos allgegenwärtig. Man muss nur an die Schöpfungsgeschichte in sieben Tagen denken oder die Jungfrauengeburt. Sind dies Beispiele dafür, wie wir aufgrund unseres Bewusstseins Mythen und rationale Wahrheit verwechseln?

Das ist mehr als eine Verwechselung, denn wir nehmen diese Texte wortwörtlich. Die Ironie liegt darin, dass dies den Menschen des Mittelalters so gar nicht in den Sinn gekommen wäre. Denen war klar, dass es sich bei den heiligen Texten um Metaphern, Analogien und Geschichten voller spiritueller Wahrheiten handelte. Man dachte über sie nach, nahm sie aber nicht wörtlich. Nimmt man aber heute einen Menschen, der rational, wissenschaftlich und geschichtsanalytisch sozialisiert ist, dann kann man darauf setzen, dass dieser Fehler passiert.

Wie ließe sich dieses Missverständnis aufbrechen, das wir ja immer dann vorfinden, wenn wir etwas für eine Wahrheit halten, was nur ein Mythos ist? Lassen sich die Mythen so übersetzen, dass die Moderne sie versteht?

Mit Sicherheit bräuchten wir so etwas wie eine Übersetzung – aber was für eine Riesenaufgabe wäre das!? Im Bereich der Religion ist das gesamte christliche Glaubensbekenntnis mit allen Doktrinen in mythologischer Sprache verfasst, die im Falle einer Übersetzung dann auch noch zwischen Katholiken, Protestanten und Orthodoxen abgeglichen werden müssten. Das Gleiche gilt für all die Liturgien und Hymnen, die davon handeln, wie Christus auf die Erde kam, von einer Jungfrau geboren wurde, für unsere Sünden gekreuzigt wurde, wiederauferstand und gen Himmel fuhr. Mythen, wohin man schaut! Das zu übersetzen, ist eigentlich fast unmöglich. Wenn die Kirche damit vor 500 Jahren angefangen hätte, dann wäre es bis heute vielleicht erledigt gewesen. So aber erledigt sich heute die Kirche selbst, weil die Leute ihr in Scharen weglaufen. Sie verstehen die Sprache, die dort gesprochen wird, einfach nicht mehr.

Fundamentalismus ist ja nicht nur etwas, was die Religionen auszeichnet, sondern lässt sich ebenso im aktuellen politischen Umgang mit der Krise beobachten. Auch dort wird eine Sprache gesprochen, die viele nicht mehr nachvollziehen können. Beeinflusst eine mythologische Bewusstseinsebene also nicht nur unsere Wahrnehmung des Heiligen, sondern auch der Alltagswelt?

Ja, das tut sie sicherlich. Ein mythologisches Bewusstsein kann sich einerseits in religiösem Fundamentalismus ausdrücken, zum Beispiel in der Überzeugung, dass nur der eigene Glaube die einzige, richtige und wahre Religion sei, die auf gottgesandten heiligen Texten beruhe und deshalb absolut unfehlbar ist. Aber das ist nur ein Ausdruck dieser Geisteshaltung. Generell lässt sich sagen, dass ein Mensch auf der mythologischen Bewusstseinsebene ethnozentrisch und soziozentrisch denkt, mit anderen Worten also immer die eigene ethnische Gruppe, die eigene Nationalität, das eigene Geschlecht, die eigene Religion, die persönliche sexuelle Orientierung oder politische Ideologie über alle anderen stellt. Der Kommunismus beispielsweise funktionierte als Ideologie auch primär als mythologisches Glaubenssystem. Ein weiteres Kennzeichen für die mythologische Ebene ist der Gehorsam gegenüber starken, meistens patriarchalen Autoritätspersonen. Das lässt sich heute noch in Ländern wie Nordkorea, Saudi-Arabien, Kamerun oder Kuba beobachten. Säkularisierte Demokratien können sich deshalb auch in völlig mythologischen Kulturen weder richtig verwurzeln noch entfalten. Eine weitere Charakteristik der mythologischen Ebene ist die Rigidität bei Rollenfragen, wenn es um das Geschlecht oder die gesellschaftliche Schicht geht: Das Kastensystem in Indien, die Unterjochung von Frauen in den Entwicklungsländern, das Misstrauen gegenüber internationalen Organisationen wie der UN, die extreme Ablehnung von Homosexualität – all das reflektiert eine mythologische Geisteshaltung. Um schließlich noch ein letztes Beispiel zu geben, gehört immer auch dazu, den Wert der Traditionen über die Wissenschaft, die Wirtschaft oder Fortschritte im Bildungssystem zu stellen. Im gegenwärtigen Somalia, sicherlich tief verwurzelt im mythologischen Denken, wirft man heute alle Intellektuellen und Akademiker aus dem Land, um einen mittelalterlichen islamischen Staat aufbauen zu können.

Sie erwähnten eine mystische Ebene des Bewusstseins als bislang höchste Stufe. Bewegen sich denn die gegenwärtigen Bemühungen vieler Menschen für Globalität, kulturelle Vielfalt, Respekt für Andersartigkeit in diese Richtung? Wie muss man sich diese höheren Bewusstseinsebenen vorstellen? Und werden sie von den heutigen religiösen und kulturellen Institutionen verstanden?

Nein, verstanden wird es sicherlich noch nicht. Im theologischen Bereich haben große Vordenker wie Bede Griffiths und Karl Rahner gesagt, dass die Zukunft des Christentums in der Mystik liegen müsse, wenn es überhaupt noch eine Zukunft haben wolle.* Vielleicht kann ich es an dem religiösen Beispiel illustrieren: Man muss auf der Ebene des Bewusstseins in die Lage kommen, die Wahrheit des Glaubens nicht länger mythologisch, sondern mystisch zu verstehen. Das heißt dann ganz praktisch, sich Gott nicht mehr weit entfernt auf einem Himmelsthron vorzustellen, sondern im Selbst, in der Schöpfung. Das führt zu einem völlig anderen Selbstbild und einer neuen Ethik. Und es gab diese Vordenker, die das gesehen haben, immer wieder: Teilhard de Chardin beispielsweise hat gesagt, dass sich alle Schöpfung in Gott zeige und sich in der Welt manifestiere. Und so eine Sichtweise ist tatsächlich nötig, wenn das Christentum und die aus ihm entstehende Kultur eine Zukunft haben sollen.

Die mystische Wahrnehmung ist ja nichts Neues. Wir hatten sie auch schon bei den mittelalterlichen Mystikern. Warum also sollte gerade heute, wo das mythologische Bewusstsein überwunden wird, eine mystische oder – mit anderen Worten – holistische Ebene folgen?

Sie haben recht, es gab immer eine mystische Tradition in der Religionsgeschichte: Jesus war Mystiker, Paulus, die Jünger und viele Kirchenväter wahrscheinlich auch. Aber von der großen Mehrheit der Menschen wurde die Mystik nicht begriffen und allenfalls als ein Weg der Mönche und Nonnen in den Klöstern verstanden. Es hatte keine Bedeutung für den Durchschnittsmenschen. Nach der protestantischen Reformation nahmen beide großen Konfessionen noch mehr Abstand von der Mystik und beriefen sich auf die Rationalität, die als Weg in die Moderne galt. Da waren komplex ausgearbeitete Theologien wichtiger als die pure mystische Erfahrung. Sie verschwand im Hintergrund. Und heute müssen wir erkennen, dass ohne eine direkte spirituelle Erfahrung von der Religion nicht mehr viel übrig bleibt.

* Bede Griffiths (mit Roland Ropers): *Eine Welt – Eine Menschheit – Eine Religion*, Sheema Medien, Wasserburg/Inn 2007

»Gott ist tot« hat der damit viel zitierte Friedrich Nietzsche gesagt – und Sie wiederholen das in der Aussage vom »Tod des mythologischen Gottes«. Wo liegt der Unterschied zwischen Ihnen und Nietzsche?

Da gibt es keinen großen Unterschied: Als Nietzsche 1885 den Tod dieses Gottesbildes proklamierte, konnten ihm nur ein paar Tausend Intellektuelle folgen, die mit dieser Metapher eines Himmelskönigs nichts mehr anfangen konnten. Aber die große Mehrheit glaubte damals noch an diesen Gott. Doch seitdem ist diese Einsicht des großen Philosophen zum Massenphänomen geworden. Zwischen der Zeit Nietzsches und der Gegenwart ist also Folgendes passiert: Heute findet man nicht mehr nur Tausende, sondern Millionen von Menschen, die nicht mehr länger an einen Gott glauben wollen, der sich von irgendwo über der Erde urteilend und strafend in unser Leben einmischt.

Gibt es Untersuchungen, die deutlich sichtbar werden lassen, dass da tatsächlich eine kollektive Bewusstseinsebene verlassen wird? Denn es scheint ja so, als wäre dieses Denken in vielen Bereichen noch sehr lebendig…

Dieses Denken ist tatsächlich noch sehr populär, da haben Sie recht. Ich würde sogar sagen, dass immer noch die Mehrheit der Weltbevölkerung – wenn man eben Südamerika, Afrika und Asien mit einbezieht – auf dieser Bewusstseinsebene operiert. Forschungsarbeiten der nordamerikanischen Barna-Stiftung*, die immer wieder statistische Untersuchungen zu religiösen Fragen publiziert, stellten fest, dass noch 1950 die Hälfte aller US-Bürger als »traditionelle westliche Christen« weitgehend buchstäblich an das glaubten, was in der Bibel steht. Neueren Untersuchungen zufolge ist diese Zahl mittlerweile auf deutlich weniger als die Hälfte auf nur noch 19 Prozent abgesunken. Das war wohl auch einer der

* www.barna.org

Gründe dafür, dass die christlichen Fundamentalisten in der Ära der Präsidentschaft von George Bush noch einmal so aggressiv auftraten: Ihnen musste klar geworden sein, dass die kulturelle Entwicklung über sie hinweggegangen war und sie nicht mehr das Weltbild der Mehrheit repräsentierten. Also kämpften sie wie verrückt und mit allen Mitteln darum, das Terrain zurückzugewinnen und die Kultur erneut zu dominieren. Aber diese Schlacht scheinen sie verloren zu haben.

Also erschaffen und wählen wir nicht nur unsere Gottesbilder aus unserem jeweiligen Bewusstseinsstand, sondern auch unsere politischen Führer?

Ich bin davon überzeugt, dass das so ist. Die Führungsriege einer jeden Gesellschaft reflektiert weitgehend den Bewusstseinsstand ihrer Mitglieder. Wenn man Glück hat, bekommt man eine Führungspersönlichkeit, die Wandlungsprozesse beschleunigt, weil sie etwas aus dem Durchschnitt herausragt und der Bevölkerung auf der Bewusstseinsleiter ein Stück vorausgehen kann. Gandhi und Nelson Mandela waren solche Persönlichkeiten und heute wird in dieser Beziehung viel Hoffnung auf Barack Obama gesetzt. Umgekehrt muss man aber auch sagen, dass in der Regel Gesellschaften auch die Führer, die sie regieren, »verdient« haben. Solange wir Menschen nicht durch spirituelle Disziplin unser Unbewusstes an der eigenen Hand haben, ist es ganz normal, dass wir alle unsere guten Qualitäten auf unsere führenden Politiker projizieren und alle schlechten auf die Feinde unseres Landes. Traditionell war es die Aufgabe von Staatsführern, im Erbe der alten Könige, als väterliche Projektionsfläche des Volkes zu dienen, ihnen in der Not zu helfen und neuen Mut zu geben. Auf der unbewussten Ebene des mythologischen Denkens haben Präsidenten und Königinnen die Rolle von Übereltern. Staatsführer nehmen damit letztlich genau die gleiche Rolle ein, wie es das mythologische Gottesbild vorschreibt.

Und dann schaffen wir uns entsprechende Gesellschaften und staatliche Strukturen?

Generell lässt sich sagen, dass alle gesellschaftlichen Institutionen nichts anderes sind als Manifestationen des Bewusstseins, das sie hervorbringt. Dabei ist es wichtig zu realisieren, dass eine frühere Bewusstseinsebene ja nie ganz verloren geht. Vielmehr ist da jede frühere Ebene das Fundament für die kommenden. Wenn man eine frühere Ebene transzendiert, geht man zwar über sie hinaus, integriert dabei aber die alten Wahrheiten in einen größeren Kontext. Außerdem müssen wir uns darüber im Klaren sein, dass es in jeder Gesellschaft Menschen gibt, denen es aus irgendeinem Grund völlig unmöglich ist, eine höhere Ebene auch nur erreichen zu wollen. Und die müssen genauso respektiert und natürlich auch regiert werden.

Können Sie praktische Beispiele für die Konflikte nennen, die aus unterschiedlichen Wahrnehmungsebenen in einer Gesellschaft entstehen können?

Zum Beispiel sind die Armee, die Polizei und die Gerichte in einer Zeit entstanden, in der das mythologische Bewusstsein absolut beherrschend war. Aber zugleich wäre es ziemlich idiotisch, all diese Institutionen nun abzuschaffen, solange wir uns nicht kollektiv enorm weiterentwickelt haben. Gleichermaßen erfolglos dürfte es sein, eine mythische Religiosität einfach zu verbieten, wie man es in der Sowjetunion und dem kommunistischen China versucht hat. Im modernen Westen versucht man zurzeit, die auf dem mythologischen Denken basierende zentralistische Industriegesellschaft zu einer auf mehr pluralistischem Denken beruhenden Informationsgesellschaft umzubauen, indem man die ganze industrielle Produktion in Entwicklungsländer verlagert. Das wird nicht funktionieren, weil es überall immer eine Menge Leute geben wird, die eben nicht auf einem akademischen Level funktionieren. Wovon sollen sie und ihre Familien dann leben? Immer dann, wenn man versucht, eine Stufe auf der Leiter der Evolution einfach zu ignorieren oder zu überspringen, wird man scheitern. Das ist so, als würde man einem Tisch ein Bein absägen und einen stabilen Stand erwarten.

Inwieweit aber provozieren wir zwingend gesellschaftliche Krisen, wenn die Mehrheit der Bevölkerung noch in mythologischen Mustern denkt und handelt?

Leider funktionieren immer noch an die 70 Prozent der Weltbevölkerung auf einer mythologischen Ebene des Bewusstseins. Nichtsdestotrotz steigt dank der weltweiten Bildungsanstrengungen die Zahl jener, die in eine rationale Bewusstseinsebene aufsteigen, in einem enormen Tempo. Moderne Kommunikationsformen wie das Internet, das Fernsehen, Kinofilme und das Radio beschleunigen diesen Prozess zusätzlich. Überall können Menschen heute den Lebensstil der entwickelten Welt über die Medien wahrnehmen und wollen dann für sich dasselbe haben. Was sie aber in den meisten Fällen übersehen, ist der gewaltige Wandel des Bewusstseins und der kulturellen Mentalität, die es braucht, um eine ganze Gesellschaft auf so eine Ebene zu heben. Deshalb ist es für viele der einfachste und kürzeste Weg, in eine der entwickelteren Nationen zu immigrieren und die eigenen Kinder dort großzuziehen. Diese Möglichkeit wiederum steht nur einer Minderheit offen.

Inwieweit haben denn die gegenwärtigen Finanz-, Klima- und Umweltkrisen ihre Wurzeln im mythologischen Bewusstsein?

Die gegenwärtigen finanziellen und ökologischen Krisen haben ihre Wurzeln meiner Meinung nach nicht auf der mythologischen Ebene, sondern in der rationalen. Solcherart Krisen gab es in Europa nicht, als das mythologische Bewusstsein zwischen 1500 und 1945 langsam dem rationalen Bewusstsein Platz machte. Man darf nicht vergessen, dass wir ja mittlerweile schon wieder einen Schritt über das auch beschränkte rationale Bewusstsein hinaus sind, seit in den 60er-Jahren eine seitdem stetig wachsende Bevölkerungsgruppe eine mehr pluralistische Geisteshaltung eingenommen hat. Dieses eher pluralistische Bewusstsein betont ja gerade globale und internationale Lösungen für die Herausforderungen in der Wirtschaft, der Ökologie, der Gesundheit und Politik, während in der rationalen Ära viel nationalistischer gedacht wurde. Eine rationale Bewusstseinshaltung plädiert für wirtschaftliche Konkurrenz, während eine pluralistische Haltung kooperative Ansätze bevorzugt. Eine rationale Bewusstseinshaltung versteht Wissenschaft als ein Werkzeug, die Natur zu unterwerfen und so auszubeuten, dass sie ökonomischen Bedürfnissen der Menschen dient. Eine pluralistische Bewusstseinsebene sieht den Menschen als integralen Teil der Natur, einen Teil, der es nicht zulassen darf, dass das gesamte biologische System, von dem alles Leben abhängt, zerstört wird. Und ein großer Teil des gegenwärtigen »kulturellen Kampfes« ist eben der offene Konflikt zwischen dem rationalen und dem entstehenden pluralistischen Bewusstsein.

Welche Probleme entstehen, wenn – wie Sie sagen – unser spirituelles Glaubenssystem weitgehend mythologisch begründet ist, unser Alltag- und Berufsleben aber primär rational? Unterstützen uns diese unterschiedlichen Bewusstseinsebenen bei der Lösung von Problemen und verschärft das die Krise?

Die Menschen in der modernen westlichen Welt leben mit dieser Dichotomie seit rund hundert Jahren. Die rationale Bewusstseinsebene ist für die allermeisten Berufe in der westlichen Welt im Bereich der Erziehung, der Unternehmen, des Finanzsektors, der Wissenschaft und Gesundheit unabdinglich. Wenn aber diese hochgradig rational denkenden Menschen am Sonntag zur Kirche gehen, werden sie plötzlich wieder einer mythologischen Sprache und einem entsprechenden Weltbild unterworfen, das man ihnen in ihrer Kindheit beigebracht hat. Ich nehme an, dass die Menschen mit so einem Widerspruch umgehen konnten, solange es sich bei der Religion um eine private Angelegenheit handelte. Aber in den

USA ist es seit Ende der 70er-Jahre dazu gekommen, dass viele Kirchen immens politisch geworden sind und versucht haben, die Macht des Staates zu nutzen, um der gesamten Bevölkerung Werte aufzuzwingen, die letztlich aus der mythologischen Bewusstseinsebene stammen. Das Ergebnis davon war in höchstem Maße kontraproduktiv. Denn die Menschen haben daraufhin die traditionellen Kirchen in Scharen verlassen. Daran lässt sich erkennen, dass ein Bewusstsein, das einmal über eine alte Ebene hinausgewachsen ist, »neuer Wein« also, sich nicht wieder in die restriktiven alten »Weinschläuche« hineinpressen lässt. Wie schon Jesus sagte, platzen alte Weinschläuche, wenn man so etwas versucht. Und genau unter dieser Belastung kollabiert im Moment die alte römisch-katholische Kirche und ihre Kultur.

Ließe sich denn sagen, dass all die verschiedenen Ebenen der Krise – nehmen wir nur die Stichworte Finanzen, Kultur, Fundamentalismus, Ökologie, Soziales – eine gemeinsame Wurzel in einer überholten Bewusstseinsebene haben?

Ich gehe davon aus, dass eine Krise immer aus zwei unterschiedlichen Bewusstseinsebenen und ihrem Widerstreit entsteht. Jede dieser Ebenen hat ihre eigenen innewohnenden Werte und Schatten. Eine Krise ist immer eine Möglichkeit, etwas Altes in etwas Neues und Besseres zu verwandeln. Solange die Menschen mit der alten Bewusstseinsebene zufrieden sind, wird es auch keine Krise geben. Sie taucht nur dann auf, wenn eine neue Ebene von Gewahrsein entsteht, welche die alten Werte und Annahmen in Frage stellt. In unserer gegenwärtigen Welt, die durch moderne Kommunikationsmittel enorm globalisiert ist, gibt es viele solche widerstreitenden Ideen und Energien auf zahlreichen Ebenen der Gesellschaft und Kultur. Dabei beschleunigt sich das Wachstum des Bewusstseins – und das ist angesichts der vor uns liegenden Probleme offenbar auch nötig.

Ist der notwendige kulturelle Wandel überhaupt möglich, ohne dass wir uns über die Grenzen des mythologischen und rationalen Bewusstseins hinausbewegen?

Ob wir das wollen oder nicht, es scheint mir unverzichtbar, dass wir beide Bewusstseinsebenen überwinden müssen, wenn wir den Planeten vor einem Desaster bewahren wollen. Gleichzeitig müssen wir uns bemühen, das zu erhalten, was an diesen heute überholten Denkweisen gut war. Ethische Kodes für die richtige Lebensweise – wie zum Beispiel die Zehn Gebote – waren revolutionär, als sie vor 3000 Jahren eingeführt wurden und das mythologische Bewusstsein erst durchbrach. Heute sind wir aufgefordert, sie nicht einfach über Bord zu werfen, sondern daraus eventuell weiterentwickelte ethische Richtlinien für solche Bereiche wie die internationale Finanzwelt, die Gentechnik und für einen zuverlässigen ökologischen Umgang mit der natürlichen Welt zu entwickeln.

In Ihrem Buch beschreiben Sie die Sterbephasen des mythologischen Bewusstseins innerhalb der Kirche. Können Sie beschreiben, welche Sterbephasen des Abschieds vom alten Denken generell auftreten, wenn es zu einem Bewusstseinswandel kommt?

Elisabeth Kübler-Ross hat in ihrem außerordentlichen Buch »Interviews mit Sterbenden«* fünf Phasen beschrieben, die jeder Sterbende normalerweise durchläuft. Sie lauten, auch in dieser Reihenfolge, Leugnung, Ärger, Verhandlung, Depression und schließlich Akzeptanz. Das gilt ganz genauso für den Tod von Mythen und Weltbildern: Der Widerstand gegen jedes neue Verständnis von Realität entspricht der Verweigerung. Wenn solche neuen Sichtweisen zu stark werden und man sie nicht mehr unter den Teppich kehren kann, ist die Antwort der so bedrängten Mächte meistens Ärger. Verhandlung, die dritte Stufe, tritt auf, wenn die Kräfte des Status

* Elisabeth Kübler-Ross: *Interviews mit Sterbenden*, Droemer-Knaur-Verlag, München 2002

quo versuchen, das Neue zu akzeptieren, während sie eigentlich immer noch am Alten festhalten. Das ist die Ebene, in der wir uns gegenwärtig offenbar befinden. Die Phasen der Depression und schließlich die Akzeptanz, dass das alte System nicht überlebensfähig ist, liegen noch vor uns.

Muss man diesen Ablauf dabei immer als einen evolutionären Prozess von Tod und Wiedergeburt verstehen?

Die Wissenschaften, mit denen immer wieder alte Paradigmen herausgefordert und überprüft werden, bis neue, bessere, adäquatere und umfassendere Paradigmen neu entstehen, sind ein gutes Beispiel für diese Sterbe- und Wiedergeburtsprozesse. In der religiösen, mythologischen Sprache ist sogar eigentlich jede Bewegung auf eine höhere Stufe des Bewusstseins ein Prozess von Tod und Wiedergeburt, wo man das Alte hinter sich lässt und das Neue umarmt. Spirituelle Texte verwenden dafür häufig die Analogie einer Raupe, die sich in einen Kokon einspinnt und so zum Schmetterling wird. Einerseits lässt sich das sicher als ein Prozess evolutionären Wachstums verstehen, der aber für einen Menschen subjektiv eine außerordentlich bedrohliche Erfahrung darstellen kann, besonders dann, wenn er oder sie fälschlicherweise daran glaubt, alles unter Kontrolle zu haben. Generell, wenn alles gut geht in diesem Wandlungsprozess, erkennen wir, dass einige unserer Annahmen fehlerhaft waren, dass andere korrekt waren, aber eines umfassenderen Verständnisses bedürfen und alles Weitere auf der neuen Ebene ebenso gültig ist wie auf der alten. Aber man kennt den Ablauf einer Transformation in der Regel erst dann, wenn sie abgeschlossen ist. Es braucht also Vertrauen – ein grundlegendes Vertrauen in die Intelligenz evolutionärer Prozesse –, um sich einzulassen und mit diesem Prozess zu kooperieren. Dazu sind wir jetzt wohl aufgerufen.

Ist ein solcher Prozess in derartigen Phasen in unserer gegenwärtigen Situation sichtbar?

Wie schon eben erwähnt, vollzieht er sich kontinuierlich in der Wissenschaft. Aber er läuft auch in der Politik ab, besonders in etablierten und funktionierenden Demokratien mit regelmäßigen Wahlen. Sie ermöglichen Gesellschaften, sich ohne den Einsatz von Gewalt zu wandeln. Gewalttätige Revolutionen hingegen sind meistens kontraproduktiv, weil sie meist mindestens so viel Unheil anrichten, wie sie Unrecht beseitigen. Wenn das alte System und sein Weltbild so rigide sind, dass ein evolutionärer Wandel mit allen Mitteln verhindert wird, müssen und werden Revolutionen trotzdem immer wieder auftreten. Deshalb ist es auch von großer Wichtigkeit, sich darüber im Klaren zu sein, dass sich das menschliche Bewusstsein entwickelt, dass dieser Prozess in seiner innersten Natur liegt und dass wir alle unsere Institutionen, Religionen, Regierungen und Wissenschaften so gestalten sollten, dass dieser evolutionäre Prozess sich friedlich entwickeln und voranschreiten kann.

Wie stirbt dann das mythologische Konzept auf der inneren, spirituellen Ebene? Was muss passieren, damit wir auf dieser so wichtigen ethischen Ebene das alte Denken hinter uns lassen?

Generell gesagt geht es darum, dass die Menschen das Göttliche in sich selber finden. Darin liegt der fundamentale Wandel, den schon Jesus einforderte. Er war es, der sagte dass das Himmelreich nahe sei. Damit sprach er von einem Bewusstseinszustand in uns – einem Zustand geistiger Entwicklung. Sagte er nicht auch: »Ich und der Vater sind eins.«? und beschrieb damit einen Bewusstseinszustand, in dem wir keine Trennung erleben zwischen uns und den Mitmenschen. Außerdem ist die Aussage überliefert: »Was ihr für einen dieser Geringsten nicht getan habt, das habt ihr auch mir nicht getan.« Da scheint ein holistisches Weltbild durch, welches alles Leben im Universum als Ganzheit sieht, in dem der lebendige

Gott sich in der ganzen Fülle der Schöpfung – uns eingeschlossen – ausdrückt. Also geht es auf dieser Ebene offenbar darum, den Menschen dabei zu helfen, ihren inneren Wert spirituell zu erkennen, ihre emotionalen Wunden und Traumatisierungen zu heilen, in ihrer Ganzheit und Achtsamkeit zu wachsen und auf dieser inneren Ebene sensibler zu werden.

Bedeutet diese Sichtweise, dass solch unterschiedliche spirituelle Konzepte und Weltbilder dann wie als Nebeneffekt unterschiedliche Kulturen hervorbringen?

Ja, ich glaube, das ist so. Im alten Weltbild eines geozentrischen Universums mit einer flachen Erde, das kulturell in der Zeit von Galileo vorherrschte, war die Hölle wahrscheinlich etwas, was tatsächlich unter der Erde vermutet wurde. Und der Himmel lag in diesem Weltbild hinter den Sternen, die ihrerseits Löcher im Himmelsgewölbe waren, das sich über den Erdkreis spannte. Und die Erde selber war darin der Mittelpunkt des Universums. In so einem Konzept konnte man dann auch selbstverständlich daran glauben, dass Jesus in den Himmel auffahren konnte, sein Körper in den Himmel gehoben wurde und an den Sternen vorbei im Himmel ankam. Und für die große Mehrheit der heutigen Christen ist das wahrscheinlich nach wie vor der gültige Glaube – da gilt der Himmel als physischer Platz, an den man nach seinem Tod geht. Manche christlichen Fundamentalisten glauben daran, dass man ganz körperlich an so einen paradiesischen Ort verfrachtet wird. Aber das war nicht das, was Jesus meinte, als er über die Gleichnisse sprach und sagte, die Menschen würden »sehen und doch nicht sehen, hören und doch nicht hören und nichts verstehen«. Also sprach auch er von einer inneren Realität, einem inneren Bewusstsein, das es zu erreichen gilt.

Die Konsequenzen daraus wären allerdings besonders für die Kirchen gewaltig, denn wenn das moralisch Erstrebenswerte ein innerer Ort ist, verlangt es persönliche Transformation, während es nur des Gehorsams gegenüber moralischen Normen bedarf, wenn es ein äußerer physischer Ort wie der »Himmel« wäre …

Da haben Sie recht. In dem alten mythologischen Weltbild musste der Einzelne eigentlich nicht besonders viel machen. Man musste eigentlich nur »glauben« und Jesus als seinen persönlichen Retter akzeptieren. Mehr wurde nicht verlangt.

Die neue Weltsicht hingegen verlangt ein enormes Maß an persönlicher Verantwortung. Sie verlangt wirklich harte Arbeit auf dem spirituellen Weg, eine innere spirituelle Entwicklung an einem selbst. Sogar Jesus wies darauf hin, als er sagte: »Keiner, der die Hand an den Pflug gelegt hat und nochmals zurückblickt, taugt für das Reich Gottes.« Mit anderen Worten: Man muss an seinem inneren Bewusstseinsprozess arbeiten und die Verantwortung dafür vollständig alleine übernehmen. Im größeren Maßstab heißt das: Wenn Menschen wirklich die Manifestation Gottes auf Erden sind – John F. Kennedy sagte mal, hier auf Erden sei Gottes Arbeit unsere Aufgabe –, dann sind wir auch für den moralischen Zustand der Erde verantwortlich. Dann ist es unsere Verantwortung, dass die Hälfte aller Menschen zu wenig zu essen hat oder an heilbaren Krankheiten stirbt. Wir sind dafür verantwortlich, nicht der »liebe Gott«. Wenn wir Gottes Ausdruck auf Erden sind, dann liegen alle diese Dinge vollständig in menschlicher Verantwortung. Das fordert einiges mehr von uns als das alte Denksystem!

Es mag herausfordernder sein, aber besteht da nicht auch die Gefahr eines neuen Anthropozentrismus: Wenn Menschen als so etwas wie göttliche Wesen im Prozess des Werdens gesehen werden, geben wir uns dann nicht eine sehr zentrale oder gar universelle Rolle?

Sicherlich tun wir das! Wir geben uns selbst eine enorm wichtige Rolle. Das muss aber nicht heißen, dass wir in einem Sinne anthropozentrisch werden, bei dem wir uns gegen den Rest der Schöpfung stellen. Wir bekommen da fraglos eine schrecklich wichtige Rolle! Aber man darf dabei den Aspekt der Entwicklung nicht vergessen. Die meisten Menschen sind spirituell sicherlich nicht so besonders weit entwickelt. Sie haben emotionale Probleme, sie tragen enorm viele Ängste mit sich herum, sie sind in vielen Bereichen unreif – sie haben also all das in sich, was die alte Religion die »Ursünde« nannte. Mit anderen Worten: In jedem von uns steckt etwas, an dem wir zu arbeiten haben. Das Bewusstsein auf die Ebene eines Jesus oder eines Mahatma Gandhi oder Meister Eckart zu bringen, ist entsprechend anstrengend und braucht Zeit. Ich sage ja nicht, dass die Menschen als abgetrennte Egos heilig wären und auf diesem Planeten deshalb machen könnten, was sie wollten. Nein, im Gegenteil: Um eine moralische Sensibilität und wahre Spiritualität zu entwickeln, muss man wirklich an sich arbeiten.

Sie erwähnten schon, dass menschliche Wesen in ihrer persönlichen Entwicklung durch ähnliche Stufen des Bewusstseins gehen wie alle menschlichen Kulturen in ihrer Geschichte. Begegnen sich in dieser Sichtweise moderne Theologie, Bewusstseinsforschung und Psychologie?

All das wurde letztlich in den letzten sechzig Jahren entwickelt, in denen Psychologen wie zum Beispiel Jean Piaget, später dann besonders transpersonale Psychologen aufzeigten, dass Menschen auf der Ebene des Bewusstseins wachsen, die Evolution also weitergeht, aber inwendig im Menschen passiert. Jean Gebser hat dann entdeckt, dass Kulturen dabei durch die gleichen Stufen gehen wie jedes menschliche Individuum. Dass wir also vom archaischen Bewusstsein eines Säuglings weitergehen zum magischen Bewusstsein eines Kleinkindes. Das mythologische Bewusstsein wird bei Piaget auch als ein »formal-operationales Bewusstsein« bezeichnet. Es entfaltet sich in der Regel zwischen dem siebten und dem 13. Lebensjahr. In den modernen Gesellschaften geht die Entwicklung dann weiter zum rationalen Bewusstsein, was in seiner positiven Form auf Grundsätzen wie »Alle Menschen sind gleich« beruht. Dann geht es weiter auf die Ebene des postmodernen Bewusstseins, auf der die Menschen darin wachsen, viele verschiedene Aspekte und Perspektiven eines Problems zu sehen – eine Ebene, auf die sich Europa zurzeit sehr schnell hinbewegt. Und schließlich schließen sich die höheren integralen und mystischen Ebenen an, von denen die großen Mystiker aller Glaubensrichtungen seit Jahrhunderten gesprochen haben.

Sagen Sie aber nicht dann auch mit anderen Worten, dass sich der größte Teil der Weltgesellschaft auf der Bewusstseinsebene eines gerade mal 13-jährigen Kindes befindet?

Ja, genau so ist es! Individuelle Menschen mögen das schon überwunden haben. Aber wenn man eine ganze Gesellschaft, eine ganze Kultur von einer Bewusstseinsebene zur nächsten bringen will, dann ist das eine sehr viel schwierigere Aufgabe. Der Philosoph Ken Wilber, der diese Dinge intensiv studiert hat, sagt, dass etwa 70 Prozent der Weltbevölkerung noch auf dem mythologischen Level leben. Das ist zugegebenermaßen angesichts der Probleme, vor denen wir global stehen, etwas deprimierend. Denn es lässt nur 30 Prozent übrig, die sich auf der rationalen Ebene oder darüber befinden.

Bedeutet diese Sicht der Dinge dann auch, dass wir uns eigentlich viel mehr um Fragen inneren Wachstums kümmern sollten als um ständig neue materielle Wachstumskonzepte? Könnte das nicht eine neue Aufgabe für Kirchen und religiöse Bewegungen sein?

Das ist tatsächlich das, was die Kirchen tun sollten. Und es war für Jahrhunderte auch die zentrale Aufgabe von Klöstern. Denn dort ging es im Kern darum, Menschen durch die Stufen der Bewusstseinsentwicklung bis in die höheren mystischen Ebenen zu führen. Das sollte ja auch die eigentliche Aufgabe religiöser Institutionen sein, statt sich als Moralapostel einer bestimmten kulturellen Tradition aufzuspielen. Die christlichen Kirchen machen zurzeit alle den Fehler, die moralischen Normen einer zeitgenössischen Denktradition mit den Regeln des Evangeliums zu verwechseln. Das hat natürlich überhaupt nichts mit dem Wachstum von Bewusstsein zu tun, sondern ist eine sehr politische, materielle und kulturell begrenzte Angelegenheit. Solange die großen Kirchen damit weitermachen, werden sie Millionen und Abermillionen von Christen in der westlichen Welt so von ihrer Religion entfremden, dass die Situation der Kirchen immer kritischer wird statt besser.

Bedeutet die ursprüngliche Aufgabe der Klöster dann, dass es auch in den westlichen spirituellen Traditionen eine durchgehende Tradition von gezielter Bewusstseinsentwicklung gab?

Ja, die Arbeit am Bewusstsein ist auch bei uns nichts Neues, man hat diese Tradition nur weitgehend vergessen. Schon hundert Jahre nach Christus gab es den griechischen Kirchenvater Klemens von Alexandrien, der von drei Stufen der spirituellen Entwicklung sprach. Die erste nannte er ganz bildlich den »abführenden Weg«, mit dessen Hilfe man seine gröbsten Fehler und übelsten Verhaltensweisen loswerden konnte, um ein aufrechter Mensch zu werden. Die zweite Stufe, die sich aus seiner Sicht nach Jahren der Meditation ergab, war der »Erleuchtungsweg«, wo sich wirklich tiefe innere Einsichten ergaben und sich das menschliche Bewusstsein in rascher Weise für die Wahrnehmung spiritueller Wirklichkeiten öffnete. Die höchste Stufe, die Klemens beschrieb, nannte er schlicht »Einheit«. Damit meinte er eine Ebene, auf der das menschliche Bewusstsein mit dem Göttlichen vereint sei und der Betroffene sich als vollkommen identisch mit dem Heiligen erlebte. Und solche Traditionen, Sichtweisen und Erfahrungswege gab es eigentlich seit Jesu Tod. Wahrscheinlich arbeitete man damit von Anfang an.

In jüngster Zeit ist nun der Begriff einer »evolutionären Spiritualität« aufgetaucht. Worum handelt es sich dabei?

Ich glaube, der Begriff versucht einen modernen Übungsweg zu beschreiben, in dem sich Menschen auf einen spirituellen Lernweg begeben, um von einem ursprünglichen Bewusstseinsstand sich Stufe für Stufe weiterzuentwickeln. Und die dabei nicht den Fehler machen, zu glauben, dass der jeweils aktuelle Entwicklungsstand, das Gottesbild oder die Einsicht in geistige Wahrheiten der Weisheit letzter Schluss wäre. Evolutionäre Spiritualität geht davon aus, dass man die Grenzen des Bewusstseins immer weiter ausdehnen kann und wir zu sehr viel mehr innerem Wachstum fähig sind, als wir glauben. Also ist »evolutionäre Spiritualität« eine Form der Spiritualität, bei der es nicht darum geht, moralische Regeln oder Dogmen zu predigen. Vielmehr handelt es sich um eine Spiritualität, bei der es um das konstante Bemühen geht, von innen heraus zu wachsen und andere dabei zu unterstützen, das Gleiche zu tun.

Solche nondualistischen Ansätze finden wir ja nicht nur bei den Mystikerinnen und Mystikern des europäischen Mittelalters, sondern auch in vielen indigenen Kulturen. Ist man da heute auf der Suche nach einem neuen Verständnis dieser alten Weisheiten?

Ich glaube, ja. Diese neuen Ansätze würdigen das Wissen, das man in solchen Kulturen über die Entwicklung des Bewusstseins hatte, deutlich mehr als früher. Es ist ja gerade einmal fünfzig Jahre her, dass man indigene Kulturen pauschal und im Vorurteil als primitiv, vergangenheitsorientiert und ignorant abqualifizierte. Heute wächst da ein ganz anderer Respekt gegenüber den Weisheiten indigener Kulturen. Wenn sie von Gott in der Natur, in Bäumen, Felsen und Bergen sprechen, dann hat das seine tiefe Wahrheit – das Göttliche ist in all diesen Dingen identifizierbar. Trotzdem haben diese Stammeskulturen wahrscheinlich nicht die Fähigkeiten zur Abstraktion wie ein Mitglied einer modernen Gesellschaft. Also sind wir auf einer gewissen Ebene auch über die Bewusstseinsebene hinausgewachsen, die solche indigenen Mystiker haben. Damit soll nicht gesagt werden, sie hätten keine Weisheit. Aber es ist Weisheit auf einer anderen Ebene.

Wenn wir mal davon ausgehen, dass dieser Ansatz einer »evolutionären Spiritualität« sich durchsetzen würde, was für Konsequenzen hätte das für die Hierarchien der Systeme, in denen wir leben?

Hierarchien wollen den Menschen immer sagen, was sie zu tun haben. Wenn aber die Entwicklung des eigenen Bewusstseins in den Mittelpunkt des Interesses geraten würde, dann würde für die Hierarchien wahrscheinlich eine schwere Zeit beginnen. Denn dann entsteht persönliche Unabhängigkeit. Das ist der Weg, der vor uns liegt und wahrscheinlich genau das, was auch passieren wird. Die Menschen werden immer weniger zu den Autoritäten aufschauen – seien es nun Bischöfe, Kardinale, Päpste oder Präsidenten – und sich von ihnen sagen lassen, was sie zu tun oder zu denken haben.

Müssen wir also mittelfristig damit rechnen, dass nicht nur die traditionellen religiösen Institutionen aussterben werden, sondern dann auch die gewohnten Konzepte von Gesellschaft?

Gott braucht keine traditionellen Formen der Verehrung, es sind die Menschen, die so etwas benötigen. All die großen Weltreligionen, die es heute gibt, sind Ergebnisse von menschlicher Kulturgeschichte über viele tausend Jahre. Sie werden so bald nicht verschwinden. Allein die römisch-katholische Kirche hat 1,1 Milliarden Mitglieder, und im Jahr 2008 wurde bekannt, dass die Zahl der gläubigen Moslems erstmals noch größer ist. All diese auch traditionellen religiösen Wege können Pfade zur Entwicklung zu einer höheren Ebene des Bewusstseins sein. Deshalb glaube ich eigentlich nicht, dass eine der großen traditionellen Religionen in absehbarer Zeit verschwinden wird. Der Mensch ist als soziales Wesen tief in seine jeweilige Kultur, in seine Glaubenstradition und die seiner Familie eingebettet. Das wird bestehen bleiben. Die Menschen werden diesen Religionen und Systemen aber vielleicht einen anderen Ausdruck geben.

Aber Sie gehen davon aus, dass sich dieses neue Bewusstsein in der Zivilgesellschaft entwickelt, aus philosophischer Diskussion erwächst und weiter wachsen wird.

Das allerdings halte ich für unvermeidlich. Denn es entspricht der natürlichen Bewegung des Geistes. Wenn man von der Existenz einer evolutionären Spiritualität überzeugt ist, das schließt das eigentlich ein, dass etwas Geistiges – unabhängig davon, ob man es jetzt den Heiligen Geist oder den Großen Geist oder sonst wie nennt – die eigentliche Maschine dieses evolutionären Entwicklungsprozesses ist. Diese geistige Qualität ist das, was Menschen von innen wachsen lässt. Sie ist aber auch das, was Gesellschaften von innen wachsen lässt. Das wird nicht aufhören und kann auch gar nicht aufgehalten werden. Man kann mit dieser Entwicklung kooperieren oder auch nicht. Man kann dagegen kämpfen oder sich entscheiden, ein Teil dieser geistigen Dynamik zu werden. Aber die Evolution wird unbeeindruckt davon weiter ihren Weg gehen. Und was wir nun, dank der Arbeit von transpersonalen Psychologen, Mystikern und Bewusstseinsforschern in den letzten fünfzig Jahren, vorliegen haben, ist eine Art Landkarte, die uns zeigt, welche Schritte die nächsten sind, um sich von Stufe zu Stufe weiterzuentwickeln. Dabei ist deutlich geworden, dass man keine der Stufen überspringen kann. Individuen wie Gesellschaften entwickeln sich kulturübergreifend und weltweit entlang einer ganz ähnlichen Leiter des Bewusstseins. Das ist die Grundregel des menschlichen Bewusstseins, die wir nun endlich zu begreifen lernen und die bislang unverstanden war.

Wenn wir uns nun tatsächlich am Beginn eines post-rationalen oder »integralen« Bewusstseins befinden sollten, was bedeutet das ganz praktisch für unser Verständnis von der Welt, von Staaten, von der Wirtschaft? Was nehmen wir von einer höheren Bewusstseinsstufe aus wahr, was wir vorher nicht erfassen konnten?

In der modernen entwickelten Welt ist die dominante Bewusstseinsebene sicherlich das rationale Bewusstsein. Das ist die klassische Ebene des Nationalstaats, der säkularisierten Demokratie, der individuellen Menschenrechte und der konkurrierenden freien Märkte. Sogar die sonst so mythologische katholische Kirche hat sich mit der Erklärung des II. Vatikanischen Konzils zum Recht auf religiöse Freiheit offiziell auf diese rationale Ebene bewegt. Nun aber, und das ist in den USA, aber noch mehr in Westeuropa zu beobachten, vollzieht sich diese Weiterentwicklung des Bewusstseins auf eine pluralistische Ebene. Das ist die Ebene der internationalen Organisationen, die Ebene ökonomischer Globalisierung, der weltweiten virtuellen Kommunikation durchs Internet, aber auch des Schutzes von Minderheiten und ihrer Traditionen. Doch auch diese »pluralistische Ebene« baut auf ein sehr kopfbetontes Bewusstsein. Sie ist also nicht post-rational. Eher handelt es sich um eine Form der weiterentwickelten Rationalität, die in der Lage ist, gleichzeitig mehrere Perspektiven einzunehmen. Was Sie in Ihrer Frage das »integrale Bewusstsein« genannt haben, beschreibt die nächsthöhere Stufe. Alle Ebenen unterhalb des integralen Bewusstseins sind in dem Glauben vereint, dass ihre jeweils dominante Ebene die einzig korrekte und wahre Ebene ist. Das ist der eigentliche Grund dafür, dass es so entsetzlich viele Konflikte und Kämpfe zwischen den Menschen auf mythischen, rationalen und pluralistischen Bewusstseinsebenen gibt. Da will jede Gruppe die andere dominieren und kontrollieren. Auf der integralen Ebene hört der Krieg jedoch auf.

Gleichzeitig muss man sehen, dass alle vorhergehenden Ebenen unverzichtbare Schritte bei der Entwicklung einer Person oder einer Gesellschaft sind. Ich persönlich glaube, dass Präsident Obama für sich eine integrale Stufe erreicht hat. Denn so wird für mich erklärbar, warum er in diesem Maße auf Dialog und Diplomatie setzt, parteiliche Grabenkämpfe beendet und ideologische Positionen über Bord wirft. Das wird auch der tiefere Grund dafür sein, dass er dazu in der Lage ist, andere Nationen, Kulturen und Gesellschaften so zu akzeptieren und mit ihnen umzugehen, wie sie sind, anstatt sie verändern zu wollen.

Könnten wir dann letztlich die gegenwärtige Krise auch als einen sichtbaren Ausdruck einer Phase der inneren Verwandlung von Bewusstsein begreifen?

Das Universum kämpft bei jeder Weiterentwicklung gegen die Kräfte der Trägheit. Evolution ist umgekehrte Entropie. Leben entwickelt sich immer auf der Suche nach vollständigerem und höherem Ausdruck seiner selbst. Aus diesem Grund ist alles, was passiert, jeder Konflikt, der auftaucht, und jede Schwierigkeit, vor der wir stehen, eine Herausforderung, die uns vorwärtsbringen und darin wachsen lassen will, klarer zu denken, achtsamer zu werden und tiefer zu lieben. Für mich ist es außerordentlich ermutigend, als menschliches Wesen ein bewusster Teil dieses evolutionären Prozesses zu sein.

Sterbebegleiter für das Alte sein – und Hebammen für das Neue

Im Dialog mit der Systemtheoretikerin und Ökophilosophin Joanna Macy

Dr. Joanna Macy, geboren 1929 in New York, ist eine der Mitbegründerinnen der Tiefenökologie, Pionierin der Systemtheorie und eine der wichtigsten buddhistischen Lehrerinnen der USA. Sie studierte Politikwissenschaft und arbeitete zunächst für das amerikanische Außenministerium. In den 60er-Jahren begann sie, sich in der Bürgerrechtsbewegung gegen Rassismus, Atomwaffen und den Vietnamkrieg zu engagieren, beendete ihre Arbeit für die Regierung und ging mit dem Peace Corp nach Nordindien, um tibetische Flüchtlinge zu unterstützen. Parallel engagierte sie sich stark in der Friedens- und Ökologiebewegung. Seit Mitte der 80er-Jahre arbeitet sie mit Menschen in aller Welt daran, politische Verantwortung, ökologische Aktion, spirituelles Wachstum, ganzheitliche Wissenschaft und psychologische Krisenbewältigung miteinander zu verbinden. Aus ihrer Arbeit sind weltweit zahllose Initiativen zum Aufbau einer zukunftsfähigen Gesellschaft entstanden. www.joannamacy.net

Wie würden Sie den Zustand der heutigen Welt beschreiben?

Wir erleben die letzten Jahre eines industriellen Wachstumssystems, das auf einer ständigen Ausbeutung der Rohstoffe und immer mehr Abfall basiert und die lebenserhaltenden Systeme dieses Planeten für menschliche wie für nichtmenschliche Wesen zerstört. Unabhängig von dem, was wir an diesem Punkt dagegen tun, ist es sicher, dass künftige Generationen dazu verdammt sein werden, in einer schwer geschädigten Umwelt zu leben.

Darauf reagieren viele Menschen mit Angst. Sie äußert sich entweder in Panik oder irrationalem Verhalten. Die soziale Hysterie wächst und äußert sich in religiösem Fundamentalismus, in Nationalismus und Fremdenfeindlichkeit. Oder die Menschen reagieren auf die Angst in einer anderen oberflächlichen Art und Weise, die ganz eng damit zusammenhängt: Sie fühlen sich gelähmt gegenüber allen politischen und sozialen Problemen. Sie lenken sich ab mit flacher Unterhaltung, die von einer milliardenschweren Medienindustrie angeboten wird. Und eigentlich bedeutet das: Sie machen dicht!

Ich glaube, dass von all den Gefahren, die uns drohen – sei es der Klimawandel, die Umweltverschmutzung, die Überbevölkerung oder das Artensterben – keine Gefahr so groß ist wie unsere Verdrängung. Denn dann passiert all das unkontrolliert. Selbstorganisierende Systeme, ob es nun eine Gemeinde, ein Planet oder eine Nation ist, korrigieren Fehlentwicklungen durch Rückkopplung. Jedes System, das seine Rückkopplung abblockt, begeht Selbstmord. Jedes System, das sich weigert, die Konsequenzen seines Handelns zu sehen, ist selbstmörderisch.

Wie kommt es zu dieser gefährlichen Verdrängung?

Wir glauben, so zerbrechlich und klein zu sein, dass es uns in Stücke reißt, wenn wir es uns erlauben, unsere Gefühle über den Zustand der Welt anzuschauen. Wir fürchten eine tiefe Depression oder Lähmung. Tatsächlich ist das Gegenteil richtig. Wenn wir unsere Gefühle aussprechen, merken wir, dass wir nicht isoliert sind, sondern dass dieser Schmerz weit hinausgeht über das kleine Ego und Konsequenzen hat, die jenseits unserer individuellen Bedürfnisse und Wünsche liegen. Wir erfahren dann nämlich eine Art größerer Identität. Wenn wir den Schmerz, den wir für die Welt fühlen, unterdrücken, dann isoliert uns das. Wenn wir ihn akzeptieren, anerkennen und darüber sprechen, dann wird er zum lebendigen Beweis unserer Verbundenheit mit allem Lebendigen. Und er befreit unsere Hilfsbereitschaft.

Ich bin zu der Erkenntnis gekommen, dass unser Schmerz über

den Zustand der Welt und unsere Liebe für die Welt untrennbar miteinander verbunden sind.* Das sind nur zwei Seiten derselben Medaille.

Wir erleben die unterschiedlichsten Krisenphänomene auf ökonomischen, sozialen, ökologischen Ebenen. Sind das verschiedene Krisen oder nur Symptome einer einzigen Problematik?

Die Gefahren, die uns drohen, und das Leid der Menschen auf diesem Planeten sind der Ausdruck davon, dass die herkömmliche Art, die Welt wahrzunehmen und zu verstehen, vor dem Bankrott steht. Diese Einsicht ermöglicht es uns aber gleichzeitig, uns für ein sehr viel größeres Verständnis des Lebens zu öffnen. Der Kern dieser neuen Sichtweise liegt darin, die Welt in einem größeren lebendigen Kontext wahrzunehmen: Unsere Stellung in der Welt verändert sich grundlegend, wenn wir sie als ein lebendiges System verstehen und uns selbst als einen Teil eines im weitesten Sinne lebendigen Erdkörpers definieren. Diese für immer mehr Menschen selbstverständliche Perspektive hat dramatische Folgen für die Art unserer Beziehung zur Welt, für unsere Kreativität, für unsere Lebensqualität und für unser inneres und kollektives Wachstum.

Noch scheint eine solche Sichtweise nur in der Gegenkultur verankert zu sein, wird vom Mainstream aber eher belächelt …

Sie mag – angesichts der herrschenden Probleme in der Welt – visionär und verträumt wirken, kommt jedoch längst auf drei wesentlichen Ebenen in unseren modernen Kulturen zum Ausdruck: Einerseits hat die Tatsache, dass wir erstmals in der Geschichte der Menschheit mit der selbst verursachten Zerstörung der biologi-

* Joanna Macy (mit Norbert Gahbler): *Geliebte Erde, gereiftes Selbst. Ermutigung zum sozialen Wandel und für eine ökologische Erneuerung*, Junfermann-Verlag, Paderborn 2009

schen Lebensgrundlagen konfrontiert sind, die Chance eines Wandels erhöht. Keine Generation vor uns war mit derartig umfassenden Fragestellungen und Bedrohungen konfrontiert. Als eine Gattung, die – wie alle anderen – darauf programmiert ist, sich fortzupflanzen, kann die Überlebensfrage den evolutionären Druck erhöhen, alte Denk- und Verhaltensmuster in Frage zu stellen und neue Konzepte zu akzeptieren. Zu keiner Zeit der Menschheit war das Wissen um die globalen Konsequenzen eines reduzierten, isolierten und abgetrennten menschlichen Selbstbildes so groß und der Bedarf an neuen, miteinander verbundenen Sichtweisen so hoch wie heute.

Wie kann die Legitimität einer neuen Sicht der Wirklichkeit gestärkt werden?

Die moderne Wissenschaft versorgt uns seit einigen Jahren mit schlüssigen Theorien und konzeptionellen Denkmustern, die uns wie Werkzeuge dabei unterstützen können, die konventionellen Vorstellungen einer klaren Grenzlinie zwischen dem Individuum und der Umwelt aufzubrechen. Die vielen Forschungsansätze in der Biologie, Physik, Chemie und Genetik, die das Geheimnis des Lebens entschlüsseln wollen, kommen ebenso wie die systemtheoretischen Ansätze zu dem Ergebnis, dass die klassische Trennlinie unseres Denkens zwischen der Person einerseits und ihrer Umwelt andererseits künstlich ist und dass es sich beim Leben stattdessen um einen wechselseitigen interaktiven Prozess handelt. Außerdem haben auch die großen religiösen Traditionen damit begonnen, sich wieder mit einer nichtdualistischen Spiritualität zu beschäftigen, wo die scharfe Trennlinie zwischen dem individuellen Selbst und der ihn umgebenden Welt ebenso verschwimmt wie zwischen innen und außen, Himmel und Erde. Statt einer nur nach innen gerichteten Versenkung entsteht damit eine soziale Mystik, in der Meditation und soziale oder ökologische Aktion eins werden. Der Weg geistiger Suche wird hier nicht länger als eine Flucht aus der schlechten Welt in irgendeinen paradiesischen Himmel angesehen.

Vielmehr wird hier die Welt selbst zum Kloster, die Welt selbst als Arena einer geistigen Transformation verstanden, die Welt selbst zum geistigen Lehrer oder gar zum heiligen Ort. Die ganzheitlichen Ansätze in Wissenschaft oder Theologie betonen im Kern in immer wieder neuen Ausdrucksformen die wechselseitige Verbundenheit des Menschen mit dem Leben und allem, was existiert. Besonders die wissenschaftlichen Einsichten der modernen Allgemeinen Systemtheorie sind für den westlichen Menschen geeignet, die neuerliche Entdeckung dieses miteinander Verbundenseins verständlich zu machen.

Wo liegt der wesentliche Unterschied zu den herkömmlichen Sichtweisen?

Bis zum Ende des 20. Jahrhunderts war die klassische westliche Wissenschaft von der Annahme ausgegangen, dass man die Welt verstehen und unter Kontrolle bringen kann, indem man sie in immer kleinere Stücke aufspaltet, dabei den Geist von der Materie, die Organe vom Körper, die Pflanzen von ihren ökologischen Systemen trennt und jedes Teilstück für sich untersucht. Wir haben viel dadurch lernen können, aber auch wesentliche Fragen nicht gestellt, nämlich wie die Einzelteile zusammenwirken und kooperieren, um das Leben als Ganzes zu erhalten. Immer mehr Wissenschaftler begannen deshalb damit, mehr das Ganze anstelle der Teile, mehr Prozesse anstelle von isolierten Substanzen zu betrachten. Was sie dabei entdeckten, war, dass dieses Ganze, ob es sich um Zellen, Körper, Ökosysteme oder sogar den Planeten selbst handelt, nicht nur aus einem Haufen einzelner unverbundener Teile besteht, sondern aus dynamischen, kompliziert organisierten und ausgewogenen Systemen, die miteinander in Beziehung stehen und bei jeder Bewegung, jeder Funktion und jedem Energieaustausch wechselseitig voneinander abhängen. Der Anthropologe Gregory Bateson nannte sie »den größten Bissen vom Baum der Erkenntnis seit 2000 Jahren«. Denn die systemische Sichtweise hat die Linse verändert, durch die wir die Realität sehen.

Was kann sich dadurch in unserer Wahrnehmung verändern?

Anstatt beliebige getrennte Einheiten wahrzunehmen, werden wir uns verbindender Ströme bewusst – den Strömen von Energie, Materie und Information. Statt die Lebensformen als isolierte Erscheinungen zu verstehen, setzt sich ein Weltbild durch, das sie als dynamische Muster innerhalb dieser Ströme wahrnimmt. Diese Sichtweise hat enorme Auswirkungen auf unsere Selbstwahrnehmung und unsere Einsicht in die Interdependenz miteinander verschachtelter Krisenphänomene. Anstatt uns selbst als veränderbare offene Systeme zu begreifen, haben wir uns in unseren privaten Beziehungen, in unserem wirtschaftlichen Verhalten und in unserer zwischenstaatlichen Politik einer entsprechenden Burgmentalität untergeordnet, die in unserem Privatleben zu Verhärtung, im wirtschaftlichen zur Konkurrenz, Macht- und Gewinnsucht und im politischen zum Kalten Krieg geführt hat.

Welche Rolle bekommt der Einzelne bei der Gestaltung dieses lebendigen Netzwerkes, von dem er dann ja ein Teil ist?

Die neue systemische Sichtweise trägt der biologischen Tatsache Rechnung, dass wir offene Systeme sind, die in ständigem Austausch mit ihrer Um- und Mitwelt leben und überleben. Jedes System – sei es Zelle, Baum oder menschlicher Geist – wirkt dabei wie ein Transformator, der das verändert, was durch ihn hindurchfließt. Strömungen von Materie und Energie schaffen physikalische Körper, Informationsströme schaffen den Geist, und beide Arten von Strömungen schaffen eine Abhängigkeit voneinander, durch die jedes Wesen Teil einer größeren Ökologie des Netzes des Lebens wird. Während wir uns bislang in Isolation und Konkurrenz erlebten und ohne eigentliche Verbindung zueinander, entsteht durch diese Sichtweise ein ganz anderes Bild der Wirklichkeit.*

* Joanna Macy (mit Molly Young-Brown): *Die Reise ins lebendige Leben. Strategien zum Aufbau einer nachhaltigen Welt*, Junfermann-Verlag, Paderborn 2004

Was bisher wie getrennte, für sich allein existierende Einheiten erschien, erweist sich nun als in so hohem Maße miteinander verbunden, dass seine Grenzen nur willkürlich gezogen werden können. Was als das »Andere« erschien, kann auch als Erweiterung ein und desselben Organismus betrachtet werden, wie eine »Mit-Zelle« in einem größeren Körper.

Heißt das, wir überwinden damit unser Selbstbild als isoliertes Individuum?

Diese neue Sichtweise hat dramatische Konsequenzen für unser Selbstbild, für unser Weltbild sowie für unsere Stellung, Aufgabe und Verantwortung in der Schöpfung als Ganzes; Konsequenzen, die wir in ihrem Umfang erst Schritt für Schritt entdecken. Verstehen wir die Welt als ein zusammenhängendes Ganzes und uns als integralen Bestandteil davon, dann springen wir damit auf eine neue Ebene der Erfahrung, des Bewusstseins, der Wahrnehmung von der Natur der Wirklichkeit und unseres Verhaltens in ihr. Wenn unser Bewusstsein und Wissen wächst, so erweitert sich auch das Bewusstsein und Wissen des Netzes. Es scheint, als seien wir Teil eines größeren umfassenden Bewusstwerdens. Das Netz des Lebens trägt uns und ruft uns dazu auf, weiter an ihm zu knüpfen.

Das erscheint doch erst mal als rein philosophische Spekulation. Steht nicht jedem Durchbruch in eine andere Art des Wahrnehmens und Denkens die nackte Angst vor dem Zusammenbruch mit seinen bedrohlichen Konsequenzen für den Einzelnen gegenüber?

Umgekehrt: Die Angst des Einzelnen ist ja gerade die fehlerhafte Wahrnehmung. Psychologisch bewirkt dieser Perspektivenwechsel einen Wandel vom Gefühl der Isolation und Angst hin zu Vertrauen. Statt das ganze System dominieren zu müssen, um mühsam die Kontrolle zu behalten, kommen wir in dieser Wahrnehmung dazu, wirklich am Ganzen teilzunehmen. Es ermöglicht einen

Wandel weg von strikt vorgegebenen Zielen hin zu einer Freiheit, in der wir unsere Ziele mit den immer neu entstehenden Möglichkeiten entfalten lassen können. Es ist wie die Befreiung aus einem Käfig. Er ermöglicht uns, die bislang individuell begrenzten Erfahrungen des eigenen Denkens und Handelns als eine Art Durchfluss in einem größeren System zu verstehen.

Wenn das bisher wahrgenommene System von Abgrenzung, Kontrolle, Dominanz, Macht und Hierarchien gekennzeichnet ist, wie muss man sich dann die neue Struktur vorstellen?

Arthur Köstler hat dafür den Begriff des »Holons« geprägt, um deutlich zu machen, dass wir immer Teil und Ganzes erkennen müssen. Köstler stellte fest, dass alle lebenden Systeme – ob sie nun organisch wie eine Zelle oder der menschliche Körper oder supraorganisch wie eine Gesellschaft oder Ökosysteme sind – Holone sind. In dem Wort verbergen sich die griechischen Begriffe für »ganz« und »Teil«. Holone haben eine zweifache Wesensart, denn sie sind sowohl selbst Ganzheiten, gleichzeitig aber Teil einer übergeordneten Ganzheit. Das Leben ist nach diesem Verständnis zwar auch in eine hierarchische Struktur aufgeteilt, die jedoch nicht mit hierarchischen Machtstrukturen gleichzusetzen ist, sondern von gegenseitiger Abhängigkeit gekennzeichnet ist. Statt dem konventionellen Herrschaftsbegriff, in dem wir Macht mit Beherrschung oder »Macht *über*« etwas gleichsetzen, erkennen wir in dem selbstorganisierten organischen Zusammenspiel der vielen Teile in Systemen eine Synergie, für die am besten der Begriff des »*Mit*-machens« passt. Lebende Systeme entwickeln ihre Anpassungsfähigkeit und Intelligenz darin nicht durch eine Abschottung von der Umwelt und die Errichtung von Abwehrmauern, sondern durch die ständig größer werdende Öffnung für Ströme von Energie, Materie und Information. Und das hat eben auch enorme Auswirkungen auf die Art, wie wir Gesellschaften und Ökonomien organisieren.

Verschwimmt in dieser Sichtweise nicht die Kraft der Individualität, die ein wesentlicher Gewinn des rationalen Zeitalters und der Aufklärung war?

Ich glaube nicht. Es kann nicht mehr darum gehen, Individualität aufzugeben und in die Masse des Kollektivs zurückzukehren. Unsere heutige Aufgabe besteht darin, in Anerkennung unserer Verbundenheit das Individuum neu zu definieren. Wir haben den Prozess der Individuation immer als einen Weg zu größerer Autonomie und Abgetrenntheit verstanden, doch *individuum* bedeutet im Lateinischen nichts anderes als »das Ungetrennte« *(eigentlich: »das Unteilbare«)*. Das größere Ganze besteht nicht aus vielen gleichen, sondern aus vielen ungleichen Teilen. Ein uniformer Monolith hat keine innere Intelligenz. Das dynamische, sich selbst organisierende Ganze lebt von der inneren Vielfalt und Lebendigkeit seiner Teile. Darin liegt das Paradox der Individuation: Je mehr ich werde, was ich bin, desto mehr kann ich zum schöpferischen Teil des Ganzen werden. Also ist die Vielfalt und die Anerkennung ihres Wertes die Voraussetzung dafür, dass Wandel geschehen kann. Das Gemeinsame im Ganzen kann erst lebendig werden, wenn die inneren Unterschiede volle Anerkennung finden. Die alte Vorstellung von Macht als Ausdruck individueller Kraft und Herrschaft hat dann keine Gültigkeit mehr. Macht ist dann vielmehr ein Ausdruck und eine Funktion von Beziehung und der ihr innewohnenden Kraft. Sie entsteht zwischen den kooperierenden Individuen. Der Ort des Wandels liegt also nicht im Bewusstsein des Individuums. Er liegt vielmehr in der Interaktion, im Austausch, in der Beziehung zwischen den Individuen. Was wir also brauchen, ist ein Quantensprung in unserer Fähigkeit, miteinander in Beziehung zu treten, zu teilen und zu reagieren.*

* Joanna Macy: »Die Welt als Geliebte« in: Geseko v. Lüpke: *Politik des Herzens, Gespräche mit den Weisen unserer Zeit*, Arun-Verlag 2003

Worum geht es dann in der gesellschaftlichen Wirklichkeit?

In dem verstärkten Aufbau kooperativer Wahrnehmungs-, Arbeits- und Lebensstrukturen – die wir dringend brauchen – geht es darum, die eigenen Fähigkeiten und Stärken zu kultivieren und sie großzügig mit anderen zu teilen. Dazu gehört unerlässlich, die Stärken des anderen ohne Vorurteile durch Anerkennung zu fördern. Synergie kann nur entstehen, wenn wir Neues zulassen und Altes zurücklassen. Wir müssen bereit sein zu handeln, ohne zu wissen, ob unsere Taten zu unseren Lebzeiten zum Ausdruck kommen, im festen Vertrauen darauf, dass sie langfristig wirken werden. Die Rückkehr in das große Netz des Lebens gehört zu den großen Zukunftsaufgaben des Menschen. Für die Struktur unserer Wahrnehmung wie für die daraus entstandene Kultur müssen wir Sterbebegleiter sein, ebenso wie Hebammen für das Neue. Wir sind beides zugleich, wie zu allen Zeiten großen evolutionären Wandels.

Im Moment scheint die Metapher des Sterbens im Vordergrund zu stehen. Sind wir in dieser Situation überhaupt noch in der Lage, den Krisenverlauf zu kontrollieren oder Zukünfte vorauszusagen?

Dazu waren wir noch nie wirklich in der Lage. Neu ist, dass das heute immer mehr Menschen begreifen. Wer glaubt denn heute noch wirklich, dass unsere so genannten Führer, die gewählten Parlamentarier oder die Manager der großen Unternehmen kontrollieren könnten, was passiert? Die Tatsache, dass die menschliche Gesellschaft so außer Kontrolle ist, die scheinbaren wirtschaftlichen Sicherheiten wegbrechen und die Natur selbst uns nicht mit genügend Öl versorgt, durch Wetterextreme geht, ja, sich sogar das Klima verändert, macht einfach sehr deutlich, dass wir uns kollektiv auf unsicherem Grund bewegen. Kollektiv wächst das Gefühl, dass wir vor riesigen Veränderungen stehen und die aktuelle wirtschaftliche Krise erst der Anfang ist. In dieser Situation macht Panik wenig Sinn. Viel hilfreicher ist es anzuerkennen, *was* da gerade passiert und auch hier wieder die größeren Kreisläufe des Lebens wahrzunehmen. Dann wird die Tatsache, dass wir keine Kontrolle über all das haben, weniger furchterregend.

Heißt das, die Unsicherheit, die wir kollektiv wie individuell so gerne vermeiden würden, hilft uns im Prozess eines gesellschaftlichen Wandels?

Es ist in jedem Fall wichtig, der Realität dieser Unsicherheit offen ins Auge zu schauen. Wenn wir das nicht tun, entsteht die Gefahr, dass wir Hirn und Herz verschließen und uns abwenden. Wenn wir uns mit der existentiellen Unsicherheit nicht anfreunden, laufen wir zudem Gefahr, panisch zu reagieren. Diese Wahl zwischen Lähmung und Panik verstärkt die Angst. Konfrontieren wir uns aber mit der Unsicherheit, dann wird uns klar, dass sie schon immer da war. Sie macht nur etwas mehr Angst, weil es jetzt um so große Dinge geht wie den Finanzmarkt oder die Erdatmosphäre. Ansonsten ist Unsicherheit doch immer Bestandteil unseres Lebens. Wer weiß denn schon, ob aus einem Verliebtsein eine stabile Beziehung entsteht? Welche Mutter, die gebärt, weiß denn, ob ihr Kind gesund bleiben wird? Vielleicht kann diese Krise uns helfen, diesen infantilen Wunsch nach allgegenwärtiger Kontrolle und Sicherheit zu überwinden. Außerdem: Wir brauchen die Unsicherheit als Treibstoff für unser Handeln.

Dann wäre die Krise der Impuls, der aufbrechend wirkt?

Und zwar sowohl auf der intellektuellen Ebene wie auf der spirituellen! Krisen haben die Kapazität, uns jenseits der Kontrolle für die Wirklichkeit des Lebens zu wecken. Da bricht etwas Größeres in unser Leben ein, dem wir staunend und ehrfürchtig gegenüberstehen. Da funktionieren all die Landkarten und Versicherungspolicen nicht mehr, mit denen wir uns Kontrolle vorgegaukelt haben. Die Rolle der Krise ist es also, diese schützenden Wälle niederzureißen, hinter denen wir uns in einer beschränkten Welt versteckt haben. Krise konfrontiert uns mit dem radikalen Mysterium des Lebens, in dem nichts sicher ist. Wir stehen vor dem Unbekannten und begreifen, dass dieser Standort schwierig ist, aber enorm fruchtbar.

Mit der zunehmenden Unkontrollierbarkeit und dem Verlust von Kontrolle und Planung scheinen sich unsere Zukunftshorizonte zu verkürzen. Zeitgleich wirken wir mit unserem Tun immer weiter in die Zukunft hinein. Wenn wir uns auf eine andere Zukunft ausrichten, steht dann unsere Vorstellung von »Zukunft« insgesamt zur Disposition?

Tatsächlich ist unser Zeithorizont im Vergleich zu dem unserer Vorfahren sehr klein geworden. Frühere Generationen haben ihre Existenz viel mehr auf jene ausgerichtet, die nach ihnen kamen. Oftmals haben sie noch nicht einmal die Fertigstellung jener religiösen und kulturellen Bauwerke erleben können, die sie für die nächsten Generationen errichteten. Diese Abgetrenntheit von der Tiefe der Zeit ist ein Merkmal unserer industriellen Wachstumsgesellschaft und bleibt nicht ohne Folgen. Einerseits trennt sie uns psychologisch von Vergangenheit und Zukunft ab und isoliert uns damit. Andererseits hat dieser Prozess – so wie unsere Wirtschaft Wachstum in Quartalen misst und unsere Technologie in Nanosekunden taktet – eine enorme Beschleunigung zur Folge. Also passieren da zwei Dinge zur gleichen Zeit: Die Schrumpfung unserer Zeithorizonte und die Beschleunigung unserer Zeiterfahrung. Damit wird die Erfahrung von Zeit immer mehr fragmentiert und wir sind wie in der Gegenwart eingesponnen.

Was passiert mit uns in diesem Kokon, der sich da als Bild fast aufdrängt?

Er nimmt uns das Gefühl, ein Teil größerer universeller Zyklen in Raum und Zeit zu sein. Er isoliert uns und vermittelt uns den Eindruck, keinen Einfluss zu haben. Er wirkt also psychologisch und spirituell als ein Gefühl der Unfähigkeit und Abgetrenntheit. Das wiederum führt dazu, dass wir im Alltag bereit sind, für ein wenig mehr Profit und ein bisschen mehr Geld im Portemonnaie das zu verbrauchen, was eigentlich künftigen Generationen gehört. Dass wir so mit der Zukunft umgehen, hätten unsere Vorfahren für geisteskrank gehalten. Insofern ist unsere Wahrnehmung von Zeit tatsächlich ein integraler Teil der Zerstörung der Welt. Aber ich glaube, dass es durchaus möglich ist, zu einem viel größeren Verständnis von Zeit und Zukunft zurückzufinden, einer Art »Tiefenzeit«.

Was verstehen Sie darunter?

Durch die Paläontologie, die Geologie und die Astrophysik sind wir heute in der Lage, viel weiter in die Vergangenheit zu blicken als je zuvor. Wir können bis zum Anfang der Raum-Zeit zurückgehen, zum Moment des Urknalls. In diesem riesiggroßen Zeitrahmen eines sich in evolutionärer Bewegung immer weiter entfaltenden Universums ist unser kleines Leben ein winziger Teil. Sinn macht diese kurze individuelle Existenz aber nur, wenn wir sie als Geste innerhalb der großen Bewegung oder als Ton in einem viel längeren Stück verstehen. Wenn wir diesen Sprung schaffen, dann erleben wir eine psychologische wie spirituelle Erweiterung. Wir befreien uns von dem frustrierenden Selbstbild, nur eine Eintagsfliege zu sein und begreifen uns als Teil einer sich entwickelnden Sinfonie. Aber es ist nicht nur ein psychologisches Moment, vielmehr stößt uns diese Einsicht auch in unsere Verantwortung, denn dann wird unser individuelles Leben ein integraler Bestandteil der Heilung dieser Welt. Außerdem hören wir auf, »Leben« nur auf unsere Existenz zu beschränken, sondern sehen es als einen sich über Jahrmillionen entfaltenden Tanz. Es passiert also eine wesentliche Verschiebung des Schwerpunktes unserer Aufmerksamkeit: Will ich mich nur als kleines abgetrenntes Individuum erleben? Oder will ich mich als Teil größerer Prozesse ausdehnen? Ich glaube, wir haben die Möglichkeit, aus dieser Beschränkung herauszutreten und wieder in die Tiefe der Zeit einzutreten.

Verändert dieser Perspektivwechsel etwas an unserer Bereitschaft, eine andere Zukunft zu erschaffen?

Ich glaube schon. Unseren Kindern sagen wir immer wieder, sie sollten sich »entsprechend ihrem Alter« verhalten. Wenn wir das mal auf uns selbst anwenden, dann können wir uns als Teil eines planetaren Lebensstroms begreifen, der viereinhalb Milliarden Jahre alt ist. Vielleicht sogar als jüngster Ausdruck eines kosmischen Evolutionsprozesses, der 14 oder 15 Milliarden Jahre währt. Wenn wir also für die Bewahrung des Lebens eintreten, handeln wir als Teil dieser tiefen Zeit.

Wenn wir uns in einem Urwald, der sich über Jahrzehntausende zu einem komplexen Ökosystem entwickelt hat, Bulldozern und Kettensägen entgegenstellen, dann tun wir das nicht mehr für unser kleines Ego oder persönliches Interesse. Wir handeln dann vielmehr im Auftrag dieses Lebens selbst. Das gibt unserem Handeln eine ganz andere Würde. Das gibt uns Autorität. Deshalb ist dieser Zugang zur Tiefe der Zeit so wichtig. Da geht es nicht um eine poetische Metapher, sondern um eine Wiedergewinnung von Integrität.

Trotzdem handeln wir doch weiterhin in der Gegenwart aus unserem beschränkten Verständnis von Zukunft. Können wir überhaupt für künftige Generationen handeln?

Davon bin ich überzeugt. Es ist ein moralischer Akt unserer Vorstellungskraft, zwei Generationen nach vorne zu denken, uns in die Wesen der Zukunft hineinzuversetzen und von dort aus auf unsere Gegenwart zurückzuschauen. Was sehe ich? Was will ich sehen? Wie wirkt unsere Gegenwart aus der Perspektive der Zukunft? Wenn man diesen geistigen Sprung in eine unbekannte Zukunft einmal macht, dann befreit man sich von Begrenzungen, alten Überzeugungen und Annahmen. Nehmen wir nur einmal unseren Umgang mit Atommüll oder die Gentechnik als Beispiel: Diese Technologien wirken ungeheuer tief in die Zukunft hinein, was wir übersehen, wenn wir uns nicht mit der Zukunft verbinden. Dann treffen wir solche Entscheidungen in Eile und unter Zeitdruck und kreieren Folgen bis in die Ewigkeit. Wenn wir aber die Perspektive wechseln und aus der Zukunft in die Gegenwart blicken, dann erkennen wir die Gefahren und Herausforderungen, in denen wir stehen, besser. Und wir empfinden Mitgefühl für das, was wir zu leisten haben. Und mehr noch, wir wissen um die Dankbarkeit jener, für die wir heute handeln. Und es ist gar nicht so schwer, die Präsenz künftiger Generationen in uns zu spüren …

Wie soll das gehen?

Die künftigen Wesen sind jetzt hier – und zwar nicht nur in unserer Fantasie. Die Radiologin und alternative Nobelpreisträgerin Rosalie Bertell hat einmal gesagt: »Jedes Lebewesen, das jemals leben wird, ist heute schon hier. Es ist in unseren Samen und Eierstöcken angelegt und entsteht aus uns. Die Zukunft liegt jetzt in uns!« Das ist weit mehr als nur eine gedankliche Konstruktion. Die Zukunft liegt in uns und entsteht aus unseren Handlungen. Sie entfaltet sich durch uns. Und sie ist damit gegenwärtig. Das stellt unsere gängige Vorstellung von Raum-Zeit ein Stück weit auf den Kopf. Und es ist ein intellektuelles und moralisches Abenteuer, sich dieser Erfahrung auszusetzen.

Welche Möglichkeiten haben wir, diese Erfahrung zu machen?

Ich arbeite in Gruppen beispielsweise immer wieder so, dass ich die Menschen auffordere, kraft ihrer Imagination in die Zukunft zu gehen. »Stell dir vor«, sage ich, »du lebst hundert oder zweihundert Jahre von heute. Du brauchst dir keine Mühe zu geben, dir vorzustellen, wie man dann lebt. Aber du weißt, dass deine kulturelle Erinnerung zurückreicht in den Beginn des 21. Jahrhunderts. Und nun stelle dir vor, du schaust aus den Augen dieses künftigen Wesens zurück auf unsere Zeit. Und du willst diesem Urahnen, den du da jetzt siehst, etwas mitteilen …« Und dann nehmen sie sich Stift und Block und schreiben einen Brief aus der Zukunft an sich selbst. Das kann man auch für sich alleine machen. Und es ist erstaunlich, zu wie viel Mitgefühl und Einsicht das führt.

Wie werden diese Wesen der Zukunft auf uns zurückschauen?

Wenn künftige Generationen auf den Beginn des 21. Jahrhunderts zurückblicken, werden sie wahrscheinlich von der *»Zeit des großen Wandels«* sprechen. Denn jetzt, in dieser Zeit, müssen wir den Wandel von einer industriellen Wachstumsgesellschaft zu einer Gesellschaft schaffen, die das Leben langfristig erhält. Das ist eine enorme Veränderung. Sie passiert zurzeit, und wenn diese Veränderung nicht weitergeht, wird das Leben wohl dauerhaft auch nicht weitergehen, weil unser vorherrschender Lebensstil dem widerspricht. Wenn künftige Wesen also zurückblicken, werden sie es mit Respekt tun, mit Mitgefühl und Dankbarkeit, für das, was wir in der »Zeit des großen Wandels« getan haben.

Wir scheinen unsere Aufmerksamkeit primär auf die Zerstörung der Welt zu richten. Wo findet dieser »große Wandel« denn heute schon statt?

Ich beobachte die Anzeichen für diesen Wandel auf drei verschiedenen Ebenen, von denen jede äußerst wichtig ist. Die am besten sichtbarste ist die Ebene der Aktionen, die dazu beitragen, die Zerstörung von sozialen und ökologischen Systemen so zu bremsen, dass wir Zeit gewinnen. Das sind die politischen Aktionen, die Demos und Blockaden, die Gesetzesinitiativen, die aktive Einmischung in Bürgerinitiativen und friedlichem Widerstand. Auf dieser Ebene nehmen die Leute die meisten Strafen in Kauf, erreichen die größte Öffentlichkeit und leiden am meisten an dem Gefühl, ausgebrannt zu sein. Die meisten Menschen identifizieren sich mit diesen Aktionen. Darin liegt für sie der soziale Wandel und sie glauben, das sei alles.

Aber es reicht, wie wir heute sehen, offenbar nicht aus…

Richtig. Man braucht die zweite Ebene, auf der man sich um die strukturellen Wurzeln der Fehlentwicklung kümmert. Welche Institutionen und Machtfaktoren tragen das System und welche Alternativen können eingebracht und ausprobiert werden, um die Samen für eine lebenserhaltende Gesellschaft zu säen. Das passiert beispielsweise bei all den Initiativen, die sich mit den Mechanismen der Globalisierung auseinandersetzen und die Weltwirtschaft entmystifizieren. Da hat weltweit ein erstaunlicher Prozess begonnen, bei dem sich Menschen mit den Mechanismen von so genannten »freien« Märkten, mit Fusionen oder den Regeln des Welthandels auseinandersetzen. Daraus sind nicht nur große Bewegungen und Organisationen entstanden, sondern man hat auch nachhaltige gerechte Wirtschaftsmodelle und alternative Währungen entwickelt und als Prototypen erprobt. Sie können als Rettungsboote bei einem plötzlichen Kollaps und als Modelle in einem evolutionären Transformationsprozess dienen. Diese Ebene des Wandels ist absolut essentiell, denn sie sät die Samen für die Zukunft.

Aber auch dieser Ansatz bleibt letztlich auf einer reaktiven Ebene. Kann daraus grundsätzlicher Wandel und Neuanfang entstehen?

Dazu brauchen wir die dritte grundsätzliche Ebene, auf der wir nach den eigentlichen Motiven der Menschen fragen. Also: Was wollen wir? Wer sind wir? Was brauchen wir? Es geht um das, was uns ins Handeln bringt. Das ist die Ebene des Bewusstseinswandels, das ist die Ebene, wo wir unsere Wahrnehmung schulen und unsere Bedürfnisse neu formulieren, unser Selbstbild neu bestimmen und unsere Beziehung zur Welt überdenken und neu gestalten. Also all das, worüber wir sprachen: eine Rückbindung an die natürliche Welt, eine neue Spiritualität, systemische Sichtweisen. Und all das passiert weltweit in einem ungeheuren Tempo.

Das heißt, wir leben sowohl in einer Zeit der Zerstörung und Desintegration als auch in einer Zeit des Wandels und der Integration?

Diesen Zustand nennt man »positive Desintegration«. Sie passiert immer dann, wenn ein System unter Stress gerät und sich weiterentwickelt. Das passiert mit sozialen Systemen genauso wie mit Denksystemen oder Individuen. Der Begriff beschreibt, was mit einem System passiert, wenn alte Richtlinien, Normen und Werte auf einmal nicht mehr funktionieren und passen. So sind viele der Werte und Ziele der modernen Industriegesellschaft – »Je größer, desto besser« oder »Wachstum um jeden Preis« – mittlerweile zur Gefahr für unser Überleben geworden. Wenn solche Grundwerte wertlos werden, geraten wir ins Chaos, fühlen uns verloren und glauben, es sei nicht zu überleben. Dabei ist das, was stirbt, nur unsere Sicht- und Handlungsweise. Wir leben weiter und finden neue Formen. Positive Desintegration ähnelt also ein bisschen einem Flusskrebs, dessen enger Panzer beim Wachsen aufbricht und damit Platz für Neues macht. Und fraglos macht das dem Flusskrebs erst einmal Angst.

Was liegt jenseits des Panzers?

Wir weiten uns und wachsen. Aber nicht mehr nur das Bruttosozialprodukt. Das Alte ist nicht wiederzuhaben. Aber es kommt auf allen Gebieten etwas Neues in Gang. Wir haben unsere Unschuld verloren, wir haben Blut an unseren Händen. Was jetzt passiert, ist die nächste Drehung an der Spirale der Entwicklung. Es besteht die Chance zurückzukehren zu einer Verbundenheit mit dem Leben. Wir sind an dem Punkt, wo diese Verbundenheit gewählt werden muss. Wir sind verbunden, das ist ganz klar. Wir werden entweder zusammen sterben oder zusammen überleben. Das ist unser Schicksal. Doch wir sollten nicht länger das Opfer sein, sondern uns dafür entscheiden, Akteure zu sein, und entsprechend handeln.

Was bedeutet das für die wohl erst einmal noch wachsende Krise?

Wir werden es mit Angst zu tun bekommen, mit Wut und Verzweiflung. Das sind einige der Phänomene eines Zusammenbruchs. Um damit umgehen zu können, müssen wir lernen, mit dem Wandel zu leben. Wenn wir jetzt in dem Prozess sind, nach und nach aus immer mehr Krisen eine nachhaltige lebensfördernde Kultur zu bauen – ohne wirklich zu wissen, wie das geht und was die nächsten Schritte sind –, dann brauchen wir einfach eine große Toleranz für Unsicherheit, für Mehrdeutigkeit, für unbekannte Lösungen. Das ist von entscheidender Wichtigkeit: Um die Gesellschaft vor Panik und sozialer Hysterie zu bewahren, müssen wir an der inneren Balance arbeiten. Sie kann uns vor der Sehnsucht nach billigen Antworten schützen, wie sie in autoritären, faschistischen oder fundamentalistischen Ideologien angeboten werden. Solche Ideen haben Konjunktur in Zeiten der Krise. Also müssen wir – gerade auch im Bildungssystem – die Fähigkeit trainieren, in Zeiten der Unsicherheit spielerisch die Balance zu halten.

Spielerisch? Welche Rolle spielt das Spiel?

Spiel eröffnet uns das Unbekannte in einer leichten Weise. Wenn alles vorhersehbar ist, bleibt kein Raum für das Spiel. Spiel hat immer auch ein Element des Geheimnisvollen. Es fördert die Toleranz für die Vielfalt der Möglichkeiten und fordert in ausweglosen Situationen unsere Kreativität. Das gilt für das Spiel ebenso wie für die Kunst. Beide können uns darin unterstützen, durch die Stimulation von Vorstellungskraft und Kreativität Dinge zu sehen und wahrzunehmen, die wir bislang nicht gesehen haben, Zusammenhänge zu erkennen, die uns bislang verborgen waren. Dann ergeben sich neue Sicherheiten. Vielleicht die existentielle Sicherheit, Teil eines natürlichen Systems zu sein, was uns als Netz des Lebens trägt, wenn wir es nicht vernichten. Da liegt vielmehr Sicherheit drin als in den vorproduzierten Antworten der kollabierenden Konsumgesellschaft.

Das klingt nicht so, als würden Sie sich angesichts der Krise fürchten…

Was passiert, ist beängstigend. Aber es enthält so viele Möglichkeiten wie nie zuvor. Bislang haben wir für unsere Beziehung zur Erde und zur Zukunft zwei vorherrschende Bilder gehabt. Die erste und bis heute vorherrschende Sichtweise sieht die Welt als Schlachtfeld. Da geht es immer um den Kampf zwischen guten und bösen Mächten, zwischen den Kräften des Lichts und der Dunkelheit. Wenn alte Strukturen nicht mehr funktionieren, scheint es sehr reizvoll zu sein, so zu denken. Die andere verbreitete Sichtweise sieht die Welt als große Falle, in die wir tappen, in der wir gefangen sind und aus der wir uns befreien müssen. Immer steht dahinter das tiefe Bedürfnis, dem Leiden zu entfliehen und sich an irgendeinen inneren oder himmlischen Ort zu retten, der »wahrer«, »wertvoller« und »freier« sein soll. Ich glaube, beide Sichtweisen haben zu den Schwierigkeiten beigetragen, vor denen wir heute stehen, und sich in Denkstrukturen verfestigt, mit denen wir unsere Welt weiter zerstören. Deshalb bevorzuge ich eine andere Sichtweise: Ich sehe die Welt als Geliebte und als Teil meiner selbst. Deshalb möchte ich das Bild der Furcht auf den Kopf stellen. Wer liebt, der ist dankbar. Ich bin dankbar, in einer Zeit zu leben, in der wir Zeugen eines fundamentalen kulturellen Wandels werden und sogar an ihm mitwirken können. Außerdem ist die Haltung der Dankbarkeit gegenüber dem Leben mit all seinen Herausforderungen und Krisen ein zutiefst subversiver Akt. Denn wenn wir dankbar sind, lassen wir uns nicht mehr einlullen von den leeren Versprechen der Konsumgesellschaft, sondern öffnen uns für das, was da ist und kommen will.

Von der Logik des Verstandes zur Logik des Herzens

Im Dialog mit dem Kulturforscher Marco Bischof

Marco Bischof, geboren 1947, ist freischaffender Wissenschaftler, Wissenschaftsautor und Berater für Grenzgebiete von Geistes- und Naturwissenschaften. Er hat in Zürich Ethnologie und Religionswissenschaften studiert und ist außerdem Atemtherapeut und Atempädagoge. In den 60er-Jahren gehörte er zu den Pionieren alternativer Lebensweisen und ganzheitlicher Weltbilder. Einem breiteren Publikum wurde er durch das Buch »Biophotonen. Das Licht in unseren Zellen« bekannt, das in Deutschland zu einem alternativen wissenschaftlichen Bestseller avancierte. Er lehrte an der Temple University in Philadelphia und der Humboldt Universität Berlin. Zurzeit ist er am Aufbau eines Lehrstuhls für ganzheitliche Medizin in Frankfurt beteiligt. Marco Bischof publiziert in Fachmedien und Publikumszeitschriften über die Geschichte von Biophysik und Elektromagnetik, über gesellschaftlich-kulturelle Entwicklungen, Alternativmedizin, Geomantie, Traumforschung, Schamanismus, Wasserforschung und zahlreiche andere Themen. www.marcobischof.com

Herr Bischof, sind wir in einer Umbruchsituation, in der sich ein kultureller und gesellschaftlicher Wandel, der über oberflächliche Veränderung hinausgeht, entwickelt?

Ich denke, ja. Wirkliche Veränderungen sind immer langfristig. Sie sind noch nicht fassbar, denn sie geschehen in einem fast unsichtbaren Bereich. Deshalb sind sie vielleicht nur für ganz wenige Menschen wahrnehmbar. Irgendwann aber wird eine Schwelle überschritten, mit der ein bislang verborgener Wandlungsprozess plötzlich sichtbar wird. Ich glaube, wir sind jetzt an einem solchen

Punkt, wo eine Entwicklung, die schon längere Zeit stattgefunden hat, plötzlich wahrnehmbar wird. Das bedeutet aber auch: Dieser Umbruch ist heute nicht mehr die Angelegenheit einer Minorität, sondern betrifft schon ziemlich breite Kreise in der Gesellschaft. Trotzdem ist er im Moment noch nicht als Ganzes, sondern nur punktuell erkennbar.

Wann hat das Ihrer Meinung nach begonnen und welche Stufen dieser Entwicklung könnte man da beschreiben?

Ich denke, es hat schon vor längerer Zeit begonnen. Eine der Wurzeln liegt – wie Friedrich Heer das schon vor einem halben Jahrhundert in seinem Buch »Die dritte Kraft«* beschrieben hat – in diesen ganzen Reformbewegungen: in den Ketzerbewegungen, in der Mystik des Mittelalters und – etwas unmittelbarer – in der Romantik des 19. Jahrhunderts, und dann natürlich in der deutschen Lebensreform-Bewegung im späten 19. und frühen 20. Jahrhundert. Aber so richtig manifest wurde es eigentlich erst nach dem Zweiten Weltkrieg in einer Reihe von wissenschaftlichen und künstlerischen Avantgardebewegungen. Und seit etwa 20 Jahren, also seit den 80er-Jahren, ist es zu einer relativ breiten Bewegung geworden. Das ist nicht eine im klassischen Sinne politische Bewegung, sondern mehr eine kulturelle Bewegung. Die hat mit den »Beatniks« angefangen, dann Ausdruck bei den Hippies gefunden und schließlich die 68er-Bewegung erfasst. Wobei ich hier nicht den politischen Teil der 60er-Jahre meine, der in der Diskussion meistens im Vordergrund steht. Ich selber zum Beispiel gehöre auch zur 68er-Generation, war aber nicht politisch tätig. Ich war in Landkommunen tätig, wir haben andere Lebensformen und anderes Denken ausprobiert. Es war eine spirituell-ökologische Gruppierung, in der ich aktiv war. Und dieser Teil der 68er-Bewegung ist auf die lange Sicht vielleicht sehr viel wirksamer gewesen als der politische Teil.

* Friedrich Heer: *Die dritte Kraft*, S. Fischer-Verlag, Frankfurt 1960

Woran lässt sich der Wandel von Werten oder Wirklichkeitswahrnehmungen Ihrer Meinung nach festmachen?

Schon daran, dass heute überhaupt wieder von Werten gesprochen wird. Das ist doch eigentlich interessant, dass man die Wertediskussion immer den Konservativen zugeordnet hat. Jetzt aber sind es die Linken, die wieder anfangen, von Werten zu sprechen. Hier sieht man schon, dass die bisherigen politischen Kategorisierungen und Fronten heute eigentlich nicht mehr anwendbar sind. Wenn wir untersuchen, was auf der Ebene der Werte nach dem Zweiten Weltkrieg los war, dann gab es da den Nihilismus und Existentialismus. Also ein Lebensgefühl, dass man in dieser Welt verloren sei und nicht mehr geborgen sein könne. Das war der Ausgangspunkt, ein Nullpunkt nach einer existentiellen Krise, aus dem sich etwas Neues entwickeln konnte.

Durch welchen inneren Prozess musste die Nachkriegsgeneration gehen, bevor das kulturell zum Ausdruck kam?

Die Menschen mussten realisieren, dass die bislang vorgegebenen Strukturen, Institutionen und auch Werte nicht mehr verwendbar waren. Der Mensch ist heute kritisch, autonom und reflektiert genug geworden, um zu erkennen, dass jeder seine eigenen Werte selber suchen muss. Es hat sich die Erkenntnis durchgesetzt, dass man selber seine Maßstäbe kreieren und seinen Lebensstil schaffen muss und sich nicht mehr an dem Vorgegebenen orientieren kann. Statt wie früher fraglos etwas zu übernehmen, ging es nun darum zu lernen, alles kritisch zu hinterfragen und zu schauen: Was ist brauchbar für *mich*? Die Grundhaltung lautet: »Ich baue mir auf der Basis meiner Lebenserfahrung ein individuelles und ganz neues Weltbild, das für mich stimmt.« Dabei ist meine Lebenserfahrung das Wichtigste.

Gleichzeitig wird dieser kulturelle Pluralismus von der traditionellen Kultur oft als Beliebigkeit abgewertet. Ist das berechtigt?

Das scheint zunächst so. Und vielleicht ist es auch eine Zeitlang etwas beliebig gewesen. Aber es ist ein grundsätzlich neuer Pluralismus, weil es keine allgemeingültigen Werte mehr gibt. Es gibt weder Kirche noch Staat, die uns heute noch sagen könnten, was wir zu tun haben. Das muss jeder heute individuell selber für sich herausfinden. Das kann natürlich beliebig und desintegrierend wirken. Heute aber kommen wir zu einem Punkt, wo alle diese Leute, die individuell solche Wege gesucht und für sich gefunden haben, jetzt realisieren: »Ich bin ja gar nicht allein bei dieser Erschaffung eines neuen Lebens, sondern da sind viele andere, die ähnliche Wege gehen!« Immer öfter kommt man miteinander ins Gespräch und realisiert, dass man eigentlich zu einer gesellschaftlichen Gruppe gehört. Man unterhält sich über diese verschiedenen Erfahrungen, aus denen sich dann wieder neue Gemeinsamkeiten ergeben. Aber eben keine neue Kirche oder gemeinsame Ideologie. Das Ganze ist vielmehr ein pluralistischer und sich dynamisch ständig wandelnder Prozess.

Soziologen wie Ronald Inglehart und Duane Elgin oder Paul Ray und Sherry Ruth Anderson haben in den letzten Jahrzehnten die Veränderungen von gesellschaftlichen Werten und das Entstehen neuer Wertegruppen erforscht. Deckt sich Ihr Eindruck mit diesen Forschungen?*

Im Wesentlichen schon. Angefangen hat das in den 90er-Jahren mit den Forschungen des Soziologen und Zukunftsforschers Duane Elgin**, der besonders die Veränderungen im ökologischen Denken,

* Ronald Inglehart: *Modernization, Cultural Change and Democracy: The Human Development Sequence*, Cambridge University Press 2005

** Duane Elgin: *Ein Versprechen für die Zukunft. Ein hoffnungsvolles Versprechen für das Fortbestehen unseres Planeten*, Kamphausen Verlag, Bielefeld 2004; ders. mit Deepak Chopra: *The Living Universe. Where are we? Who are we? Where are we going?*, Berrett-Koehler, New York 2009

in der Hinwendung zu neuen Formen des nachhaltigen Wirtschaftens und den Stellenwert des Religiösen untersuchte. Aufgrund der Resultate diagnostizierte Elgin damals den Beginn eines globalen Bewusstseinswandels, der dazu führen werde, dass das 21. Jahrhundert vom 20. so verschieden sein werde wie die moderne Welt von der des Mittelalters. Es gäbe keinen Bereich und keine Institution, die davon nicht betroffen werde. Als wichtigste Merkmale dieses Bewusstseinswandels ergeben sich nach Elgin ein steigendes ökologisches Bewusstsein sowohl in Industrie- wie auch in Drittweltländern und ein zunehmendes Verständnis für eine nachhaltige ökologische Wirtschaft, die auch zukünftigen Generationen ein Leben ermögliche. Im sozialen Bereich erwartete er, dass die Menschen zunehmend traditionelle Autoritäten und Institutionen anzweifeln und sich mehr auf ihr eigenes Gefühl verlassen würden. Statt Konkurrenz und dem Streben nach materiellem Gewinn stehe der Wunsch nach Kooperation und sinnvollen Beziehungen im Vordergrund. Insgesamt befände sich die Menschheit in einer Übergangsphase.

Sind diese veränderten kulturellen Werte denn bereits politisch und sozial sichtbar und wirksam geworden?

Vieles davon prägt heute unsere Gegenwart. Neuere Untersuchungen haben zudem festgestellt, dass sich da offenbar eine ganz neue gesellschaftliche Gruppe herausschält. Der Soziologe Paul Ray*, Vizepräsident von »American Lives Inc.«, einem Markt- und Meinungsforschungsinstitut, arbeitete heraus, dass neben den beiden traditionellen Gruppen, die man bisher in der Soziologie kannte, sich eine dritte Gruppe herausschälte. Während die alten gesellschaftlichen Gruppen mehr oder minder mit dem Links-Rechts-Schema identisch sind – also einerseits Konservative, andererseits Progressive –, hat diese neue soziale Gruppe teilweise Merkmale

* Paul Ray und Sherry Ruth Anderson: *The Cultural Creatives. How 50 Million People are Changing the World*, Three Rivers Press 2001

der einen, teilweise Merkmale der anderen traditionellen Meinungsträger. In gewissen Fragen ist diese Gruppe mit den Progressiven einig, in anderen Bereichen aber mit den Konservativen. Letzten Endes ist es aber wirklich eine Gruppe, die ihren eigenen Weg geht. Und die hat Paul Ray dann die *»Cultural Creatives«* oder auch *»Transmodernisten«* genannt. Denn das Hauptkennzeichen dieser Gruppe der »kulturell Kreativen« ist, dass sie kritisch gegenüber Überliefertem und Traditionellem sind, damit aber kreativ umgehen – und es schöpferisch weiterentwickeln. Sie sind intensiv an ökologischen Fragestellungen und Aktionen interessiert, sie engagieren sich in anderen Formen von Beziehungen, treten für Frieden und Gerechtigkeit ein, wollen sich persönlich und spirituell entwickeln und suchen nach individueller Verwirklichung und Selbstausdruck. Sie sind ebenso an inneren Prozessen interessiert wie sozial engagiert und sind als Aktivisten oder ehrenamtlich für gute Zwecke tätig.

Aber diese Gruppe der »kulturell Kreativen« ist interessanterweise bislang weder von der Gesellschaft als Ganzes noch von ihren eigenen Mitgliedern als eigenständige Gruppe wahrgenommen worden. In der Wahl Barack Obamas zum amerikanischen Präsidenten hat diese Gruppe allerdings zum ersten Mal großen politischen Einfluss bewiesen. Und Obamas Wahlkampf war direkt auf diesen Wertewandel ausgerichtet.

Von welchen Größenordnungen – wenn man von gesellschaftlichen Gruppen spricht, die über eine Sekte oder eine kleine Gruppierung hinausgeht – muss man bei solchen neuen kulturellen Gruppen ausgehen?

Es ist mit Sicherheit keine Minderheit mehr. Paul Ray hat in den USA festgestellt, dass diese Gruppe ungefähr ein Viertel der Bevölkerung ausmacht. Das wären 50 Millionen Menschen! Und diese Zahl ist seit Jahren in der Tendenz steigend, während eben die beiden genannten anderen Gruppen der Modernisten und Traditionalisten tendenziell abnehmen. Unterdessen gibt es auch in Europa entsprechende Untersuchungen, die in ein paar Ländern auch schon abgeschlossen sind. Und es sieht wirklich so aus, dass man hier auf ähnliche Zahlen kommt.

Befinden wir uns also in einer Zeit, wo – wie in der Evolution häufig – irgendetwas emergiert, also etwas völlig Neues entsteht?

Ich denke schon. Der wichtige Punkt aber ist: Diese gesellschaftliche Gruppe hat sich selber noch gar nicht als Gruppe erkannt und ist auch politisch noch nicht repräsentiert. Das politische System funktioniert bislang noch nach den alten Verhältnissen, entspricht damit aber nicht mehr dem, was tatsächlich in unserer Gesellschaft geschieht. Wir haben also einen Prozess vor uns, wo diese Menschen sich erst mal in ihren Gemeinsamkeiten erkennen und eine gemeinsame Identität bilden müssen. Sie werden sich aber bestimmt nicht in der gewohnten Weise politisch organisieren, falls das überhaupt stattfindet, sondern auf eine ganz neue Art. Man sieht ja zum Teil auch schon, dass etwas Derartiges passiert, wenn sich Initiativen wie das Weltsozialforum nicht in der Form von Parteien organisieren, sondern mehr auf eine sehr flüssige, dynamische, veränderliche Art in wechselnden Allianzen.

Sie sagten, dass unsere staatliche Parteienlandschaft und ihre Institutionen eigentlich gar nicht mehr abbilden, was in der Gesellschaft an innovativen Prozessen sozial und kulturell geschieht. Muss man sich das so vorstellen, dass wir einen unbeweglichen Überbau haben und an der Basis etwas völlig Neues wächst? Das würde ja auch heißen, dass die Verbindung zwischen dem politischen Überbau und der Basis abnimmt …

Auf jeden Fall. Nehmen wir nur mal das Beispiel der Religion. Wir haben heute die evangelische und katholische Kirche, die sehr wohlhabend sind. Die katholische Kirche ist der größte Grundbesitzer in der Bundesrepublik. Aber die Zahl sowohl der Kirchenmitglieder als auch jener, die zum Gottesdienst gehen, nimmt ständig ab. Und trotzdem haben die Kirchen noch einen großen politischen Einfluss. Sie müssen schon Kirchen schließen und bekommen auch keine Leute mehr, die Pfarrer werden wollen. Ähnlich ist es auch in der Politik: Die Parteien vertreten nicht mehr wirklich die Interessen der Menschen. Worüber die Parteien sprechen, hat nichts mehr mit dem zu tun, was in der Gesellschaft vor sich geht.

Sie sprachen davon, dass sich Menschen aus unterschiedlichen Traditionen und Weltkulturen heraus einen Werte- und Weltbildbaukasten zusammensetzen. Gerade erwähnten Sie die abnehmende Bedeutung der großen Kirchen. Was für eine Religiosität entsteht aus dieser neuen Kultur, was für eine Ethik? Ist die dann noch nach normalen Kriterien von Religiosität zu bewerten?

Ich denke nicht. Man unterscheidet nicht umsonst zwischen »religiös« und »spirituell«. »Religiös« bezieht sich auf die alten Strukturen, auf Kirchen. Demgegenüber gibt es immer mehr Menschen, die sich auf eine »spirituelle« Dimension beziehen, ohne dass sie deswegen irgendeiner Kirche beitreten. Wir treffen auch hier auf das Phänomen der Individualisierung, was schon Ulrich Beck in unserer Gesellschaft diagnostiziert hat. Diese »reflexive Moderne« bedeutet eben, dass jeder Mensch sich individuell ein Weltbild und einen eigenen Lebensstil schafft. Und genau das passiert auch in Bezug auf die Religiosität. Man hat ja lange geglaubt, der aufgeklärte Mensch würde eben nicht mehr religiös sein und Religion sei ein überholtes Phänomen. Wie wir heute wissen, ist das Gegenteil der Fall. Spiritualität ist im Kommen – aber nicht mehr in den traditionellen Formen: Obwohl die Zahl der Kirchenmitglieder abnimmt, nimmt die Zahl der spirituellen Menschen zu. Das kann nur bedeuten, dass es eben außerhalb der Institutionen ein neues Phänomen von Spiritualität gibt, was von den Eliten unserer Gesellschaft noch gar nicht bemerkt wird.

Wie gehen – wenn überhaupt – die traditionellen Institutionen mit dieser Entwicklung um?

Wie die großen religiösen Institutionen auf diese Entwicklung reagieren, das sieht man an diesen so genannten Sektenbeauftragten und ihrer Polemik gegen diese neuen religiösen Bewegungen. Dahinter steht ja der Glaube, man müsse den Staatsbürger, der unmündig ist, davor bewahren, durch diese Gruppen verführt zu werden. Das ist ein Witz. In Wirklichkeit ist eigentlich – natürlich mit Ausnahmen – das Gegenteil der Fall. Wir haben heute einen sehr viel mündigeren Bürger, der sehr viel urteilsfähiger gegenüber Weltanschauungen ist, als das früher der Fall war. Und der gerade deshalb Wege abseits der Kirchen geht und Gruppierungen sucht, die man aus kirchlicher Sicht Sekten nennt, die aber neue religiöse Bewegungen sind: Gruppierungen, die zum Teil aus anderen Kulturen inspiriert worden sind und wo man eben eine neue Form der Beziehung zum Göttlichen, zum Spirituellen, zur Ganzheit kreiert. In diesen Kreisen denken viele Menschen gar nicht mehr in Kategorien von Gott oder Religion, sondern mehr in Begriffen der Ganzheit, des Eingebettetseins, des Verbundenseins mit dem Universum. Das Wiederaufleben der Religion in der säkularisierten Postmoderne erfolgt in einer völlig neuen Form. Dieser Glaube ist kritisch und unabhängig, nicht autoritätsgläubig, er sucht nach dem gemeinsamen Kern aller Religionen. Zentral sind auch eine Heiligung des Alltags, die Erfahrung des Göttlichen in der Arbeit und dem Privatleben, in der Beziehung zum Mitmensch, zu Natur und Kosmos. Religion wird heute nicht mehr als ein System von verpflichtenden Glaubenssätzen oder als eine notwendige Vermittlungsagentur für den Kontakt mit dem Göttlichen verstanden, sondern eher wie ein Instrument oder eine Methode zum Verstehen der Welt, zur Selbstverwirklichung, zum persönlichen Wachstum und zur Entwicklung von Werten benutzt.* Im Mittelpunkt steht die persönliche Erfahrung.

* vgl. Marco Bischof: *Unsere Seele kann fliegen*, Drachen-Verlag, Klein Jasedow 2008

Kann man das unter dem Schlagwort der »Selbst-Kultivierung« zusammenfassen?

Das ist ein Begriff, der bisher mehr für östliche Techniken wie Qigong oder auch Yoga verwendet wird – da spricht man von Selbstkultivierung. Das Interessante aber ist: Dieser Begriff der Selbstkultivierung ist eigentlich identisch mit dem Begriff der Bildung. Wenn Sie den deutschen Begriff »Bildung« ins Englische übersetzen, heißt das *»self-cultivation«*. Und so war Bildung eigentlich auch mal gemeint. Bei Immanuel Kant und den anderen Aufklärern heißt es: »Der Mensch soll mündig werden, autonom werden und sich selber gestalten.«

Auch die in den letzten 50 Jahren entstandene humanistische Psychologie spricht von Selbstaktualisierung oder Selbstverwirklichung, von Authentizität und Selbsttranszendenz. Abraham Maslow prägte den Begriff des *Human Potential*, in dem das Bedürfnis zum Ausdruck kommt, das in uns angelegte Entwicklungspotenzial und unsere individuelle Einzigartigkeit voll auszuschöpfen. Es geht darum, die Einbettung im größeren Ganzen zu verwirklichen.

Da passt ja das alte Image des »lonely cowboys« oder des Selfmademan nicht mehr, der sich gegen den Rest der Gesellschaft durchsetzt und ohne moralische Bedenken seinen Weg geht. Was ist das für eine Ethik, die sich hinter einer eher ganzheitlichen Individualisierung zeigt?

Wir alle haben gelernt, Dinge deshalb zu tun, weil die gesellschaftliche Norm das verlangt und alle es tun. So sind wir aufgewachsen: Mit einer Ethik, die eigentlich keine ist, sondern Moralvorstellungen vorgibt, die von dem Menschen verlangen, dass er etwas tut, was eine Gruppe als richtig betrachtet, unabhängig davon, ob er es für sich persönlich einsieht.

Neu ist eben, dass man heute sagt: »Ich will etwas nur dann machen, wenn ich es aus meiner eigenen Erfahrung als richtig erkannt habe!« Und daraus können vielfache wahre Ethiken entwickelt werden, die wirklich mit Leben gefüllt sind. Ethik, die nicht ein äußerer Zwang ist, sondern aus einer inneren Notwendigkeit und inneren Erkenntnis entsteht.

Ist das dann eine Gegenkultur von Außenseitern, die sich gegen das alte Paradigma auflehnen?

Dieser Wandel im Weltbild hat sicher zunächst bei Menschen stattgefunden, die gegen die alte Ordnung rebelliert haben und Außenseiter waren. Aber das ändert sich zurzeit. Die Menschen haben eingesehen, dass zu diesem neuen kooperativen Weltbild auch gehört, dass man den Weg nicht allein gehen kann. Man lebt nicht isoliert. Dieser moderne Begriff des Individuums, welches total isoliert und abgeschottet in Konkurrenz mit dem Rest der Welt steht, ist nicht mehr haltbar. Die Beziehung und Vernetzung mit anderen, die ähnliche Wege gegangen sind, tritt in den Vordergrund. Man kann auch einen neuen Sinn für Gemeinschaft diagnostizieren. Jetzt aber ist er nicht aus Normen und Zwängen geboren, sondern aus dem Bedürfnis, in größere Zusammenhänge eingebettet zu sein. Auch in der Wissenschaft erkennt man immer klarer, dass Identitätsbildung nur im Austausch mit anderen Menschen geschehen kann. Immer mehr Menschen realisieren dabei, dass sie eigentlich schon längst eingebettet waren, dass dies aber kulturell verleugnet wurde: Wir haben uns lange nur so wahrgenommen, als wären wir Inseln. Heute erkennt man eher den anderen Aspekt, der sich vielleicht am Bild von Eisbergen verdeutlichen lässt: Eisberge erscheinen über dem Wasser als einzeln stehende Objekte, können aber unter dem Wasser in Wirklichkeit miteinander verbunden sein. Diese viel größere Verbundenheit jenseits des Offensichtlichen wird auch durch die Quantentheorie bestätigt, die sagt, dass es diese zwei Ebenen der Realität gibt. Die eine Ebene ist die der getrennten Teilchen oder materiellen Körper, zwischen denen leerer Raum ist. Und die andere Ebene der Realität ist jene, in der alles mit allem verbunden ist, wo es keine getrennten Objekte gibt, wo alles im Universum eigentlich eine Einheit bildet, die ständig miteinander kommuniziert. Auch in unserer persönlichen Existenz gibt es diese Ebene, in der alles miteinander verwoben ist und wir eigentlich in ein Ganzes eingebettet sind.

Entsteht dieser neue kulturelle Impuls also zunehmend aus und mit einer neuen Wissenschaft?

Die traditionelle Wissenschaft baut auf dem Empirismus von Francis Bacon auf. Demnach lässt sich Wissen nur über nachprüfbare Sinneserfahrungen in einer objektiven Welt sammeln. Bei ihm galt nur die äußere, materielle Welt als real, während die innere Welt als subjektiv und eingebildet bezeichnet wurde. In der zweiten Hälfte des 20. Jahrhunderts hat dann der Wissenschaftstheoretiker Thomas Kuhn mit seinem Begriff des Paradigmas deutlich gemacht, dass etablierte Sichtweisen im Zuge einer immer weiter verfeinernden Ausarbeitung zunehmend auch ihre Schwächen zu Tage fördern und damit in die Krise treiben. Aus dieser Krise kann dann aber ein neues Paradigma und eine neue Vorstellung, wie Realität funktionieren könne, entstehen. Dabei können die abgelehnten Aspekte des alten Paradigmas zu einer grundlegenden Ressource für die Entwicklung des neuen Paradigmas werden. Und tatsächlich war der Paradigmenwechsel besonders in der Physik folgenreich, weil mit der Quantentheorie erkenntnistheoretische Fragen aufgeworfen wurden, was Realität ist, wie wir sie erkennen können und ob Objektivität dabei möglich ist. Da kam man zu Einsichten, die durchaus zu dem beschriebenen Kultur- und Wertewandel passen. Da wird die Wirklichkeit als nahtlose Ganzheit beschrieben, die nicht-separierbar sei, da wird mit verschiedenen komplementären Beschreibungen der Realität operiert. Eigenschaften wie Verbundenheit, Nicht-Lokalität sind weitere Kennzeichen des neuen physikalischen Weltbildes. Da setzt sich die materielle Realität nicht mehr aus Bausteinen zusammen, sondern als ein dingloses Gewebe von Beziehungen. Statt isolierter Objekte stehen also Beziehungen, Wechselwirkungen, gegenseitige Bedingtheit, Prozesse, Ganzheiten und Felder im Vordergrund der Betrachtung. Fast noch wichtiger ist der Schritt der Quantenphysik, mit den Erkenntnissen über den Einfluss des Beobachters auf die Realität das Phänomen des Bewusstseins in die Physik mit einzubeziehen.

Das wäre dann der Wechsel von einem materiellen Weltbild, wo sich alles wie bei einem Billardspiel anstößt und voneinander abgrenzt, hin zu einer eher systemischen, vernetzten, an Feldern orientierten Sichtweise auf das Universum …

Historisch entstand zuerst das ökologische Weltbild, wo man angefangen hat zu realisieren, dass alles voneinander abhängt und miteinander verbunden ist. Aber das hat man zunächst nur auf die materielle Ebene bezogen. Und dann hat man angefangen zu realisieren, dass das nicht nur auf die materielle Ebene zutrifft, sondern auch auf viele andere Ebenen. Zum Beispiel sind wir auf psychischer Ebene sehr stark miteinander verbunden, aber auf eine Weise, die meistens unbewusst bleibt. Tatsächlich gibt es gar keine scharf abgetrennten Individuen auf der Ebene des Unbewussten. Ebenso wie man heute eigentlich nicht mehr behaupten kann, dass ein Gedanke, den ich denke, »mein« Gedanke ist, den ich quasi geboren habe und besitzen würde. Wir wissen heute, dass alles Denken ein ständiges Reagieren auf ein Denken von anderen ist und niemand einen Besitzanspruch auf irgendeinen Gedanken erheben kann. Tatsächlich agieren wir eigentlich ständig in fließenden Feldern, die uns unsichtbar verbinden.

Wenn wir unser gesellschaftliches, kulturelles Zusammenleben nicht mehr als einen weitgehenden Kampf zwischen divergierenden Interessen verstehen, sondern als ein in Wirklichkeit verbundenes System oder Feld, dann bekommt ja der zwischenmenschliche und soziale Aspekt eine ganz andere Bedeutung. Was entwickelt sich da?

Es entwickelt sich ein neues Welt- und Menschenbild, in dem diese alte Vorstellung des Individuums und überhaupt des Individualismus revidiert wird. Wir sind gar nicht getrennt voneinander. Das bedeutet aber auch, wir sind ständig in einem gemeinsamen Tanz begriffen, wo wir – auch wenn uns das gar nicht bewusst ist – uns einordnen in ein soziales Ballett, das wir miteinander aufführen. Da gibt es ein schönes Beispiel: Wenn man Leute, die miteinander im Gespräch sind, filmt und nachher diesen Film ganz langsam anschaut, dann sieht man, dass sich die Bewegungen der Menschen, sobald sie sich aufeinander einstellen, koordinieren. Auch die Stimmen fangen an, sich aufeinander einzustimmen. Man nennt dieses Phänomen »interpersonelle Synchronie«, das ist eine Art Tanz, ein Ballett, eine gegenseitige Koordination. Dasselbe passiert übrigens auf der neurologischen Ebene im Gehirn. Man spricht heute von Spiegelneuronen: Wenn ich jemanden beobachte, der eine bestimmte Handlung ausführt, dann passiert in meinem Gehirn ganz genau dasselbe, als wenn ich diese Handlung selber ausführen würde. Das heißt, mein Gefühl und mein Nervensystem spiegeln das, was ich sehe und beobachte. Selbst wenn ich mich nur erinnere oder an eine Handlung denke, passiert ganz genau dasselbe. Das heißt, wir sind fühlend immer in einer Einheit mit den anderen Menschen, auch wenn wir es nicht wissen. Wir sind immer bezogen auf andere Menschen.

Das klingt ja so, als würden wir bisher in einem gigantischen kulturellen Missverständnis leben…

… ja, der moderne Individualismus beruht nach meiner Meinung darauf, dass man eine ganze fundamentale Dimension unserer Existenz einfach verdrängt hat. Man hat einfach so getan, als würde das gar nicht existieren. Und man tut auch heute noch kollektiv so, als wären wir vollkommen autonome individuelle Existenzen, die völlig unabhängig von den anderen existieren können. Vielleicht war so eine Sichtweise von der menschlichen Evolution her notwendig – sich eine Zeitlang so zu verhalten, als wäre das so –, um eben diese Autonomie des modernen Menschen zu entwickeln. Und jetzt, wo wir diese Autonomie sozusagen in Besitz genommen haben, wo wir uns ihrer etwas sicher fühlen, können wir wieder zugeben, dass wir verbunden sind. Früher, vielleicht noch vor 50 Jahren, hätte man einen solchen Gedanken der Verbundenheit als Bedrohung empfunden. Man muss nur schauen, wie die Leute Anfang des 20. Jahrhunderts reagiert haben, wenn die Rede war vom Buddhismus oder östlicher Meditation. Da hieß es immer: »Da verliert man sich im Ozean des Ganzen.« Diese Angst vor dem Untergang des Individuums, dem Verlust der Identität war damals noch sehr stark. Sie ist immer noch da, aber offensichtlich sind wir unserer Individualität in Wirklichkeit viel sicherer geworden heute.

Es gab in der deutschen Geschichte aber auch eine Zeit, wo wir unsere individuelle Kritikfähigkeit und Rationalität fast vollständig aufgegeben haben. Aus dieser Erfahrung stammt die Angst davor, sich wieder in irgendwelche Formen von fast mystischer Verbundenheit zu begeben. Ist denn unser gesellschaftlich-kultureller Stand heute ein anderer?

Diesen Einwand hört man immer wieder, vor allem von linker Seite: dass dieser Bereich unserer Erfahrung – Gemeinschaft, Verbundenheit – durch den Missbrauch während der Nazizeit diskreditiert sei. Deswegen wurde einem, wenn man sich mit solchen Dingen beschäftigte, noch vor einem Jahrzehnt vorgehalten, das sei »ein Rückfall in den Faschismus«. All diese Vorstöße in solche Bewusstseinsebenen wurden abgeschmettert, indem man sagte: »Diese Gefahr kennen wir von damals. Wir dürfen nicht in diese Richtung gehen.« Das Interessante ist aber, dass jetzt nach zwanzig, dreißig Jahren dieses Argument nicht mehr so sticht. Das kann ich nur so deuten, dass wir in der Tat eine gewisse Entwicklung durchgemacht haben und in dieser Beziehung reifer geworden sind. Das heißt nicht, dass diese Gefahr völlig gebannt ist, aber dass die Menschen sich sicherer fühlen, dieser Gefahr nicht so zu erliegen, wie es damals der Fall gewesen ist. Gleichzeitig muss man sich natürlich nach dieser historischen Erfahrung immer der Gefahr bewusst sein, dass Menschen einer Massenhypnose erliegen können. Aber diese Gefahr kann man ja nicht bannen, indem man sich fernhält von diesen Regionen. Sondern man kann sie nur bannen, indem man sich damit konfrontiert, dass das eine menschliche Möglichkeit ist. Wir alle sind unter bestimmten Bedingungen verführbar. Und wir können das nicht lösen, indem wir uns nicht in Situationen begeben, wo wir verführt werden könnten. Ganz im Gegenteil: Man muss sich diesen Situationen einer Gemeinschaftsbildung und Verbundenheit stellen und schauen, dass man die Reife gewinnt, damit umgehen zu können. Man muss lernen, in allen Situationen unverführbar zu bleiben. Aber das geht nicht, indem man wesentliche Erfahrungsbereiche vermeidet und tabuisiert.

Wie lässt sich dieser sehr breite Strom von gegenwärtig stattfindenden Veränderungen zusammenfassen?

Tatsächlich zeigen die geschilderten Entwicklungen im Bereich des gesellschaftlichen Wandels, der Religiosität sowie der Wissenschaft eine deutliche gemeinsame Tendenz. Es geht um eine Vereinigung des Wissens, um eine neue Synthese, um ein Zeitalter der Integration, in der die Logik des Verstandes durch eine Logik des Herzens ergänzt wird. In solchen Denktraditionen gelten etwa Gefühle nicht länger als etwas, was das sachliche Denken stört, sondern als unverzichtbare Quelle echter Erkenntnis. Solche Denkansätze stellen neben die geistige Intelligenz mit ihrem IQ gleichberechtigt eine emotionale Intelligenz (EQ) und eine »Spirituelle Intelligenz« (SQ). Heute ergibt sich ein deutlicher Trend zu einem integralen Weltbild, das eine neue Art der Integration von Denken und Fühlen, von Innen und Außen, von Geistig-Spirituellem und Irdisch-Materiellem, also die Überwindung von Dualitäten auf allen Ebenen und Gebieten verwirklicht. Und dieses Weltbild hat einen wissenschaftlichen Charakter. Einer der bekanntesten Vordenker dieses integralen Weltbilds in jüngster Zeit ist der Amerikaner Ken Wilber, der versucht, aus der Essenz der bisherigen Weltkulturen die geistigen Grundlagen für eine postmoderne Kultur zu erarbeiten, die die westliche Kultur aus ihrer Krise herausführen könnte. Doch auch hier ist bei aller Hoffnung Wachsamkeit geboten. Wir sollten solche umfassenden Denksysteme nicht als endgültiges Statement verstehen, sondern deutlich machen, dass es sich dabei um eine vorläufige Stufe in einem niemals endenden Versuch handelt, sich ein Bild von der Wirklichkeit zu machen. Es darf daraus kein neues Dogma entstehen.

Die Zukunft, auf welche die industrielle Wachstumsgesellschaft von gegeneinander agierenden Individuen politisch zugeht, ist voller Risiken. Man denke nur an den gegenwärtigen Zusammenbruch des Geldsystems, die Prognosen, dass wir für unsere fossile Erdöl-Gesellschaft bald keine Rohstoffe mehr haben werden, sich das Klima erwärmt und riesige Wanderungsbewegungen stattfinden werden… Wie gehen diese Krisenszenarios, vor denen wir da stehen, mit diesem eigentlich sehr optimistischen Szenario einer individuellen kulturellen Entwicklung zusammen? Das klingt ja erst mal nach einem fundamentalen Gegensatz.

Man darf natürlich nicht annehmen, dass alle Menschen jetzt diesen Weg gehen werden. Wir werden mit einer Zweiteilung der Welt leben müssen: Mit der Welt der gierigen Egoisten, die wir jetzt in der Finanzwelt demonstriert bekommen, werden wir wahrscheinlich weiter leben müssen. Aber auf der anderen Seite wird es eben diese neue Lebensart geben. Es wird Menschen geben, die dem etwas anderes entgegenstellen. Und das wird eine Art von gesellschaftlicher Konkurrenz sein, wo man einfach anschauen kann: So sieht es aus, wenn man diese Einstellung hat, und so sieht es aus, wenn man anders lebt. Und dann muss man sich entscheiden.

III. TEIL

Samen der Zukunft – zivilgesellschaftliche Modelle einer anderen Welt

Die globale Zivilgesellschaft als kulturelle Kraft des Wandels

Im Dialog mit dem Aktivisten für eine globale Zivilgesellschaft Nicanor Perlas

Dr. Nicanor Perlas ist Soziologe, Philosoph, Buchautor, Landwirt, Aktivist gegen Atomenergie und für organische Landwirtschaft und Direktor des »Instituts für alternative Entwicklung« in Manila. Als Netzwerker organisierte er die philippinische Bürgerbewegung zu einer mächtigen Opposition so effektiv, dass sie den Rücktritt zweier korrupter PräsidentInnen erzwingen konnte. Als scharfer politischer Analytiker setzte er in seiner Heimat neue Umweltgesetze zum Schutz der Böden und die Abkehr von der Atomkraft durch. Auf seinen zahlreichen Reisen ist Nicanor Perlas nicht nur als Repräsentant einer selbstbewussten Dritten Welt bekannt geworden, sondern auch als engagierter Mentor einer neuen jugendlichen Generation von zivilgesellschaftlichen Aktivisten. Für seine vielfältigen Impulse wurde Nicanor Perlas 2004 mit dem Alternativen Nobelpreis ausgezeichnet. In den Philippinen ist er für 2010 als Präsidentschaftskandidat nominiert.

Die Weltbevölkerung ist mit einer Krise konfrontiert, deren Wurzeln offenbar in konventioneller Politik und Ökonomie zu finden sind. Können wir darauf warten, dass Politik und Ökonomie die Krise, die sie schufen, auch lösen? Oder von wo könnte der Impuls für Wandel kommen?

Sowohl die Wirtschaft als auch die Politik einer Nation, wenn nicht gar der ganzen Welt entstehen letztlich aus den dominierenden Weltbildern und Werten, die jeweils miteinander im Wettstreit liegen, das Schicksal der Welt zu bestimmen. Dieser Wettstreit schließt nicht nur wirtschaftliche und politische Akteure, sondern auch kulturelle Akteure ein, zu denen insbesondere auch die Zivilgesellschaft gehört. Leider ist es bisher noch die Ausnahme, Weltbilder und Werte bei der Suche nach Lösungen zu einem integralen Teil des Diskurses zu machen. Stattdessen konzentriert man sich dabei meistens nur auf Symptome oder bestenfalls auf die Struktur des Systems, so wie aktuell mit den Subventionen an die instabil gewordenen Banken. Meist aber sind die dahinterstehenden Ideen über Ökonomie und das politische System gar nicht verhandelbar und werden dementsprechend auch kaum diskutiert. Die gegenwärtige globale Wirtschaftskrise ist da eine Ausnahme. Die Mängel des Kapitalismus sind hier so deutlich geworden, dass es nun ernsthafte Debatten über die Natur dieser Ideologie gibt. Bislang aber hat es dort trotzdem kein grundsätzliches Umdenken gegeben. Historisch lässt sich feststellen, dass der Stimulus für einen grundsätzlichen Wandel, der über die Ebene der Struktur hinausgeht und bis auf die tiefere Ebene der Paradigmen und Weltbilder reicht, meist aber auch aus anderen Quellen kam als gerade von den politischen und wirtschaftlichen Systemen. Er kam stattdessen meist aus der Zivilgesellschaft. Aber selbst dort scheint der Impuls noch nicht stark genug zu sein. Da gibt es Probleme.

Welche Probleme, welche vielleicht sogar schmerzhaften Prozesse entstehen denn generell in uns, wenn wir vor der Aufgabe stehen, eine andere Zukunft zu erschaffen?

Wenn wir eine andere Zukunft bauen wollen, stehen wir in der Regel vor einer ganzen Reihe von Herausforderungen. Ich sehe fünf. Und das gilt unabhängig davon, ob man ein Aktivist der Zivilgesellschaft oder ein Akteur in der Wirtschaft oder Politik ist. Das Erste, was man braucht, ist ein tiefes Verständnis von der Gegenwart, konkret: von dem, was passiert. Wir sollten uns dabei wirklich bemühen, nicht unreife Positionen einzunehmen, indem wir vorschnell behaupten, wir wüssten, wie der Hase läuft. Denn in den allermeisten Fällen nehmen wir lediglich die oberflächlichen Aspekte einer Herausforderung wahr. Wir müssen also in der Regel tiefer gehen. Wir müssen uns jeweils fragen, was die systemischen Strukturen eines Problems sind und welche Institutionen bei dem Problem eine Schlüsselrolle spielen. Da hinter den Strukturen aber immer Menschen stehen, müssen wir uns aber auch mit den jeweiligen Weltbildern der Akteure auseinandersetzen, die den Strukturen zugrunde liegen. Also müssen wir die Identitäten der Macht verstehen, die das System untermauern, aus denen die Herausforderungen erst entstehen. Zweitens, und damit zusammenhängend, brauchen wir Gelassenheit und ein Verständnis dafür, wenn einige unserer besten Freunde und Mitstreiter nicht bereit sind, uns bei diesem Abstieg in die tieferen Wurzeln eines Problems zu folgen. Viele heutige Aktivisten bleiben einfach auf der Ebene der Symptome und Strukturen stehen und übersehen dabei oft die darunter liegenden Identitäten, die eine Struktur abstützen.

Woher kommt der Widerstand, sich den wirklichen Wurzeln eines Problems zu widmen?

Er hängt mit dem zusammen, was ich als die dritte Schwierigkeit in dem Prozess sehe, etwas Neues zu erschaffen. Wenn wir die problematischen Identitäten und Überzeugungen erkennen, die eine problembeladene Welt bestimmen, in der wir alle leben, dann wird es unvermeidlich, uns selbst fundamentale Fragen zu stellen: Wie viele von diesen problematischen Identitäten sind meine eigenen? Wenn wir zum Beispiel überzeugte Materialisten sind, dann können wir letztendlich kaum irgendeine Machtelite für ihre Vorstellungen von Macht und Kontrolle kritisieren. Denn am Ende rechtfertigt ja der dem Materialismus zugrunde liegende traditionelle Neodarwinismus die menschliche Existenz als einen ständigen Überlebenskampf, bei dem der Stärkste gewinnt. Natürlich hängt damit unmittelbar die Frage zusammen, wo das Neue dann eigentlich herkommen soll? Wo können wir Lösungen finden, die wirklich neue Antworten auf die Herausforderungen bieten? Sind meine bisherigen Lösungen wirklich den Fragen angemessen, die aus den

Herausforderungen resultieren, die ihrerseits die Welt aus dem Gleichgewicht bringen? Mit dem Klimawandel stehen wir zum Beispiel ganz real vor der Situation, die gesamte Zukunft der Menschheit zu verändern! Die technologischen und sozialen Lösungen, die bislang vorgeschlagen werden, mögen ja wichtig sein. Aber sie stellen noch lange nicht die fundamentalen Fragen, welche Vorstellungen wir Menschen überhaupt von der Natur und unserer Rolle darin haben. Fragen wie: »Was ist die Essenz der Natur? Was ist die Natur der Natur? Welche Rolle spiele ich darin?« Und solange diese Fragen nicht explizit angegangen werden, werden wir in unserer Beziehung zum Planeten als Ganzes von einer Krise in die nächste stolpern, von einem Notfall zum anderen.

Müssen wir also durch einen persönlichen Paradigmenwechsel gehen, bevor wir die richtigen Fragen stellen können?

Möglicherweise, in jedem Fall kann die Beantwortung dieser Fragen ein ziemlich schmerzhafter Prozess sein, dem man gerne ausweicht. Es kann Monate dauern, bis man auf diese Fragen wirklich relevante Antworten findet. Es ist Teil der menschlichen Natur zu versuchen, den offenen Raum des Nichtwissens, der sich durch eine Frage öffnet, durch eine Antwort möglichst gleich wieder zu schließen, ganz egal, wie tief die Antwort durchdacht ist. Wenn ich noch mal auf die erwähnte neodarwinistische Grundhaltung zurückkommen darf, dann muss ich feststellen, dass es einfach eine große Zahl von Aktivisten gibt, die sich nicht der Wichtigkeit der letztlich spirituellen Herausforderung stellen wollen, die den globalen Prozessen und Krisen heute zugrunde liegt. Solange man sich weigert, diese tiefere Ebene zu sehen, sind die eigenen Aktivitäten kaum mehr als eine Pille, mit der man den eigenen Schmerz lindert, indem man wenigstens irgendetwas Konstruktives tut. Und der Versuch, Antworten auf die wirklich wesentlichen Fragen zu finden, führt uns zur vierten Schwelle bei der Erschaffung von neuen Zukünften: Die liegt in der Tatsache, dass unsere Identität ein Produkt dessen ist, was wir in der Vergangenheit waren. Neue Antworten auf Herausforderungen der Gegenwart zu finden heißt aber, in der Lage sein zu können, auf die Zukunft zugreifen zu können. Denn dann können wir ja eigentlich erst Lösungen vorschlagen, die noch nicht existieren, aber einmal gefunden, die Probleme der Welt lösen könnten. Die Schwierigkeiten zu überwinden, verlangt zwei Dinge: Wir müssen die Fähigkeit entwickeln, absichtsvoll Zugang zu unserem kreativen Selbst zu haben. Und zugleich müssen wir sicher sein, dass unser Zugang zur Kreativität wirklich von Fragen gelenkt wird, die mit den Herausforderungen in Verbindung sind. Kreativität ist ein weites und unendliches Phänomen. Sie auf eine sinnvolle Weise zu nutzen heißt deshalb zwingend, die richtigen Fragen für das zu lösende Problem in der Welt zu stellen.

Aber nur eine kreative Antwort zu finden, ist doch noch nicht genug, oder?

Richtig, und das bringt uns, wenn Sie so wollen, zur fünften Schwierigkeit, Zukunft zu kreieren. Wir brauchen nämlich zusätzlich die Fähigkeit, uns etwas aktiv vorzustellen und das organisatorische Geschick und die praktischen Fertigkeiten, solche neuen Einsichten fruchtbar in die Welt zu bringen. Dies verlangt nach einem Ausmaß an Wissen und Erfahrung, das meistens nicht von einer einzigen Person erbracht werden kann. Und selbst wenn dem so ist, dann braucht diese Person die Fähigkeit, soziale Prozesse so zu gestalten, dass die kollektive Intelligenz all jener aktiviert wird, die es dazu braucht, eine neue Lösung auch in der Alltagswelt zu implementieren.

Sind tiefe Veränderungen dann immer etwas, was zunächst auf der individuellen Ebene passiert, bevor es zum Teil des sozialen Feldes wird?

Ja, denn in Wirklichkeit ist das soziale Feld ja nichts anderes als die Interaktion zwischen Individuen. Also taucht die Möglichkeit einer Veränderung auch immer zuerst individuell auf. Aber wie wir eben schon angesprochen haben, gibt es innerhalb des Individuums eine Menge unterschiedlicher Ebenen, etwas zu verstehen, nämlich die Oberfläche, das Verständnis der Strukturen und die tiefere Ebene der Identität. Aber letztlich kommen alle kreativen Einsichten vom Individuum, selbst dann, wenn an verschiedenen Orten gleichzeitig etwas entdeckt wird.

Wenn ein Veränderungsimpuls das soziale Feld erreicht, dann beginnen wir ja mit anderen ähnlicher Meinung zu kooperieren, damit das Ganze so etwas wird wie eine Initiative der Zivilgesellschaft. Bisher geschieht das eher zufällig. Hat die Zivilgesellschaft eigentlich schon begriffen, was sie tun kann und welche Rolle sie in der Gesellschaft spielt?

Wir stehen tatsächlich vor dem immensen Problem, dass die sozialen Bewegungen und ihre Organisationen meist nur ein minimales oder gar kein Verständnis davon haben, was die Zivilgesellschaft ist, was die essentielle Natur ihrer Macht ist, und daraus folgend, wo die dringenden strategischen Prioritäten ihres Engagements liegen müssen. Grundsätzlich ist es zum Beispiel so, dass man fast nie wirklich grundlegende Innovationen im staatlichen oder geschäftlichen Kontext findet. Die Zivilgesellschaft aber kann über neue Erfindungen, neue Gedanken, neue Ansätze Dinge in einem anderen Kontext machen als bisher. Gleichzeitig fordert das von der Zivilgesellschaft, sich weiterhin und in stärkerem Maße zu organisieren, um einen wirksamen Widerstand gegenüber allen zerstörerischen Faktoren der globalen Entwicklungen leisten zu können. Damit sie diese beiden Aufgaben wirkungsvoll erfüllen kann, braucht es aber einen gewaltigen Wandel in der Zivilgesellschaft bezüglich ihres Selbstbildes, was sie ist und welches Potenzial sie eigentlich hat.

Es scheint ja so, als hätte sich die bipolare Welt, die wir bis zum Ende der 80er-Jahre kannten, fast vollständig aufgelöst. Was ist denn stattdessen entstanden?

Für diese Frage ist es interessant, mal einen Blick auf die Geschichte der sozialen Bewegungen zu werfen. Schon in den 90er-Jahren waren drei Tendenzen zu beobachten. Erstens: Die bipolare Welt, in der sich Kapitalismus und Kommunismus gegenüberstanden, ist nun durch verschiedene Perspektiven eines neuen Kräfteverhältnisses ersetzt worden. Auf der einen Seite haben wir die wirtschaftliche Globalisierung. Es gibt also einen ökonomischen Rahmen, auf dessen Basis die Welt organisiert werden soll und die Welthandelsorganisation (WTO) als Institution, die diesen Ansatz regulierend umsetzen will. Das klappt aber immer weniger, weil es weltweit massive Proteste gegen diesen Versuch gibt. Auf der anderen Seite gibt es jene starken Stimmen, die an das Konzept eines Zusammenstoßens der Kulturen *(clash of civilisations)* glauben, mit entsprechenden Zusammenstößen und ethnischen Kriegen sowie Identitätskonflikten rechnen und all das mit geopolitischen Fragen im Irak und anderswo vermengen. Das dritte Konzept, mit dem versucht wurde, die Welt zu organisieren, war der Unilateralismus der USA, der sich unter George Bush zu einem imperialen Konzept entwickelte. Dieses Ziel eines Imperiums wurde nicht nur politisch verfolgt, sondern auch in den ökonomischen Strategien und mit kulturellen Werten bewusst verfestigt. Es benutzte die wirtschaftlichen, politischen und kulturellen Säulen der Gesellschaft als Werkzeuge, um die globale Ökonomie unter Druck zu setzen, die politischen Systeme der Welt zu beeinflussen und den kulturellen Rahmen globaler Ereignisse zu dominieren. Auf der anderen Seite aber gab es diesen erstaunlichen Aufstieg der globalen Zivilgesellschaft zu einer – wie es die New York Times ausdrückte – zweiten Supermacht gegenüber der imperialen Strategie der US-Regierung. Also bildete sich gleichzeitig so etwas wie eine Gegenmacht. Die alte bipolare Welt war also erheblich komplizierter geworden. Es gab verschiedene Neuordnungen in der globalen

Struktur. Und ein Schlüssel dazu war und ist die Frage, welche Rolle die Zivilgesellschaft spielen wird. Denn viele der neuen Initiativen, die da nun aufgetaucht sind, kamen aus dieser Richtung, obwohl manche dieser Innovationen noch gar nicht im Bewusstsein einer starken Zivilgesellschaft oder ihrer eigentlichen Natur entstanden sind.

Sie sprachen gerade von der Wirtschaft, der Politik und der Kultur als den drei Säulen der Gesellschaft. Können Sie dieses Konzept näher erklären?

Dieses dreigliedrige Konzept entstammt historisch ganz unterschiedlichen Quellen. Einer der ersten Vorschläge dazu stammt von Rudolf Steiner in einer Reaktion auf den Ersten Weltkrieg, weil er nach Wegen suchte, wie sich Deutschlands militärische und politische Dominanz verringern ließe, während sein kulturelles Potenzial gefördert werden könnte. Dieser Ansatz konnte damals aber noch nicht greifen, weil der Nationalstaat, gemäß den Werten dieser Zeit, einfach zu stark war. Da wurden fast alle Kernentscheidungen von der Staatsmacht gefällt. Was dann aber historisch passierte, war eine wachsende Autonomie der wirtschaftlichen Tauschprozesse und Systeme, die überall in der Welt ihre eigene Dynamik entfalteten. Das geschah zum Teil in enger Verbindung mit der Staatsgewalt, manchmal aber auch in klarer Opposition zum Staat. Also entstand in diesem Kontext so etwas wie eine bipolare Welt, wo die beiden Kräfte Staat versus wirtschaftliche Interessen gegeneinander agierten. Aber in beiden Lagern war die Kultur völlig unwichtig: Kulturelle Interessen waren nicht sichtbar. Diese Situation entwickelte sich nach dem Zweiten Weltkrieg zum beherrschenden Paradigma. Dann aber passierte etwas, was sporadisch schon mal im 19. Jahrhundert aufgetaucht war und in den Sechzigern, Siebzigern, Achtzigern und Neunzigern des 20. Jahrhunderts voll aufbrach: nämlich das exponentiell wachsende Phänomen so genannter Nichtregierungsorganisationen, die nicht auf Gewinn ausgerichtet waren und fortan als dritter Faktor moderner Gesellschaften galten. Sie wurden dann in den 1990ern zur Basis dieser dritten globalen Macht, die ihre Wurzeln in der Kultur hat und die man heute Zivilgesellschaft nennt.

Ist das Konzept dieser Dreigliederung dann primär eine anthroposophische Idee?

Nein, das ist nur eine Wurzel dieses Ansatzes. In den späten Zwanzigern des 20. Jahrhunderts wurden Steiners Ideen interessanterweise von dem unabhängigen italienischen Marxisten Antonio Gramsci aufgegriffen, der darauf hinwies, dass es sich bei der Kultur um weit mehr als eine Randerscheinung der Produktionsbedingungen handelte. Er trat dafür ein, dass die italienischen Kommunisten den Fokus des Widerstands auf das Gebiet der Kultur verlagern sollten, und empfahl die Formierung einer kritischen Zivilgesellschaft, die sowohl dem Staat als auch dem Markt die Stirn bieten sollte. In seinen Arbeiten, die als »Gefängnishefte«* berühmt wurden, entwickelte er die Position, die Kultur als autonome Kraft zu sehen. Inhaltlich sagte er in etwa: »Wir müssen anerkennen, dass es sich bei der Zivilgesellschaft um ein unabhängiges Forum für Ideen handelt. Bevor wir das staatliche System stürzen können, muss ein Kampf in diesem Bereich geführt werden. Denn wir müssen die Menschen von ihrer Angst und ihrem Gefühl der Hoffnungslosigkeit befreien. Und wenn das geschafft ist, dann kann man den Unterdrückungsstaat entmachten« – das war Gramsci.

In den Sechzigern war es dann Jürgen Habermas, der in seinem Buch *Legitimationsprobleme im Spätkapitalismus*** darauf hinwies, dass man zwischen ökonomischen, politischen und kulturellen Prozessen klar unterscheiden müsse. In den frühen 90ern veröffentlichten Jean Cohen und Andrew Arrato ihren Klassiker *Civil*

* Antonio Gramsci: *Gefängnishefte.* Herausgegeben von Klaus Bochmann und Wolfgang Fritz Haug, 10 Bände, Argument Verlag, Hamburg 1996

** Jürgen Habermas: *Legitimationsprobleme im Spätkapitalismus,* Suhrkamp Verlag, Frankfurt a. M. 1973

*Society and Political Theory** und entwickelten ein klares Konzept der Wirklichkeit und Bedeutung einer autonomen Zivilgesellschaft als kulturelle Kraft gegenüber Staat und Wirtschaft, die auch ganz eigene Formen von Macht hervorbringe. In den ersten Jahren des 21. Jahrhunderts erhielt die Auseinandersetzung mit der Idee sozialer Dreigliederung eine neue Dynamik. Zuerst erschien mein Buch über die Dreigliederung aus der Sicht der Zivilgesellschaft**. Dann erschien Steve Waddells Buch *Societal Learning****, in dem er die gleiche Idee aus politischer Perspektive beschreibt und in das Konzept des »Organisatorischen Lernens« integriert. Und erst kürzlich hat Claus Otto Scharmer sein Buch *Theorie U***** veröffentlicht, in dem er die Dreigliederung als Synthese vieler Disziplinen beschreibt und auf den Umbau von Unternehmen bezieht. Die soziale Gliederung hat, wenn auch unter anderem Namen und mit etwas anderer Betonung, mittlerweile auch ihren Weg in die Jahrtausendziele der UN gefunden. Da heißt es in etwa, man brauche »globale politische Netzwerke, in denen eine Zivilgesellschaft, die Regierung und die Unternehmen zusammenwirken und die dringendsten Probleme der Welt gemeinsam angehen«.

Worin liegt das Geheimnis dieser verborgenen Macht der Zivilgesellschaft?

Der Begriff »Zivilgesellschaft« hat ja schon eine enorm lange Geschichte. Kein Geringerer als Aristoteles hat ihn vor 2300 Jahren geprägt. Und die Bedeutung des Begriffs hat sich mindestens zweimal gewandelt. Zu der Zeit, als sich Georg Wilhelm Friedrich He-

* Jean Cohen und Andrew Arato: *Civil Society and Political Theory* (Studies in Contemporary German Social Thought), MIT Press 1994

** Nicanor Perlas: *Die Globalisierung gestalten. Zivilgesellschaft, Kulturkraft und Dreigliederung*, Schriftenreihe Kontext, Info3Verlag

*** Steve Waddell: *Societal Learning and Social Change: How Governments, Business and Civil Society are Creating Solutions to Complex Multi-Stakeholder Problems.*

**** Claus Otto Scharmer: *Theorie U. Von der Zukunft her führen*, Carl-Auer-Verlag, Heidelberg 2009; siehe Interview S. 342ff.

gel damit beschäftigte und viel darüber schrieb, war es immer noch ein bipolarer Begriff. Damals schloss die Zivilgesellschaft noch das Unternehmertum und die Kultur ein und diente als Überbegriff für Machtfaktoren außerhalb des staatlichen Machtmonopols. Dann aber bekamen wirtschaftliche Interessen ihre eigene Dynamik und wurden in ihrer Ausprägung bis heute nicht selten machtvoller als die Staaten selbst. Deshalb kam es zu einem Wiederaufleben der Zivilgesellschaft. Da spielten besonders die osteuropäischen Bürgerbewegungen eine Rolle, weil sie zivilgesellschaftliche Ansätze nutzten, um das kommunistische System zu unterminieren. Hier wurde ironischerweise die Idee des italienischen Kommunisten Gramsci intensiv aufgegriffen, dass die Menschen zuerst von ihrem Gefühl der Hoffnungslosigkeit befreit werden müssten, bevor der Staat selbst gestürzt werden könne. Denn dort blühten im Untergrund ganz besonders die zivilgesellschaftlichen Organisationen auf, die weder mit der Wirtschaft noch mit dem autoritären Staat verknüpft waren – eben in Gestalt der Bürgerbewegungen. Das war die Geburt der modernen Zivilgesellschaft.

Auch wenn diese Bürgerbewegungen offenbar nur für die kurze Zeit eine Rolle spielten, bis der Westen den Osten kulturell überformte …

Trotz alledem war der Fall der Berliner Mauer im November 1989 der Beginn einer neuen Phase der Zivilgesellschaft. In der Analyse der osteuropäischen Ereignisse wurde der Erfolg zivilgesellschaftlichen Handelns so etwas wie ein globales Modell.

Die osteuropäischen Umbrüche hatten besonders starken Einfluss auf Südamerika, aber auch in Japan und anderen Teilen der Welt griff man sie auf. Vielleicht nannte man die daraus entstehenden Initiativen nicht immer Zivilgesellschaft. Aber die Realisierung, dass es da so etwas wie einen dritten Faktor gibt, der sich weder mit staatlichen Interessen noch mit wirtschaftlichen Interessen identifizierte, brach mit aller Macht durch. Auf einer globalen Ebene kam das erstmals beim Umweltgipfel in Rio 1992 zum Ausdruck. Da benutzte man den Ausdruck Zivilgesellschaft zum ersten Mal. Und das war der Zeitpunkt, an dem ich wirklich realisierte, dass es sich beim Auftauchen der Zivilgesellschaft um die Entstehung einer globalen *kulturellen* Macht handelte. Schließlich waren damals Bürgerinitiativen aus über hundert Ländern in Brasilien!

Sie betonen immer wieder, dass es sich bei der Zivilgesellschaft um eine kulturelle Macht handelt. In der Regel assoziieren wir mit Kultur eher Musik, Tanz und Literatur. Worin besteht der kulturelle Aspekt der Zivilbewegung?

Wenn man das Phänomen sozialer Bewegungen untersucht, dann kann man sehr klar die Veränderungen in den Organisationsprozessen und Organisationsprinzipien dieser nicht-staatlichen NGOs* erkennen. Der Schlüssel dafür liegt in der Bildung von Identität. Das unterscheidet sich enorm von der alten marxistischen Analyse. Im Marxismus hat die Kategorie der Identität nur etwas mit bestimmten ökonomischen Klassen und dem Besitz der Produktionsmittel zu tun, obwohl eigentlich schon die Frauenfrage und der Befreiungsimpuls durch die Frauenbewegung über dieses Klassenkonzept hinausgingen. Was diese Idee aber eben mit kulturellen Konzepten verband, war der Prozess der Identitätsbildung, die immer zu tun hat mit dem Sinn, dem Zweck, den innewohnenden Weltbildern. Ein Kunstwerk wird ja in seinem Ausdruck auch erst dann kulturell wichtig, wenn es mit Weltbildern, Sinngebung oder einer neuen Perspektive auf die Wirklichkeit verbunden ist. In diesem Sinne ist auch die Zivilgesellschaft der sehr spezifische Ausdruck eines kulturellen Phänomens, aber halt ein sehr aktiver Ausdruck. Er dient als Träger von Sinnhaftigkeit und neuer Wahrnehmung. Es ist Ausdruck eines kulturellen Selbstbewusstseins, das auf der Basis eines neuen Weltbildes die gesellschaftliche Realität verändern will. Vielleicht lässt sich das am ehesten mit dem künstleri-

* NGO = **N**on **G**overnmental **O**rganisation = Nichtregierungsorganisation = Initiative, Bürgerbewegung

schen Ansatz von Joseph Beuys vergleichen, der schon vor 30 Jahren von Kunst als einer sozialen Skulptur sprach. Zivilgesellschaftliche Aktion ist Arbeit an der sozialen Skulptur.

... also als prägende Kraft, um auf lokaler Ebene Identität und Selbstvertrauen zu fördern?

Richtig, denn in der Analyse sozialer Bewegungen passiert genau da die kulturelle Veränderung. Lassen Sie mich ein Beispiel geben, um das klarzumachen. Denken Sie nur einmal an die Ökologin Rachel Carson, die Autorin der Klassikers *Stummer Frühling**, bei dem es in der Auseinandersetzung mit dem Einfluss von Giften auf die Umwelt eigentlich um das Verbot von giftigen Pestiziden ging. Carsons wichtiger kulturelle Akt aber war die Veränderung der Wahrnehmung und die Erkenntnis, dass Pestizide nicht Schädlinge beseitigen, sondern die ganze Natur und uns selbst töten können. Das war ein bedeutender kultureller Akt und die eigentliche Geburtsstunde der Umweltbewegung. Es veränderte die kulturelle Gestalt und prägte ein neues Paradigma in der Wahrnehmung der globalen Zusammenhänge. In diesem Kontext ist es die Schlüsselfunktion fast jeder zivilgesellschaftlichen Bewegung, die Wirklichkeit in einen neuen Rahmen zu stellen und die Leute darin zu unterstützen, sich mit dieser neuen Wahrnehmung von Realität zu identifizieren. Also ist ein integraler Teil dieses Prozesses die Bildung einer neuen Identität, die Bildung neuer Vorstellungen des individuellen Selbstbildes und seiner Rolle im größeren Ganzen. Deshalb ist die Entstehung einer Zivilgesellschaft in ihrem Kern ein zutiefst kultureller Prozess. In der Folge präsentiert sie sich dann in drei möglichen Ausdrucksformen: einmal in der Vertretung von Interessen gegenüber dem Staat, was oft fälschlicherweise als »nur politisch« wahrgenommen wird. Zum Zweiten in der Vertretung von Interessen gegenüber ökonomischer Macht, zum Beispiel in kritischen Verbraucherbewegungen, die Unternehmen zu einem

* Rachel Carson: *Silent Spring*, dt: *Stummer Frühling*, Beck'sche Reihe 1962ff.

sozial verantwortlichen Verhalten bringen will. Aber drittens eben auch in einer selbstreflexiven Rolle, in der kulturkritisch überprüft wird, ob die Medien wirklich frei sind oder das Bildungssystem eigentlich noch das Richtige unterrichtet.

In Deutschland wird die Zivilgesellschaft bislang mit der Umweltbewegung, der atomkritischen Bewegung und ein paar anderen sozialen Initiativen assoziiert – nützlich, aber nicht wirklich bedeutend. Können Sie demgegenüber globale Beispiele dafür geben, welche noch unerkannte Macht die Zivilgesellschaft entfalten kann?

Die chinesische Falun-Gong-Bewegung ist ein interessantes Beispiel. Die kommunistische Partei Chinas hatte enorme Angst vor ihnen, weil sie einfach in den Parks auftauchten und zu meditieren begannen. Es war eine ausschließlich kulturelle Kraft. Die chinesischen Machthaber begriffen, dass diese kulturelle Kraft in der Lage war, das Verhalten der Menschen grundsätzlich zu verändern. Weil sie das unbedingt verhindern wollten, begannen sie damit, Mitglieder der Falun Gong zu liquidieren. Kulturelle Macht kann etwas sehr Gefährliches für den Status quo sein, wenn jene, die sie in der Hand haben oder mobilisieren können, ihre wirkliche Natur begreifen. Denn sie liegt darin zu bestimmen, wie Menschen denken und danach dann auch handeln.

Ein anderes berühmtes Beispiel sind die Zapatisten aus dem mexikanischen Bundesstaat Chiapas. Die globale Zivilgesellschaft wurde von dieser Bewegung sehr stimuliert, obwohl die Zapatisten zum Zweck der Selbstverteidigung Waffen trugen. Alles, was sie wollten, war ein sozialer Freiraum, in dem sie sich eigenständig und unbeeinflusst kulturell ausdrücken konnten. Sie betrachteten sich deshalb auch als kulturelle Bewegung, obwohl die Verhältnisse sie zur Selbstverteidigung zwangen. Dabei hatten sie überhaupt kein Interesse daran, die Regierung in Mexiko-City zu stürzen. Sie verstanden sich auch nicht als Revolutionsarmee, im marxistischen Sinne als nationalistische oder antiimperialistische Revolution, die den Staat verändern will. Worum es ihnen vielmehr ging, war der

Widerstand gegen eine globale Gehirnwäsche, sei sie nun wirtschaftlich, politisch oder kulturell, und die Schaffung von Verhältnissen, in denen ihre eigene Kultur blühen und sich ihre ganz eigene Identität entwickeln konnten. Da kann man sehr schön die enorme Kraft von Identität erkennen. Tatsächlich haben die Zapatisten damit die erste Revolution der Welt losgetreten, die sich auf das Recht auf Identität bezieht. Und das ist eine sehr interessante Entwicklung.

Wenn man begreift, dass die Zivilgesellschaft eigentlich eine kulturelle Kraft ist, dann stößt man allenthalben auf solche neuen Formen des Ausdrucks. Mit ihrer Hilfe können wir auch alle möglichen neuen Formen mobilisieren, die mit diesem kulturellen Impuls verbunden sind. Und ich bin überzeugt davon, dass dies an einem bestimmten Punkt das System verändern wird!

Ist sich denn die Zivilgesellschaft der kulturellen Rolle bewusst, die sie da spielt?

Am Anfang sicher nicht. Ich selbst war mir dieser kulturellen Rolle auch nicht bewusst, obwohl ich selbst schon alle möglichen Initiativen ins Leben gerufen hatte. Mir wurde das wirklich erst 1992 in Rio bewusst. Da fiel der Groschen, und ich begriff: Meine Güte, das ist eine kulturelle Kraft! Da entsteht eine neue Form kulturellen Ausdrucks! Als ich dann mit Kollegen über diese Entdeckung sprach, stellte ich zu meiner Überraschung fest, dass die allermeisten sich in dem alten politischen Paradigma mit seiner sehr begrenzten Interpretation der Zivilgesellschaft bewegten. Eben weil die Zivilgesellschaft zu einem globalen Machtfaktor wurde, ohne zu diesem Zeitpunkt aber schon ein Verständnis ihrer eigenen Identität zu haben, habe ich dann mein Buch geschrieben*. Mittlerweile ist das Bewusstsein darüber, dass die Zivilgesellschaft ein Teil

* In Teilen lässt sich »Shaping Globalization/Die Globalisierung gestalten« in deutscher Sprache auch im Internet nachlesen unter http://www.dreigliederung.de/essays/2000-03-000.html

der Kultur ist, schon enorm gewachsen. Und das ist ja fraglos so: In ihrer Dynamik und ihrem Prozess ist sie eine kulturelle Kraft, die ständig neue Ideen über die Welt hervorbringt. In all dem ist sie darauf ausgerichtet, eine bessere Welt zu erschaffen. Und viele dieser Ideen erreichen mittlerweile auch Geschäftsleute und Mitarbeiter von Regierungen. Und auch sie beginnen, diese Ideen aufzugreifen und Dinge zu verändern.

Können Sie einmal Beispiele geben für die Qualität solcher Ideen?

Da gibt es unendlich viele. Woran ich mich gerade spontan erinnere, ist eine Begegnung mit dem Oberbürgermeister von München, der mir erzählte, seine Stadt unterstütze öffentlich das Fair-Handeln-Konzept. Man denke nur einmal daran, wie das in den 60er-, 70er- und 80er-Jahren als exotische Idee begann und was für eine machtvolle Kraft daraus mittlerweile geworden ist. Der Oberbürgermeister erwähnte, dass es mittlerweile ein Dutzend europäischer Großstädte gebe, die diesen Ansatz voll unterstützen. Ein anderes Beispiel ist die internationale Bewegung zum Schutz tropischer Regenwälder, die weltweit einen Boykott jener Firmen durchgesetzt hat, die Primärwälder abholzen. Mittlerweile sind es in Europa schon 600 Städte, die öffentlich beschlossen haben, kein solches Holz mehr zu kaufen. Das sind zivilgesellschaftliche Ideen, welche die politische Sphäre erreicht haben, ohne dass man dafür irgendwelche alten Mächte aus dem Amt jagen musste. Das zeigt deutlich, dass es sehr viele Möglichkeiten gibt, die Gesellschaft durch die Macht von Ideen und Methoden nachhaltig zu gestalten und zu verändern.

Wenn man die Zivilgesellschaft im öffentlichen Raum erlebt, wirkt es meist so, als wären sie primär gegen irgendetwas. Was Sie sagen, klingt aber so, als wäre ihre eigentliche Aufgabe die Schaffung neuer Werte und Sichtweisen …?

Ich würde noch weiter gehen. Sie bringt nicht nur neue Werte hervor, sondern hat auch die Rolle aufzuzeigen, wie eine andere Welt ausschauen könnte. Eigentlich hat sie drei Aufgaben: Die erste besteht sicher im demonstrativen Widerstand gegen irgendetwas. Auf der zweiten Ebene geht es um neue Werte. Und auf der dritten Ebene stimuliert oder initiiert sie neue Initiativen, die Modellbeispiele dafür liefern, wie eine Welt der Zukunft aussehen könnte. Mein Appell an die globale Zivilgesellschaft ist, alles miteinander zu verbinden: Wir müssen neben dem Widerstand gegen gefährliche Entwicklungen unsere Kraft daransetzen, kreativ eine neue Welt zu erschaffen. Letzteres passiert natürlich in einem anderen Zeithorizont. Der Widerstand ist aktuell, unmittelbar und taktisch. Die Erschaffung neuer Werte, Ansätze, Projekte und Institutionen ist eher langfristig strategisch. Aber beide stehen nicht im Widerspruch zueinander, sondern sind eher Teile eines Kontinuums. Und zudem gibt es Nebeneffekte. Ich habe Freunde aus der Zivilgesellschaft, die diesen Ansatz in die Wirtschaft hineintragen. Da gibt es zum Beispiel dieses erstaunliche amerikanische Unternehmen, das sich die »Siebte Generation«* nennt. Dabei handelt es sich um eine große, schnell wachsende Firma, die zivilgesellschaftliche Werte und den traditionellen Ansatz der amerikanischen indigenen Kultur aufgreift, bei allem, was wir tun, an die Konsequenzen für die siebente Generation nach uns zu denken. Und mit diesem kulturellen Hintergrund handeln sie mit biologischen Waschmitteln, natürlich abbaubaren Putzmitteln und anderen sehr irdischen Dingen. Aber der ganze Rahmen dafür beruht eindeutig auf zivilgesellschaftlich geprägten Werten, die eine völlig andere Firmenkultur und geschäftliche Ethik hervorbringen.

* siehe im Internet www.seventhgeneration.com

Wir begegnen in diesen drei Säulen der Gesellschaft trotzdem noch Weltbildern, die sich zu widersprechen scheinen: ein mechanistisches Weltbild, das in Politik und Wirtschaft dominiert und ein eher holistisches, um Ausgleich und Gerechtigkeit bemühtes Weltbild, das sich in der Kultur und Zivilgesellschaft findet. Wie gehen diese beiden Weltbilder zusammen?

Eigentlich glaube ich, dass das schon immer so war. Jetzt ist es nur etwas komplexer. In der Zivilgesellschaft finden sich darüber hinaus auch allerorten noch Spuren des alten mechanistischen Weltbildes, auch wenn es langsam abnimmt. Was demgegenüber neu entsteht, sind Millionen von so genannten Kulturkreativen*, die unter anderem eine eher spirituelle Haltung zur Welt verbindet. Und darüber hinaus gärt auch einiges in der Geschäftswelt. Eine wachsende Menge von Geschäftsleuten entdeckt für sich heute eine eher ganzheitliche Sichtweise der Welt. Ich erlebe das besonders in den USA, mittlerweile aber auch in Europa. Man denke nur einmal an die Bedeutung kultureller Werte in der Unternehmensstrategie einer Drogeriekette wie »dm«. Das ist zwar noch kein »transformierter Supermarkt«, aber ein deutlicher Ausdruck für die Transformation der Produkte, die sie verkaufen. Es ist der Anfang der Anerkennung, dass die Konsumenten beginnen, nach etwas Neuem Ausschau zu halten. Etwas Ähnliches kann jederzeit im Bereich der Regierungen passieren, wo einzelne Individuen mit zivilgesellschaftlichen Wertesystemen versuchen, eine andere Art des Regierens auszuprobieren. Das ist in der Regel aber zuallererst auf der lokalen Ebene zu beobachten.

* vgl. das Interview mit Marco Bischof in diesem Buch

Was meinen Sie damit, wenn Sie von einem mehr »spirituellen Weltbild« sprechen? Hier verbinden wir mit so einem Begriff eher die Kirchen oder allenfalls eine esoterische New-Age-Bewegung, die aber eher unpolitisch geblieben ist. Definieren Sie da »Spiritualität« neu?

Ja. Es ist tatsächlich ein Problem, dass große Teile der Zivilgesellschaft diese neue Definition von Spiritualität noch nicht verstanden haben. Das ist der Grund, weshalb es dort immer wieder Bestrebungen gibt, sich von allem Religiösen fernzuhalten, obwohl die Zivilgesellschaft zugleich überall versucht, mit den sozialen und ökologischen Initiativen der religiösen Institutionen zu kooperieren. Dieses neue Konzept von Spiritualität ist deutlich weiter angelegt als das alte. So lassen sich zum Beispiel alle Fragen der Identität als spirituelle Fragen verstehen, einfach deshalb, weil es hier nicht um mechanistische oder deterministische Dinge geht. Stattdessen geht es um eine Art spirituelle Grundhaltung im Umgang mit der Welt, wo inneres Wachstum und soziale Aktion zusammenfließen. Die New-Age-Bewegung hat sich im Gegensatz dazu in der Vergangenheit eher eines spirituellen Materialismus schuldig gemacht und sich politisch kaum engagiert. Sie beschränkte sich auf reine Innerlichkeit und kreiste um ihren eigenen Bauchnabel. Die Spiritualität einer neuen Zivilgesellschaft, die heutzutage wächst, meint etwas anderes: Sie fragt danach, wie wir uns innerlich wandeln können, um effektiver die Welt verändern zu können. Das ist eine ganz andere Spiritualität als früher. Sie ist sozial engagiert und nicht länger von der Welt isoliert oder im Widerspruch zu ihr.

Wenn sich die drei Säulen der Gesellschaft in ihrem Bemühen vermischen, dann scheint es aber auch kein klares Feindbild mehr zu geben. Bedeutet der Ansatz der Dreigliederung dann auch, dass unser Konzept von Fronten und Feinden verschwinden muss – und wir uns eher an Werten der Kooperation und Zusammenarbeit orientieren sollten?

Nein! Kooperation ist zwar wichtig, einfach weil es keinen in sich isolierten gesellschaftlichen Sektor gibt. Und wenn man die Gesellschaft transformieren will, dann muss man zwangsläufig auch das wirtschaftliche, politische und kulturelle System transformieren. Ohne eine Kooperation mit diesen gesellschaftlichen Kräften wird das kaum möglich sein. Aber das Problem solcher Zusammenarbeit besteht immer in der Gefahr, dabei manipuliert zu werden und sich von den eigenen Idealen zu entfremden. Deshalb sage ich immer: Solange es da keinen wirklichen gegenseitigen Respekt gibt, kein Feld wirklich realen Engagements für eine andere Welt, begibt man sich bei solchen Kooperationen auf gefährliches Glatteis. Solange es also kein wirkliches Vertrauen und authentischen Respekt gibt, muss die Zivilgesellschaft ihre oppositionelle Rolle im Widerstand unbedingt aufrechterhalten. Wenn es aber die Möglichkeit gibt, gemeinsam mit Schlüsselpersonen des anderen Lagers etwas Stärkeres und dem Ganzen Dienendes umzusetzen, dann muss die Zivilgesellschaft andererseits auch so flexibel sein, dass sie sich nicht in den alten Fronten der Daueropposition eingräbt. Denn wenn die erwähnte Achtsamkeit da ist, dann kann eine Menge mehr umgesetzt werden.

Also besteht die Gefahr einer Manipulation durch staatliche oder wirtschaftliche Kräfte, solange sich die zivilgesellschaftlichen Akteure nicht wirklich über ihre Rolle klar sind?

Genau – und das ist der Grund, weshalb ich meinen Kollegen in der internationalen Zivilgesellschaft immer wieder sage: »Achtet auf eure Identität!« Und wir müssen dafür auch unsere Fähigkeit schulen, rechtzeitig zu erkennen, wo wir über den Tisch gezogen werden. Denn ohne Frage passiert das immer wieder. Das war auch der Hintergrund des Scheiterns des »World Sustainable Development Summit«*, also des zweiten Umweltgipfels im südafrikanischen Johannesburg 2002. Da war die Zivilgesellschaft tief gespalten angesichts des Appells von Regierungen und globalisierter Wirtschaft, gemeinsam etwas zu verändern. Während manche dafür offen waren, sagten andere Kräfte der Zivilgesellschaft »Auf keinen Fall! Das bedeutet Schwächung und Manipulation!« Meine eigene Position in diesem Konflikt ist, die konkrete Situation ganz genau unter die Lupe zu nehmen. Denn es hängt von der konkreten Situation ab. Man muss genau untersuchen, ob sich aus so einer Kooperation eine reale Möglichkeit ergeben kann, auf einem dreigliedrigen Weg voranzukommen, bei dem die Zivilgesellschaft ein kritischer kreativer Partner bleiben kann. Oder ob man klar in Opposition geht und die Zivilgesellschaft die Funktion einer Gegenmacht behält. Und diese Entscheidung lässt sich nur im Einzelfall treffen.

Wenn man sich das enorme Wachstum der Zivilgesellschaft anschaut und ihre immer wichtigere Rolle bei internationalen Konferenzen, dann entsteht der Eindruck, als ob Regierungen ohne sie gar nichts mehr umsetzen könnten. Gleichzeitig entbehrt die Zivilgesellschaft ja jeder traditionellen demokratischen Legitimation durch Wahlen. Welche Art von Demokratie entsteht dann durch dieses exponentielle Wachstum von NGOs?

Ich glaube, es ist wichtig zu realisieren, dass es bei der Zivilgesellschaft überhaupt nicht um solche demokratischen Prozesse geht. Es geht vielmehr ausschließlich um Ideen. Und im Bereich von Ideen steht man für eine gewisse Idee ein und versucht seine Rolle überzeugend auszufüllen. Nicht selten wird die überzeugendste und kraftvollste Idee von Aktivisten in aller Welt aufgegriffen, ohne dass sich jemand Gedanken über Wahlen oder demokratische Legitimi-

* siehe auch http://www.un.org/events/wssd/

tät macht. In den meisten Ländern sind die Regierungen ohnehin nicht repräsentativ und manipulieren die Wahlergebnisse – weshalb wir häufig von »totalitären Demokratien« sprechen müssen. Das Verständnis von Demokratie in der Zivilgesellschaft geht deshalb über das meist wenig aussagefähige Wählen in politischen Systemen hinaus und definiert sich eher über authentisches Engagement. Die praktische Demokratie der Zivilgesellschaft passiert dann innerhalb der Initiative und drückt sich in wirklich kreativen, gleichberechtigten und respektvollen beratenden Prozessen in Netzwerken mit anderen Initiativen aus.

In der westlichen Welt haben wir diese drei primären Schlagwörter »Freiheit, Gleichheit und Brüderlichkeit«, die seit der Französischen Revolution für die Demokratie stehen. Lässt sich aus der Sicht der Dreigliederung sagen, dass der Staat prinzipiell gar nicht in der Lage ist, alle drei demokratischen Ebenen abzudecken und es entsprechend andere Kräfte für die Verwirklichung von Demokratie braucht?

Genau, das ist gut auf den Punkt gebracht. Der Staat ist prinzipiell nicht in der Lage, Freiheit, Gleichheit und Brüderlichkeit nur im Rahmen seiner Institutionen bereitzustellen oder zu bewahren. Das Medium der Staatsgewalt ist Macht und das Geschick, verschiedene Interessen so gerecht auszugleichen, dass sie dem Gemeinwohl dienen. Der Staat dient der Gleichheit. Wenn man aber mit einer neuen Idee daherkommt, die der Freiheit dienen wird, dann berührt das die kulturelle Sphäre. Wenn es in die Sphäre des Staates kommt, dann geht es dort nicht darum, ob diese Idee gut oder schlecht ist, sondern wird wahrscheinlich unter dem Gesichtspunkt der Machterhaltung bewertet. Ein Politiker wird sich fragen: »Wer wird mich wählen, wenn ich mir diese Idee auf die Fahnen schreibe?« Also ist der Staat, wenn es um Freiheit geht, nur eingeschränkt nutzbar. Ich erinnere mich, wie ich einmal während der rot-grünen Koalition mit einem hohen Vertreter der deutschen Grünen sprach, der sich darüber beklagte, dass seine Partei »noch nie so wirkungslos« gewesen sei. Von außen mag die Regierungsbeteiligung wie der große Erfolg gewirkt haben, im politischen Innenleben aber fielen die grünen Ideale entsprechend der Mechanismen des politischen Prozesses Kompromissen zum Opfer. Auch hier sieht man, dass der Begriff der Freiheit sich im Wesentlichen auf die Rolle der Kultur beschränkt. Auf dem kulturellen Feld findet die Auseinandersetzung um die Qualität der Ideen statt. Und die Wirtschaft ist eigentlich der Ort, wo die Brüderlichkeit und Solidarität hingehört. Man braucht nur an ein beliebiges Produkt zu denken und sich vorstellen, wie viele Menschen zusammenkommen müssen, um einen Prozess zu orchestrieren, an dessen Ende ein Buch herauskommt. Gleichzeitig kann Ökonomie nicht wirklich der Ort sein, wo Freiheit und Gleichheit erwartet werden kann. Jede Säule der Gesellschaft braucht also ihren spezifischen Raum. Was in der Französischen Revolution – und auch später immer wieder – versucht wurde, war, alle drei Prinzipien der Idee des Staates unterzuordnen. Das musste scheitern. Denn niemand hatte damals erkannt, dass diese drei Qualitäten aus unterschiedlichen gesellschaftlichen Sphären kommen. Deshalb wurde es notwendig, diese drei Werte in Untersystemen der Gesellschaft zu verankern, wo sie sich dann aber voll entwickeln können. Deshalb brauchen wir dringend diese klare Differenzierung der Gesellschaft in die Bereiche Kultur, Ökonomie und Politik. Dabei trägt das Kulturelle das Prinzip der Freiheit, das Politische das Prinzip der Gleichheit, und dem Wirtschaftlichen wird idealerweise das Prinzip der Brüderlichkeit zugeordnet. Dann schließlich muss ein gangbarer Weg gefunden werden, wie diese drei in einer harmonischen Interaktion das Ganze voranbringen. Klappt das, dann kann eine Gesellschaft auf der Basis dieser drei Werte funktionieren. Das wäre ein neues politisches Modell einer Einheit in Vielfalt.

Also kann die Dreigliederung als eine Art Muster dafür verstanden werden, wie die verschiedenen gesellschaftlichen Kräfte und ihre entsprechenden Werte, die aus dem Gleichgewicht geraten sind, sich in einen erneuten Ausgleich und eine gegenseitige Balance bringen lassen?

Genau! Aber dabei geht es nicht nur um harmonische Kooperation. In ihrer ursprünglichen Form war die Zivilgesellschaft primär eine Gegenkraft. Im Kontext meines Heimatlandes, den Philippinen machte es keinen Sinn, mit der Regierung zu verhandeln, bevor diese unser Potenzial begriffen hatte. Also mussten wir die philippinische Zivilgesellschaft aus verschachtelten Netzwerken so konstruieren, dass riesige Metanetzwerke entstanden, die alle miteinander verbunden waren, wenn wir mit der Regierung verhandeln wollten. Wenn wir so auftraten, repräsentierten die Verhandlungsführer fünftausend Organisationen mit drei Millionen Mitgliedern. Das zwang die Regierung dazu, uns zuzuhören. Denn täten sie das nicht, hätten wir gesagt: »Wenn ihr uns nicht entgegenkommt, dann boykottieren wir eure Ziele, und es wird gar nichts mehr funktionieren.« Darin lag die Macht. Und weil sie das erkannten, setzten sie sich mit uns an den Verhandlungstisch. Und auch dort mussten wir extrem aufpassen, um nicht instrumentalisiert zu werden. Man muss sich immer darüber klar sein, warum man da ist und wofür man eintritt. Schafft man das, kann man viel bewegen. In einer der jüngsten Verhandlungen konnten wir die philippinische Position im Asiatisch-Pazifischen ökonomischen Kooperationsprozess (APEC) mit zivilgesellschaftlichen Werten so nachhaltig beeinflussen, dass die ehemalige amerikanische Regierung, welche die APEC gerne zu einer radikal neoliberalen Truppe gemacht hätte, ihre Pläne aufgeben musste. Wir hatten eine gemeinsame Verhandlungsposition und die Macht der Straße so gut kombiniert, dass es keinen anderen Weg für sie gab.

Was passiert mit dieser dreigliedrigen Balance, wenn – wie jetzt – ein früherer Aktivist der Zivilgesellschaft wie Barack Obama zum Präsidenten des mächtigsten Staates der Welt gewählt wird, eines Staates, der bislang auch noch wie ein Imperium agierte?

Da kommen mir sofort zwei Dinge in den Kopf. Die dreigliedrige Balance bezieht sich ja auf institutionelle Arrangements. Die Institutionen der Zivilgesellschaft müssen genauso eigenständig und zweckmäßig sein, wie die Institutionen des Staates und der Wirtschaft in ihrem Bereich es sein sollten. Und ein gesellschaftliches Gleichgewicht entsteht, wenn die drei Schlüsselkräfte gleichermaßen engagiert agieren und die Gleichheit der Kräfte respektieren. Wenn eine starke Institution der Zivilgesellschaft einbricht, weil sie plötzlich im staatlichen Feld eine Funktion übernimmt, so wie es bei der Gründung der Grünen aus der zivilgesellschaftlichen Umweltbewegung passierte, dann kann das in ein Desaster führen. Denn traditionelle Politik funktioniert wie ein Kuhhandel. Wer als Minderheit in einer Regierungskoalition sitzt, muss in der Regel so viele Kompromisse eingehen, dass die eigenen Prinzipien zerbröckeln. Eigentlich kann nur eine starke Zivilbewegung im *Hintergrund* den grünen Politikern dabei helfen, in so einer Situation auch grüne Politik zu machen. Gleichzeitig muss es aber die dreigliedrige Balance nicht unbedingt zerstören, wenn ein Individuum wie Barack Obama aus der Zivilgesellschaft in die Politik wechselt. Dann liegt der einzige Unterschied darin, dass nun die zivilgesellschaftlichen Werte, die dieses Individuum mitbringt, in einem völlig neuen Kontext ausgearbeitet werden müssen, nämlich dem des Staates, der seine eigene sonderbare Logik und Anforderungen hat.

Kann man sagen, dass die riesigen Erwartungen an Obama und den enthusiastischen Zuspruch, den seine Aussagen hervorriefen, damit zusammenhingen, dass er mehr für kulturelle Werte einstand als für Machtfragen?

Als Kandidat stand er ganz ohne Zweifel für kulturelle Werte und Ziele ein. Werte und Ziele, die bei Millionen von Amerikanern eine klare Resonanz hatten. Deshalb hat er gewonnen. Was daraus aber wird, hängt ganz davon ab, was mit Obama als Präsident der Vereinigten Staaten passieren wird. Wir müssen sicherlich zwischen Obama dem Wahlkämpfer und Obama dem Präsidenten unterscheiden. Mittlerweile ist Obama der Präsident aber in den Tempeln der Macht angekommen, in denen eben Machtfragen dominieren. Er scheint zu versuchen, andere Werte in dieses Kraftfeld zu bringen. Die große Frage bleibt, wie weit er damit erfolgreich sein wird oder nicht. Wird er in der Lage sein, das politische System zu verändern oder wird das System ihn so weit korrumpieren, dass er zum integralen Teil desselben wird. Es war für viele alles andere als ein gutes Zeichen, dass er sich Leute in die Regierung holte, die aus den alten Administrationen von Bush und Clinton stammten. Er mag damit vielleicht Kontinuität und Erfahrung signalisiert haben. Trotzdem bleibt es eine Tatsache, dass diese traditionalistischen Leute ziemlich weit entfernt sind von der ursprünglichen Vision von Hoffnung und Wandel, die er als Kandidat für das höchste Amt unentwegt betonte. Erst die Zeit wird zeigen, ob Obama das politische System mit neuen Werten impfen kann oder ob das politische System ihn verändert und zu einem Diener von Machtinteressen verwandelt, welche die Politik der USA seit Jahrzehnten dominieren.

Wie muss die Zivilgesellschaft mit so einer Vermischung klarer Grenzen umgehen?

Wenn sich eine Person kreuz und quer zwischen Grenzen bewegt, muss das nicht unbedingt ein Problem darstellen. Es hängt völlig davon ab, ob diese Person wirklich ein Verständnis davon hat, welche unterschiedlichen Logiken, Denkweisen und Interessen in den verschiedenen Bereichen der Gesellschaft vorherrschend sind. Wer das versteht und Integrität besitzt, braucht dann auch nicht den Überblick zu verlieren. Die Zivilgesellschaft kann in so einer Situation der Vermischung von Grenzen besonders einem der Ihren helfen, indem sie noch stärker wird. Sie muss jemanden, der als Aktivist der Zivilgesellschaft eine politische Führungsrolle einnimmt, nicht nur immer wieder zur Rechenschaft ziehen und Transparenz einfordern, sondern kann auch das politische System selber zu mehr Offenheit und Beweglichkeit bringen. Wenn sich Grenzen so vermischen, dann ist es auch hilfreich, in kontinuierlicher gegenseitiger Absprache und Übereinstimmung zu einer beispielsweise nachhaltigen Entwicklungsstrategie Wege zu finden, wie solche Ziele durch Zivilgesellschaft und Staat gleichzeitig innerhalb und außerhalb der Regierung verfolgt werden können.

Was sollte das Ziel der Zivilgesellschaft sein? Sollte sie auch in Zeiten des Umbruchs ihre Finger von einer Regierungsbeteiligung lassen? Oder gibt es einen Moment, wo die Zivilgesellschaft in die Situation kommt, Regierungsverantwortung übernehmen zu müssen, aber dabei dann der Zivilgesellschaft den Todesstoß versetzt?

Das ist ja genau das, was in Deutschland passiert ist. Die Grünen haben nicht wirklich realisiert, dass sie eine kulturelle Bewegung kollabieren ließen, als sie in die Politik gingen. Mit diesem Kollaps einer sozialen Bewegung entstand im kulturellen Sektor der deutschen Gesellschaft eine Art Vakuum. Und als die Grünen dann im politischen Feld dem Zwang zu immer schmerzhafteren Kompromissen ausgesetzt waren, verloren sie ihre ursprüngliche Effektivität immer mehr. Als sie sich in dieser Situation zivilgesellschaftliche Unterstützung erhofften, kam keine mehr. Denn die ursprüngliche Bewegung war innerlich kollabiert. Was kann man daraus lernen? In einem dreigliedrigen Konzept muss es immer eine Zivilgesellschaft geben! Denn sie hat eine klare kulturelle Aufgabe. Es ist keine direkte *politische* Aufgabe, sondern eher eine Art Fürsprache oder

Anwaltschaft. Sie muss in einer Interaktion mit dem Staat, aber dabei unabhängig existieren. In dieser Position kann sie dann auch Einzelpersonen oder kleinen Parteien Rückendeckung geben, wenn sie wirklich etwas Neues machen wollen, und sie darin bestärken. Sie kann Druck ausüben, um Veränderung durchzusetzen, und deutlich machen, dass es bei gewissen Entscheidungen zu massiven Protesten auf der Straße kommen wird. Insofern sollte die Zivilgesellschaft zwar Teil des Prozesses sein, aber eben dadurch, dass sie Druck in eine bestimmte Richtung ausübt.

Aber sie sollte immer dort bleiben, wo sie ist, und sich nicht an Regierungen beteiligen?

Nein. Wenn Einzelpersonen aus der Zivilgesellschaft in irgendeine Art von Regierungsverantwortung gehen wollen, dann sollten sie das tun. Aber sie sollten am besten eine neue Partei gründen, die nicht den Kollaps ihrer Bewegung provoziert. So eine neue Partei kann durchaus für die gleichen Werte einstehen, die nun aber in einer völlig anderen Sphäre der Gesellschaft ausgedrückt und eingefordert werden, nämlich in der staatlich-politischen. Beide Seiten, nämlich die zivilgesellschaftliche Bewegung wie die politische Partei, müssen sich im Klaren darüber sein, dass sie irgendwann auch Differenzen haben werden. Und die Zivilgesellschaft muss auch weiterhin ihr Potenzial als Gegenkraft aufrechterhalten. Denn wenn der parteipolitische Versuch scheiterte, gäbe es ja sonst keine nichtstaatliche Gegenkraft mehr. Ich glaube, wir müssen uns eingestehen, dass das alte Konzept von Demokratie, wo es eine Gewaltenteilung zwischen Parlament, der Regierung und der Jurisdiktion im Sinne gegenseitiger Kontrolle gibt, nicht mehr wirklich funktioniert. Das ist mittlerweile schon so oft missbraucht worden. In einen neuen dreigliedrigen Ansatz der Gewaltenteilung wird da noch eine zweite Hürde der Gewaltenteilung eingezogen, indem der Staatsgewalt die Interessen der Ökonomie und die Interessen der Zivilgesellschaft gegenübergestellt werden. So können die unterschiedlichen Bedürfnisse der Gesellschaft wirklich ausgeglichen werden.

Wird die Zivilgesellschaft in ihrem möglichen Einfluss auf einen zukünftigen gesellschaftlichen Wandel nicht auch überschätzt? Wenn man z. B. auf den Irakkrieg blickt, dann sieht man ja, dass er trotz massivster Proteste der globalen Zivilgesellschaft geführt wurde …

Die Ignoranz der früheren amerikanischen Regierung gegenüber diesen riesigen Protesten, an denen weltweit in sechzig Städten mehr als 20 Millionen Menschen teilnahmen, hatte ihre eigenen Konsequenzen – sie verhinderten zwar nicht den Krieg, aber sie zerstörten die Welthandelsorganisation. Das war die Konsequenz, die manche überraschen mag, aber dennoch zutrifft. Denn unmittelbar nach diesem größten Straßenprotest aller Zeiten trafen sich die Minister fast aller Länder in Cancun in einer stark amerikakritischen Haltung, weil viele schlicht empört waren, wie die Bush-Administration mit anderen Ländern umsprang. Das war der Hintergrund für die dortige Gründung der Gruppe aus zwanzig Entwicklungsländern (G20), die gemeinsam mehr als 60 Prozent der Weltbevölkerung vertreten und in neuem Selbstbewusstsein den ganzen Cancun-Prozess entgleisen ließen. Das Gleiche geschah mit der späteren »Doha-Runde«, wo die so genannte »Entwicklungsrunde« zu Grabe getragen wurde, mit der die reichen Länder eine Liberalisierung des Agrarhandels durchsetzen wollten. Das ist bis heute glücklicherweise nicht gelungen. Und es hatte massive Konsequenzen für die USA und beeinflusste unmittelbar die finanziellen Erwartungen der amerikanischen Wirtschaft. Als die Geschäfte dann schlechter liefen, wurden auch die Absichten, ein amerikadominiertes »Empire« zu bauen, geschwächt. Das ist eben die Natur *kultureller* Kraft. Da gibt es zahllose Querverbindungen. Manchmal kann diese Kraft sehr konzentriert sein und manchmal diffus erscheinende Nebenwirkungen haben.

Würden Sie so weit gehen zu sagen, dass sich die Bush-Regierung mit der Ignoranz gegenüber den zivilgesellschaftlichen Protesten langfristig selbst den Boden unter den Füßen wegzog?

In jedem Fall hat die US-Regierung mit dieser Haltung den Aufbau einer sehr viel organisierteren zivilgesellschaftlichen Gegenkraft sowohl im eigenen Land als auch weltweit provoziert, die sich dezidiert mit den totalitären Tendenzen des amerikanischen Staates beschäftigte. Insofern führte die Ignoranz gegenüber Protesten fraglos zu einer deutlich massiveren Antwort auf Seiten der Zivilgesellschaft, die sich viel besser organisierte und internationale Querverbindungen aufbaute. Und mit der Zeit summierten sich all diese kritischen Gegenpositionen aus Tausenden von unterschiedlichen zivilgesellschaftlichen Initiativen und führten dazu, dass die Bush-Administration nicht nur ihren Respekt in der Öffentlichkeit und die Kontrolle verlor, sondern – viel wichtiger – auch ihre kulturelle Dominanz. Also hatten die Antikriegsdemonstrationen vor dem Irakkrieg zwar keinen unmittelbaren Erfolg, sondern brauchten ein paar Jahre, um sich in ihrer Wirkung zu entfalten – aber es lassen sich zwei Dinge daraus lernen: Die Form der zivilgesellschaftlichen Wirkung lässt sich oftmals erst an den späteren Nebeneffekten erkennen. Und: Die Ignoranz der USA gegenüber den Protesten schwächte die Bewegung nicht, sondern führte im Gegenteil zu einer Stärkung der Zivilgesellschaft. Und es liegt noch eine dritte Konsequenz darin, denn mit den ausgeprägten Weltmachtgelüsten der Bush-Regierung wurde auch deutlich, dass es bei der zivilgesellschaftlichen Reaktion auf technologische Dominanz und wirtschaftliche Globalisierung auch um kulturelle Werte und spirituelle Grundhaltungen ging.

Inwieweit haben Globalisierung und moderne Technologie eine spirituelle Komponente?

Denken Sie nur einmal an die ganze Struktur der Ökonomie. Wir müssen uns da doch die grundsätzliche Frage stellen: Was ist die Natur des Konsums? Dahinter ist – wie überall – eine spirituelle

Wertehaltung verborgen. Denn »der Markt« ist ja kein wertefreier Mechanismus, der von allein funktioniert. Vielmehr geht es um Werte, die Menschen in sich tragen, die mit ihrem Geld an diesem ökonomischen Prozess teilnehmen. Wir wissen ja mittlerweile, dass jedes extreme Konsumverhalten ein Ausdruck wachsender seelischer Leere und dem zunehmenden Verlust von Lebenssinn und Daseinszweck ist. Wir stehen also vor einem inneren Mangel und einem äußeren Überkonsum. Was steht dahinter anderes als eine spirituelle Not? Und wenn die Zivilgesellschaft diese tieferen Zusammenhänge nicht begreift, dann wird sie sowohl in ihren Methoden, Menschen zu mobilisieren, wie auch in ihren strategischen Antworten sehr beschränkt bleiben. Das Gleiche gilt natürlich auch für die ganzen Fragen zur modernen Technologie: All diese weltweiten Forschungsprojekte zu künstlichen Intelligenzen, Schnittstellen zwischen Biotechnik und lebenden Organismen laufen letztlich auf eine zukünftige Welt hinaus, die von Humanoiden, Cyborgs oder ähnlichen Mischwesen von Natur und Technik geprägt sein wird. So eine Entwicklung provoziert doch zwangsläufig die existenzielle Frage: »Was bedeutet eigentlich Menschsein?« Solange man diese Frage für sich nicht wirklich beantworten kann, hat man doch allen Trends der modernen Technologie, die Menschen zu technisieren, gar nichts entgegenzusetzen. Das ist für mich eigentlich eine viel größere Herausforderung als irgendwelche Weltmachtgelüste alter Eliten. Weltmächte sind in der Geschichte immer schon unter ihrem eigenen Gewicht zusammengebrochen. Und in den letzten 200 Jahren sind sie noch viel schneller kollabiert als in den Jahrhunderten davor. Und letztlich braucht auch die Zivilgesellschaft eine spirituelle Achtsamkeit gegenüber ihren eigenen Werten. Sie ist zwar insgesamt fraglos eine moralisch gute Kraft, aber auch hier gibt es Korruption – moralische Korruption, Kontroll- und Machtverhalten. Und steht nicht auch hinter Korruption eigentlich eine spirituelle Frage? Deshalb sage ich: Wenn sich die Zivilgesellschaft nicht bewusst mit den tieferen spirituellen Fragen beschäftigt, dann wird sie sich nicht durchsetzen.

Betrachtet man die drei tragenden Kräfte aus Staat, Ökonomie und Kultur, dann ist doch heute die meiste Macht bei der Wirtschaft konzentriert. Wie sollte die Zivilgesellschaft mit den multinationalen Unternehmen umgehen, die ja nicht nur kulturelle Macht unterminieren, sondern auch nationale Grenzen obsolet machen und staatliche Autorität untergraben?

Im Fall der multinationalen Unternehmen ist es interessant, dass ihre eigentliche Macht aus dem Markt entsteht. Sie können in den Markt eindringen und ihn mit Waren überschwemmen, aber sie haben trotzdem keine Kontrolle über den Markt. Das ist der schwache Punkt, die Achillesferse der riesigen transnationalen Unternehmen. Das ist der Hauptgrund dafür, dass sie Jahr für Jahr eine halbe Billion Dollar für Werbung ausgeben. Das Schlüsselelement in der heutigen Unternehmenswelt ist der Aufbau von Marken und ihre Durchsetzung. Da geht es um Identität. Und wenn man über Identität spricht, ist man sofort wieder im Herzen dessen, was Zivilgesellschaft ausmacht. Das ist der Grund, weshalb die Topmanager aus aller Welt Naomi Kleins Buch »No Logo«* verschlungen haben. Denn sie beschrieb darin die bislang verborgene Verletzlichkeit großer Unternehmen, die darin besteht, das Image einer Marke in Frage zu stellen. Wenn eine Marke ihre Glaubwürdigkeit verliert, kann das sehr schnell zum Zusammenbruch ganzer Unternehmen führen. Darin liegt die kulturelle Macht der Zivilgesellschaft im Umgang mit den Global Players.

Wie sollte sich ein verantwortliches Unternehmen verhalten, wenn es der Vision einer anderen Welt folgen will?

Unternehmen sind sehr sensibel für die öffentliche Meinung, die von der Zivilgesellschaft dominiert und von ihr geprägt werden kann. Dort kann sie Druck für mehr soziale Verantwortung und

* Naomi Klein: *No Logo! Der Kampf der Global Players um Marktmacht. Ein Spiel mit vielen Verlierern und wenigen Gewinnern*, Riemann Verlag, München 2001

ökologische Produktion aufbauen. Das ist auch der eigentliche Grund dafür, dass heute etwa 85 Prozent aller Unternehmen das Schlagwort *Corporate Social Responsibility* (CSR), was man vielleicht mit »sozialverantwortliche Unternehmensführung« übersetzen könnte, als eine Art fortgeschrittene Form der Werbung missbrauchen. Dort wird diese dringliche Forderung der Zivilgesellschaft zwar aufgegriffen, aber oft geschickt und mit viel Blabla in eine Werbeaussage verwandelt, um sie hübsch grün aussehen zu lassen. Das ist ein großes Problem und setzt die Unternehmen natürlich weiteren Angriffen durch die NGOs aus. Um aus diesem sinnlosen Hickhack herauszukommen, sollten die Unternehmen die Chance ergreifen, wirklich zu realisieren, dass die meisten Aktivposten oder »Rohstoffe«, mit denen sie arbeiten, ihnen gar nicht wirklich gehören, obwohl sie mit ihrer Hilfe den größten Teil ihrer Profite verdienen: Die Qualität der menschlichen Potenziale, das soziale Vertrauen in den Markt, ja sogar das Naturkapital haben nicht sie erschaffen, sondern bestenfalls die Gesellschaft als Ganze. Mit anderen Worten: Die Wirtschaft muss sich wirklich proaktiv dafür einsetzen, eine bessere Zukunft zu schaffen. Das ist der Weg verantwortungsvoller Unternehmen. Versäumen sie das, dann werden ihre Unternehmen im Prozess einer gesellschaftlichen Desintegration gleich mit zusammenbrechen.

Was heißt das im wirtschaftlichen Alltag? Bedeutet es, nicht nur in den nachhaltigen Umbau des eigenen Unternehmens zu investieren, sondern auch in Kultur oder gar die Zivilgesellschaft selbst?

Neben den erzwungenen Steuerbeiträgen zur Unterstützung des Staates muss die Wirtschaft sicherlich ein ganz neues visionäres Verständnis von Philanthropie* entwickeln. Weil die Zivilgesellschaft in der Regel keine Geschäfte macht, verfügt sie auch über keine Profite. Sie ist dafür da, um für eine Idee einzutreten. Also

* Philanthropie: (wörtl.) »Menschenfreundlichkeit«; hier: Nutzung privater Unternehmen für gemeinnützige Zwecke

wäre eine Schlüsselrolle der Wirtschaft, eine Art von kultureller Förderung guter Ideen bereitzustellen. Natürlich werden manche von ihnen sagen: »Warum sollte ich gerade die Kraft in der Gesellschaft unterstützen und stärken, die uns mit ihrer Forderung nach sozialer Verantwortlichkeit am meisten bedrängt?« Andererseits: Wer keine Angst vor Verantwortung und nichts zu verbergen hat, der wird gern etwas unterstützen, was die Gesellschaft weiterbringt. Wenn die Unternehmen so eine fördernde Rolle annehmen, dann kann daran nicht nur die Gesellschaft, sondern auch die Rolle der Wirtschaft in ihr gesunden. Aber es geht noch darüber hinaus: Natürlich können Unternehmen alles Mögliche veranstalten und trotzdem innerlich unverändert bleiben. Spenden allein aber reicht nicht. Am wichtigsten ist die institutionelle Transformation innerhalb eines Unternehmens, das sich auf so etwas einlässt. Das macht den Managern oft noch Angst. Deshalb beschränkt sich das, was Unternehmen zum Thema »Soziale Verantwortlichkeit« bislang hervorbringen, meist auf Lippenbekenntnisse. Denn mit so einer Haltung das gesamte eigene Unternehmen neu zu justieren, verlangt eine ganz andere Mentalität.

Was bedeutet so eine sozialverantwortliche Transformation für ein Unternehmen?

Es bedeutet einen dramatischen Wandel in der Unternehmenskultur. Sie muss sich grundlegend verändern. Da muss die Absicht der Menschen- und Gesellschaftsentwicklung in den Mittelpunkt geraten. Das verlangt Verhältnisse, in denen sich die im Unternehmen arbeitenden Menschen wirklich persönlich entfalten können und somit deren authentische ethische Werte zum Teil des Systems und aller Handlungen im Unternehmen werden. Die Produkte der Unternehmen müssen dann zum Ausdruck dieser neuen Werte werden, die sie damit ganz real in die Welt bringen. Und das passiert in zunehmendem Maße, gerade auf der Ebene des Senior Managements. Viele dieser Leute leiden, weil sie sich persönlich längst für höhere Ideale geöffnet haben, sehen, was möglich wäre, und die enormen Potenziale klar erkennen, die darin für ihre Firma liegen. Wenn man dann aber in die Mechanismen des Aktienmarktes eingebunden ist, der mit seiner Orientierung an Vierteljahresbilanzen einem kurzfristigen Gewinn viel eher verpflichtet ist als strategischem zukunftsfähigem Denken, dann ist es für einen Manager enorm schwierig, so einen Wandel umzusetzen. Das ist der Grund, warum viele idealistische Pioniere dann entweder die Firma verlassen oder ihr eigenes Unternehmen gründen. Die neuen Werte haben es fraglos schwer, sich angesichts dieses Kampfes um schnelle Profite und der Aktienspekulation durchzusetzen.

Gibt es ein weltanschauliches Fundament für diesen Wandel, der Reformer nicht nur mit einem Verständnis und einer Methodik für einen grundsätzlichen Wandel versorgen könnte?

Auf diese Frage ist die Antwort glücklicherweise ein klares »Ja«. Gerade in dieser Zeit, wo unsere Welt vor massiven, komplexen und scheinbar unlösbaren Problemen steht, entdeckt die moderne Wissenschaft immer mehr faszinierende Erkenntnisse über die Natur des Universums, menschliches Bewusstsein und soziale Dynamik. Verbindet man all diese Ansätze miteinander, dann ergeben diese Entdeckungen ein integrales Verständnis der enormen Möglichkeiten menschlicher Fähigkeiten in einem lebenden, intelligenten und sinnvollen Universum.

Trotzdem halten die meisten Menschen einen grundlegenden Wandel schlicht für unmöglich. Warum ist das so?

Wenn wir sagen, dass etwas unmöglich ist, dann müssen wir realisieren, aus welcher Perspektive unserer Individualität und aus welchem Bewusstsein so eine Behauptung entsteht. Denn solange wir die Eigenart unserer inneren Werte und Konditionierungen, aus denen solche Überzeugungen hervorgehen, nicht verstehen, sperren wir uns unbeabsichtigterweise in ein selbst gemachtes Gefängnis, wo wir keine andere Möglichkeit mehr haben, als uns allen zukünftigen Möglichkeiten und Potenzialen für uns und die Welt zu verweigern. Denn was sagen wir, wenn wir etwas als »unmöglich« abqualifizieren? In der Essenz sagen wir einfach, dass eine Idee über eine zukünftige Möglichkeit deshalb nicht in die Praxis umgesetzt werden kann, weil sie nicht übereinstimmt mit unseren bisherigen Erfahrungen, unserem herrschenden Glaubenssystem, unseren Werten, unseren Gewohnheiten oder unseren Erwartungen. Das ist einerseits eine nachvollziehbare Haltung. Das Leben wäre wahrscheinlich unerträglich komplex und kaum zu managen, wenn wir der Gegenwart und der Zukunft ununterbrochen aus einer Haltung völliger Offenheit begegnen müssten. Denn unsere Erfahrung hat uns gelehrt, dass es gewisse Gesetze und Regeln im Leben gibt und es durchaus Sinn macht, aus der Vergangenheit zu lernen. Doch in diesem Verhaltensmuster gibt es eine sehr gefährliche Annahme. Nämlich jene, die in dem Wort »unmöglich« gipfelt. Wir nehmen nämlich fälschlicherweise an, dass unser gegenwärtiges Paradigma oder Glaubenssystem nicht nur in der Lage ist, die ganze Realität zu beschreiben, sondern sogar, dass es auch Aussagen darüber machen kann, wie diese Realität sich in der Zukunft verhält. Wenn man diesen Zirkelschluss betrachtet, dann wird deutlich, dass eigentlich jede Aussage über etwas »Unmögliches« nichts anderes als eine sich selbst erfüllende Prophezeiung ist. Denn dann geht der Betreffende davon aus, dass es nichts Neues am Horizont geben wird. Und in der Konsequenz heißt das schlicht, dass die Zukunft nichts anderes sein kann als die Wiederholung der Vergangenheit.

Offensichtlich ist eine solche Position unhaltbar. Gibt es aber auch Beispiele für Unmögliches, das Wirklichkeit wurde?

Wir brauchen gar nicht allzu weit in die Vergangenheit gehen, um die Anziehungskraft einer falschen Annahme von etwas »Unmöglichem« zu finden. Als ein gewisser Nouriel Roubini 2005 voraussagte, dass es in den nächsten zwei Jahren eine große finanzielle und wirtschaftliche Krise geben werde, haben ihn die Fachleute als Spinner verlacht. Niemand glaubte ihm. Im Gegenteil macht man ihn als »Dr. Weltuntergang« lächerlich. Als seine »unmöglichen« Vorhersagen im Laufe des Jahres 2008 wahr wurden, wurde Roubini plötzlich zum begehrtesten aller Ökonomen. Nun wollte jeder Anteil haben an seiner Weisheit. Aus »Dr. Weltuntergang« ist nun »Dr. Orakel« geworden, der den Führern der Welt dabei hilft, ihre Länder durch die unkalkulierbaren und turbulenten Gewässer der gegenwärtigen weltweiten Wirtschaftskrise zu steuern.

Was wissen wir überhaupt vom »Unmöglichen«?

Die Wissenschaft musste ihr Konzept wissenschaftlicher Theorie verändern, um mit dem »Unmöglichen« klarzukommen. Es gibt da ein sehr lehrreiches Ereignis in der Weltgeschichte, das als Metapher dann auch Eingang in die internationale wissenschaftliche Diskussion fand: Für lange Zeit glaubte man, es gäbe auf der Welt nur weiße Schwäne. Denn alle vergangene Erfahrung und Beobachtung hatte immer wieder, über Hunderte von Jahren, bewiesen, dass Schwäne weiß sind. Also glaubten ganze Kulturen daran, dass es keinen schwarzen Schwan gäbe, ja, dass ihre Existenz schlicht unmöglich sei. Dann entdeckte man im 17.Jahrhundert in Australien schwarze Schwäne, die dort bis heute leben. Zweihundert Jahre später griff John Stuart Mill das Beispiel der schwarzen Schwäne auf, um die Entstehung von wissenschaftlichen Fehlern zu diskutieren. Er fand heraus, dass der bisherige Erfolg einer Theorie keinen Maßstab bietet für ihren Erfolg in der Zukunft. Einfach weil »unmögliche« Dinge, wie zum Beispiel schwarze Schwäne, jederzeit in der Zukunft auftauchen können. Diese Einsicht führte dann zu Karl Poppers Wissenschaftstheorie, der die »Widerlegbarkeit« durch Erfahrung zur Grundvoraussetzung moderner Wissenschaftstheorie machte. Alles, was nicht prinzipiell durch Erfahrung widerlegt werden kann, ist nicht wissenschaftlich. Damit war aber auch das Vertrauen dahin, dass etwas, das früher richtig war, auch für die Zukunft gilt. Heute haben wir die Theorie des Schwarzen

Schwans von Nassim Nicholas Taleb*. Er benutzt diese Metapher, um zu zeigen, dass das Unmögliche das eigentlich Wesentliche ist. Und er ist der Überzeugung, dass viele wissenschaftliche Erkenntnisse »schwarze Schwäne« sind, die total unerwartet in die Welt einer bisher akzeptierten Realität der »weißen Schwäne« einbrechen.

Was bedeutet diese Theorie für unseren gegenwärtigen Glauben daran, dass viele Dinge so stabil sind, dass man sie einfach nicht ändern könne?

Es bedeutet einfach, dass etwas scheinbar Unmögliches die Beschränkungen der Vergangenheit jederzeit durchbrechen kann. Lassen Sie uns doch mal ein »negatives« Beispiel nehmen. Vor gar nicht langer Zeit veröffentlichte die Harvard Business Review eine sehr aufschlussreiche Studie. Das wirtschaftliche Fachblatt berichtete über eine Studie, die sich mit den wichtigsten 500 Unternehmen in den USA, den so genannten »Fortune 500« beschäftigt hatte. Die Autoren dieser Studie hatten die Leistungen dieser fünfhundert Firmen seit ein oder zwei Jahrzehnten beobachtet. Über die Jahre stellten die Forscher fest, dass eine bemerkenswerte Zahl dieser Topunternehmen von der Liste verschwanden und manch andere gar nicht mehr existierten. Natürlich untersuchten sie daraufhin die verschiedenen möglichen Gründe für ihren Niedergang. Und dann fanden die Forscher heraus, dass ihr früherer Erfolg der Hauptgrund für das Versagen der Unternehmen war. Ihr früherer Erfolg verhinderte, dass sie sich an eine Welt anpassen konnten, die sich immer schneller verändert. Der frühere Erfolg war in der Geschichte und dem Selbstbild so tief verwurzelt, dass er zum leeren Mythos wurde. Der frühere Erfolg drückte sich in den Zielen, der Politik, den Programmen und Aktivitäten des Unternehmens aus. Alles, was außerhalb dieser selbstdefinierten Realität lag, war unwichtig. Oder anders gesagt: Man beurteilte es als eine unwahr-

* Nassim Nicholas Taleb: *Der schwarze Schwan. Die Macht höchst unwahrscheinlicher Ereignisse*, Hanser Verlag, München 2008

scheinliche oder unmögliche Zukunft – und wurde eines Besseren belehrt.

Aber es gibt durchaus positive Beispiele: Nehmen wir den höchst »unwahrscheinlichen« Sieg von Barack Obama im Kampf um die Präsidentschaft der Vereinigten Staaten von Amerika. Es hatte noch nie einen schwarzen US-Präsidenten gegeben. Schlimmer noch, die amerikanische Gesellschaft ist immer noch von einem latenten Rassismus geprägt. Warum also sollte eine überwiegend weiße Bevölkerung einen jungen, relativ unerfahrenen und ziemlich unbekannten schwarzen Politiker siegen lassen? Aus der Perspektive der Vergangenheit wäre so eine Zukunft schlicht »unmöglich« gewesen. Dennoch, im Fall Obama, passierte das Unmögliche. Was lernen wir daraus? Dass die »weißen Schwäne« in unserem Leben das Auftauchen schwarzer Schwäne nicht vorhersagen können!

Wie aber können wir ein Vertrauen entwickeln, hoffnungsvoll sein und auf eine kulturelle Transformation setzen, wenn der Kern unserer Identität aus vergangenen Erfahrungen besteht und uns immer wieder einredet, dass eine andere Zukunft unmöglich sei?

Es ist enorm wichtig, diese Spannung zwischen Vergangenheit und Zukunft wahrzunehmen und zu begreifen, wie sie unsere Erfahrung der Gegenwart prägt. Wenn wir das ganze Ausmaß dessen erfassen, was in diesem Spannungsmoment liegt, dann sind wir dem Kern des Begreifens, wie das »Unmögliche« wirklich wird, sehr nahe. Dann können wir fast schon sehen, wie das angeblich Unmögliche in Wirklichkeit die Zukunft darstellt, die in unser Leben hereinkommen will. Dieses Verständnis ist von tiefgreifender strategischer Bedeutung dafür, wie wir uns selbst in der Gesellschaft und der Welt aufstellen und positionieren. Wir sind doch alle einerseits in eine Welt der Verzweiflung eingesponnen, die aus unseren vergangenen Handlungen entstanden ist, und stehen andererseits vor einer Welt unglaublicher Möglichkeiten, die uns aus der Zukunft grüßt – aber die unsere Vergangenheit als »unmöglich« bezeichnet. Auf der einen Seite ist die Menschheit hart am Rand der Zerstörung ihrer lebenserhaltenden Systeme, unterminiert die demokratischen Strukturen, die ein Desaster vielleicht vermeiden könnten, und bewegt sich fast unbekümmert auf einem tragischen Weg in den planetaren Selbstmord. Auf der anderen Seite aber sind wir zugleich inmitten einer weltweiten Renaissance von atemberaubenden visionären Idealen, kraftvollen persönlichen und gesellschaftlichen transformatorischen Ansätzen, die eine scheinbar unaufhaltbare Schussfahrt in den planetaren Suizid in die Entstehung einer neuen, atemberaubenden nachhaltigen planetaren Zivilisation umlenken kann.

Wir scheinen bislang aber keine Mythen und Metaphern zu haben, um Hoffnung für eine Lösung zu gewinnen, wenn Dinge auseinanderfallen. Oder ist Ihnen eine bekannt?

Es gibt eine wunderbare Analogie für Veränderungsprozesse aus der Natur, wenn man einmal an die Welt der Schmetterlinge denkt. Und dabei handelt es sich um mehr als nur eine bildliche Metapher, wie die amerikanische Autorin Norie Huddle* in ihrem Buch wissenschaftlich beschreibt: Wenn sich eine Raupe in ihren Kokon einspinnt, dann entstehen – so wissen wir heute – in ihrem Körper neue Zellen, die von der Wissenschaft Imago-Zellen genannt werden. Sie schwingen in einer anderen Frequenz als der Rest des Raupenkörpers. Sie sind so andersartig, dass das Immunsystem der Raupe sie für feindliche Fremdkörper hält, sie angreift und verschlingt. Aber diese neuen Imago-Zellen tauchen weiter auf und werden immer mehr. Schon bald kann das Immunsystem der Raupe diese Zellen nicht mehr schnell genug vernichten. So überleben immer mehr der Imago-Zellen diese Angriffe. Und dann passiert etwas Erstaunliches: Die kleinen und bis dahin ziemlich einsamen Imago-Zellen beginnen sich in kleine Gruppen zu verklumpen. Dabei schwingen sie auf einer ähnlichen Ebene und beginnen von Zelle zu Zelle Informationen miteinander auszutauschen.

* Norie Huddle: *Butterfly – A tiny Tale of great Transformation*, 1990

Dann, nach einer Weile, passiert wieder etwas höchst Erstaunliches: Diese Klumpen von Imago-Zellen beginnen Gruppen zu bilden! Sie ergeben einen langen Faden von in Haufen verklumpten Imago-Zellen, die in der gleichen Frequenz schwingen und nun in größerem Maßstab miteinander innerhalb der verpuppten Larve Informationen austauschen. Dann, an einem bestimmten Punkt, scheint dieser lange Faden von Imago-Zellen plötzlich zu begreifen, dass er etwas ist. Etwas anderes als die Raupe. Etwas Neues! Und mit der Erkenntnis einer eigenen Identität verwandelt er den alten Raupenkörper von innen. Diese Erkenntnis ist die eigentliche Geburt des Schmetterlings. Denn damit kann jetzt jede Schmetterlingszelle ihre eigene Aufgabe übernehmen. Für jede der neuen Zellen ist etwas zu tun, alle sind wichtig. Und jede Zelle beginnt das zu tun, wo es sie am meisten hinzieht. Und alle anderen Zellen unterstützen sie darin, genau das zu tun. Das ist die perfekte Methode, einen Schmetterling zu erschaffen. Und ein perfekter Weg, eine Schmetterlingsbewegung aufzubauen …

Also sehen Sie die Metamorphose der Raupe in einen Schmetterling als eine Analogie für soziale Transformationen?

Absolut! Menschen, die für neue Möglichkeiten wach werden, sind so etwas wie die Imago-Zellen der Gesellschaft. Der Prozess der sozialen Transformation beginnt mit dem Auftauchen von Individuen, welche die Samen der Zukunft in sich tragen. Sie sind imaginativ, indem sie in ihrem Sein und ihrer Identität einen Aspekt der zukünftigen Wirklichkeit in sich tragen. Diese innovativen Individuen sind so etwas wie Fackelträger einer sich entfaltenden Zukunft, werden in der eigenen Gesellschaft aber erst mal als Abweichler wahrgenommen. Man sieht sie nicht gerade als Überbringer guter Nachrichten, sondern greift sie als Störenfriede gegenwärtiger Verhältnisse an. Man fühlt sich von ihnen bedroht, weil sie die alten Gewohnheiten der bisherigen Gesellschaft, die in der Analogie der verpuppten Raupe entspricht, zerstören wollen. Das bedrohte System aber will das scheinbar gute alte Leben verteidigen und setzt sich zur Wehr. In extremen Fällen werden diese innovativen Individuen auch getötet – man denke nur an Kennedy, King, Gandhi, Rizal, Bonifacio, Javier, Aquino, die alle ihr Leben lassen mussten, weil sie dem herrschenden System zu gefährlich erschienen. Das automatische Immunsystem der alten Gesellschaft versucht also, diese Visionäre einer anderen Zukunft loszuwerden. Trotzdem verhindern diese gewalttätigen Reaktionen nicht, dass immer mehr neue imaginierende Individuen in der Gesellschaft auftauchen. Bald schon kommen sie zusammen und formen verschiedene Bewegungen zum Aufbau einer besseren Gesellschaft – die Umweltbewegung, die Bewegung für eine biologische Landwirtschaft, die Jugendbewegung, die Frauenbewegung, die Bewegung für die Rechte indigener Völker, die soziale Bewegung der Armen, die weltweite Demokratiebewegung, die neue Bildungsbewegung, die neue spirituelle Bewegung usw.

Aber das scheint noch nicht auszureichen für eine gesellschaftliche Transformation ...

Diese Stufe reicht tatsächlich noch nicht aus. Jetzt müssen die verschiedenen Bewegungen, die in sich als Samen die verschiedenen Möglichkeiten einer Zukunft tragen, lernen, so zusammenzukommen, dass sie sich gegenseitig in ihren jeweiligen Identitäten und Fähigkeiten unterstützen und stärken. Gesellschaftliche Transformation wird erst dann wirklich möglich, wenn diese ganz verschiedenen Identitäten es lernen, mit- und untereinander eine Synergie zu schaffen. Denn diese Synergien sind so etwas wie der Umriss einer zukünftigen Gesellschaft, die sich verwirklichen will. Das steht uns bevor.

Welche Rolle spielen dann Chaos und Krise in dieser Analogie?

In dem frühen Stadium dieses Prozesses ist die Raupe noch nicht zum Schmetterling geworden. Vielmehr hat sich die Raupe quasi selbst verdaut und sich in eine Art Flüssigkeit verwandelt. Das ist die Stufe eines biologischen »Chaos«. Dieses Chaos entspricht allerdings nicht unserem herkömmlichen Verständnis von Chaos, das wir mit Unordnung gleichsetzen. Dieses Chaos ist das griechische *chaos*, in dem sich schon die Potenziale einer neuen Ordnung verstecken, die darauf warten, Form anzunehmen. Aus dieser Art von Chaos entsteht der Schmetterling. Genauso ist es mit der Gesellschaft im Großen. Wir mögen überall um uns herum Chaos wahrnehmen. In dieser Situation können wir auf zweifache Weise reagieren: Entweder wir beginnen zu jammern und schwächen uns in dieser Hoffnungslosigkeit gegenseitig. Oder wir sehen diesen Prozess als ein äußeres Symptom dafür, dass eine alte Ordnung zerbricht und das sich entwickelnde System darauf wartet, sich nach der Transformation auf einer neuen Ebene von Komplexität und Ordnung zu reorganisieren.

Wie lässt sich Letzteres fördern und organisieren?

Einer der vielversprechendsten Wege, um die Möglichkeiten von Krise und Chaos zu nutzen, liegt darin, jene imaginierenden Individuen oder Pioniere zu identifizieren, welche die verschiedenen Aspekte einer anderen Zukunft in sich tragen. Oft sind das genau jene Menschen, die unter den schwierigsten Bedingungen in der Lage waren, hervorragende und inspirierende Modelle zu erschaffen. Und dann müssen wir unsere Wahrnehmung so schulen, dass wir die versteckten Verbindungen und unsichtbaren Muster, die all diese unterschiedlichen Initiativen verbinden, erkennen und zugleich jedem »imaginierenden« Individuum helfen dieses lebendige Ganze zu sehen.

Aber ist diese Metapher aus der Natur so ohne weiteres auf die Ebene menschlicher Gesellschaften anwendbar?

Die materialistische Wissenschaft hat es bislang nicht geschafft, die planmäßige, kohärente und künstlerisch inspirierende Verwandlung einer Raupe in einen Schmetterling überzeugend zu erklären.

Sie kann nicht begreifen, wie eine neue Ebene von Organisation und Emergenz aus einem Bündel genetischer Programme der Raupe entsteht, von denen einige in der Organisation des Schmetterlingskörpers gar nicht mehr gebraucht werden. In diesem Prozess ist offenbar eine höhere Form von Intelligenz, vielleicht so etwas wie ein formendes Feld im Organismus wirksam. In der Natur vollzieht sich dieser wunderbare Prozess der Transformation ganz naht- und fugenlos von alleine. In der menschlichen Welt ist das nicht so. Menschliche Intelligenz muss ihre Vorstellungskraft entwickeln, teilnehmen und den Wandel von einem Puppenstadium zu einem Schmetterlingsstadium der Gesellschaft aktiv wollen.

Wie lässt sich das erreichen?

Dafür gibt es eine Reihe von Wegen. Einer der leichtesten und schönsten liegt darin, die inspirierenden Ideen zu identifizieren und Muster von Pionierprojekten zu verstehen, die Gesellschaften im Umbruch kennzeichnen. Solche »Landkarten positiver Entwicklungen« geben einen flüchtigen Ausblick oder eine Straßenkarte für jene, die dabei sind, die Gesellschaft umzubauen. Sie zeigen zugleich, wie sich die positive und kreative Lebensenergie einer Gesellschaft evolutionär entwickelt und weiter fließt. Die Wahrnehmung solcher bislang oft noch unsichtbarer Muster von zukünftigen Wirklichkeiten erlaubt den aktiven Individuen und Bewegungen, ihre Ressourcen und Talente strategisch für das größere Ganze einer sich entwickelnden Gesellschaft zusammenzubringen. Sie passen sich also an etwas an, was in der Gesellschaft lebt und sich lebendig verändert, nicht aber an das, was bereits abstirbt.

Und es gibt darüber hinaus noch einen weiteren Aspekt der Schmetterlingsanalogie, der uns aus dem Bereich der Metapher zurück in den Bereich der Wissenschaft bringt. Das ist der so genannte Schmetterlingseffekt der neuen Komplexitätsforschung. Wir hören oft davon, dass der Schlag eines Schmetterlingsflügels die Dynamik der globalen Wetterverhältnisse beeinflussen kann. Mit anderen Worten: Kleinste Veränderungen, die an der richtigen

Stelle umgesetzt werden, können ganze Kaskaden von Reaktionen auslösen und Effekte im großen Maßstab haben. Solche modernen Erkenntnisse machen deutlich: Gesellschaftliche Transformationen im 21. Jahrhundert müssen auch auf die Herausforderungen und Möglichkeiten der Gegenwart aufbauen. Soziale Bewegungen, die einen gesellschaftlichen Wandel anstreben, der auf den überholten Ideen einer aus dem 19. Jahrhundert stammenden Wissenschaft aufbauen, sind dazu verdammt, mehr Schaden als Gutes anzurichten. Soziale Bewegungen aber, die innovativ sind, zeitgemäß und intelligent im Sinne des modernen ganzheitlichen Wissens des 21. Jahrhunderts, haben deutlich bessere Chancen, die richtigen Antworten für die kurz- und langfristigen spirituellen und sozialen Herausforderungen bereitzustellen, vor denen die Menschheit heute und in den kommenden Jahrzehnten stehen wird.

Den fossilen Öltanker durch viele Segelboote ablösen

Im Dialog mit dem Soziologen und Ökologen Wolfgang Sachs

Prof. Dr. Wolfgang Sachs studierte Theologie und Soziologie in München, Tübingen und Berkeley, USA. Von 1980 bis 1984 folgt eine Tätigkeit als Mitarbeiter der Forschungsgruppe »Energie und Gesellschaft« an der Technischen Universität Berlin. Zwischen 1984 und 1987 leitet er die Redaktion der Zeitschrift »Development« bei der Society for International Development in Rom. Anschließend folgen ein Lehrauftrag als Visiting Professor an der Pennsylvania State University und ab 1990 Forschungs- und Lehrtätigkeiten am Kulturwissenschaftlichen Institut in Essen. Seit Mai 1993 arbeitet Wolfgang Sachs am Wuppertal Institut für Klima, Umwelt und Energie. Der Autor von zahlreichen Büchern und Publikationen leitet seit 2009 das Büro des Wuppertal Instituts in Berlin. www.wupperinst.org

Herr Sachs, in der von Ihnen angeleiteten Studie des Wuppertal Instituts »Zukunftsfähiges Deutschland« steht in der Einleitung ein weitreichender Satz: »Der Klimawandel ruft nach einem Zivilisationswandel.« Was muss in der Kultur passieren, damit wir zukunftsfähig werden können?*

Eine Kultur hat ja weiche und harte Seiten. Zivilisationswandel umgreift beides. Zu den harten Seiten der Kultur gehört nicht nur die Technikentwicklung, sondern auch die Art und Weise, wie wir unsere Häuser bauen oder Nahrung produzieren. Und zu den wei-

* *Zukunftsfähiges Deutschland in einer globalisierten Welt. Ein Anstoß zur gesellschaftlichen Debatte. Eine Studie des Wuppertal Instituts*, hrsg. von BUND, EED und Brot für die Welt, Fischer Verlag, Frankfurt a. M. 2008

chen Teilen der Kultur gehören die Weltbilder, die wir uns machen, der Geschmack, den jeder von uns sich ausbildet, und die Passion, die er hat – also wofür er sich einsetzen möchte. All das hat zusammen etwas mit Zivilisationswandel zu tun.

Wenn wir angesichts des Klimawandels einen Kulturwandel initiieren müssen, dann heißt das doch gleichzeitig, dass die moderne industrielle Wachstumsgesellschaft ihren Glanz verloren hat …

Lassen Sie uns das mal etwas präziser fassen. Ein Zivilisationswandel begründet sich ja damit, dass wir im Übergang zwischen zwei historischen Epochen stehen. In den letzten 200 Jahren hat der euro-atlantische Bereich der Welt eine Zivilisation gebaut, deren Fundament auf fossilen Energien und Materialien ruht. Also liegt die Ressourcenbasis der Ökonomie und damit des Wohlstands darin, dass die Bestände der Erde, die in der Erdkruste sitzen, geplündert werden. Grob gesagt: Wir verbrauchen in einem Jahr Schätze aus der Erdkruste, die geologisch gesehen eine Million Jahre gebraucht hat, um aufgebaut zu werden. Jetzt, nach 200 Jahren der Ausbeutung, ist deutlich, dass diese Phase der Weltgeschichte vorüber ist. Die Ressourcen werden knapper, sie werden teurer, viele wichtige Ressourcen werden im Laufe der nächsten 50 Jahre zu Ende gehen. Diese 200 Jahre waren eine »Bonanza«, ein Feuerwerk. Wenn man das im Rückblick von einem weltgesellschaftlichen Standpunkt aus betrachtet, muss man sich heute eingestehen, dass diese 200 Jahre als eine Parenthese in der Weltgeschichte betrachtet werden müssen: Eben als eine Zeit, die über glückliche Sonderbedingungen verfügt hat. Daraus entsteht die einfache Schlussfolgerung, dass diese Sonderbedingungen so in der Zukunft weder für uns noch für andere auf diesem Globus zur Verfügung stehen werden.

Was heißt das für die gegenwärtige Situation?

Das heißt, dass wir mitten in einem neuen Übergang sind. Es ist, wenn man so möchte, der Übergang zum »zweiten Solarzeitalter«. Vor dem fossilen Zeitalter hatten wir schon einmal ein Wirtschaftssystem, das in einer einfachen Form auf dem Energiefluss der Sonne aufbaute. Jetzt ist historisch eine Neuauflage mit der Aufgabe fällig, die Ressourcenbasis zu wechseln. Darauf müssen eine Ökonomie und ein Wohlstand gebaut werden, die es erneut und unter ganz anderen Herausforderungen schaffen, nur von den Flüssen der Natur – wie Wind und Sonne und Wasser und Pflanzenproduktion – zu leben. Wenn man sich das Panorama ansieht, dann ist deutlich, dass damit schon deshalb ein Kulturwandel verbunden sein muss, weil viele unserer Gewissheiten – sowohl unserer gesellschaftlich-wirtschaftlichen wie auch unserer persönlichen Gewissheiten – untrennbar verknüpft sind mit der Plünderungsgeschichte der fossilen Bestände.

Gehört zu diesen überholten Gewissheiten auch der Wachstumszwang?

Die Idee des unbeschränkten Wachstums ist eine Tochter des fossilen Zeitalters. Man kann historisch zeigen, dass Adam Smith und auch Thomas Malthus – also die Gründungsväter des modernen ökonomischen Denkens – eine Vorstellung davon hatten, dass man zur größeren Prosperität kommen kann. Sie wussten, dass es eine Vermehrung des Wachstums geben kann, hatten aber noch nicht die Idee, dass diese Vermehrung eigentlich immer weiter ansteigend vorangehen würde. Stattdessen dachten sie, dass das Wachstum an irgendeinem Punkt auslaufen würde und die Entwicklung so wieder in ein stabiles Niveau komme. Beide konnten über den Rand eines solchen Weltbildes einfach deshalb nicht hinausblicken, weil sie die Dampfmaschine noch nicht kannten und sich somit ein scheinbar unendliches Wachstum auf fossiler Basis nicht vorstellen konnten. Sie waren vielmehr mit einer Ressourcenbasis konfrontiert, die aus Getreide und Bäumen bestand, also aus biotischen

Stoffen bestand. Und wenn man es mit biotischen Stoffen zu tun hat, dann kann man nicht unendlich denken, weil jedem klar ist, dass alles Leben letztendlich wieder in Zyklen zurückgehen muss: Wenn ich Getreide ernte, muss das erst wachsen. Es wächst und vergeht an einem bestimmten Punkt wieder. Dann braucht es wieder einen neuen Geburts- und Reifezyklus. Da sind der Steigerung und Vermehrung Grenzen gesetzt. In dieser letztlich solaren Wirtschaft ist eine exponentielle Wachstumsökonomie nicht denkbar. Erst als die Dampfmaschine erfunden wird, die ja Arbeitsenergien nicht mehr aus den biotischen Stoffen, sondern aus den fossilen Stoffen gewinnt, die die Erde akkumuliert hat, ändert sich das Spiel. Denn mit der Dampfmaschine ergibt sich plötzlich die Aussicht, dass man Kraft, Leistung und Geschwindigkeit über lange Zeiten durchhalten kann, ja, sogar noch immer weiter steigern kann, sobald man in der Lage ist, mehr von diesen fossilen Stoffen effizienter und produktiver zu nutzen. Deshalb ist die Idee entstanden, dass der Fortschritt so weitergehen, sich die Leistungen immer weiter steigern und damit auch das Wirtschaftswachstum unbegrenzt sein könne. Insofern ist die Schlussfolgerung richtig: Wenn wir an einem Übergang zu einem zweiten Solarzeitalter stehen, welches nicht mehr über die leicht plünderbaren Bestände verfügt, wird auch die Idee des unendlichen Wachstums obsolet werden.

Nun befinden wir uns ja zurzeit an einem Schnittpunkt von zwei kulturhistorischen oder gar epochalen Entwicklungen. Auf der einen Seite gehen Ressourcen, auf denen diese industrielle Wachstumsgesellschaft aufgebaut hat, langsam zu Ende. Auf der anderen Seite nehmen wir technologisch so stark Einfluss, dass wir zu einem geologischen Faktor werden, der den Klimawandel verursacht. Was für eine Dynamik steckt an dieser Stelle, wo sich diese beiden Kurven kulturhistorischer Art überschneiden?

Ich würde es in die Formel fassen: Mehr als jemals zuvor in der Erdgeschichte ist eine Spezies – nämlich der Mensch – heute in der Lage, den gesamten Rest der Biosphäre mit zu determinieren. Das ist so, weil die menschliche Aktivität mittlerweile in alle großen geobiochemischen Kreisläufe eingreift: Ein Viertel des CO_2 in der Atmosphäre wird von Menschen produziert, 60 Prozent aller erreichbaren Süßwasserreserven und Wasserläufe werden von Menschen reguliert, 60 Prozent des Stickstoffs wird von Menschen fixiert. Also sind die Menschen überall zu einem höchst ausschlaggebenden Faktor geworden. Der Chemie-Nobelpreisträger Paul Crutzen hat es sehr deutlich formuliert. Er sagt: »Wir sind in eine neue erdgeschichtliche Phase eingetreten, nämlich jene des Anthropozän.« Das setzt er vom Holozän ab, welches in den letzten 100 000 Jahren maßgeblich war. Das »Anthropozän« ist die geologische Phase, wo der Mensch den Takt vorgibt. In eine Formel gefasst lässt sich an dem von Ihnen angesprochenen Schnittpunkt sagen: Man kann Einfluss haben, man kann Auswirkungen haben, die gewichtiger sind als die Naturzyklen, aber wenn man diese Auswirkungen nicht kontrollieren kann, dann wird so eine Macht wie ein Bumerang auf den Menschen selbst zurückschlagen. Der Mensch hat Einfluss auf die Natur, aber er beherrscht sie nicht; daher kann die Zukunft nur gut gehen, wenn der Mensch lernt, sich selbst zu beherrschen. Letztendlich heißt das wohl nichts anderes, als wieder ein gutes Stück aus der Herrscherrolle zurückzutreten: Macht abzugeben, denn Herrscher zu sein, heißt eben noch lange nicht, kontrollieren zu können. Wenn die Ausübung unserer gigantischen Macht aber nicht zu Kontrolle führt, sondern im Gegenteil dazu, dass die Auswirkungen auf den Menschen zurückschlagen, dann liegt die besondere Herausforderung dieser Zeit darin, einen reflexiven Sprung zu machen, in dem der Mensch, um sich selbst zu schützen, auf ein Stück Macht verzichten muss.*

* Wolfgang Sachs: *Nach uns die Zukunft. Der globale Konflikt um Gerechtigkeit und Ökologie*, Verlag Brandes und Aspel, Frankfurt 2003

Sie formulieren diese Herausforderung in dem neuen Bericht »Zukunftsfähiges Deutschland« in dem Sie deutlich sagen, dass wir kollektiv vor der Alternative zwischen »Selbstzerstörung oder Nachhaltigkeit« stehen. Ist diese Schnittstelle neu oder nur eine Fortsetzung der Warnung, die schon in den 70er-Jahren von den »Grenzen des Wachstums« formuliert wurde?

Gewiss steht diese Aussage in der Fortsetzung der 70er-Jahre. Aber das Wort »nur« in Ihrer Formulierung ist unpassend: In den 70er-Jahren hat es die ersten statistisch unterfütterten Warnungen gegeben. Das Szenario aber hat sich in zumindest zwei Bedingungen mittlerweile verändert. Ein Großteil dieser frühen Warnungen hat sich als ernst, realistisch und tatsächlich erwiesen. Alle Leute, die heute ähnliche Dinge versuchen oder auf dem Report von 1972 aufbauend arbeiten, kommen zu einem ähnlichen Ergebnis: Im Prinzip war »Limits to Growth« in Ordnung. Die hatten recht. Die Krisentendenzen, die dort aufgespießt worden sind, sind zu einem großen Teil heute Realität.

Es kommt aber noch etwas Wesentliches dazu: Der Bericht über »Die Grenzen des Wachstums« hatte ja noch keine Ahnung vom Klimachaos. Das heißt: Auf diesen Bericht aufbauend gibt es mittlerweile eine Entwicklung in der Welt, die an Bedrohlichkeit noch überbietet, was der 72er-Report an möglichen Knappheitserscheinungen vor Augen hatte. Also das ökologische Verhängnis hat sich vertieft. Aber zweitens hat sich gleichzeitig die weltökonomische Lage verändert. 1972 war man noch in einer Situation, wo man zwei Dutzend reiche Länder auf der Welt hatte und der Rest der Welt in gemeinsamer Armut vereint war. Man darf nicht vergessen:1972 war Südkorea noch auf demselben Niveau wie Bangladesh. Also es gab wirklich die »armen Länder« hier und die »reichen Länder« dort. Und in diesen vergangenen vierzig Jahren seitdem hat sich da ungemein viel geändert. Zuerst hatten wir den Aufstieg der kleineren Schwellenländer – eben Südkorea, Taiwan, Thailand, Malaysia. Dann haben wir in den 90er-Jahren den Aufstieg Chinas und Indiens gesehen sowie die Entwicklung mittlerer

Großmächte wie Brasilien und Mexiko. Das sind aber immer auch Nationen und die Mächte, die damit höhere Ansprüche an die Biosphäre stellen …

… und sich meist am westlichen Beispiel orientieren …

… ja, eben deshalb, weil sie dem westlichen Modell folgen*. Die knappen ökologischen Ressourcen im Sinne der Analysen des 72er-Reports sind heute viel mehr umkämpft, als noch damals 1972. Deswegen kann man heute viel deutlicher absehen, dass die vielfältigen Knappheitserscheinungen begrenzter Ressourcen die »unsichtbare Hand« hinter vielen Konflikten sein werden, bis hin zu kriegerischen Auseinandersetzungen in der Zukunft.

Vergegenwärtigen wir uns einmal diesen zeitlichen Dreisprung – 1972 die »Grenzen des Wachstums«, 1992 die Rio-Konferenz mit dem neuen »Leitbild Nachhaltigkeit«, 1996 der erste Bericht »Zukunftsfähiges Deutschland«. Und nun müssen Sie im zweiten Bericht diagnostizieren: »Wir haben die Wende zur Nachhaltigkeit bisher nicht geschafft« …

Ja, das ist eindeutig. Es gab in Deutschland einige Kurskorrekturen, aber es gab beileibe keine Kurswende. Im Weltmaßstab muss man sogar zweifeln, ob es Kurskorrekturen gab. Die Formulierung »Wir haben die Wende nicht geschafft« muss man allerdings genauer überprüfen. 1992 in Rio beim Welt-Umweltgipfel waren wir immerhin im Gefolge der »Grenzen des Wachstums« von 1972 so weit, dass die internationale Staatengemeinschaft in feierlicher Form die »nachhaltige Entwicklung« zum gemeinsamen Ziel ausgerufen hat. Und was ist danach passiert? Drei Jahre später sind dieselben Regierungen wieder zusammengekommen, aber diesmal nicht in Rio, sondern in Marrakesch und haben die Welthandels-

* Wolfgang Sachs: *Wie im Westen so auf Erden*, Rowohlt Taschenbuch, Hamburg 1992

organisation gegründet. Die Welthandelsorganisation ist der institutionelle Ausdruck für deregulierte globale Märkte, also für die politische Absicht, die Welt in eine unregulierte wirtschaftliche Arena zu verwandeln. Dieses Projekt einer neoliberalen globalisierten Wirtschaft hat damals schon das »Projekt Nachhaltigkeit« an den Rand gedrängt. Marrakesch hat also über Rio die Oberhand gewonnen. Das ist der wichtigste Grund, weshalb weltweit das »Projekt Nachhaltigkeit« marginalisiert worden ist, also letztlich das Projekt, wie man verträglich mit der Biosphäre in gerechterer Weise leben kann. Und jetzt sind wir am Ende dieses Zyklus. Mit dem Crash des Finanzkapitalismus ist auch die Ambition, eine weltweit deregulierte Wirtschaftsarena zu schaffen, zerbrochen. Und es besteht jetzt wieder eine Möglichkeit, die Agenda von Rio aus dem Jahr 1992 in den Mittelpunkt der Aufmerksamkeit zu stellen.

Hazel Henderson sagt in diesem Buch den schönen Satz »It is a crime to waste a crisis« –»Es ist ein Verbrechen, eine Krise an sich vorbei gehen zu lassen, ohne sie zu nutzen«. Wie konkret könnten wir diese Krise jetzt nutzen? How not to waste the crisis?

Vielleicht auf zwei Ebenen. Zunächst ist diese Krise eine Lektion, die demonstriert, worauf man sich einstellen muss, wenn man den Kopf in den Sand steckt. Denn die Finanzkrise ist ja von vielen vorhergesagt worden. Es gibt ja die Chronik eines angekündigten Niedergangs, aber fast alle haben halt in die andere Richtung geguckt. Ein paar, auch die deutsche Regierung, haben versucht, ein bisschen die Steueroasen auszutrocknen. Aber selbst das war umstritten. Viele wussten, dass wir auf dünnem Eis gehen. Trotzdem war Verdrängung und Verleugnung angesagt. Dennoch ist plötzlich der Zusammenbruch über uns gekommen. Die Lektion lautet: Es lohnt sich nicht zu warten, es lohnt sich nicht, in die andere Richtung zu schauen, es lohnt sich nicht, auf dünnem Eis zu gehen. Besser ist Klugheit, besser ist Vorsorge, besser ist rechtzeitige Planung und Bewältigung von Krisen. Das gilt auch für das ökologische Verhängnis. Mit dem Zusammenbruch des Finanzkapitalismus, der ja die Speerspitze der Globalisierung und der Idee von Deregulierung der Märkte war, ist gleichzeitig die Vorstellung zusammengebrochen, man könne die Märkte als Schrittmacher für gesellschaftliche Entwicklung betrachten. Nein, jetzt ist deutlich geworden, dass die deregulierten Märkte zum Chaos führen. Das zeigt auch der Klimawandel – die Märkte führen zum Chaos, wenn es keinen Primat der Politik gibt. Märkte sind pfiffige Einrichtungen, sie führen zu mehr Effizienz, aber sie haben kein Organ für Nachhaltigkeit oder soziale Gerechtigkeit. Das Gemeinwohl muss vielmehr durch Politik im weitesten Sinne des Wortes gesichert werden. Diese Lektion zu lernen, ist jetzt auch maßgeblich für die Art und Weise, wie man mit der Krise umgeht.* Denn man muss dafür sorgen, dass der Umgang mit der Krise nicht wieder zum *crime* wird, sondern stattdessen die Chancen genutzt werden.

Und wo liegen diese Chancen Ihrer Meinung nach primär?

Natürlich geht es darum, der Wirtschaft unter die Arme zu greifen und gleichzeitig das Klima zu retten. Die Finanzmärkte als solches zu stabilisieren und große öffentliche Gelder, den Reichtum der Gesellschaft dafür einzusetzen, damit die Banken gesunden und der Wirtschaftsmotor wieder brummt, kann aber doch nicht der Sinn der Sache sein. Wir müssen uns vielmehr fragen: Wie kann man, indem man die privaten Akteure und die privaten Reichtümer stabilisiert, gleichzeitig das Gemeininteresse geltend machen? Und das geht nur, wenn die Hilfe der öffentlichen Hand an Bedingungen geknüpft wird. Es darf keine bedingungslose Unterstützung durch Steuergelder, also durch den öffentlichen Reichtum, für private Zwecke geben. Das *muss* an Bedingungen geknüpft sein. Und die Bedingungen sind, für das Gemeinwohl zu sorgen. Und was ist die größte Bedrohung für das Gemeinwohl? Klimachaos! Biodiver-

* Wolfgang Sachs u. a.: *Nachhaltiges Investment. Blaupause für einen Neuanfang*, Oekom-Verlag, München 2008

sitätsverlust! Also müssen wir die Krise so einsetzen, dass die Investitionen, welche die Banken stabilisieren und die Rezession abmildern sollen, gleichzeitig dem Übergang zu einer ressourcenleichten und naturverträglichen Wirtschaft dienen. Wenn schon Keynesianismus, dann bitte einen grünen Keynesianismus! Schließlich bestimmen die Investitionen von heute das Gesicht der Wirtschaft von morgen.

Warum ist auf dieser Ebene bislang so wenig geschehen? Initiativen wie die Verschrottungsprämie gingen ja eher in die gegenteilige Richtung? Sind die Lobbys zu stark oder die Scheuklappen zu fest geschraubt?

Plötzliche Notfallsituationen geben den Kräften des Status quo Oberwasser. Rettung mit Transformation zu verbinden, braucht weitsichtige und unabhängige Politik. Die ist nur schwer zu bekommen, weil Politik über das Arbeitsplatzargument erpressbar ist. Der Arbeitsplatzverlust hier und heute ist drängender als die Arbeitsplätze von morgen. Deshalb hat man sich nicht mal dazu durchgerungen, die Ankurbelung des privaten Autokaufs an die Emissionskriterien der Europäischen Union zu binden. Ganz zu schweigen von der Option, in öffentliche Güter zu investieren und, sagen wir, zweihunderttausend Autos für Carsharingsysteme im ganzen Land zu ordern.

Ist der Staat nicht immer das Instrument, mit dem primär der Status quo bewahrt wird? Woher kommen die Impulse für diesen Wandel?

Ich denke, ein Teil des Wandels ist auch ein Kampf um die Rolle des Staates. Fraglos kann an vielen Ecken ein Wandel ohne den Staat, außerhalb des Staates, gegen den Staat vorangetrieben werden. Das ist ja auch schon passiert: mit Bürgerinitiativen, in Umweltverbänden, mit Unternehmensinitiativen und in der Forschung. Aber es kommt der Punkt, wo es ohne Staat nicht geht. Und dann heißt es in die Auseinandersetzung um die Rolle des Staates zu gehen und die Frage zu stellen: Wem gehört der Staat? Und: Für welche Zwecke wird er eingesetzt? Dabei hat man darauf zu bestehen, dass der Staat uns allen gehört und für Zwecke einzusetzen ist, welche den besonderen Herausforderungen des 21. Jahrhunderts eine Antwort bieten. Dann ist der Staat notwendig, weil es natürlich an verschiedensten Stufen kollektive Vereinbarungen braucht, um sowohl der ökologischen als auch der Krise der Menschenrechte einigermaßen Herr zu werden. Man muss gemeinsam Regelungen treffen, man braucht Ordnungsrahmen, es braucht Vorgaben für Investitionen und technische Entwicklung. All das geht gar nicht ohne Staat. Deshalb – obwohl Impulse, Initiativen und Kreativität oft von außerhalb des Staates kommen – geht es letztendlich um einen Kampf darüber: Wem gehört der Staat? Und: Wozu soll er dienen?

Ist denn Ihrer Meinung nach den politischen Akteuren diese epochale Dimension dieses Wandels, in dem wir uns befinden – Stichwort Anthropozän – wirklich deutlich? Ist es nicht eher die Aufgabe zivilgesellschaftlicher Initiativen, Zukunft entstehen zu lassen, als die des Staates?

Na ja, *den Staat* gibt es ja nicht. Es gibt Politiker, es gibt öffentliche Manager. Das kann eine Europäische Kommission sein, das kann ein Gemeinderat sein. »Der Staat« hat ja sehr viele Gesichter. Und die vielen Gesichter des Staates, die vielen Subjekte, die da tätig sind, denen geht es wie allen von uns: Sie leben wie in einer epochentypischen Schizophrenie. Die aufgeklärten Zeitgenossen haben schon eine Ahnung im Hinterkopf davon, was mit »Anthropozän« gemeint ist: Nämlich die große Einflussmacht des Menschen auf die Biosphäre und wie diese Einflussmacht wieder auf den Menschen zurückschlägt. Es gibt durchaus ein Bewusstsein von dieser vagen, diffusen und grundsätzlichen Bedrohung. Aber die Schizophrenie liegt ja darin, dass jeder von uns als unmittelbares Reaktionsfeld seinen Alltag auf der vordersten Bühne hat: Eine Mutter muss sich mit ihren Kindern rumschlagen und kann gerade nicht an die Zukunft der Welt denken, weil die Kinder etwas zu essen brauchen und zum Kindergarten müssen oder Grippe haben. Und ein Politiker muss sich mit Dingen, die gerade den Alltag betreffen, beschäftigen, also dass gerade die Reallöhne fallen oder ein Kurssturz stattfindet. Und er muss sich zusätzlich damit herumschlagen, dass Gruppe X sagt »Hott« und Gruppe Y sagt »Hüh«. Das ist das schizophrene Verhältnis zwischen Vorderbühne und Hinterbühne. Auf der Vorderbühne sind wir geschäftig und machen den Alltag und das Kurzfristige und das Dringende. Und auf der Hinterbühne weiß man eigentlich, dass dies ganz unangemessen gegenüber den eigentlichen Herausforderungen ist. Da gibt es eine große Kluft. Aber diese Schizophrenie ist epochenspezifisch und wahrscheinlich bei Politikern und Unternehmern aufgrund ihrer besonderen Position ganz besonders ausgeprägt.

Welche Rolle spielt dann die Zivilgesellschaft?

Die Zivilgesellschaft ist im Grunde genommen eine Unternehmung, die das Geschehen auf der Hinterbühne in das Geschehen auf der Vorderbühne hineinstoßen kann. Sie beschäftigt sich mit der Frage, wie man die Vorderbühne so organisieren könnte, dass man zugleich auch die Probleme der Hinterbühne löst. Oder sie macht hartnäckig deutlich, dass die Vorderbühne ganz falsch konstruiert ist und das falsche Stück gespielt wird! Gegenwärtig zu halten, was sich da auf der Hinterbühne anbahnt – das ist die Rolle der Zivilgesellschaft. Insbesondere in einem Moment, wo vieles darauf hindeutet, dass eine zweideutige Zeit bevorsteht – ausgerüstet mit Wissen, doch untüchtig zum Handeln.

Jene Tüchtigkeit zum Handeln scheint im Hinblick auf die Klimakonferenz in Kopenhagen dringend erforderlich. Ist ein Durchbruch möglich und wie muss er mindestens ausschauen?

Genau, die internationale Klimapolitik ist überschattet von dieser Zweideutigkeit. Auf der Ebene der Rhetorik sagen alle, dass Kopenhagen im Dezember 2009 den Grundstein für ein wirksames Nachfolgeabkommen zum Kyoto-Protokoll legen muss, weil andernfalls dem Klimachaos nicht mehr rechtzeitig Einhalt zu gebieten ist. In der Realität aber sind wir davon im Frühjahr 2009 noch weit entfernt. Deutschland ist kein Vorreiter mehr. Wenn es um Reduktionsverpflichtungen geht, verhindern die Interessen der Kraftwerksbetreiber und der energieintensiven Industrien große Sprünge. Und die Europäische Union kommt nicht rüber mit einer großangelegten Kooperations- und Finanzierungsinitiative, um die Entwicklungsländer beim »Leapfrogging« in eine effiziente Solarwirtschaft zu unterstützen. Beides, der drastische Rückbau der Emissionen hierzulande und die massive Unterstützung anderswo sind aber die Voraussetzung dafür, dass es zu einem ernsthaften globalen Vertrag kommt, der Industrie- wie Entwicklungsländer in die Klimaabrüstung zwingt.

Ein schrittweiser Übergang zu einem dezentralen solaren Energiesystem – der geschieht ja, wenn man auf die Hausdächer schaut. Ökosoziale Wirtschaftsprojekte werden durchgeführt, wenn man sich die wachsende Zahl von »social entrepeneurs« anschaut. Neue Lebensformen entstehen, weil Menschen mit der isolierten Lebensform nicht mehr zufrieden sind. Würden Sie sagen, dass Zukunft aus der Gegenwart in krisenhaften Situationen wie so ein evolutionärer Impuls quasi von alleine entsteht? Oder wo müssen wir es noch mal besonders anstoßen?

In meinen Augen ist es nützlich, sich den Wandel als einen Gang vorzustellen, der auf zwei Beinen daherkommt. Auf der einen Seite sind wir Herren von nichts. Denn wir können nichts wirklich übersehen und ermessen – und deshalb auch schon gar nicht planen, welche äußeren Ereignisse eintreten. Man konnte in dem Sinne ebenso wenig planen, dass der Finanzkapitalismus im September 2008 zusammenbricht, wie man auch nicht planen und voraussehen konnte, dass der Sozialismus zusammenbricht. Und man kann auch den Hurrikan Kathrina nicht voraussehen. Es gibt eine Fülle von äußeren Ereignissen, Zusammenstößen, plötzlichen Konstellationen, die einen als Person und als Gesellschaft unter Zugzwang setzen. Das ist das chaotische Geschehen der Geschichte. Wie bereitet man sich darauf vor? Rational ist demgegenüber das zu tun, was einem richtig und wichtig erscheint. Denn es kommt darauf an – wie das Zitat von Hazel Henderson zeigt –, was man aus den Klemmen, aus den überraschenden Konstellationen, aus den Krisen macht. Und was man daraus macht, hängt davon ab, über welche Antwortoptionen man verfügt. Was kann man machen? Wenn der Feind angreift, ist es im Moment des Angriffs zu spät, ein Heer aufzubauen. Wenn du kein Heer hast, dann bist du dem Angriff wehrlos ausgeliefert. Ähnliches gilt für die Krise: Wenn die Krise da ist und man sich entscheiden und reagieren muss, kann man nichts mehr neu aufbauen, erfinden, neu entwickeln. Entweder es ist da oder es ist nicht da. Also lautet die Antwort: Es müssen über eine längere Zeitperiode Optionen aufgebaut werden. Genau hier liegt die besondere Aufgabe der Zivilgesellschaft.

... die dann aber oft erst einmal nicht erst genommen wird ...

Richtig! Aber sie verändert das System doch. Nehmen wir das Beispiel der Windräder. Die belächelten schrägen Vögel, die vor dreißig Jahren Windräder gebastelt haben, waren eine kleine radikale Minderheit. Die haben das in einer Mischung aus Intuition, Passion und Bastlerfreude gemacht. Und heute gibt es eine florierende Wirtschaft der Anlagenbauer für Windkraft, die zu einem der wichtigsten Exportartikel Deutschlands geworden ist. Ich will damit sagen, dass sich in einer Gesellschaft im Kleinen andere Produktions- und Konsumformen herausbilden und Optionen in Oppositionen und in der Minorität entwickelt werden können. Und an bestimmten Punkten – eben dann, wenn Krisen zuschnappen – können diese Optionen wichtiger werden und bis in den *Mainstream* hinein vorstoßen.

Wäre das dann die technologische Option, um auf die Krise zu reagieren? Brauchen wir eine wissenschaftlich-technologische Ebene des Wandels, obwohl das wissenschaftlich-technologische lineare Weltbild offenbar gescheitert ist?

Ja, natürlich brauchen wir die, weil eine neue Zeit und eine neue Kultur auch eine andere Technik braucht. In der Technik verbergen sich ja die Sehnsüchte und Selbstverständlichkeiten einer Epoche. Und wenn sich die Sehnsüchte und Selbstverständlichkeiten einer Epoche wandeln, wandelt sich auch die Technik. Deshalb gehört natürlich die »Hardware« integral zur Kultur. Und aus diesem Grunde kann man sich einen Übergang zu einer menschen- und naturfreundlichen Kultur nur dann vorstellen, wenn gleichzeitig eine andere Technik wächst: Also eine Technik für Mobilität und eine Technik für Energiegewinnung und ökologischen Landbau und dergleichen mehr.

Verlängern solche Lösungen das Zeitfenster für den Wandel und tragen dazu bei, dass wir den offensichtlichen Kollaps ein Stück weit hinausschieben können?

Das mit dem Zeitgewinn würde ich nicht ganz so sehen. Denn wenn man sich jetzt mal vorstellt, wie man wirklich Zeit gewinnen kann, dann sind es gar nicht die technischen Projekte. Denn die technischen Projekte brauchen meistens Zeit – es muss etwas entwickelt, erprobt, vermarktet werden. Das geht ja alles nicht von heute auf morgen. Man kann nur den Dingen, die heute bereits bestehen, zum besseren Durchbruch verhelfen. Wenn man Wert darauf legt, dass etwas schnell gehen muss – wir brauchen zum Beispiel innerhalb von ganz wenigen Jahren einen entscheidenden Durchbruch im Energieverbrauch –, dann sind ja die nichttechnischen Dinge viel schneller möglich. Das simpelste und trivialste Beispiel ist eine Geschwindigkeitsbeschränkung auf der Autobahn – das könnte man von heute auf morgen machen. Sie können von heute auf morgen, wie London und Stockholm das machen, Autos in den

Stadtzentren verbieten oder nur ganz selektiv reinlassen. Sie können sogar sehr viel schneller in Kommunen Gebäude sanieren als neue Technologien entwickeln. Wenn es um Schnelligkeit geht, sind eigentlich soziale Regelungen, Konventionen, Mobilisierung von Menschen schneller als eine technische Entwicklung.

Auf der zweiten Ebene sprechen Sie in Ihrem Bericht von einem »institutionellen Projekt«. Heißt das, wir brauchen neue Organisationsformen auf der lokalen, nationalen und globalen Ebene?

Ein »Institutionenprojekt« bedeutet, ein Set von Regelwerken und Ordnungsrahmen zu erfinden, welches die Wirtschaftsdynamik zwischen zwei Leitplanken hält. Nämlich auf der einen Seite die Leitplanke der biosphärischen Verträglichkeit und auf der anderen Seite die Leitplanke der Menschenrechte. Wir haben ja diesen herrlichen Grundgesetzartikel, der heute ganz unausgenutzt ist, irgendwie staubig im Schrank steht, den man aber – wie ich finde – entstauben und wieder zum Funkeln bringen kann, nämlich Artikel 14, Absatz 2 Grundgesetz: »Eigentum verpflichtet«. Und der Nachsatz hat es in sich: »Sein Gebrauch soll zugleich dem Wohle der Allgemeinheit dienen«. Der ist ja bei weitem nicht mit der Sozialbindung des Eigentums erschöpft, sondern hat doch ebenfalls eine enorme ökologische Sprengkraft. Also: Welche Institutionen und Regeln brauchen wir, damit – wenn ich jetzt »Gemeinwohl« so übersetze – Ökosysteme florieren und alle Menschen die fundamentalen Rechte auf der Welt bekommen. Dafür braucht es Institutionen. Dafür braucht es statt einer Welthandelsorganisation eine Welt-*Fair*-Handelsorganisation. Dafür braucht es Standards zum Verbrauch von Automobilen, Waschmaschinen, Wäscheschleudern und dergleichen mehr. Dazu braucht es auch Forschung, dazu braucht es auch die Intervention des Staates, der versucht, eine Dynamik in eine bestimmte Richtung zu treiben. Also dieses Gesamt solcher Institutionen und Regeln. Es gehört ja zu den großen Errungenschaften unserer Wirtschaftsgeschichte, dass es so Ende des 19. Jahrhunderts eine erste Phase der Zivilisierung des Kapitalismus gegeben hat. Damals hat man die berühmten Sozialgesetze eingeführt, die ja dazu geführt haben, dass wir Versicherungen haben. Und in ähnlicher Weise braucht es heute wiederum Gruppen von Institutionen, die sichern, dass wir nicht die Biosphäre in den Ruin treiben.

Heißt das nicht, dass wir die Strukturen, die wir jetzt vorfinden und die sich immer weiter krisenhaft auswirken, verstehen müssen? Es gibt ja immer noch den Mythos von der Unverstehbarkeit der globalen Wirtschaftssysteme, denen wir immer nur noch als Opfer gegenüberstehen.

Ist wirklich Nichtwissen vorherrschend? Zum einen wissen wir natürlich sehr viel. Und wir wissen auch sehr viel über mögliche andere Wege. Es war wahrscheinlich kaum eine soziale Revolution so gut mit Experimenten vorbereitet und in Pilotprojekten ausprobiert wie diese, um die es jetzt geht. Es ist natürlich lächerlich, dass sich seit Beginn der Krise die deutschen Banken als Schicksalsgemeinschaft beschreiben, weil von »Schicksal« keine Rede sein kann, von »Gemeinschaft« wahrscheinlich auch nicht. Es ist ja jetzt kein Wettereinbruch, der plötzlich die Banken getroffen hätte, sondern es sind identifizierbare Strategien, identifizierbare Regellosigkeiten, identifizierbare Fehler, die zu dem Zusammenbruch geführt haben. Man kann aus diesem Wissen Konsequenzen ziehen und versuchen, die Macht zu gewinnen, um diese Konsequenzen durchzusetzen. Und so ist es in vielen Bereichen. Auf der anderen Seite ist auch richtig, dass wir Wichtiges nicht wissen. Ich spreche jetzt nicht darüber, dass wir nicht wissen, wie die Natur funktioniert. Natürlich nicht, weil die Natur ein lebendiger Prozess ist, der nur in Grenzen begreifbar ist. Wir wissen nicht, wie Gesellschaften funktionieren, wie Politik funktioniert. Wir müssen verstehen, dass man das auch nicht kann, weil es sich hier um lebendige Prozesse handelt, die ihre eigenen Interferenzen, ihre eigenen chaotischen Prozesse haben und sich der absoluten Kontrolle immer entziehen.

Was bedeutet das für die Wirtschaft? Und weiter gefragt: Ist dann nicht ein Grundwebfehler in diesem nicht zukunftsfähigen Weltsystem, die ganz simple kapitalistische Grundregel, dass wir immer weiter wachsen müssen?

Wir wissen noch nicht, wie man eine Wirtschaft bauen kann, die allen ein Auskommen, ein gedeihliches Leben sichert, aber gleichzeitig nicht unbedingt wachsen muss. Wir haben in den letzten 200 Jahren auf jeden Fall, jetzt zunehmend progressiv, eine Wachstumswirtschaft. Die Wachstumswirtschaft ist zur Wachstumsgesellschaft geworden, weil eben viele unserer gesellschaftlichen Notwendigkeiten nicht mehr funktionieren ohne Wachstum. Und wir wissen nicht, wie wir aus dieser Sackgasse letztendlich herauskommen. Es gibt dazu Ansätze und Experimente. Aber wenn man in die Disziplin guckt, die das Wissen darüber verwaltet, nämlich die Wirtschaftswissenschaften, dann gucken Sie in eine Wüste. Die Wirtschaftswissenschaften heute sind eine kognitive Wüste, wenn es darum geht, sich zu fragen: »Was könnte eigentlich Wirtschaften jenseits des Wachstumszwangs bedeuten?«

Auf der dritten Ebene sprechen Sie im »Bericht Zukunftsfähiges Deutschland« von einem »Wandel der Leitbilder«, also den Änderungen in der persönlichen Lebensführung, in der Moral, in der Ethik, vielleicht auch in der Spiritualität. Das klingt ja nach einer großen kulturellen Herausforderung, wenn nicht gar nach einer Kulturrevolution … Wo stehen wir da?

Von dem großen französischen Historiker Braudel kann man lernen, dass die großen Revolutionen unversehens stattfinden. Und manchmal sind Revolutionen weniger eine Umstülpung oder ein Umsturz als ein Umfärben. Und sicher betreffen sie auch nicht nur die Zukunft der Wirtschaft, sondern auch unsere kulturellen Werte. Ein Beispiel, wo mir das immer wieder auffällt – und das hat sehr viel mit Lebensführung zu tun –, ist der Umgang mit Zeit. Viele Leute merken – intuitiv oder mit klarem Auge –, dass der zunehmende Reichtum an Gütern zu einer Armut an Zeit geführt hat. Dass wir da in einer eigenartigen Balance leben, die zu einer Paradoxie führt. Wir werden zwar reicher, aber auf der anderen Seite ärmer, sodass das Endergebnis vielleicht gar kein Fortschritt ist. Jeder merkt das: Reicher zu sein ist eine feine Sache, aber letztendlich ist jedes Stück, das wir uns besorgen, ein Zeitdieb. Ein Zeitdieb, der an unserer Zeit nagt. Wenn Sie viele Sachen in 24 Stunden reinrammen wollen, wird die Zeit knapp. Und hier sind wir bei der Hetze und Nervosität. Die Folge daraus ist ja nicht nur Zeitknappheit. Sondern wenn man keine Zeit mehr hat, hat man auch nicht mehr den Raum, die Aufmerksamkeit, die Intensität, um Qualität herauszuholen aus den Dingen, die man besitzt. Einfache Beispiele: Wenn Sie sich Bergstiefel kaufen, dann ist es schön, sie zu haben und ins Regal zu stellen. Aber wenn Sie die nicht benutzen und in die Berge wandern gehen, dann haben sie nicht viel Sinn. Das heißt, wenn Sie nicht die Lebensqualität rausholen, die mit einem Bergstiefel möglich ist, dann ist das unterausgenutzt. Aber dafür braucht es wieder Zeit. Oder Sie kaufen sich CDs, um Musik zu hören. Aber wenn man nicht mit Aufmerksamkeit, Kenntnis und seelischem Klang hört, dann hat man nicht die Qualität herausgeholt, die drinsteckt. Aber dafür brauchen Sie wieder Zeit. Die Vielzahl der Dinge kann also die eigentliche Befriedigung untergraben. Da wird es dann vernünftig, eher die Vielzahl der Dinge einzuschränken, um sich den ausgewählten Dingen, die man hat, dafür umso aufmerksamer und intensiver zu widmen. Und dieses Gegenüber von Zeitwohlstand und Güterreichtum scheint sich kulturell zu verbreitern. Warum machen die Leute Meditation und suchen Wellness, wenn nicht, um ihr Leben zu entschleunigen? Das sind ja eigentlich kulturelle Motive, die da wirken. Also gibt es untergründig schon eine Suche, wie man sich aus dem Rattenrennen der Akquisition und der Akkumulation von Gütern herausziehen kann.

Sie sprachen von den Aufsteigernationen weltweit und den Leitplanken der Naturverträglichkeit und Menschenrechte. Da kommen wir ja schnell auf eine Ebene, wo die Studie »Zukunftsfähiges Deutschland« sich gar nicht mehr nur auf Deutschland bezieht, sondern unser Land in einen »Welt-Umweltraum« stellt. Müssen wir in diesem globalen Kontext einen anderen Umgang mit materiellen Gütern lernen, was dann heißt: Weniger Haben und mehr Sein?

Gewiss lautet eine Forderung »weniger Haben und mehr Sein«. Aber man kann es noch ein bisschen strenger formulieren: Wenn andere mehr Möglichkeiten haben sollen als zurzeit – also sich aus ihrer Armut zu befreien und mit uns auf gleiche Augenhöhe zu kommen –, dann erfordert das eine Machtrücknahme von unserer Seite. Macht ist ein Nullsummenspiel. Wenn man sagt: Ausstieg aus der Armut, heißt das gleichzeitig: dem anderen mehr Macht geben. Und wenn man sagt: »Die anderen sollen sich auch entfalten können«, heißt das, den anderen mehr Macht zu geben. Das heißt, zumindest in der Relation zu unserer Vergangenheit, auf allen Ebenen Macht zurückzunehmen. Die eine Macht, die wir dadurch ausüben, dass wir über Kaufkraft überlegene Ansprüche an die Biosphäre anmelden. Das ist die Macht, die Ressourcen mobilisieren, Energie kaufen und Landfläche kaufen kann. Wegen ihr werden die wertvollsten Ressourcen der Welt so kanalisiert, dass sie die Bedürfnisse und Erfordernisse der reichen Welt befriedigen. Deshalb bleibt bislang für die Armen nicht viel übrig. Und die Armen haben wenig Möglichkeiten, da einzugreifen, weil sie nicht die Kaufkraft haben. Also es ist eine Erfordernis, dass die reichen Länder und reicheren Schichten ihre Nutzung des Umweltraums zurückbauen, den Umweltraum der Welt weniger grobschlächtig und weniger breitbeinig besetzen, sich also ökologisch abrüsten. Das heißt im Detail: weniger Ressourcen nutzen, damit für die anderen mehr bleibt. Das ist die eine Ebene. Die andere Dimension ist aber nicht zu vergessen: Armut einzudämmen erfordert letztendlich, dass der Starke die Welt nicht mit seiner eigenen Macht überzieht. Das fordert auch im wirtschaftlichen Bereich eine Machtrücknahme. Man kann nicht eine Wirtschaftspolitik, eine

Außenhandelspolitik betreiben, eine Welthandelsorganisation betreiben, globale Märkte mit der Maßgabe einrichten, dass der Stärkste und der Beste überall gewinnen soll. Denn dann muss der Schwächere, der aus irgendwelchen Gründen in einer benachteiligten Situation ist, immer verlieren. Die angeblich offenen Märkte zeigen das ja. Offene Märkte sind da, um den Stärksten gewinnen zu lassen. Aus diesem Grund heißt Rücksicht auf Arme in der Außenhandels- und in der internationalen Wirtschaftspolitik, nicht den eigenen Machtsinn in den Mittelpunkt zu stellen, sondern gleichzeitig auch die anderen mit zu bedenken. Dafür muss man internationale Regeln und Institutionen so einrichten, dass systematisch nicht der eigene Machtgewinn, sondern auch der Gewinn der anderen im Mittelpunkt steht. Konkret: Es darf keine Exportkredite in Deutschland mehr geben ohne Konditionen für Menschenrecht und Umwelt. Konkret: Es kann keine Welthandelsorganisation geben, die nicht gleichzeitig dafür sorgt, dass ein Qualitätsboden in der internationalen Ökonomie eingezogen wird, unter den man nicht drunter kann: Mit Regelungen, die festschreiben, dass Produktion und Produktaustausch eben auch den Grundkriterien von Umweltverträglichkeit und Menschenverträglichkeit gehorchen müssen. Das ist ja auch ein Machtverlust, damit es anderen besser geht und die am schlechtesten Gestellten besser wegkommen. Anders lassen sich in diesem Jahrhundert die Weltverhältnisse nicht entschärfen.

Ist es letztlich die Interdependenz zwischen all diesen Lösungsansätzen, die erkannt und umgesetzt werden muss?

Die Interdependenz ist wichtig, weil immer mal wieder die Lösung des einen Problems synergetisch mit der Lösung des anderen Problems einhergeht. Auch besteht immer wieder die Gefahr, dass man bei der zu linearen Lösung der einen Frage ein neues Problem aufwirft. Plastisches Beispiel: Man hoffte lange Zeit durch eine Offensive mit der Produktion von Agrotreibstoffen die Verknappung und Verteuerung von Treibstoffen für das Auto lösen zu können. Bis man in den letzten zwei Jahren – durch verschiedene Konflikte vorangebracht – realisieren musste: Wenn man zu linear einen Ersatz für fossile Treibstoffe sucht, reißt man ein neues Problem auf. In diesem Fall gab es wegen der rasanten Expansion des notwendigen Flächenverbrauchs eine Kettenreaktion, die zu Entwaldung, zur Vertreibung von Kleinbauern, zur ökologischen Zerstörung führte. Also hat man versucht, über Agrartreibstoffe ein ökologisches Problem, nämlich die Knappheit von Öl zu lösen und hat sich ein neues eingehandelt, nämlich Zerstörung von Biodiversität und von Fläche. Das ist ein typisches Beispiel, wo die Gefahr bestand und vielleicht noch besteht, dass die Lösung des einen Problems zum Aufreißen eines neuen führt. Trotzdem gibt es natürlich Prioritäten.

Auf welche Zukunft sind die ausgerichtet?

Wir sprechen von der Solar-Spar-Gesellschaft. Hier sind die beiden Ideen drin. Für die ökonomische Umwälzung, solare Energien und regenerative Stoffe zur Basis der Wirtschaft zu machen und ihren Ausbau dynamisch voranzutreiben, hat Deutschland ja auch Instrumente wie das »Erneuerbare Energien«-Gesetz entwickelt. Auf dieses Fundament müssen neue Stockwerke gebaut werden. Warum soll denn jetzt nicht der Kampf gegen eine drohende Wirtschaftsrezession dadurch geführt werden, dass man für erneuerbare Energien aller Art ein Innovationsprogramm auflegt? Aber ich erwähnte auch die »Spargesellschaft«, weil gleichzeitig auch klar ist, dass eine Solarwirtschaft nicht auf demselben Niveau von Energieverbrauch realisiert werden kann wie eine fossile Gesellschaft. Es braucht Klugheit und Intelligenz, um mit dem Wertvollen, was es gibt, der Energie, umzugehen. Manche gehen dabei voran. Das Land Baden-Württemberg ist bisher zum Beispiel das einzige, das für den Energieverbrauch von Neubauten Anteile an erneuerbaren Energien vorschreibt. Man kann sich da sehr viel mehr vorstellen, Stück für Stück unseren Bestand an Gebäuden, an Maschinen zu einer gewissen Energieeleganz hin umzurüsten. Das steht alles an. Und so gibt es eine Reihe von Dingen, die schon angefangen haben, aber in eine weitaus größere Ordnung übergeführt werden müssen.

Wenn man das fossile System als einen gewaltigen Öltanker sieht, der durch die Meere der Weltwirtschaft pflügt, ergäbe eine solare Zukunft das Bild eines Segelbootes, das mit unterschiedlichen Winden fährt und mit wenig Einsatz und noch weniger Schaden Zukunftsfähigkeit ermöglicht. Wovor wir in den nächsten 30, 40 Jahren stehen, wäre dann letztlich der Umbau dieses Tankers in viele Segelboote auf hoher See bei voller Fahrt. Wie kann das gehen?

Wenn die Metapher stimmen soll, dann muss man den Tanker durch viele, viele, viele Segelboote ablösen. Und je mehr Segelboote schon da sind, wenn der Tanker mal nicht mehr weiterkann und orientierungslos in den Meereswogen herumsteuert, weil sein Tank leer ist, je mehr Segelboote dann da sind, umso besser. Diese Gegenüberstellung von Tanker und Segelbooten hat ja den Sinn herauszuarbeiten, was wichtige Kennzeichen einer ressourcenleichten solaren Wirtschaft sind. Das kann man beim Segelboot im Kontrast zum Tanker sehen: Beim Segelboot ist die Leichtigkeit wichtig. Beim Tanker ist es nicht so wichtig, wie viel Gewicht er hat, weil er mit der Macht seiner Maschine und seines Antriebs und den fossilen Brennstoffen seinen Weg durch die Wellen pflügen kann. Also zeigt die Metapher: Eine neue Wirtschaft muss leicht sein, ressourcenleicht, dematerialisiert. Zweitens: So ein Segelschiff ist ja eine technisch hochintelligente Angelegenheit. Die Takelage des Bootes ist so gebaut, dass ein Naturstrom clever ausgenutzt wird. Man kann geradezu auch gegen den Wind segeln. Das ist ein grandioses Beispiel für menschliche Intelligenz, die dem Naturstrom, der sowieso existiert, eine Leistung abluchst. Da verbirgt sich eine weitere Analogie zur solaren Wirtschaft, die durch kluge Umwandlungstechniken versucht, den verschiedenen Naturflüssen – eben Wind und Sonne, Pflanzen und Wasser – Leistungen abzugewinnen. Und drittens kann man am Segelboot aber auch sehen: Ein Segelboot wird nie die Leistung eines Tankers liefern. Denn der Tanker, weil er eben diese Energiedichte des Öls hat, kann in schwerster See stetig und unverändert seinen Kurs halten, seine Geschwindigkeit erhöhen und sich dabei riesige Lasten aufbürden. Ein Segelboot hat da schon größere Schwierigkeiten. Es kann nicht so viel Lasten tragen, muss mit mittlerer Geschwindigkeit fahren und versuchen, sich in seiner Leistung mehr an die Umweltbedingungen anzupassen. Dasselbe gilt für die solare Wirtschaft: Die solare Wirtschaft wird nicht dieselbe Leistung liefern können im Sinne von Geschwindigkeit, Komfort, Warenumsatz, wie es die fossile Wirtschaft konnte, ebenso wie ein Segelboot nicht dieselbe Leistung liefern kann wie ein stählerner und ölbefeuerter Tanker.

Wenn man darüber nachdenkt, dass das Ende der fossilen Rohstoffe bedeutet, dass wir Landwirtschaft nicht so weiterfahren können, weil Pestizide und Düngemittel auf Öl basieren, die Versorgung gefährdet ist, weil ganze zentralisierte Transportsysteme auf Öl basieren, dann hat man den Eindruck, als wäre da in letzter Konsequenz politisch noch nicht hingedacht worden, wie wir mit diesem unglaublichen Umbau der Gesellschaft umgehen müssten. Macht Ihnen das Angst?

Nein, das macht mir nicht Angst. Das macht besorgt. Und wir haben wenig Zeit. Und es steht dringend an. Aber ehrlich gesagt: Wir leben in einer aufregenden Epoche, und ich finde, es gehört zu den Privilegien meiner Lebenszeit, in dem Moment, wo ich hier bin, mit vielen anderen zusammen daran mit Hand anlegen zu können.

Sind Sie Optimist oder Pessimist, was das »zukunftsfähige Deutschland« angeht?

Da gefällt es mir darauf zu antworten wie Antonio Gramsci, der italienische Philosoph. Als er in den 30er-Jahren in den Gefängnissen des italienischen Faschismus saß und gefragt wurde: »Ja, sind Sie ein Optimist oder ein Pessimist?«, sagte er: »Ich bin ein Pessimist im Verstand, doch ein Optimist im Willen.«

Die Krise wird uns zur ökologischen Landwirtschaft zwingen

Im Dialog mit der Quantenphysikerin und Aktivistin Vandana Shiva

Dr. Vandana Shiva ist eine der wichtigsten Aktivistinnen im weltweiten Kampf gegen Globalisierung, Gentechnologie und Neokolonialismus. Geboren in Indien, studierte sie in Kanada Physik und arbeitete als Quantenphysikerin, bevor sie ihre *Research Foundation for Science, Technology and Ecology* gründete. Sie gilt als eine der wichtigsten Vorkämpferinnen des Öko-Feminismus. Als Globalisierungskritikerin kämpft sie besonders gegen die Monopolbildung transnationaler Unternehmen und des Saatgutes, den Missbrauch des Patentrechts, die gentechnische Manipulation des Saatgutes und für die Erhaltung globaler biologischer Vielfalt sowie den Aufbau basisdemokratischer Organisationen in der globalen Zivilgesellschaft. Vandana Shiva wurde 1993 mit dem Alternativen Nobelpreis ausgezeichnet. Sie ist eine der Vorsitzenden des alternativen »International Forum on Globalisation«, Mitglied des Club of Rome und im Exekutivrat des Weltzukunftsrates.

Wir stehen vor einer Lebensmittelkrise, wir haben ein großes Problem mit dem Welthunger, die Förderung des Öls geht dem Ende zu, und über allem liegt die Klimakrise. Es scheint, als würden wir uns in einem Krisenkarussell befinden, das einen schwindeln und den Blick auf das ganze Bild verschwimmen lässt. Deshalb ist meine erste Frage: Sind diese Krisen Einzelphänomene oder vielmehr alles Symptome einer einzigen massiven Fehlentwicklung?

Ich sehe all das als Symptome einer Krise mit vielen Aspekten, die eng miteinander verzahnt sind. Das absehbare Ende der Ölförderung, also die Tatsache, dass wir die globalen Ressourcen fossiler

Brennstoffe verbraucht haben, ist unmittelbar mit der Krise des Klimas verbunden, denn sie ist ja nichts anderes als der äußere Effekt einer fossilen industriellen Zivilisation. Die Industrialisierung basiert *per definitionem* auf Produktionsprozessen auf der Basis nichterneuerbarer fossiler Brennstoffe, welche die vorindustriellen erneuerbaren Energiequellen verdrängt haben. Anders gäbe es keine weltweite industrielle Wachstumsgesellschaft. Und bei der Industrialisierung der Landwirtschaft geht es dann entsprechend um die Verdrängung natürlichen Düngers, den wir selbst herstellen können, durch synthetische und auf Erdöl aufbauende synthetische Dünger. Die aktuelle Finanzkrise wiederum resultiert aus zwei Aspekten des Wachstums der globalisierten Wirtschaft, die ihrerseits zum einen mit dem Klimawandel verbunden ist und andererseits mit der Ernährungskrise. Im Prozess der Globalisierung haben wir erleben müssen, wie jeder Aspekt des Lebens zur Ware gemacht worden ist. Denn Globalisierung bedeutet weit mehr als nur die Aufhebung von Handelsbarrieren, wie es gerne dargestellt wird. Sie bedeutet, über alles verfügen zu wollen und zu sagen: »Man kann damit handeln, also ist es eine Ware!« und es dann ein paar gigantischen Konzernen zu überlassen.

Können Sie ein Beispiel für so einen Prozess der Kommerzialisierung nennen?

Nehmen wir als Beispiel das Wasser.* Es sind fünf transnationale Unternehmen, die hinter der gesamten globalen Wasserprivatisierung stehen und die jährlich zusammen mehr als eine Billion Dollar Profit einfahren. Oder nehmen wir die fünf herrschenden Saatgutkonzerne oder die ebenfalls fünf Lebensmittelmonopole. Ein Großteil ihres Reichtums erwächst daraus, dass sie sich etwas genommen haben, was eigentlich ein Gemeingut war und allen Menschen gehörte. Der Prozess der Kommerzialisierung basierte dar-

* Vandana Shiva und Bodo Schulze: *Der Kampf um das blaue Gold. Ursachen und Folgen der Wasserverknappung*, Rotpunkt-Verlag, Zürich 2005

auf, dass man natürliche Tauschwerte und Nahrungsmittel als Form gewordene Lebenskraft in Bargeld verwandelte. Damit wird der ursprünglich vorhandene natürliche Reichtum zwangsläufig verringert: Wenn Coca-Cola in ein indisches Dorf kommt, um die lokale Quelle anzuzapfen und das Wasser in Flaschen zu füllen, dann gibt es dort weniger Wasser als *Gemeingut* und mehr Geld auf dem Konto von Coca-Cola. Wenn das Unternehmen Cargill mehr Dünger verkauft, dann reduziert es damit die *natürliche* Bodenfruchtbarkeit. Und wenn der Saatgut- und Genmulti Monsanto nicht innerhalb der nächsten zwei bis drei Jahre aufgehalten wird, dann wird dieser Konzern jedes Saatgut, das auf dem Markt ist – überall, in jedem Land und von jeder anbaubaren Gattung – kontrollieren. Heute haben sie bereits 95 Prozent der genetisch veränderten Samen unter ihrer Kontrolle.* Aber sie versuchen das Gleiche mit unverändertem und sogar biologischem Saatgut zu erreichen, indem sie in großem Stil auch konventionelle und ökologische Saatgutfirmen aufkaufen. Was daraus entsteht, ist *weniger* natürliche Vielfalt: Sie fördern eigentlich nur noch vier Pflanzensorten: Getreide, Soja, Raps und Baumwolle. Da wir Letztere nicht essen können, reduziert das Saatmonopol das Angebot auf gerade einmal drei Feldfrüchte, während wir bis vor kurzem noch 8500 verschiedene Pflanzen angebaut haben!

Führt also die Sucht nach Profit zwangsläufig zum Bankrott der Natur?

Fraglos schrumpft die Wirtschaft der Natur, während die Finanzökonomie wächst. Mit der gesamten Liberalisierung der Finanzmärkte entstanden auch zahllose neue Instrumente, um grenzenlose Investitionen zu managen. Ein Haufen Leute mit wissenschaftlichen Qualifikationen gingen an die Wall Street, um dort an noch komplexeren Methoden zu arbeiten, Geld zu multiplizieren. Aber

* Vandana Shiva und Bodo Schulze: *Geraubte Ernte. Biodiversität und Ernährungspolitik*, Rotpunkt-Verlag, Zürich 2004

es gibt einen natürlichen Punkt, bis zu dem ein solcher Ballon wachsen kann. Jetzt haben wir ihn platzen sehen. All das hat damit zu tun, dass hier wirkliches Leben durch fiktionale finanzielle Transaktionen ersetzt wurde und diese Geschäfte dann auch noch als etwas dargestellt wurden, was grenzenlos und unabhängig von der Natur und der Gesellschaft wachsen könne. So einen Wachstumstraum kann man sich eine Weile vorgaukeln, aber irgendwann muss er einfach in sich zusammenbrechen.

Lassen Sie uns hier einmal über die Rolle der Finanzmärkte bei der Nahrungsmittelkrise sprechen: Wenn Investoren mit Hedgefonds Wetten auf kommende Ernteergebnisse abschließen, dann ist der daraus resultierende globale Preisanstieg ja ein klassisches Ergebnis für den gefährlichen Einfluss des globalen Finanzkasinos. Hier ist, ganz anders als bei Ihnen in Indien, bislang noch jeder Supermarkt gefüllt. Was aber bedeutet der nüchterne Begriff der Lebensmittelkrise für Ihre Landsleute?

Wir dürfen nicht vergessen, dass die vollen Supermarktregale hier in direktem Zusammenhang mit dem Welthunger woanders stehen. Wenn fast jede Farm in Afrika oder Asien Feldfrüchte für den Export anbaut, weil im eigenen Land damit kaum etwas zu verdienen ist, dann sind natürlich hier die Supermärkte voll, während die Märkte und Küchen in der Dritten Welt leer bleiben. Die Befürworter der globalisierten Konsumwelt sprechen zwar von einem noch nie da gewesenen Überfluss an Waren, übersehen aber, dass dieser Überfluss nur für die reichen Länder zutrifft. In den Ländern des globalen Südens gab es so einen Mangel früher eigentlich nie. Nahrungsmittel wuchsen in ihrer Vielfalt überall und die Ernte in den tropischen Ländern war lokal immer reich. Diese Spekulationsspiele im Finanzsystem wurden ja erst möglich, nachdem die landwirtschaftlichen Regeln der Welthandelsorganisation die Länder der Dritten Welt dazu zwangen, ihre Produkte auf den globalen Markt zu werfen, wo sie exportiert oder importiert werden können. Erst dadurch konnten die Wetten des Chicagoer Handels mit Termingeschäften die Preise in Indien beeinflussen. Früher haben wir in Indien z. B. nie Weizen eingeführt. Dazu wurden wir erst durch einen bilateralen Vertrag gezwungen, der zudem an ein Abkommen über atomare Zusammenarbeit zwischen den USA und der indischen Regierung gekoppelt war.

... der inhaltlich Indien im Gegenzug zur Nahrungsmitteleinfuhr erlaubte, auch nukleares Material zu importieren?

Genau. Und die indische Regierung wäre über dieses merkwürdige Geschäft auch fast gestürzt. Denn sie verpflichtet sich, 2008 zwei Millionen Tonnen Getreide zu importieren und 2009 etwa fünf Millionen, obwohl der Preis des Importweizens doppelt so hoch ist wie bei indischem Weizen. Dieses Geschäft hat zugleich dazu geführt, dass die Preise für indischen Reis und Getreide fielen. Höhere Preise bei Importen oder auf dem internationalen Markt lassen die Preise steigen, weil damit der Preis jedes Kilogramms Getreide, das irgendwo verkauft wird, steigt. Denn damit wird das Geschäft Teil des globalisierten Wirtschaftsgewebes, was zu dramatischen Konsequenzen führt. Vor dieser Liberalisierung des Handels lebten 45 Prozent der Inder unter der Armutsgrenze, die sich bei uns daran bemisst, genügend gesunde Kalorien für eine adäquate Ernährung zu bekommen. Jüngste und sehr verlässliche Daten über die Verbreitung des Hungers haben jetzt gezeigt, dass mittlerweile 70 Prozent der indischen Kinder ernsthaft unterversorgt sind. Wenn man in Armut lebt und sich eine Mahlzeit pro Tag gerade noch leisten kann, dann führt die Verdopplung der Preise von Reis oder Weizen dazu, dass man nicht länger täglich eine warme Mahlzeit essen kann! Also bekommt ein Kind vielleicht nur jeden zweiten oder dritten Tag etwas und ist unterernährt, geschwächt und gefährdet. Das ist aus meiner Sicht eine subtile Form, eine Gesellschaft nach der anderen zu dezimieren. Und ich nenne es nichts Geringeres als einen Genozid, weil damit heute schon künftige Generationen getötet werden. Was wir da in die Welt bringen, sind nachwachsende Generationen, die man ihres vollen Lebensrechtes beraubt: Die meisten armen indischen Familien verwenden 90 Prozent ihres Einkommens nur für den Kauf von Nahrungsmitteln. Und wenn 40 Prozent der Bevölkerung einen so immensen Teil ihres Einkommens dafür aufwenden müssen, um nur eine Mahlzeit am Tag zu finanzieren, dann sinkt bei jeder Erhöhung der Preise ihr ohnehin schon lächerliches Einkommen – und das hat gigantische Konsequenzen im Bereich der Bildung, der Gesundheit und des sozialen Friedens.*

Offizielle Angaben der UN sprechen zurzeit von 925 Millionen Menschen, die hungern …

Mir erscheint diese Schätzung zu niedrig! Wenn 70 Prozent der indischen Kinder unterernährt sind – und wir eine Gesamtbevölkerung von über einer Milliarde haben – dann kann man davon ausgehen, dass es allein in Indien 600 Millionen sind. Und es gibt in Afrika südlich der Sahara eine riesige Menge hungriger Familien. Das nimmt sogar in den reicheren Ländern rapide zu, denn es ist schon lange kein Dritte-Welt-Problem mehr.

Es gibt die These, dass eigentlich genug Nahrung für alle Erdbewohner da sei und der globale Mangel primär auf Machtfragen, ungleiche Verteilung und mangelnde Verfügbarkeit von Saatgut zurückzuführen sei …

Gerechtigkeit oder Ungerechtigkeit entstehen schon viel früher. Ich bezweifele, dass man die Produktions- und Verteilungssysteme unabhängig voneinander gestalten kann. Wie Nahrungsmittel verteilt werden und wer sie erhält, ist meistens schon im Produktionsprozess vorgegeben. Die erste Ebene bei der Erschaffung von Hunger ist das System der industriellen Landwirtschaft selbst. Als man es 1956 einführte, erfand man das Schlagwort der »grünen Revolu-

* Vandana Shiva: *Biopiraterie. Kolonialismus des 21. Jahrhunderts*, Unrast-Verlag 2002

tion«. Und dieses System trug denselben irreführenden Namen, als man 2006 den schwarzen Kontinent dazu zwang, sich einer »Allianz für die grüne Revolution in Afrika« zu beugen. Und dieser Ansatz wird auch dort nicht funktionieren.

Bedeutet das, die konventionellen Förderansätze führen eher in die Not?

Sie zerstören das soziale Gewebe. Dort in Indien, wo die industrielle Landwirtschaft zuallererst eingeführt worden ist, in Punjab, führte das schon 1984 zu wachsendem Extremismus und schließlich einem Ausbruch terroristischer Gewalt. Damals war ich noch eine naive Physikerin ohne jede Ahnung über die landwirtschaftlichen Verhältnisse. Also begann ich zu recherchieren. Und als ich damit fertig war, hatte ich zwei Sachen begriffen: Der Bundesstaat Punjab hatte in Folge der »grünen Revolution« gar nicht *mehr* Nahrungsmittel produziert. Zwar waren die Erträge von Reis und Weizen angestiegen, aber man braucht mehr als Reis und Weizen für eine gute Ernährung, weil Reisbrei und Getreide dafür nicht ausreichen. Die industriellen Monokulturen haben also vorhandene wichtige Nahrungsmittel verdrängt*. Insgesamt – wenn man alle nährstoffreichen Lebensmittel mit einrechnet – produzieren wir heute *weniger* Nahrungsmittel als in den Zeiten vor der »grünen Revolution«. Und der zweite aktuelle Grund dafür, dass das System strukturell Hunger hervorbringt, sind die globalen Märkte für Samen und Agrochemie. Die unglaubliche Absurdität dieses Systems liegt in der Tatsache, dass man zehnmal so viel Geld in dieses System hineinstecken muss, als man jemals über den Verkauf eines solchen Produkts verdienen kann. Man würde doch nie auf die Idee kommen, ein Auto zu bauen, bei dem der Stahl, der Gummi und das Aluminium mehr kosten als das fertige Auto. Aber genau das passiert in der industriellen Landwirtschaft, wo die Differenz zwi-

* Vandana Shiva: *Biodiversität. Plädoyer für eine nachhaltige Entwicklung*, Haupt-Verlag 2001

schen den hohen Kosten und den geringen Erträgen mit den gigantischen Fördergeldern überbrückt werden, die sich in den entwickelten Ländern auf mittlerweile eine Milliarde Dollar jährlich summieren. Das ist es, was ich eine negative Ökonomie nenne.

Warum kann sich der einzelne Landwirt nur so schwer aus dem Würgegriff dieser Absurdität befreien?

Das hängt damit zusammen, dass strukturell immer öfter dieselben Firmen, die den Bauern die teure Landwirtschaftschemie verkaufen und sie damit abhängig machen, ihnen auch die erwirtschafteten billigen Produkte *ab*kaufen. So etwas gibt es in keinem anderen Wirtschaftsbereich, denn in der Regel sind die Verkäufer von Produktionsmitteln nicht identisch mit den Käufern des fertigen Produkts. Im Fall der industriellen Landwirtschaft ist das global gesehen aber immer öfter der Fall. Nur dass die Käufer es dann nicht mehr als Fertigprodukt bezeichnen, sondern als »Konsumware«. Letztlich haben sie einen industriellen Rohstoff aus einem Nahrungsmittel gemacht. Für die Landwirte der Dritten Welt, wo es kaum landwirtschaftliche Fördermittel gibt, hat diese negative Ökonomie zur Folge, dass sie sich verschulden müssen. In Indien – und immer öfter auch in Europa – führt das dazu, dass Bauern ihr Land verlieren.

Und das führt dann in der Folge zu mehr Hunger?

Ganz genau. Ich habe den ganzen Prozess der Einführung industrieller Landwirtschaft in den ländlichen indischen Stammesgesellschaften beobachten können. Jeder kennt doch die wunderschönen Bilder indischer Frauen in ihrer Tracht und dem vielen Silberschmuck, der ihr ganzer Stolz ist. Ich habe immer wieder indische Landfrauen gesehen, die ihren ganzen Silberschmuck zum Pfandleiher trugen, um einen Kredit für den Kauf von Agrarchemie zu bekommen, weil man sie hat glauben lassen, dass sich mit dieser neuen Form des Anbaus viel mehr Gewinne erwirtschaften ließen.

Im zweiten Jahr ohne mehr Gewinne hatten sie keinen Schmuck mehr übrig, den sie versetzen konnten. Wenn sie dann weiter Reis anbauen wollten, dann mussten sie die Ernte sofort auf den Markt werfen, um die teuren Kredite für chemischen Dünger und die Pestizide zu bezahlen. Den Reis konnten sie nur für zwei Rupien das Kilo verkaufen, mussten aber zehn Rupien dafür zahlen, wenn sie wenig später ein Kilo auf dem Markt kauften, um sich und ihre Familie zu ernähren. Also können sie sich schon bald immer weniger Reis leisten, was zu einer immer schlechteren Ernährung führt. Wir stehen da also vor einer Situation, wo man auf jeder Ebene Hunger strukturell erschafft. Zugleich hat in letzter Konsequenz die Globalisierung der Landwirtschaft, die ja eigentlich nur den Handel erleichtern sollte, zu einer enormen Expansion der industriellen Landwirtschaft geführt. Dies geschieht auf Kosten der Bauern und zum Vorteil der großen Konzerne, die nicht nur mit Reis, Weizen und Palmöl handeln, sondern auch mit Düngemitteln und Pestiziden – und dabei sehr genau darauf achten, dass die Bauern das Zeug auch kaufen.

Das hört sich nach einer fatalen Spirale in die Unterentwicklung an. Warum hat der Mythos, dass industrielle Landwirtschaft alle Probleme lösen könne, trotzdem noch so eine erstaunliche Kraft? Denn Sie sagen ja damit indirekt, dass wir wegen der industriellen Landwirtschaft weniger Nahrung haben.

Wir haben weniger Nahrungsmittel – darauf wette ich! Kommen Sie auf unsere Versuchsfarm in Navdanya. Da kann man sehen, dass sich die Nahrungsmittelproduktion erhöht, je mehr Vielfalt auf dem Feld ist. Wenn Sie Mais und Bohnen auf zwei getrennten Äckern anbauen, sinkt der Ertrag. Wenn man beides auf einem Feld miteinander kombiniert, dann steigt er. Diese kooperative Synergie miteinander kooperierender lebender Systeme wird in der alten Weltsicht völlig ignoriert, weil die industrielle Landwirtschaft einen ausschließlich mechanistischen Ansatz hat.

Hängt unsere Art, das Land zu bebauen, also mit der Form unseres Denkens zusammen?

Mechanistische Monokulturen im Denken kreieren Monokulturen auf den Feldern. Es ist die Vielfalt im Denken, die auch eine entsprechende Vielfalt auf den Feldern und in der Gesellschaft hervorbringt. Die amerikanischen Ureinwohner haben deshalb angesichts ihrer Anbaumethoden immer von »drei Schwestern« gesprochen: Sie bauten immer Kürbisse, Bohnen und Mais in einem ausgewogenen Gleichgewicht an. In Indien haben wir ein System, das auf fünf, sieben oder zwölf Feldfrüchten beruht. Eine monokulturelle Geisteshaltung hingegen ist gar nicht in der Lage, die Verbindungen zwischen diesen Pflanzen wahrzunehmen. Wer so denkt, sieht die Bohnen gar nicht, die zwischen dem Mais oder den Kürbissen wachsen, oder hält sie für Unkraut. Dieses Denken innerhalb mechanistischer Scheuklappen beginnt ja schon mit der Aussage, dass es sich bei Mais um ein wertvolles *Produkt* handelt. Denn so ein Denken beruht auf dem angenommenen Mangel an Mais. Ich habe das schon vor 20 Jahren in Mexiko beobachten können, wo die Regierung wegen einer zu geringen Maisernte entschieden hatte, die kleinen Farmen für die Gründung von Monokulturen zu zerstören und zudem aus den USA Mais zu importieren. Die Maßnahme verschärfte die Not. Denn die kleinen Höfe in Mexiko oder Chiapas produzierten durch ihre Mischkulturen enorme Mengen Nahrungsmittel pro Hektar – denn Nahrungsmittel sind mehr als nur Mais. Das würde zerstört, um billig Mais zu produzieren. Und jetzt, zwei Jahrzehnte später, steigt plötzlich der Maispreis, weil man damit jetzt Benzin für Autos herstellt. Das hat zur Folge, dass sich die Leute ihr Grundnahrungsmittel nicht mehr leisten können – was dann natürlich zu sozialen Unruhen führt.

Liegt dann der Weg in Unterentwicklung und Armut darin vorgezeichnet, dass die lokale Autonomie verloren gegangen ist?

Mit Sicherheit. Die »grüne Revolution« in Mexiko wurde z. B. von den USA aus gelenkt. Global ist es heute immer öfter so, dass die lokale Landwirtschaft von einer transnationalen Ebene aus gesteuert wird. Und auf dieser globalen Ebene ist man gar nicht in der Lage, den lokalen Reichtum an Pflanzen und ihre Vielfalt zu sehen, und man zerstört sie dementsprechend hemmungslos. Im sozialen Feld verstärkt diese Monokultur des Denkens wirklich eine faschistische Tendenz. Denn entweder führt sie dazu, dass man Zusammenhänge völlig übersieht oder dass man sie aus Angst einfach ausgrenzt. Das herrschende System der Gegenwart basiert auf solchen Monokulturen! Da hängen drei wesentliche Dinge unmittelbar miteinander zusammen: die Monokulturen, die Monopole und die mechanistische Weltanschauung. Man hält die Welt für eine Maschine und baut sie dann so um, dass sie zu der Maschine wird, die man haben will. Aber während dieses Prozesses, der auf einem bestimmten Denken beruht, zerstört man natürliche Vielfalt, schafft Monopole, die wiederum eine Monokultur des Denkens reproduzieren.

Könnten industriell produzierter Reis, Weizen und Palmöl denn überhaupt den globalen Nahrungsmittelbedarf decken?

Nein, die drei Sorten, die heute im Wesentlichen angebaut werden, können die Menschheit nicht ernähren. Dabei kann es durchaus sein, dass die Ernten in ihrer Summe dafür ausreichen könnten. Aber es werden heute ja 70 Prozent der landwirtschaftlichen Erträge hergenommen, um die Tiere in den Fleischfabriken zu ernähren, obwohl diese Tiere, würde man sie artgerecht ernähren, eigentlich nur Gras fressen würden. Heute, wo der Markt nach Biotreibstoffen ruft, wird zudem ein großer Teil der Ernte benutzt, um Autos zu bewegen. Wenn Nahrungsmittel, unabhängig davon, wie viel davon produziert wird, auf einen reinen Warenwert reduziert werden, dann wird es immer einen Mangel geben, weil die Ware dann eine unwiderstehliche Anziehungskraft für die Mächte des Marktes hat. Diese Waren bewegen sich dann vom Süden in den Norden. Während sie im Süden zur Befriedigung der Grundbedürfnisse immer öfter fehlen, werden sie im Norden zu Luxus- oder Konsumgütern.

Verführt also die Globalisierung dazu, die regionalen Verhältnisse schlicht zu übersehen?

Als dem früheren US-Präsidenten Bush vorgeworfen wurde, er unterstütze die Spekulation und Umwandlung von Nahrungsmitteln in Agrotreibstoffe, da verteidigte er sich mit folgender wirklich bemerkenswerten Aussage: »Die Inder wollen wie wir reich werden und besser essen«, sagte er. »Reiche Leute essen mehr Fleisch. Die Preise sind gestiegen, weil der Reichtum der Inder zugenommen hat.« In der Realität ist es erstens so, dass nur sehr wenige Inder reicher geworden sind. Tatsächlich ist der Pro-Kopf-Verbrauch von Nahrungsmitteln von durchschnittlich 170 kg pro Jahr heute auf 150 kg gesunken. Der Gesamtkonsum stieg 2007 lediglich um zwei Prozent. Der amerikanische Verbrauch von Getreideprodukten stieg in der gleichen Zeit um zwölf Prozent – floss aber fast ausschließlich in die Tanks der amerikanischen Autos. Zweitens würde ein indischer Vegetarier selbst bei höherem Einkommen ein indischer Vegetarier bleiben, denn Vegetarismus hat mit kulturellen Werten zu tun und nicht mit dem Umfang des Bankkontos. All das zeigt das Ausmaß an Ignoranz: Sie behandeln uns, als wären wir Roboter, die ab einem bestimmten Einkommen das zu sich nehmen, was man von ihnen erwartet. Und drittens: Selbst wenn Menschen, die besser verdienen, etwas Besseres essen wollen, dann würden sie besser indisch essen und nicht so ungesund wie die Amerikaner.

In ihrer Werbung erheben die großen Unternehmen gerade zurzeit trotzdem den Anspruch, ihre Produkte könnten die Welt retten. Angesichts der enormen Zerstörung regionaler Strukturen durch die erzwungene Einführung der industriellen Landwirtschaft wirkt das Ganze aber eher wie ein geschickt aufgebautes imperialistisches System. Ist es das?

Genau das ist es. Und es ist gegenwärtig sogar noch bedeutend gefährlicher als der alte Imperialismus. Er nahm sich nur das Land und das Territorium. Denken Sie an Indien, das man während des Kolonialismus gezwungen hat, Indigo und Baumwolle anzupflanzen. Aber wir wuchsen an dieser Herausforderung und rebellierten, weil wir begriffen, dass Menschen verhungerten, während der Indigo blühte. Das führte dazu, dass wir aufhörten Indigo anzubauen und wieder zur Produktion von Getreide und anderen Feldpflanzen zurückkehrten. Die industrielle Landwirtschaft aber beutet nicht nur die Menschen aus, sie beutet die Natur selbst aus. Nach einer kurzen Zeit hat sie die Erde mit ungeheuren Mengen von chemischem Dünger vergiftet und eine Verwüstung und Versteppung der Landschaft provoziert. Außerdem hat man zur gleichen Zeit das Grundwasser gefährlich reduziert, weil man für die industrielle Landwirtschaft zehnmal mehr Wasser braucht als für ökologischen Anbau. Der Kolonialismus ist alles andere als überwunden. Wir sind heute Zeugen einer neuen Kolonialisierung durch die Globalisierung. Nur die Begriffe haben sich geändert. Denn die Grundmuster der Dominanz westlicher Mächte über nichtwestliche Mächte sind die gleichen. Was hinzu kam, ist die Kolonisierung des Lebens selbst. Das konnte der alte Kolonialismus noch nicht, weil er noch nicht über die Technologie der modernen genetischen Manipulation des Lebens verfügte. Was damit heute kolonisiert wird, sind die inneren Räume aller Lebewesen – der Menschen, der Tiere, der Pflanzen. Neben all den Methoden des alten Kolonialismus handelt es sich bei dieser neuen Form zusätzlich noch um die Kolonisierung der evolutionären Zukunft. Diese Kolonialisierung verwehrt uns Zukunft!

Ist die industrielle Landwirtschaft dann also eigentlich immer ein System, wo das Wachstum der einen Seite durch einen Diebstahl auf der anderen Seite erwirtschaftet wird?

Wachstum des einen ist immer Diebstahl an anderem, und wenn es sich um den Diebstahl sauberer Luft handelt. Wenn wir industriell vergiftetes Essen produzieren, stehlen wir Luftreinheit. Ich sage auch in meinem neuen Buch, wir »essen Öl«*. Das lässt sich so sagen, weil immer mehr von dem, was die industrielle Landwirtschaft in die Produktion von Nahrungsmitteln steckt, auf fossilen Rohstoffen beruht. Es ist Öl in der Form chemischer Dünger und Pestizide; es ist Öl in Form von Benzin, was man braucht, um sie von den Bauern zu den manchmal Kontinente entfernten Kunden zu transportieren; es ist Öl in Form von Plastikverpackungen, die man überhaupt nicht braucht, wenn das Essen frisch vom lokalen Markt kommt. Nach meinen Berechnungen stammen 35 Prozent aller Treibhausgase aus der industriellen Landwirtschaft: Kohlendioxid entsteht durch die Verarbeitung fossiler Rohstoffe, die Fleischfabriken sind die Hauptquelle der Methanemissionen. Und das dritte bedeutende Treibhausgas sind die Stickoxide. Wir wissen mittlerweile, dass die chemischen Dünger weltweit für 60 Prozent der Nitratoxidemissionen verantwortlich sind. Wenn die globale Klimaerwärmung heute das wichtigste Problem ist – und das sagen ja alle politischen Führer unisono –, dann müssen wir uns mit diesem Teil des Problems auseinandersetzen und eine Lösung finden. Wir müssen die chemische Düngung ebenso loswerden wie unnötige Transporte von Lebensmitteln über große Entfernungen. Ich habe einmal eine Studie angefertigt, die zeigte, dass wir uns da eh in einem absurden Tauschgeschäft bewegen. Jedes Land produziert in etwa dasselbe, verkauft es aber an ein anderes Land, weil Exporte finanziell gefördert werden und die importierte Tomate deshalb billiger wird als die heimische Tomate. Und so tauschen alle Lebens-

* Vandana Shiva: *Soil not Oil: Climate Change, Peak Oil and Food Insecurity*, Zed Books, London 2009

mittel miteinander aus. Dabei ist Im- und Export nicht etwas Schlechtes an sich, aber er muss strukturelle Grenzen bekommen. Europa wird zum Beispiel immer Gewürze aus Indien exportieren, einfach weil man in den Alpen keinen Pfeffer anbauen kann. Aber die langen Transportwege müssen auf solche Produkte beschränkt werden.

Kommen wir nun einmal zum ebenso brisanten Thema des Saatgutes, das ja schon immer das stärkste Symbol für die sichere Versorgung mit Nahrungsmitteln darstellte. Heute wird der internationale Saatgutmarkt von wenigen globalen Konzernen beherrscht. Besonders das Beispiel Monsanto hat gezeigt, dass am Ende dieses Prozesses meistens Bauern stehen, die keine Verfügungshoheit mehr über ihre eigenen Samen haben. Wie beurteilen Sie diese Situation – und welche Rolle spielen dabei genetisch modifizierte Organismen?

Über die ganze Geschichte der Landwirtschaft funktionierte der Nachschub an Saatgut so, dass jeder Bauer die Samen seiner eigenen Feldfrüchte aufbewahrte und vorrätig hatte. Und eigentlich gab es nicht den geringsten Grund, dieses System zu verändern oder zu »verbessern«. Bauern suchten sich aus ihren Vorräten jeweils die besten Samen heraus. Wir machen das auch jedes Jahr auf unserer Versuchsfarm am Fuße des Himalaja. Und wir haben gesehen, dass allein über diese Auslese der jährliche Ertrag um zehn Prozent gesteigert werden kann, sodass es ein konstantes Wachstum bei den Erträgen gibt. In manchen Ländern, auch in Indien, gab es öffentliche Samenbanken der Regierung. Selbst in Europa kamen die meisten Samen entweder aus staatlichen Forschungseinrichtungen oder kleinen Züchtern. Saatguthandel war traditionell ebenso ein Familienunternehmen wie landwirtschaftliche Betriebe. Das begann sich erstmalig mit der Einführung von Hybridmais aus den USA zu verändern. Dann wurde die Gentechnik eingeführt. Die Firmen, die heute diese Technologie »besitzen« und kontrollieren, haben sie aber gar nicht erfunden. Das passierte in den Universitäten. Die Technologie, Gene zu zerteilen, Einzelteile herauszutrennen und dann von einem Organismus in einen anderen zu verpflanzen, war also eine Art öffentliches Gemeingut staatlicher Bildungseinrichtungen. Die Pioniere bei der Rekombination von DNA haben damals auch offen eingestanden, mit den Bausteinen des Lebens zu spielen, ohne die Konsequenzen ihrer Arbeit abschätzen zu können. Und 1972 forderten diese Wissenschaftler sogar ein Forschungsmoratorium, bis es ein System gäbe, mit dessen Hilfe die Folgen abschätzbar würden. Unmittelbar danach begann die Industrie, Teile dieser Technologie aufzukaufen und zum Patent anzumelden. Es gibt eine ganze Reihe von Beispielen für solche Fälle, wo die Wissenschaftler die Arbeit machten, aber die Firmen die Patente erhielten: Öffentliche Forschung – private Patente! In den 70er- und 80er-Jahren begannen die Firmen zu begreifen, dass sich aus den Patentgebühren das große Geld machen ließe. Und der Weg dorthin sollte über die Manipulation der Gene führen. All das wurde auf einem Treffen im Jahr 1978 festgeklopft. Auf diesem Treffen wurde damals proklamiert: »Erstens brauchen wir die Gentechnik, weil das etwas ist, was die Bauern nicht machen können. Zweitens ermöglicht uns die Gentechnik Patentrechte, weil wir damit neue Organismen kreieren und beanspruchen können, dass sie unser Privatbesitz sind. Drittens brauchen wir die globale Liberalisierung von Investitionsregeln, um den Markt zu kontrollieren, indem wir kleine Unternehmen aufkaufen.« Mich brachte das damals dazu, die Forschungsstation Navdanya und die Bewegung zum Schutz des Saatguts zu gründen. Schon damals sprachen sie davon, dass der Markt bis zur Jahrtausendwende von fünf Unternehmen kontrolliert werde. Und genau das ist umgesetzt worden – heute kontrollieren fünf Konzerne den weltweiten Saatguthandel.

Wie konnte das bewerkstelligt werden?

Einerseits schufen sie eine Krisensituation und beanspruchten, die Mittel für die Lösung bereitstellen zu können. Andererseits machten sie leere Versprechungen, indem sie behaupteten, neue nährstoffreichere Sorten zu entwickeln. Drittens wurde extrem verharmlost. Ich erinnere mich an ein Treffen 1985, wo der Vizepräsident der Weltbank sagte: »Wir müssen uns keine Sorgen über Versteppung oder Vergiftung machen, denn mit der Gentechnik können wir Nahrungsmittel sogar auf dem Mond anbauen.« Wie aber sieht nach zwanzig Jahren Handel mit genverändertem Saatgut die Realität aus? Bislang gibt es nur vier veränderte Feldfrüchte. Genetisch veränderter Soja und Mais haben im Fall des Saatguts von Monsanto eine Widerstandsfähigkeit gegen ein bestimmtes Herbizid. Sie verkaufen den Bauern das Herbizid Round up und vergiften damit die Erde, bis die Bauern fast nichts mehr anbauen können. Und dann sagen sie ihnen, dass sie ihnen mit Saatgut weiterhelfen können, das gegen Round up resistent ist. Das Problem aber ist, dass sich diese Resistenz gegen das Herbizid durch den Pollenflug und Insekten auf die benachbarten Felder ausdehnt und dort dann so genannte Super-Unkräuter entstehen lässt. Die zweite Anwendung genveränderter Organismen finden wir bei den so genannten Bt-Pflanzen. Bt ist ein natürliches Gift, das sich in Bodenorganismen ansammelt. In genetisch veränderten Pflanzen ist es ein künstlicher Giftstoff, der auf die Vernichtung aller anderen Feldorganismen abzielt. Die Behauptung der Hersteller, es handele sich um einen natürlichen Stoff ohne Risiko, ist falsch. In Indien gibt es zahlreiche Berichte über verendete Büffel, Ziegen und Schafe, die auf Feldern mit genveränderter Bt-Baumwolle geweidet haben. Auch die Berichte über Haut- und Augenleiden bei Menschen, die damit arbeiten, häufen sich. Die Spuren führen immer wieder zu einer einzigen Firma: Monsanto. Sie ist verantwortlich für zahllose soziale Tragödien.

Was meinen Sie mit sozialen Tragödien?

In Indien gab es im letzten Jahrzehnt nicht weniger als 200 000 Selbstmorde von Bauern, und die meisten trugen sich in Regionen zu, wo man Bt-manipulierte Baumwollsamen verkauft hatte. Die Bauern hatten das neue Saatgut auf Kredit gekauft, die Ernten aber gingen schief. Weil die Bauern entsprechend mehr Pestizide brauchten, gerieten sie in eine Schuldenspirale, aus der sie nicht mehr herauskamen. Als die Bauern ihr Land an die Banken verloren, nahmen sich viele von ihnen das Leben. Passiert war genau das Gegenteil dessen, was die Werbung versprochen hatte. Die hatte mit Hannuman, dem Affengott im hinduistischen Götterhimmel, geworben, der Menschenleben rettet, indem er ein bestimmtes Heilkraut bringt. Dieser alte Mythos war aufgegriffen worden, als man das Bild des Affengottes nutzte, der den Bauern das manipulierte Saatgut brachte. Es war eine große Lüge. Heute können wir sehen, dass die Farmer, die wir dabei unterstützt haben, auf den ökologischen Anbau umzustellen, zehnmal so viel verdienen wie die von Monsanto betrogenen Landwirte. Es wird immer deutlicher, dass es sich dabei um eine unterlegene Technologie handelt, die so bald wie möglich verboten werden sollte.

Dabei wird doch aber immer noch behauptet, dass es nur mit genveränderten Organismen möglich sei, die Nahrungsmittelkrise zu überwinden und den Hunger zu besiegen. Ist der Mangel denn nur eine Erfindung der Werbestrategen?

Der Mangel wird künstlich erschaffen. Und die Aussage, genveränderte Pflanzen könnten mehr Nahrungsmittel hervorbringen, ist wissenschaftlich und wirtschaftlich falsch. Gentechnik hat überhaupt keine größeren Ernten hervorgebracht. Das Gegenteil ist der Fall: Denn es hat sich gezeigt, dass genetische Manipulationen den Kreislauf von Pflanzen so massiv durcheinanderbringen, dass die Pflanze nur weniger Ertrag produzieren kann. Sie wird dadurch schwächer und anfälliger für Krankheiten. Außerdem herrscht unter Ernährungswissenschaftlern Einigkeit darüber, dass eine Ernährung auf der Basis von Mais und Soja weder besonders nährreich ist noch besonders gut schmeckt. Gute Nahrung braucht Qualität und Aroma. Die Pflanzen dafür müssen in der Lage sein, in Bergregionen mit Kälte und Frost umgehen zu können. Ökonomisch ist diese Behauptung aus einem simplen Grund verkehrt: In der indischen Maharash-Region, wo die Zahl der Selbstmorde und der Absätze von Bt-Baumwolle am höchsten war, gab es noch vor zehn Jahren keinen Hunger, weil alles, was die Menschen brauchten, auf den Feldern wuchs. Erst 2004 wurde die Bt-Baumwolle eingeführt – und wenn man heute da durchfährt, dann sieht man fast nichts anderes mehr als riesige Monokulturen mit Bt-Baumwolle. Aber es gibt nichts zu essen mehr!

Sind sich die Menschen in den verantwortlichen Unternehmen bewusst darüber, was sie da anrichten, oder sind sie völlig gefangen im eigenen Mythos, nach dem sie den Menschen helfen und die Welt retten würden?

Diese Unternehmen sind riesig. Und bei Monsanto gibt es alle möglichen Leute. Manche sind Wissenschaftler, die noch nie in ihrem Leben eine Dorfgemeinschaft in den Ländern des Südens erlebt haben und mit Sicherheit noch nie mit einem hungernden Kind konfrontiert waren. Sie glauben, dass wegen dieses toxischen Bt-Gens ein Wunder passieren würde und halten ihre Arbeit wahrscheinlich sogar für sehr wichtig. Würden sie vor Ort sehen, was passiert, wären sie anderer Meinung. Da wächst Saatgut zu merkwürdig verschwurbelten Pflanzen heran, die sich extrem von der Grazie, der Eleganz und Schönheit einer Pflanze unterscheiden, die aus natürlichen Samen entstehen. Und die Technologie, die sie benutzen, ist so unzuverlässig: Die Chance, ein neues Gen in eine Pflanze hereinzubringen, steht eins zu tausend. Also müssen sie ein weiteres Gen für den antibiotischen Widerstand einbauen, sodass die Zellen, die das neue Gen nicht aufnehmen, absterben. In jedem genmanipulierten Nahrungsmittel befinden sich solche antibiotischen Gene, die wir in unserem Körper haben, sobald wir so etwas essen. Wenn man dann im Krankenhaus wegen einer Tuberkulose oder einer schweren Infektion mit Antibiotika behandelt werden soll, besteht akut die Gefahr, dass diese Medikamente nicht mehr wirken. Das ist ein Aspekt der Genmanipulation, über den kaum jemand Bescheid weiß. Die Wissenschaftler aber glauben trotzdem, dass sie eine wundervolle Arbeit machen. Und die Strategieplaner dieser Unternehmen schauen ohnehin nur auf Absatzstatistiken und Profitkurven.

Also zerstört letztlich die Ausrichtung auf Wachstum und Profite das Land.

Als ich einmal während einer durch Trockenheit ausgelösten Hungersnot nach Äthiopien reiste, saß neben mir jemand von Pioneer, einem der größten amerikanischen Maissaatguthersteller und Vertreiber weltweit. Er fragte mich, wo ich hinfahren würde und ich sagte ihm, ich wollte die Hungersnot sehen und verstehen. Als ich ihn fragte, was er in Äthiopien machen wolle, sagte er: »Ich will Hybridmais verkaufen!« Ich sagte: »Aber dort herrscht doch gerade eine schlimme Trockenheit, und Hybridmais braucht nicht nur Dünger, sondern auch besonders viel Wasser.« Da sagte er lapidar: »Ja, aber wissen Sie, wenn wir das Zeug dieses Jahr verkaufen, und es funktioniert nicht, dann kaufen sie es trotzdem nächstes Jahr wieder. Also ist es für uns kein Verlust. Das Versagen des Saatguts auf den Feldern der Bauern ist für uns eigentlich ein Erfolg!« Das ist in meinen Augen nur noch kriminell. Sie wissen, dass es nicht funktioniert, aber der Markt brummt, und Samen sind immer etwas, was die Bauern brauchen. Wenn man also die lokalen Saatgutmärkte zerstört und sicherstellt, dass die Gesetze und Patentbestimmungen die Bauern zum Kauf zwingen, dann hat man einen absolut garantierten Markt, der nach der mörderischen Regel funktioniert: Je schlechter das Produkt, desto besser die Profite. Und die Bosse von Monsanto wissen genau, was da passiert.

Lässt sich diese dramatische Situation nutzen, um die Verhältnisse zu verändern?

Die industrielle und chemische Landwirtschaft ist ein enorm kapitalintensives System, das eine Menge Geld braucht. Die Finanzkrise aber führt mittlerweile zu einem Zusammenbruch der Kreditmärkte. Und in Zeiten einer Kreditkrise, in der es dieses Geld nicht gibt, muss trotzdem der Nahrungsmittelbedarf der Bevölkerung gedeckt werden. Deshalb ist die jetzige Situation eine Riesenchance, die teuren chemischen Zugaben zurückzufahren und auf eine

Landwirtschaft umzusteigen, die nur wenig Geldmittel braucht – und das ist die ökologische Landwirtschaft. Nur sie macht Sinn: Die Erhöhung der Ölpreise* führte z. B. zu einer Steigerung der Düngemittelpreise: Indien importiert Chemiedünger, weil die lokale Produktion zusammengebrochen ist, was die indische Regierung dazu brachte, den Düngemittelimport 2008 mit einer Billion Rupien zu subventionieren. Aber Kuhdung und Kompost sind viel billiger als chemische Dünger.

Auch in der Klimakrise liegen große Chancen. Um Nahrungsmittelsicherheit in Zeiten des Klimawandels garantieren zu können, müssen wir die Emissionen von klimaschädlichen Gasen reduzieren – und auch hier bietet die ökologische Landwirtschaft die Lösung an, während die industrielle Landwirtschaft die Emissionen erhöht. Tiere aus den so genannten Fleischfabriken, die mit Kraftfutter gemästet werden, geben mehr Methan ab als die Kühe auf den Feldern. Monokulturen auf chemisch gedüngter Erde intensivieren die Emissionen von Treibhausgasen und sind zudem viel empfindlicher. Solche Erde kann viel schlechter Wasser und Feuchtigkeit speichern, was oft zum Verlust der Ernte führt oder Hungersnöte bei Dürren zur Folge hat.

Sie erwähnten, dass der Rohstoff Öl überall in der industriellen Landwirtschaft gebraucht wird. Wenn wir nun aber an die bald rückläufige Ölförderung denken, dann wird bald absehbar, dass einer solchen Landwirtschaft die Ressourcen fehlen werden und auch Monokulturen nicht mehr gehalten werden können. Stehen wir also vor einer gigantischen Veränderung, an deren Ende ohnehin eine ökologische lokale Landwirtschaft stehen muss?

Der Wandel ist unvermeidbar, auch wenn die Konzerne ihn verhindern wollen. Das ist ähnlich wie mit der Billion an Bürgschaften für die Banken. Diese Geldsummen haben kaum was bewirkt, weil sie nicht dazu beitragen konnten, ein verlorenes Vertrauen in die

* Vandana Shiva: *Leben ohne Erdöl*, Rotpunkt-Verlag, Zürich 2009

Märkte wiederherzustellen. So ähnlich wird es auch in der Landwirtschaft laufen. Ich gehe davon aus, dass man noch für ein paar Jahre auf die industrielle Landwirtschaft und genverändertes Saatgut setzen wird. Auch auf dem Gipfeltreffen zur Ernährungskrise hat man noch so argumentiert. Aber es gibt immer eindeutigere Forschungsergebnisse und Statistiken, die zweifelsfrei zeigen, was funktioniert und was nicht. Und die Forscher sind sich zunehmend einig darin, dass uns das Ende der fossilen Rohstoffe, der Klimawandel und der weltweite Mangel an Nahrungsmitteln einfach dazu zwingen wird, zur lokalen und ökologischen Nahrungsmittelproduktion zurückzukehren.

Stimmt denn wenigstens die Aussage, dass industrielle Lebensmittel billiger produziert werden können?

Die Mischung aus hohen Agrarsubventionen und Monopolbildung hat den Mythos erschaffen, dass industrielle Landwirtschaft die Produktion und damit die Nahrungsmittel verbilligen würde. Die Wahrheit ist: Es produziert teure Nahrungsmittel, die dann subventioniert werden. Die industrielle Landwirtschaft erhöht erst die Produktionskosten und reduziert dann die Preise durch eine Mischung aus Agrarsubventionen und Monopolbildung. Wenn dann für 5000 Bauern nur ein Unternehmen bereitsteht, das ihnen die Produkte abnimmt, kann dieser Konzern natürlich auch die Preise diktieren. Sie haben die Preise für landwirtschaftliche Produkte ja immer weiter gesenkt. Selbst jetzt aber, wo die Nahrungsmittelpreise weltweit steigen, bleibt eine Einkommenserhöhung der Landwirte aus. Ich glaube, die Kluft zwischen den Produktionskosten und den Supermarktpreisen ist ein Feld voller Lügen. Es geht hier nicht nur um Nachhaltigkeit und Gerechtigkeit. Es geht auch um Wahrheit. Wir brauchen ein ehrliches System. Wenn Ihnen ein Bauer einen Korb voller Gemüse bringt und Sie ihn dafür bezahlen, dann wissen Sie, wo Ihr Geld hingeht. Was also vor uns liegt, ist die Bewältigung einer gerechten, ethischen und nachhaltigen Herausforderung. Dabei hat die Zukunft schon begonnen, denn die ökologische Landwirtschaft wächst weltweit um 25 Prozent im Jahr. Nun müssen wir den ganzen ehrlichen Fair-Trade-Ansatz auf die Landwirtschaft und die lokalen Märkte ausweiten.

Muss man sich das so vorstellen, dass globale Probleme eigentlich nur durch lokale Maßnahmen gelöst werden können?

Der einzige Weg zur Lösung eines globalen Problems sind weltweite lokale Lösungen.* Ich glaube, es gibt eigentlich überhaupt nichts, was ausschließlich global wäre. Alles Globale hat vielmehr lokale Wurzeln. Das würde ich auch als »Schmetterlingseffekt« bezeichnen. Es ist ja eigentlich traurig, dass wir immer nur an Desaster und Hurrikans denken, wenn wir vom Schmetterlingseffekt hören. Ich glaube, wir müssen dieses Phänomen als etwas verstehen, was uns Kraft gibt. Denn es bedeutet: Kleine lokale Maßnahmen können riesige globale Folgen haben.

Als ich anfing, für unser Institut Samen zu sammeln, geschah das auf der Basis von Mahatma Gandhis Webstuhl. Gandhi versuchte Indien mit Hilfe des Webstuhls vom britischen Empire zu befreien. Zuerst lachten die Leute über ihn und wollten wissen, wie er eine Weltmacht mit dem Webstuhl zum Aufgeben bringen wolle. Er antwortete: »Der Webstuhl ist machtvoll, weil er so klein ist. Er passt in die Hand der ärmsten Frau in der kleinsten Hütte im winzigsten Dorf. Mit Hilfe des Spinnrades wird jede einzelne Person zu einem Machtfaktor gegen das Empire!« Mittlerweile befinden wir uns in einer Nahrungsmittelrevolution. Und jeder Konsument und jeder Bauer kann darin ein Machtfaktor gegen die Nahrungsmitteldiktatur werden.

* Vandana Shiva: »Alles Globale hat lokale Wurzeln«, in: Geseko v. Lüpke: *Politik des Herzens, Gespräche mit den Weisen unserer Zeit*, Arun-Verlag 2008

Was kann Europa aus den indischen Erfahrungen und dem Umfang des dortigen Widerstands lernen?

Eine wichtige Form des Widerstandes ist der Aufbau von Alternativen. Um eine gesunde Vielfalt an Nahrungsmitteln zu haben, muss man die Biodiversität wiederherstellen und die Natur bewahren, die ökologische Bewegung stärken und lokale Märkte aufbauen. Was in Indien gilt, funktioniert auch hier. Eine alte Bäuerin im Schwarzwald oder im österreichischen Bergland weiß genau, was das Beste für ihr Land ist. Sie hat das alte Wissen über traditionelle Anbaumethoden und Rezepte. Da liegen die eigentlichen Ressourcen, auf die sich die jüngere Generation beziehen sollte. Ich nenne das die »Universität der Großmütter«. Gleichzeitig wissen wir aber auch, dass die positiven Aktionen der Bürger oder der Zivilgesellschaft nicht ausreichen werden. Was die großen Konzerne heute mit der Nahrung und dem Leben anrichten – bis hin zu diesem Terminator-Saatgut, das durch genetische Manipulation unfruchtbar gemacht wird –, ist ein krimineller Akt gegen die Natur und die Menschheit. Für mich war es damals ein schlimmer Gedanke, dass es bis zum Jahr 2000 nur noch fünf große Konzerne geben und alles gentechnisch manipuliert sein sollte. Deshalb schufen wir Navdanya und die Saatgutbewegung auf der Basis des Prinzips, dass wir keine Gesetze befolgen würden, durch die das Saatgut zum Privatbesitz riesiger Unternehmen würde. Denn Saatgut ist ein Gemeingut, das sich alle Menschen teilen können müssen. Wenn sich uns irgendeine Regierung in den Weg stellen wollte, haben wir ihre Anordnungen missachtet und so manche wirklich üblen Gesetze vermeiden können. Das muss auch hier passieren. Denn auch in Europa hat man Gesetze zum Saatgut durchgedrückt, die meist lediglich als Bestimmung zur Registrierung und als Lizenzregeln ausgegeben werden. Was sie im Kern aber für die Bauern bedeuten, ist das Verbot der Nutzung von eigenem Saatgut. Das Kriterium, das dabei angelegt wird, ist die Uniformität. Danach ist die einzigartige Charakteristik einer regional gezüchteten Kartoffel gefährlich, während die uniforme Bt-Kartoffel als gut und richtig gilt.

Ist das ein Aufruf zum kollektiven Gesetzbruch und aktivem Widerstand?

Gandhis Mut, ungerechte Gesetze abzulehnen und zu ignorieren, hat immer noch eine magische Kraft des Wandels und der Ermutigung. Im Fall von Samen möchte ich deshalb wirklich dazu aufrufen, überall Gruppen zu bilden, die das vorhandene Saatgut sammeln und bewahren. Und jedem, der das verhindern will, sollte man sagen, dass man die höheren Gesetze der Evolution, des Universums und der Zukunft befolge, wenn man das tut. Wir müssen vielmehr in Selbsthilfe und gegenseitiger Unterstützung eigenständig unsere sozialen Gemeinschaften wiederaufbauen und selbst für unseren Lebensunterhalt sorgen. Und dabei allen Gesetzen und Vereinbarungen widerstehen, mit denen die Konzerne heute versuchen, Selbsthilfe, Selbstversorgung und Kooperation für illegal zu erklären.

Wir müssen damit aufhören, primitive, unausgegorene und irreführende Gesetze zu befolgen, die uns weismachen wollen, dass Monsanto die Samen erfunden hätte. Wir müssen den Begriff der Macht also kulturell neu definieren: Wirkliche Macht kommt von innen. Wirkliche Macht wendet sich gegen jede Form von Unterdrückung. Wirkliche Macht stärkt den anderen und stärkt einen selbst, anstatt auf die Vernichtung anderer zu bauen. Diese Lebensprozesse, die wir sehen und von denen wir ein Teil sind, verpflichten uns dazu, sie und ihren Reichtum zu verteidigen. In ihnen liegen alle Möglichkeiten, unseren persönlichen Handlungsspielraum zu vergrößern und positive Werte zu entwickeln: Werte des Teilens, des Gebens, der Pflege. Die westliche Zivilisation kann sich wandeln.

Sie erwähnten den Begriff einer »Nahrungsmitteldiktatur«. Wie müsste man sich demgegenüber eine »Nahrungsmitteldemokratie« vorstellen?

»Nahrungsmitteldemokratie« heißt für mich Saatgut-Demokratie – die Samen müssen in vielfältiger Auswahl vorhanden und in der Hand der Bauern sein. Die Regierung muss als Institution dieses Gemeingut schützen und an der Saatgut-Zucht und -Erforschung beteiligt sein. Bezieht man es auf die Produktion, dann heißt »Nahrungsmitteldemokratie«, dass die Landwirte nicht länger zu Sklaven der großen Agrarkonzerne gemacht werden dürfen. Vielmehr müssen sie frei sein, jederzeit auch auf biologische Anbauweisen umzustellen. »Nahrungsmitteldemokratie« heißt auch, dass die Europäische Union keines ihrer Mitgliedsländer dazu zwingen darf, genverändertes Saatgut direkt neben biologischem Landbau erlauben zu müssen. »Nahrungsmitteldemokratie« heißt zudem, dass jeder – so wie jedes lebende Wesen – ein Grundrecht auf Ernährung hat. Wir müssen als gesellschaftlicher Organismus zuallererst Systeme erschaffen, wo jede und jeder gut ernährt wird. »Nahrungsmitteldemokratie« bedeutet die Möglichkeit zur freien Entscheidung, welche Lebensmittel ich zu mir nehme und den offenen Zugang zum Wissen, wie sie hergestellt wurden. Und in letzter Konsequenz bedeutet »Nahrungsmitteldemokratie«, dass jeder einen Zugang zu qualitativ guten, leckeren, wohlschmeckenden, nahrhaften Lebensmitteln haben muss. Was wir demgegenüber – wegen der Privatisierung der Nahrungsmittel – heute vorwiegend herstellen, ist Essen, das fast völlig geschmacklos und ohne Nährstoffe ist. Zwar wird jetzt in der EU gerade der Kartoffelanbau gefördert, das geschieht aber, weil man entdeckt hat, dass aus Kartoffelstärke Möbel gebaut werden können. Sobald Nahrungsmittel zur Ware werden, sind sie immer wieder völlig austauschbar – so auch der Raps oder Mais. Heute dient ein Ernteprodukt oft erst mal als Treibstoff für dein Auto, und morgen isst du es dann vielleicht auch mal! Was für eine Tragödie, dass wir uns mittlerweile von den Überbleibseln eines Industriesystems ernähren: Bei den Gütern, die es nicht in sich hineinschlingt, sagt die industrielle Wachstumsgesellschaft quasi: »O.k. Ihr Menschen, das ist jetzt für euch!«

Sie kämpfen vehement gegen die industrielle Landwirtschaft. Kann denn der ökologische Landbau wirklich eine Antwort bieten für den weltweiten Mangel an Lebensmitteln?

Der ökologische Landbau ist die einzig mögliche Antwort darauf! In Zeiten des Klimawandels und der Finanzkrise vervielfachen sich die guten Argumente dafür! In den nächsten paar Jahren wird der ökologische Landbau immer weniger die Ausnahme sein, sondern die Regel werden.

Die Organisation für Landwirtschaft und Ernährung (FAO) bei den Vereinten Nationen hat kürzlich erst eine Studie über Traditionen, Wissenschaft und Technologie in der landwirtschaftlichen Entwicklung* in Auftrag gegeben, bei der alle erwarteten, dass dabei eine Lobeshymne auf die Gentechnik herauskommen würde. Sie hatten vierhundert Spezialisten eingeladen, daran teilzunehmen. Und das überraschende Ergebnis lautete: Ökologischer Landbau und kleinräumiger ökologischer Anbau ist die einzige Lösung, um die Weltbevölkerung zu ernähren – und eben nicht die industrielle Landwirtschaft oder gar die Gentechnik!

Aber wir können ja offenbar nicht einfach auf ökologischen Landbau umstellen. Was muss in unserer Gesellschaft passieren, um so einen Wandel zu ermöglichen?

Was jetzt während der Finanzkrise passiert, gleicht einer Art Entziehungskur bezüglich unserer Abhängigkeit vom öffentlichen Geldsystem. Wenn die Menschen den Banken nicht mehr vertrauen können, dann finden sie andere Wege, ihre Ersparnisse anzulegen. Bezüglich des vor uns liegenden Ölmangels und der zunehmenden Klimakrise, müssen wir unsere Abhängigkeit vom Öl überwinden. Wir brauchen die ökologische Landwirtschaft also nicht nur, um uns gut zu ernähren, sondern auch, um unsere Ab-

* »International Assessment of Agricultural Knowledge, Science and Technology for Development« (IAASTD): www.agassessment.org

hängigkeit von Geld und Öl zu reduzieren. Das ist es, was wir strukturell in einer Situation brauchen: Wir müssen uns weigern, da weiter mitzumachen, und uns von einer zusammenbrechenden Zivilisation abkoppeln. Wir müssen dabei wie Krankenschwestern agieren, die die offenen Wunden eines kollabierenden Systems versorgen. Wir müssen vorsorgen: Neben dem Aufbau einer ökologischen Landwirtschaft muss es um die Schaffung einer regionalen Wirtschaft gehen. Ich nenne das gerne eine »lokale lebende Wirtschaft«.

Unsere gesellschaftlichen Systeme basieren auf den drei Säulen der Politik, der Kultur und der Wirtschaft. Die Wirtschaft hat sich zu einer negativen, zerstörerischen Kraft entwickelt. Demokratische Systeme haben sich zunehmend als leblos oder unehrlich erwiesen, weil die Menschen auf die wirklich wichtigen Entscheidungen immer weniger Einfluss haben – da ist die Gentechnik, die niemand will und die trotzdem durchgedrückt wird, ein klassisches Beispiel. Und die »Kultur« ist sehr oft auf schöne Veranstaltungen reduziert, die man sich halt anschaut. Kultur aber ist mehr – Kultur betrifft die Werte, die unser Leben bestimmen. Und heute leben wir in Zeiten, in der Kulturen ausgegrenzt werden oder sogar aussterben. Wofür wir einstehen müssen, ist ein Gegenentwurf: Eine Welt voller lebendiger Kulturen, die ihre Vielfalt feiern und ihre Sprache oder Ernährungsgewohnheiten nicht aussterben lassen! Eine lokal lebendige Demokratie* ist dafür ein wesentliches Instrument der Mobilisierung. Und sie funktioniert nur auf der Basis eines neuen Verständnisses, in dem jede lokale Demokratie ein Teil einer umfassenden Erddemokratie** ist. Der Schlüssel liegt darin, unsere Vorstellung von Demokratie zu verändern!

* vgl. auch Vandana Shiva in: http://www.zmag.org/znet/viewArticle/12442

** Vandana Shiva: *Erd-Demokratie, Alternative zur neoliberalen Globalisierung*, Rotpunkt-Verlag, Zürich 2006

Ist diese »Bewegung für eine lebendige Demokratie« identisch mit dem, was wir sonst als »zivilgesellschaftliche Aktion« kennen?

Genau! Das mag durchaus anstrengend sein – aber was haben uns denn Sorglosigkeit und Apathie eingebrockt? Auf dem Gebiet der Landwirtschaft hat es uns die chemischen Düngemittel beschert. Auf dem Gebiet der Lebensmittel hat es zu ständig mehr Zuckerkranken geführt. Auf dem Gebiet der Finanzen hat es dazu geführt, dass wir unser Geld einem globalen Kasino überlassen. Wäre es also nicht viel besser, wenn wir uns etwas mehr darum kümmern würden, zwischenmenschliche und ökologische Beziehungen so zu gestalten, dass wirkliches Leben dabei herauskommt?!

Welche Rolle nehmen da die traditionellen Politiker ein, und wie kann die Zivilgesellschaft politische Entscheidungen in dieser Richtung provozieren?

Ich glaube, die erste Aufgabe, der sich die Politiker stellen müssen, ist eine förmliche Scheidung. Denn sie sind viel zu intim mit der Welt der Unternehmen verheiratet. Es ist ja schon viel über das alte indische Kastensystem geschrieben und geschimpft worden. Trotzdem war es in den alten Zeiten teilweise ein durchaus sinnvolles System, um zwischen den verschiedenen Teilen der Gesellschaft ein Gleichgewicht der Kräfte herzustellen: zwischen jenen, die etwas produzierten, anderen, die Krieger waren, weiteren, die Händler waren, und schließlich denen, die regierten. Menschen, die über Wissen verfügten, hatten darin keinen Wohlstand. Andere, die militärische Macht innehatten, hatten keinen Zugang zur wirtschaftlichen Macht. So befanden sich die einzelnen Machtfaktoren in einem ständigen Fließgleichgewicht, was garantierte, dass es nie zu einer einseitigen Machtkonzentration kommen konnte. Die Globalisierung hat uns in ein ungleichgewichtiges System geführt, wo wir »Konzernstaaten« haben, die fast vollständig von multinationalen Unternehmen gesteuert werden. Demgegenüber glaube ich, dass wirklich demokratische Staaten durch ihre Bürger, von ihren Bürgern und für ihre Bürger regiert werden müssen. Schon allein die Erinnerung an diese demokratische Pflicht ist lebenswichtig für den Umgang mit allen Krisen, die ohnehin auf uns zukommen werden. Zurzeit stellt die Politik einfach Schecks über Geld aus, das ihr gar nicht gehört. Wer aber entscheidet darüber, wo diese öffentlichen Gelder hingehen? Wir Bürger wollen doch mitentscheiden, was mit unseren Steuerzahlungen gemacht wird! Also ist eine öffentliche Diskussion über diese ganzen Rettungsprogramme unverzichtbar. Denn eine lebendige lokale Wirtschaft verlangt nicht die Rettung von Großunternehmen, sondern die Förderung lokaler kleiner und mittelständischer Unternehmen, weil es ohne diese Geschäfte keine funktionsfähige Gesellschaft gibt. Das ist das Thema einer ganz neuen Beziehungskultur, über die wir sprechen müssen.

Sind das erst einmal kulturelle, ethische oder vielleicht gar spirituelle Visionen einer alternativen Zukunft? Sind es Luftschlösser, unter die wir Fundamente bauen müssen, um sie real werden zu lassen?

Vielleicht sind es keine Luft*schlösser*, sondern eine Menge kleiner Hütten, die da am Himmel der Visionen entstehen. Der Impuls für solche Veränderungen aber kam und kommt fraglos aus der Zivilgesellschaft. Die anderen Kräfte haben dafür nicht die moralische Integrität. Es ist ja nicht so, dass es keine rücksichtslosen Großkonzerne mehr gibt, nur weil alle kleinen Geschäfte verschwunden sind. Und es ist fraglos immer öfter so, dass Regierungen aus, von und für Konzerne handeln anstatt durch, von und für ihre Bürger. Deshalb wird aus diesen beiden Richtungen kein Impuls für einen großen Wandel kommen, sondern nur kurzfristige Entschuldungsprogramme. Man sollte mal die Karikaturen zur Finanzkrise sammeln. Dann würde man sehen, wie viele von ihnen das Bild einer sinkenden Titanic aufgreifen, in deren Maschine der Heizer wie verrückt die Kohlen schaufelt.

Bislang verhalten wir uns aber eher so, als würde uns die Krise lähmen!

Wir benehmen uns so, als wären wir gelähmt, weil man uns glauben gemacht hat, dass wir machtlos seien. Man hat uns eingetrichtert, dass die wirkliche Macht bei Politikern und großen Unternehmen läge. Wenn wir unsere eigene Kraft zurückgewinnen, werden wir auch zur Quelle des Wandels. Und ich bin fest davon überzeugt, dass genau dieser Prozess zurzeit überall auf dem Planeten passiert. Denn wir haben mittlerweile eigentlich nur noch zwei Optionen: Entweder wir arbeiten einfach weiter wie die Zombies, damit dann jede kleine Ersparnis von irgendwelchen Spekulanten verheizt wird, oder wir beginnen damit, lebenswerte Alternativen aufzubauen. Jetzt ist einfach die Zeit gekommen, um aus Träumen Realität werden zu lassen. Das ist kein Luxus mehr, sondern ein Imperativ für das Überleben. Und das gilt besonders für die jungen Leute, die das System zusammenbrechen sehen.

Wo in diesem Prozess befinden wir uns zurzeit? Sinkt die Titanic schon längst von ganz allein? Müssen wir lediglich die Folgen des Untergangs abfedern?

Das System bricht im Moment unter seinem eigenen Gewicht, seinen Fiktionen und Illusionen zusammen. Wir dürfen nicht vergessen, dass jene, die diese unglaubliche Finanzblase schufen, davon überzeugt waren, dass ihre Konstruktion so stabil wie eine Burg wäre. Jene von uns, die das beobachteten, wussten, dass es eine Blase voll heißer Luft war, die eines Tages platzen würde. Aber auch die industrielle Landwirtschaft bricht nicht einfach zusammen, weil so viele Landwirte auf Biolandbau umstellen. Fraglos fährt das alte System mittlerweile einen Kurs der Selbstzerstörung. Aber in Zeiten des unvermeidbaren Untergangs eines mächtigen Kreuzschiffes versuchen die Regierungen halt verzweifelt, es noch zwei Tage über Wasser zu halten. Und die Topmanager bemühen sich, im Spielkasino des sinkenden Schiffs noch schnell ein paar Milliarden mitzunehmen. Was uns aber auf eine andere Welt verpflichtet, sind die Millionen von Familien, die heute über Nacht obdachlos werden und die Milliarden, die ohne Nahrung dastehen. Die Welt ist durch die Globalisierung extrem zusammengewachsen – da gibt es natürlich reiche Leute und eine gewachsene Mittelklasse, zugleich aber auch riesige Unterschiede zwischen Europa und Indien. Aber da gibt es eben auch, weil irgendwo in der westlichen Welt der Finanzmarkt kollabiert ist, diese riesige Zahl von Familien, die fast nichts mehr zu essen haben, die ihr Dach über dem Kopf verloren haben oder ihre Kinder nicht länger in die Schule schicken können. Das ist wie ein ineinander verflochtener Schmerz da draußen in der Welt, der in Nord und Süd gespürt werden muss. Und aus ihm sollte eine ineinander verflochtene Verpflichtung entstehen – ein moralischer Imperativ – um ein neues System aufzubauen, das die Zukunft der Menschheit ermöglicht.

Das enorme globale Ausmaß der industriellen Landwirtschaft lässt es unmöglich erscheinen, dass dieser Riese in den nächsten Jahren kollabiert. Warum sind Sie so optimistisch, dass die ökologische Landwirtschaft, die heute noch so wenig verbreitet ist, schon in einem Jahrzehnt den Weltmarkt bestimmen wird?

Es mag heute noch unwahrscheinlich erscheinen und sicherlich viel Arbeit fordern, aber es ist möglich. Die Tatsache, dass das alte System unabwendbar zusammenbricht, heißt natürlich nicht, dass deshalb automatisch gute Alternativen auftauchen werden. Wenn Monsanto jetzt damit beginnt, spezielles Saatgut wegen seiner Unempfindlichkeit gegenüber dem Klimawandel patentieren zu lassen, dann werden sie in Kürze 500 neue Patente besitzen, mit denen sie in der Krise viel Geld verdienen wollen. Wir müssen verhindern, dass sie damit durchkommen, und deutlich machen, dass sie ja durch die Verbreitung der industriellen Landwirtschaft zu den Schuldigen am Klimawandel gehören und ihre genveränderten Produkte gleichzeitig ganze Landschaften vergiften. Genau an solchen Orten passiert heute doch der Kollaps direkt vor unseren Augen!

Aber das Vakuum, das durch solche Zerstörung entsteht, füllt sich nicht von allein. Es braucht Engagement: Wenn man sich um das Saatgut sorgt, dann ist das in etwa so, als wenn man sich um einen Säugling kümmert. Für traditionell arbeitende Bauern war diese Sorge Teil ihres Lebens. »Moderne« Bauern wissen oft gar nicht mehr, wie man Saatgut erntet und aufbewahrt. Solch ein Grundlagenwissen müssen wir wiederbeleben und weitergeben. Man hat uns eingeredet, dass wir auf der Basis einer fiktiven Finanzwelt und unerschöpflicher fossiler Rohstoffe sorglos sein dürften und nichts mehr selber wissen müssten, weil die Konsumgesellschaft uns das abnimmt. Jetzt aber beginnen wir zu begreifen, dass die Finanzkrise als Allererstes zum Ende der bisherigen Konsumkultur führen wird. Wenn man aber in absehbarer Zeit nicht mehr einfach das überall kaufen kann, was man zum Leben braucht, dann sollte man sich schleunigst darum kümmern, es selber herstellen zu können – sei es individuell oder in Gemeinschaft. Die fossile Wirtschaft hat uns ebenso dazu verführt anzunehmen, dass körperliche Arbeit etwas Minderwertiges sei. Die Gesellschaften in Europa und der westlichen Welt überleben heute nur deshalb, weil die Einwanderer und ausländischen Arbeiter diese Tätigkeit übernommen haben. Wenn wir die Zukunft wieder in unsere Hand nehmen wollen, müssen wir auch den Begriff der Arbeit verändern und ihr die Würde zurückgeben. Es geht darum, mit dem Alten aufzuräumen. Kulturell gelten solche Arbeiten als schmutzig, unwürdig und niedrig. Das sind sie nicht. Aufräumen und Reinmachen sind keine Strafe, sondern eine emotionale Notwendigkeit, um den Geist beweglich zu halten.

Sie legen den Finger auf viele Wunden und zeigen zugleich immer wieder auf die vorhandenen Lösungen. Sind Sie damit eine Optimistin, eine Pessimistin oder schlicht eine »Possibilistin«, die an das Machbare glaubt?

Was das Potenzial eines möglichen Wandels angeht, bin ich eine riesige Optimistin. Denn es ist schon viel erreicht worden und noch so viel mehr möglich. Natürlich beachte ich gleichzeitig sehr genau den kalten Zynismus der Machtsysteme, in denen wir leben. Ich bin keine Pessimistin, aber realistisch genug, um zu sehen, dass sie dumm genug sind, um noch viel mehr Zerstörung anzurichten. Aber das ist kein Pessimismus, sondern eher eine Form tiefer Traurigkeit, die ich spüre, wenn Möglichkeiten, etwas zu verändern, vertan werden oder Leute voller Engagement ausgebremst werden. Ich glaube, unsere Regierungen müssen jetzt begreifen, dass sie alle Initiativen für mehr Lebendigkeit und Nachhaltigkeit aktiv unterstützen müssen. Noch aber herrscht die Zögerlichkeit, die dazu führt, dass sie sich fast immer auf die falsche Seite schlagen. Dass ich optimistisch bleibe, liegt daran, dass ich das grenzenlose kreative Potenzial als stärkste Kraft des Lebens empfinde.

Wie aber lässt es sich zur Entfaltung bringen?

Es gilt, den ganzen Müll aufzuräumen und rauszuschmeißen – inklusive den Müll in unserem Denken. Was dazu benötigt wird, ist ein riesiger Paradigmenwechsel. Noch gibt es zu viele Menschen, die sich darauf beschränken, anderen sagen zu wollen, was zu tun sei. Aber schon Gandhi sagte: »Wir müssen selbst der Wandel sein, den wir in der Welt sehen wollen.« Und der Einzelne kann zwar nicht den »großen Wandel« verkörpern, aber einen »kleinen Wandel«, der durch Multiplikation und Resonanz wirksam wird – eine Resonanz, die sich über Handlung und Worte ausdrückt. Der erste Schritt auf diesem Weg ist eine Veränderung unseres Bewusstseins – und dafür müssen wir mindestens zwei Dinge begreifen. Eins davon ist die Erkenntnis, dass wir ein integraler Teil eines erstaunlichen Universums sind. Denn diese Einsicht gibt uns Kraft. Und da spreche ich wirklich aus persönlicher Erfahrung. Wenn ich mittlerweile seit 35 Jahren für eine andere Welt kämpfe, dann nur deshalb, weil ich meine Inspiration dafür in jedem Moment von der Erde und aus der Natur beziehe. Der zweite wesentliche Punkt ist die Einsicht, dass uns die industrielle Wachstumsgesellschaft zu isolierten individuellen Verbrauchern hat werden lassen. Wir sind mehr als das. Deshalb müssen wir aus dem Gefängnis dieser Automatisierung ausbrechen, denn es gehört zu den beängstigenden Phänomenen der Moderne, nicht mehr länger wirklich Teil einer größeren Gemeinschaft zu sein. Gemeinschaftliches Leben aber beruht auf kleineren Größenordnungen und lokal organisierten Strukturen, Netzwerken und Gruppen von Freunden. Das ist es, was wir brauchen, auch wenn unser Bewusstsein noch auf einem Weltbild von Fragmentierung und Isolation basiert.

Wenn man Ihnen zuhört, wird dreierlei deutlich: Erstens bremsen Sie mit Ihren Aktionen den Prozess der Zerstörung. Zweitens decken Sie dessen strukturelle Wurzeln auf und erschaffen in Ihrem Land alternative Strukturen. Drittens und wahrscheinlich am radikalsten aber fordern Sie für eine wirkliche Veränderung ein neues Weltbild. Ist das im Gegensatz zu dem immer noch herrschenden hierarchischen, patriarchalen und kolonialen System auch ein spezifisch femininer Ansatz?

Indem der neue Ansatz auf Kooperation und Teilen setzt, verfolgt er fraglos weibliche Spuren*. Selbst in Zeiten des Krieges waren es immer die Frauen, die mit ihrer Arbeit dafür sorgten, dass das Leben weitergeht. Und auch in den aktuellen Zeiten der Krise kann man immer weniger auf Vereinbarungen setzen, die auf patriarchalen Machthierarchien basieren. Sie sind einfach nicht stabil, denn meistens steht die wirtschaftliche Pyramide Kopf. Gesellschaften müssen umgekehrt gegliedert sein: An der Basis muss die Wirtschaft der Natur, das Biokapital stehen. Darauf basiert die Gesellschaft, dann der Markt und, als Teil des Marktes, die Finanzökonomie. Heute ist es genau andersherum: Das Biokapital ist wegen der Umweltkrise noch mehr geschrumpft. Auch die »Sozialwirtschaft« gesunder Gesellschaften ist zurückgegangen. Gleichzeitig ist die Marktwirtschaft durch die aufgeblähte Finanzwirtschaft völlig deformiert worden – war sie doch vor Kurzem schon siebzig Mal so

* Vandana Shiva: *Das Geschlecht des Lebens. Frauen, Ökologie und die Dritte Welt*, Rotpunkt-Verlag, Zürich 1994

groß wie die Realwirtschaft! In Krisenzeiten geht es darum, über Widerstandsfähigkeit und Belastbarkeit nachzudenken. Belastbarkeit aber entsteht fraglos auf der Basis von Dezentralisierung. Und um diese wiederherzustellen, brauchen wir mehr als Zaubersprüche. Weil wir heute noch nicht genau wissen, wie das zu schaffen ist, müssen wir sie über zahllose Kanäle und in großer Vielfalt und Unterschiedlichkeit umsetzen. Patriarchale Hierarchien gehören da nicht mehr dazu, sondern nur noch kooperative Netzwerke auf horizontaler Ebene.

Medien müssen Brücken in die Zukunft bauen

Im Dialog mit der Journalistin und Sozialaktivistin Amy Goodman

Amy Goodman, geboren 1957, ist eine amerikanische Rundfunkjournalistin, Menschenrechtsaktivistin und Autorin. 1985 begann sie ihre Karriere als investigative Rundfunkjournalistin beim *Pacifica Radio's WBAI Station* in New York. Anfang der 90er-Jahre wurde sie während einer Recherche über die Menschenrechtsverletzung der indonesischen Regierung Zeugin und fast Opfer eines Massakers des indonesischen Militärs an Demonstranten der Unabhängigkeitsbewegung. 1996 begründete sie den Rundfunk- und Fernsehsender »Democracy Now!«, dessen täglich einstündiges Nachrichtenmagazin sie seitdem moderiert. Amy Goodman erhielt zahllose Preise für ihre journalistische Arbeit und wurde besonders in den Zeiten der Bush-Administration zum Symbol eines demokratischen Amerika. Als erste Journalistin erhielt sie 2008 den alternativen Nobelpreis für »die innovative Entwicklung eines wahrhaft unabhängigen zivilgesellschaftlichen politischen Journalismus, der weltweit Informationen verbreitet, die in den etablierten Medien oft unterschlagen werden«. www.democracynow.org

Journalisten, das betonen Sie immer wieder, müssen dorthin gehen, wo geschwiegen wird, um den Menschen eine Stimme zu geben. Wo sind die Orte des Schweigens in den USA? Wer braucht dort eine Stimme?

Da gibt es unendlich viele Orte. Aber es sind nicht notwendigerweise Orte des Schweigens, sondern Orte voller Menschen, die vom Rest der Gesellschaft mundtot gemacht wurden. Sie selbst mögen gegen ihre Situation anschreien und weinen. In ihren eigenen Gemeinschaften bringen sie sich meist laut und deutlich zum Ausdruck. Aber wenn es darum geht, diesen Ruf auch für die ganze Gesellschaft hörbar zu machen, dann herrscht in den großen Medien Sprachlosigkeit. Ob es sich nun um die Dörfer im Niger-Delta handelt, wo Ken Saro-Wiwa gegen die Zerstörung seines Landes durch eine Ölgesellschaft kämpfte und dafür nach einem Scheinprozess hingerichtet wurde. Oder um die Menschen in Ost-Timor unter der indonesischen Besatzung, die einer gnadenlosen Unterdrückung ausgesetzt sind. Dabei kann es sich aber auch genauso um jene handeln, die in den USA durch die Finanzkrise unter die Räder gekommen und jetzt obdachlos sind.

Also berichten die Medien nicht über das, was wirklich passiert?

Tatsache ist, dass all jenes, was täglich über die großen Sender an Nachrichten in die Welt geht, nur die Neuigkeiten einer kleinen Elite wiedergibt: Einer kleinen Gruppe von Leuten, die so wenig über die Welt wissen und sie uns trotzdem erklären wollen und dabei so gut wie alles falsch machen. Aber es braucht in den Medien Orte, wo ganz normale Menschen ihre Geschichten erzählen können, ihre Sicht und Erfahrung mit der Finanzkrise, ihre Ängste und Hoffnungen. Da kann es sich um Soldaten handeln, die sich weigern, nach Afghanistan oder in den Irak zu gehen. Das ist in den USA eins der größten Tabus: die Tausende von Fahnenflüchtigen, die sich diesen Kriegen verweigern. Oder es ist die Geschichte jener Tausender von Menschen, die man nach dem 11. September verhaftet und deportiert hat. Wir kennen nicht die Namen und das Schicksal all jener muslimischen Immigranten aus Südasien und den arabischen Ländern, denen das passiert ist. Aber es ist unsere Aufgabe, diese Geschichten aufzudecken und zu erzählen oder ihnen direkt eine Stimme zu geben. Und nicht nur einem Kind aus den Slums der New Yorker South Bronx, sondern auch einem aus Palästina. Genauso einer israelischen Großmutter, einem irakischen Onkel oder einer afghanischen Tante. Wer hört, wie Menschen von ihrer eigenen Erfahrung berichten, wird dadurch verändert. Denn das durchbricht die Heuchelei, die Vorurteile und die Karikaturen, die man voneinander im Kopf hat. Genau das aber ist die Rolle der Medien: Wir müssen Brücken zwischen den Gemeinschaften bauen, anstatt nur für die zu arbeiten, die die Brücken zerbomben.

Wie beschreiben Sie demgegenüber Ihren Sender Democracy Now?

Democracy Now ist eine tägliche, unabhängige, internationale, investigative, einstündige Nachrichtensendung. Sie bietet Menschen ein Forum, für sich selbst zu sprechen oder miteinander ins Gespräch zu kommen. Dabei müssen sie gar nicht derselben Meinung sein. Es geht darum, dass sie die Möglichkeit haben, ihre unterschiedlichen Geschichten erzählen zu können – und sich dann selbst eine Meinung zu bilden. Oder, falls sie ihre Geschichten nicht selbst erzählen können, es für sie zu tun, bis sie selbst wieder in der Lage dazu sind. Inhaltlich geht es dabei oft um die wirklich existentiellen Fragen – Themen wie die globalen Kriege, die globale Erwärmung, den globalen ökonomischen Kollaps. Wenn wir das als Journalisten nicht tun, dann dienen wir nicht den Menschen. Dann lassen wir jene Männer und Frauen im Stich, die als Soldaten losgeschickt werden, um zu töten und zu sterben. Sie können auf ihren Militärstützpunkten die Diskussionen über das Für und Wider nicht führen. Da sind sie auf uns, die Zivilgesellschaft, angewiesen. Es geht darum, Leute aus aller Welt zu hören, die sich in engagierten Debatten über Krieg und Frieden, also Leben und Tod engagieren. Ich glaube tatsächlich, dass weniger als das letztlich einen Verrat an einer demokratischen Gesellschaft darstellt. Und diese Diskussion muss in den Medien stattfinden. Das ist der Ort, wo man sich zuhören und die andere Seite verstehen kann. Und das muss im Fernsehen stattfinden, weil die Mehrheit ihre Informationen von dort beziehen. Es wäre sehr gefährlich, wenn die Welt nur aus der Perspektive der großen Medienkonzerne wahrgenommen würde.

Oft wirkt es so, als würden die kritischen amerikanischen Stimmen mehr in Europa wahrgenommen als daheim. Ein Beispiel dafür wäre Noam Chomsky, den man hier diskutiert und der in den USA fast unbekannt ist. Hört die Bevölkerung in den USA den kritischen Stimmen und Nachrichten überhaupt zu?

Wir sind kein Spartenmedium. Menschen, die gegen Krieg oder Folter sind, sind keine kleine Minderheit, auch keine schweigende Mehrheit, sondern eine zum Schweigen gebrachte Mehrheit: Mundtot gemacht durch die Medienunternehmen. Deshalb müssen wir uns die mediale Öffentlichkeit zurückholen. Ich kann nur sagen, dass *Democracy Now* bislang sprunghaft gewachsen ist. Als wir 1996 begonnen haben, wurden wir nur über ein paar Dutzend Bürgerradios ausgestrahlt. Heute sind es mehr als 750 Radio- und Fernsehstationen sowie unter www.democracynow.org das Internet. Und jede Woche meldet sich eine weitere Gemeinde oder Stadt mit einer nichtkommerziellen lokalen Radio- oder Fernsehstation, die unser Programm übernehmen will. Und das sind nicht nur alte Linke. Sowohl konservative Republikaner als auch progressive Demokraten machen sich Sorgen über den Krieg, über die Macht der Konzerne, über geheime Regierungspläne. Ich glaube sogar, dass die alten Fronten – links, rechts und liberal – heute nicht mehr gelten.

Die Menschen haben es unabhängig von ihrer politischen Überzeugung satt, belogen zu werden. Es hat nicht nur den ehemaligen Präsidenten Bush entlarvt, dass im Irak keine Massenvernichtungswaffen gefunden worden sind. Es hat die ganze amerikanische Presse bloßgestellt, die all die Lügen zu diesem Thema pausenlos wiederholt hat, sie wie am Fließband unhinterfragt veröffentlichte und damit geradezu die Trommeln für den Krieg rührte. Weil die großen Medienunternehmen angesichts dieser großen Koalition aus Kriegsbefürwortern ihre Verantwortung nicht wahrgenommen haben, suchen die Menschen jetzt nach Alternativen. Denn die Medien sind doch die machtvollste Institution auf dieser Erde, viel mächtiger als jede Bombe oder Rakete. Deshalb verlangen die Leute zu Recht nach alternativen Informationen in unabhängigen Sendern. Das ist der Grund, warum *Democracy Now* so eine Wirkung bekommen hat.

Geht es im Kern also darum, mit zivilgesellschaftlich organisierten Medien den öffentlichen Raum zurückzuerobern?

Ich sehe die Medien tatsächlich als öffentliches Gemeingut, vielleicht sogar als gemeinsame gesellschaftliche Basis: Für mich passt die Metapher eines riesigen Küchentisches, an dem man sich global niederlässt und respektvoll und engagiert die kritischen Fragen miteinander bespricht: Fragen, in denen es ja tatsächlich um Leben und Tod geht, Fragen, von denen abhängt, ob Menschen leben oder sterben werden, Fragen über die wichtigsten Optionen, die ein Land haben kann – nämlich in den Krieg zu ziehen. Die Zivilgesellschaft muss heute vollständig an solchen Entscheidungen beteiligt sein. Und wo kann man solche Dialoge führen, wenn nicht in den Medien. Sie müssen diese Diskussionsforen bereitstellen. Und genau das ist es, was die kommerziellen Medienunternehmen in den USA verhindern und wegfiltern. Im Normalfall stellen die Medienunternehmen nur das politisch eng begrenzte Spektrum zwischen Republikanern und Demokraten zur Verfügung. Aber dieses Spektrum schrumpft auf ein Nichts zusammen, wenn sich wie vor dem Irakkrieg der frühere republikanische Präsident mit damals führenden Demokraten wie Hillary Clinton in eine Wagenburg zurückzieht und alle für den Krieg stimmen. Medienforscher haben festgestellt, dass in den zwei Wochen vor Kriegsbeginn in den vier wichtigsten abendlichen Nachrichten-Magazinen 393 Interviews ausgestrahlt wurden, aber davon nur vier mit Kriegsgegnern – vier von fast 400! Das hat nichts mehr mit »Massenmedien« zu tun. Das sind Extremistenmedien. Und wenn Medien so benutzt werden, dann wird es gefährlich, denn das ist Propaganda. Und ich brauche niemandem hier in Deutschland zu erzählen, wie gefährlich das ist.

Was für eine Rolle haben Sie in den acht Bush-Jahren gespielt? Waren Sie für die einen ein Medien-Terrorist und für die anderen eine Graswurzel-Aktivistin?

Ich war jemand, der Tag für Tag das Schweigen durchbrach, indem ich Menschen, die man in den Massenmedien in der Regel nicht erleben kann, eine Möglichkeit gab, ihre Stimme zu erheben. Und darauf kommt es an. »Denn die Medien«, sagt Noam Chomsky, »produzieren Zustimmung«. Wer das Echo seiner eigenen Überzeugungen in den Medien nicht mehr findet, fühlt sich von der Gesellschaft entfremdet und an den Rand gedrängt. Deshalb versuchen wir, der ungehörten Bevölkerungsmehrheit ein mediales Forum zur Verfügung zu stellen. Und wir sind froh, wenn die konventionellen Medien diese Themen im Anschluss auch aufgreifen. Es passiert jetzt immer öfter, dass Kollegen anrufen und um den einen oder anderen Kontakt nachfragen. Wir bitten geradezu darum, dass sie sich die Geschichte klauen. Und es passiert auch immer öfter, dass sie mit irgendeiner angeblich »exklusiven« Geschichte herauskommen, die zwei Wochen vorher bei uns behandelt wurde. Das ist völlig in Ordnung so, denn es sind alles Themen, die an die Öffentlichkeit müssen, und dieses Verhalten zeigt, dass man uns ernst nimmt und von uns lernt. Die Medien sind der Ort, wo gesellschaftlicher Konsens entstehen muss. Sie müssen Freiräume für Widerspruch bereitstellen. Also ist es unsere Pflicht, wieder die Mehrheit der Menschen an der Diskussion teilnehmen zu lassen.

Sieht man Ihren unabhängigen Sender dann als staatsgefährdend oder gar subversiv?

Medien müssen subversiv sein, das ist ihre Aufgabe. Das ist der Grund, weshalb Journalisten von der amerikanischen Verfassung besonders geschützt sind. Denn sie gelten gegenüber der staatlichen Macht als ein Instrument für Kontrolle und Ausgleich. Deshalb brauchen wir zugunsten der Gewaltenteilung kritische oppositionelle Medien, die sich unerwünscht einmischen. Ich habe mit meinem Bruder David Goodman drei Bücher* zu diesem Thema geschrieben. Eins heißt im Wortspiel »The Exception to the Rulers« und könnte vielleicht übersetzt werden als »Den Regierenden die Stirn bieten«. Das zweite lautet »Static« und beschreibt diese Mischung aus Unbeweglichkeit und Einseitigkeit, die wir auch im Zeitalter moderner Medien erleben, wo das Programm Lügen transportiert und ein völlig verzerrtes Realitätsbild voller falscher Interpretationen und Halbwahrheiten vermittelt. Wir brauchen deshalb Medien, die eine journalistische Ethik neu definieren: Medien, die Macht kontrollieren, anstatt von ihr kontrolliert zu werden. Wir brauchen Medien als vierte Gewalt, nicht aber als Werbeplattform und Befürworter für staatliche oder militärische Gewalt. Und wir brauchen Medien, die sich den sozialen Bewegungen widmen, die heute Geschichte machen, weil aus ihren Ideen die Zukunft wächst.

Hier gibt es immer noch das Bild jener amerikanischen Medien, die in der Lage waren, einen Präsidenten zu stürzen. Sind Personen wie Bob Woodward, der Watergate aufdeckte, Vergangenheit oder Ausnahmeerscheinungen?

Es gibt schon noch immer wieder mal wichtige Enthüllungsstorys. Worauf es aber ankommt, ist der journalistische Alltag: Wer Tag für Tag auf den Titelblättern oberhalb des Falzes abgebildet und zitiert wird! Wer immer wieder zu den Topmeldungen interviewt wird! Das ist es, was die öffentliche Diskussion bestimmt, was die politische Tagesordnung vorgibt und was im öffentlichen Bewusstsein entscheidende Spuren hinterlässt. Und genau da läuft es so verkehrt. Es sind immer die gleichen Leute, die »das Sagen« haben.

* Amy & David Goodman: *The Exception to the Rulers. Exposing Oily Politicians, War Profiteers and the Media that Love them*, Arrow Book 2005
Amy & David Goodman: *Static. Government Liars, Media Cheerleaders and the People who fight back*, Hyperion Books 2008
Amy & David Goodman: *Keine Widerrede! Warum die Medien aalglatte Politiker und Kriegstreiber lieben*, Homilius-Verlag, Berlin 2008

Selbst wenn sie in diesen Medien seit Jahren Unsinn reden, lässt man niemand anderen zu Wort kommen. Das, was sie sagen, repräsentiert eben nicht den so genannten »Mainstream«. Vielmehr müssen wir begreifen, dass es eben die ganz normalen Leute sind, die den Mainstream ausmachen – aber gerade jene sind von herrschenden Medien ausgeschlossen.

Also reagieren sie aus Ihrer Sicht dann auch nicht adäquat auf die Bedürfnisse und Nöte der Menschen?

Natürlich nicht. Man kann deshalb auch durchaus sagen, dass die konventionellen Medien uns eher in politische, wirtschaftliche und soziale Krisen hineinführen, anstatt uns früh genug durch ihre Arbeit davor zu bewahren. Das wirkt im Endeffekt so, als hätte man den Bürgern den öffentlichen Raum weggenommen. Und deshalb müssen wir ihn zurückerobern! Wenn Medien in einer verantwortungsvollen Art und Weise genutzt werden, dann können sie zu einem machtvollen Impuls für Frieden und gesellschaftlichen Wandel werden. Denn sie können ein Forum der kreativen Auseinandersetzung bieten. Da geht es nicht um die eine oder andere Meinung, sondern um wirklich gleichberechtigte Vielfalt. Es geht nicht darum, dass einer den anderen überzeugt, weil nur einer recht haben darf, sondern um Kommunikation und Dialog, aus dem etwas Neues entstehen kann.

Im Deutschen gibt es den Ausdruck der »Schere im Kopf«, um das Phänomen der journalistischen Selbstzensur zu beschreiben. Passiert das in Amerika?

Es gibt ein enorm großes Maß an Selbstzensur. Dass der Herausgeber in die Redaktion kommt und sagt: »Diese Geschichte machen wir nicht!«, kommt eher selten vor. Es ist eher so, dass Journalisten einen Riecher dafür entwickeln, welche Geschichte sie auf der Karriereleiter im Unternehmen weiterbringt. Und da ist eine Story über einen Protest gegen den Krieg halt nicht sehr vorteilhaft. Oder eine Geschichte über einen UN-Waffeninspekteur, der eine ganz andere Meinung über Saddam Hussein und seine angeblichen Massenvernichtungswaffen hatte als die Regierung. Wenn solche Nachrichten nicht durchkommen, ist das so, als würden die Medien für das Militär zum Angriff blasen. Dabei ist genau diese Ignoranz gegenüber Kritikern oder sozialen Bewegungen der größte Fehler der amerikanischen Medien, die Aktivisten lieber verleumden, als ihnen eine Stimme zu geben. Eigentlich sind das doch wunderbare Geschichten über Menschen, die die Welt zu einem besseren Ort machen wollen. Warum sollte man gerade ihnen das Mikrofon vorenthalten? Das ist aus meiner Sicht ein Riesenfehler. Denn jene Bewegungen, die gegen die Klimakatastrophe vorgehen, gegen Kriege protestieren und rassische oder ökonomische Ungerechtigkeiten ansprechen, müssen wahrgenommen und dokumentiert werden. Denn sie sind jene, die Geschichte machen.

Bedeutet eine Initiative wie Democracy Now *dann, dass die sozialen Bewegungen nicht mehr länger darauf warten, von den Massenmedien wahrgenommen zu werden, sondern ihre Medien selbst schaffen?*

Ich glaube, wir haben da zeitgleich zwei Aufgaben: Einerseits müssen wir die führenden Medienunternehmen herausfordern. Ich will das nur mal an einem Beispiel illustrieren. NBC, einer der größten amerikanischen Sender, gehört General Electric, die zugleich einer der großen Waffenproduzenten im Land sind. Kann es da irgendjemanden überraschen, was sie uns in den Medien vorsetzen? In Kriegszeiten ist es eigentlich nichts anderes als eine militärische Werbeshow. Die Funkfrequenzen, die sie benutzen, sind kein Privatbesitz, auf denen sie einfach tun können, was sie wollen. Wenn Frequenzen ein Gemeingut sind, dann können wir verlangen, dass sie dort auch mehr Menschen eine Stimme geben. Parallel aber müssen wir unsere eigenen Medien aufbauen, wie wir es mit *Democracy Now* versuchen. Da geht es darum, die einzelnen unabhängigen Medien wie Knotenpunkte zu einem Netzwerk nicht nur in den USA, sondern in der ganzen Welt zu verbinden. Und da ist *Demo-*

cracy Now nur ein bekanntes Beispiel, weil es mittlerweile so viel international gehört wird. Aber es gibt zahlreiche andere Beispiele für den Aufbau freier Medien.

Welche Rolle spielen dabei die neuen Medien, allen voran das Internet?

Für den Aufbau eines unabhängigen Mediums ist das Internet tatsächlich eine große Hoffnung. Nicht ohne Grund versuchen die großen Telekommunikations- und Kabelunternehmen zurzeit, das Internet zu privatisieren. Das muss verhindert werden. Denn wenn das Internet offen und frei bleibt, ist es als globales Netzwerk der Zivilgesellschaft die stärkste Antwort auf die Globalisierung transnationaler Konzerne. Und es gibt keine Macht, die stärker ist als eine globale Zivilgesellschaft. Und sie müssen wir auch öffentlich stärken und stützen.

Was ist dann die wichtigste Aufgabe solcher neuen Medien: Macht wirkungsvoll und investigativ zu kontrollieren oder mit Berichten über Lösungen Hoffnung zu machen?

Es sollte eine Mischung sein. Einerseits aufzudecken, was verkehrt läuft, und andererseits kreativen Denkern, ob Individuen oder Organisationen, ein Forum zu geben, die neue Ideen vorschlagen und Lösungen aufzeigen können. Das kann nur in Medien passieren, die außerhalb der Scheuklappen denken und ein entsprechendes Forum bereitstellen. Und das ist eben nicht möglich, wenn ein Interview-O-Ton, so wie in den großen privaten Sendern heute üblich, die durchschnittliche Länge von *neun Sekunden* hat. Was kann man da schon sagen? Außer vielleicht knappe konventionelle Weisheiten abzulassen, die alles andere als weise sind. Wenn man das durchbrechen will – und das ist angesichts der globalen Probleme unverzichtbar –, dann braucht man Berichte über Ansätze, die bislang übersehen wurden. Damit Menschen verstehen können, worum es geht, und inspiriert werden, eigene Lösungen zu suchen, ein

Thema selbst in die Hand zu nehmen, müssen sie die Gelegenheit haben, jemandem zuzuhören, der ein Problem vom Anfang bis zum Ende durchdenken und darstellen kann. Und das braucht Zeit! Dann aber heißt es: »Nein, die Spanne der Aufmerksamkeit, gerade bei jungen Menschen ist extrem kurz, man müsse sich nur MTV anschauen ...« Das ist Unsinn. Wir haben eine wachsende Hörerschaft unter Jugendlichen, und Lehrer berichten uns, wie sie fasziniert langen Beiträgen zuhören. Ich glaube, junge Menschen werden vollkommen unterschätzt. Sie sind fasziniert von etwas Neuem, Echtem, Authentischem. Sie können Lügen weit besser riechen als Erwachsene, weil sie noch nicht so viel in die Bewahrung des Status quo investiert haben. Sie sind offen für Neues. Und auch hier ist die Aufgabe der Medien, ihnen ein Forum dafür zu bieten.

Welche Rolle spielen die unabhängigen Medien nun, wo es unter Barack Obama um Wandel gehen soll?

Wir müssen ohne Frage auch unter der neuen Präsidentschaft weiterhin dieses öffentliche Forum für Widerspruch und kritische journalistische Kontrolle aufrechterhalten. Das hat erst einmal nichts damit zu tun, dass Barack Obamas Sieg auf vielen Ebenen außergewöhnlich war: Er ist der erste afroamerikanische Präsident in einem Land mit dem Vermächtnis der Sklaverei. Er ist mit seiner Frau Michelle und seinen beiden Kindern, die Nachfahren von Sklaven sind, in das berühmteste Haus der Welt eingezogen, das von Sklaven erbaut wurde. Auch die Unterstützung, die er bekommen hat, war ohne Vorbild. Millionen von neuen Wählern in einem Land, wo sonst weniger als die Hälfte zur Wahl gehen, 95 Prozent der Schwarzen wählten ihn, 67 Prozent der Latinos. Obama war Sozialarbeiter, noch nie gab es jemanden mit diesem Hintergrund in dieser Position. Und er nutzte die Bürgerinitiativen und Graswurzelbewegungen für seinen Sieg. Nun stellt sich die Frage, ob dieselbe Bewegung, die er für seinen Wahlerfolg benutzt hat, nun auch von den Wählern angewandt wird, um ihrer Forderung nach Wandel Nachdruck zu verleihen.

Mit der Wahl Obamas entsteht fast der Eindruck, ein Vertreter der Zivilgesellschaft wäre ins Weiße Haus gezogen. Besteht die Gefahr, dass damit eben jene Zivilgesellschaft geschwächt wird, die ihn dorthin brachte?

Je näher jemand der Macht kommt, desto mehr ist er Druck von allen Seiten ausgesetzt. Jetzt sieht es so aus, dass er einen Kreis von Menschen, Ministern und Beratern um sich hat, die ihn ursprünglich nicht unbedingt als US-Präsidenten haben wollten. Sie haben Zugang zu Obama, ihnen leiht er sein Ohr. Sie kennen die Machtverhältnisse im Westflügel des Regierungssitzes, weil viele von ihnen dort schon früher ein und aus gegangen sind. Sie wissen, wie man das Geschäft der Macht handhabt. Und sie mobilisieren ihre Lobbys und verschwenden dabei keine Zeit.

Besteht die Gefahr, dass der Wille der Wähler dabei auf der Strecke beleibt?

Jene, die bei der Wahl für Obama gestimmt haben, schwanken zwischen einem Gefühl tiefer Erleichterung, Bush los zu sein und einer vorsichtig abwartenden Haltung. Aber kann es in der jetzigen Situation dabei bleiben? Ich glaube nicht! Denn im Moment werden wirklich Weichen gestellt für die Zukunft, da besteht die Möglichkeit, mit einem grundsätzlichen Wandel Geschichte zu schreiben. Ich glaube deshalb, dass es mehr als verkehrt wäre, mit dem Wahlausgang zufrieden zu sein und nichts mehr zu tun. Stattdessen müssen sich die Menschen, wenn sie diesen Wandel wirklich wollen, gerade jetzt mehr und besser organisieren als vor und während der Wahl. Denn ein Mann alleine kann das nicht umsetzen, selbst wenn er die machtvollste Position der Erde innehat. Aber es gibt trotzdem noch eine Kraft, die mächtiger ist – nämlich die Masse der Bürger, die gemeinsam laut und deutlich grundlegende Veränderungen einfordern.

Gibt es denn überhaupt noch eine direkte Kommunikation zwischen den Graswurzelbewegungen und Barack Obama? Was sind die Hoffnungen und Ängste der amerikanischen Zivilbewegung?

Die wesentliche Frage ist: Von wem lässt er sich beraten? Denn er ist fraglos in zunehmendem Maß von der wirklichen Welt abgeschnitten und wird zwangsläufig von seinem innersten Beraterkreis isoliert. Rahm Israel Emanuel, der neue Stabschef des Weißen Hauses, hat seine Millionen mit Hedgefonds verdient, also mit Werkzeugen, die uns in den aktuellen Schlamassel gebracht haben – und das gilt für einige Leute in seinem innersten Kabinett. Da ist man als Journalist gezwungen, kritische Fragen zu stellen! Der Präsident hat wortreich begründet, wieso er ein »Team aus Rivalen« zusammengesetzt hat, die kritische Fragen auskämpfen. Aber wo sind die wirklich progressiven Kräfte geblieben, die radikal andere Ansätze reinbringen könnten? Es ist sicher sinnvoll, wenn Entscheidungen endlich wieder gemeinsam debattiert werden. Aber ich habe im Moment meine Zweifel, ob es da überhaupt unterschiedliche Meinungen gibt, die eine kreative Debatte möglich machen würden. Nehmen wir nur den Irakkrieg als Beispiel. Von den Leuten, die gegen diesen Waffengang stimmten – 125 Abgeordnete des Kongresses und 23 Senatoren – wurde keiner in eine Position berufen, die diesem Problem gewidmet sein könnte, und keiner von ihnen wurde Mitglied des Kabinetts.

Wie also sollten unabhängige kritische Medien in dieser Situation reagieren?

Sie sollten wie die Wächter des Wählerauftrages reagieren. Barack Obama hat sich ein Kabinett zusammengestellt, das zu wesentlichen Fragen in der Tradition der Vergangenheit steht. Eine Außenministerin Clinton mit einem Verteidigungsminister der alten Regierung. Begründet wurde das mit dem »Zwang zur Kontinuität«. Kontinuität? Barack Obamas Kampagne baute auf *Wandel.* Also geht es jetzt darum, dass die Wähler klarmachen, wie sie repräsentiert werden wollen. Da bleibt der Druck von außen entscheidend wichtig, wenn man wirklich Wandel durchsetzen will. Und die Rolle der Medien besteht in so einer Situation darin, diesen Menschen eine Stimme zu geben. Das muss mehr sein als der zaghafte Rahmen, den die traditionellen Medien zurzeit anbieten: hier ein paar Offizielle aus der Regierungsmannschaft, dort noch ein paar Stellungnahmen von demokratischen Unternehmern oder der republikanischen Opposition in Washington. Denn das politische Spektrum ist viel größer. Und es muss öffentlich repräsentiert sein.

Also verkehrt sich die Hoffnung in Kritik?

Aber das heißt nicht, dass sie in Zynismus kippt. Denn es war immer schon so, dass es auf das Engagement der Menschen ankommt. Wenn man Veränderung wirklich so konsequent will, wie viele das im Wahlkampf gezeigt haben, dann kann man nach der Wahl nicht einfach aufhören, sich zu organisieren. Sie müssen auch danach noch für ihre politischen Visionen einstehen. Bisher haben wir das Potenzial für Wandel gewählt. Damit ist eine Chance entstanden, mehr noch nicht. Es wird nicht einfach sein, das System zu verändern, und eine Menge Zeit brauchen. Und ich glaube, jetzt müssen sich die Menschen erst recht engagieren, wenn der Wandel Wirklichkeit werden soll. Deshalb ist mein Appell an die Medien auch, die historische Perspektive der Situation, an der wir global heute stehen, der Öffentlichkeit klar vor Augen zu stellen. Das funktioniert aber nicht, wenn sie so weitermachen wie bisher. Aber es ist die zentrale Aufgabe der Medien in dieser Zeit: nicht nur kommunikative Brücken zu bauen zwischen verschiedene Gemeinschaften und Fraktionen, sondern Weltbilder zusammenzubringen, die sich bislang ausschließen und bekämpfen, sowie Brücken zu bauen zwischen Epochen, die zu Ende gehen und anders neu beginnen. Sie müssen Brücken in die Zukunft bauen. Die Menschen müssen in die Lage versetzt werden, die historische Chance zu begreifen und ihr Potenzial erkennen. All das gehört zur Rolle der Medien. Die Menschen müssen erfahren, wie auch in der Vergangenheit wesentliche Veränderungen durchgesetzt wurden. Das war auch in der Vergangenheit so. Die Politik der Rassentrennung wurde nicht überwunden, weil Martin Luther King gute Reden zum Wahlrecht der Schwarzen hielt. Der Erfolg war das Ergebnis einer Bürgerbewegung. Darum geht es, das muss deutlich werden. Denn der Lauf der Geschichte ist nur dann »vorherbestimmt«, wenn wir uns nicht an ihr beteiligen, nicht begreifen, wo wir stehen und nicht erkennen, was wir alles tun können.

Die Welt wendet sich vom Krieg ab

Im Dialog mit der Ärztin und Friedensaktivistin Mary-Wynne Ashford

Dr. Mary-Wynne Ashford ist Ärztin und Friedensaktivistin. Neben ihrer medizinischen Tätigkeit arbeitet sie seit über 20 Jahren in der internationalen Bewegung für Frieden und Abrüstung. Von 1998 bis 2002 war sie Kopräsidentin der internationalen IPPNW (Internationale Ärzte für die Verhütung des Atomkrieges, Ärzte in sozialer Verantwortung) und nahm in dieser Funktion gemeinsam mit Kollegen den Friedensnobelpreis für die Organisation entgegen. Dr. Mary-Wynne Ashford ist Vorstandsmitglied der *Physicians for Global Survival* (kanadische Sektion der IPPNW) und Autorin des Buches *Enough Blood Shed: 101 Solutions to Violence, Terror and War*. In jüngster Zeit arbeitet sie besonders daran, der weltweiten Zivilgesellschaft und den Medien deutlich zu machen, dass die Friedensbewegung dazu beigetragen hat, in den letzten 20 Jahren die Zahl der Kriege um 90 Prozent zu reduzieren. www.ippnw.org

Die meisten Menschen auf dieser Welt haben den Eindruck, dass Kriege zunehmen und sich die Gewalt zwischen Menschen zuspitzt. Sie sind zu ganz anderen Ergebnissen gekommen.

Das geschah zu allererst, als ich für ein Buch über Formen von Konfliktlösungen recherchierte, die Menschen in aller Welt mit friedlichen Mitteln durchsetzten. Ich begann diese Fälle zu untersuchen und stellte fest, dass es sich nicht um Ausnahmen handelte, sondern es buchstäblich Tausende von solchen Fallbeispielen gab, wo auf ganz neue Art und Weise Gewalt überwunden wurde. Und ich begann langsam zu realisieren, dass da offenbar so etwas wie eine soziale Revolution vor sich geht, ohne dass mir das irgendwie bewusst war. Und dann las ich den Forschungsbericht des Instituts für menschliche Sicherheit* an der Universität von British Columbia. Sie haben zwischen 2005 und 2006 eine Untersuchung herausgebracht, die zu dem Ergebnis kam, dass seit 1991, dem Ende des Kalten Krieges, die Zahl der großen Kriege und Völkermorde mit pro Jahr mindestens 1000 Toten, um *neunzig* Prozent gesunken ist. Ich konnte das überhaupt nicht glauben, nachdem ich ein Vierteljahrhundert in der Friedensbewegung tätig war. Und ich fragte mich natürlich: Wie kann es sein, dass ich nicht gemerkt habe, dass die Verhältnisse besser geworden sind, statt schlechter, wie ich dachte!?

Die erste Frage, die sich da stellt, lautet: Kann man diese Zahlen ernst nehmen? Denn sicherlich wird jeder, der das hört, reagieren wie Sie und fragen: »Wie kann das sein? Stimmt das wirklich?«

Genau! Auch ich musste den gesamten Report** lesen, um überzeugt zu werden. Das zweite Ergebnis, was sie da präsentierten, machte deutlich, dass auch die kleineren Kriege und Scharmützel weniger geworden waren. Sie reduzierten sich um 40 Prozent. Das Gleiche galt für kleinere informelle Bürgerkriege. Insgesamt sind seit 1991 nicht weniger als hundert Kriege beendet worden. Zeitgleich, so führten sie auf, wurden 61 Diktatoren mit gewaltfreien Methoden gestürzt. Und diese Forscher sind keine blauäugigen Träumer, sondern hochkarätige Wissenschaftler, deren Direktor der frühere kanadische Außenminister Lloyd Axworthy ist. Ich musste diese Studie also ernst nehmen.

* http://www.hsrgroup.org/

** http://www.humansecurityreport.info/ und http://www.humansecuritygateway.info/

Hat sich da nicht nur die Form der Kriegsführung in Richtung Terrorismus verschoben?

Diese Frage war nach der Veröffentlichung des ersten Reports natürlich auch das Folgeprojekt des Instituts. Also widmeten sie sich dem Terrorismus. Und überraschenderweise stellten sie in dem Bericht von 2008 fest, dass auch der Terrorismus um 40 Prozent zurückgegangen war. Das Projekt, an dem sie jetzt arbeiten, bezieht sich auf Entwicklung bei den Zahlen der zivilen Opfer bei Kriegen – ein Thema, das mir als Ärztin beim IPPNW* natürlich besonders am Herzen liegt, weil man bei den bisherigen Untersuchungen halt immer die gefallenen Soldaten in Schlachten gezählt hat, nicht aber die große Zahl der Opfer, die infolge eines Krieges sterben. Trotzdem aber spiegeln diese Zahlen bisher eine absolut erstaunliche Tendenz!

Nun widerspricht ja fast alles, was Sie da erzählen, zutiefst unserer subjektiven Einschätzung dessen, was in der Welt passiert. Wenn diese Zahlen der Realität entsprechen, dann ist die nächste Frage: Warum glauben wir an das Gegenteil? Sind es die gewaltverliebten Medien, die uns so manipuliert haben?

Die Medien lassen uns wissen, dass sie auf das reagieren, was die Menschen lesen wollen. Kritische Journalisten, die ich darauf ansprach, sagten mir: »Die Weisung ›Blut macht Auflage‹ ist die alte geblieben.« Mit anderen Worten: Gewalt schafft es immer in die Schlagzeilen. Geschichten über Menschen, die in aller Stille Konflikte gelöst haben, verschwinden im Hintergrund.

Henry Kissinger sagte mal was sehr Ähnliches: Als er von Kroatien nachdrücklich gebeten wurde, vor dem Balkankrieg als Vermittler einzugreifen, um den befürchteten Völkermord zu verhindern, meinte er lakonisch: »Man bekommt den Friedensnobel-

* IPPNW – Internationale Ärzte für die Verhütung des Atomkrieges, Ärzte in sozialer Verantwortung: www.ippnw.de und www.ippnw.org

preis nicht für die Verhinderung eines Völkermordes. Man kriegt ihn danach, wenn jeder des Tötens müde ist und Frieden aktuell wird.«

Welche Schlussfolgerungen haben die Friedensforscher aus diesen Ergebnissen gezogen?

Sie sagen schlicht und einfach, dass sich die Welt zurzeit vom Krieg abwendet. Natürlich haben sie sich gefragt, wie es zu dieser Entwicklung hat kommen können. Nach Meinung der Wissenschaftler liegt das einmal am Erfolg der Arbeit der Vereinten Nationen beim Aufbau von stabilen Gemeinwesen. Dann hat aus ihrer Sicht das internationale Recht und besonders der Internationale Gerichtshof in Den Haag eine wichtige Rolle gespielt. Im Mittelpunkt aber steht der konstant wachsende Einfluss der Zivilgesellschaft, in der ganz normale Menschen aktiv werden und immer wieder von den Regierungen und Konzernen ethisches Verhalten einfordern. Dabei sei das Wissen und der Einfluss der Zivilgesellschaft auf Entscheidungsträger heute größer als je zuvor. Und ich füge aus meiner Beobachtung noch einen vierten Grund hinzu, nämlich die wachsende Rolle von Frauen in Entscheidungsprozessen. Insgesamt kommen die Wissenschaftler zu dem Schluss, dass die Menschheit bei der Lösung von Problemen immer weniger auf bewaffnete Konflikte setzt.

Bevor wir uns diesen einzelnen Punkten zuwenden, würde ich gerne auf das Phänomen zurückkommen, dass die Kultur nicht wahrzunehmen scheint, was da passiert. Was läuft verkehrt mit unserer Wahrnehmung, wenn eine so unglaubliche Schlagzeile wie der Satz »Wir schaffen global den Krieg ab!« weder geschrieben noch wahrgenommen oder geglaubt wird?

Ja, das ist wirklich mehr als erstaunlich. Es gab ein kurzes Strohfeuer an Berichten, als der Report herauskam. Dann aber herrschte wieder Stille, keine Diskussion, gar nichts. Was mir besonders Sorgen machte, war die Tatsache, dass die Friedensbewegung nichts davon wusste – und wenn man es ansprach, dann wurde es nicht geglaubt. Auch ich dachte lange, die Forscher hätten sich geirrt – selbst dann noch, als die Zahlen immer wieder bestätigt wurden. Es scheint enorm schwierig zu sein, etwas wahrzunehmen, was nicht in unser Weltbild passt. Und vielleicht stehen hinter der ausbleibenden Diskussion ja auch Interessen. Denn auch die Regierungen haben durchaus ein Interesse an Meldungen über die bedrohliche Lage der Sicherheit. Sie lassen uns doch immer wieder wissen, dass es guten Grund zur Angst gäbe, weil die Welt in einem furchtbaren Zustand sei, vor dem sie uns schützen könnten und aus dem nur *sie* den Ausweg in Sicherheit wüssten. Unsere Angst und Sorge ist zu ihrem Vorteil. Wenn sie sich umschauen und feststellen würden, dass die Welt friedlicher geworden ist, dann müssten sie sich viel mehr den wirklichen Problemen widmen: der Umwelt, der ökonomischen Not, der Arbeitslosigkeit, den kollabierenden Finanzen. Deshalb schützen sie sich mit Hilfe der alten Gewaltklischees.

Zugleich machen wir die Erfahrung, wie bei der Eskalationsspirale im Nahen Osten, hilflos und wie gelähmt zuzuschauen. Sind wir überinformiert und trotzdem fast apathisch? Oder ist heute schon jeder Krieg die Ausnahme einer Regel?

Liest man die Daten richtig, dann ist tatsächlich jeder Krieg eine Ausnahme. Und sobald ein Krieg neu beginnt, beginnen überall die Aktivitäten, um ihn wieder zu beenden, sobald es geht. Menschen beginnen überall zu protestieren, stellen die Legitimität des Krieges in Frage, legen die Gräueltaten offen – viel mehr und viel schneller als je zuvor. Man erinnere sich nur einmal an den Vietnamkrieg und wie viele Jahre es damals gedauert hat, bis der Protest so stark wurde, dass der Krieg in der Öffentlichkeit nicht mehr vermittelbar war. Demgegenüber geht das heute enorm schnell. Ich will die Tragödien im Irak gar nicht kleinreden, aber es war ja erst 2003, als dieser Krieg begann, der heute dem Ende entgegengeht. Und während all dieser Zeit musste die amerikanische Regierung sich enorm anstrengen, um die Fortsetzung des Krieges gegen die wachsende öffentliche Meinung weiter zu legitimieren.

Wenn es so ist, dass die Zahl der Kriege um 90 Prozent zurückgegangen ist, dann macht doch die zeitgleiche Steigerung der militärischen Ausgaben überhaupt keinen Sinn. Oder sind sie nur das Ergebnis einer enormen Werbestrategie?

Das sind sie ganz ohne Frage. Der militärisch-industrielle Komplex und seine Lobbyisten sind sogar noch machtvoller als die Tabaklobby. Und es ist ja auch eine enorme Summe, die in die Kriege überall auf der Welt investiert wird. Über eine Billion Dollar wird jedes Jahr für das Militär ausgegeben. Das wird sich mit dem wirtschaftlichen Einbruch nun wohl ändern. Hinzu kommt die Tatsache, dass wir nicht weit von einer Ölkrise entfernt sind, weil dieser Rohstoff knapper wird. Das Pentagon veröffentlichte 2008 ein Papier, in dem gesagt wurde, dass die USA nicht länger nach den bisherigen Strategien Kriege führen könnten, weil sie einfach zu viel Öl verbrauchen. Sie kamen zu dem Ergebnis, dass heute jeder Soldat pro Tag 15 Gallonen Treibstoff, also 60 Liter Benzin verbraucht, während es vor Kurzem noch 16 Liter waren. Ich schrieb daraufhin einen Leitartikel und fragte rhetorisch, ob man dort nicht auch einmal darüber nachgedacht habe, dass es auch nachhaltigere Wege der Konfliktlösung gäbe als ausgerechnet Kriege. Denn wir können so nicht weitermachen: Wir können den Planeten nicht so behandeln, und wir können es uns wirtschaftlich nicht mehr leisten.

Aber das würde ja auch heißen, dass die zunehmende Krise, die wir nun auf der finanziellen Ebene erleben, möglicherweise auch positive Konsequenzen in ganz anderen Bereichen hätte. Kriegsende durch Öl- und Geldmangel – wird da die Krise selbst zu einer Metapher für Wandel?

Das könnte so sein, aber lassen Sie uns realistisch bleiben. Das Erste, was passieren würde, wenn die Regierungen kein Geld mehr für das Militär ausgeben würden, wäre ein enormer Anstieg der Arbeitslosigkeit. Und wir dürfen nicht vergessen, dass für viele Staaten in der amerikanischen Union die Militärausgaben die Basis ihrer Wirtschaft bilden. Also würde es sehr schwierig werden, das ganz einzustellen. Aber die ökonomische Krise ist tief genug, dass sie gezwungen sein werden, diese Ausgaben zu reduzieren. Ähnlich wie damals die Sowjetunion gezwungen war, all ihre Militärausgaben erst mal einzustellen. Damals sagten die USA stolz: »Wir haben sie mit dem Rüstungswettlauf ökonomisch besiegt!« Jetzt passiert etwas Ähnliches unter einem etwas anderen Vorzeichen. Dieses Mal wird das Rüstungsrennen wegen der wirtschaftlichen Wende beendet werden müssen.

Sie sprachen von den verschiedenen möglichen Gründen für diesen erstaunlichen Rückgang von Kriegen. Einer waren die Vereinten Nationen, die man sonst eher als einen hilflosen Riesen wahrnimmt. Stimmt das gar nicht? Trügt uns auch da eine fehlerhafte Wahrnehmung?

Da wird willentlich ein Trugschluss hergestellt, wenn politische Führer den Vereinten Nationen die Schuld zuschieben. Es kann nicht angehen, dass jemand wie George W. Bush vor den Sicherheitsrat tritt, um Rückendeckung für einen Angriff auf den Irak zu bekommen, und wenn er keine Zustimmung bekommt, die UN als »Debattierclub« beschimpft, »der nichts tut«. Denn die Vereinten Nationen sollen ja ein »Debattierclub« im positiven Sinne sein. Sie sollten Worte und Verhandlungen statt Waffen verwenden. Und anstatt solchen Politikern zu erlauben, die UN auf diese Art zu verhöhnen, müssten wir sie an die Kandare nehmen und klar sagen: »Die Vereinten Nationen erfüllen ihre Aufgabe. Wenn sie einen Krieg nicht für legal erklären, dann ist er das auch nicht. Dann müssen andere Wege der Konfliktregelung gefunden werden.« Ich hoffe, dass der Regierungswechsel in Washington den Vereinten Nationen helfen wird. Andere Länder – Deutschland, Kanada, oft skandinavische Länder, manchmal Australien – gehen da bereits voraus und unterstützen die Vereinten Nationen in schwierigen Situationen. Mittlerweile aber werden die Erfolge der UN sogar von der amerikanischen RAND Corporation* anerkannt. Bei der Untersuchung der Erfolge von UN-Interventionen im Prozess der Staatenbildung müssten sie – wohl zu ihrer eigenen Überraschung – eingestehen, dass die UN in fast 70 Prozent der Fälle Erfolg hatten. Und mit diesem Ergebnis können sich die Vereinten Nationen zu Recht schmücken.

Gilt das Gleiche auch für den Internationalen Gerichtshof? Auch hier haben sich bislang große Nationen wie die USA verweigert. Täuscht also der Eindruck, dass es sich hier um eine zahnlose Institution handelt? Kann sie etwas ändern?

Ich gehe davon aus, dass wir hier bald schon enorme Veränderungen erleben werden. Der Internationale Strafgerichtshof ist noch etwas sehr Neues – auch wenn wir seine unmittelbare Wirkung vielleicht noch nicht sehen, so hat er doch schon einen moralischen Effekt. Zwar haben die Vereinigten Staaten und einige andere Staaten noch nicht ihre Unterschrift unter das Gründungsdokument gesetzt, aber die moralische Ausstrahlung dieses Gerichts wird so stark sein, dass den USA langfristig gar nichts anderes übrig bleibt, als mitzumachen. Das ist so ähnlich wie bei der Unterzeichnung der Deklaration der Menschenrechte 1948. Ich denke dabei an all die Länder, die damals sagten »Ja, natürlich. Wir stimmen für diese Erklärung!« und es dabei nie im Sinn hatten, die dort festgeschriebenen Regeln zu befolgen. Mittlerweile aber können sie gar nicht mehr anders, weil die Erklärung der Menschenrechte zur internationalen Norm geworden sind. Das wird auch mit dem Internationalen Strafgerichtshof passieren. Da wird eine Norm für moralische Führung etabliert, die klar bestimmt, dass kein politischer Amtsträger straflos einen Völkermord, Kriegsverbrechen oder Verbrechen gegen die Menschlichkeit verursachen darf.

* Die RAND Corporation ist eine eng mit dem Pentagon zusammenarbeitende US-amerikanische Organisation für Zukunftsforschung. www.rand.org

Sie erwähnten als weitere friedensschaffende Kraft die »Zivilgesellschaft«, die alles sein kann zwischen einer Initiative mit zwei oder drei Mitgliedern bis zu einer Institution wie Greenpeace, dem Roten Kreuz oder dem IPPNW, dem Sie lange vorstanden. Wie definieren Sie persönlich »Zivilgesellschaft« und welche Potenziale besitzt sie aus Ihrer Sicht?

Ich sehe die Zivilgesellschaft als die Stimme der aktiven Bürger, die Stimme des öffentlichen Gewissens, das als moralische Instanz denen gegenübertritt, welche die Entscheidungen treffen. Aber zugleich schließt die Zivilgesellschaft niemanden aus, der aus der Regierung oder dem Militär kommt, solange sie als betroffene Bürger und Individuen dazukommen. Solange sie allerdings eine Regierung, eine Armee oder ein Unternehmen vertreten, zählen sie nicht zur Zivilgesellschaft. Aber ich persönlich finde es immer wieder unerträglich, wenn sehr wertvolle und engagierte Menschen, die in Regierungen oder bei der UN arbeiten, aus der Zivilgesellschaft prinzipiell ausgeschlossen werden. Zivilgesellschaft ist wie ein großes Becken, in dem sich Nichtregierungsorganisationen (NGOs), alle möglichen Glaubensgemeinschaften und die unterschiedlichsten Individuen sammeln können. Ihre eigentliche Bedeutung liegt darin, dass sie eine eindeutige ethische Position einnehmen und einfordern.

Wenn man sich an die deutsche Friedensbewegung erinnert und ihre Ostermärsche oder sich an die Demonstrationen gegen den Nato-Doppelbeschluss erinnert, wo eine Million Menschen auf den Straßen waren, um die Stationierung der »Pershing II« zu verhindern, dann scheint davon nicht viel übrig zu sein. Zugleich aber ist die Zivilgesellschaft aber offenbar enorm gewachsen. Wie stark ist die Zivilgesellschaft eigentlich?

Sie ist enorm! Unser Fehler liegt, glaube ich, darin, dass wir uns die Friedensbewegung vorstellen, als wäre sie ein Golfclub, dem die Mitglieder weglaufen. So ist das nicht. Sie ist vielmehr eine mächtige soziale Bewegung, die ihre Bedeutung in Krisensituationen zeigt. Unter »normalen Verhältnissen« ändern die Leute in der Regel nicht ihre Verhaltensweisen. Und nur, weil es keine großen Aufmärsche gegen nukleare Waffen mehr gibt, anzunehmen, dass die Leute ihre Meinung geändert hätten, ist völlig verkehrt. Man kann vielmehr davon ausgehen, dass sie gerade an anderen Projekten arbeiten, sei es am Klimawandel oder an der Menschenrechtsproblematik, an moderner Sklaverei oder am Frauenhandel. Aber sobald die Friedensthematik durch eine aktuelle Entwicklung berührt wird, sind sie sofort bereit, dafür wieder auf die Straße zu gehen. Zurzeit wächst die Zivilgesellschaft überall in der Welt, sie ist schon längst keine Erscheinung mehr, die sich auf die »entwickelte Welt« beschränkt, wo die Kommunikationsmöglichkeiten schnell und hoch organisiert sind. Auch in Afrika, Südamerika und Asien ist die Zivilgesellschaft eine enorm starke Kraft geworden. Man hat sich ein beeindruckendes Wissen darüber erarbeitet, wie Regierungssysteme funktionieren, und erkannt, wie die allgegenwärtige Korruption die Zukunftschancen zerstören kann. Ich war am Ende der »UN-Dekade für die Rechte der Frauen« in Afrika. Und schon damals war es faszinierend zu erleben, mit welchem Selbstbewusstsein afrikanische Frauen ohne jede Schulbildung ans Mikrofon gingen, als hätten sie nie etwas anderes getan. Sie konnten hervorragend vermitteln, wann ihre kleinen Dörfer in wirtschaftliche Not kamen und konnten den Zusammenhang mit der aktuellen Politik der reichen Länder klar benennen. Und ich fragte mich erstaunt: »Wie können diese Frauen all das wissen? Wo haben sie das her? Wie ist es möglich, dass sie auf so hohem Niveau hier zusammenkommen?« Es war absolut erstaunlich. Und seit 1985 hat sich bezüglich der Rolle der Frauen gewaltig viel getan. Das war damals nur der Anfang.

Sie erwähnten vorhin schon einmal die zentrale Rolle der Frauen für den Frieden. Was ist so besonders an einem weiblichen Zugang zur Politik? Wieso spielen sie eine besondere Rolle im Widerstand gegen Gewalt?

Ich glaube, wir sind so etwas wie der eine Flügel eines Vogels. Und bislang ist die Welt nur mit dem anderen Flügel geflogen und etwas von der Spur abgekommen. Wirkungsvoll und geradlinig können wir uns aber nur mit beiden Flügeln vorwärtsbewegen. Also geht es nicht darum, Männer in den Führungspositionen einfach durch Frauen zu ersetzen. Das wäre eine ziemlich lächerliche Lösung. Anzustreben wäre vielmehr eine Verteilung, wo in jeder Regierungsbehörde, sei sie lokal oder national, jedes Geschlecht mindestens 40 Prozent der Stellen besetzt. Das kann dazu führen, dass es angesichts einer Herausforderung zu einem Gleichgewicht zwischen der männlichen Durchsetzungskraft und dem eher weiblichen Verhandlungsgeschick kommt. Dann gäbe es auch besser ausbalancierte Lösungen. Wenn Frauen an Friedensverhandlungen beteiligt sind, so wie das zum Beispiel in Kambodscha der Fall war, wo sie bis zu den letzten Formulierungen der Verträge mitwirkten, dann sind die gefundenen Lösungen in der Regel stabil und von Dauer. Das unterscheidet sich deutlich von Verhandlungsergebnissen, die unter hohem Druck oder der Androhung von Gewalt zustande kommen, bei denen dann meistens nur Männer mitwirken. Gerade in den Entwicklungsländern und besonders in Südasien hat man das erkannt und nimmt darauf auch entsprechend Rücksicht.

Ich würde hier gerne noch etwas tiefer gehen: Wenn die Zahl der Kriege zurückgeht, dann scheint es ja häufig schon vor einem Gewaltausbruch zur Lösung von Konflikten zu kommen. Das legt nahe, dass die Kommunikation zwischen den gegnerischen Parteien besser funktioniert. Eine bessere Fähigkeit zur Kommunikation setzt wiederum voraus, sich selbst, den anderen und die Gesamtsituation besser wahrnehmen zu können. Steht da also hinter der statistischen Erkenntnis vom Rückgang der Kriege noch etwas anderes? Findet da ein Bewusstseinswandel statt, eine neue Form des zwischenmenschlichen Umgangs?

Was für eine wunderbare Frage! Ja, ich glaube absolut an einen Bewusstseinswandel, der sich da vor unseren Augen vollzieht. Und da geht es um mehr als ein wachsendes Bewusstsein für gleiche Rechte und Freiheiten für Frauen. Diese Veränderung des kollektiven Bewusstseins passiert quer durch alle Ethnien, Klassen und Religionen, indem man sich gegenseitig Respekt zollt und wie nie zuvor einander wirklich zuhört. Das gab es so bislang nicht. Mir ist das in der langjährigen Friedensarbeit zuerst in gemischtgeschlechtlichen Runden aufgefallen. In den frühen Jahren wurden Frauen in den von Männern dominierten Foren kaum wahrgenommen. So ähnlich muss es farbigen Teilnehmern in Runden gegangen sein, die von einer weißen Mehrheit dominiert waren. Demgegenüber gibt es heute ehrlichen gegenseitigen Respekt. Ohne diese Entwicklung wäre ich auch nie Präsidentin des internationalen IPPNW geworden. Und mittlerweile hat sich diese Haltung immer weiter ausgedehnt und lässt sich auch in der Wissenschaft, vor Gerichten oder in der Geschäftswelt beobachten. Da ist eine Achtsamkeit dafür gewachsen, dass man dem gemeinsamen Ziel nicht wirklich dient, wenn man nicht jede anwesende Person einbezieht und alle vorhandenen Potenziale zur Entfaltung bringt.

Wenn man realisiert, dass fast alle religiösen Lehrer darauf verweisen, dass wirklicher Friede von innen kommt, was hat sich dann »innen« verändert?

Ich glaube, was sich da in der Tiefe verändert hat, ist eine zunehmende Präsenz für die Gegenwart Gottes im anderen. Es gilt heute als immer weniger akzeptabel, fundamentalistisch darauf zu bestehen, an einen bestimmten Gott zu glauben, was dann jeden, der nicht an diesen Gott glaubt, automatisch ins Unrecht setzt. Da hat sich ein Wandel vollzogen, der auf der Erkenntnis fußt, dass wir alle denselben Gott in verschiedenen Ausprägungen meinen. Wir mögen uns an diese größere Kraft mit unterschiedlichen Gebeten wenden. Und sicherlich bringen die unterschiedlichen Religionen auch verschiedene soziale Regeln bezüglich Eigentum oder der Rolle von Frauen hervor. Aber grundsätzlich ist klar, dass wir an ein und dieselbe Kraft glauben.

Das klingt wie eine Abwendung von einem mythologischen Gottesbild, hin zu einer Heiligung der zwischenmenschlichen Beziehung …

Ich würde sagen, es ist eine Verschiebung eines väterlichen oder männlichen Gottes, der weit entfernt im Himmel thront, zu einer größeren Kraft, die einfach jenseits unseres Begreifens liegt. Mir scheint, wir sind mehr in der Lage zu tolerieren, dass die menschliche Fähigkeit, sich Gott in irgendeiner Form vorzustellen, beschränkt ist. Wir lernen, mit unterschiedlichen Vorstellungen zu leben. Vielleicht ist es so, dass wir vor 2000 Jahren so ein festes Gottesbild noch brauchten, weil es ohne eine konkrete vorstellbare Metapher nicht ging. Und heute scheinen wir das so nicht mehr zu brauchen.

Würden Sie so weit gehen zu sagen, dass man aus den Statistiken der Friedensforscher ablesen kann, dass es einen Wandel auf der Ebene der Spiritualität und Ethik gibt?

Ja, das glaube ich. Als ich mein Buch* schrieb, wollte ich dem Gefühl, dass wir uns mitten in einer sozialen Revolution von enormem Ausmaß befinden, selbst nicht so recht glauben. »Habe ich wirklich den Mut«, fragte ich mich, »so etwas zu schreiben, ohne dass mich die Öffentlichkeit als versponnene Idealistin abspeichert?« Und gerade als es in den Druck ging, kam der Bericht des Institute for Human Security heraus, der zahlenmäßig genau das belegte, was ich bei der Analyse der einzelnen Friedensinitiativen auch festgestellt hatte. Es zeigte sich damit, dass es sich hier nicht um Einzelfälle, sondern um einen weltweiten Trend handelt. Wir scheinen uns tatsächlich in einer sozialen Revolution zu befinden, die ein weit größeres Feld umfasst als nur die Frage von Krieg und Frieden. Ich bin der Überzeugung, dass es sich um eine Revolution unseres Bewusstseins handelt.

Lassen Sie uns aus diesen eher metaphysischen Regionen wieder in den politischen Alltag zurückkehren: Das letzte Mal, dass die Friedensbewegung wirklich sichtbar wurde, war während der riesigen Demonstrationen vor dem Irakkrieg, als in 60 Städten um die 20 Millionen Menschen auf die Straßen gingen. Das brachte die New York Times dazu, von einer »zweiten Weltmacht namens Zivilgesellschaft« zu schreiben. Ist diese Metapher zu gewaltig? Oder ist es Zeit zu realisieren, dass diese Bewegung stärker ist, als sie selber glaubt?

Ich glaube, dass diese Metapher zutreffend ist. Sie vergleicht allerdings zwei ganz verschiedene Arten von Macht. Die eine ist die Macht eines Nationalstaates, der nicht nur eine durch Wahlen gewonnene demokratische Legitimität hat, sondern auch eine gewal-

* Mary-Wynne Ashford: *Enough Blood Shed. 101 Solutions to Violence, Terror and War*, New Society Publishers, San Francisco 2006

tige militärische und ökonomische Macht bündelt. Dies wird hier mit der eher moralischen Macht verglichen, welche die Stärke der Zivilgesellschaft ist. Wir müssen eigentlich darauf hoffen, dass die Macht der Moral alle anderen Formen von Macht erreicht und das Handeln der ganzen Menschheit prägt, so dass auch unsere Regierungen auf der Basis dieser Ethik und Moral handeln. Da sind wir noch lange nicht! Deshalb dürfen wir auch keinen Moment in unserer Wachsamkeit nachlassen, sondern müssen intensiv daran arbeiten, diese neue Moral zu stärken. Denn die Kräfte, die uns im Wege stehen, sind gewaltig. Einerseits ist es die finanzielle Macht, andererseits sind es all jene, denen das alles zu romantisch und verträumt erscheint. Die beschriebenen Veränderungen sind keine Selbstläufer. Sie mögen einen wachsenden Trend spiegeln, aber wir müssen intensiv daran arbeiten, ihnen zum Durchbruch zu verhelfen.

Also muss die Strategie der »Davids« gegen die »Goliaths« weitergehen?

Bestimmt, aber vielleicht brauchen wir da eine andere Metapher. Da stimmt eher so ein Bild vom hartnäckigen Verhandeln. Wir müssen uns an Menschen wie Nelson Mandela oder Desmond Tutu orientieren, die über Jahrzehnte eine konstante moralische Haltung bewahrt haben gegenüber dem, was gerecht und möglich ist. Und die aus dieser Haltung Forderungen stellten, die allen die Möglichkeit bot, gemeinsam eine höhere Ebene zu erreichen. Daraus kann dann vielleicht eine andere Metapher entstehen als die des Schusses mit der Steinschleuder, welche den Riesen tötet. Wir müssen keinen Riesen mehr töten. Wir müssen mit dem Riesen so arbeiten, dass er mit uns zusammenarbeitet und wir ihn als starken Partner benutzen können, um eine bessere Welt zu bauen. Dieses Ziel mag manchmal zu wenig revolutionär oder »unmännlich« aussehen. Aber in dieser scheinbar schwächeren und alles andere als einfachen Rolle liegt die Stärke der Zivilgesellschaft.

Wenn wir den Riesen nicht mehr fällen müssen, geht es dann im Hinblick auf die gegenwärtige Krise darum, seinen Zusammenbruch abzufedern?

Das müssen wir sicherlich auch tun. Wir müssen dabei auch seine guten Seiten sehen und dazu beitragen, dass er zur Ruhe kommt. Ich glaube andererseits, wir sollten es uns nicht zum Ziel setzen, dem Riesen bei seiner Erholung zu helfen. Wir sollten stattdessen den Moment nutzen, ein anderes globales System zu schaffen. Also Ausschau zu halten, wie wir uns sozial und ökonomisch organisieren können, um ohne Kriege Sicherheit zu gewährleisten. Wir brauchen sicherlich weiterhin noch Systeme, die eine gewisse Sicherheit garantieren und verhindern, dass eine Gruppe von Menschen sich gewalttätig über eine andere Gruppe von Menschen stellt. So etwas muss weiterhin unterbunden werden. Also hätte ich keine Einwände gegen ein gewisses militärisches Potenzial, solange es unter internationaler Kontrolle steht. Aber keinesfalls sollten wir uns darauf einlassen, ökonomisch oder politisch zu Verhältnissen zurückzukehren, die früher da waren.

Alles, was Sie sagen, läuft ja im Kern darauf hinaus, dass wir jetzt schon in einer anderen Realität leben, als wir glauben. Können Sie ein paar Beispiele dafür geben, wie viel die Zivilgesellschaft schon erreicht hat, was wir ja zu übersehen scheinen?

Der erste Erfolg, der mir da einfällt, ist das vertragliche Verbot von Landminen. Das begann unter der Führung von Jody Williams mit einem kleinen Grüppchen aus Nichtregierungsorganisationen wie dem Internationalen Komitee des Roten Kreuzes und den amerikanischen Vietnam-Veteranen, die sich in London trafen und sich die Frage stellten: »Wäre es nicht wirklich notwendig, Minen zu verbieten? Und was wäre dafür zu tun?« Und innerhalb von drei Tagen entwarfen sie die Grundzüge für eine weltweite Kampagne, die Prominente wie Prinzessin Diana und den kanadischen Außenminister involvierte, und nur vier Jahre brauchte, bis der Vertrag unterschrieben vorlag. Das war nach meiner Erfahrung das erste Mal, dass ich *mit* der Regierung anstatt gegen sie arbeiten konnte. Ich applaudierte den Politikern dabei auf ganzer Strecke. Das war ein Beispiel. Das andere ist sicherlich die Entscheidung des Internationalen Strafgerichtshofs*, eindeutig Stellung zu der Frage zu beziehen, ob Atomwaffen gemäß internationalem Recht legal sind oder nicht. Ich erinnere mich an eine Gruppe von Neuseeländern, die an einem Treffen der »Ärzte gegen den Atomkrieg« diese Idee vorstellten und sagten: »Wenn Dumdumgeschosse gegen internationales Recht verstoßen, dann muss das doch auch für Atomwaffen gelten! Aber der einzige Weg das herauszufinden liegt darin, den Internationalen Gerichtshof in Den Haag danach zu fragen!« Und ich dachte damals: »Was für eine abgehobene Idee!« und dass es nie dazu kommen werde. Aber es passierte, nachdem 30 Millionen Menschen aus aller Welt einen entsprechenden Gewissensappell unterzeichnet hatten. Diese Unterschriften wurden als Beleg der weltweiten öffentlichen Meinung beim Gericht hinterlegt. Und tatsächlich stellte das Gericht klar, dass Atomwaffen unvereinbar mit dem internationalen Recht sind und dass die Mitgliedsstaaten gemäß dem Vertrag über Menschenrechte solche Waffen abschaffen müssen. Und das ist etwas, was man den Atommächten von nun an immer wieder vorhalten kann und muss.

Trotzdem sind Atomwaffen doch bis heute ein Beispiel für den mangelnden Erfolg der internationalen Zivilbewegung geblieben. Warum lassen sie sich bisher nicht abschaffen – obwohl doch eigentlich jeder denkende Mensch als private Person auf diesem Planeten ihren Einsatz für ein Verbrechen hält?

Einerseits stimmt das, andererseits waren wir schon einmal nah am Erfolg dran. Im Jahr 2000 unter Bill Clintons Präsidentschaft waren schon einmal alle Atommächte bereit, den Nichtverbreitungspakt zu aktualisieren. Und es dauerte dann nur ein paar Wochen, bis

* http://www.internationaler-strafgerichtshof.de/

George Bush Jr. sein Amt antrat und die Unterschrift der USA wieder zurückzog. Also reden wir hier über eine einzelne Person und ihre Administration, die einen planetaren Erfolg verhinderte. Und natürlich war das für alle Aktivisten in der Antiatombewegung ein Schlag vor den Kopf. Jetzt aber, unter Präsident Obama, sieht es wieder ganz anders aus, seit er die Abschaffung der Atomwaffen zu seinem Ziel erklärte. Und es gibt ja als ersten wichtigen Schritt bereits Verhandlungen mit Russland, die Zahl der Waffen schon bald auf unter 1000 Stück zu beschränken. Von dort aus wird es weitergehen.

Eine der größten Kriegsgefahren wird sich in Zukunft wohl aus Konflikten ergeben, die mit dem Klimawandel und seinen Folgen zu tun haben. Sehen Sie da einen direkten Zusammenhang zwischen dem Klimawandel, der CO_2-Erhöhung, dem zunehmenden Mangel an Öl und den Atomwaffen?

Sie hängen fraglos miteinander zusammen. Ich erinnere mich, dass die Journalistin Gwynn Diar einmal schrieb, dass das Einzige, was uns retten könnte, der Zusammenbruch der Vereinigten Staaten sei. Und sie schrieb damals: »Hoffentlich passiert es rechtzeitig« – eine ziemlich schreckliche Bemerkung. Aber ich musste ihr darin zustimmen, dass wir bei der Abschaffung der Atomwaffen keinen grundsätzlichen Fortschritt erzielen können, bis die USA in eine Situation kommen, wo sie ihre nukleare Dominanz nicht mehr aufrechterhalten können. Um da aktuell trotzdem weiterzukommen, müssen wir einen Blick auf den Ressourcenmangel werfen, vor dem die Welt jetzt steht – und wie wir ihn lösen können. Ich gehe davon aus, dass es erst noch zu einem enormen Ausmaß an Not und Leiden kommen wird, bevor die Staaten der Welt in der Lage und bereit sein werden, ihre nationale Macht abzugeben und sich gemeinsam einer kollaborativen Lösung zuzuwenden, die dann wahrscheinlich bei den Vereinten Nationen liegen wird. Das muss nicht heißen, dass wir eine Weltregierung vor uns haben, die jeden und alles unter Kontrolle hat. Ich sehe eher die Europäische Union als ein Beispiel dafür, wie Nationen einen Teil ihrer Autonomie aufgeben können, um gemeinsam zu Lösungen zu kommen, die dann allen dienen. Es wird keine einfache Zeit sein, die bis dahin vor uns liegt. Denn es besteht die Gefahr, dass einzelne Staaten in Phasen der Not und des Mangels auf die alten Methoden zurückgreifen werden und sich für Kriege entscheiden, um vordergründig Probleme zu lösen. Es wird, wie immer, die schlechteste aller Lösungen sein. Und das werden sie dann auch sehr schnell merken.

Wenn also der erstaunliche Rückgang der Kriege durch die heraufziehende Klimakrise gebremst wird, muss man dann davon ausgehen, dass solche zukünftigen Kriege um den Zugang und die Sicherung von Ressourcen gehen werden?

Das ist die Schlussfolgerung der meisten politischen Wissenschaftler. Meine Position dazu ist etwas anders. Ich glaube, dass wir uns vielleicht noch für eine gewisse Zeit mit kriegerischen Konflikten und aggressiver Dominanz einzelner Staaten auseinandersetzen müssen. Aber die schlichte Tatsache, dass in absehbarer Zeit das Öl ausgehen wird, wird diese überholte Antwort begrenzen, mit Problemen umzugehen. Denn Kriege sind abhängig von fossilen Rohstoffen, egal ob es Öl ist oder, wie früher, Kohle. Kriege und Truppentransporte verbrauchen unglaubliche Mengen von Öl. Ich bin mir sicher, dass die Menschen deshalb irgendwann begreifen werden, dass es unmöglich ist, diesen Weg fortzusetzen. Es ist ein gigantischer Schwachsinn, um das letzte Öl zu kämpfen und es dabei aufzubrauchen. Deshalb ist es einfach eine Frage der Zeit, bis sich die Menschen zusammensetzen und gemeinsam überlegen: »Wir haben einen Mangel an essentiellen Rohstoffen und wir brauchen Lösungen, wie sie gerecht auf der ganzen Erde verteilt werden können.« Dazu werden auch solche Probleme gehören wie die Verschwendung von Fördermitteln für die industrielle Landwirtschaft, während damit zugleich die Länder des Südens immer ärmer gemacht werden. All diese Dinge werden demnächst in den Vordergrund rücken und nach globalen Lösungen verlangen.

Auch hier wird aber ein Paradigmenwechsel deutlich, wenn Sie darauf hinweisen, dass der Mangel an Öl in Zukunft Kriege nicht mehr führbar macht. Ist das nicht durchaus auch eine Form des »Krisengewinns« …?

Wenn man sich alle Probleme anschaut, die das Öl mit sich gebracht hat, dann stimmt das sicherlich. Öl ist die Wurzel der allermeisten Krisen in der Welt. Natürlich für den Klimawandel, natürlich für die Umweltverschmutzung. Aber auch das die Meere zerstörende Fischen mit Schleppnetzen geht nur mit großen Mengen an Öl. Denn ohne Öl hätte man diese riesigen Schiffe mit ihren kilometerlangen Netzen nicht, genauso wenig die ganzen Flotten, die hinterherfahren, um den Fang zu verarbeiten und industriell zu verpacken. Und mit der zurückgehenden Förderung des Öls und einer entsprechenden Verteuerung werden wir außerdem vor einer weiteren Krise stehen, nämlich dem Zusammenbruch der industriellen Landwirtschaft. Deren Grundsubstanzen, nämlich chemische Dünger und Pestizide, sind Produkte der Ölindustrie. Hinzu kommen natürlich alle Reststoffe und Umweltverschmutzungen, die mit dem Öl zusammenhängen, nicht nur in Form chemischer und biologischer Belastungen, sondern auch in Form der Agrargifte, des Konsummülls, der Meere von Plastik – all das ist ja eine Folge des Öls und seiner fossilen Gesellschaft. Also wird der absehbare Mangel an Öl massive Veränderungen in unserer ganzen Lebensweise zur Folge haben – viele von ihnen werden uns schwerfallen, aber dem Planeten guttun. Wie gesagt: Die Zeiten werden nicht einfach werden. Aber das absehbare Leiden wird auch dazu führen, dass die Menschheit überlebt.

Besteht darüber hinaus ein Zusammenhang zwischen dem künftigen Mangel an Öl und der widersinnigen Beibehaltung von Atomwaffen?

Ich glaube sogar, dass es die Strategie gibt, Atomwaffen *wegen* des künftigen Mangels an Öl zur Verfügung zu haben. Macht und wirtschaftliche Dominanz können in der heutigen Welt nur mit einem sicheren Zugang und einer Kontrolle über das Öl aufrechterhalten werden. Die jüngsten Konflikte zwischen Russland und den USA gehen nicht mehr um ideologische Differenzen! Sie gehen um Ölquellen und den Bau von Pipelines in den Westen. Die Atommächte halten also an diesen Waffen fest, um damit im schlimmsten Fall ihre Versorgung mit Öl zu schützen oder durchzusetzen. Um das große Problem des Klimawandels in den Griff zu bekommen, ist es von zentraler Wichtigkeit zu begreifen, dass wir sowohl die Kriege als auch die Abhängigkeit vom Öl beenden müssen. Und um den Einsatz von Atomwaffen zu verhindern, müssen wir den Wettlauf um die letzten Ölressourcen beenden und die verbliebenen Vorräte unter internationale Kontrolle stellen. Und das führt dann letztlich zu der Schlussfolgerung, dass aktuell jede politische oder persönliche Maßnahme, die einen Umstieg auf regenerative Energien beschleunigt, nicht nur dem Weltklima hilft, sondern auch die Notwendigkeit von Atomwaffen verringert und aktive Friedenspolitik darstellt. Bezogen auf jeden Einzelnen heißt das: Man sollte einerseits nicht nachlassen in den Forderungen für eine Welt ohne Atomwaffen. Aber man kann gleichzeitig seinen eigenen ökologischen Fußabdruck verringern, indem man darauf achtet, welche Transportmittel man nutzt, wie man seine vier Wände heizt oder den Warmwasserverbrauch reduzieren kann. Man kann auf die Produkte schauen, die man kauft und den ganzen Konsummüll links liegen lassen. Das Gleiche gilt für Plastikverpackungen, Wasser in Flaschen, Obst aus Übersee. Mal schnell einen Urlaubsflug? Schluss damit! Stattdessen: Busreisen, Zugfahrten, Radeln, Wandern. Das wird bald zu einer anderen Form der Friedensarbeit.

Es scheint, als würden Sie hin und her pendeln zwischen großem Pessimismus und großem Optimismus. Die »Abschaffung des Krieges« könnte ja auch als Beispiel dafür genommen werden, dass wir in einer Entwicklung hin zur einer besseren Zukunft schon viel weiter sind, als wir dachten. Müssen wir notwendigerweise durch weitere Talsohlen?

Ich glaube, wir kommen nicht drum herum, einfach weil wir den Planeten bis heute so übel behandelt haben. Und es wird in diesem Umbruch viel Leiden geben. Es kommt drauf an, wie wir heute damit umgehen und was wir morgen daraus machen. Deshalb ist es ja so wichtig, heute schon daran zu arbeiten, welche Art von Gesellschaft überlebensfähig sein kann, wenn die alten Systeme kollabieren. Wir müssen jetzt herausfinden, welche Form von Gesellschaft langfristig nachhaltig ist. Und das wird mit Sicherheit nur eine Gesellschaft sein, die anerkennt, dass sie sich nicht weiterhin multiplizieren und ewig weiterwachsen kann. Wachstum darf nicht länger das kollektive gesellschaftliche Ziel bleiben. Es muss vielmehr auf allen Ebenen angestrebt werden, in Harmonie mit der Erde und miteinander zu leben. Denn nur das ist nachhaltig. Und wir verfügen über eine Menge Werkzeuge, um das auch möglich zu machen.

Aus der entstehenden Zukunft heraus handeln, agieren, führen

Im Dialog mit dem Soziologen und Führungskräfte-Trainer Claus Otto Scharmer

Prof. Dr. Claus Otto Scharmer ist Dozent und Mitbegründer des *Leadership Lab* am *Massachusetts Institute of Technology* (MIT), Gastprofessor an der *Helsinki School of Economics* und Mitbegründer des *Global Institute für Responsible Leadership*. Er berät multinationale Unternehmen in den USA, Europa und in Japan ebenso wie Regierungen und international arbeitende zivilgesellschaftliche Initiativen als Innovationsexperte und Führungstrainer. Als Teil seiner Forschungsarbeit am MIT führte Claus Otto Scharmer zwischen 1995 und 2000 weltweit 100 Interviews mit Führungskräften von Hightechfirmen in Silicon Valley und herausragenden Persönlichkeiten aus den Bereichen Führung, Strategie und Wissensgenerierung durch und entwickelte am MIT daraus seine »Theorie U« mit neuen Methoden für eine moderne und effiziente Unternehmensführung. Das von ihm vertretene Konzept des »*Presencing*«, der die Wahrnehmung zukünftiger Möglichkeiten eröffnet, wird als ein neuer Weg zur Gestaltung von Veränderungsprozessen angesehen. www.ottoscharmer.com, www.presencing.com

In der gegenwärtigen Weltsituation scheinen viele Leute das Gefühl zu haben, dass etwas Altes zu Ende geht und man teilnimmt an einer Zukunft, die sich als neues Potenzial eröffnet. Haben Sie eine persönliche Erfahrung, die beschreibt, was das ist: die Erfahrung einer entstehenden Zukunft?

Dieses Gefühl, in einer Situation zu sein, wo etwas Altes zu Ende geht und etwas anderes vielleicht anfängt, was wir aber noch nicht sehen, vielleicht spüren können, das habe ich nicht nur in eigenen

Lebenssituationen, sondern auch in der Arbeit, mit Organisationen, mit Führungskräften, aber auch mit Einzelpersonen in den letzten Jahren immer öfter erlebt. Für mich persönlich ist das eine Erfahrung, die ich das erste Mal hatte, als ich im Alter von 16 Jahren eines Tages nach Hause kam und unser 250 Jahre altes Wohnhaus in Flammen stand. Während ich feststellen musste, dass die Welt, in der ich bis dahin gelebt habe, nicht mehr länger existierte und ich mich fühlte, als ob mir jemand den Boden unter meinen Füßen wegzieht, habe ich gleichzeitig erlebt, dass mein Selbst mehr war als meine bisherige Vergangenheit, die sich in dem Moment in Rauch auflöste. Etwas in mir begriff in diesem krisenhaften Moment, dass mein eigentliches Selbst auch die Fähigkeit hat, all das wahrzunehmen und aus dieser Wahrnehmung heraus neue Möglichkeiten für die Zukunft zu entwickeln, die ich in die Welt reinbringen kann. Und diese Haltung, nämlich im Moment des Verlustes die Aufmerksamkeit nicht auf die alte Welt zu richten, die nicht mehr da ist, sondern auf den Horizont zu richten, wo etwas Neues entstehen konnte, was jetzt durch dieses Ereignis möglich geworden war, das ist eine innere Haltung, die mich eigentlich heute immer noch in meiner eigenen Forschung bestimmt.

Inwieweit wurde diese existenzielle Erfahrung zum Muster des Forschens?

Ich habe in den letzten 15 Jahren viele Projekte zu neuen Lern- und Organisationsmöglichkeiten durchgeführt, viele Forscher interviewt, viele Theorien durchgearbeitet und revidiert. Dabei bin ich zu der sehr einfachen Einsicht gekommen, dass alle Lernmodelle heute auf dem gleichen Grundmodell basieren: Lernen basiert da immer auf der Basis der Reflexion von Vergangenheit. Sie ist das, was wir kennen. Demgegenüber haben es der Einzelne ebenso wie Kollektive im wirklichen Leben heute mit zusammenbrechenden Finanz- und realökonomischen Märkten zu tun. Wir stehen weltweit vor Herausforderungen, die sich nicht mit einer Reflexion über vergangene Erfahrungen beseitigen lassen, sondern für die wir neue Lernansätze brauchen. Sie müssen darauf basieren, an die zukünftigen Potenziale heranzukommen und diese zu aktualisieren. Wir stehen mit unserem werdenden Selbst heute in einem Zwischenraum, wo das Alte zusammenbricht und das Neue anwesend wird. Wir müssen quasi mit und aus der entstehenden Zukunft heraus agieren.

Gleichzeitig versuchen die meisten Institutionen krampfhaft, den Status quo wiederherzustellen. Kann das funktionieren?

Auf Dauer nicht, aber es ist nachvollziehbar. Wir leben auf einer dünnen Kruste aus Ordnung und Stabilität, die jederzeit auseinanderbrechen kann. Wir haben einen Augenblick erreicht, wo es gilt innezuhalten und hinzuschauen, was da eigentlich beginnt, sich aus den Trümmern zu erheben. Die Krise unserer Zeit offenbart das Sterben einer veralteten sozialen Struktur und einer bestimmten Art des Denkens. Wir haben noch nicht gelernt, wie wir unsere jahrhundertealten kollektiven Muster des Denkens und der Institutionalisierung so umformen können, dass sie den neuen Realitäten entsprechen. Die sozialen Strukturen, die wir derzeit aufbrechen und einstürzen sehen – lokal, regional und global –, entstammen den vormodernen traditionellen und den modernen industriellen Strukturen des Denkens und Funktionierens. Heute gerät beides gegenüber den aktuellen Problemen außer Fassung. Das Resultat ist vorhersagbar – es ist die Flucht nach hinten.

Sind denn die Finanzkrise und der Verlust von alten Sicherheiten mit dem brennenden Haus zu vergleichen, vor dem Sie in Ihrer Jugend standen?

Was wir im Rahmen der letzten Monate im ökonomischen Bereich als Krisensituation erlebt haben, ist, glaube ich, nur der Anfang. Trotz dramatischer Entwicklungen ist es im Moment aber noch nicht so, dass alles »weg« und verbrannt ist. Die Krise fing mit dem Platzen der finanzökonomischen Blase an und frisst sich jetzt seitdem in immer größere Teile der Realökonomie rein – aber das sind längst noch nicht alle Bereiche. Und es ist längst nicht so, dass das Alte schon vollkommen verschwunden wäre. Dabei sind die Reaktionen, zunächst mit eigentlich sehr konventionellen Methoden darauf zu antworten, sehr verständlich. Und es ist auch wünschenswert, dass das die beabsichtigten Erfolge zeitigt. Was wir aber erfahren mussten, ist, dass diese alten Methoden keine wirklichen Erfolge hatten. Wir mussten vielmehr erkennen, dass das geballte Expertenwissen, das wir im Bereich der Ökonomie und der Wirtschaftswissenschaft haben, die Krise nicht voraussagen konnte. Und wir mussten realisieren, dass auch in der Krisensituation eigentlich kaum irgendwelche Alternativen diskutiert wurden, die jenseits des alten Diskurses liegen. Man diskutierte lediglich, ob nun der Markt oder der Staat das Heilmittel für die aktuellen Schwierigkeiten sei. Was völlig fehlte, waren neue ökonomische Denkansätze, die an die neuen Herausforderungen mit neuem Denken grundsätzlich neu herangehen.

Kann die Krise im positiven Sinne unsere Vorstellung aufbrechen, in einer gesicherten Welt zu leben?

Was ich beobachte, ist, dass sich eine neue Form von Gegenwärtigkeit entwickelt, die spontan in kleinen Netzwerken und Gruppen entsteht. Es ist eine andere Art der Verbindung untereinander, eine neue Art des Miteinander und mit dem, was entstehen will. Wenn Gruppen beginnen, von einer realen Zukunftsmöglichkeit her zu funktionieren, dann erschließen sich andere soziale Felder als diejenigen, die sie normalerweise erleben. In dem Übergang, der heute geschieht, verbinden sich die Menschen mit einer tieferen Quelle der Kreativität und des Wissens und lassen die Muster der Vergangenheit hinter sich. Wenn sie auf diese Weise aus ihrem authentischen Selbst handeln, dann zieht das eine Reihe von Folgen nach sich: die Erhöhung der individuellen Energie, eine Steigerung der Aufmerksamkeit, eine Vertiefung der Authentizität und Präsenz, ein klareres Richtungsverständnis und überdurchschnittliche Ergebnisse. Es gibt in Reaktion auf die Krise also durchaus die Möglichkeit, aus den Mustern der Vergangenheit auszusteigen, um das höchste zukünftige Potenzial zu realisieren.

Es gibt diesen berühmten Satz von Albert Einstein, der sagte, es könne nicht funktionieren, mit altem Denken Probleme zu lösen, die durch ebendieses Denken erst entstanden seien. Was muss passieren, damit wir nicht ständig die alten Reaktionsmuster wiederholen und damit die Krise möglicherweise noch schlimmer machen, als sie schon ist, sondern zu einem anderen Denken kommen?

Wir haben es, wenn wir die Entwicklung der westlichen Ökonomie betrachten, im Wesentlichen mit drei Denkschulen zu tun, von denen zwei die dominanten sind. Das eine ist das marktwirtschaftliche Paradigma, das die Ursachen der Probleme im *Staats*versagen sieht und deswegen mehr Markt fordert. Das zweite ist die Analyse, dass wir es mit *Markt*versagen zu tun haben und dass deswegen die Lösung der Probleme in einer stärkeren Rolle des Staates liegt. Der herrschende Diskurs verläuft zwischen diesen beiden Paradigmen. Eine dritte These ist die »grüne These«. Weil beide Lenkungsformen nicht die Ergebnisse zeitigen, die wir brauchen, spricht sie von einem *System*versagen, das sich besonders in der Ökologie und im Bereich der Gesundheit zeigt. Diese grüne These geht davon aus, dass wir eigentlich eine stärkere Lokalisierung der Ökonomie brauchen, die unterschiedliche Anspruchsgruppen oder »Stakeholder« in entsprechende Verhandlungen und Dialoge einbeziehen müsse. Sie können eigentlich jedes Thema nehmen – die ökologische oder andere Krisen – immer werden Sie diese drei Denkschulen und ihre drei Thesen finden. Sie reichen aber nicht aus.

Was ist stattdessen nötig?

Was heute fehlt, ist eine tiefer gehende Analyse, die eingesteht, dass diese drei Lenkungsmechanismen und Analysemethoden zwar notwendig, aber nicht hinreichend sind. Sie sind zwar Teil der Antwort, die wir brauchen, müssen aber eingebettet werden in einen größeren Gesamtzusammenhang. Er besteht darin, dass sich die Akteure, die einen Gesamtzusammenhang gestalten, zusammensetzen und an einer strategischen Entwicklung arbeiten. Anders gesagt, müssen sie sich in einen gemeinsamen Wahrnehmungs- und Handlungsraum begeben, wo man aus der Anschauung der aktuellen Situation unmittelbar in ein gemeinsames Handeln kommt.

Wie geht das in akuten Krisen?

Wie reagieren wir in Notsituationen? Generell haben wir es ja in Krisen mit Situationen zu tun, wo die traditionellen Steuerungsformen nicht mehr greifen. Also kommen die Beteiligten zusammen, machen sich ein gemeinsames Bild von der Lage und tun dann – wie an einer Unfallstelle – aus der unmittelbaren Anschauung der Situation ohne Debatten oder große Abstimmungen die nötigen Handgriffe, die man kennt, um die Notsituation unter Kontrolle zu bekommen. Wenn wir aber auf das Klimawandelproblem schauen oder auf die anderen Probleme, die mit der ökologischen Krise zu tun haben, oder an die globale Finanz- und Wirtschaftskrise denken, dann sind das alles Probleme, die sich nicht durch Rückgriff auf die *klassischen* Lenkungsmechanismen steuern lassen. Vielmehr ist es hier eigentlich unverzichtbar, dass die beteiligten Akteure zusammenkommen, um gemeinsam ein tieferes Verständnis für die Situation zu entwickeln und aus diesem Verständnis heraus neue Handlungsimpulse zu erschaffen.

Wie kann das gehen?

Wenn wir die Welt neu erdenken wollen, müssen wir uns mit dem Quellort unseres Handelns verbinden. Dieser Ort ist für uns meist ein blinder Fleck. Die zentrale Krise unserer Zeit hat damit zu tun, dass wir auf allen Systemebenen unserer Gesellschaft immer wieder auf das gleiche Problem stoßen: unseren blinden Fleck. Wir sind nicht in der Lage, generativ auf die aktuellen Herausforderungen zu antworten, solange wir uns nicht mit dem eigentlichen Grundproblem konfrontieren: uns selbst. Wir können diesen Quellort erreichen, wenn wir damit aufhören, immer nur weiter nach alten Mustern zu handeln, und uns dieser innersten Verfassung stellen. Die Herausforderungen, denen wir uns stellen müssen, erfordern ein Bewusstwerden und ein Verändern des inneren Standortes, von dem aus wir agieren. Sobald wir diesen Punkt zu sehen in der Lage sind, können wir ihn als Hebel für praktische Veränderung nutzen. Er ermöglicht uns, uns anders im Kontext der Welt zu sehen und dann auch anders zu handeln. Von der Quelle unseres Wesens her zu handeln bedeutet, von der höchsten zukünftigen Möglichkeit her wahrzunehmen und zu handeln. Wir agieren dann nicht mehr nur aus der Vergangenheit, sondern aus einem Prozess, der uns in entstehende Zukunftsmöglichkeiten hineinzieht.

Was kann daraus entstehen?

Wenn wir gewohnheitsbedingte Urteile aufgeben, unsere eigene Rolle anders definieren, unsere Struktur der Aufmerksamkeit verändern, uns von alten Identitäten und Zielen verabschieden, dann kann endlich das Neue durchbrechen, was schon im Entstehen begriffen ist und von der Zukunft her wirkt. Und das passiert ja auch gesellschaftlich: Was wir in der heutigen Krise erleben, ist die Geburt und die Transformation des gegenwärtigen Kapitalismus in eine neue weltweite Wirtschaftsform, die solidarischer sein wird, die ökologischer sein wird und in der das Verhältnis zwischen Real- und Finanzökonomie neu zu strukturieren ist. Und zwar so, dass wir die finanziellen Blasen und die Destabilisierung der realökonomischen Märkte reduzieren und zu sinnvolleren Finanzierungsformen der gesellschaftlichen Grundfunktionen wie Bildung und ökologische Erneuerung kommen und eine Lokalisierung der Ökonomie umsetzen.

Wie kann diese Vision, die Sie da beschreiben, bei den Akteuren zum Handlungsziel werden, wenn es bisher doch so ist, dass sie das alte System, die alten Paradigmen immer wieder manifestieren? Wie lässt sich der Teufelskreis einer fortgesetzten Zerstörung aufbrechen, die stattfindet, obwohl wir wissen, dass dieser Prozess uns nicht dient?

Nach dem Zusammenbruch planwirtschaftlicher Systeme in Osteuropa kam es dort ja zu der berühmten Schocktherapie: dem sprunghaften Wechsel in die Marktwirtschaft, der zunächst mal überhaupt nicht funktioniert hat. Warum? Weil die entsprechenden institutionellen Rahmenbedingungen nicht vorhanden waren. Genau dasselbe erleben wir heute: Um von der heutigen Form der Marktwirtschaft auf die nächste Stufe der wirtschaftlichen Entwicklung zu kommen – in der der Markt eine wichtige Rolle spielt, aber nicht die alleinige –, sind neue Formen von Institutionen notwendig. Dafür müssen die beteiligten Akteure für einen gemeinsamen Anschauungs-, Willensbildungs- und Innovationsprozess zusammengebracht werden. Im gegenwärtigen System organisiert jede gesellschaftliche Gruppe ihre abstrakten Interessen und versucht sie dann über Lobbyismus und mit anderen Methoden durchzusetzen. Was wir demgegenüber heute brauchen, ist eine Interessenbildung entlang konkreter Wertschöpfungsketten. In diese Innovationsprozessen müssen alle unterschiedlichen Beteiligten integriert sein – in der Produktion auch die Konsumenten, im Gesundheitssystem auch die Patienten oder im Bildungssystem auch die Schüler. Wenn es gemeinsame Formen der Wahrnehmungs- und Willensbildung und Innovation gibt, können aus der Anschauung des Gesamtsystems Erneuerungsimpulse kommen. Das kann aber nicht passieren, solange wir uns nur über abstrakte Einzel- und Sonderinteressen engagieren, die dann auf Kosten der anderen parlamentarisch durchgesetzt werden. Wir brauchen also vertiefte demokratische Strukturen, die neue Formen der Teilhabe und Integration ermöglichen.

Sie haben in den letzten 15 Jahren am MIT daran gearbeitet, ein Grundmuster für die Transformationsprozesse herauszuarbeiten und haben das Ergebnis die »Theorie U« genannt. Im Englischen klingt das »U« wie »You« – so als wäre jeder gemeint. Oder beschreibt die Theorie am bildlichen Symbol des »U«, dass wir erst in den Keller abtauchen müssen, bevor es wieder aufwärts geht?

Die »Theorie U« oder die »Theorie Du« hat im Kern etwas damit zu tun, dass in vielen individuellen wie kollektiven Veränderungsprozessen der Knackpunkt ganz einfach ist: Sie baut auf die Einsicht, dass wir nicht weiterkommen, solange wir die alten Verhaltensmechanismen und die alten Formen des miteinander Kommunizierens, des Redenhaltens und des Nichtzuhörens weiter abspulen. Da können wir uns abstrampeln, wie wir wollen – wir kommen nicht weiter. Die meisten großen Probleme, mit denen wir heute zu tun haben, bedürfen einer Veränderung des Bewusstseins der Beteiligten. Das heißt, es ist nicht nur eine äußere Veränderung notwendig. Es ist eine Veränderung in der Art, wie ich hinhöre, wie ich in einer Situation dabei bin. Es ist eine Veränderung des Bewusstseins und der Aufmerksamkeit, aus der ich handle. Eine Veränderung, in der es nicht länger nur um mein Einzelego geht, sondern um eine Erweiterung im Hinblick auf das »Du« oder das »Wir« oder das größere *Gesamt*system, dessen Teilnehmer ich bin.

Wie kann dieser Sprung aus dem Käfig des kleinen Selbstbildes gelingen?

Dafür brauchen wir in Theorie und Praxis mehr Wissen über die unterschiedlichen Stufen von Aufmerksamkeit und Bewusstsein, aus denen heraus politische und wirtschaftliche Akteure handeln und so entsprechende wirtschaftliche und soziale Ergebnisse produzieren. Haben wir diesen Zusammenhang zwischen Bewusstsein und daraus entstehender Wirklichkeit erkannt, können wir praktische Werkzeuge entwickeln, wie eine Vertiefung und Erweiterung der Aufmerksamkeit, der Achtsamkeit und des Bewusstseins möglich sind. In dem Zusammenhang habe ich gemeinsam mit Kollegen den Ansatz der Theorie U entwickelt – und jetzt mit dem im Deutschen erschienenen Buch »Theorie U« auch das erste Mal in einer umfassenderen Form zur Darstellung gebracht.*

Worum geht es bei diesem »U-Prozess«, der in jüngster Zeit in den Führungsetagen von Großunternehmen auf ebenso viel Interesse stößt wie bei zivilgesellschaftlichen Initiativen?

Das Grundprinzip von diesem »U-Prozess« ist eigentlich etwas sehr Einfaches. Es geht davon aus, dass wir es in jeder wirklich nachhaltigen Veränderung mit einem Durchgang durch drei unterschiedliche Stufen oder Bewegungen zu tun haben. Auf der ersten Stufe müssen wir aufhören, weiter nur gemäß unseren Gewohnheiten zu handeln und auf neue Herausforderungen nicht mehr mit mehr vom Gleichen und dem Abspulen alter Lösungen zu reagieren. Stattdessen geht es darum, innezuhalten und uns zu öffnen. Es geht um das Aufmachen, das Eintauchen in die Situation und das wirkliche Zuhören: Raus aus meiner eigenen Käseglocke zu kommen und mich einzulassen auf die Situation, die mir gegenüber steht. Die zweite Bewegung ist, innezuhalten und die Aufmerksamkeit nicht nur nach außen, sondern gleichzeitig nach innen zu richten und sich zu verbinden mit den Quellen des eigenen tieferen Wissens. Mit den Quellen, wo meine eigene Intuition verborgen ist, wo ich Zugriff bekomme auf mein inneres Gefühl und mein inneres Wissen. Dabei geht es eigentlich immer um die gleiche Sache: Aufmerksam zu werden für die tiefe Resonanz, die eine äußere Erfahrung bei mir im Inneren erzeugt, eine höhere Achtsamkeit für die Ebene des Fühlens, der emotionalen Intelligenz und des inneren Wissens. Und die dritte Bewegung besteht darin, aus dieser Öffnung nach außen und der Öffnung nach innen einen Handlungsimpuls wahrzunehmen und diesen Funken einer Idee oder Inspiration oder einer aufsteigenden Möglichkeit unmittelbar in

* Otto Scharmer: *Theorie U. Von der Zukunft her führen*, Carl-Auer-Verlag 2009

Handlung umzusetzen. Im Englischen nenne ich das *»act in instant«*. Wenn ich unmittelbar aus der eigenen Intuition etwas Kleines tue, komme ich in einen Lernprozess, aus dem das Neue in die Welt kommen kann.

Das heißt, der Prozess geht von außen nach innen, wo wir eine Ebene tiefer schalten, unsere eigenen Filter und Sichtweisen überprüfen und dann wieder aktiv nach außen gehen?

Das ist richtig. Es ist eine Öffnung nach außen, die mir dann erlaubt, mehr von meinem Inneren wahrzunehmen. Indem ich mich dem gegenüber öffne, komme ich in eine Bewegung, die mir erlaubt, einem anderen Impuls zu folgen und in einem anderen Bewusstsein in die Handlung zu kommen. Das hört sich vielleicht alles ein bisschen theoretisch an, aber wenn wir uns angucken, wie künstlerische und kreative Prozesse ablaufen, wenn wir uns anschauen, wie Umbrüche und Krisen laufen, dann hat das immer etwas mit diesen drei Bewegungen zu tun.

Warum – wenn das doch bekannt ist – treffen wir diesen Prozess so wenig in politischen Fragen und in großen unbeweglichen Institutionen an?

Dort begegnen wir einem andauernden »Downloading« alter Programme, also einer Problemlösung durch »mehr vom Gleichen«. Das liegt daran, dass es in Transformationsprozessen drei Widerstände, Gegenspieler oder innere Stimmen gibt, mit denen wir umzugehen lernen müssen. Die erste ist die innere »Stimme des Urteilens«, die sich entweder gegen mich selbst oder gegen andere richtet oder gegen die Umstände, mit denen ich zu tun habe. Glaube ich dieser Stimme, dann spule ich alte Urteilsmuster ab. Sie können jeden kreativen Prozess hernehmen und werden sehen: Einer der ersten Schritte besteht immer darin, die Stimme des Urteilens zu suspendieren. Also ist die Fähigkeit, die eigenen Urteilsmechanismen zurückzuhalten und genauer hinzuschauen, die erste Kernkompetenz, die wir erlangen müssen, um eine Öffnung des Denkens möglich zu machen. Die zweite Quelle des Widerstands ist die »Stimme des Zynismus« – jeder kennt sie. Sie entsteht, wenn wir uns emotional von einer Situation abkoppeln und distanzieren. Diese Stimme des Zynismus boykottiert mich darin, mein Gefühl zu entwickeln, um mich emotional tiefer und empathischer mit einer Situation und mit anderen Menschen zu verbinden. Sie verbaut mir damit den Zugang zu tieferen Quellen des Wissens und Möglichkeiten der Innovation und Selbsterneuerung.

Hat der Zynismus gegenüber ganzheitlichen Ansätzen nicht auch immer zu tun mit der Angst, vertraute Felder zu verlassen und sich ändern zu müssen?

Tatsächlich ist die dritte Quelle des Widerstands die »Stimme der Angst« und betrifft unsere Unfähigkeit, das Alte loszulassen. Diese Stimme wird hörbar, wenn ich mich auf etwas Neues einlassen soll, was ich noch nicht kenne. Und sie kann dazu führen, dass ich mich an etwas Altem festklammere, was eigentlich nicht mehr wirklich existiert, mich aber in dieser Vergangenheit festhält. Das sind diese drei Quellen des Widerstands, die wir sowohl im kleinen persönlichen Bereich als auch in größeren Institutionen erleben. Die im Entstehen begriffene Zukunft kann erst dann beginnen, Form anzunehmen und anzukommen, wenn wir die Angst, ins Unbekannte zu treten, überwinden können. Damit setzt man sich heute im Management von sowohl gesamtgesellschaftlichen Veränderungsprozessen als auch in Organisationen oder in individuellen Zusammenhängen auseinander. Wenn wir tiefer in die fraglos vor uns liegenden gesellschaftlichen und wirtschaftlichen Umbrüche der nächsten Jahre reingehen, werden wir es genau mit dieser Dynamik zu tun haben. Und Führung in diesem Zusammenhang heißt, mit diesen drei Quellen des Widerstands kompetenter umzugehen. Sie werden nie versiegen, aber unser Umgang damit wird vielleicht nach und nach eine etwas reifere Form annehmen.

Letztlich nehmen Sie bei diesem beschriebenen Ansatz Praktiken aus der Bewusstseinsforschung, auch aus spirituellen Disziplinen wie der Achtsamkeitsschulung und tragen sie in einen Bereich hinein, der bisher eher mathematisch, mechanistisch, logisch gedacht hat. Passiert da eine geisteswissenschaftliche Befruchtung eines ökonomischen Feldes?

Das ist genau die Schwelle, an der wir stehen. Wir brauchen heute eine neue Synthese zwischen Wirtschafts- und Sozialwissenschaften auf der einen Seite sowie Bewusstseinsforschung auf der anderen Seite und praktischem institutionellem Veränderungsmanagement auf einer dritten Seite. Diese drei Felder müssen eigentlich immer weiter zusammenwachsen. Dort passieren heute in der Forschung wie auch in der Praxis die interessanten Innovationen.

Wie muss man sich solche kollektiven Bewusstseinsveränderungen vorstellen?

Das ist genauso wie in der Physik: Wenn z. B. Wasser gefroren ist, ist es fest, wenn wir Temperatur hinzufügen, wird es flüssig, wenn wir noch mehr Temperatur hinzufügen, löst es sich irgendwann in Dampf auf. Genau das Gleiche findet im Sozialen statt. Was ist da das Medium, das sich verwandelt? Es sind die zwischenmenschlichen Beziehungen. Und was sind die Bedingungen, unter denen sich unsere Beziehungen von einem Zustand – ich sage mal »tiefgefroren« – in den nächsten Zustand, wo es flüssiger wird, auflöst? Das ist die Arbeit an den Strukturen des Bewusstseins als Ergänzung der sozialwissenschaftlichen Forschung entlang der großen Herausforderungen der Gegenwart.

Jeder Manager und Politiker bewegt sich in einem sozialen Feld, was ihn möglicherweise dazu zwingt, genau mit den gleichen Mechanismen wie bisher weiterzuarbeiten. Welche Ressource wird angezapft, wenn man sich in Bewusstheit auf eine tiefere Ebene bewegt? Verändert das dann notwendigerweise das soziale Feld und erlaubt andere Zukünfte?

Nehmen wir mal eine bestimmte Gesprächssituation, zum Beispiel eine hitzige Debatte. Bleibt es dabei, dann reproduzieren wir ein eingefahrenes Muster. Aber es findet kein Sprung in eine andere Bewusstseinsebene statt – also in ein echtes, selbstreflektives Dialog-Gespräch, das völlig neue Möglichkeiten eröffnet. Damit das stattfinden kann, brauchen wir Führung! Wenn ich mich nur in einem gegebenen Rahmen bewege und nur die Muster reproduziere, die ich schon habe, dann ist das Abwesenheit von Führung. Führung kommt überhaupt erst dann in die Welt, wenn wir eine Situation, die sich auf einer Bewusstseinsebene bewegt, in die nächste hineinbringen, nämlich z. B. von einer Debatte in einen selbstreflektiven Dialog. Und damit das gelingt, ist die wichtigste Ressource, die wir haben, unsere eigene Aufmerksamkeit – also wie wir mit einer Situation umgehen, wie wir uns einlassen auf die Welt und wie wir uns auf die Quellen unseres eigenen inneren Selbst beziehen.

Wie funktioniert diese Öffnung und dieser Rückbezug auf unser ungenutztes Potenzial?

Indem wir aufmerksam werden für folgende Fragen: Wer ist eigentlich unser authentisches Ich? Was ist diejenige Instanz in mir, die mir erlaubt von einer Art des Zuhörens in eine andere zu wechseln? Wo kommt dieser Impuls her? Wie kann ich diesen steuern? Wir müssen verstehen, dass unser eigenes Selbst in Veränderungsprozessen eine zentrale Größe ist, eine Quelle der Produktivität, die eine wichtige Rolle spielt. Wo immer wir uns in einer Situation bewegen, wo das Alte zusammenbricht und keiner weiß, woher das

Neue kommt, müssen wir uns für die ganze Gegenwart der Situation öffnen. Wir müssen achtsam werden gegenüber dem, was aus diesem Leerraum, mit dem wir es zu tun haben, anwesend wird. Es gibt unterschiedliche Formen, diesen Kontakt zu tieferen Quellen des Wissens zu beschreiben. Ich nenne diesen Zustand »*Presencing*«*, also »Anwesendwerden« oder »Gegenwärtigwerden einer zukünftigen Möglichkeit«. Es geht um eine Öffnung für das, was sich jenseits individueller Kontrolle aus dem gegenwärtigen Feld *entwickeln will.* Und ich erlebe, dass heutzutage mehr und mehr Menschen und auch Gemeinschaften in der Lage dazu sind, in Umbruchsituationen auf dieses evolutionäre Feld zuzugreifen. Das heißt, sich mit dem Anwesendwerden eines »Möglichkeitsraums« in Bezug zu setzen und aus dieser vertieften oder gesteigerten Aufmerksamkeit heraus wirksam handeln zu können.

Ihr Buch hat den Untertitel »Aus der Zukunft heraus führen«. Das widerspricht ja erst einmal unseren rein logischen, linearen Zeitvorstellungen. Es sei denn, man würde Zukunft neu definieren als etwas, was nicht weit vor uns liegt, sondern was unmittelbar aus der Gegenwart entsteht.

Ja, das kommt dem ganz nahe. Und wir müssen Zukunft neu begreifen: Das meiste, was über Zukunft gesagt wird, ist ja eigentlich nur eine Projektion der Vergangenheit. Es ist nur eine Fortsetzung der Linien, die wir schon in der Vergangenheit hatten. Und dann sind diese Zukunftsprojektionen häufig genauso uninteressant wie das Graben in der Vergangenheit. Beides ist nicht wirklich wirklich: Die Vergangenheit gibt's nicht mehr, die Zukunft ist noch nicht, das Einzige, was wirklich wirklich ist, ist der Augenblick, das Jetzt, die Gegenwart. Und in dem Sinne meint dieses »*Presencing*« nicht ein Spekulieren über die Zukunft, sondern eine Verschärfung des Wahrnehmungssensoriums, das wir für entstehende Zukunft ent-

* Otto C. Scharmer, Peter Senge u. a.: *Presence. Human Purpose and the Field of the Future*, Broadway Business, New York 2008

wickeln können. Dahingehend, dass wir sensibler und aufnahmefähiger werden, dass wir unsere Sensorien ausbilden, den Möglichkeitsraum besser wahrzunehmen, der in einer Situation anwesend werden kann. Wir müssen wahrnehmen lernen, welches ungesehene Zukunftspotenzial in einer Situation verborgen ist. *»Presencing«* bezeichnet die Fähigkeit einzelner Menschen oder kollektiver Einheiten, sich mit ihrer höchsten zukünftigen Möglichkeit zu verbinden und von dort aus unmittelbar zu handeln. Von einer zukünftigen Möglichkeit heraus handeln heißt, von einer authentischen Präsenz des Augenblicks her handeln – aus dem *Jetzt*.

Dann müssen wir aber über die vertraute rein mentale rationale Wahrnehmung hinausgehen …?

Das Gegenwärtigwerden einer zukünftigen Möglichkeit ist etwas, was ich vielleicht nicht genau mit meinen Augen sehen kann. Es öffnet sich, wenn ich alte Muster loslasse, was ich *»open mind«* nenne. Es wird wahrnehmbar, wenn ich meine emotionale Intelligenz nutze, was ich im Englischen *»open heart«* nenne. Oder es wird begreifbar in der Intelligenz der Hände, was ich im Englischen *»open will«* nenne. Wir brauchen eine Öffnung des Kopfdenkens, eine Öffnung des Herzdenkens und eine Öffnung des Willens. Wenn wir diese tieferen Formen der Intelligenz sensibilisieren, die uns in Situationen, wo alle anderen Orientierungspunkte für uns zusammengebrochen sind, als eine Antenne dienen, können sie in der Tat eine sinnvolle Orientierung geben, wohin wir den nächsten Schritt zu tun haben.

Es gibt in den traditionellen Kulturen Westafrikas die Vorstellung, dass die Zukunft nicht vor uns, sondern hinter uns liegt. Was demnach vor uns liegt ist die Vergangenheit, die wir kennen. Demnach gingen wir quasi rückwärts in die Zukunft, die uns unbekannt ist. Je weiter wir aber unseren Blickwinkel für das öffnen, was in der Gegenwart ist, desto mehr können wir sehen, was in der Zukunft passiert. Klingt da etwas an?

Das ist ein absolut zutreffendes Bild. Es bezieht sich auch auf die drei Intelligenzen, die wir Menschen haben. Die erste Intelligenz, die wir haben, ist die Intelligenz des Kopfes. Die ist der IQ: brillant, aber sehr auf den Kopf, das reflexive Denken begrenzt. Er kann das ganze Universum erkennen, aber eben nur von einer bestimmten Ecke her: Er erkennt nur das *gewordene* Universum. Wir können nur auf das reflektieren, was schon ist. Das heißt, mit dieser Form der Intelligenz schauen wir in der Tat zurück. Zukunft wahrnehmen heißt, für die andere Richtung offen zu werden, heißt unseren blinden Fleck anschauen zu wollen, der uns im Rücken liegt. Dafür müssen wir die tieferen Ebenen der Intelligenz – also die emotionale Intelligenz und die Intelligenz des Willens öffnen, sensibilisieren und aufnahmefähig machen.

Gibt es dafür Beispiele aus der Praxis?

In der Tat: Wenn Sie studieren, wie Forscher zu neuen Ideen kommen, wie Erfindern das entscheidende Licht aufgegangen ist, wie das Neue im Leben auftaucht, dann ist es nach allen vorliegenden Berichten darüber fast immer so, dass zunächst mal ein unbestimmtes Gefühl auftritt. Dies führt zu einem Impuls, etwas zu tun, aus dem sich uns dann eine bestimmte Lösung präsentiert. Oft verstehen wir erst im Rückblick, also im Reflektieren über das Tun, wie sich die Lösung zu einer ursprünglichen Fragestellung verhält. Demnach taucht das Neue im menschlichen Leben nicht zuerst im Kopf auf, sondern wird aus den unteren Ebenen der Intelligenz nach oben gespült und kommt erst am Ende auch im Kopf an. Und in dem Sinne ist ein Handeln, was mehr zukunftsorientiert ist, nicht rein kopfgesteuert, sondern muss die emotionale Intelligenz und die Willensintelligenz gleichermaßen umschließen.

Kommen wir noch einmal zur »real world«. Wenn wir jetzt den beschriebenen Prozess einer Vertiefung unserer Achtsamkeit nehmen und ihn auf den Umbau von Unternehmen, von Gesellschaften oder sozialen Feldern anwenden, was für eine Zukunft eröffnet sich dann?

Ein Beispiel dafür ist eine Initiative, die sich entlang des Themas »nachhaltige Ernährung« gebildet hat. Da haben sich in den USA und Brasilien, aber teilweise auch in Europa eine Reihe von Unternehmen, Konsumenteninitiativen, Bauern und Zwischenhändlern zusammengeschlossen, um gemeinsam an der Verbesserung der gesamten Nahrungsmittelkette zu arbeiten. Die ist im Moment ja so, dass die Anbauweise nicht nur die Erde immer mehr zerstört, sondern dass auch die Qualität der produzierten Lebensmittel immer weiter abnimmt. Zudem ist ein großer Teil der Menschen, die weltweit in der Landwirtschaft arbeiten, immer wieder selbst von Hunger betroffen. Also ist es ein System, was in vielerlei Richtungen Ergebnisse produziert, die keiner will. Aber keiner der einzelnen Akteure – die Regierungen, die Unternehmen, die Konsumentenverbände – fühlen sich in der Lage, diese Situation zu verändern. Ähnliche Zustände finden sich im Gesundheitsbereich oder auch im Schul- und Bildungsbereich. Der Prozess, durch den diese innovative Gruppe *gemeinsam* gegangen ist – eben diese drei Stufen: das Sich-gegenseitig-Wahrnehmen, das Sich-Einlassen auf die unterschiedlichen Lebensfelder und dann aus dem tieferen systemischen Verstehen der größeren Zusammenhänge gemeinsam Lösungsansätze zu entwickeln –, ist ein Beispiel dafür, wie man zusammenkommen, anders handeln, gemeinsam Prototypen entwickeln und ausprobieren kann. Das fing mit 20 Unternehmen an, mittlerweile sind das über 70 Unternehmen. Auch wenn man noch nicht sagen kann, dass das weltweite Nahrungsmittelsystem jetzt umgestellt ist, ist es doch so, dass dort ein systemischer Erneuerungsprozess abläuft, der durchaus zu einer spürbaren Änderung des Gesamtsystems führen kann, wenn er weiterhin Nachahmer finden wird. Je öfter das passiert, desto schneller ändert sich etwas.

Aber der Fokus im Erschaffen neuer Zukünfte liegt auf der Kooperation …?

Man erkennt heute, dass die wirklichen Innovationen Kooperationen erfordern, die über die institutionellen Grenzen und Sektoren hinausgehen. Weil es innerhalb der Sektoren und Institutionen kollektive Muster gibt, die sich widersprechen, kann Kooperation nur dann funktionieren, wenn es zwischen den beteiligten Menschen eine Vertrauensebene gibt, die es erlaubt, über diese Grenzen hinwegzukommen. Diese Vertrauensebene, diese gemeinsamen Willensbildungen herzustellen, erfordert einen sozialen Prozess. Dieser soziale Prozess muss ein gemeinsames tieferes Bewusstsein herbeiführen, was als Voraussetzungen andere Aufmerksamkeitsstrukturen erfordert.

Wenn man den Ansatz der »Theorie U« nun als Grundmuster für Veränderungsprozesse nimmt, dann führt das ja nicht nur auf einer persönlichen oder unternehmerischen Ebene zu einem Wandel, sondern weitergehend zu einem zivilisatorischen und kulturellen Wandel. Beginnt der demnach immer über den individuellen Prozess?

Zunächst einmal ist das richtig. Die Krise unserer Zeit ist tatsächlich eine Krise unserer Zivilisation. Es ist eine Krise nicht nur der Bewusstseinsformen, sondern auch der alten kulturellen und sozialen Formen, die wir basierend auf einer weitgehend materialistischen Weltauffassung entwickelt haben und die uns heute immer mehr um die Ohren fliegen. Es gibt zwei Formen, damit umzugehen: Die eine ist, auf alten Formen und Werten zu bestehen, mit möglich viel Kitt dieses alte Gefüge noch mal zusammenzusetzen und zu restaurieren. Die andere Form ist zu sagen: »Nein! Diese alten Formen zerfallen!« Also anzuerkennen, dass wir die Krise der bisherigen Zivilisation erleben, wo etwas zu Ende geht und wo wir nur dann den nächsten Schritt machen können, wenn wir wirklich die Quellen der Erneuerung freilegen. Diese Quellen der Erneuerung haben etwas damit zu tun, dass wir an unsere eigenen Quellen kommen. Das sind nicht nur individuelle Quellen, sondern auch gemeinschaftliche Zusammenhänge. Das sollte man nicht als kollektives Zwangsphänomen verstehen, sondern als einen sozialen Prozess in Gemeinschaften und Organisationen, in dessen Verlauf wir besonders in Krisensituationen einander näher kommen und darin auch unseren eigenen Ursprüngen näher kommen. Wo wir erleben, dass wir in tiefere Formen des Zuhörens und Sprechens und Anwesendwerdens miteinander kommen können, aus denen dann etwas grundsätzlich Neues entstehen kann. In diesem Sinne hat die Neugründung unserer kulturellen zivilisatorischen Form wie auch die Weiterentwicklung der politischen Formen und die Transformationen der weltweiten Ökonomie und des Kapitalismus etwas zu tun mit der neueren, bewussteren und auch freieren Gestaltung unserer Gesellschaft. In ihr wird die gesellschaftliche Form des gemeinschaftlichen Wirtschaftens wieder stärker an ein Menschenbild zurückgebunden, in dem der Mensch nicht nur ein Bedürfnisbündel ist, was mit bestimmten Produkten bedient wird, sondern ein Fähigkeitswesen, ein kreatives Geschöpf, das in der Auslebung der eigenen schöpferischen Möglichkeit in einen Prozess reingeht, wo eine ganz neue Welt entsteht.

Wenn wir das begreifen, müssen wir der Krise eigentlich fast dankbar sein. …

Das ist richtig. Alle Krisen, die wir erleben, sind notwendig für unsere Entwicklung. Vielleicht wäre es ohne Krise gegangen, wenn wir schon vorher die Kurve gekriegt hätten. Aber wenn eine Krise kommt, ist das eigentlich immer die Chance, einen Entwicklungssprung auf eine Stufe zu machen, die uns vorher noch nicht möglich war.

Bisher war das nur im individual-psychologischen Bereich bekannt – da ist es fast schon ein alter Hut. Wenn wir das nun in die Wirtschaft hereinnehmen, zeigt sich dann, dass die »Krise als Chance«, welche uns im individuellen Prozess dient, auch gesamtgesellschaftlich eine Relevanz hat?

Das ist mit Sicherheit so. Und wir erkennen das heute auch im Zusammenhang von Organisationen. Gesamtgesellschaftlich stehen wir ja heute vor der Herausforderung, dass wir real – und da ist die Finanz- und Wirtschaftskrise das beste Beispiel – längst miteinander verbunden sind. Ob wir das wollen oder nicht. Nur unser Bewusstsein ist entweder auf unser eigenes Ego oder unsere eigene Familie oder unsere eigene Organisation oder unser eigenes Land begrenzt, aber in den allerseltensten Fällen umschließt unser Bewusstsein eigentlich den gesamten globalen Kontext, in dem wir uns in Wirklichkeit schon immer bewegen. Mit anderen Worten: Realökonomisch sind wir global vernetzt und eine Einheit, aber unsere Bewusstseinsverfassung ist noch nicht ganz auf Ballhöhe mit dieser Entwicklung. Da wird die Krise zur Chance: Viele ökologische Probleme, mit denen wir zu tun haben, und auch all die Umweltorganisationen, die uns auf die Auswirkungen unseres Verhaltens auf der anderen Seite der Erde aufmerksam machen, haben genau damit zu tun: dass wir immer mehr lernen zu sehen, wie alles, was wir hier tun, vernetzt ist und über den Gesamtkörper der Globalökonomie hinweg Auswirkungen hat.

Dann wäre es der Impuls der neuen Wirtschaftswissenschaften und Führungstheorie, für den Sie stehen, ein Bewusstsein für einen lebendigen wirtschaftlichen Organismus zu schaffen, dessen Evolution wir kreativ beeinflussen können, wenn wir uns selbst besser erkennen …

… oder – wie Joseph Beuys das genannt hat – den Gesamtkörper der sozialen Skulptur neu zu erschaffen. Für Joseph Beuys war ja das eigentliche Kunstwerk, um das es in unserem Zeitalter geht, nicht etwas, was ich mit dem Pinsel in der Hand auf eine leere Leinwand male. Von ihm kommt der schöne Satz: »Wenn ich vor der leeren Leinwand stehe und den Pinsel in die Hand nehme, dann ist es sowieso schon zu spät.« Das eigentliche Kunstwerk stellte in seinen Augen die Gestaltung des Gesamtfeldes der sozialen Beziehungen zwischen Menschen dar, die wir gemeinsam und einzeln hervorbringen. Und das ist eigentlich das größte Kunstwerk der Gegenwart – die soziale Skulptur als globaler Zusammenhang –, in der wir gleichzeitig Teil der Skulptur sind und Künstler sind, die diese Skulptur ständig neu hervorbringen. Und diese Prozesse bewusster zu handhaben, ist eine der großen Herausforderungen unserer Zeit.

Welche Welt erhebt sich in diesem evolutionären Prozess aus den Trümmern?

Die neue Welt entsteht aus der Gleichzeitigkeit von drei globalen Revolutionen, die die Koordinaten der sozialen, politischen, wirtschaftlichen und kulturellen Welt neu definieren werden. Das ist einerseits das Entstehen einer neuen Ökonomie auf der Basis einer ökologischen Revolution. Es ist zweitens das Entstehen einer Netzwerkgesellschaft durch eine soziale Revolution auf der Basis neuer Beziehungs- und Kommunikationsstrukturen. Und es ist drittens das Entstehen eines neuen Bewusstseins durch eine kulturell-spirituelle Revolution. Diese letztgenannte *Revolution von innen* wird getragen vom Entstehen der Zivilgesellschaft als globaler Kraft. Sie wird außerdem getragen von der Entstehung einer neuen kreativen Klasse* und besonders von einem neuen Umgang mit Spiritualität. Das sind drei Bewegungen *einer* evolutionären Strömung. Was für eine Welt sich daraus entwickelt, liegt in unserer Hand.

Im Kern geht es dabei heute individuell und kollektiv um das Zusammenprallen von zwei Qualitäten: Es ist der Aufeinanderprall zwischen dem alten Selbst, der Person, die man immer war, und dem im Entstehen begriffenen höheren Selbst, des Selbst, das die

* vgl. das Gespräch mit Marco Bischof in diesem Buch

höchste zukünftige Möglichkeit repräsentiert. Auf allen Ebenen treffen wir heute auf Herausforderungen, die sich nicht mehr mit den gewohnten Lösungsansätzen eines »Mehr von demselben« beantworten lassen. Die gewohnte Art des Sehens und Handelns führt nicht mehr weiter. Bevor etwas Neues kommen kann, muss eine Schwelle überschritten werden. Die gegenwärtigen Herausforderungen sind die Schwelle, die uns dazu auffordert innezuhalten, tiefer zu gehen und uns als Teil eines größeren Ganzen zu sehen. Wir müssen die kollektive Fähigkeit entwickeln, den inneren Ort, aus dem heraus wir handeln, zu verändern. Dafür müssen wir lernen, die alten Werkzeuge fallen lassen, anhalten und aus der Anschauung der Schwellensituation einen neuen Impuls fassen. Die Fähigkeit, im Moment des Aufbrechens alter Strukturen einen sich öffnenden Möglichkeitsraum zu sehen, sich darauf einzulassen, loszulassen, kommen zu lassen und dann den neuen Impuls zu verdichten und in die Welt zu bringen, ist vielleicht die wichtigste Schlüsseldisziplin unserer Zeit.

IV. TEIL

Unterwegs zu einer ökologischen Ökonomie

Es wäre ein Verbrechen, die Krise ungenutzt zu lassen

Im Dialog mit der Ökonomin und Zukunftsforscherin Hazel Henderson

Prof. Dr. Hazel Henderson, geboren 1933 in Großbritannien, ist eine unabhängige, US-amerikanische Zukunftsforscherin und Expertin für alternative Ökonomie. 1956 von Großbritannien in die USA übergesiedelt, begann ihr Zukunftsengagement schon 1964 im ökologischen Selbststudium und dem Aufbau einer Umweltinitiative für bessere Luft in New York. Nach Lehrtätigkeiten an der University of Santa Barbara wurde sie in Berkeley Professorin für Umweltschutz. Sie gehört dem Vorstand des *Worldwatch-Institutes* an und ist Mitglied des Club of Rome. Sie erhielt verschiedene Ehrendoktorwürden und ist Trägerin des *Global Citizen Award*. Ihre jüngste Initiative ist der Aufbau des Medienunternehmens *Ethical Markets Media*, das im Internet und als Fernsehgesellschaft die globale Wende zu einer nachhaltigen Wirtschaft dokumentiert und unterstützt. In Deutschland agiert sie als Mitglied der Jury des Petra-Kelly-Preises und der Heinrich-Böll-Stiftung. www.hazelhenderson.com; www.calvert-henderson.com; www.ethicalmarkets.com

Die konventionelle Ökonomie versucht immer wieder, kapitalistisches Wirtschaften als organischen Prozess zu beschreiben. Aktuell hört man allerdings eher Diagnosen, die von der Krankheit des wirtschaftlichen Organismus sprechen. Sind solche biologischen Analogien überhaupt sinnvoll?

Tatsächlich sind die Massenmedien geradezu vollgestopft mit Diagnosen über den Gesundheitszustand der Wirtschaft. Bankenmanager, Politiker und ihre wirtschaftlichen Berater beschreiben die

Ohnmachtsanfälle der Geldwirtschaft tagtäglich mit medizinischen Begriffen. Da wird beim ökonomischen Patienten ein »Herzinfarkt« diagnostiziert, ein »Krampf«, ein »Kreislaufzusammenbruch« oder psychosomatisch ein Verlust an Selbstvertrauen. Das ökonomische System wird medizinisch als »unter Schock« stehend beschrieben, als »Fall für die Intensivstation«. Manchmal liegt es in diesen Berichten auch schon »auf dem Operationstisch«, »reagiert positiv auf die Eingriffe« und wirtschaftspolitischen »Medikamente« oder ist »auf dem Weg der Besserung«:

Aus der klassischen Medizin wissen wir allerdings, dass ihre Diagnosen meist nur Symptome betreffen. Wie tief muss eine ganzheitliche Diagnose gehen, welche tatsächlich die Wurzeln der Krankheit berührt?

Die Medien nutzen die medizinischen Diagnosen tatsächlich meist als sehr oberflächliche Analogie. Aber es kann durchaus nützlich sein, sich den Zustand unserer Wirtschaft aus einer ganzheitlichen medizinischen Sicht anzuschauen, weil uns das etwas über das Innenleben dieses lebenden Systems verrät. Nachdem es ja außer Frage steht, dass unser Wirtschaftssystem einer Erneuerung bedarf, macht es Sinn zu diagnostizieren, wie es im letzten Vierteljahrhundert zugerichtet, verunstaltet und deformiert wurde. Wir wissen seit Langem, dass der »ökonomische Körper« an einem krebsartigen Wachstum seines finanziellen Sektors leidet, der unlängst so etwas wie Metastasen gebildet hatte, die heute 20 Prozent des Bruttosozialproduktes ausmachen – und damit ein Fünftel des Körpers befallen hatten. Ein normal funktionierender organischer finanzieller Wirtschaftssektor, der mit dem »Blutkreislauf« der Gesellschaft verbunden ist, sollte nicht mehr als 10 Prozent des Bruttosozialprodukts, also der Produktivität des Gesamtsystems ausmachen. Aber genauso wie bei Krebserkrankungen in einem biologischen System hat auch so eine Erkrankung in einem Wirtschaftssystem immer viele verschiedene Wurzeln. Aus meiner Sicht ließe sich sagen, dass unsere Ökonomie unter einem vergrößerten Herzen leidet, Kreislaufschwierigkeiten hat, das Immunsystem deutliche Ausfälle zeigt, die Muskeln und das Skelett von Atrophie befallen sind, der Organismus an Übergewicht leidet und zu viel Fett eingelagert hat. Außerdem scheint es so, als habe sie starke neurologische Probleme am Hirn und dem Nervensystem, starke Rückstände von giftigen Abfällen im Organismus und leide insgesamt außerdem unter psychosomatischen Störungen. Damit hätte man dann einen ziemlich angegriffenen Organismus.

Was bedeutet es, eine Wirtschaft zu haben, die ein vergrößertes Herz und Kreislaufprobleme hat?

Stellen Sie sich einmal Geld als das Blut in einem ökonomischen System vor. Im Gegensatz zu eher traditionellen Behandlungsmethoden wie dem Aderlass behandeln die ökonomischen Doktoren der Gegenwart dieses Symptom mit einer ständigen Gabe von Blutreserven. Damit werden, wenn wir in der medizinischen Analogie bleiben, Hämatome oder Blutergüsse im Bankensektor kreiert. Weil man die finanzielle Liquidität erhalten will, pumpt man weiter Blut in den ökonomischen Körper, was dann natürlich zu Blutgerinnseln in verschiedenen Organen und Sektoren führt, wo diese »Flüssigkeit« eingelagert wird und nicht selten verklumpt. Bypass-Operationen wären dann vielleicht die Antwort auf die Herzmuskelverengung vormals aufgeblähter Wall-Street-Unternehmen, Banken und Ver»sicher«ungsunternehmen, mit denen man die finanziellen Bluttransfusionen an die Betroffenen umlenken könnte: Als da wären die Hauseigentümer der Immobilienkrise, normale Unternehmen, Studenten, Arbeits- und Obdachlose, Arme, gemeinnützige Einrichtungen, leere Staats- und Gemeindekassen, die Gesundheitsversorgung oder Schulen.

Dabei scheint es, als hätte das erkrankte System sowohl das warnende Immunsystem als auch die Selbstheilungskräfte verloren.

Die ganze Krise gleicht einem klassischen Fall des Versagens des Immunsystems, wo die regulären Funktionen von Wächterzellen, der Leber, der Nieren und anderer lebenswichtiger Organe beeinträchtigt werden. Im wirtschaftlichen Organismus hat das auf dem Finanzsektor zu so merkwürdigen und giftigen Organen wie »Kollateralen Schuld-Obligationen« (CDOs), »Strukturierten Anlageinstrumenten« (SIVs) in einer finanziellen Schattenwirtschaft oder »Credit Default Swaps« (CDS) geführt, wo mit Versicherungssummen auf Kreditrisiken gehandelt wurde. All dies wirkte auf den wirtschaftlichen Organismus wie eine Invasion feindlicher Viren, die vom Immunsystem nicht erkannt werden konnten. Hier könnte als wirksames und das Immunsystem unterstützendes Gegenmittel beispielsweise der Einsatz von Antikörpern in Form von investigativen Journalisten, kritischen Bloggern im Internet oder mutigen »Whistleblowern« empfohlen werden. Ein anderes Rezept könnte darin bestehen, den giftigen Müll von nun wertlosen Anlagen aus dem Organismus zu spülen, indem Banken, Hedgefonds und Versicherungen sie abschreiben und damit leichtsinnige Unternehmen einfach bankrott gehen lassen.

Wenn solche verantwortungslosen Unternehmen bankrott gehen, würde das doch aber kaum etwas an den strukturellen Fehlfunktionen verändern …

Deshalb sprach ich ja in meiner ersten Diagnose auch von Atrophie der Muskeln und des Skeletts. Denn es wurde ja die gesamte tragende Struktur der Ökonomie geschwächt, als die produktiven Sektoren der Wirtschaft demontiert wurden und die Herstellung von Produkten, Infrastruktur, Maschinen, Ausrüstungen und Gütern wegen billigerer Herstellungskosten in wenig regulierte Länder der Dritten Welt ausgelagert wurden. Das wirtschaftliche Rückgrat wurde enorm geschwächt, als die ganzen Infrastruktur-Einrichtungen wie Dämme, Abwasserkanäle, Wasserstraßen, Brücken, Straßen und Schienen verrotteten. Hier wäre ein Heilmittel, neue Bluttransfusionen einzusetzen, sie aber dorthin zu lenken, wo die Knochen und Sehnen restauriert und das schwache Gewebe mit Sauerstoff angereichert wird. Die ganze materielle Struktur der Ökonomie muss wieder ins Gleichgewicht und in die eigene Mitte gebracht werden.*

Ist nach dieser Analogie dann die Wirtschaft nur virtuell oder sektoral gewachsen, ohne dass aber die Gesundheit des kulturellen und sozialen Kreislaufs mit einbezogen war?

Genau das wird deutlich, wenn wir uns vor Augen führen, dass riesige Summen in die Autoindustrie investiert wurden, während der öffentliche Nahverkehr, Fahrradwege, Bürgersteige oder Spazierwege in städtischen Parks verfielen oder abgebaut wurden. Hier wiederum wäre die Medizin, Innenstädte wiederzubeleben, indem man die städtische Infrastruktur so umbaut, dass die Zersiedlung gestoppt wird, Fußgängerzonen entstehen und ein besserer öffentlicher Nahverkehr gefördert wird. Überinvestitionen in bestimmten Bereichen produzieren das Gleiche wie Übergewicht und Fettablagerungen in biologischen Körpern – sie schränken die Beweglichkeit, Flexibilität und Fitness eines Systems in Zeiten der Krise oder Gefahr massiv ein. Dabei muss besonderes Augenmerk auf das ungesunde Wachstum der medizinisch-pharmazeutischen Industrie mit fast 16 Prozent des Bruttosozialprodukts und dem extremen Wachstum des militärisch-industriellen Komplexes gelegt werden, der allein in Amerika jährlich 500 Milliarden Dollar verschlingt. Diese krankhaften Auswüchse könnten geheilt werden, indem man in der Gesellschaft zu einer präventiven und ganzheitlichen Gesundheitsversorgung wechselt und die militärischen wie geheimdienstlichen Ausgaben stoppt und für Diplomatie und bessere Informationssysteme ausgibt.

* Hazel Henderson: *Beyond Globalization. Shaping a Sustainable Global Economy*, Kumarian Press 1999

Ist das ganze System dann deshalb in Schieflage geraten, weil das Nervensystem keinen Schmerz mehr weiterleitete und das Gehirn die Wahrnehmungen nicht mehr verarbeiten konnte?

Tatsächlich lässt sich im ökonomischen System so etwas beobachten wie eine Atrophie des Gehirns und des Nervensystems, das durch den Informationsmüll der Massenmedien und der Werbung von einer Art Denklähmung befallen ist. Die Werbung induziert dauernd Kaufimpulse, um mit Konsummüll ein zu niedriges Selbstwertgefühl aufzumöbeln, während die Medien gleichzeitig jede kulturelle Einsicht in den unabdingbaren Umbau einer fossilen Wirtschaft zu einer nachhaltigen Wirtschaft mit erneuerbaren Energien und effizienter Ressourcennutzung verschleiern und vernebeln. Hier wäre die Medizin eine Ausweitung der öffentlich-rechtlichen Medien mit ihren ernstzunehmenden Informationen, weiterhin ethische Standards für Werbung, öffentlich finanzierte politische Kampagnen für mehr Nachhaltigkeit und Fair Trade oder auch die Erneuerung von Schulen, die Einführung neuer Lernpläne und die bessere Bezahlung von Lehrern.* Weitere Impulse zur Gesundung könnten Umschulungen für das Überangebot an Ökonomen, Rechtsanwälten, Betriebswirten, Optionshändlern und Finanzartisten sein, die man dann für sinnvolle Tätigkeiten einsetzen sollte, um Gebäude nachhaltig umzurüsten, Parks und Spielplätze zu verschönern, in Suppenküchen zu helfen, alternative Geburtshäuser zu errichten oder Analphabeten, die bei uns in Amerika immer noch 20 Prozent der Bevölkerung ausmachen, das ABC beizubringen.

* Hazel Henderson: *The broken Mosaic. For an Economic beyond Equation*, Zed Books 2005

Was müsste getan werden, um die Wirtschaft wieder zu einer sich selbst organisierenden Einheit zu machen?

Die Wirtschaft ist zurzeit von giftigen Rückständen in wesentlichen Organen verseucht. Diese Ablagerungen und Verstopfungen verhindern, dass die giftigen Wertpapiere von den Bilanzen durch notwendige Abschreibungen und Bankrotte abgeführt werden. Die Häufung von derartig schmutzigen Anlagen lässt sich auf einen Mangel an Regulation, zu wenig Durchsetzungskraft und fehlende Entgiftung zurückführen. Hier wäre es ein Heilmittel, den Lobbyismus und die Bestechung durch politische Spenden stark einzuschränken und zugleich sehr viel strengere Regeln für den Schutz von Umwelt, Gesundheits- und Sicherheitsstandards gesetzlich einzuführen und durchzusetzen. Die Verkleinerung des aufgeblasenen Finanzsektors müsste die Zerschlagung von Bankimperien ebenso umfassen wie das Verbot solcher Merkwürdigkeiten wie der schon erwähnten »Credit Default Swaps« und anderer zwielichtiger Derivate. Zudem müssten normale Bankgeschäfte deutlich von Maklergeschäften, Investment- und Versicherungsgeschäften getrennt werden, während so verrückte Konstruktionen wie Termingeschäfte oder Wertpapierleerverkäufe grundsätzlich verboten werden, bei denen der Verkäufer das gehandelte Produkt gar nicht besitzt, aber einen Preisverfall provoziert. Ein weiteres wirkungsvolles Medikament wäre die Besteuerung all solcher Transaktionen.

Ist eine Reform eigentlich ohne völlig neue ethische Werte der dort wirkenden Menschen möglich?

Hier berühren wir den psychologischen Gesundheitszustand der Ökonomie, in der es von psychosomatischen Störungen nur so wimmelt. Man denke nur an den verbreiteten Narzissmus der Eliten, das extreme Anspruchsdenken, die ungerechtfertigten Ängste, die Konsumsucht, die Abhängigkeit vom Öl, den Gebrauch von Psychopharmaka, einen verbreiteten Realitätsverlust angesichts der sich verändernden globalen Bedingungen. Gute Medizin für diese

Erscheinungen besonders in den USA wäre eine ordentliche Portion liebevoller Strenge von Ökonomien wie denen von China, Japan und den OPEC-Ländern, die uns täglich drei Milliarden Dollar leihen, damit wir unseren gewohnten Konsumwahn beibehalten können. Eine andere dringend notwendige Verschreibung wäre eine kleine Steuer auf die drei Milliarden Dollar, die pro Tag mit Währungshandel verdient werden, von dem 99 Prozent reine Spekulation sind. So eine Steuer würde nicht nur die Turbulenzen auf dem Währungsmarkt beenden, sondern auch dringend nötige Geldmittel für die Verwirklichung der Jahrtausendziele *(Millennium Goals)* der Vereinten Nationen bereitstellen, nach denen allen Erdenbewohnern Gesundheitsversorgung und Bildung zur Verfügung gestellt und die Armut halbiert werden soll. Außerdem könnten in diesem Bereich Steuerflucht oder Geldwäsche viel genauer kontrolliert und bestraft sowie der Geldtransfer in Steueroasen ausgebremst und verhindert werden.*

Kann der ökonomische Körper angesichts dieser Diagnose überhaupt geheilt werden?

Ich glaube schon! Eine Verjüngung des Systems und Reformen stehen auf der Agenda der Obama-Regierung, ebenso gibt es klare Pläne für massive Eingriffe, mit denen die Wirtschaft auf Basis neuer solarer, thermischer, regenerativer Energien umgebaut werden soll. Während das Vertrauen in den Dollar als globale Leitwährung überall abnimmt, werden die amerikanischen Konsumenten gezwungen, viele alte Abhängigkeiten aufzugeben und sich auf eine mehr dezentralisierte lokale Ökonomie zu verlassen. Aufgeblähte Konzerne werden schrumpfen, während die wirklich ineffizienten Firmen pleitegehen werden. Und die alten Träumereien der Wall Street, die »Herren des Universums« zu sein, werden ebenso verschwinden wie die Weltreichfantasien altersstarrer militärischer Abenteurer.

* Hazel Henderson u. a.: *Planetary Citizenship. Your Values, Beliefs and Action Can Shape a Sustainable World*, Middleway Press 2004

Wer aber werden die neuen Geldgeber solcher Reformen sein, wenn das System bislang auf einem instabilen, überholten Regelwerk basiert?

Ich glaube, die neuen Investoren werden aus den Reihen der Informationsgesellschaft und der »Wissensmakler« kommen. Sie werden die gesammelten Erkenntnisse über globale Veränderungsprozesse zusammenführen und die Führung dabei übernehmen, eine grüne, nachhaltige Wirtschaft aufzubauen. Heute werden die Märkte durch Informationen und Medien bestimmt. Diese neuen Investoren sind längst schon aktiv, auch wenn sie von den traditionellen Wall-Street-Leuten und Anlagemanagern übersehen werden. Sie sind für die globalen Player in Wirtschaft und Politik deshalb so unsichtbar, weil sie nicht mit Geld, sondern eher mit Informationen handeln. Diese Vertreter eines neuen, zweiten New Deals im Sinne umfassender Wirtschafts- und Sozialreformen bevorzugen ehrliche und stabile Währungen, die zuverlässig Werte bewahren und als stabiles Tauschmittel dienen. Geld sehen sie in diesem Kontext als eine spezielle Form der Kommunikation, eine geniale Erfindung des menschlichen Geistes, aber nicht als Ware an sich. Sie wollen es anders nutzen. Wenn Geld wieder über reale Güter und Dienstleistungen sowie durch klare Vereinbarungen abgesichert ist, kann es der menschlichen Erfindungsgabe, Produktivität und Geschäften in einem nachhaltigen Austausch mit dem natürlichen Reichtum der Ressourcen unseres Heimatplaneten sehr wohl dienen.

Also müssen wir offenbar die Rolle von Währungen überdenken und sie neu definieren. Was müssen wir dafür über die Vergangenheit des Geldes wissen?

Das Problem liegt darin, Geld als ein ehrliches Medium zu gestalten und seine Rolle als verlässliches Zahlungsmittel zu erhalten, mit dem man eine erbrachte Leistung ausgleicht. Menschen haben immer schon unsaubere Geschäfte mit ihren Währungen gemacht und ihnen damit geschadet: Angefangen bei den frühen Goldschmieden des europäischen Mittelalters, die auf der Basis der Goldreserven, welche ihre Kunden bei ihnen lagerten, als Vorläufer der Banken Geld verliehen. Weiter ging es dann mit den Königen, die den Rand der Goldmünzen abschaben ließen. Bis heute, wo wir uns mit Bankern herumschlagen, die aus heißer Luft virtuelle Währungen kreieren. Der Güteraustausch zwischen Menschen begann mit einem traditionellen Tauschhandel, gegenseitiger Hilfestellung und Schenkökonomien, bis es vor 3000 Jahren zur Erfindung von Geld kam. Geld wiederum entwickelte sich aus kleinen Lehmtalern und Muscheln über Metallstücke, Silber- und Goldmünzen bis hin zum Papiergeld unserer Tage und den elektronischen Währungen, die nur als kurze Lichtimpulse auf den Bildschirmen von zigtausend Währungshändlern aufblitzen. Seit sich mit der industriellen Revolution vor rund 300 Jahren die technologische Zivilisation weltweit ausgebreitet hat, wuchsen auch unser Handel und der Austausch exponentiell. Diese Entwicklung verlangte dann wiederum nach Veränderungen in den finanziellen Austauschprozessen. Das Gold, das bis dahin die Grundlage der meisten Währungen war, wurde mit dem Wachstum des internationalen Handels zur Fessel, weil es einfach nicht genug davon gab. Viele Händler wechselten deshalb zum Silber oder anderen wertvollen Metallen. Bald schon führte der Mangel an Goldreserven dazu, dass die Regierungen kraft ihrer Autorität Papierwährungen erschufen, die außer einem Bruchteil Gold eigentlich nur durch Versprechen abgesichert waren. Einige Länder schlossen das »Goldfenster« komplett, so wie zum Beispiel die USA während der Krise von 1971, wo die Regierung ihren Bürgern den Besitz von Gold schlicht verbot. Das alles ist der Unterbau der gegenwärtigen Situation.

Ist die gegenwärtige Krise als eine langfristige Folge der damaligen Vereinbarungen zum Weltfinanzsystem zu verstehen, bei denen die ursprünglich 1944 in Bretton Woods vereinbarte Goldbindung aufgehoben wurde?

Unsere gegenwärtige Krise geht aus meiner Sicht über frühere Crashs, Börsenpaniken und Rezessionen, die mit dem Mangel an Gold oder genügend Reserven von glaubwürdigem Papiergeld zusammenhingen, weit hinaus. Die Zentralbanken haben ihre Lehren aus der »Großen Depression« der 20er-Jahre gezogen. Die verfügbare Geldmenge sollte immer dem Wachstum der Produktion und des Handels eines Landes entsprechen, diese aber nicht überschreiten. Jetzt aber hat die Vernetzung aller nationalen Ökonomien durch die Globalisierung der Finanzen und der Technologie, die Geldschöpfung völlig außer Kontrolle gebracht und sowohl riesige Kreditblasen wie auch Berge von Schulden produziert. Die globale Nutzung des Computers für Finanztransaktionen und Märkte hat den Handel auf einen Sekundentakt beschleunigt, die satellitengestützte Verbindung zwischen rund um die Uhr operierenden Börsen hat zu einer Explosion von Derivaten und einer noch exotischeren »Absicherung« von Hypothekenpaketen, Studienkrediten und Kreditkartendarlehen geführt. Die Risikoanalysen überließ man weltfernen Mathematikern, die mit ihren Algorithmen an der realen Welt vorbeiprüften. All das zusammengenommen führte zu einer exponentiellen Geldschöpfung und immer größeren Krediten. Und dann haben leichtsinnige, kaum regulierte Finanzunternehmen an der Wall Street ihre dubiosen und giftigen Hypotheken-»Sicherungen« rund um den Globus an leichtgläubige Investoren und Pensionsfonds verkauft, die es eigentlich besser hätten wissen müssen. So wuchsen auch die *Credit Defalt Swaps*, die nichts anderes waren als Wetten darauf, wer als nächstes Zahlungsunfähigkeit anmelden müsse, in einem so unkontrollierten Maß, dass die Verträge nun eine Summe von 683 Billionen Dollar ausmachen, während das Bruttosozialprodukt der gesamten Welt 2008 nicht mal ein Zehntel davon, nämlich 62 Billionen Dollar betrug.

War denn aber nicht vorhersagbar, dass man darüber die Kontrolle verlieren würde?

Natürlich. Die aus all dem zwangsläufig entstehende Krise wurde von mir und einigen anderen seit Jahrzehnten vorausgesagt.* All diese Geldschöpfung und Schulden führten erst zu illusorischen Gewinnen und dann zu unabwendbaren Riesenverlusten und »Umschuldungen«. Die Finanzblase platzte und ließ den Geldmarkt zusammenbrechen. Zentralbanker und Finanzspezialisten, ausgebildet an den führenden Unternehmensschulen und Wirtschaftsfakultäten der Welt, hatten ihren Fokus ausschließlich auf das Geld und den globalen Währungszirkus gelegt. Kaum jemand von ihnen hatte je was davon gehört, dass Geld eine Form der Information ist, die jetzt extrem abgewertet wurde, als alle möglichen verlogenen Formen der Geldschöpfung das System ins Kippen brachten. Heute kann man den Zentralbankern im Fernsehen dabei zuschauen, wie sie Geld drucken. Aber keine Druckerei der Welt wird es schaffen, genug Geld zu drucken, um den Graben zwischen den 683 Billionen an falschen Versprechen und den 62 Billionen realer Wirtschaftswerte aufzufüllen. Die zentrale Frage lautet deshalb, wen dieser Wahnsinn schließlich treffen wird. Bislang war der politische Einfluss des Finanzsektors so groß, dass die Steuerzahler die Quittung bezahlen mussten. Der eklatante Mangel an Fairness und das Ausmaß an Dummheit dabei hat einen Proteststurm empörter Bürger ausgelöst. Denn mit den Milliarden, die nun in den Rachen unverantwortlicher Banker geworfen wurden, hätte man eine allgemeine Gesundheitsversorgung oder bessere Ausbildungen finanzieren können. Aber diese Entwicklung bedeutet auch das Ende eines Finanzsystems, das nur auf Geld und Finanzblasen basiert. Jetzt wissen wir hundertprozentig, dass es bei Finanzen auch um Prioritäten und Werte geht.

* Hazel Henderson: *Paradigms in Progress. Life Beyond Economics*, Knowledge Systems 1991; und: Hazel Henderson und E. F. Schumacher: *Creating Alternative Futures. The End of Economics*, Kumarian Press 1996

Kommen wir noch einmal zurück zu den »neuen Investoren«. Wer sind sie?

Das sind eben jene Art von Informations- und Wissensmakler, die das gegenwärtige Informationszeitalter verstanden haben und wissen, dass es um den großen Wandel von einer fossilen Gesellschaft in eine solare Gesellschaft geht. Im Prozess dieses Wandels sind ja mittlerweile die großen Finanzkreisläufe unter ihrem eigenen Gewicht kollabiert, und riesige Geschäftsbereiche haben sich auf das modernste Kommunikationsmedium, nämlich das Internet, verlagert. Der dort mögliche Austausch von Informationen und der Akt des Teilens haben zu einem neuen ökonomischen Mischmodell geführt. Das ist bereits von einigen Experten sehr detailliert beschrieben worden, von Fachleuten* wie Yoichi Benkler, Lawrence Lessig, Don Tapscott und Verna Allee. Ich setze mich im Rahmen meines eigenen Unternehmens »Ethical Markets Media« auch intensiv mit diesem Bereich auseinander: Wir stellen beispielsweise in Reportagen, Artikeln, Videofilmen und Newslettern aktuelle Nachrichten und neue Perspektiven für sozial verantwortliches Investment, die globale Zivilgesellschaft und Produkte bereit, die einem gesunden und nachhaltigen Lebensstil (LOHAS) dienen.**

Wie ist diese neue Informationswirtschaft strukturiert und aufgebaut?

Man kann sagen, dass diese Mischwirtschaft zum einen Teil auf geldbasierter Konkurrenz beruht und zum anderen auf informationsbasierten Teilen, auf Kooperation und Austausch. Die so arbeitenden Unternehmen verzeichnen ein deutliches Wachstum und werden immer mehr. Man denke nur an die digitalen Börsen, Instinet, Archipelago, NASDAQ, Google, eBay, Craigslist, Amazon, Facebook, Microplace und Wikipedia. Angesichts solcher Geschäfts-

* Yoichi Benkler: *The Wealth of Networks* (2007); Lawrence Lessig: *Remix* (2008); Don Tapscott: *Wikinomics* (2008) und Verna Allee: *Knowledge Evolution* (1997)

** Hazel Henderson & Hunter Lovins: *Ethical Markets. Growing the Green Economy*, Chelsea Green Publishing 2007

modelle wird deutlich, warum eine nur geldbasierte Wirtschaft auf dem Markt hinterherhinkt. Die neuen Investoren sind also informationsbasierte Unternehmen, die in ihren Tätigkeiten und ihrem Verständnis ganzer Systeme und der Menschheitsfamilie auf dem Planeten Erde klar über die reine Geldökonomie hinausgehen.

Welche Rolle wird Geld dann Ihrer Meinung nach in Zukunft spielen?

Vielleicht kehren wir zu einem ganz ehrlichen Gebrauch von Geld zurück, das dann wieder wirkliche Werte von realen Geschäften spiegelt. Aber ich glaube, es wird nicht wieder die Rolle als einziges und dominantes Tauschmittel bekommen. Das lässt sich mit dem Gold vergleichen, was ja auch seinen Wert behalten hat, obwohl es im explodierenden Welthandel keine unmittelbare Rolle mehr spielt. Das klassische Geld wird wahrscheinlich von allen möglichen digitalen Währungen ersetzt werden, die es ja schon gibt: Angefangen von lokalen Tauschnetzen (LETS) und komplementären Währungen wie den amerikanischen »Berkshares« oder dem Schweizer »WIR« bis zum Schenknetzwerk »Freecycle« oder ähnlichen Tauschforen im Internet, in Telefonnetzwerken oder lokalen Radiostationen. Die auf dem Geldmarkt noch herrschenden Unternehmen werden mit Hilfe von Gesetzen und Regulierungen versuchen, diese neuen und aus ihrer Sicht zerstörerischen Technologien und Konkurrenten auszuschalten. So hat die amerikanische Regulierungsbehörde »Securities and Exchange Commission« (SEC) zum Beispiel zeitweise die Website von Prosper.com schließen lassen, die mit dem Angebot gegenseitigen Leihens, Privatkrediten und Darlehen zwischen verschiedenen Unternehmen eine enorme Nachfrage bekam. Ähnliche Verbote gab es in England mit Zopa.com und in China mit Qifang.com. Aber diese neuen Unternehmen bieten diese digitalen Handelsnetzwerke grenzüberschreitend an vielen Orten an. Und viele Konzepte für neue digitale Währungen liegen vor und sind auf dem Weg in die Umsetzung. Sie werden schon bald die Sonderziehungsrechte des Weltwährungsfonds (IMF) ergänzen, die ja auch nur eine künstliche digitale Währung für die internationale wirtschaftliche Entwicklung darstellen. Die neuen Investoren werden den alten Finanziers und Zentralbankern schon sehr bald vor Augen führen, dass die Zeit ihres Monopols auf Geld und seiner Erschaffung ausläuft. Die Zukunft wird so aussehen, dass derartige informationsbasierte Währungen und Handelsnetzwerke überall dort eingesetzt werden, wo vorhandene Ressourcen und lokale Nachfragen dazu beitragen, neue Produkte und Arbeitsplätze zu schaffen – im lokalen, regionalen, nationalen bis hin zum internationalen Handel.

Eröffnet die gegenwärtige Krise damit die Chance für ein völlig neues Geldsystem?

Es wäre ein Verbrechen, die Krise ungenutzt zu lassen. Denn die gegenwärtige Finanz*krise* kann tatsächlich den Sprung auf eine neue Stufe menschlicher Entwicklung enorm erleichtern und fördern: nämlich den Wechsel von einem mangelhaften, geldfixierten Wachstum des Bruttosozialprodukts zu viel saubereren, grüneren und nachhaltigeren Ökonomien. Die Regierungen beginnen zurzeit zu begreifen, dass sie die ausschließlich auf das Geld konzentrierten Indikatoren für das Bruttosozialprodukt eines Landes so verändern müssen, dass auch Indikatoren für die Lebensqualität und ökologische Gesundheit eine Rolle spielen.* Pensionsfonds realisieren, dass ihre kurzfristige und ausschließliche Ausrichtung auf schnelle Gewinne ein Fehler war, und fordern als Investoren von den Unternehmen statt der bisherigen eindimensionalen profitorientierten Wachstumsdaten nun dreidimensionale Konzepte über soziale und ökologische Bilanzen sowie interne Führungsqualitäten. Dazu sage ich nur: Herzlich willkommen im Informationszeitalter!

* Hazel Henderson: *Quality of Life Indicators. A New Tool for Assesing National Trends*, Calvert Group 2000

Selbst wenn diese von Ihnen skizzierte Entwicklung sich als langfristige Perspektive durchsetzt, so brauchen wir doch trotzdem jetzt Strategien für eine Reform der Weltwirtschaft, um einen völligen Zusammenbruch zu verhindern, der ja sonst auch den künftigen Finanziers eines Informationszeitalters den Boden wegzieht. Wie könnten die aussehen?

Ganz anders! Ich habe seit Jahrzehnten davor gewarnt, dass die Verflechtung und Globalisierung der Märkte zwangsläufig ins Chaos führen würde. Denn wir müssen uns über Folgendes klar sein: Das internationale Finanzsystem und der Prozess der wirtschaftlichen und technologischen Globalisierung der letzten 25 Jahre haben nicht nur angesichts ihrer eigenen Ziele versagt, sondern sogar die Ungerechtigkeiten, die Ungleichheit, die sozialen Unruhen und die ökologische Zerstörung gesteigert und verstärkt. Der Ton hat sich deshalb auch schon verändert. Zwar klang das Kommuniqué der G20-Staatschefs vom 16. November 2008 ganz am Anfang der Krise noch ziemlich freundlich und bedeckt, hat in der Tendenz aber trotzdem deutlich gemacht, was sich im Wirtschaftssystem alles ändern muss. Es gab in Washington und London Vereinbarungen über Reformen am Finanzsystem und die Regulierung der Börsen und Geldgeschäfte, deren Fehlen zu Raffgier, verantwortungslosen Risiken und extremen Verschuldungen geführt hatte. Ich habe seit Jahren davor gewarnt, dass die Globalisierung und all die unkontrollierbaren Querverbindungen auf diesem pausenlos aktiven Markt das gesamte System irgendwann ins Chaos stürzen würden.* Nun hieß es im Kommuniqué, wenn auch ohne namentliche Erwähnung der USA, dass die Krise wegen der »Fehler der Politiker, Regulierungs- und Aufsichtsbehörden in einigen fortgeschrittenen Ländern« entstanden sei, welche die »auf den Finanzmärkten aufbauenden Risiken nicht adäquat eingeschätzt« hätten. Es ist zu einem massiven Vertrauensverlust gekommen, auch die Bevölkerung fühlt sich von der Wall Street betrogen und

* Hazel Henderson: *Building a Win-Win World. Life Beyond Global Econonic Warfare*, Barrett-Koehler 1996

verraten. Die europäischen Regierungschefs fordern jetzt Maßnahmen zur Eindämmung der Spekulation, der Verschuldung, der Hedgefonds, der riesigen Privatvermögen und solcher Kreditderivate wie die erwähnten *Credit Default Swaps*, mit denen auf Rückzahlungsrisiken oder Firmenbankrotts gewettet wird und die bei dem Zusammenbruch in einer Summe von 63 Billionen Dollar eine Schlüsselrolle gespielt haben.

Haben die Forderungen aber überhaupt die verantwortlichen Akteure erreicht?

Kaum. Die in Ungnade gefallenen Wall-Street-Chefs und andere Finanzmogule im globalen Finanzcasino verdrängen immer noch, dass sich der Finanzsektor, besonders in den USA und Großbritannien, auf bis zu ein Viertel des Bruttosozialprodukts aufgebläht hatte. Die Schweiz ist in einer ähnlich prekären Lage, die Vorfälle im bankrotten Island waren bereits mehr als lehrreich. Es stellt sich die Frage, wie man nun jene illusorischen Gewinnerwartungen herunterfährt, die sich mittlerweile in illusorische Verluste wandelten, das Geldsystem korrumpierten und die darauf basierende Realwirtschaft gefährden. Noch dreht sich der Machtkampf um die Frage, wer für die Verluste aufkommt: Die Finanzakrobaten selbst, die an den Geschäften ordentlich verdienten, ihre Anleger oder die Steuerzahler? Wegen der machtvollen Lobby der Wall Street sind es in Amerika bislang eindeutig die Steuerzahler, welche die Zeche zahlen. Aber zugleich melden sich China, Brasilien, Indien, Russland, Südafrika und andere wichtige Mitglieder der G20-Staaten mit der Forderung nach einem »neuen internationalen fairen und gerechten Finanzsystem«.

Was wäre angesichts der Reformnöte ein realer erster Schritt?

Ein erster Schritt wird wahrscheinlich eine gerechtere Vertretung und Stimmenverteilung im Weltwährungsfond, der Welthandelsorganisation und der Weltbank sein, welche die neuen Realitäten einer Welt ausdrückt, in der die USA nicht länger Lokomotive der Weltwirtschaft sind. Der neue G20-Vorschlag für einen neuen »Währungskorb« und der Vorschlag der Vereinten Nationen nach neuen Sonderziehungsrechten wird den Dollar als bisher wichtigste Reservewährung ablösen. Das könnte die Stabilität verbessern. Ohnehin wird heute ein Großteil des globalen Bruttosozialprodukts – das in sich eine miserable Maßeinheit ist – von Ländern wie China, Indien, Brasilien und anderen Schwellenländern erwirtschaftet. Trotzdem besetzen die USA als weltgrößter Schuldner 17 Prozent der Sitze beim Weltwährungsfond, während China gerade einmal 3,6 Prozent besetzt. Aber selbst die Umsetzung dieser ersten Reformen ist dadurch gefährdet, dass wichtige Leute in Obamas neuer Mannschaft wie Larry Summers und Timothy Geithner eine klare Mitschuld an der Wirtschaftskrise tragen und seine anderen wirtschaftlichen Berater Jason Furman und Austan Goolsbee ebenso wie der frühere Finanzminister Robert Rubin engstirnige Vertreter eines überkommenen Wirtschaftsmodells sind.

Kann das alte System denn überhaupt eine Lösung hervorbringen, die über eine Symptombehandlung hinausgeht und weitere regelmäßige Krisen verhindert?

Das hängt im Wesentlichen davon ab, wie sich das kapitalistische Wirtschaftsmodell selbst weiterentwickelt. Das amerikanische Modell des wirtschaftlichen Wachstums, das sich am so genannten »Washington-Konsens« eines »freien« Marktes und Handels, offenen Wechselkursen sowie massiver Privatisierung orientierte und dabei dominiert war von völlig deregulierten Finanzmärkten, ist nun vor aller Augen zusammengebrochen. Was sich daraus entwickelt, ist offen. Wird es eine neue soziale Marktwirtschaft sein, die von Europa propagiert wird, eine Art chinesisches Modell oder ein neuer Multilateralismus? Immerhin hat Peking schon neue Kooperationen mit asiatischen, europäischen, afrikanischen und südamerikanischen Ländern geschmiedet, an denen die USA unter Bush keinen Anteil hatten. Die neuen G20 verlangen nach Gerechtigkeit und Demokratisierung der internationalen Organisationen und eine Erweiterung des UN-Sicherheitsrats durch einen Sitz für Brasilien, Japan, Indien und möglicherweise Indonesien und Südafrika, weil dieses Gremium 60 Jahre nach dem Krieg immer noch von den fünf Siegermächten dominiert wird. Wir sind von Lösungen also ziemlich weit entfernt und erleben eher ein hartes Erwachen aufseiten der USA, die plötzlich begreifen müssen, dass sie die Interessen anderer Länder nicht länger ignorieren und alles alleine machen können. Da muss sich noch die Erkenntnis durchsetzen, dass nicht nur die Welt Amerika braucht, sondern vor allem auch Amerika die Welt und besonders die Vereinten Nationen. Man muss begreifen, dass die Finanzkrise, die an der Wall Street ausgelöst wurde, zur Lösung einer globalen Kooperation bedarf. Das ist die eigentliche Herausforderung der Regierung von Präsident Obama.

Was aber gilt es nun zu tun?

Ein grundlegender Umbau des weitgehend unregulierten globalen Finanzkasinos ist unverzichtbar, um weitere Schäden bei Unschuldigen, Armen und Schwachen zu verhindern. Das erste G20-Kommuniqué nach Beginn der Krise hat klargestellt, dass es deutlich mehr internationaler Kooperation bedarf, besonders bei der Kontrolle global operierender Banken und anderer Akteure. Diese Kooperation ist jetzt absolut notwendig, um zu verhindern, dass ein Land zum eigenen Vorteil das andere ausbeutet und so ein Verhalten weiter unter dem Slogan des »freien Handels« firmiert. Souveräne Nationalstaaten müssen wieder die Möglichkeit haben, ihre Bürger vor Erpressung und Ausbeutung privater Unternehmen zu schützen, ohne dafür gleich des Protektionismus beschuldigt zu werden.

Gibt es denn heute überhaupt noch ein Vertrauen in die Gestaltungskraft des Finanzsystems?

Ohne Frage wurde das globale Geldsystem korrumpiert und der Grundwert des Vertrauens, der die Basis aller wirtschaftlichen Märkte darstellt, ist erschüttert. Was wir zurzeit gezwungen sind zu lernen, ist, dass nicht alle unsere wirtschaftlichen Transaktionen dem konventionellen Geldsystem überlassen werden können, sondern dass es neue, ausgewähltere, informationsbasierte Handelsformen gibt. Dazu gehören neben den erwähnten Beispielen auch der internationale Barter- oder Warentauschhandel zwischen Ländern, Regierungen und internationalen Unternehmen, der alles umfassen kann von Lebensmitteln, Medien und Rohstoffen bis hin zu irgendwelchen Konsumwaren. Dabei sind Informationen und Geld immer öfter äquivalente Formen des Austausches, die auch oft gleichermaßen wertvoll sind. Viele Investoren umgehen mittlerweile die Wall Street und andere große Geldzentren und ziehen es vor, ihr Eigenkapital über elektronische Netzwerke einzusetzen, denen sie mehr vertrauen. Solche Einsichten in den Umgang mit Informationen und Handelsnetzwerken, zu denen eben auch lokale Währungen, Tauschgeschäfte und gegenseitige Privatdarlehen gehören, sind ein integraler Teil der entstehenden informationsreichen Solarökonomie und der Überwindung der Strukturen des vorangehenden fossilen industriellen Zeitalters.

Welche weiteren Reformen schlagen Sie vor, um eine aus der gegenwärtigen Krise entstehende neue Wirtschaftsordnung zu stabilisieren?

Eine global abgestimmte Steuer auf Währungsspekulation, angelehnt an die Ideen von James Tobin, ist sicher der nächste notwendige Schritt. Eine Reduktion jener Billion Dollar, die jährlich weltweit in die Rüstung fließen, ist der nächste wichtigste Schritt. Militarismus macht angesichts der Krisen in Afghanistan, im Irak oder anderen Guerillakriegen immer weniger Sinn. Viele der anderen Vorschläge, die wir schon angesprochen haben, müssen ebenso auf die Agenda. Wir müssen uns immer wieder daran erinnern, dass die globale Finanzkrise die Möglichkeit eröffnet, Reformen im globalen Kasino umzusetzen, die schon seit Jahrzehnten diskutiert werden und die Finanzwelt endlich wieder an ihre lebenswichtige, aber doch auch beschränkte Rolle bei der Finanzierung der realen Wirtschaftswelt erinnern und darauf auch beschränken. Heute nun treten alle diese Vorschläge zu den Reformen der Zentralbanken, die Geschichte des Geldes und alternativer Währungen, die noch weitgehend unterdrückten Erfahrungen mit lokalen Komplementärwährungen, internationalem Tauschhandel und elektronischen Währungen endlich in den Vordergrund, ebenso solche Projekte einer ökologischen Ökonomie, wie sie in der Studie über die *Ökonomie von Ökosystemen und Biodiversität* (TEEB)* vorgestellt wurde. Die Finanzkrise von 2008/2009 präsentiert die beste Chance seit einem Jahrhundert, das Finanzsystem zu erneuern und den Wechsel in eine nachhaltige Wirtschaft zu beschleunigen. Die gegenwärtige Konvergenz von globaler Erwärmung, Finanzkrise und der sich ausweitenden grünen Wirtschaft verweisen auf eine neue Stufe in der Entwicklung des menschlichen Bewusstseins und unserer gewachsenen Einsicht in den Platz, den wir in der Natur einzunehmen haben. Sie fungieren damit quasi als ein Treibstoff für den dringenden Paradigmenwechsel ins solare Zeitalter.

Wo genau sehen Sie dieses Potenzial ganz neuer Möglichkeiten?

Diese neuen Möglichkeiten zeigen sich in dem spektakulären Scheitern des alten wirtschaftlichen Paradigmas in den USA und dem gleichzeitigen Aufstieg von China, Indien, Brasilien und anderen G20-Ländern. Zudem hat die Weltwirtschaft durch die Europäische Union und den Euro als zweite Reservewährung heute ein starkes Gegengewicht zum US-Dollar. Bis zur aktuellen Finanzkrise haben das herrschende Geld- und Wirtschaftsparadigma und

* Die Studie findet sich unter
http://www.unep.ch/etb/publications/TEEB/TEEB_interim_report.pdf

die damit zusammenhängenden wirtschaftlichen und politischen Interessen alle alternativen Ansätze unmöglich gemacht. Dieses Paradigma basierte eben fast ausschließlich auf Geld, Maßnahmen der Zentralbanken und auf der Beibehaltung konventioneller Geldkreisläufe und ihrer Monopole. Alle weitergehenden Vermögenswerte wie das menschliche Potenzial oder das Wissen um ökologische Produktionsformen taucht in den meisten Bilanzen von Unternehmen, Finanzberatern oder Banken gar nicht erst auf. Das ändert sich nun, auch wegen der innovativen Ideen der UNEP-FI, der UN-Prinzipien für verantwortungsvolles Investment, der Bewegung für sozial verantwortliches Investment und zivilgesellschaftlichen Einrichtungen wie dem Club of Rome, dem Rocky Mountain Institute, dem Carbon Disclosure Project, der New Economics Foundation, dem Focus on the Global South* und vielen anderen.

Wo aber soll das Geld herkommen, was da dann in neue Infrastruktur, Bildung, Gesundheitsversorgung und nachhaltige Unternehmen investiert werden muss?

Sicherlich auch von den Regierungen! Selbst Ökonomen fordern jetzt lautstark zusätzliche massive finanzielle Anreize und Förderungen, weil das angesichts der wachsenden Defizite die einzig bleibende Option im konventionellen Werkzeugkasten ist. Das Paradox liegt ja eigentlich darin, dass an Geld kein Mangel herrscht! Geld ist keine reale Ware, sondern vielmehr eine brillante und nützliche Erfindung des menschlichen Geistes, sprich eine Art der Information. Geld ist also nicht wirklich etwas anderes als eine spezielle Maßeinheit wie ein Rechenschieber oder Abakus, wie Zentimeter, Kilome-

* UNEP Finance Initiative: www.unepfi.org
UN Principles for responsible Investment: www.unpri.org
Club of Rome: www.clubofrome.de
Rocky Mountains Institute: www.rmi.org
Carbon Disclosure Project: www.cdproject.net
New Economics Foundation: www.neweconomics.org
Focus on the Global South: focusweb.org

ter oder Inches. Und wenn man diese Maßeinheit gut managt, kann Geld ein exzellentes Werkzeug zum Tausch und zur Lagerung sein.

Gibt es denn Währungen, die besonders dem Wechsel in ein solares Zeitalter dienen können?

Shann Turnbull, der australische Spezialist für Selbstverwaltung, schlägt einen Einheitswert von Kilowattstunden nachhaltig erzeugter Elektrizität vor, um die Finanzierung von Ökostrom zu erleichtern. Die Essenz seines Vorschlags liegt darin, dass Regierungen zinsfreie Darlehen vergeben, damit überall neue intelligente Stromnetze und erneuerbare Energiequellen eingerichtet werden, die ihre dringend benötigten Kredite aus den Einnahmen in Kilowatt-Dollars zurückzahlen. Turnbull hat aufgezeigt, dass Windenergie billiger als Kohle wird, wenn die üblichen Zinsen von acht Prozent abgeschafft werden. Deutschlands Erneuerbare-Energien-Gesetz, das von Hermann Scheer und Ernst-Ulrich v. Weizsäcker und ihren Kollegen initiiert wurde, bietet vergleichbare Werkzeuge. Und es gibt mittlerweile ungezählte Beispiele dafür, wie sich durch Finanzreformen tatsächlich die gegenwärtige Krise auffangen ließe und zeitgleich eine grüne Ökonomie aufgebaut werden könnte.

Aber dafür braucht es dann schon fast wieder eine Kulturrevolution?

Die Herausforderung zum Aufbau einer nachhaltigen Wirtschaft liegt in allen Wahlkreisen heute darin, sich mit den eher schwachen Institutionen oder Ministerien für Umwelt, Gesundheit und Soziales zusammenzuschließen und gemeinsam politischen Druck auf die mächtigen Einrichtungen oder Ministerien für Finanzen, Wirtschaft, Handel und Banken, welche ja die alte fossile Ordnung bewahren wollen, dahingehend auszuüben, dass sie dieses neu entstehende ökologische, informationsbasierte und finanzielle Paradigma übernehmen. Dazu braucht es auch die Unterstützung der Massenmedien, deren Herausgeber aber ebenso bereit sein müssen, die herkömmliche Geld- und Wachstumsideologie zu überwinden.

Wie aber sollen diese eher progressiven politischen Kräfte in Forschung, Regierung und Zivilgesellschaft, die ein derartiges neues Verständnis von Ökonomie und ihrer Einbettung in Gesellschaften und Ökosystemen verbindet, die Oberhand gewinnen?

Diese neuen sozialen Bewegungen drehen sich im Kern um Fragen des menschlichen Überlebens und bündeln Macht oder Kontrolle eben nicht für ihren eigenen Nutzen, so wie diese selbsternannten Herren des Universums* in London, an der Wall Street oder in anderen Finanzzentren. Sie bemühen sich eher darum, das neue Paradigma zu fördern und die Fehler im herkömmlichen Finanzsystem und seinem ökonomischen Modell offenzulegen. Heute wird langsam deutlich, dass Wirtschaft eigentlich nie eine Wissenschaft war. In dieser Situation müssen ökologisch gebildete Menschen und sozial verantwortliche Unternehmen, grüne Investoren und fortschrittliche Wirtschaftsschulen sich über alle bisherigen Fraktionen und Ideologien hinweg zusammentun mit den Aktivisten aus der Zivilgesellschaft, den Gewerkschaften, fortschrittlichen Politikern und aufgeschlossenen Regierungsmitarbeitern. Nur durch derartige Kooperationen ist es möglich, das alte Geldsystem zu reformieren und durch die beschriebenen informationsbasierten Handelsformen zu ergänzen. Dann wäre es durchaus möglich, so wie es ein grüner New Deal oder ein Globaler Marshallplan vorsieht, die Umsetzung nachhaltiger Wirtschaftssysteme global voranzubringen. Für einen wirklichen Wechsel von der ölbasierten fossilen Ära in eine solare Ära ist aber die Evolution des menschlichen Verständnisses über das Medium Geld und alternative Tauschmittel absolut essentiell, denn sie ist die strukturelle Grundlage von allem. Ich gehe davon aus, dass der Wert des Geldes auch wieder stabiler wird, wenn man dieses Medium von der Überforderung befreit, für alle Transaktionen verantwortlich zu sein.

* Hazel Henderson, Jean Houston & Barbara Marx-Hubbard: *The Power of Yin. Celebrating Female Conciousness*, Cosimo Inc. 2007

Diese globale Krise verlangt nach einer globalen Reaktion

Im Dialog mit dem Nobelpreisträger für Ökonomie Joseph Stiglitz

Prof. Dr. Joseph E. Stiglitz, geboren 1943 im amerikanischen Bundesstaat Indiana, zählt zu den großen Ökonomen der Gegenwart. Er lehrt an der New Yorker Columbia Universität. In den 90er-Jahren war er Leiter der Wirtschaftsberater von US-Präsident Clinton. Von 1997 bis 2000 arbeitete Stiglitz als Vizepräsident und Chefökonom der Weltbank, die er im Streit um den richtigen Weg im Kampf gegen Armut verließ. Sein wissenschaftliches Spezialgebiet ist die Theorie des Marktversagens. Für die Analyse von Märkten mit ungleicher Verteilung von Informationen erhielt er im Jahr 2001 gemeinsam mit George Akerlof und Michael Spence den Nobelpreis für Wirtschaft. 2008 beauftragte ihn die Vollversammlung der Vereinten Nationen mit der Leitung eines Gremiums über weltweite ökonomische Reformen und den globalen Umbau der Finanzmärkte. Zudem übernahm Stiglitz auf Initiative des französischen Präsidenten den Vorsitz einer Arbeitsgruppe zur Verbesserung der Messung wirtschaftlicher Leistung und gesellschaftlichen Fortschritts. www.josephstiglitz.com

Sie haben seit Langem vor einem Absturz des globalen Finanzsystems gewarnt. Hat Sie der Zeitpunkt des Kollaps trotzdem überrascht?

Die Krise hat ja eigentlich zwei Elemente. Einerseits ist das globalisierte Wirtschaftssystem dringend reformbedürftig. Andererseits gibt es massive systemische Probleme im Finanzsektor. Was die Analyse der großen ökonomischen Prozesse angeht, würde ich schon sagen, dass ich ins Schwarze getroffen habe. Die moderne Wirtschaftstheorie konnte seit Langem erklären, warum unbehinderte Märkte nicht selbstkorrigierend sind, warum Regulierung notwendig ist und warum die Regierung in der Wirtschaft eine wichtige Rolle zu spielen hat. Doch viele, insbesondere Leute, die für die Finanzmärkte arbeiteten, forcierten eine Art »Marktfundamentalismus«. Dessen Versagen hat sich nun zweifelsfrei gezeigt. Im Finanzsektor hatte ich zwar viele der Probleme identifiziert, aber mir war nicht klar, in welchen Größenordnungen da gezockt wurde. Bis heute staune ich darüber, welch enorme Summen da verspielt worden sind. Die Welt versinkt derzeit in einer großen globalen Konjunkturverlangsamung, die wahrscheinlich die schlimmste im letzten Vierteljahrhundert sein wird, vielleicht seit der Weltwirtschaftskrise. Diese Krise ist in vielerlei Hinsicht »made in America«. Die Probleme der amerikanischen Wirtschaft und des Finanzsystems waren jahrelang offensichtlich. Aber das hielt die amerikanische Führungsspitze nicht davon ab, sich zur Lösung der Krise genau an jene Leute zu wenden, die dieses Chaos mit angerichtet haben, die Probleme so lange nicht erkannten, bis wir am Rande einer neuen großen Depression standen und die nun von einer Bankenrettung zur nächsten schlingern.

Pessimisten rechnen bereits mit einem völligen Zusammenbruch des globalen Finanzsystems mit Folgen, die denen eines Krieges ähneln. Wie schätzen Sie das Ausmaß und die Konsequenzen für die unmittelbare Zukunft ein?

Es herrscht derzeit Konsens, dass Amerikas Rezession – die bereits ein Jahr alt ist – wahrscheinlich lang und tief wird und dass fast alle Länder davon betroffen sein werden. Die Vorstellung, dass das, was in Amerika passiert ist, vom Rest der Welt abgekoppelt wäre, ist ein Mythos. Die Ereignisse belegen diese Einschätzung. Es wird sehr schlimm werden. Wir erleben den tiefsten Wirtschaftseinbruch nach dem Krieg, und wir haben die Talsohle noch nicht erreicht. Deshalb bin ich sehr pessimistisch. 2009 dürfte für die Weltwirtschaft das schlimmste Jahr seit dem Zweiten Weltkrieg werden. Laut Schätzungen der Weltbank wird sie um bis zu zwei Prozent schrumpfen. Selbst Entwicklungsländer, die alles richtig gemacht und eine deutlich bessere makroökonomische und aussichtsreichere Politik verfolgt haben als die USA, bekommen die Auswirkungen zu spüren. Die chinesische Volkswirtschaft etwa dürfte zwar weiter wachsen, dies jedoch – vor allem aufgrund des steilen Einbruchs beim Export – mit deutlich geringerem Tempo als den elf bis zwölf Prozent jährlichem Wachstum der letzten Jahre. Sofern nicht etwas getan wird, wird die Krise bis zu 200 Millionen Menschen zusätzlich in Armut stürzen.*

Stehen wir dabei – auch aus der Sicht des Ökonomen – eigentlich »nur« vor einer Finanzkrise?

Nein! Wir stehen vor zwei großen Krisen. Einerseits der wirklich tiefen globalen Finanzkrise, die durch inadäquates Risikomanagement in der Finanzökonomie provoziert wurde. Andererseits stehen wir vor einer noch weitaus tieferen Klimakrise, deren Auswirkungen zwar erst in weiter Zukunft zu liegen scheinen, aber in ihrem künftigen Umfang durch unsere aktuellen Maßnahmen mitbestimmt werden. Das Ausmaß des Risikos der Klimakrise ist insgesamt deutlich größer. Und besonders die USA stehen angesichts dieser Krisen vor der Möglichkeit, mit ihren Maßnahmen gegen die Finanzkrise die Grundlagen für eine neue Welle des Wirtschaftswachstums zu legen, das auf umweltfreundlichen Technologien für eine Wirtschaft mit niedrigem CO_2-Verbrauch basiert.

Wo sehen Sie die wesentlichen Ursachen für die gegenwärtige Krise?

Bleiben wir erst einmal bei den Problemen des Finanzsektors. George W. Bush hat in den letzten Tagen seiner Präsidentschaft gesagt: »Wir haben zu viele Häuser gebaut.« Das stimmt zwar einerseits, erklärt aber nicht ausreichend, was wirklich falsch gelaufen

* Joseph Stiglitz und Carl E. Walsh: *Volkswirtschaftslehre: Mikroökonomie und Makroökonomie*, Oldenbourg-Verlag 2009

ist. Die Banken haben die Krise mit ihren miserablen Risikoanalysen heraufbeschworen. Amerika hat seine faulen Immobilienhypotheken als durch Vermögenswerte gesicherte Wertpapiere und seine Philosophie des deregulierten freien Marktes in die ganze Welt exportiert, von der selbst ihr Hohepriester, Alan Greenspan, jetzt zugibt, dass sie ein Fehler war. Amerika hat seine Unternehmenskultur der Verantwortungslosigkeit exportiert – undurchsichtige Aktienoptionen, die jene schlechten Buchhaltungspraktiken fördern, die an diesem Debakel beteiligt waren, genau wie bei den Enron- und Dot.com-Skandalen vor ein paar Jahren. Und am Ende hat Amerika seinen Wirtschaftsabschwung exportiert. Meiner Meinung nach lag es insgesamt an einem Mangel an staatlicher Regulierung. Außerdem ist das Bonussystem der US-Banker zu kurzfristig angelegt. Man kann davon ausgehen, dass Banker auf Basis von Bonuszahlungen in ihrem eigenen Interesse handeln. Perverse Bonusvereinbarungen haben zu einer maßlosen Übernahme von Risiken geführt. Dazu kommen die Steuersenkungen der vergangenen Jahre und die Kosten für den Krieg im Irak und in Afghanistan – das alles hat die Wirtschaft geschwächt und die amerikanische Notenbank Federal Reserve ermuntert, eine Politik des billigen Geldes zu betreiben.

Man muss also die systemischen Vorläufer der aktuellen Krise kennen, um Lösungsstrategien zu finden?

Zwei solche historische Faktoren haben die aktuelle Krise ausgelöst. Der Irak-Krieg hat, auch durch höhere Instabilität im Nahen Osten, zur Steigerung der Ölpreise beigetragen. Dazu kam die Instabilität der Lebensmittelmärkte, besonders durch den Boom der Biokraftstoffe. Obwohl die Betonung erneuerbarer Energiequellen willkommen ist, gilt das nicht für Maßnahmen, die das Nahrungsmittelangebot verzerren. Die amerikanischen Subventionen für Äthanol aus Mais sorgen mehr für den Geldbeutel der Äthanolproduzenten, als dass sie die Erderwärmung reduzieren. Riesige Agrarsubventionen in den USA und der Europäischen Union haben die Landwirtschaft in den Entwicklungsländern geschwächt, wo die internationale Hilfe zu wenig darauf ausgerichtet war, die landwirtschaftliche Produktivität zu verbessern. Die Entwicklungshilfe für die Landwirtschaft ist von einem Höchststand von 17 Prozent auf derzeit lediglich drei Prozent geschrumpft, wobei einige internationale Geber verlangen, dass die Subventionen für Düngemittel abgeschafft werden, was es für finanzschwache Landwirte noch schwieriger macht, wettbewerbsfähig zu sein. Doch ist das nur der Anfang: Wir haben unsere wertvollsten Ressourcen – sauberes Wasser und saubere Luft – so behandelt, als wären sie umsonst.* Nur neue Konsum- und Produktionsmuster – ein neues Wirtschaftsmodell – können dieses absolut grundlegende Ressourcenproblem bewältigen.

Ein neues Wirtschaftsmodell ist bislang nicht sichtbar. Was waren die konventionellen Lösungsstrategien, die man zunächst ergriffen hat?

Zwar reagieren die Regierungen heute besser als während der Weltwirtschaftskrise im vergangenen Jahrhundert. Sie senken die Zinsen und kurbeln die Wirtschaft mit Konjunkturprogrammen an. Das geht in die richtige Richtung, aber es reicht nicht aus. Die US-Notenbank Federal Reserve (Fed), die durch eine Kombination aus exzessiver Liquidität und lascher Regulierung zur Entstehung der Probleme beigetragen hat, versucht dies wiedergutzumachen, indem sie die Wirtschaft mit Liquidität überschwemmt – ein Zug, der bestenfalls Schlimmeres verhindert hat. Es überrascht nicht, dass diejenigen, die zur Entstehung der Probleme beigetragen haben und das Desaster nicht kommen sahen, bei ihrer Bewältigung keine meisterhaften Leistungen erbracht haben. Nun steht die Dynamik des Abschwungs fest, und die Lage wird sich verschlechtern, bevor es besser wird. In gewisser Weise ähnelt die Fed einem betrunkenen Fahrer, der plötzlich bemerkt, dass er von der Straße abkommt, und anfängt, von einer Seite zur anderen zu schleudern.

* Joseph Stiglitz: *Die Schatten der Globalisierung*, Pantheon-Verlag, München 2008

Was erwartet man sich davon, den Markt mit immer mehr Geld zu überschwemmen?

Man hofft, dass die größere Liquidität von Geld von den Banken »oben« in die Wirtschaft und zu den Konsumenten »unten« durchsickert. Dieser grundlegende Ansatz bleibt trotzdem an entscheidenden Stellen fehlerhaft. Erstens, weil man sich – wieder einmal – auf die Trickle-Down-Theorie verlässt: Wenn man nur genug Geld an die Wall Street pumpt, wird es schon irgendwie bis zu den gewöhnlichen Beschäftigten und Hausbesitzern durchsickern. Dieser Sickereffekt funktioniert aber fast nie, und auch diesmal ist die Wahrscheinlichkeit nicht höher. Hausbesitzern hat es nicht geholfen, die Banken mit Geld zu bewerfen: Die Kündigung von Hypotheken nimmt weiter zu. Außerdem basiert der Plan auf der Annahme, dass mangelndes Vertrauen das Grundproblem wäre. Zweifellos ist das ein Teil des Problems, aber das Grundübel ist, dass auf den Finanzmärkten sehr schlecht besicherte Hypotheken vergeben wurden. Es gab die Immobilienblase und Darlehen wurden aufgrund überhöhter Preise gewährt. Diese Blase platzte. Die Immobilienpreise werden wahrscheinlich noch weiter fallen, und daher wird es auch zu mehr Zwangsversteigerungen kommen. Daran wird sich auch nichts ändern, wenn man sich den Markt noch so schönredet. Die faulen Kredite haben wiederum in den Bilanzen der Banken tiefe Löcher hinterlassen, die gestopft werden müssen. Keine staatliche Rettungsmaßnahme wird etwas an diesen Löchern ändern, wenn man die Vermögenswerte zu Marktpreisen kauft. Im Gegenteil, das wäre so, als wollte man einem Patienten mit schweren inneren Blutungen eine massive Bluttransfusion verabreichen.

Nun ist die aktuelle Finanzkrise ja schon über ein Jahr alt. Vor welcher Situation stehen wir mittlerweile?

Neu errichtete Häuser für amerikanische Familien, die sich das eigentlich nicht leisten konnten, werden demoliert und ausgeweidet, nachdem Millionen Familien gezwungen waren, ihre Häuser zu verlassen. In manchen Regionen ist die Regierung letztendlich eingesprungen – um die Reste zu beseitigen. In anderen Gegenden greift die Plage weiter um sich. So stehen jetzt selbst solide amerikanische Bürger, die umsichtig Geld aufnahmen und ihre Häuser instandhielten, vor der Situation, dass der Markt den Wert ihrer Häuser in einem Ausmaß verringerte, mit dem sie in ihren schlimmsten Albträumen nicht gerechnet hatten. Und die Zwangsversteigerungen haben zu einer weltweiten wirtschaftlichen Abschwächung geführt. Über die weiteren Aussichten herrscht zunehmend Einigkeit: Dieser Abschwung wird anhaltend und umfassend ausfallen. Natürlich ist das kein Beispiel für freie Marktwirtschaft, aber das ist teilweise auch wieder der Punkt: Die Rhetorik vom freien Markt wird selektiv angewandt – hervorgehoben, wenn er speziellen Interessen dient, und verworfen, wenn dies nicht der Fall ist.

Macht es dann eigentlich Sinn, weiterhin im Wesentlichen national auf die Krise zu reagieren?

Diese globale Krise verlangt nach einer globalen Reaktion. Leider jedoch liegt die Zuständigkeit für derartige Reaktionen weiter auf der nationalen Ebene. Darum wird jedes Land versuchen, sein Konjunkturpaket so zu konzipieren, dass die eigenen Bürger möglichst stark profitieren – und nicht die Welt als Ganze. Bei der Einschätzung des Umfangs ihrer Konjunkturmaßnahmen werden die Länder die Kosten für ihre eigenen Haushalte gegen den Nutzen abwägen, der sich hieraus für das Wirtschaftswachstum und die Beschäftigung in ihren eigenen Volkswirtschaften ergibt. Da ein Teil dieses Nutzens auf andere entfällt, dürften die Konjunkturpakete kleiner ausfallen und schlechter konzipiert sein, als es unter anderen Umständen der Fall wäre. Das wiederum führt zu verdecktem Protektionismus. Tatsächlich hat die Weltbank festgestellt, dass auch die 20 Länder, die sich im November 2008 gegen eine protektionistische Politik ausgesprochen hatten, immer wieder das Gegenteil praktizierten. Wenn man sich aber auf nationale Ziele konzentriert, während die Folgen global sind, dann wird die internationale Wirkung minimal bleiben. Und darum brauchen wir ein global koordiniertes Paket.*

Erwarten Sie von der Regierung Barack Obamas eine solche grundsätzliche Veränderung?

Obama selbst hat in vielen Reden deutlich gemacht, dass er die Casinogeschäfte der US-Finanzindustrie wirksam unterbinden will. Aber Obama steht unter dem Druck der Wall Street. Und er hat eine Wirtschaft im freien Fall geerbt und noch gar nicht die Möglichkeit, die Dinge seit seiner Amtseinführung zum Guten zu wenden. Präsident Barack Obama scheint nach den dunklen Tagen von George W. Bush immerhin der amerikanischen Führungsrolle den nötigen Auftrieb zu verleihen. Glücklicherweise hat Amerika jetzt einen Präsidenten, der ein gewisses Verständnis von der Natur und Heftigkeit des Problems besitzt und sich zu einem kräftigen Konjunkturprogramm verpflichtet hat. Zusammen mit den konzertierten Maßnahmen anderer Regierungen bedeutet dies, dass der Abschwung weniger stark wird, als er es sonst wäre. Leider ist das, was er tut, nicht ausreichend. Das Konjunkturpaket wirkt groß – über zwei Prozent des BIP pro Jahr –, aber ein Drittel davon wird für Steuersenkungen verwendet. Und da die Amerikaner mit einem Schuldenüberhang, schnell wachsender Arbeitslosigkeit und dem schlechtesten Arbeitslosenhilfesystem aller großen Industrienationen und fallenden Vermögenspreisen konfrontiert sind, werden sie wahrscheinlich einen Großteil der Steuersenkungen sparen. Die eigentlichen Schwächen in Obamas Rettungsprogramm liegen nicht im Konjunkturpaket selbst, sondern in seinen Bemühungen, die Finanzmärkte wiederzubeleben, ohne wirklich viel an den Strukturen zu verändern. Mangelnde Transparenz hat das amerikanische Finanzsystem in diese Schwierigkeiten gebracht. Mangelnde Transparenz wird es nicht wieder herausholen.

* Joseph Stiglitz: *Die Chancen der Globalisierung*, Pantheon-Verlag, München 2008

Notenbanken in aller Welt pumpen Milliardensummen in die Finanzsysteme. Hilft das?

Damit wird versucht, ein Desaster zu verhindern, man repariert aber nicht die Ökonomie. Das lässt eine kollabierende Wirtschaft nicht wieder gesund werden. Das ist nicht mehr als Erste Hilfe am Unfallort. Regierungen halten sich mit Aussagen über die Gesamtkosten einer solchen Krise gern zurück. Sie gewähren den Banken meist gerade das, was sie zum Überleben brauchen. Sie gestehen ungern die Gesamtkosten des Problems ein und geben dem Bankensystem daher gerade genug zum Überleben, aber nicht genug, um es wieder gesunden zu lassen. Die Folgen sind dann an der Kreditknappheit zu sehen. Jedes Finanzsystem braucht Geld. Der Kollaps des Finanzsystems bedeutet aber einen Mangel an Krediten, weil sie sehr viel schwerer zu bekommen sind. Der Mangel an Kredit schwächt aber letztlich die Wirtschaft. Was da auf uns zukommt, ist wirklich ein Teufelskreis.

Immerhin hat die US-Regierung mehr als eine Billion Dollar für die Bankenrettung und fast 800 Milliarden Dollar als Konjunkturspritze eingesetzt. Ist das immer noch zu wenig?

Ja, das glaube ich! Knapp 800 Milliarden klingt nach viel Geld, ist es aber nicht. Zum einen wird ein Großteil des Geldes erst im kommenden Jahr ausgegeben und kommt damit zu spät. Zum anderen versickert ein Drittel in Steuersenkungen. Die bringen den Konsum nicht richtig in Schwung, weil die Leute einen Großteil des Geldes sparen. Die Ersparnisse der Privathaushalte beginnen zwar zu steigen, was gut für die langfristige Gesundheit der Finanzen der Privathaushalte ist, aber verheerend für das Wirtschaftswachstum. Ich befürchte, dass die Wirkung des US-Konjunkturprogramms nicht einmal halb so groß ausfallen wird wie erwartet. Kurz gesagt, wird das Konjunkturpaket Amerikas Wirtschaft stärken, wahrscheinlich jedoch nicht ausreichen, um wieder für robustes Wachstum zu sorgen. Das sind auch für den Rest der Welt schlechte Nachrichten, da eine solide globale Erholung eine starke amerikanische Wirtschaft voraussetzt. Außerdem darf man die Rettung von Banken nicht mit der Rettung von Bankern und Aktionären verwechseln. Denn immer noch fließt ein Gutteil des Geldes, das zur Rekapitalisierung der Banken dienen soll, damit diese ihr Kreditgeschäft wieder aufnehmen können, in Form von Bonuszahlungen und Dividenden aus den Unternehmen ab. Geld fließt nicht den Opfern zu, sondern den Verursachern der Probleme. Banken, die kurz vor dem Zusammenbruch stehen, aber zu groß für einen Bankrott sind, werden einfach so weitermachen. In dem Wissen, dass die Regierung wenn nötig den Scherbenhaufen beseitigt, wird die Lösung des Hypothekenproblems auf die lange Bank geschoben und Milliarden an Boni und Dividenden ausgezahlt. Für wesentlich weniger Geld, als ausgegeben wurde, hätte Amerika seine Banken retten, die Aktionäre aber in die Wüste schicken können.

Wird dann der Steuerzahler, der ja letztlich für all diese Programme zu zahlen hat, hinters Licht geführt?

Das kann man so sagen. Obamas Bankenrettungsplan wurde in der Presse als eine Win-Win-Win-Lösung für Banken, Investoren und Konsumenten gefeiert. Tatsächlich ist es ein Win-Win-Loose-Vorschlag: Die Banken und die Investoren mögen etwas davon haben, der Steuerzahler aber muss ungefragt die Zeche übernehmen. Das gilt auch für das Aufkaufen fauler Kredite. Man legt die riskanten Anlagen doch letztlich in die Hände der Steuerzahler. Denn sonst will sie ja niemand. Es ist so, als ob man eine neue Firma aufmacht mit dem Namen »Steuerzahler« und ihr diese Anlagen gibt. Vielen Dank! Kein privater Investor will diese Anlagen haben, aber dem Steuerzahler drückt man sie auf. Das ist ungeheuerlich. Das gilt auch bei all den Verstaatlichungen. Was da angesichts der Geldspritzen an die Banken passiert, nenne ich einen »Ersatz-Kapitalismus«, der die Verluste verstaatlicht, aber die Gewinne privatisiert. Das ist eine Partnerschaft, in der ein Partner den anderen ausraubt. Und solche Partnerschaften haben auf Dauer perverse Konsequenzen, die noch schlimmer sind als das, was uns in diesen Sumpf hat schlittern lassen.

Die Krise hat in Amerika begonnen und dann zunächst die Industriestaaten ergriffen. In jüngster Zeit ist deutlich geworden, dass besonders die Schwellen- und Entwicklungsländer massiv in Schwierigkeiten kommen. Ist das UN-Ziel, die weltweite Armut bis 2015 zu halbieren, da eigentlich noch realistisch?

Die »UN-Expertenkommission für die Reform des Internationalen Geld- und Finanzsystems«, die ich leite, hat kurz vor dem G20-Treffen in London einen Bericht vorgelegt, in dem wir vor sehr ernsthaften Folgen für die Entwicklungsländer warnen. Wir rechnen damit, dass 2009 weltweit 30 bis 50 Millionen Menschen mehr arbeitslos sein werden als noch 2007. Der Abbau der Armut wird nicht weitergehen. Im Gegenteil warnen wir davor, dass mindestens 200 Millionen Menschen, besonders in den Entwicklungsländern, in Armut gestoßen werden, wenn nicht sehr schnell etwas getan wird, um das zu verhindern. Eine der wichtigeren mittelfristigen Initiativen, auf die die UNO-Kommission drängt, ist die Schaffung eines globalen Koordinierungsrates für Wirtschaftsfragen, der nicht nur die Wirtschaftspolitik koordinieren, sondern auch drohende Probleme und institutionelle Lücken bewerten würde. Mit Verschärfung des Konjunkturabschwungs könnten etwa eine Reihe von Ländern vor der Zahlungsunfähigkeit stehen. Wir haben jedoch noch immer kein angemessenes Rahmenwerk, um derartige Probleme zu handhaben. Die entwickelten Länder müssen sich die globalen Konsequenzen bewusst machen und den Entwicklungsländern kompensatorische Unterstützung geben. Doch wenn wir es vermeiden wollen, eine weitere Schuldenkrise anzukurbeln, muss ein Teil – vielleicht sogar ein Großteil – dieses Geldes in Form von Subventionen fließen. Zudem waren Hilfen in der Vergangenheit oft an umfassende Bedingungen gekoppelt, von denen einige den betreffenden Ländern einander widersprechende geld- und fiskalpolitische Strategien aufzwangen – genau das Gegenteil von dem also, was derzeit erforderlich ist – und ihnen eine finanzielle Deregulierung auferlegten, die eine der Grundursachen der Krise war. Zu allem Übel zwingt der Internationale Währungsfond (IWF) die meisten Länder, die sich um Hilfe an ihn wenden, nach wie vor, ihre Zinssätze anzuheben und ihre Ausgaben zu senken, wodurch Abschwünge verstärkt werden. Und um dem Ganzen noch eins draufzusetzen, scheinen sich Banken aus den Industrieländern – vor allem solche, die Staatshilfe bekommen – auch über ihre Niederlassungen und Tochterfirmen vom Kreditgeschäft in den Entwicklungsländern zurückzuziehen. Die Aussichten für die meisten Entwicklungsländer, auch für jene, die scheinbar alles »richtig« gemacht haben, sind also düster.*

Glauben Sie, dass die Banken aus der aktuellen tiefgehenden Krise etwas gelernt haben?

Daran glaube ich nicht einmal ein winziges bisschen. Solche Krisen scheinen doch alle zehn Jahre zu passieren. Ich fürchte, dass die Steuerzahler nach dieser Krise sich bereits darauf vorbereiten sollten, in der nächsten, die kommt, wieder einen Teil der Rechnung bezahlen zu müssen. Einer meiner Kollegen meint, dass die Krise noch bis 2013 anhalten müsse, damit die Leute endlich sagen: So, jetzt sollten wir uns aber wirklich an grundsätzliche Reformen machen. In Wirklichkeit ist die Sache natürlich ein wenig komplexer. Eine Reform der Finanzregulierung wird auf jeden Fall kommen – die Frage ist nur, wie tief sie gehen wird.

Welche Lehren müssen wir also aus der Krise ziehen?

Schon vor gut zehn Jahren, bei der asiatischen Finanzkrise wurde die Reform der globalen Finanzarchitektur diskutiert. Aber es wurde fast nichts unternommen. Jetzt ist es unbedingt notwendig,

* Joseph Stiglitz: *Fair Trade. Agenda für einen gerechten Welthandel*, Murmann-Verlag 2007

dass wir nicht nur angemessen auf die aktuelle Krise reagieren, sondern dass wir die langfristigen Reformen umsetzen, die notwendig sein werden, wenn wir eine stabilere, erfolgreichere und gerechtere Weltwirtschaft schaffen wollen. Die Träume von der Finanz-Alchemie sind am Ende. Zuallererst brauchen wir viel bessere Regeln für den Finanzmarkt. Aber die Reformen dürfen nicht nur kosmetisch sein, sondern müssen auch über den Finanzsektor hinausreichen. Die ungenügende Umsetzung von Wettbewerbsregeln hat den Banken erlaubt, so groß zu werden, dass sie nicht mehr untergehen dürfen und gerettet werden müssen. Und schlechtes Management hat zu einer miserablen Risikoeinschätzung und zu einem ausschließlich auf schnelle Gewinne orientierten Wirtschaften geführt, von dem noch nicht mal die eigenen Aktionäre etwas hatten. Banken müssen grundsätzlich umstrukturiert werden. Jede Verzögerung dabei ist teuer, sowohl im Hinblick auf die letztendlichen Kosten der Rettungsaktion als auch auf den Schaden, den die gesamte Wirtschaft in der Zwischenzeit nimmt. Es ist besser, sich darauf zu konzentrieren, das Risiko neuer Kredite zu verringern und dafür zu sorgen, dass Gelder neue Kreditkapazität schaffen. Kurzsichtige Reaktionen von Politikern – die glauben, sie können mit einer Transaktion durchkommen, die klein genug ist, um es dem Steuerzahler recht zu machen, und groß genug, um die Banken zufrieden zu stellen – werden das Problem nur in die Länge ziehen.

Welche Maßnahmen dafür empfiehlt der UN-Rat, dem Sie vorstehen?

Zu den Kernvorschlägen gehört die Einrichtung von drei neuen Institutionen: Erstens brauchen wir eine neue globale Kreditorganisation, die besser funktioniert als die derzeitigen Institutionen.

Zweitens sollten wir einen weltwirtschaftlichen Lenkungsausschuss gründen – einen globalen Koordinierungsrat für Wirtschaftsfragen, der nicht nur die Wirtschaftspolitik koordiniert, sondern auch drohende Probleme und institutionelle Lücken bewerten würde. Mit Verschärfung des Konjunkturabschwungs könnten etwa eine Reihe von Ländern vor der Zahlungsunfähigkeit stehen. Wir haben jedoch noch immer kein angemessenes Rahmenwerk, um derartige Probleme zu handhaben. Unsere Idee wäre, dass man das evolutionär umsetzt. In der ersten Phase würde man ein wissenschaftliches Gremium etablieren, das Konzepte erarbeitet und die Diskussion steuert, vergleichbar etwa mit dem Zwischenstaatlichen Ausschuss für Klimawandel. Der nächste Schritt wäre dann die Gründung einer politischen Institution, die politischen Konsens herzustellen versucht.

Drittens benötigen wir ein neues globales Reservesystem. Das derzeitige System, das auf dem Dollar basiert, hat fundamentale Mängel, und wenn wir mit zwei oder drei Währungen arbeiten würden – also Dollar, Euro und Yen –, wäre das womöglich noch unstabiler. Deswegen brauchen wir eine neue globale Reservewährung. Es ist für die ärmsten Länder der Welt wenig sinnvoll, den reichsten zu geringen Zinssätzen Geld zu leihen. Das System ist instabil. Das Dollar-Reservesystem zeigt Abnutzungserscheinungen, doch wird es wahrscheinlich mit einem Dollar-Euro-System oder einem Dollar-Euro-Yen-System ersetzt, das noch instabiler ist. Die jährliche Ausgabe einer globalen Reservewährung, die der IWF »Sonderziehungsrechte« nennt, könnte dazu beitragen, die globale Gesamtnachfrage anzukurbeln und könnte dazu verwendet werden, Entwicklung zu fördern und die Probleme anzugehen, welche die Erderwärmung mit sich bringt.

Viertens muss von den G 20-Ländern der Impuls ausgehen, eine ökonomische Erneuerung zu initiieren, in der die alten Fehler nicht wiederholt werden. Es müssen Maßnahmen entwickelt werden, welche für die nächsten Jahrzehnte eine neue Grundlage für stabiles Wachstum herstellen, das nicht mehr auf Finanzblasen ohne jede Nachhaltigkeit gebaut ist. Stattdessen brauchen wir eine kompromisslose Verpflichtung für eine »grüne Erneuerung« und eine starke, effektive und gerechte Vereinbarung zum Klimawandel, beginnend mit der Konferenz von Kopenhagen im Dezember 2009.

Welche Maßnahmen müssten von den souveränen Nationalstaaten ausgehen?

Die Staaten müssen Regeln aufstellen, die nutzen. Jeder Pharmafirma beispielsweise wird vorgeschrieben, dass sie die Unbedenklichkeit ihrer Arzneien selbst beweisen muss – und zwar, bevor die Pillen überhaupt verschrieben werden dürfen. Warum fordern wir so einen Unbedenklichkeitsbeweis nicht auch von Banken für deren Produkte? Neue Regeln brauchen wir auch für die Bezahlung der Bankmanager, die bisher eher fürs Risiko belohnt werden als für vorsichtiges Handeln. Denkbar ist zudem, Überhitzungsbremsen einzuziehen. Sobald die Lage zu heiß wird, könnte den Geldhäusern beispielsweise vorgeschrieben werden, ihre Risikovorsorge zu erhöhen. Das würde Dampf ablassen, weil dann auch weniger neue Kredite vergeben werden können. Vor allem die USA sollten angesichts des gewaltigen Schuldenbergs, den die Regierung Bush hinterlassen hat und der durch die Konjunkturspritzen noch gewachsen ist, besonders motiviert sein, aus jedem ausgegebenen Dollar die größtmögliche Stimulation herauszuziehen. Das Erbe der zu geringen Investitionen in – insbesondere grüne – Technologie und Infrastruktur und die wachsende Kluft zwischen Arm und Reich erfordern eine Übereinstimmung zwischen kurzfristigen Ausgaben und langfristiger Vision. Dazu ist es notwendig, sowohl Steuer- als auch Ausgabenprogramme umzustrukturieren. Die Senkung der Steuern für Arme und die Anhebung der Arbeitslosengelder bei gleichzeitiger Erhöhung der Steuern für Reiche können die Wirtschaft ankurbeln, das Defizit verkleinern und die Ungleichheit verringern. Die Senkung der Ausgaben für Rüstung und Kriege sowie die Erhöhung der Ausgaben für das Bildungswesen können gleichzeitig auf kurze wie auf lange Sicht die Arbeitsleistung steigern und das Defizit verringern.

Da wird ja ein Spannungsverhältnis zwischen nationalen und internationalen Ansätzen deutlich. Ist denn der Umgang mit solchen Krisen in Zeiten der Globalisierung mit ihrer intensiven wirtschaftlichen Verflechtung einfacher geworden?

Ich glaube, das Gegenteil trifft zu. Konjunkturprogramme eines Landes wirken durch die Globalisierung auch auf die Ökonomien anderer Länder. Ein amerikanischer Konzern, der an einem großen Infrastrukturprojekt arbeitet, kauft seine Maschinen beispielsweise in Deutschland, den Beton in Korea und die Planung in Japan. Dabei besteht für die Nationalstaaten immer das Interesse, von den Konjunkturspritzen der anderen Nationen zu profitieren, weil man so eigene Ausgaben sparen kann. Diese Haltung, in der Krise nur bedingt Verantwortung zu übernehmen, kann nur umgangen werden, wenn man eine internationale Koordination zulässt, die dann auch die international entstehenden Ungleichgewichte ausgleichen kann. Die USA werden auf Grund ihrer enormen Überschuldung auch kaum in der Lage sein, weiterhin die Rolle des globalen Zugpferdes für die Weltwirtschaft zu spielen. Wenn das Wachstum global wieder angekurbelt werden soll, muss das gerecht auf viele Schultern verteilt werden. Die Krise wirft grundlegende Fragen über die Globalisierung auf, die eigentlich einen Beitrag zur Streuung des Risikos hätte leisten sollte. Stattdessen ermöglichte sie, dass sich die Fehler der USA wie eine ansteckende Krankheit auf der ganzen Welt ausbreiteten. Wenn wir eine noch stärkere Gegenbewegung gegen die Globalisierung verhindern wollen, muss der Westen rasch und nachdrücklich reagieren. Das gilt insbesondere für das Verhältnis zur »Dritten Welt«. Subventionen für Biotreibstoffe, die dafür verantwortlich sind, dass Ackerland zunehmend für die Energiegewinnung und weniger für die Nahrungsmittelproduktion genutzt wird, müssen abgeschafft werden. Zusätzlich sollten einige der Milliarden, mit denen man Bauern im Westen subventioniert, lieber für Hilfsleistungen für ärmere Länder verwendet werden, damit diese ihre Grundbedürfnisse in den Bereichen Nahrungsmittel und Energie decken können.

Die extreme Deregulierung, die letztlich in die Krise geführt hat, ist ein Kind der Globalisierung. Ist die Globalisierung etwas Schlechtes an sich? Oder sind die Fehlentwicklungen eine Frage schlechten Managements und falscher Absichten?

Es ist sicherlich eine Frage der Absichten und des Managements. Ich glaube, die Befürworter der Globalisierung hatten recht, wenn sie sagten, dass sie das Potenzial hat, das Einkommen vieler Menschen zu erhöhen. Das konnte in einigen Teilen der Welt ja auch realisiert werden, man denke nur an Indien und China – zwei Ländern mit 2,4 Milliarden Menschen, wo es zu einem historisch einmaligen Wirtschaftswachstum kam. Und besonders in China hat man es geschafft, durch die Nutzung des globalisierten Marktes nicht nur Wachstum zu erwirtschaften, sondern Hunderte von Millionen Menschen aus der Fessel der Armut zu befreien. Aber anderswo hat man mit der Globalisierung extremes Unheil verursacht: Die Schere zwischen den armen und den reichen Ländern ist insgesamt größer als je zuvor. Fraglos ist auch, dass die Globalisierung in vielen Entwicklungsländern enorm negative Auswirkungen auf die Umwelt hatte. Die Aussage der Kritiker, dass die Globalisierung ihre Versprechen nicht gehalten hat, ist also zutreffend.

Eigentlich geht der mündige Bürger doch davon aus, dass die Globalisierung bewusst geplant und umgesetzt wird. Ist das nur ein Mythos? Was Sie sagen, klingt so, als würden auch die großen Institutionen einem Prozess hinterherlaufen, der nur seiner eigenen Dynamik folgt …

Etwas so Komplexes wie die Globalisierung lässt sich eigentlich gar nicht planen. Niemand hat auf irgendeiner Chefetage entschieden, dass China und Indien solche Wachstumsraten erreichen sollten. Und wenn das jemand gemacht hätte, dann wäre es wahrscheinlich nicht eingetreten. Nein, die Globalisierung hat sich aus Entscheidungen zahlloser Individuen überall auf der Welt so entwickelt. Man muss sie eher als einen sehr komplexen evolutionären Prozess begreifen.

Wie viel Souveränität besitzen Nationalstaaten in der globalisierten Wirtschaft heute noch? Sind sie noch unabhängig Handelnde oder nur noch Opfer? Oder gar beides zur gleichen Zeit?

Ich denke, das Letztere trifft zu. Die Art und Weise, wie die Globalisierung durchgesetzt wurde, führte in den betroffenen Ländern oft zu einem vermeidbaren Abbau der nationalen Souveränität. Sie untergrub quasi die Fähigkeit von unabhängigen Nationalstaaten, Schlüsselprobleme selbstständig zu lösen. Ein Element dieser – wie ich es nenne – asymmetrischen Globalisierung bestand zum Beispiel darin, dass man die Kapitalmärkte und den Fluss von Geldern viel stärker liberalisierte als den Arbeitsmarkt. Das führte dazu, dass die betroffenen Länder Kapital nicht mehr besteuern konnten. Im Gegenteil konnten die Unternehmen nun sagen: »Wenn ihr mir Steuern auferlegt, dann produziere ich woanders.« Das hat das Gleichgewicht der Kräfte zwischen Arbeit und Kapital völlig verschoben. Ebenso hat man weltweite Standards festgesetzt, obwohl sie in einigen Regionen weder nötig noch sinnvoll waren. So hat die so genannte »Uruguay-Runde« 1994 von den USA dominierte Regelungen zum geistigen Eigentum und Patentrecht in Entwicklungsländern durchgedrückt, die für Wachstum und Innovation vor Ort alles andere als hilfreich waren.

Globalisierung hat ja damit zweifellos unmittelbare Folgen für die nationale Politik: Sei es die Arbeitslosenrate oder die wirtschaftliche Rezession. Diese Probleme wiederum beeinflussen den Ausgang von Wahlen. Würden Sie denn sagen, dass wir als Wähler heute nur zwischen Parteien entscheiden können, die gleichermaßen hilflos agieren, weil die eigentlich treibende Kraft der Globalisierungsprozess ist?

Nein! Zwar steht außer Frage, dass die Globalisierung das Umfeld, in dem Regierungen agieren, fundamental verändert hat. Wie aber auf die Globalisierung und eine solche Krise reagiert wird, ist nach wie vor Sache der unterschiedlichen Parteien, die durchaus sehr unterschiedliche Positionen einnehmen können. Solche demokratischen Prozesse entwickeln sich aber viel eher in den entwickelten Ländern. Unterentwickelte Länder stehen da unter einem ungleich höheren Druck der Finanzmärkte, die manchmal sehr klar damit drohen, Länder zu bestrafen, wenn sie sich in Wahlen für den falschen Kandidaten entscheiden. Das ist ein ernstzunehmendes Problem. Denn es bedeutet, dass die Wall Street mehr Macht hat als die freien Bürger eines Landes.

In den hochentwickelten Industrieländern haben einige Parteien leider die feste Überzeugung, dass man auf die Globalisierung am besten reagiert, indem man das soziale Netz und die Arbeitsplatzsicherheit schwächt und die Löhne senkt, damit die Unternehmen nicht abwandern. Ich halte das gerade jetzt für völlig falsch. Wie kann man behaupten, dass es den Menschen mit der Globalisierung insgesamt besser gehe und gleichzeitig ihre Löhne senken? Es gibt einen anderen Ansatz, der sagt: Wir müssen angesichts der Globalisierung die sozialen Netze stärken und die Investitionen in Bildung und Technologie erhöhen, um die Produktivität zu steigern. Und wenn wir beobachten, dass die Reichen reicher und die Armen ärmer werden, dann dürfen wir mit unserem Steuersystem diese Trends nicht noch verstärken. Im Gegenteil: Wir müssen die Steuern benutzen, um diesen Trend zu bremsen! Und Parteien haben da immer noch die Wahl: Die einen können dafür eintreten, dass diese Trends verstärkt werden. Andere können fordern, dass wir uns gegen diesen Trend stellen.

Die Globalisierung scheint ja auch zur Zerstörung der globalen kulturellen Vielfalt beizutragen. Sind Wirtschaft und Kultur zu Kontrahenten geworden?

Auch diese Beziehung ist außerordentlich komplex. Auf der einen Seite hat die Globalisierung Hand in Hand mit den neuen Technologien zum Beispiel dazu geführt, dass es in einer Stadt wie Los Angeles heute 40 verschiedene Radiostationen gibt, die in verschiedenen Sprachen unterschiedliche ethnische und kulturelle Gruppen bedienen. Andererseits gibt es sehr ernstzunehmende Sorgen in aller Welt über das, was man die McDonaldisierung genannt hat – dass alle Menschen in Zukunft in ein und derselben Kultur leben. Und dass dieser Anpassungsdruck mit einem Qualitätsverlust einhergeht. Die Sorge, dass so eine globalisierte Konsumkultur armselig und ziemlich leblos ist, sollte man sehr ernst nehmen.

Wenn der Hamburger wichtiger wird als die traditionelle Küche, berührt das unmittelbar auch die kulturelle Identität und Verwurzelung der Menschen in ihrer eigenen Kultur. Und tatsächlich scheinen Konsumprodukte ja immer öfter die kulturelle Identität zu ersetzen. Welche Rolle spielt die kulturelle Identität in der Auseinandersetzung mit der Globalisierung?

Kulturelle Identität ist nicht nur wichtig, um kreativ mit den Herausforderungen der Globalisierung umzugehen, sie ist auch Voraussetzung für wirtschaftliches Wachstum und Entwicklung. Der innere kulturelle Zusammenhang einer Gesellschaft ist für ihre Fähigkeit, gemeinsam Probleme zu lösen, sehr wichtig. Deshalb haben wir während meiner Zeit in der Weltbank die Wichtigkeit kultureller Identität besonders betont und entsprechende Programme gestartet. Das war kein schöner Luxus. Nein! Aus meiner Sicht ist kulturelle Identität die Substanz erfolgreicher Entwicklung. Das Fachwort dafür war »soziales Kapital« – also die Art und Weise, wie Menschen in konstruktiver und guter Form in Beziehung miteinander handeln. Wir sollten meiner Meinung nach also in allen Ländern das Gefühl kultureller Identität und das soziale Kapital besonders pflegen. In einer globalisierten Welt brauchen wir – denke ich – multiple Identitäten. Wir können, sagen wir, Bayer sein, ein Bürger Deutschlands, aber auch Europas und als Weltbürger Teil der Menschheit. Es ist enorm wichtig, zu realisieren, dass wir alle in solchen vielfachen Zugehörigkeiten Bürgerrechte besitzen. Wir können ja auch Mitglied einer Kirche und Bestandteil einer Firmenbelegschaft sein, ohne dass sich das gegenseitig ausschließt. Erfolgreiche Gesellschaften müssen diese Vielzahl an Identitäten fördern. In funktionierenden Gesellschaften existieren sie alle zur gleichen Zeit.

Sie fordern also von der globalen Wirtschaft eine moralische und ethische Wende, damit sie allen besser dient? Geht das? In Ihrem Buch »Die Chancen der Globalisierung« beschreiben Sie den Neoliberalismus, der uns in die Krise geführt hat, eher wie ein Kriegsschiff, das kaum vom Kurs abzubringen ist.

Der neoliberale Marktfundamentalismus war immer eine politische Doktrin, die gewissen Interessen diente. Der Neoliberalismus gleicht einer Wundertüte an Konzepten, die auf der fundamentalistischen Vorstellung beruhen, dass die Märkte sich selbst regulieren, Ressourcen effizient verteilen und den Interessen der Öffentlichkeit dienen. Dieser Marktfundamentalismus bildete die Grundlage von Thatcherismus, Reaganomics und dem so genannten »Washington-Konsens«. Forciert wurden Privatisierung, Liberalisierung und unabhängige Zentralbanken, die sich unbeirrbar auf die Inflation konzentrieren. Die ökonomische Theorie war nie seine Grundlage – und das wird uns in der Gegenwart deutlich vor Augen geführt. Auch sollte nun klar sein, dass der Marktfundamentalismus ebenso wenig auf historischen Erfahrungen basierte. Diese Lektion zu lernen, könnte ein Hoffnungsschimmer hinter der dunklen Wolke sein, die momentan über der Weltwirtschaft hängt.

Also sehen Sie angesichts der Krise die Chance einer Reformierbarkeit?

Seit ich mein erstes Buch über die Globalisierung geschrieben habe, haben die Verfechter der Globalisierung Zeit zum Nachdenken gehabt. Sie haben erkennen müssen, dass dieses Konzept in fast allen Entwicklungsländern abgelehnt wird. Sie haben verfolgen können, dass – wie in Lateinamerika – allerorten Parteien an die Macht kamen, die offen fragten, ob der Neoliberalismus Sinn macht. Und dass überall auf der Welt die Wähler mit ihrem Stimmzettel nun deutlich sagen: Nein, wir glauben, er schadet uns! Und selbst in Institutionen wie dem Internationalen Währungsfond wird man nun ein bisschen selbstkritisch. Sie beginnen zumindest damit, ihre eigenen Überzeugungen in Frage zu stellen. Als der Weltwährungsfond 1997 den Kapitalmarkt liberalisierte, habe ich sie gefragt: »Wollt ihr nicht erst mal die Folgen untersuchen, bevor ihr einen solchen Schritt macht?« »Nein!«, haben sie gesagt, »wir brauchen keine Studie. Wir wissen, dass es funktioniert.« Als die Studie 2003 dann unvermeidlich wurde, zeigte sich, dass die Liberalisierung des Kapitalmarktes nicht das Wachstum bewirkt hatte, das man erwartet hatte, und dass das System instabiler geworden war. Und der Crash von 2008 war dann wirklich für niemanden mehr übersehbar. Viele in dieser Institution glauben immer noch an die alten Lehrsätze. Aber wenigstens fangen sie an, Fragen zu stellen.

Solche Einsichten bedeuten doch aber, dass man nicht länger dem Mythos einer »unsichtbaren Hand« folgen kann, die alles bestens von alleine regelt, sondern dass es Regulierungen braucht, wenn man aus »freiem Handel« einen wirklich »fairen Handel« werden lassen will.

Das ist völlig richtig. Und an dieser Stelle muss ganz klar betont werden, dass die internationalen Handelsabkommen für den globalisierten Markt weder frei noch fair sind. Vielmehr hat man Handelsgesetze durchgesetzt, die extrem asymmetrisch sind und die reichen Länder auf Kosten der armen Länder bevorteilen. Den ärmsten Ländern geht es wegen den heute gültigen Handelsabkommen schlechter als zuvor. Man braucht sich nur mal das so genannte Nordamerikanische Freihandelsabkommen anzusehen – das hat mit freiem Handel nichts zu tun. Wenn dem so wäre, hätte es ein paar Seiten, auf denen in etwa stehen müsste: Wir schaffen unsere Förderzuschüsse ab, ihr die euren, wir bauen Handelsbarrieren ab, ihr genauso. In Wirklichkeit sind diese Verträge Tausende von Seiten lang. Frei ist an ihnen nur der Titel auf der Umschlagseite solcher Dokumente. Man sollte sie eigentlich Management-Richtlinien nennen, denn sie organisieren lediglich den Handel zum Vorteil der industrialisierten Länder. Wir hatten nie wirklich einen freien Kapitalismus. Es gab stets Finanzhilfen durch die Regierungen. Die völlig freie Marktwirtschaft ist ein Mythos.

Wie aber wird aus dem so genannten »freien« ein »fairer« Markt?

Die erste Voraussetzung wäre anzuerkennen, dass es sich bei dem, was wir heute haben, eben nicht um Freihandelsabkommen handelt, sondern um völlig asymmetrische und die Entwicklungsländer diskriminierende Regelwerke. Wenn wir begreifen, was daran falsch ist, können wir beginnen, sie zu verbessern. Dafür aber braucht es das Engagement der Zivilbewegungen und Bürgerinitiativen. In der entwickelten Welt wurde die Gestaltung der Globalisierung bislang primär den multinationalen Unternehmen überlassen, die natürlich so handelten, dass sie größere Profite erwirtschafteten. Dabei hatte der einzelne Bürger keine Ahnung, was das für ihn persönlich bedeutete. Das muss sich ändern – und da sind die Länder der »Dritten Welt« uns voraus, weil sie die Folgen der Globalisierung viel schmerzhafter zu spüren bekommen haben. Wir müssen den Ernst der Lage begreifen und erkennen, wie sehr jeder Einzelne von diesen Abkommen betroffen ist, die – wie gesagt – weder frei noch fair sind.

Auch die Akteure der Globalisierung stellen nun die Umwelt- und Klimafrage auf die Tagesordnung. Wie könnte man mit neuen Handelsabkommen etwas gegen die ungebremste Plünderung natürlicher Ressourcen und den Treibhauseffekt tun?

Zweifellos brauchen wir heute ein verbindliches globales Regelwerk gegen die Zerstörung der Umwelt. Dabei ist globale Erwärmung sicherlich das vordringlichste Problem. Noch vor Kurzem habe ich angesichts der Verweigerungshaltung der Bush-Administration für die Drohung mit Wirtschaftssanktionen plädiert, die ja schon beim Verbot von FCKW-Gasen erfolgreich genutzt worden sind. Im Regelwerk der Welthandelsorganisation haben wir längst das Mandat dafür. Alles, was wir brauchen, ist eine ökologische »Koalition der Willigen«, das Richtige zu tun und sicherzustellen, dass jene, die das Falsche tun, damit nicht durchkommen. Mit dem Regierungswechsel in Washington können die USA nun einen kraftvollen Impuls für eine Einigung auf der Kopenhagener Klimakonferenz setzen. Ich glaube, dass wir aus der Finanzkrise wieder herauskommen werden, auch wenn Fehler bei ihrer Bewältigung den Prozess verlangsamen können. Fehler beim Management der Klimakatastrophe aber sind nicht wieder umkehrbar. Die Finanzkrise wurde durch die Kreditblase auf dem Häusermarkt provoziert und hatte schon in der »Dot.com-Blase« ihren Vorgänger. Wir dürfen die alten Fehler jetzt nicht mit irgendeiner neuen Blase ersetzen. Ich glaube, dass nur Investitionen, die den Umbau zu einer Wirtschaft fördern, die kaum noch CO_2 ausstößt, in den nächsten Jahrzehnten ein stabiles Wachstum garantieren können. Denn das wäre dann ein wirklich nachhaltiges Wachstum, das zugleich den Lebensstandard erhöht. Der Pfad, auf dem wir jetzt noch sind, ist alles andere als nachhaltig.

Aber braucht es dafür nicht auch eine Art »global governance«?

Meine UN-Experten-Kommission schlägt dafür einen »Globalen Koordinationsrat für Wirtschaft« vor, der nicht nur die Wirtschaftspolitik der Staaten koordiniert, sondern auch die aktuellen Situationen abschätzt, Lücken bei globalen Institutionen identifiziert und entsprechende Lösungen vorschlägt. So gibt es zum Beispiel dringenden Bedarf für eine »Globale Finanzmarktregulierungsbehörde«, die mit ihrer Autorität verhindert, dass Regulierungen immer wieder unterwandert werden, bis der nächste Crash vor der Tür steht. Außerdem brauchen wir einen organisierten Umgang mit Zahlungsunfähigkeiten, von denen es während der Krise eine Menge gibt. Dann ist es enorm wichtig, Lösungen für die Schulden der Entwicklungsländer und ihrem Kapitalmanagement zu finden. Eine andere wichtige Empfehlung der Kommission ist die Schaffung einer *neuen* globalen Reservewährung. Der Dollar kann diese Rolle nicht mehr erfüllen. Und niemand kann sich heute leisten, große Geldsummen zu sparen, um Reserven für noch instabilere Zeiten zu haben – außerdem würde das die aktuelle Situation auch noch verschlimmern. Zudem führt eine solche Politik dazu, dass die armen Länder den USA fast zinsfrei Geld leihen, das sie eigentlich dringend für ihre eigene Entwicklung bräuchten. Deshalb fordert die Expertenkommission eine globale Reservewährung, die »durchführbar ist, nicht-inflationär und einfach implementiert« werden kann.

Sie fordern auch ein internationales Abkommen zum Schutz vor Monopolen und einer globalen Exekutive, die das umsetzt. Ist das machbar?

Ja! Wir brauchen das, weil wir heute erstmals vor dem Phänomen globaler Monopole stehen. Firmen wie Microsoft sind heute mächtiger als viele Regierungen in der Dritten Welt. Arme Nationen haben keine andere Chance, als sich zu beugen, wenn Microsoft damit droht, das Land zu verlassen, weil sie ohne Zugang zur Windows-Software nicht überleben könnten. Das zeigt die unglaubliche Macht solcher Monopole. Und auch wenn manche das nicht gerne hören: Der einzige Weg, sich solchen Monopolen zu widersetzen, ist ein globaler. Und für die wirksame Umsetzung solcher Regeln brauchen wir eine globale Autorität zum Schutz wirtschaftlicher Konkurrenz.

Bei manchem, was Sie sagen, könnte man meinen, einen Aktivisten von ATTAC vor sich zu haben. Wie stehen Sie denn zu den sozialen Bewegungen, die vieles von dem, wofür Sie eintreten, auch fordern – vielleicht nicht mit so geschliffenen Argumenten, dafür mit lautstarken Parolen auf der Straße?

Die Bürgerbewegungen haben eine enorm wichtige Rolle dabei gespielt, die Probleme unseres globalen Systems ins öffentliche Bewusstsein zu bringen. Protest ist das eine, Lösungen das andere. Und ich sehe meine Rolle darin, aufzuzeigen, dass hinter den vorgeschlagenen Reformideen fundierte ökonomische Prinzipien stehen. Die Aufgabe der Zivilgesellschaft wird es sein, die Umsetzung dieser Ideen einzufordern. Wir ziehen also durchaus an einem Strang.

Sie betonen damit ja immer wieder die Hoffnung, die Globalisierung könne doch noch zu einer Erfolgsgeschichte gemacht werden. Sind wir heute zugleich so etwas wie Sterbebegleiter eines alten Systems und Hebammen einer neuen Welt?

Das ist eine sehr treffende Metapher. Das bisherige System ist abgenutzt, steht vor enormen Problemen und verrennt sich in Sackgassen. Aber wir müssen nicht darauf warten, bis das alte System stirbt, und dann erst überlegen, was wir tun müssen. Wir können die Probleme benennen, bevor ein sonst unvermeidbares Elend um sich greift. Wir können das System reparieren. Ich bin davon überzeugt, dass eine andere und besser funktionierende Globalisierung sowohl in den entwickelten als auch in den armen Ländern möglich ist. Nach der Weltwirtschaftskrise in den 20er-Jahren des letzten Jahrhunderts brauchte die Welt 15 Jahre und einen Weltkrieg, um zusammenzukommen und auf die Schwächen des globalen Finanzsystems einzugehen, die zur Weltwirtschaftskrise geführt hatten. Man kann nur hoffen, dass wir dieses Mal nicht so lange brauchen werden – angesichts der starken globalen Verflechtungen wären die Kosten einfach zu hoch.

Was uns völlig fehlt, ist eine Vielfalt von Geldern

Im Dialog mit der Währungsspezialistin Margrit Kennedy

Prof. Dr. Margrit Kennedy, 1939 in Chemnitz geboren, studierte in Darmstadt und Pittsburgh Architektur und wirkte anschließend als Architektin, Stadtplanerin und Ökologin in Deutschland, Nigeria, Schottland und in den USA. Nach verschiedenen Forschungsprojekten im Bereich Ökologie und Energie sowie einer Gastprofessur für Stadtökologie an der Gesamthochschule Kassel beteiligte sie sich aktiv an Planung und Bau eines ökologischen Modellprojekts mit 150 BewohnerInnen in Steyerberg, Niedersachsen. 1991 wurde sie Professorin am Fachbereich Architektur der Universität Hannover. Ihre Arbeit an ökologischen Projekten führte sie zu der Erkenntnis, dass die breitere Anwendung ökologischer Prinzipien durch einen grundsätzlichen Fehler im Geldsystem behindert wird. Ihr Buch »Geld ohne Zinsen und Inflation – ein Tauschmittel, das jedem dient« wird in zwanzig Sprachen übersetzt und gilt als Gründungsimpuls einer internationalen Bewegung für Komplementärwährungen. www.margritkennedy.de, www.monneta.org

Margrit Kennedy, Sie haben in Ihren Büchern zum Thema Geld immer wieder vor einem bevorstehenden Kollaps gewarnt. Wie fühlt man sich, wenn man mit einer unerwünschten Krisenprognose Recht gehabt hat?

Ich wünschte mir, ich hätte dazu beitragen können, die Krise zu vermeiden. Gleichzeitig macht es mich froh, dass die Botschaft aus den alternativen Kreisen herauskommt und sich nun immer mehr Wissenschaftler mit dem Thema auseinandersetzen. Wir sind als

Menschheit gerade dabei, einen riesigen Entwicklungssprung zu tun. Diese Finanzkrise, welche die herkömmliche Ökonomie nicht vorausgesehen hat und auf die sie bisher auch keine wirklich systemverändernden stabilisierenden Maßnahmen vorschlagen kann, wird in kurzer Zeit alle theoretischen Grundlagen erschüttern und damit ermöglichen, neue Wege zu gehen. Das Thema Geld ist ein wichtiger Teil dieses Bewusstseinswandels. Entweder wir ändern unsere Strukturen und unser Denken oder wir werden als Spezies schlicht nicht überleben.

Geld regiert die Welt! Das ist keine Frage. Doch wer regiert das Geld?

Darüber sind sich selbst die Fachleute selten einig. Die weltweite Krise, in die uns die amerikanische Immobilienblase hineingezogen hat, zeigt jedoch, dass diese Frage immer mehr zu einer Überlebensfrage für die meisten Menschen wird. Es ist nicht die erste Banken- und Währungskrise, die wir in den letzten Jahrzehnten erlebt haben, nur dieses Mal trifft sie uns global und nicht nur lokal, und ist damit von völlig anderer Wucht und Dauer. Nun stellt sich die Frage: Überlassen wir es weiterhin den Spekulanten an den Börsen oder dem so genannten »freien Markt« zu bestimmen, was unsere Währung wert ist? Oder sind wir in der Lage, selbst zu bestimmen, mit welcher Münze wir wem heimzahlen?

Welche krisenhafte Entwicklung wurde mit dem Platzen der Immobilienblase angestoßen? Was haben wir in den kommenden Jahren zu erwarten?

Für mich ist die aktuelle Krise ein Vorbote einer auf uns zukommenden Welle von Pleiten, Pech und Pannen. Die Banken werden in den nächsten Jahren ihre Kredite sehr restriktiv handhaben. Das heißt, es werden viele Firmen, die darauf angewiesen sind, Kredite zu bekommen, um überhaupt zu funktionieren, keine Kredite mehr bekommen oder aber schon vergebene Kredite nicht zurückzahlen können. Also wird es jede Menge Firmenpleiten geben. Das heißt wiederum, dass die Steuereinnahmen zurückgehen. Das führt dazu, dass auch der Staat kein Geld mehr hat, um einen Ausgleich herzustellen, indem er neue Wirtschaftsprogramme ankurbelt. Dann ist schnell eine Grenze erreicht. Man kann halt die Währung durch das Drucken von neuen Scheinen nur so lange am Laufen halten, wie zwischen der Menge des umlaufenden Geldes, die benötigt wird, und der vorhandenen Gütermenge noch ein bestimmter Zusammenhang besteht.

Der größte Katastrophenfall wäre dann also der Zusammenbruch des gesamten Geldsystems. Sie haben so etwas Ähnliches schon einmal in Argentinien miterlebt…

Wir können uns das vielleicht gar nicht krass genug vorstellen. Das ist fast wie Steinzeit – es funktioniert zeitweise nur noch der Tauschhandel. Alle Banken waren völlig verbrettert, weil die Leute Steine in die Scheiben geworfen haben. Alle Infrastrukturen brechen zusammen. Man muss sich alle zum Leben notwendigen Sachen selber organisieren. Es gibt nur Dinge zu kaufen, zu denen man hinlaufen kann, um sie zu erstehen. Dabei zählt das Geld nicht mehr. Es waren kriegsähnliche Zustände. Ich glaube, dass ein Währungszusammenbruch nach einem Krieg das Zweitschlimmste ist, was man erleben kann. Und es ist tatsächlich so, dass wir davon nicht weit entfernt waren und ihm immer noch nahe sind.

Was muss man sich vorstellen, wenn vom »Platzen der Immobilienblase« gesprochen wird?

So eine Geldblase ist mit spekulativen Werten gefüllt wie ein Ballon mit heißer Luft. Da wird mit Werten spekuliert, die nicht da sind, und gehofft, dass diese hypothetischen Werte immer weiter steigen. Nun ist da quasi durch die Pleite einer Bank wie Lehman Brothers eine Nadel reingestochen worden. Damit platzt die Blase. Der Ballon schrumpft zusammen, und wenn er eine Größe erreicht hat, wo das Geldsystem wieder mit den realen Werten übereinstimmt, dann haben wir sozusagen das Ziel erreicht. Denn dann ist das Geld mit etwas Realem abgesichert. Das Problem in unserem gegenwärtigen Geldsystem aber ist, dass das Geld weiter exponentiell wachsen soll, während die realen Werte immer an irgendeiner realen Obergrenze aufhören zu wachsen.

Ist das exponentielle Wachstum von Geld in einer real begrenzten Welt also der kritische Kernpunkt, der bislang nicht bedacht wird?

So ist es. Als ich diese beiden Kurven vor 27 Jahren zum ersten Mal gesehen habe, da war mir klar, dass dieses Geldsystem irgendwann an die Wand laufen wird.* Ich wusste nicht, wann, und habe gehofft, dass es nicht noch zu meinen Lebzeiten passiert. Und es war, glaube ich, bis zum Schluss niemandem klar, wie schnell das gehen würde. Was man seit den frühen 80er-Jahren beobachten konnte, war eine immer stärkere Loslösung des Geldsystems von der wirtschaftlichen Realsphäre. Das exponentielle Wachstum, das durch unser Geldsystem angeheizt wird, ist auf Dauer nicht durchzuhalten auf einem endlichen Planeten. Es ist schlicht und einfach so, dass heute nichts finanziert werden kann, was nicht mindestens den Zins erwirtschaftet, den man bei der Bank zahlt, um einen Kredit aufzunehmen. Es geht immer um Zins und Zinseszins, d. h. immer um exponentielles Wachstum. Kurzfristig bis mittelfristig kann das gehen. Aber dann kommt ein Punkt, wo das exponentielle Wachstum über das natürliche Wachstum hinausgeht. Dann verdoppeln Vermögen sich in immer kürzeren Abständen und wachsen in relativ kurzer Zeit in astronomische Bereiche. Damit kann kein Wachstum in der Natur oder der Realwirtschaft lange mithalten – außer dem Krebs. Wir haben ein System, dessen Hauptziel es ist, mehr Geld aus Geld zu machen. Die internationalen Finanzmärkte ermöglichen es, das exponentielle Wachstum für spekulative Transaktionen zu nutzen – aber auch das wiederum nur für ei-

* Margrit Kennedy: *Geld ohne Zinsen und Inflation. Ein Tauschmittel, das jedem dient*, Goldmann-Verlag, München 1991

nige Zeit. Dann platzt auch diese Blase wieder. Und wie immer gewinnen dabei einige wenige. Die große Menge der Menschen zahlt drauf.

Wenn wir unser kleines Guthaben zur Bank tragen, damit es dort »arbeitet«, haben wir ja alle in irgendeiner Form gerne teil an der Dynamik von Zins und Zinseszins. Wo liegt das Grund-Missverständnis, dem wir als Kultur aufsitzen?

Es handelt sich um drei Missverständnisse. Das erste Missverständnis bezieht sich auf natürliche und unnatürliche Wachstumsvorgänge: Unser Körper hat in jeder Zelle ein Programm, das bei einer bestimmten optimalen Größe Wachstum beendet. Wir glauben kulturell, dass sich das mit jedem Wachstum so verhalte. Tut es aber nicht. Geldwachstum ist in diesem Zins- und Zinseszinssystem auf exponentielles, d.h. krankhaftes Wachstum angelegt. Das kann man nur über den Kopf verstehen, denn die biologische Lebenserfahrung ist eine andere. Und dann muss man die Konsequenzen in sein Herz einlassen, sonst wird man nichts verändern.

Können Sie ein Beispiel für maßloses Wachstum geben?

Da gibt es das berühmte Beispiel von dem »Josefspfennig«: Nehmen wir mal an, Josef hätte zu Jesu Geburt einen Cent investiert und Jesus wäre im Jahr 2000 zurückgekommen und hätte zur Bank gehen können, um sich die mit fünf Prozent vermehrte Geldanlage mit Zins und Zinseszins – also fünf Prozent auf einen Cent im Jahr eins – abzuholen. Dann hätte ihm die Bank im Jahre 2000 sage und schreibe über 500 Milliarden Kugeln von Gold vom Gewicht dieser Erde aushändigen müssen. Das ist ein schönes Beispiel für die Abkopplung von Geld- und Sachwerten: Denn in der gesamten Menschheitsgeschichte ist überhaupt nicht mehr als ein Kubus von 18 mal 18 Metern an Gold gefördert worden. Also wäre eine solche Rendite eine völlig irreale Sache. Dabei ist nicht der Zins das Problem. Das Problem ist der Zins auf Zins. Denn wenn dieser »Josefspfennig« nur verzinst worden wäre und diese Zinsbeträge, ohne wieder neue Zinsen zu erzeugen, auf ein Konto aufgelaufen wären, wären da genau 1 Euro und 1 Cent herausgekommen im Jahr 2000. Diese Zins- und Zinseszinsdynamik verstehen selbst die meisten Ökonomen nicht. Das ist das eine Missverständnis.

Wer zahlt denn die Zinsen?

Darin liegt das zweite Missverständnis: Die meisten Menschen verstehen nicht, wie sie Zinsen zahlen. Sie glauben, sie zahlen nur Zinsen, wenn sie sich auf der Bank Geld leihen. Sie übersehen systematisch, dass der Zins, den der Produzent von Gütern an die Bank zahlt, um Maschinen zu kaufen und das Ganze überhaupt am Leben zu erhalten, immer auf die Preise der Produkte daraufgerechnet wird.

Das heißt, wir haben einen versteckten Zins – jedes Mal, wenn wir irgendwas einkaufen, ist ein bestimmter Prozentsatz davon schon Zinszahlung…

Genau so. Die drei Beispiele, die ich immer bringe, sind die Müllabfuhr mit zwölf Prozent, die Wasserversorgung mit etwa 38 Prozent Zinsanteil und der soziale Wohnungsbau mit 77 Prozent »Kapitalkosten«. Man rechnet damit, dass eine Wohnung bei uns 100 Jahre funktionsfähig ist. Wenn derjenige, der diese Wohnung gebaut hat, nach 22 Jahren die Zinsen abgezahlt hat, aber die Miete nicht entsprechend verringert, dann werden bis ans Ende der Nutzungszeit dieser Wohnung die Zinsen in dieser Miete enthalten sein. Im Durchschnitt aller Preise gehen bei durchschnittlichen Einkommen etwa 40 bis 50 Prozent in die Zinszahlung – also fast die Hälfte. Und jetzt kommt das dritte Missverständnis: Denn das scheint – oberflächlich betrachtet – wie ein gerechtes System: Alle zahlen die Zinsen in den Preisen, alle bekommen Zinsen, wenn sie sparen. Aber wenn man die deutsche Bevölkerung in zehn gleiche Teile teilt und vergleicht, wer davon profitiert und wer nicht, dann sieht man, dass die ersten 80 Prozent zweimal so viel Zinsen in den Preisen zahlen, wie sie aus Geldanlagen und aus Lebensversicherungen einnehmen. Bei weiteren zehn Prozent ist der Verlust und der Gewinn an Zins ausgeglichen. Und die letzten zehn Prozent der Bevölkerung kriegen all das, was die ersten 80 Prozent verlieren, aus Zinsen zu ihrem Einkommen dazu. Und pro Tag entspricht das in Deutschland etwa einer Milliarde Euro, die umverteilt werden von den 80 Prozent, die für ihr Geld arbeiten müssen, zu den zehn Prozent, die ihr Geld für sich »arbeiten lassen« können. Aber haben Sie schon mal Geld arbeiten sehen?

Also heißt die angebliche Geldvermehrung, dass das Geld, das ich als Zins und Zinseszins hinzugewinne, immer auch irgendwo anders abgezogen werden muss?

Das ist in der Regel hinter dem Nebel, der um das Geld gemacht wird, verborgen. Die Banken zeigen in ihrer Werbung Bäume, an denen Dollar, Yen und Euro wie Äpfel wachsen, und versuchen Menschen so zu überzeugen, es handle sich um natürliches Wachstum. Geld ist aber kein Naturprodukt, sondern eine völlig künstliche, von Menschen gemachte »Erfindung« und kann deshalb auch von Menschen verändert werden. Geldwachstum bedeutet immer Umverteilung. Das ist die einzige Art und Weise, wie es »wachsen« kann. Und wenn es auf der einen Seite bei irgendjemandem wächst, dann zahlt ein anderer drauf. Das ist die bittere Wahrheit, welche die Banken nicht gerne in ihrer Werbung einbauen. Aber die 80 Prozent, die draufzahlen, müssen das begreifen, damit sie auch ein Argument haben, warum ein anderes Geldsystem notwendig ist. Letztlich brauchen auch die Profiteure diese Einsicht. Denn was nützt den zehn Prozent, die heute von dem System profitieren, der Ast, auf dem sie sitzen, wenn der an einem kranken Baum wächst? Wenn mit der gesamten Wirtschaft dieser Baum zusammenbricht, dann werden auch die 10 Prozent darunter leiden.

Inwieweit müssen wir also unser Verständnis von Geld überdenken?

Geld ist natürlich die begehrteste Form der Ware und hat diesen Jokervorteil – man kann es gegen alles austauschen. Wenn Sie einen Sack Äpfel haben und wollen Schuhe kaufen, müssen Sie erst jemanden finden, der Schuhe hat und Äpfel braucht. Deshalb ist Geld einfach ein geniales Mittel, um überhaupt miteinander in Austausch zu treten. Aber das Problem ist, dass es eben diesen Warencharakter hat. Man hat einen Tisch, der Geld kostet, einen Stuhl, der Geld kostet, warum soll Geld nicht auch Geld kosten? Das ist der Zins. Es geht darum zu verstehen, was Geld eigentlich ist. Dann geht es darum, dem Geld diesen Warencharakter zu nehmen, der erst mal ja Sinn macht. Was wir brauchen, ist Geld, das als Dienstleistung konzipiert ist. Wir müssen dafür aufhören, das Horten von Geld mit Zinsen zu belohnen. Das ist total einfach zu verstehen.

Erklären Sie es trotzdem …

Es wird niemand auf die Idee kommen, jemandem, der einen Güterwaggon nutzt, eine Belohnung, sprich Zins, dafür zu geben, dass er ihn nicht entlädt. Damit andere ihn möglichst wieder benutzen können, verlangt man stattdessen eine kleine Standgebühr, die dazu führt, dass jeder sich mit dem Entladen beeilt. Und das ist alles, was wir mit dem Geld machen müssten, um es aus der jetzigen Situation zu befreien. Dann bleiben Tauschfunktion und Wert voll erhalten. Was es dann aber nicht mehr gibt, ist Geld als ein Wertaufbewahrungsmittel mit exponentiell wachsenden Ansprüchen. Es kann immer noch ein Wertaufbewahrungsmittel sein, aber das exponentielle Wachstum würde wegfallen.

Verstehe ich Sie richtig, dass in so einem Geldsystem nicht das Geldhorten mit Zins und Zinseszins belohnt würde, sondern stattdessen der Geldfluss belohnt und das Geldhorten mit negativen Folgen belegt wird?

Genauso ist es. Nehmen wir mal die heutige Zinstreppe: Für Bargeld bekommt man heute gar nichts, für kurzfristige Anlagen meinetwegen drei Prozent, für längerfristige bis sechs Prozent Zinsen. Diese ganze Zinstreppe muss man unter null drücken und sagen: Leute, die ihr Geld in der Tasche behalten, die zahlen sechs Prozent. Leute, die kurzfristig anlegen, zahlen nur noch drei Prozent, also haben sie nur die Hälfte an Kosten. Und wenn man es auf die Bank bringt, wo es die Bank wieder verleihen kann und es denen gibt, die es brauchen, dann verliert man nichts. Und in dem Moment, in dem wir ein Geld haben, das keine Zinsen kostet, können wir auch die Inflation abschaffen. Das heißt, wir könnten endlich wirklich ein dauerhaft stabiles Geldsystem einführen. Stellen Sie sich vor, was das für eine Entlastung wäre, wenn man Geld hätte, für das man heute und auch noch in 30 Jahren zum gleichen Preis ein Brot bekommt. So ein neues Geldsystem kann man natürlich nicht von heute auf morgen einführen. Aber man könnte ganz langsam dahin kommen, es einzuführen, indem man die Zinsen der realen Wirtschaft anpasst und damit eine Stabilität erzeugt, die für die meisten ein riesiger Gewinn wäre.

Verstehe ich Sie richtig, dass sämtliche nachhaltig zukunftsfähigen Modelle mit diesem jetzigen Geldsystem eigentlich Illusion bleiben, weil dieses Geldsystem diese langfristige Ausrichtung überhaupt nicht ermöglicht?

Genauso ist es. Rechnet man mit der so genannten Kapitalwertmethode – die angewandt wird, um herauszufinden, ob sich eine Investition lohnt –, dann braucht man kein Geschäft zu machen, das mehr als fünf Jahre braucht, bis es eine Rendite erwirtschaftet. Das heißt aber auch, dass Kosten, die danach anfallen – wie zum Beispiel bei Atomkraftwerken –, in diesen Kapitalwertmethoden überhaupt nicht mitgezählt werden. Das Problem ist also, dass man mit diesem Geldsystem gar nicht langfristig denken und handeln kann. Ökologische Projekte und Investitionen werden aber möglich, wenn Geld endlich ohne exponentielle Steigerungsraten ein natürliches Wachstum finanzieren würde.

Wie sind wir bislang mit den Krisen umgegangen, die aus dem exponentiellen Geldwachstum entstanden sind?

Die drei historisch erprobten Methoden, mit diesem exponentiellen Wachstum fertig zu werden, sind einmal solche Crashs, wie wir sie jetzt erleben. Zweitens sind es soziale Revolutionen, bei denen dann die zehn Prozent der Bevölkerung, die das meiste verdient haben, um einen Kopf kürzer gemacht werden. Dabei wird nach aller Erfahrung das System aber nicht verändert, so dass man bei unseren Zinssätzen nach 40 bis 60 Jahren dasselbe Problem wieder hat. Und die dritte und letzte Lösung ist eben ein Krieg: Alles wird zerstört und man kann die ganze Sache wieder von vorne anfangen. Das waren bislang die typischen schlechten Lösungsansätze für die Krisen, die aus dem Geldsystem entstehen. Das Problem ist eben, dass diese drei brutalen Lösungen heute eigentlich nicht mehr in Frage kommen, weil wir eine Kriegsmaschinerie haben, die den ganzen Planeten – und die Menschheit vermutlich auch gleich mit – erledigt. Auch soziale Revolutionen sind heute nicht mehr zu gewinnen. Das heißt, wir brauchen jetzt tatsächlich eine andere systemische Lösung.

Wie könnte jetzt aktuell mit der Krise umgegangen werden? Was wären jetzt – wenn man nicht nur Carepakete im Milliardenbereich an die Banken geben will – die nächsten Schritte, um die Krise zu nutzen und ein anderes Geldsystem aufzubauen?

Ein Beispiel ist das System, das in der Schweiz seit 1934 funktioniert – der so genannte »WIR-Wirtschaftsring« mit seiner eigenen Währung. »WIR« ist nicht nur der Name der Währung, sondern auch eine Vereinigung von Unternehmern. Dazu gehören heute etwa 20 Prozent aller kleinen und mittleren Unternehmen in der Schweiz. Die haben gemeinsam eine Parallelwährung erschaffen, geben sich gegenseitig Kredit und zahlen diese Kredite ab, indem sie Waren von einander kaufen. Es gibt in diesem Ring sechzig Regionalgruppen, die einen Jahresumsatz von etwa zwei Milliarden Schweizer Franken haben. Dabei ist der »WIR« im Tauschwert genauso viel wert wie der Schweizer Franken. Dieses »WIR«-System ist international anerkannt, und man hat Kreditkarten, wo man sowohl in »WIR« als auch in Schweizer Franken bezahlen kann.

Was bewirkt dieser »WIR«?

Im Grunde genommen unterstützt er die Politik der Zentralbanken und der Regierung, die immer gegenzyklisch wirken. Die Banken hingegen arbeiten prozyklisch. Wenn es also der Wirtschaft gut geht, vergeben die Banken jeden Kredit. Wenn es der Wirtschaft hingegen schlecht geht, sind die Banken eher zögerlich. Das heißt mit anderen Worten, dass die Banken mit ihrem prozyklischen Verhalten den Aufschwung wie den Abschwung unterstützen, während die Zentralbanken immer antizyklisch funktionieren. Wenn es der Wirtschaft gut geht, dann werden die Zinsen angehoben, damit sie nicht überhitzt. Wenn es der Wirtschaft schlecht geht, dann werden die Zinsen gesenkt, damit das Wachstum wieder angekurbelt wird. Und alle aktuellen Maßnahmen der Regierung gehen in eine ähnliche Richtung: zum Beispiel der Rezession entgegen, also antizyklisch zu wirken.

Wenn man jetzt den »WIR« verfolgt, wie der sich über 70 Jahre entwickelt hat, dann kann man sehen, dass in wirtschaftlich schwierigen Zeiten der Umsatz in »WIR« regelmäßig angestiegen ist und in wirtschaftlich guten Zeiten der Umsatz in »WIR« zurückgegangen ist. Das ist auch leicht verständlich: Wenn ich als Unternehmer meine Waren in Schweizer Franken loswerde, brauche ich den »WIR« nicht. Dann nehme ich den Franken, das ist die einfachere Lösung. Aber wenn es schwierig wird, bin ich ganz froh, mit Hilfe der komplementären Tauschwährung »WIR« meine Produkte am Markt loszuwerden und anderes zu kaufen, was ich brauche.

Ist das denn eine Währung, die ohne dieses Zins- und Zinseszins-System funktioniert? Was ist der genaue Unterschied zwischen einem »WIR« und einem Franken?

Den »WIR« kann man nicht für alles benutzen, den Franken kann man für alles benutzen. Der »WIR« ist nur einsetzbar bei den Leuten, die zum Wirtschaftsring gehören. So kann ein Bauunternehmer, der dazu gehört, sagen: »Ich nehme für dieses Projekt 20 Prozent in ›WIR‹ und 80 Prozent in Schweizer Franken.« Und diese 20 Prozent in »WIR« kann er auch nur nehmen, weil er für diese Währung wiederum im Wirtschaftsring andere Waren kaufen kann. Also man muss sich das wie einen geschlossenen Kreislauf vorstellen, in dem aber auch Kredite vergeben werden und gespart werden kann, beides ohne Zinsen.

Ist so ein System dann automatisch nachhaltig?

Als einziges Geldsystem wäre der »WIR« nachhaltig. Man könnte das Schweizer System sehr leicht auf Europa übertragen. Im Moment sehen ich und einige meiner Kollegen *(siehe das Gespräch mit Bernard Lietaer)* darin eine Lösung für die gegenwärtige Krise. Ein europäischer »WIR« als komplementäre Währung von Wirtschaftsunternehmen kann dazu beitragen, dass die Geschäftsleute nicht reihenweise pleitegehen, sondern sich zusammenschließen und untereinander einen Weg schaffen, sich gegenseitig Kredite zu geben und zu überleben. Es ist dabei nicht notwendigerweise ein *ökologisch* nachhaltiges Modell. Denn es verhindert nicht automatisch, dass man die Luft, Wasser und die Böden als freie Müllkippen benutzt und Energie verschwendet. Es gibt leider kein einziges Modell, das alles leistet, sondern man braucht dazu andere Modelle.

Welche Währungsmodelle könnten uns denn helfen, z. B. aus der Klimafalle herauszukommen?

Ein Modell dafür wäre eine zweite europaweit einsetzbare Parallelwährung, z. B. in Form einer CO_2-Karte. Damit erhielte jeder Mensch ein verbrieftes Recht, auf der Basis dessen, was die Atmosphäre verträgt, CO_2 auszustoßen. Dabei gälte das gleiche Recht für alle. Und diejenigen, die weniger Gebrauch von diesem Recht machen, könnten ihre Rechte an jene verkaufen, die mehr davon brauchen. Im Grunde wäre das wie ein Sparkonto, das man plötzlich zusätzlich bekommt. Zudem würde diese CO_2-Währung dann auch dafür sorgen, dass sich das Energiesparen lohnt. Eine solche parallele Währung einzuführen, die auf etwas ganz anderem beruht als auf der Kreditvergabe der Banken, würde also helfen, den CO_2-Ausstoß zu drosseln. Die Kombination aus einem »WIR«-System und einer CO_2-Karte könnte tatsächlich ein wichtiger Beitrag sein, um die gegenwärtige Kreditvertrauenskrise in unserem Weltsystem zu überwinden. Es würden weniger Firmen pleitegehen, es würden mehr Steuern bezahlt, der Staat hätte wieder mehr Spielraum, es würde weniger Arbeitslose geben. Das Klima könnte gesunden. Es wäre ein Gewinn für jeden.

Solche neuen parallelen Geldsysteme bedeuten ja gleichzeitig, dass ein konventionelles Geldsystem weiterlaufen muss. Können die beiden Systeme – das bisherige und mögliche neue – miteinander kooperieren und müssen sich nicht gegenseitig ausschließen?

Vorerst würden alle diese Systeme nur als komplementäre, das heißt, als »ergänzende« Systeme funktionieren.* Das wäre eigentlich ihre große Stärke. Und es würde dem jetzigen System nutzen. Heute weiß man aus der Komplexitätsforschung, dass Stabilität nicht nur durch Effizienz, sondern auch durch Vielfalt entsteht.

* Margrit Kennedy und Bernard Lietaer: *Regionalwährungen. Neue Wege zu nachhaltigem Wohlstand*, Riemann-Verlag, München 2004

Aber was uns völlig fehlt, ist eine Vielfalt von Geld. Und was wir mit diesen Parallelwährungen jetzt versuchen sollten, ist genau das: aus der brüchig gewordenen Effizienz des Geldes durch die Vielfalt zu einer größeren Stabilität und Nachhaltigkeit zu kommen. Deswegen ist es jetzt so wichtig zu begreifen, dass diese parallelen Systeme letzten Endes das gesamte Finanzsystem stützen und stabiler machen. Wir müssen also – ganz im Sinne des Marktes – dieses letzte Monopol aufgeben. Das Postmonopol ist weg, die Bahn hat kein Monopol mehr. Wir haben eigentlich alle Monopole, die es in unserer Wirtschaft gab, abgeschafft – außer dem Geldmonopol. Und das war genau der Fehler. Denn das ist eigentlich das gefährlichste Monopol. Natürlich hat es auch eine Zeitlang zu mehr Effizienz beigetragen – aber eben auf Kosten der Nachhaltigkeit.

Muss man sich jetzt komplementäre Währungen als eine Möglichkeit vorstellen, den rechnerisch logischen – über Zins und Zinseszins provozierten – Crash hinauszuzögern? Oder ist es so, dass das Wirtschaftssystem, so wie es rechnerisch angelegt ist, eigentlich kollabieren muss – und wir mit Komplementärwährungen den Crash abfedern und die sozialen Folgen verringern können?

Es geht nicht um ein Entweder – Oder. Wir müssen die Illusion loswerden, dass es nur ein einziges Geldsystem gibt. Auch mit künftigen Komplementärwährungen wird immer irgendwo auf der Welt Zins erwirtschaftet werden können. Ich glaube gar nicht, dass man den Zins jemals ganz abschaffen wird. Wenn wir uns aber über die Folgen dieses Systems im Klaren sind, können wir Verhältnisse schaffen, um die Risiken in den Griff zu bekommen. Dann wird man auch entdecken, dass man mit anderen Währungen viel besser Lebensqualität generieren kann. Früher oder später wird sich dann ein Gleichgewicht einstellen, wo komplementäre Währungen, die für spezielle Zwecke entworfen und genutzt werden, einen Teil des Systems bilden. Und vielleicht sogar ein anderer Teil, der hochspekulativ ist, weiterexistieren kann – aber nur in dem Maße, wie Gewinne auch in der Realwirtschaft zu erzielen sind.

Sehen Sie den Wandel unmittelbar aus der gegenwärtigen Krise entstehen?

Wir müssen die jüngste Erfahrung erst einmal verdauen. Ich glaube, das Leiden an diesem System ist noch nicht an seinem Ende angekommen. Wir werden schon noch ein, zwei Jahre brauchen, bis wir merken, dass wir mit den herkömmlichen Lösungen nicht richtig weiterkommen. Es wird zunächst darum gehen, Schuldige zu finden. Es wird darum gehen, alte, überholte Theorien zu überprüfen. Aber keiner wird mehr daran glauben, dass der Markt alles richtet. Also wird der Staat eine ganz andere Rolle bekommen. Es werden ganz viele Veränderungen stattfinden. Und es werden Leute nachdenken und über Lösungen diskutieren, über die wir in den letzten Jahren noch nicht diskutieren mussten. Und aus diesen neuen Erkenntnissen werden vermutlich auch andere Formen von Finanzierungen, von Parallelwährungen entstehen, über die wir uns vielleicht noch gar nicht richtige Vorstellungen machen können.

Wie weit sind wir da mittlerweile? Die Idee der komplementären Währungen scheint bislang nur von ein paar Avantgardisten durchschaut und vertreten zu werden. Braucht es den Kollaps, damit das passiert?

Ganz offensichtlich. Im Grunde denke ich manchmal an Kinder, die laufen lernen – die müssen ab und zu mal hinfallen, um sich wieder aufzurichten und wieder hoch zu kommen. Dann lernen sie, wie sie wieder in die Balance kommen. So sehe ich uns auch als Gesellschaft: Wir sind jetzt mit unseren Vorstellungen, was der Markt alles könne, was das Geldsystem schafft, was die Erde aushält, ganz schön auf dem Hintern gelandet. Die meisten Leute fühlen sich dieser Entwicklung gegenüber völlig hilflos. Ich rede seit 26 Jahren über diese Themen, aber ich hatte noch nie so viel Resonanz wie jetzt. Im Moment bemerke ich eine Offenheit und Begeisterung dafür, weil es kaum andere Lösungen gibt. Und plötzlich gibt es eine Erklärung, woran es liegt und was jeder tun kann, um zu einem anderen, nachhaltigen System zu kommen. Ich erlebe eine solche Dankbarkeit dafür, wie ich das in diesen zwei Jahrzehnten noch nie erlebt habe. Diese Reaktion ist aber durchaus normal. Ich verändere in meinem Leben auch nur dann etwas, wenn ich muss. Genauso lief es auf dem Finanzsektor. Solange die Rendite wuchs und die riesigen Gewinne erwirtschaftet wurden, dachte niemand ernsthaft an eine Alternative. Dieser Crash ist insofern auch eine große Reinigung von eigentlich völlig unrealistischen Erwartungen. Plötzlich kommt man auf den Boden der Realitäten und weiß: So geht es nicht. Und dann ist für viele Menschen erleichternd zu sehen, dass diese Art von ungesundem Wachstum nicht weitergehen kann und muss.

Was aber kann jetzt jeder tun? Müssen wir darauf warten, dass von oben uns jetzt eine Komplementärwährung vorgesetzt wird, mit der wir dann möglicherweise solche Krisen umschiffen können?

Nein, es geht darum, die Dinge selber in die Hand zu nehmen. Überall in Deutschland gibt es private Initiativen von Menschen, die die Nase voll haben von der ungebremsten Globalisierung, welche die Regionen ausblutet und in der es immer mehr Verlierer und immer weniger Gewinner gibt. Im Moment gibt es in Deutschland 60 Initiativen für Regionalwährungen, die auch ohne Zins funktionieren und die die Region stärken. Es gibt bereits 30 Initiativen, die ihre eigene Währung herausgegeben haben. Da kann man mitmachen. Wir hoffen, dass es jetzt einen Zusammenschluss von Geschäftsleuten gibt, die sich nach dem Vorbild des »WIR«-Systems letzten Endes zu Genossenschaften zusammenschließen, um sich gegenseitig aus der Krise herauszuhelfen. Es wird ganz viele neue Zusammenschlüsse geben müssen. Es werden zum Beispiel diese ganze Regionalwährungs-Bewegung, ATTAC und die »Initiative für natürliche Wirtschaftsordnung« kooperieren müssen. Für mich ist das wie beim hundertsten Affen: Man weiß nicht, wann der Hundertste erreicht wird und dann das System kippt. Man braucht nicht unbedingt 100 Prozent, die verstanden haben, wie eine andere Lösung aussieht. Schon wenn das sieben bis zehn Prozent sind, kann die Lösung umgesetzt werden. Wir wissen aber eben nicht, ob diese notwendige Zahl erreicht wird, bevor das System entweder in Faschismus oder neuen Krieg oder soziale Revolution ausartet.

Sind Regionalwährungen dann so etwas wie Embryos einer neuen Ökonomie?

Das kann man so sehen. Aber gleichzeitig gibt es tatsächlich auch die Hoffnung, dass wir den Menschen, die das benutzen, eines Tages einen ökonomischen Vorteil bieten können, damit sie dem Dilemma, in dem sie jetzt sind, entkommen können. Wenn Sie heute regional einkaufen, bezahlen Sie oft mehr, als wenn Sie international einkaufen. Wenn Sie international einkaufen, ist es billiger, aber Sie schaden der Region. Wie man es auch macht, es ist immer verkehrt. Wir versuchen jetzt ein System, in dem es sozial und ökonomisch ein Vorteil sein kann, in der Region einzukaufen.

Können Sie mal erklären, wie solche »Regio-Gelder« grundsätzlich funktionieren?

Natürlich kann man auch mit dem Euro regional einkaufen. Der Unterschied beim Regio besteht aber darin, dass diese Währung dann auch wieder von dem Nächsten dazu benutzt wird, in der Region einzukaufen: Wenn der Regio weitergegeben wird, wird er immer regionale Einkäufe erzeugen – und damit die regionale Wertschöpfungskette stützen. Mit dem Euro aber funktioniert das nicht: Wenn man sein Geld zur nächsten Bank trägt, ist ja die Bank dazu verpflichtet, »das meiste daraus zu machen«. Und wenn das nicht in der Region passieren kann, weil die Gewinne nicht im zweistelligen Bereich liegen, dann wird das Geld eben in China oder in Russland oder irgendwo investiert, aber nicht in der Region. Wenn aber jetzt die regionalen Bewohner wieder Kredite haben wollen, dann müssen sie Gebühren zahlen, die ebenso hoch sind wie auf dem Weltmarkt. Das heißt, der Weltmarkt und die Region stehen in einem

Wettbewerb um das Geld. Und das Geld fließt in diesem ungleichen Verhältnis den Regionen in immer größerem Maße ab. Das versuchen wir aufzuhalten, indem wir sagen: Wir schaffen eine Regionalwährung, die eben hauptsächlich dafür da ist, regionale Güter auszutauschen. Die bayerische Regionalwährung des »Chiemgauer« ist ein typisches Beispiel dafür.

Wie entsteht das Geld?

Das Geld entsteht, indem es gedruckt wird. Und zwar wurde es im Chiemgau tatsächlich zuerst auf einem Farbkopierer gedruckt. Überall haben die Initiativen die größte Freude daran, diese Scheine zu entwerfen. Die sind meistens von erstklassigen Werbegrafikern künstlerisch gestaltet, die für die große Industrie gearbeitet haben wie beim Regio im Oberland. Diese Scheine werden dann von einer Zentrale ausgegeben. Beim »Chiemgauer« wurden die Scheine an die Vereine in der Region gegeben. Diese Vereine bekamen für 97 Euro hundert »Chiemgauer«. Die haben diese »Chiemgauer« an ihre Mitglieder zum Wechselkurs von 1 : 1 weitergegeben. Das heißt für 100 »Chiemgauer« konnten sie mit einem dreiprozentigen Profit schon mal 100 Euro an Einnahmen für gute Zwecke verbuchen. Die Vereinsmitglieder konnten mit dem »Chiemgauer« in den Läden einkaufen, die mitmachten – inzwischen sind es um die 700 Läden im Chiemgau. Und die Geschäfte hatten jetzt zwei Möglichkeiten, mit der neuen Währung umzugehen: Wenn sie den »Chiemgauer« in Euro zurücktauschten, verloren sie fünf Prozent. Zwei Prozent blieben zur Deckung der Unkosten bei der Zentrale, drei Prozent hatte die Zentrale ja schon an die Vereine gegeben. Oder die Kaufleute konnten sich gegenseitig damit bezahlen – und dann verloren sie nichts. Und wie erwartet, passiert es jetzt in immer größerem Maße, dass die Kaufleute sich gegenseitig mit dem »Chiemgauer« bezahlen.

Also ist ein Schuhverkäufer, der »Chiemgauer« annimmt, in der Lage, davon in einer Kneipe, die »Chiemgauer« akzeptiert, ein Konzert zu bezahlen.

Genau. Das ursprüngliche Modell dafür stammte aus Australien. Da hatte man gesehen, dass die Geschäftsleute in den ersten drei Jahren 70 Prozent des Regio-Geldes zurücktauschten, während 30 Prozent unter den Kaufleuten zirkulierte. Im dritten Jahr aber tauschten die nur noch sieben Prozent zurück. Das heißt, effektiv benutzte die ganze Region dieses Geld schon bald als Zahlungsmittel. Der eine Supermarkt, der diese Währung in Australien nicht angenommen hatte, ist pleitegegangen. Das ist im Chiemgau vielleicht nicht so drastisch, in der Tendenz aber ähnlich. Mittlerweile gibt es da schon eine Kreditkarte, mit der man in »Chiemgauern« bezahlen kann, weil die Kaufleute – wenn sie sich gegenseitig bezahlen wollen – nicht immer mit Bündeln von »Chiemgauern« durch die Gegend laufen, sondern das bargeldlos machen wollen.

Wie unterscheidet sich jetzt der »Chiemgauer« in seiner Grundstruktur von dem Euro, wenn er 1 : 1 tauschbar ist?

Der Hauptunterschied ist eben, dass man damit keine Zinsen verdienen kann, sondern dass er einer Umlaufsicherung unterliegt – einer Liquiditätsabgabe, einer Demurrage im ökonomischen Sinne. Und das heißt, das Geld wird *weniger wert*, wenn man es in der Tasche behält. Auf dem Geldschein selbst sind vier Quadrate, auf die man alle Vierteljahre Marken kleben muss – Ende März, Ende Juni usw. Alle drei Monate klebt man eine Marke von zwei Prozent auf die Scheine, wodurch der Wert dieses Geldscheines sinkt, über das Jahr um acht Prozent. Das führt dazu, dass die Leute es nicht in der Tasche behalten, sondern es möglichst schnell ausgeben. In einem ausgereiften Regionalwährungssystem würde es dann aber auch eine Möglichkeit für jene geben, die mit Regionalwährung sparen möchten, das Geld auf einer Bank einzuzahlen, die das dann weiterverleihen kann, und dann würde man nicht verlieren.

Das klingt relativ kompliziert. Ist das der Geschäftswelt vermittelbar?

Die Idee ist ja im Grunde genommen ganz einfach. Ich vergleiche das manchmal mit dem Euro, den man in den Einkaufswagen tut. Warum mussten die Supermärkte das anschaffen? Weil die Leute den Einkaufswagen sonst einfach auf dem Parkplatz stehen ließen. Und seit sie den Euro reintun müssen, passiert das nicht mehr. Wir sind alle ein bisschen faul. Wir müssen alle daran erinnert werden, dass etwas, was wir haben, möglicherweise auch andere brauchen – wie das beim Geld zu sein pflegt. Wenn wir das in der Tasche behalten, verhindern wir damit den Austausch. Es scheint sehr einfach gewesen zu sein, das zu vermitteln – selbst der zweiprozentige Wertverlust. Meistens zahlen diese zwei Prozent die Geschäftsleute. Das Interessante daran ist ja, dass sie die Unkosten wieder von der Steuer absetzen können, weil diese ganze »Chiemgauer«-Sache unter der Rubrik der »Kundenbindung« läuft, für die jeder Kaufmann sowieso fünf bis zehn Prozent in sein Budget einrechnet. Wir satteln hier also auf ein bestehendes Anreizsystem noch eine Funktion drauf: neben der Treue zum Kaufmann auch die Treue zur Region.

Welche Folge hat der vierteljährliche Wertverfall?

Dieses Geld läuft schneller um. Man hat festgestellt, dass der »Chiemgauer« etwa dreimal so schnell umläuft wie der Euro. Also hat er eine entsprechend höhere Wertschöpfung in der Region, und die regionale Wirtschaft wird gefördert. Man kauft dabei statt Käse aus Holland oder Äpfel aus Neuseeland eben den Käse oder die Äpfel aus der Region. Und so etabliert sich da ein neuer Kreislauf, der bislang nicht existierte.

Es ist also auch keine »Schattenwirtschaft«, sondern ein komplementäres Austauschsystem für Geschäfte, für die auch Steuern gezahlt werden?

Die Steuern werden *noch* in Euro gezahlt. Ich sage ganz bewusst *noch*: Denn das Beste, was die Regierung machen könnte, um diese regionalen Währungen zu unterstützen, wäre es, den Gemeinden zu erlauben, eben auch mit komplementären Währungen Abgaben und Steuern zu bezahlen. Das würde die Akzeptanz beträchtlich erhöhen. Und dann kämen wir vielleicht zu Erfolgen, wie sie in den 30er-Jahren in Wörgl passiert sind.

Was passierte damals in Österreich?

Da hat die Gemeinde Wörgl ihre eigene Regionalwährung ausgegeben, mit deren Hilfe in einem Jahr die Arbeitslosigkeit um 25 Prozent reduziert wurde, während zugleich die Steuereinnahmen um 35 Prozent gestiegen sind. Das ist nicht so überraschend: Wo Geld ist, ist Arbeit, wo Arbeit ist, werden wieder Steuern gezahlt. Durch die Steuern und Abgaben sind die Gemeinden reicher und können wieder mehr Projekte fördern. Und so kann letzten Endes ein anderer Reichtum entstehen. Was wir demgegenüber im Moment mit dem Euro erleben, ist eine Schrumpfung dieser Austauschvorgänge und damit eine Verarmung auf allen Ebenen.

Nehmen wir mal das Beispiel Wörgl, auch wenn das schon bald 80 Jahre her ist: Wie entstand diese Dynamik, dass durch eine Regionalwährung die Arbeitslosigkeit gesunken und die Steuereinnahmen gestiegen sind?

Die Gemeinde hat damals in Wörgl das Geld gedruckt, das durch Schillinge auf der Bank abgedeckt war. Mit diesen »Arbeitswertbescheinigungen« haben sie öffentliche Arbeitsprogramme bezahlt. Die Arbeitslosen, die bis dahin auf der Straße saßen, haben sie eine Skischanze bauen lassen, die Beleuchtung und die Straßen wurden repariert. Das ginge heute genauso: Es gibt ja heutzutage unendlich viel Arbeit und Menschen, die arbeiten wollen. Was fehlt, ist genau das Austauschmittel. Diese neuen Zahlungsmittel bewirken, dass ungenutzte Ressourcen mit einem ungedeckten Bedarf zusammenkommen. Es gibt Regionalwährungen, die zum Beispiel Kinobesitzern dazu verhelfen, dass die ungenutzten Kinovorstellungen besser ausgenutzt werden. Oder es werden Busfahrscheine zu einer neuen Währung, wie in Curitiba, wo Kindern die getrennte Sammlung von Müll mit Busfahrscheinen belohnt wurde. Das heißt, es gibt überall Möglichkeiten, etwas zu tun, was eigentlich notwendig ist, aber im Moment nicht getan wird.

Das klingt so, als hätten alle nur Vorteile von einer solchen Regionalwährung. Wieso bleiben sie in unserer Kultur noch die Ausnahme?

Weil wir einfach immer noch mit dieser Beschränkung leben zu glauben, es gebe nur ein Geldsystem. Seitdem wir geboren sind, war es da und tut alles. In der Architektur wusste man auch lange nicht, dass man Fundamente auf Frosttiefe gründen muss. Deshalb sind die Gebäude alle 30 bis 60 Jahre zusammengebrochen, bis man das – am Ende des Mittelalters – endlich verstanden hat und die Fundamente entsprechend verstärkte. Und genauso ist es heutzutage in der Wirtschaft. Dieses Geldsystem ist ein Fundament, auf dem die Wirtschaft beruht. Noch bricht es alle 30 bis 60 Jahre zusammen, weil man nicht begriffen hat, wie man das Fundament verbreitern und nachhaltig konstruieren kann.

Letzten Endes entsteht daraus ja, wenn es regionale Entwicklung und Kultur fördert, eine Kulturgesellschaft im Gegensatz zu einer Wachstumsgesellschaft. Ist ein solches neues Geldsystem ein kultureller Impuls?

Für alle Dinge, die es im heutigen Geldsystem sehr schwer haben, finanziert zu werden, gibt es entsprechende komplementäre Währungen, die so konstruiert und entworfen sind, dass sie genau diesen Sektor unterstützen. Das reicht von der Bildung über die Versorgung älterer Menschen. Das geht weiter zur Kultur und erstreckt sich bis zur Förderung kleiner und mittlerer Unternehmen. Das heutige Geldsystem hat eben nur den Zweck, aus Geld exponentiell wachsend mehr Geld zu machen. Was diesem Zweck nicht dient, hat es im heutigen System sehr schwer.

Also gibt es nicht nur regional begrenzte Währungen, sondern auch thematisch begrenzte Währungen?

Ebenso wie wir verschiedene Häuser für verschiedene Zwecke und verschiedene Autos für verschiedene Zwecke haben, können wir auch Geldsysteme für verschiedene Zwecke konstruieren, die genau diesen Zwecken dienen. Eine Regionalwährung dient der Region. Man kann aber zum Beispiel auch Bildungs- oder Gesundheitswährungen konstruieren oder Altenpflege-Tickets einführen und nutzen. Bis jetzt hatten wir es noch nicht nötig, weil alles noch so halbwegs funktionierte. Aber mit diesem Zusammenbruch, den wir im Moment erleben, kann sich das bald ändern.

Wie könnte eine Bildungswährung aussehen?

Da gibt es ein sehr gutes Beispiel aus Brasilien, wo das besonders akut ist, weil 40 Prozent der Bevölkerung unter 15 Jahre alt sind. Man hat dort vor Jahren begriffen, dass man in dieser Situation mehr Bildungsförderung braucht. Und als die Mobilfunkindustrie privatisiert wurde, hat man *ein* Prozent der Einnahmen in einen Topf für Bildung getan. Vor einigen Jahren hatte sich dort eine Milliarde Dollar angesammelt. Und man fragte sich: Wie können wir am besten dieses Geld ausgeben? Und Bernard Lietaer hat zusammen mit einem brasilianischen Kollegen den Vorschlag einer Bildungswährung entwickelt. Sie baut auf diese Milliarde im Bildungsministerium, schafft aber Gutscheine, die *»Saber«* genannt werden – das heißt »Wissen«. Diese Gutscheine werden in Schulen verteilt, die ein Potenzial für höhere Bildung haben, sie aber nicht realisieren können, weil das Geld fehlt. Sie bekommen für die jüngsten Schüler Gutscheine, die sich damit Förderunterricht bei älteren Schülern kaufen können, die wieder Förderunterricht bei anderen kaufen können. Und so wälzt sich diese Milliarde durch das Schulsystem. Und wenn es bei den 17-Jährigen angekommen ist, können die damit ihre Universitätsstudienplätze bezahlen. Die Universitäten sind die einzigen, die diese Gutscheine in richtiges Geld – in Dollars oder Reales – umwechseln können, um ihre Kosten zu decken. Das Interessante ist: Der Bildungsgutschein verliert nach dem Ende des Schuljahres plus drei Monate 20 Prozent an Wert. Das heißt, er ist nur für einen Zweck konstruiert, nämlich Bildung zu fördern. Man kann mit ihm nicht auf dem Weltmarkt spekulieren oder Autos in Japan kaufen. Es ist leicht verständlich, wie er entsteht und ausgegeben wird. Die Geldschöpfung ist transparent. Und letztlich fördert das Geld die Gemeinschaft. Da entstehen neue menschliche soziale Bezüge, von denen alle profitieren: die Schüler, die Schulen, das Land. Von dem heutigen Geldsystem hingegen profitieren – wenn man genauer hinsieht – genau zehn Prozent der Menschen.

Können solche Währungen dem Staat helfen, der Soziales und Wohlfahrt finanziert und dabei fast pleitegeht?

Die Menschen in den Entscheidungspositionen müssen tatsächlich begreifen, dass komplementäre Währungen eine große Entlastung für den Staat wären. Außerdem wären solche Ansätze auch eine große Entlastung für die Zentralbanken, weil die Komplementärwährungen ja von der lokalen Ebene über die regionale bis zur nationalen Ebene die Politik der Zentralbanken unterstützten. Und es gibt sogar einen hervorragenden Vorschlag, eine globale Währung, genannt »Terra«. Das wäre eine inflationssichere komplementäre Währung, die den internationalen Warenaustausch der wichtigsten Güter und Dienstleistungen enorm erleichtern würde. Sie basiert auf tatsächlich vorhandenen Waren und entspricht ihrem physischen Wert, kann elektronisch verrechnet werden, ist zinsfrei und dient als Tauschmittel. Man handelt also in einer globalen Allianz von großen Firmen mit einer Art Lieferscheinen, mit denen man bezahlen kann. Mit diesem »Terra« kann man dann – überall, wo er angenommen wird – alles, was man möchte, einkaufen. Auch hier entsteht dadurch eine gegenzyklische Bewegung. Wenn die Weltwirtschaft überhitzt, dann braucht man die Güter, hat aber meist weniger Geld. Durch weniger Geld kann man wieder die Überhitzung abbauen. Wenn die Weltwirtschaft lahmt, können die Güter in Geld getauscht werden, und die freiwerdenden Mittel bringen die Ökonomie wieder in Schwung. Außerdem ist es ja heute schon so, dass ein Drittel des Welthandels schon über *Countertrade*, also direkten Warenaustausch, abgewickelt wird. Pepsi-Cola zum Beispiel liefert Cola-Konzentrat nach Russland im Austausch gegen irgendeine Wodka-Sorte. Große Firmen wie Siemens und Daimler-Benz haben ganze Countertradeabteilungen, die diesen Handel organisieren. Dieser kommt zustande, weil es diese riesigen Schwankungen in den Währungen gibt und man nicht weiß, ob man am Ende überhaupt noch mit einem Plus rauskommt, wenn man Geschäfte abschließt, die sich über fünf, sechs Jahre entwickeln. Wenn nämlich eine Währung abgewertet wird, steht man plötzlich mit einem Minus da. Entweder man versichert solche Risiken durch diese Hedgefonds, oder man wechselt in den direkten Austausch von Waren und Gütern, um damit eine stabile Währung zu schaffen, die eben nicht auf Zinsen und dem jetzigen Geldsystem beruht.

Also basiert ein »Terra« letztlich auf der Ebene des direkten Tauschhandels?

Nein, das ist eine richtige Währung, nur wird der Umlauf statt über Zinsen mit einer Demurrage gesichert: Derjenige, der so ein Geld in der Tasche hat, weiß, dass der Wert der »Terra«-Einheiten weniger wird. Die Lagerhaltungskosten, die sowieso anfallen, werden durch die Gebühr auf die Geldhalter übertragen. Deshalb wird jeder versuchen, sie möglichst schnell auszugeben. Damit hat man auch wieder den Zins umgangen und bekommt eine stabile, zu 100 Prozent auf Waren abgesicherte Weltwährung. Das wäre eine völlig neue Idee.

Wie kommt es, dass sich heute eigentlich nicht Ökonomen solche Dinge ausdenken, sondern kritische kulturinteressierte Bürger wie Sie?

Ich glaube, es hat mehrere Gründe. Wenn man die Probleme des Geldsystems erkennt und lösen möchte, dann muss man sehr schnell die gesamten ökonomischen Theorien infrage stellen. Wenn man versteht, dass dieses Geldsystem nicht nachhaltig funktionieren kann, muss man eine neue Ökonomie entwickeln. Und das ist praktisch tabu. Es ist ein Tabu, wie einmal Sex ein Tabu war, darüber redete man nicht. Es ist Tabu, wie einmal Tod ein Tabu war, da wurde auch nicht drüber geredet. Mit dem Geld ist es auch so. Und ich glaube, es ist an der Zeit, dieses Tabu zu durchbrechen. Und ich denke, diese Krise wird es aufbrechen – und zwar ziemlich plötzlich.

Ich würde sagen: Baut Flöße!

Im Dialog mit dem Ökonomen und Tiefenpsychologen Bernard Lietaer

Prof. Dr. Bernard Lietaer, geboren 1942 im belgischen Lauwe, ist Finanzexperte und Spezialist für die Entwicklung von alternativen Währungen. In seiner Zeit an der belgischen Zentralbank war er mit für die Einführung des ECU verantwortlich, der zur europäischen Einheitswährung führte. In seiner Funktion als Geschäftsführer und Währungshändler eines der erfolgreichsten Offshore-Währungsfonds (1989–1992) kürte ihn die »Business Week« zum führenden Welt-Währungshändler. Im akademischen Bereich wirkte er von 1975 bis 1978 und von 1983 bis 1986 als Professor für Internationales Finanzwesen an der Universität Löwen. Von 1992 bis 1998 unterrichtete er als Gastprofessor an der kalifornischen *Sonoma State University* archetypische Psychologie, von 2003 bis 2006 baute er in Colorado ein *Center for Business and Economics* auf. Derzeit unterrichtet der Professor für internationales Finanzwesen am *Institut for Sustainable Resources and Agriculture* der Universität Berkeley. www.lietaer.com, www.futuremoney.de

Der Mensch regiert die Welt, sagt man. Aber was die Welt wirklich regiert, ist wohl das Geld. Regieren wir das Geld?

Zurzeit sicherlich nicht. Ich glaube, dass unser Verhältnis zum Geld ungefähr so ist wie das eines Fisches zum Wasser: Es ist völlig unbewusst. Wir leben damit, aber wir wissen weder, was es mit uns anstellt, noch was es eigentlich ist oder wie es funktioniert. Es gestaltet unsere Beziehungen viel mehr, als wir das ahnen. Demgegenüber behaupten die Ökonomen, Geld sei neutral und habe lediglich die Rolle, wie eine Art Öl eine Maschine am Laufen zu halten. Ich glaube, das ist alles andere als die Wahrheit. Geld bestimmt die Art und Weise, wie wir miteinander umgehen. In einer Welt, in der Menschen gemäß einer sozialdarwinistischen Weltanschauung miteinander im Kampf sind, wird mit der Knappheit von Geld und dem Konkurrenzkampf um Reichtum das gleiche Spiel gespielt, wie es scheinbar zwischen Arten und Menschen passiert.*

Wenn Geld so etwas ist wie das Nervensystem für die Gesellschaft, gibt es dann so etwas wie ein Gehirn, das die Nerven koordiniert und steuert?

Im traditionellen Geldsystem haben die Zentralbanken die Rolle eines solchen Gehirns eingenommen. Jetzt aber sind wir in einer Situation, wo das Monopol der von ihnen kontrollierten Leitwährungen in Frage gestellt worden ist. Und das mit gutem Grund: Denn weder versorgt es das System mit genügend Geld, noch ist es in diesem Rahmen möglich, die Probleme zu lösen, vor denen die Gesellschaft heute steht. Vor der aktuellen globalen Krise hat es allein seit der Freigabe der Wechselkurse 1971 unter Nixon weltweit 96 Bankenkrisen und 176 Finanzkrisen gegeben, die sich auf einzelne Länder oder Kontinente beschränkten. Zum Beispiel die Mexikokrise 1994, die Asienkrise oder die Russlandkrise Ende der 90er-Jahre. Dieses System befindet sich jetzt mitten in einem evolutionären Veränderungsprozess. Wir erleben nicht nur einen Wandlungsprozess unserer Vorstellung von Geld, sondern eine komplette Mutation des Systems.

Was sind aus Ihrer Perspektive die Wurzeln der gegenwärtigen Krise?

Wir haben jetzt die Phase eines noch nie dagewesenen Zusammenspiels von vier Krisen planetaren Ausmaßes erreicht: dem Klimawandel, der Instabilität des Finanzsystems, hohen Arbeitslosigkeitsraten und den finanziellen Folgen einer im demografischen Wandel alternden Gesellschaft. Dabei basiert die gegenwärtige Fi-

* Bernard Lietaer: *Mysterium Geld. Emotionale Bedeutung und Wirkungsweise eines Tabus*, Riemann Verlag, München 2000

nanzkrise nicht auf Managementfehlern oder regelmäßig wiederkehrenden Problemen zyklischer Prozesse, sondern verweist auf einen Fehler in der gesamten Struktur. Ein Hinweis für die Richtigkeit dieser These ist die Beobachtung, dass solche Krisen auch in ganz anderen Phasen wirtschaftlicher Entwicklung sowie unter ganz anderen Marktregeln aufgetreten sind. Wir brauchen also dringend bessere Lösungen für solche systemimmanenten Krisen. Dabei sollten wir nicht vergessen, dass der letzte wirtschaftliche Zusammenbruch dieses Ausmaßes, nämlich die »Große Depression« der 1930er-Jahre, zu einer Welle des Faschismus und letztlich zum Zweiten Weltkrieg geführt hat.

Welche Gefahren sehen Sie dann aktuell?

Währungskrisen fordern immer ihren Tribut, weil dann sämtliche Verträge, ob Lohnvereinbarungen, Mieten oder Pensionen, wertlos werden. Das macht Angst und erzeugt existenzielle Unsicherheit. Nicht nur Hitler kam in einer solchen Situation an die Macht. Auch Jugoslawien erlebte in den späten 80er-Jahren eine Währungskrise mit massiver Geldentwertung. Auch diese Krise kulminierte in einem Krieg. Demokratie beruht immer auf der Existenz der Mittelklasse. Eine Währungskrise zerstört die Mittelklasse und damit auch die Demokratie. Die existenzielle Angst der Bürger bereitet das Feld für die Saat der Demagogen. Diese Gefahr existiert und muss einkalkuliert werden!

Wie beurteilen Sie dann die aktuellen politischen und ökonomischen Reaktionen auf die Krise?

Bislang hat man lediglich versucht, die Probleme mit traditionellen Ansätzen zu lösen, sei es die Verstaatlichung von problematischen Anlagen in den USA oder die Verstaatlichung von Banken in Europa. Beide Ansätze behandeln aber nur die Symptome der Krise und nicht ihre Wurzeln. Ganz ähnlich ist es mit dem Versuch einer wirkungsvolleren Regulation, die nun überall auf der politischen

Tagesordnung zu stehen scheint. Sie wird bestenfalls die Häufung derartiger Krisen reduzieren. Die Debatte darüber, wie und was nun anders »reguliert« werden soll, wird intensiv geführt werden. Und sicherlich sind Verbesserungen bei der Regulierung des Finanzmarktes in dieser Situation sowohl politisch unvermeidlich als auch im öffentlichen Interesse. Nichtsdestotrotz lässt sich am historischen Beispiel belegen, dass jede Regulation seit Jahrhunderten einem Katz-und-Maus-Spiel zwischen den Regulierern und den Banken gleicht. Genauer gesagt: Solche Regulierungen mögen zwar verhindern, dass es zu einem identischen Missbrauch der Regeln kommt. Aber sie werden nicht verhindern, dass die Kenner des Systems neue Lücken finden oder sich gewinnbringende Strategien ausdenken, die zu einer neuen Variante der alten Krisendynamik führen und letztlich in einer neuen Bankenkrise enden.

Trotzdem liest man ja fast jeden Tag über die »Normalisierung« der Situation, der man ja dann nur wenig Vertrauen schenken darf…?

Die Bewältigung der gegenwärtigen Krise folgt dem klassischen Muster, bei dem man zwei Schritte rückwärts macht, um einen einzigen Schritt vorwärts zu kommen. Dabei wird auch die kleinste Vorwärtsbewegung oder Verbesserung voraussichtlich gleich als das »Ende der Krise« gefeiert werden. Und diese Strategie der Regierungen, Banken und internationalen Kontrollinstitutionen und Regulierungsgremien ist auch durchaus nachvollziehbar – denn jede ehrliche Aussage würde die Gesamtsituation eher verschlimmern. Unabhängig davon entfalten sich die nächsten Schritte in einer solchen systemischen Krise ganz automatisch. Denn was immer die Regierungen auch tun, die Banken und andere Finanzinstitutionen werden ihre Darlehen drastisch reduzieren, um damit ihre eigenen Bilanzen nach gigantischen Verlusten wieder ins Gleichgewicht zu bringen. Diese Strategie wiederum treibt zur Zeit der Weltwirtschaft in die Rezession, die uns in einer Abwärtsspirale durch den Mangel an Krediten für dringende Investitionen auch in die Depression führen kann. Also führt die Zurückhaltung, Geld zu verleihen, die für jede einzelne Bank durchaus nachvollziehbar ist, zu einem »schwarzen Loch« in der Weltwirtschaft und dem ganzen Finanzsystem, wenn sich alle Banken gleichzeitig so verhalten.

Wie beurteilen Sie dann die Maßnahmen des G20-Treffens in London? Wurde da irgendeine Veränderung eingeleitet oder wurden nur alte Paradigmen wiederholt?

Dieser Gipfel vom April 2009 basierte ausschließlich auf Ansätzen des alten Paradigmas. Daher auch die Betonung der teilnehmenden Regierungen, der Wirtschaft durch staatliche Defizite auf die Beine zu helfen. Das war eine Idee, die bereits Keynes in den 30er-Jahren vorgeschlagen hat. Selbst der Vorschlag der Chinesen, für den internationalen Gebrauch vom Dollar zu den »Speziellen Ziehungsrechten« des Internationalen Währungsfonds (IWF) überzugehen, wurde bereits in den 50er-Jahren schon mal gemacht. Nun hat man zwar diesen Vorschlag abgelehnt, gleichzeitig aber dem IWF weitere 250 Milliarden Dollar zugesagt. Dabei sind diese »Speziellen Ziehungsrechte« auch nichts anderes als ein Korb aus den vier wichtigsten konventionellen Währungen. Deshalb wird diese »Reform« auch kein grundsätzlich neues Verhaltensmuster bei den Beteiligten hervorrufen.

Bisher pumpte der Staat riesige Geldsummen in die Banken. Warum müssen sich Regierungen und damit ja auch die Steuerzahler überhaupt in der Rettung von Banken engagieren?

Die kurze Antwort darauf lautet: Es ist die Angst vor der Wiederholung jenes wirtschaftlichen Albtraums, den die Welt in der Wirtschaftsdepression in den 30er-Jahren des 20. Jahrhunderts erlebte. Die längere Antwort ist komplexer: Solange die Banken das Monopol bei der Geld-Schöpfung besitzen, eben indem sie Darlehen zur Verfügung stellen, führen bankrotte Banken zu einer Verringerung der Kredite, was wiederum für den ganzen Rest der Wirtschaft zu einem Mangel an Geld führt. Ohne Zugang zu Kapital können Geschäfte nicht durchgeführt und Güter nicht hergestellt werden, was wiederum zu Massenarbeitslosigkeit und den ganzen daraus resultierenden sozialen Problemen führt. Also kann die Krise der Banken zu dem führen, was wir die »zweite Krisenwelle« nennen, wo in einem Teufelskreis die Realwirtschaft zum Opfer der Banken wird. Zusammengefasst: Schlechte Bilanzen bei den Banken bedeuten Kreditbeschränkungen, die in die Rezession führen, damit aber die Bilanzen der Banken weiter verschlechtern, die in ihrer Angst noch weniger Geld verleihen, wodurch alles noch schwieriger wird. Um diese Dynamik zu verhindern, sind die Regierungen so darauf aus, die Bilanzen der Banken mit Finanzspritzen aufzumöbeln. Dieser Übung können wir zurzeit überall zuschauen, auch wenn sie seit den 30er-Jahren des letzten Jahrhunderts immer wieder die gleichen ungewünschten Folgen hat: Denn immer dann, wenn eine Bank zu groß ist, um sie ohne massive Folgen für die Wirtschaft pleitegehen zu lassen, zahlt der Steuerzahler die Rechnung und ermöglicht es den Banken, genauso weiterzumachen wie bisher. Bei den 96 Bankenkrisen, welche die Weltbank in den letzten 25 Jahren gezählt hat, war das Rezept immer das gleiche: Die Bürger finanzierten mit ihren Steuerzahlungen die staatlichen Rettungspläne zum Ausgleich schlechter Bankbilanzen. Aber nie waren die Summen so gigantisch wie jetzt. So übersteigt die Gesamtbürgschaft der amerikanischen Steuerzahler jetzt schon die Summe von 4,6 Billionen Dollar. Die Analysten des Wirtschaftssenders Bloomberg gehen davon aus, dass sich diese Summe noch auf 7,7 Billionen Dollar erhöhen wird, was dann in den USA einer individuellen Belastung jedes Mannes, jeder Frau und jedes Kindes von 24 000 US-Dollar gleichkommt. Das einzige Ereignis in der amerikanischen Geschichte, das auch nur annähernd ähnliche Summen verschlungen hat, war der Zweite Weltkrieg, der Amerika runde 3,6 Billionen Dollar gekostet hat. Die Regierungen glaubten, aus der letzten Weltwirtschaftskrise gelernt zu haben, dass man es sich nicht leisten darf, das Banksystem kollabieren zu lassen, weil das die gesamte Wirtschaft mitreißen kann. Nun werden sie wohl lernen müssen, dass sie es sich nicht leisten können, das Bankensystem zu retten.

Meint Ihr Hinweis auf die »zweite Krisenwelle«, dass der finanzielle Kollaps nach den Banken noch weitere Opfer fordern wird?

Tatsächlich wird die »echte« Wirtschaft das voraussichtlich nächste Opfer der Finanzkrise. Was auch immer die Regierungen für die Banken tun, es wird in den kommenden Jahren viel schwerer für Firmen sein, Kredite zu bekommen. Sobald sich die Krise in einem Dominoeffekt mit einer Kette von Insolvenzen in der Realwirtschaft auswirkt, mit all seinen Folgen wie Arbeitslosigkeit und weiteren sozialen Problemen, wird dieser Prozess noch schwerer zu stoppen sein als im Bankensystem. Die Hoffnung, dass die Regierungen langfristig auch nur die wichtigsten Unternehmen retten können, ist zwecklos, nachdem sie ihr Potenzial schon mit den Bürgschaften für die Banken weitgehend erschöpft haben.

Welche Strategien gibt es, mit denen die Wurzeln der Krise berührt werden, statt nur die Symptome zu behandeln?

Die gute Nachricht ist, dass mittlerweile nicht nur ein systemisches Verständnis, sondern auch technische Lösungen vorliegen, die solche wirtschaftlichen Zusammenbrüche zu einer Erscheinung der Vergangenheit werden lassen können.* Die Hoffnung lässt sich auf einen Durchbruch in der Erforschung komplexer Systeme wie zum Beispiel auch gut funktionierender Ökosysteme zurückführen. Sie haben zweifelsfrei gezeigt, dass *alle* komplexen Systeme – also auch Geld- und Finanzsysteme – strukturell instabil werden, wenn einseitig der Aspekt der Effizienz überbetont wird, während die Vielfalt verloren geht: die Stabilität von Systemen erhöht sich, je vielfältiger ihre Basis und je größer die Zahl der Verknüpfungen ist. Die überraschende Einsicht, die aus der systemischen Perspektive resultiert, ist die Tatsache, dass wir für eine nachhaltige Vitalität der Wirtschaft *verschiedene* Arten von Geld und Finanzinstitutionen

* Bernard Lietaer: *Das Geld der Zukunft. Über die zerstörerische Wirkung unseres Geldsystems und Alternativen hierzu*, Riemann Verlag, München 2002

brauchen. Das heißt, wir müssen Währungen schaffen, die speziell darauf ausgerichtet sind, in solchen Situationen Geld als *Tauschmittel* zur Verfügung zu stellen statt nur als Spekulationsobjekt. Solche ergänzenden Währungen sollten so gestaltet sein, dass sie in Städten, Regionen und Nationen bislang ungenutzte Ressourcen mit offenen Bedürfnissen verbinden. Diese Gelder muss man sich als *komplementäre* Währungen vorstellen, weil sie die konventionelle nationale Währung nicht ersetzen, sondern vielmehr parallel zu ihr funktionieren.

Sollen die Regierungen dann solche Währungen nicht gleich selbst einführen?

Regierungen sollten sich eher nicht in den Aufbau und das Management eines solchen Systems einmischen. Ihre Rolle liegt in der Festlegung von Qualitätskriterien, die eine Währung für die Regierung akzeptabel machen. Sie haben ja auch ein ureigenes Interesse daran, Zahlungen in einer robusten Währung zu erhalten. Es liegt auf der Hand, dass die Existenz einer solchen Währung Geschäfte begünstigt, die sonst nicht stattgefunden hätten, wenn normales Geld oder Kredite schwer zu bekommen sind. Diese zusätzlichen Geschäfte erhöhen im Gegenzug das zu besteuernde Einkommen der beteiligten Firmen, was eine positive Rückkopplungsspirale auslöst, die der Kreditreduktion der Banken entgegenwirkt.

Woher können Sie wissen, dass dieses System dann auch so funktioniert?

Weil es alles andere als trockene Theorie ist. Während der Rubelkrise in den späten 1990er-Jahren akzeptierte die russische Regierung auch Kupfer als Zahlungsmittel für Körperschaftssteuern. Unser Vorschlag ist weit weniger extrem: Komplementärwährungen sind ein standardisiertes Tauschmittel, das die Regierungen ausgeben können, um dort Güter oder Dienstleistungen zu bezahlen, wo die Komplementärwährungen akzeptiert werden. Es ist dabei aber wichtig, dass Regierungen den Städten und Gemeinden erlauben, eine eigene Komplementärwährung zu unterstützen, mit der auch Gemeindesteuern bezahlt werden können, und zwar aus zwei Gründen. Erstens werden sonst die lokalen Behörden als erste Regierungsebene noch tiefer in finanzielle Schwierigkeiten geraten, als sie es heute bereits sind. Zweitens ist ein auf Währungsvielfalt basierendes System viel widerstandsfähiger. Weil dieser Ansatz radikal neu ist, ist es aber sicherer, ein neues System zuerst auf kommunaler Ebene und in Städten zu testen statt gleich auf Staatsebene.

Also sollte die Initiative für solche komplementären Währungen von den Gemeinden und Städten ausgehen?

Tatsächlich befinden sich die kommunalen Behörden an vorderster Front, wenn die sozialen Auswirkungen dieser sich abzeichnenden Rezession aufgefangen werden müssen, während gleichzeitig ihre Steuereinnahmen sinken und Darlehen viel schwerer zu bekommen sind.

Welche Lösungen gäbe es dann aber für die Ebene des internationalen Handels, der sich im Zusammenhang mit der Finanzkrise extrem reduziert hat?

Ich habe eine neue globale Währung namens »Terra« vorgeschlagen, die unabhängig von Finanzspekulationen über einen Warenkorb tatsächlich vorhandener Güter abgesichert ist. Heute wird schon rund ein Viertel des globalen Handels als simpler Tauschhandel von Ware gegen Ware abgewickelt, weil es keine Währung gibt, der man bei internationalen Transaktionen vertrauen kann. Was ich vorschlage, ist eine standardisierte Tauschhandelseinheit, die solche Geschäfte enorm erleichtern würde. Sie wäre im Gegensatz zu allen existierenden Währungen viel robuster, weil sie ja auf wirklich vorhandenen Waren und Dienstleistungen basiert. Sie würde wirkliche Werte repräsentieren und wäre damit unabhängig von der Stabilität des Geldsystems. Außerdem könnte man es so gestalten, dass es finanzielle Interessen wieder mit langfristigem Denken verbindet. Es könnte Unternehmen helfen, nachhaltig zu planen, statt nur auf kurzfristigen Profit zu setzen. Es gibt für solche Währungen sogar historische Beispiele, an denen wir sehen können, wie sie funktionieren. Und es gibt durchaus auch Interessen in Asien und Europa, so etwas auszuprobieren. Ich denke, es wäre machbar.

Gilt auch hier, dass es sich dabei nicht um ein gänzlich neues System, sondern um eine zusätzliche Währung handelt?

Es ist ein Teil dessen, was ich das »Ersatzreifenmodell« nenne, das eben dann zum Einsatz kommt, wenn der Hauptreifen platt ist. In diesem Falle wäre es speziell auf die Bedürfnisse des internationalen Handels ausgerichtet. Andere solcher »Ersatzreifen« gibt es für soziale Bedürfnisse, für lokale Initiativen oder kleinere Geschäftsmodelle. Das Interessante daran ist, dass beide Systeme kompatibel sind und nebeneinander bestehen können. So etwas erfüllt lokal im Verhältnis zur viel größeren nationalen Währung die Funktion eines Rettungsnetzes. Aber wir brauchen solche Rettungsnetze auch auf der die nationalen Interessen übergreifenden Ebene. Deshalb schlage ich für beide Bereiche komplementäre Währungen vor. In Kürze lässt sich sagen, dass wir mit ihnen eine Sammlung von Werkzeugen haben, mit denen entweder auf der individuellen Ebene oder in Unternehmen Anreize geschaffen werden können. Dabei handelt es sich in den meisten Fällen sogar um Werkzeuge, die ihre Wirksamkeit schon einmal irgendwo in der Welt bewiesen haben. In dreißig Bundesstaaten der USA wird lokales Geld von der Administration gefördert. Die neuseeländische Regierung unterstützt lokales Geld in den Gebieten, die von der Arbeitslosigkeit am stärksten betroffen sind. Heute gibt es weltweit etwa 2700 lokale Komplementärwährungen.

Kann der komplementäre »Ersatzreifen« installiert werden, ohne das ganze Fahrzeug ins Schlingern zu bringen?

Dieses Modell funktioniert ja schon an vielen Orten, lokal wie international. Wir müssen das Zusammenspiel nur effektiver organisieren, wenn wir zukünftige Krisen verhindern wollen. Das uralte Konzept vom Gleichgewicht zwischen Yin und Yang ist wichtig für das Verständnis komplementärer Währungen. Die gegenwärtigen Währungen sind Yang-Währungen. Als begrenzte Ressource fördern sie den Wettbewerb und die wirtschaftliche Konkurrenz, bilden Kapital und dienen dem Warentausch. Lokale Währungen aber sind gemeinschaftsfördernd und setzen auf das soziale Kapital. Damit werden die sozialen Kosten, die aus Arbeitslosigkeit oder aus Krankheit, Kriminalität und Sucht entstehen, vermindert. Mit einem einzigen Geldsystem können wir einfach nicht alle Probleme lösen, besonders nicht die sozialen Yin-Aufgaben. Vielleicht werden künftige Generationen unser heutiges Monopol an Yang-Währungen so beurteilen, wie wir heute verwundert die Faustkeile der Steinzeitmenschen betrachten, die für alle Aufgaben nur ein Werkzeug hatten. Wir finden es heute ja auf anderen Gebieten auch selbstverständlich, hochspezialisierte Werkzeuge zu benutzen. Nichts anderes sind unterschiedliche Geldsysteme.

Halten Sie es überhaupt für möglich, so etwas einzuführen?

Diese vorgestellte Strategie lässt sich in unseren Zeiten viel schneller anwenden, denn inzwischen gibt es eigens für das Management von Komplementärwährungen konzipierte Software sowie das Internet als Kommunikationswerkzeug. So ist bei der WIR-Genossenschaft in der Schweiz ein umfangreiches System in vier Sprachen einsatzbereit, das simultan mit nationaler Währung und WIR umgehen kann. Es gibt aber auch eine ganze Reihe anderer anwendbarer Computersoftware, um so etwas sofort umzusetzen. Dabei wäre es sicher nützlich, offene Softwarelösungen zu nutzen, die dann den jeweiligen Bedingungen angepasst werden können, in die immer wieder neue Funktionen integrierbar sind und die dann zum Beispiel auch neue Währungen auf herkömmlichen Bankkarten verrechnen können. Die »Strohhalm-Stiftung« in den Niederlanden nutzt eine für gegenseitige Kreditsysteme entwickelte Open-Source-Software für soziale Zwecke, die bereits in mehreren Ländern im Einsatz ist. Außerdem finanziert die Europäische Union zusammen mit der französischen Regierung die Entwicklung eines Systems mit drei verschiedenen Arten von Komplementärwährungen auf der gleichen Smartcard. Diese Anwendung befindet sich gerade in einer ersten Testphase in fünf verschiedenen Regionen in Frankreich und kann leicht für zusätzliche Sprachen oder eine B2B-Währung ausgeweitet werden. Natürlich sollte eine solche Strategie in behutsamen Schritten durchgeführt werden, beginnend mit einer Pilotanwendung in begrenztem Rahmen.

Könnten Sie die Vorteile solcher komplexen Lösungen noch einmal erläutern?

Unser Vorschlag bietet eine *systemische* Lösung für die Instabilität des Finanzsystems, was die gegenwärtigen Ansätze nicht einmal versuchen. Nur systemische Lösungen können uns davor bewahren, in der Zukunft immer wieder die gleichen Probleme durchmachen zu müssen. Wie das WIR-Beispiel zeigt, haben sich Komplementärwährungen als Schlüsselfaktor zur Förderung einer antizyklischen Stabilität erwiesen. Dies wurde nicht nur während der Weltwirtschaftskrise der 1930er-Jahre erreicht, sondern auch in jedem folgenden Konjunkturzyklus der Schweizer Wirtschaft. Eine mehrfach gestaffelte Strategie mit mehreren Interessengruppen hat eine ganze Reihe von Vorteilen für die verschiedenen beteiligten Gruppen, besonders während der Übergangsphase, in die wir nun eingetreten sind. Die Situation verlangt auf den verschiedenen Ebenen – öffentlich und privat, lokal und national – nach klaren Entscheidungen, um die Gesellschaft aus dieser Krise zu führen. Der Lösungsansatz verhindert oder reduziert die Erdrosslung der Realwirtschaft durch die verringerte Kreditvergabe der Banken, zu der es ohne Zweifel kommen wird. Aus einer systemischen Perspektive hätte es theoretisch Sinn gemacht, so eine grundlegende Reform schon lange umzusetzen, aber die Geschichte lehrt uns, dass Veränderungen am Währungssystem immer nur dann stattfinden, wenn eine Gemeinschaft in einer großen Krise steckt oder Krieg führt. Die gegenwärtige Krise ist sicherlich eine von der großen Art. Wir werden gezwungen sein, grundlegende Veränderungen durchzusetzen. Warum sollten wir uns da also nicht in eine Richtung bewegen, die strukturell verhindern würde, dass dieselbe Krise in Zukunft neu entsteht.

Enthält ein solcher Schritt denn kein Risiko für die Regierungen?

Die Entscheidungen, die Regierungen vielleicht treffen werden – Steuerzahlungen teilweise in anderem Geld als dem üblichen Bankengeld zu akzeptieren –, bleiben völlig innerhalb ihrer eigenen politischen Entscheidungsmacht. Die Strategie ist auch sehr flexibel: Eine Regierung kann entscheiden, dass die Zahlungen nur für bestimmte Steuern akzeptiert werden, nur zu einem bestimmten Prozentsatz, nur für bestimmte Steuerjahre und nur für bestimmte Komplementärwährungen, die sie entweder als robust anerkannt hat oder die andere positive Wirkungen haben. Mit Komplementärwährungen würde ein ganz neues Feld der Möglichkeiten eröffnet, die sich ganz auf bestimmte Ziele konzentrieren und exakt darauf abgestimmt werden können. Komplementärwährungen, die zur Steuerzahlung akzeptiert werden, ließen sich also passend für die massiven Herausforderungen, denen sich die Welt gegenübersieht, zurechtschneidern. Vielleicht am wichtigsten: Diese Strategie bewahrt uns davor, den schrecklichsten Teil des 1930er-Szenarios zu wiederholen, wo nichts gegen die Kreditverknappung der zweiten Welle getan wurde, was zu umfassenden Pleiten der produktiven Wirtschaft, unerträglich hoher Arbeitslosigkeit, unsäglichem Leiden und zu einem toxischen politischen Fallout führte, die sich zusammen als gefährliches Gebräu erwiesen, dessen Wirkung – einmal gemixt – nicht mehr zu stoppen war. Hjalmar Schacht, Hitlers Reichsbankpräsident, hatte nur allzu sehr recht, als er darauf hinwies, dass die Popularität der Nazis bei den Wählern eine direkte Folge war von »massenhafter Verzweiflung und Arbeitslosigkeit«.

Wenn – wie Sie zu Anfang sagten – wir einen sehr unbewussten Umgang mit Geld haben, dann scheinen wir ja auch nicht wirklich zu wissen, was Geld ist und welche Potenziale es hat. Müssen wir also mehr vom wahren Wesen des Geldes verstehen, um so eine politische Dynamik verhindern zu können?

Ja! Meine Definition von Geld ist folgende: Geld ist eine Vereinbarung innerhalb einer Gesellschaft, irgendetwas als Tauschmittel zu benutzen. Dabei ist Geld letztendlich nichts anderes als Information. Also ist ein Finanzsystem immer auch ein Informationssystem – es ist sogar das älteste Informationssystem der Menschheit. Schon die ersten schriftlichen Aufzeichnungen aus dem dritten Jahrtausend vor Christus im mesopotamischen Uruk waren eine Art Kontoauszug für geschäftliche Transaktionen. Wahrscheinlich haben wir sogar die Schriftsprache erfunden, um die Möglichkeit zu haben, unsere Geldgeschäfte aufschreiben zu können. Es handelt sich also definitiv um ein komplexes Informationssystem.

Geldsysteme müssen sich auch mit der kulturellen Entwicklung verändern. Lassen sich denn Herausforderungen einer so vielschichtigen Krise, wie wir sie heute erleben, mit dem gegenwärtigen Geldsystem lösen?

Ich glaube nicht! Zuallererst haben wir ein *Problem* mit dem existierenden Geldsystem. Es ist ein System, das sich mit all den Finanz- und Währungskrisen als instabil erwiesen hat. Wir hatten ja schon die Bankenkrisen in Asien, in Mexiko, in Russland und in Lateinamerika. Und es war jedem klar, dass das nicht die letzten Krisen waren, sondern dass weitere folgen werden. Denn die Instabilität ist ein selbstverständlicher Bestandteil in dieser besonderen Konstruktion, die wir das »globale Geldsystem« nennen. Das ist der eine Aspekt. Es gibt einen weiteren Punkt, weshalb ich glaube, dass das heutige Geldsystem uns bei den Problemen, vor denen moderne Gesellschaften stehen, nicht helfen kann. Nehmen wir nur das von Bismarck eingeführte Rentensystem, das damals ein Ende des Berufslebens mit 65 festlegte, während die durchschnittliche Lebenserwartung bei 48 Jahren lag. Heute aber, wo die Menschen viel älter werden, müssen wir natürlich darüber nachdenken, ob wir uns so ein System noch leisten können. Diese Frage wird meines Erachtens ein harter Brocken bleiben. Denn alle Lösungsansätze – ob höhere Steuern, größere Defizite oder ein Abbau der Leistungen mit einem entsprechenden Verlust an Lebensqualität für die alten Menschen – sind alles andere als wünschenswert. Wir haben uns also in eine Sackgasse manövriert, in der das gegenwärtige Geldsystem zwingend soziale Notlagen hervorbringt. Das ist nicht nur bei den Renten so, sondern auch bei Jobs und Arbeitsplätzen: Geld wird z. B. so investiert, dass wir für das Wirtschaftswachstum keine Leute mehr brauchen. Wir sehen Ökonomien wachsen, brauchen aber niemanden mehr, der dieses Wachstum erarbeitet! Wie also können wir dafür sorgen, dass Menschen ihr Einkommen verdienen? Es gibt unendlich viel zu tun in dieser Welt, woran es uns fehlt, ist scheinbar das Geld, diese Arbeit auch zu bezahlen.

Sollen uns auch hier komplementäre Währungen aus der Sackgasse helfen?

Ich glaube, es ist an der Zeit, einmal von dieser Seite aus auf das Thema Geld zu schauen. Und es gibt ja in der ganzen Welt –von Neuseeland bis nach Deutschland – längst alternative Geldsysteme, mit denen man im kleinen lokalen Maßstab hat zeigen können, dass es Kommunen und sozialen Gemeinschaften sehr wohl möglich ist, mit lokalen Währungen nicht nur Arbeitsplätze zu schaffen, sondern auch Autonomie und Selbstversorgung zu ermöglichen. Und dabei kreieren diese lokalen Währungen weder Inflation noch Probleme für den Regierungshaushalt. Wir haben also längst Lösungen vor der Nase, die bereits bewiesen haben, dass sie funktionieren. Aber solche Lösungen verlangen eben, den Rahmen des traditionellen Systems mit seinem Monopol auf alle Lösungen hinter sich zu lassen. Wir müssen einsehen, dass es in dem existierenden System für viele Herausforderungen keine Lösungen gibt!

Es wirkt ja manchmal schon fast komisch, dass die meisten Politiker und Banker angesichts der Krise immer nur mit mehr vom Gleichen regieren und ein nicht funktionierendes System stabilisieren. Heißt das, sie wissen eigentlich gar nicht, was da passiert, obwohl wir sie für die Manager des Systems halten?

Die Regierungen sind mit Sicherheit nicht die Manager des Geldsystems. Das deutlichste Beispiel dafür ist der globale Währungshandel, in dem eigentlich nur Währungen miteinander getauscht werden. An einem ganz normalen Tag beträgt die Summe dieser Geschäfte rund zwei Billionen Dollar. Etwa zwei Prozent dieser unglaublichen Summe werden benötigt, um den Handel von Gütern und Dienstleistungen zu bezahlen, also um Ferien zu finanzieren, mit Öl zu handeln oder Autos zu kaufen. Die übrigen 98 Prozent dieser Währungsgeschäfte sind reine Spekulation. Und das passiert mit einer Geldmenge, die hundertmal so groß ist wie die Geschäfte aller Aktienbörsen auf dieser Welt. Wenn man den Grad an Verrücktheit sucht, dann befinden wir uns da also schon weit jenseits aller Normalität. Denn wir dürfen nicht vergessen: Das System ist völlig instabil und keiner kann es zurzeit kontrollieren – weder der Internationale Währungsfond noch die Zentralbanken und am wenigsten die Regierungen.

Die Regierung ist von diesem Geldsystem genauso abhängig wie der einfache Bürger. Sie muss sich bei den Banken Geld leihen, um ihre Defizite zu decken. Wir leben in einem Geldsystem, in dem tatsächlich jeder Euro aus Schulden von irgendjemandem besteht, sei es die Verschuldung der Regierung oder eines Individuums. Damit ist Geld gleich Schulden. Das ist *eine* Art mit Geld umzugehen. Und sie war effektiv und durchaus erfolgreich, als es darum ging, das industrielle Zeitalter zu finanzieren. In der jüngeren Vergangenheit haben wir jetzt aber große Schritte in der Evolution unseres Wissens gemacht. Und ich glaube, dass wir heute so weit sind, die Werkzeuge bewusst so einzusetzen, dass wir die Meister des Geldes werden, anstatt weiterhin zu erlauben, dass das Geld uns regiert.

Heißt das, mit unserem gegenwärtigen Geldsystem können wir nur kurzfristig agieren und gar nicht nachhaltig in die Zukunft planen? Dann wären ja alle Versuche, die Probleme der Welt zu lösen, chancenlose kleine Strömungen gegen diesen gewaltigen Geldfluss, der alles mitreißt.

Deshalb kommen ja auch diese Initiativen und Innovationen für ein neues Geldsystem nicht aus den Banken und Kabinetten. Weder die Politiker noch die Finanzmanager haben sich das ausgedacht. Diese Impulse kommen von ganz normalen Menschen, von kleinen Unternehmern, von Vereinen und Bürgerinitiativen. Ich habe die Adressen von nicht weniger als 4000 solcher Initiativen, die explosionsartig weiter zunehmen und sich in ihrer Vielfalt weiter auffächern werden. Die von Ihnen erwähnten Mängel hat das traditionelle System ganz ohne Frage. Aber wir müssen das existierende System nicht angreifen. Wir müssen auch nicht verzweifelt versuchen, das existierende Geldsystem zu verändern. Ich glaube eher, dass wir viele Probleme und Mängel des globalen Geldsystems korrigieren können, wenn wir mit komplementären Geldsystemen arbeiten, die neben dem globalen System existieren.

Bisher scheinen sowohl die Modellprojekte komplementärer Währungen als auch die LETS-Systeme (Local Exchange Trading Systems) jedoch noch an einigen Kinderkrankheiten zu leiden …

Wenn man so etwas ganz neu aufbaut, dann sieht es vielleicht erst mal nicht so professionell aus. Aber das liegt in der Natur eines Wandels. Es wird sich langsam verfeinern und stabilisieren. Und ich bin ganz optimistisch, dass parallele Geldsysteme sich weiter ausbreiten und immer wichtiger werden. Das wird einfach deshalb passieren, weil wir vor zahlreichen Problemen stehen, die ansonsten nicht gelöst werden können. Wer meint, wir könnten weitermachen wie bisher, dem stelle ich ganz simple Fragen: Was wollen Sie mit der weltweit wachsenden Arbeitslosigkeit machen? Wie wollen Sie mit den alten Menschen umgehen? Was tun Sie für die Umwelt? Und wenn man auf diese Fragen keine Antworten hat, dann lohnt es sich, sich für Ansätze zu interessieren, die diese Probleme mit Innovationen im Geldsystem lösen.

Was würde Ihrer Meinung nach passieren, wenn das globale Geldsystem kollabiert?

Das würde ich mir am liebsten gar nicht vorstellen. Der Kollaps eines Geldsystems ist immer eine außerordentlich dramatische Angelegenheit. Deutschland hat das in den 20er-Jahren des 20. Jahrhunderts erlebt – und wir wissen, was daraus politisch entstand. Russland ist unlängst durch einen Kollaps gegangen, in der Folge weniger demokratisch und hypernationalistisch geworden und wird gerade wieder zu einer Gefahr für die Sicherheit. Das Ausmaß an Leiden, das bei den Geldkrisen in Asien entstand, ist schon fast unvorstellbar. Da gab es Millionen von Arbeitslosen, Millionen von Kindern fielen aus dem Bildungssystem heraus, weil das Geldsystem zusammenbrach. Wenn das weltweit geschieht, dann sehe ich ein enormes Leiden und extreme politische Instabilität auf uns zukommen. Ich hoffe, ja, ich bete darum, dass wir davon verschont werden. Ich wünsche mir das aus vollstem Herzen – aber mein Kopf ist da sehr viel nüchterner und sieht die Wahrscheinlichkeit eines solchen Totalkollaps in den nächsten paar Jahren bei circa 50 Prozent. Denn wir haben es jetzt mit einem System zu tun, das aus dem Gleichgewicht geraten ist und kippt. Es ist also enorm wichtig, sich bewusst zu sein, dass wir uns auf dieses System nicht mehr wirklich verlassen können. Es wird weitere Krisen geben. Ich hoffe, sie werden nicht noch größer. Aber auch hier sagt mein Verstand: Es wird passieren. Der instabile Zustand wächst und wird größer und größer.

Aber was ist der Mythos hinter dem blinden Glauben ans Geld? Welche Erwartungen, Gefühle und psychischen Muster projizieren wir da auf das Geld, die es offenbar nicht erfüllen kann?

Jeder der im Finanzmarkt tätig ist, wird Ihnen sagen, dass es zwei vorherrschende Gefühle sind, die da eine Rolle spielen. Das eine ist die Gier, also das Bedürfnis mehr und mehr Geld anzuhäufen, und das andere ist die existenzielle Angst vor dem Mangel, anders gesagt: »Ich brauche immer mehr, sonst sterbe ich!« Es ist die Polarität zwischen diesen beiden Extremen, welche die Verhaltensmuster im Finanzmarkt bestimmt und damit auch das gegenwärtige Geldsystem, über das wir hier reden. Aber dabei ist es wichtig, sich daran zu erinnern, dass dies ein relativ junges konkurrenzorientiertes hierarchisches System ist und eben nicht die einzig mögliche Art, den Umgang mit Geld zu organisieren. Wir haben uns nur so daran gewöhnt, dass wir glauben, es wäre von Natur so und ginge gar nicht anders.

Die Art unseres Vertrauens in das Geld hat dann aber schon fast eine theologische Dimension. Und manchmal sagen wir ja auch kritisch, wir huldigten längst dem Gott Mammon. Gibt es diese Verbindung zwischen Glaube und Geld?

Geld ist Glaube, es basiert auf Vertrauen. Das ist sein Kern. Und eine Krise entsteht dann, wenn das Vertrauen verloren geht. Das funktioniert wie eine sich selbst erfüllende Prophezeiung. Und deshalb bin ich immer auch etwas zurückhaltend, darüber zu sprechen. Denn ich will ebenso wenig wie alle anderen, dass der Kollaps passiert. Aber es ist die Realität. Schauen Sie sich einfach nur um: Wir müssen anerkennen, dass in den letzten Jahren schon rund eine Milliarde Menschen von solchen Prozessen betroffen war. Und dass man nichts am System verändert hat, was die nächste Krise hätte verhindern können. Also ist Ihre Annahme richtig: Es gibt da eine Dimension des blinden Glaubens. Eine Definition, die ich für Geld verwende, lautet »glauben an einen Glauben«: »Ich glaube, dass du glaubst, dass dieses Stück Papier etwas wert ist! Deshalb bin ich bereit, es mit dir einzutauschen, denn ich erwarte, dass ich es dann auch mit anderen tauschen kann!« Eigentlich aber ist das mit einer Zahl bedruckte Papier wertlos: Wenn ich jedoch weiß, dass mein Gegenüber an seinen Wert glaubt und mir dafür etwas zu essen gibt, dann bin ich bereit, mich darauf einzulassen. Das ändert sich, sobald der Glaube zerbricht. Und der Glaube an einen Glauben ist eine ziemlich fragile Angelegenheit. Demgegenüber kann ein persönlicher Glaube so stark sein, dass sich Menschen dafür gegenseitig umbringen, ohne ihn in Frage zu stellen. Der Glaube an den Glauben von jemand anderem ist da viel zerbrechlicher. Und das ist der Grund für die Fragilität des ganzen Geldsystems.

Das klingt, als wäre das System so vertrauenswürdig wie ein Orakel…

Ganz genau. Das Orakel von Delphi erfüllte die gleiche Rolle wie bis vor Kurzem die Erklärungen von Alan Greenspan und nun Ben Bernanke. Die Notenbankpräsidenten benutzen auch eine ähnlich verschwommene Sprache. Einer von Greenspans Scherzen war die Aussage: »Wenn Sie mich verstanden haben, dann habe ich mich noch nicht klar genug ausgedrückt!« Mit anderen Worten: Vieldeutigkeit ist ein Teil ihrer Erklärungen, ganz genauso wie in einem Orakel.

Und die Banken sind dann die Tempel dieses Glaubens?

Ganz genau! Bis vor Kurzem, das nur nebenbei, wurden Banken auch so gebaut. Die charakteristische Bank hatte eine neogriechische Architektur. Und auch die erste Internetbank zeigte auf ihrer Website einen griechischen Tempel im Logo. Das ist Teil der Struktur, einen Glauben zu etablieren, denn letztlich verkauft das Geldsystem ja genau das. Dafür ist es notwendig, Strukturen zu erschaffen, die den Glauben aufrechterhalten.

Wie sehen Sie die Zukunft des Geldes?

Ich sehe uns mitten in einem fundamentalen Übergang, der sehr viel mit dem Übergang ins Informationszeitalter zu tun hat. Wenn wir uns in einer Informationsrevolution befinden, muss auch unser ältestes und augenfälligstes Informationssystem in Frage gestellt werden. Und ich sehe, dass diese Revolution durchaus gute Seiten hat, wenn wir sie richtig zu nutzen wissen. Natürlich liegen in dieser jetzigen Situation Gefahren – das Risiko gehört immer zum Wandel –, aber es bieten sich auch außerordentliche Möglichkeiten. Ich sehe durchaus die Perspektive von – wie ich es nennen würde – einer »nachhaltigen Fülle« für die Mehrheit der Menschheit. Das lässt sich realisieren, wenn wir das vorhandene Wissen als Basis nutzen und unsere Erfahrungen mit unterschiedlichen Geldsystemen als Schlüssel benutzen, um einige der schon erwähnten großen Probleme, vor denen wir stehen, anzugehen. Denn innerhalb des gegenwärtigen Systems gibt es dafür definitiv keine Lösungen. Die Modelle dafür sind da. Sie haben gezeigt, dass sie funktionieren. Das ist das Entscheidende. Wir verfügen über Lösungsmodelle, wir müssen nur lernen, sie als Beispiele zu nutzen.

Wenn wir auf die Metapher vom Beginn zurückkommen, dann klingt das alles ein wenig so, als wolle der Fisch dafür sorgen, dass das Wasser seine Fließrichtung ändert. Was ist zu tun, um aus diesem Gefühl herauszufinden, Opfer eines Systems zu sein, von dem wir abhängig scheinen?

Ich glaube, zu allererst geht es um Bewusstsein und Erkenntnis: Wir müssen lernen, wie Geld funktioniert! Eigentlich ist es ja ein Witz, dass die meisten Leute heute davon überzeugt sind, das wäre die Sache des Finanzministers. Das ist es ganz und gar nicht. Geld ist eine private Aktivität. Wir müssen all die Illusionen und Mythen ums Geld über Bord werfen. Und das geht nur durch Wissen und Bildung. Zweiter Schritt: Lasst uns herausfinden, was sich kreative Menschen in aller Welt haben einfallen lassen. Wir mussten ja auch

Flugzeuge nicht immer wieder neu erfinden, seit die Gebrüder Wright gezeigt haben, dass solche Dinger fliegen. Wir müssen die vorhandenen Modelle nur ein wenig verbessern, sodass sie problemloser funktionieren und können – schon während wir das machen – dabei durchaus eine andere Welt erschaffen. Auch hier geht es ums Lernen. Letztlich glaube ich, dass die beiden Dinge, die wir am dringendsten brauchen, Bewusstsein und Wissen sind. Und sind wir nicht längst schon in einer Bewusstseinsrevolution? Wenn das die gegenwärtige Strömung ist, lasst uns sehen, welche Möglichkeiten sich bieten und wo wir damit hinkommen.

Sie warnen vor der Wahrscheinlichkeit eines globalen Finanzkollaps in den nächsten fünf Jahren mit furchtbaren Konsequenzen. Was also müssen wir tun? Uns auf den Untergang der Titanic vorbereiten?

Ich würde sagen: Baut Flöße! Ich glaube nicht, dass die Politiker in aller Welt es schaffen werden, sich zusammenzusetzen, um mit einem neuen Bretton Woods* das Finanzsystem zu stabilisieren. Man wird es hier ein bisschen reparieren und da wie einen Weihnachtsbaum neu schmücken, damit es ein wenig hübscher ausschaut. Aber die Grundstruktur wird von den Regierungen nicht verändert werden können. Was aber dann? Die einzige Antwort lautet: Wir müssen von unten Systeme schaffen, die robust genug gegen alle Instabilitäten sind und unabhängig davon funktionieren, was mit dem konventionellen Geldsystem passiert. Natürlich mag so ein Ersatzreifen erst mal idiotisch aussehen. Aber wenn der Hauptreifen platt ist, ist so ein Ding halt verdammt nützlich. Und wenn das ganze Geldsystem in den Keller geht, brauchen wir so etwas ganz dringend. Hätte es so was schon vor der aktuellen Krise gegeben, hätte viel Leiden vermieden werden können. Lasst uns also die Initiative ergreifen!

* In der Konferenz von Bretton Woods wurde 1944 das internationale Währungssystem neu geordnet. Der mit Gold hinterlegte US-Dollar wurde als Leitwährung bestimmt, und feste Wechselkurse wurden vereinbart.

Es wirkt ja dann so, als könnten wir mit dem gegenwärtigen Geldsystem nicht die vor uns liegenden Probleme lösen. Heißt das, dass es ohne einen Wechsel des Geldsystems auch keine nachhaltige Zukunft gibt?

Exakt! Genau das ist meine Kernaussage! Ich betone immer wieder, dass wir so nicht weitermachen können, weil im Rahmen dieses Systems die Probleme nicht lösbar sind. Wir haben zum Beispiel genug Essen für alle auf diesem Planeten, aber nicht genug Geld, um es zu kaufen. Es gibt genug Arbeit, die zu tun wäre, aber nicht genug Geld, um die erbrachten Leistungen zu entlohnen. Diesen Konflikt gibt es schon so lange, wie es modernes Geld gibt. Jetzt aber sind wir an einem Punkt angekommen, wo unsere Gesellschaft gezwungen ist, diese Denk- und Verhaltensmuster aufzubrechen, wenn sie nicht zusammenbrechen will. Wir müssten sonst bald 25 Prozent der alten Menschen unversorgt lassen und ein Viertel der Menschen wäre dauernd arbeitslos. Sie müssten sich um ihr eigenes Überleben kümmern, weil es der Staat nicht länger bezahlen kann. Und all das würde geschehen, um das bisherige Monopol eines Geldsystems zu retten. Ich frage mich, ob das wirklich die beste Lösung ist. Ich glaube, es ist an der Zeit aufzuwachen. Wir müssen uns bewusst werden, was möglich ist und schon funktioniert.

Müssen wir den alten Mythos ums Geld aufdecken, um einen neuen zu erfinden?

Ich würde keinen neuen Mythos schreiben. Lasst uns lieber Klarheit gewinnen über den alten Mythos und versuchen, ihn so zu nutzen und zu verändern, dass er bei der Lösung unserer gegenwärtigen Probleme dient. Zuallererst aber müssen wir uns darüber klar werden, dass es rund um unser Geldsystem einen Mythos gibt. Es geht um das Begreifen dessen, was da tatsächlich passiert. Denn dann können wir prüfen, ob uns dieses System dient. Ich behaupte: Es dient uns schon lange nicht mehr. Es ist an der Zeit zu begreifen, dass es nicht mehr funktioniert. Je länger wir diese Einsicht noch hinausschieben, desto schmerzvoller wird das Erwachen sein.

Wer aus einer Zukunftsvision handelt, lebt, statt nur zu agieren

Im Dialog mit Ibrahim Abouleish, dem Gründer der Sekem-Initiative

Dr. Ibrahim Abouleish, ägyptischer Pharmazeut, Chemiker und Unternehmer, traf 1978 nach langen Jahren in Österreich und Deutschland die Entscheidung, in sein Heimatland zurückzukehren und ein gänzlich neues Entwicklungsmodell zu errichten. Sechzig Kilometer nördlich von Kairo gründet er mitten in der Wüste die biologisch-dynamische Sekem-Farm. In der Gemeinschaft entstanden Kindergärten, Schulen, Fortbildungseinrichtungen, Krankenhäuser, Kunstprojekte, soziale Sicherungssysteme, Gleichberechtigungs- und Menschenrechtsinitiativen. Der Erfolg der Farm mit der biologisch-dynamischen Landwirtschaft hatte zur Konsequenz, dass 800 landwirtschaftliche Betriebe im Umkreis von Kairo ihren Anbau umstellten. Im Jahr 2003 zeichnete die Schwab-Foundation – Ausrichter des jährlichen Weltwirtschaftsforums – die Unternehmensgruppe Sekem als ein vorbildliches nachhaltiges Modellunternehmen aus. Nur wenige Monate später erhielt Ibrahim Abouleish den Alternativen Nobelpreis. www.sekem.com

Die Debatte über eine Zukunft, die aus Krise entsteht, läuft Gefahr, blutleer zu werden, wenn sie nicht an realen Projekten dargestellt werden kann. Über Ihre Initiative in einem krisengeschüttelten Land wie Ägypten spricht man als »Wunder in der Wüste«. Können Sie kurz skizzieren, was Sekem eigentlich ist?

Sekem ist die Initiative, die ich 1977 in Ägypten ins Leben gerufen habe. Es ist eine Entwicklungsinitiative – sie will die Entwicklung der Erde, der Menschen, der Gesellschaft fördern. Um das umsetzen zu können, haben wir uns gefragt: Was brauchen die Menschen überall auf unserer Welt heute eigentlich? Was können Pioniere, die irgendwelche Fähigkeiten für so einen Wandel mitbringen, für die Menschen der Welt tun, was nicht nur dem eigenen Vorteil dient, sondern der Gemeinschaft des Lebens. Heute ist Sekem nicht nur die Mutterfarm von rund 850 Bauernhöfen, die überall in Ägypten auf mehr als 10 000 Hektar biologisch-dynamische Landwirtschaft betreiben und die Produkte gemeinsam vermarkten. Sekem ist auch eine Unternehmensholding aus acht erfolgreichen Firmen, die Lebensmittel, Gewürze und Tees herstellen, verarbeiten und exportieren, aus heilenden Pflanzen Medizin entwickeln und international vermarkten, die ihre biologisch angebaute Baumwolle zu gesunder Kinderkleidung verarbeiten. Zur Sekem-Gemeinschaft, die 2000 Menschen Arbeit gibt, gehören Kindergärten, eine Polyklinik, Schulen, Einrichtungen zur Erwachsenenbildung und ab Herbst 2009 eine Universität. Aber auch Forschungseinrichtungen, Theaterprojekte, Behinderteneinrichtungen, Straßenkinderinitiativen. Rund 30 000 Menschen sind in Ägypten an das Sekem-Netzwerk angeschlossen, das Gesundheitszentrum des Projekts versorgt nicht weniger als 50 000 Ägypter medizinisch. Es ist tatsächlich ein Entwicklungsimpuls* geworden, der nicht nur landesweit, sondern international Wirkung entfaltet.

Was hat Sie dazu gebracht, eine solche Initiative zu starten, die zunächst einmal absolut unrealistisch oder gar verrückt erschien? War es eine Vision, die aus der Konfrontation mit einer schmerzhaften Realität entstand?

Die Idee, ein Entwicklungsmodell in meiner Heimat zu realisieren, entstand, als mir bewusst wurde, wie viele arme Menschen in Ägypten leben. Dieses Modell sollte nicht nur zeigen, wie sich das Bewusstsein von Menschen durch Bildung und kontinuierliche Lernprozesse entwickeln kann, sondern auch, wie man auf nachhaltige

* Ibrahim Abouleish: *Die Sekem-Vision. Eine Begegnung von Orient und Okzident verändert Ägypten*, Mayer-Verlag, Stuttgart 2005

Weise an der Weltwirtschaft teilnehmen und die Politik des Landes friedvoll mitgestalten kann. Ich spreche statt von Visionen lieber von Seelenbildern. Eine Vision, besonders in der Form einer solchen Idee von Entwicklung, ist sonst etwas sehr Abstraktes und entwickelt keine Anziehungskraft. Bei Seelenbildern ist das anders, die sind nicht erdacht, sondern gefühlt. Ich hatte also das Gefühl, in die Wüste gehen zu müssen, Brunnen zu bohren, Pflanzen zu kultivieren, so viele, dass auch Tiere und Menschen kommen würden, um dort zu arbeiten und zu lernen. Die Seelenbilder waren sehr konkret: Ich sah mich in dieser Wüste Wasser aus einem Brunnen schöpfen und es zu den Blumen, Gewürzen und Bäumen bringen, die ich pflanzen wollte. Ich spürte den Schatten der Bäume, sah das Grün und die Farben der Blumen in der Wüste, hörte das Brummen der Insekten und den Gesang der Vögel. Es war so etwas wie ein gefühltes Gebet. Und ich bin immer wieder erstaunt, wenn ich an dieses Seelenbild denke und dann sehe, was nun realisiert wurde – wie es sich entwickelt hat und Wirklichkeit geworden ist.

Sich so etwas in der Wüste zu denken, bedeutet ja eigentlich, mitten im Zentrum einer unbelebten und chaotischen ökologischen Krisenregion ein Paradies errichten zu wollen. War dieses Extrem Herausforderung oder Chance?

In dieser Idee, mitten in einer feindseligen Umgebung eine Oase oder ein kleines Paradies zu erschaffen, lag für mich die bildhafte Vorstellung eines Neuanfangs, eines Wiederauflebens, so wie die Morgendämmerung nach einer langen Nacht in der Wüste. Insofern brauchte es schon das Dunkel der Nacht und die Feindseligkeit der Wüste. Auf diesem Hintergrund sah ich das, was zu tun war, wie ein Modell vor mir, bevor die eigentliche Arbeit in der Wüste losging. Eigentlich aber gingen meine Bedürfnisse viel weiter – denn ich wollte, dass die ganze Welt sich entwickelt. Und je weiter ich dann daran gearbeitet habe, desto genauer malte ich das innere Bild aus: mit immer wieder neuen Farbklecksen, die sich im Laufe der Zeit weiterentwickelt und ergänzt haben.

Warum aber gingen Sie dafür in die Wüste, anstatt sich daran zu orientieren, was an Wissen, Kultur und Tradition vor Ort schon da war?

Wenn man etwas wirklich Neues schaffen will, liegt die größte Herausforderung darin, die alten Lösungsansätze wirklich hinter sich zu lassen. Es gibt ja überall in den Städten und Dörfern soziale Formen, die schon seit Jahrhunderten praktiziert werden. Die zu verändern, ist sehr schwer. Mir war klar: Wenn man wirklich etwas verändern will, müsste man weit weg von allen diesen existierenden Formen in der Wüste ein neues Modell für Ägypten entwickeln. Es brauchte die Leere, das ganz Unstrukturierte. Deshalb wollte ich in die Wüste gehen, um neue soziale Formen zu erschaffen. Obwohl andere in der Wüste das Ende aller Entwicklungen sahen, war es für mich das Gegenteil. Es war der Platz, um ein Modell zu gebären. Und zwar ein Modell, an dem nicht nur Ägypter beteiligt sein sollten, sondern auch andere Nationalitäten, Menschen verschiedener Sprachen und Religionen. Ich ahnte, dass an so einen Ort Menschen von überallher kommen würden, um sich an dem Aufbau von etwas Neuem zu beteiligen, miteinander zu arbeiten und dabei voneinander zu lernen, anstatt sich immer weiter voneinander abzugrenzen. Mit dieser Erfahrung können sie dann wieder in ihre alten Verhältnisse zurückkehren und die Impulse des Neuen in die Welt tragen. Das ist ja die Aufgabe eines Modells, stellvertretend das Neue zu entwickeln, damit die Menschen den Unterschied zum Status quo bemerken und vielleicht mit der Zeit das Alte verändern.

Die Vision, die Wüste zu begrünen, hat ja eine fast archetypische Symbolik…

Da haben Sie recht. Auch die Wüste ist eine Metapher. Und wenn wir sie als solche begreifen, entsteht in uns die Frage: Wo gibt es eigentlich in unserem Leben überall Wüsten? Wo erschrecken sie uns? Welche Möglichkeiten eröffnen sie uns? Wie können wir sie begrünen? Man müsste doch eigentlich – ganz egal, wo man ist –

neue Gebiete erschließen, Wüsten kultivieren und verwandeln. Überzeugen tut das Modell, das man neu schafft. Das überzeugt mehr, als wenn man tausend Bücher schreibt. Selbst wenn man Generationen braucht, um es zu realisieren. So ein Projekt gleicht dem fliehenden Horizont. Man schreitet ihm entgegen, aber kommt ihm nicht näher, weil er immer gleich weit weg ist. Und doch zieht einen die Vision am inneren Horizont, der sich im Gehen wandelt und entwickelt. So ein Horizont ist nicht nach linearen Zeitvorstellungen zu erreichen. Ich wusste das. Ich brauchte sehr viel Geduld und Liebe zu der Vision. So begann es klein, aber mit dem Vertrauen, dass es größer werden würde.

Also dachten Sie nicht in Diagrammen und Wachstumskurven, sondern eher in Systemen, Synergien und Kreisläufen?

Voraussetzung ist eine integrative Denkart, die eine ganzheitliche Anschauung benötigt. Sie baut nicht auf Herrschaft, sondern wie in natürlichen Lebensprozessen auf Kooperation und Partnerschaft. Dabei steht nicht Quantität, sondern Qualität im Mittelpunkt. In diesem Verständnis sind alle Lebewesen Mitglieder ökologischer Gemeinschaften, die durch ein Netz wechselseitiger Abhängigkeiten miteinander verbunden sind. Mit dieser Einsicht entdeckte ich, dass sich die ideale Struktur von sozialen Organisationen im Netzwerk verwirklicht.

Was bedeutet das Wort »Sekem«?

Sekem ist ein altägyptisches Wort und bedeutet »Lebenskraft«. Die alten Ägypter hatten das Licht und die Wärme der Sonne als lebenspendende Kraft erkannt, die alles, was ist, durchdringt, belebt und entwickelt. Dieser Grundimpuls der Entwicklung, dem wir in Sekem folgen, ist sehr umfassend. In der Regel geht man in »Entwicklungsländern« davon aus, dass Armut durch finanzielle Entwicklungshilfe überwunden wird. Wir sind davon überzeugt, dass Entwicklung so nicht funktioniert. Um Entwicklung zu ermöglichen, braucht es zunächst einen ganzheitlichen wirtschaftlichen Ansatz, der für eine ökonomische Unabhängigkeit sorgt. Denn man kann Kultur und Entwicklung nicht in Armut herstellen. Mit den aus wirtschaftlichen Initiativen entstehenden Profiten können kulturelle Maßnahmen – das heißt Erziehung, Kunst, Forschung, Gesundheit – gefördert werden. Damit die beteiligten Menschen aber diese Schritte verwirklichen können, brauchen sie Bildung, Rechte und Sicherheiten, durch die sie Identität und ein Bewusstsein ihrer Potenziale entwickeln können. Also haben wir neben den wirtschaftlichen Betrieben für die finanziellen Einnahmen und der Stiftung zur Förderung der Gesundheit, Forschung und kulturellen Bildungseinrichtungen als Drittes einen Verein gegründet, der die Menschenrechte pflegt, entwickelt und den Menschen bewusst macht, dass sie diese Rechte zum Arbeiten, zum Lernen und für gesundheitliche Versorgung haben. Natürlich ergeben sich aus den Rechten auch Aufgaben. Diese drei Identitäten – der Wirtschaftsbetrieb, die Stiftung für kulturelle Entwicklung und der Verein für die Mitarbeiter- und Menschenrechte – haben miteinander etwas geschaffen, was für die Welt heute ein Modell für die Entwicklung im 21. Jahrhundert darstellt.*

Sie sprachen von der Notwendigkeit, etwas Altes hinter sich zu lassen und ganzheitlich, über die alten Grenzen hinaus denken zu lernen. Lässt sich das modellhaft in Ihrer Biografie wiederfinden?

Ob sie modellhaft ist, weiß ich nicht. Als ich 1956 Ägypten verließ, war es die Sehnsucht, eine viel größere Welt zu erleben und das Neue kennenzulernen. Das ist sicher wichtig für die Gestaltung von Zukunft. Nachdem ich 19 Jahre in Österreich und Deutschland studiert und gearbeitet hatte, kehrte ich 1975 eigentlich nur zu Besuch in meine Heimat zurück. Als ich Ägypten als Jugendlicher verlassen hatte, war es eines der schönsten und kultiviertesten Länder der

* Daniel Baumgartner und Michael Bader: *Sekem. Im Puls der Zukunft. Wie eine Vision Ägypten verändert*, Verlag Pforte, Dornach 2008

Welt. Von den 18 Millionen Menschen im ganzen Land waren nicht weniger als acht Millionen Europäer. Kairo war eine der schönsten Städte des Mittelmeers, ebenso Alexandria. Das Land war reich, und die Menschen waren gesund. Und es gab eine sehr menschliche Form miteinander umzugehen. Dieses Erinnerungsbild hatte in meiner Seele weitergelebt. Als Nasser in den 50er-Jahren ans Ruder kam, verließen aber viele Europäer das Land. Von da an ging es mit Ägypten bergab. Es war ein chaotisches Land, das ich 1975 vorfand: Die Bevölkerung war in kurzer Zeit von zehn Millionen auf heute 80 Millionen Menschen angewachsen. Es herrschte Armut, das Erziehungssystem war desolat. Mir schien, dass dieses Land am Ende war. Ich versuchte mir einzureden, dass es auch Kulturen geben müsse, die untergehen. Mein Verstand sagte mir: »Es ist, wie es ist, du hast jetzt eine andere Heimat«, aber mein Herz und mein Gefühl haben das nicht akzeptiert. Diese Bilder der Armut und des Chaos haben mich angeregt, nach Lösungen zu suchen – eben nicht nur aus der sicheren Distanz zu analysieren, woher das alles kam, sondern wirklich Lösungen für eine bessere Zukunft der Menschen suchen. Die Krise des Landes, die ich vorfand und anerkannte, war also der Zündfunke dafür, neue Impulse zu erdenken und einbringen zu wollen.

Ist es dafür von Vorteil, zwischen zwei Kulturen zu stehen und nicht in einer Identität, einem Weltbild, einer Ideologie oder Religion gefangen zu sein?

Wahrscheinlich hat die Tatsache geholfen, dass ich im Laufe meiner Biografie eigentlich mehrere Leben gelebt habe. Mein Leben als Jugendlicher in Ägypten war völlig anders als mein Leben in Europa. In diesen 21 Jahren habe ich diese wunderbare europäische Kultur genossen und aufgesogen, ohne mich dabei von meinen arabischen Wurzeln abzutrennen. Die europäische Kultur hat es mir vielmehr ermöglicht, meine Wurzeln, auch den Islam, neu zu verstehen, zu respektieren und zu lieben. Meinen Aufenthalt in Europa verstehe ich als neue, geistige Geburt, während ich in Ägypten physisch geboren bin. Ich musste in Europa erwachsen werden, um diese Reife dann voller Dankbarkeit in mein Land zurücktragen zu können und die Fähigkeiten, die ich mir während meines Lebens angeeignet habe, zu nutzen. Dieser Wechsel zwischen den Kulturen und Welten war enorm wichtig, um neue Lösungen sehen zu können. Das entzündete die erste Flamme der Vision. Hinzu kam die Aufforderung von Präsident Sadat, den ich gut kannte, der nach dem Krieg 1973 dazu aufrief, unser Land wieder aufzubauen. Ich war einfach ergriffen von der Situation des Landes und habe dann lange überlegt, bis es irgendwann einmal dazu kam, dass ich meine Familie fragte: »Was würdet ihr sagen, wenn wir nach Ägypten zurückgingen und dort einen neuen Impuls setzten?«

Ist Sekem dann ein europäisches oder ein arabisches Projekt?

Das kann ich nur auch wieder nur biografisch beantworten. Ich lebte wahrscheinlich nacheinander in zwei sehr unterschiedlichen Identitäten. Die orientalische Welt, in die ich geboren wurde, und die europäische, die ich wählte. Heute aber bin ich weder europäisch noch ägyptisch. Das merke ich besonders am Umgang mit Kunst. Ich kann Händels »Messias« als ein Gebet an Allah hören. Die beiden unterschiedlichen Identitäten lösten sich nach und nach auf und wurden zu einer dritten, in der es kein Entweder – Oder mehr gab. Was ich erlebe, ist aber kein fauler Kompromiss, sondern eher die Emergenz aus einer wirklichen Vereinigung der beiden Kulturen. Für mich sind das zwei wichtige Individualitäten, zwei verschiedene Geistesrichtungen, die sich mit- und durch einander befruchten und sich immer weiterentwickeln. Deshalb bin ich heute sicher kein Europäer, aber auch kein Orientale mehr. Diese Begegnung zwischen Orient und Okzident in meiner Seele war wahrscheinlich die fruchtbarste Symbiose, die ich erleben konnte. Insofern ist wahrscheinlich auch Sekem und seine Vision nicht entweder orientalisch oder europäisch, sondern beides zugleich und darüber hinaus mehr.

Gibt es eine Erklärung für diesen erstaunlichen Erfolg: acht Unternehmen, die Wüste zu begrünen, Tausenden von Menschen Arbeit und Lebenssinn zu geben?

Es war angesichts dieser enormen Krise Ägyptens mein Wunsch, eine Gemeinschaft für Menschen aus allen sozialen Schichten aufzubauen. Es musste eine Initiative sein, die sich aus der Zivilgesellschaft entwickelte. Ich habe zusammen mit einem Dorfbewohner aus der Umgebung angefangen. Es gab keine Infrastruktur, keine Elektrizität, eigentlich gar nichts. Das Land musste bewässert und begrünt werden. Mir wurde bald klar, dass die Umsetzung meines Traums nicht nur für mich, sondern sogar für kommende Generationen eine Lebensaufgabe sein würde. Die ganze Initiative baute von Anfang an auf natürliche Grundlagen und sollte sich daraus kulturell und ökonomisch entwickeln. Zuerst brauchten wir Kapital, das wir mit der Gewinnung von Extrakten aus Medizinalpflanzen erwirtschafteten, die dann nach Amerika verkauft wurden. Der nächste wichtige Schritt war dann die Gründung verschiedener Institutionen. Im Bereich der Ökonomie mussten Firmen entstehen, die nicht nur Gewinne erwirtschaften, sondern dabei auch nach ethischen, moralischen – letztlich kulturellen – Prinzipien arbeiten sollten. Ebenso brauchten wir Institutionen im Kultur- und Geistesleben sowie in Forschung und Entwicklung. Auch Schulen und Gesundheitszentren waren aufzubauen. Und wir brauchten für all das Regeln und Rechte, die verstanden, institutionalisiert und organisiert werden mussten. Die Institutionen waren der Weg, um die Vision, die zunächst wie ein Luftschloss im Himmel schwebte, herunter auf die Erde zu holen. Mir war klar, dass ein Mann das allein nicht schaffen konnte. Wir brauchten Partner aus aller Welt für dieses internationale zivilgesellschaftliche Projekt. Das war damals neu und ist heute immer noch ein Modell.

Aber der neue Impuls begann mit dem biologisch-dynamischen Anbau auf neu geschaffenem Humus?

Wir begannen mit dem biologisch-dynamischen Anbau, um das Potenzial der Mikroorganismen zur Entfaltung zu bringen und das Land neu zu beleben. Auf der Basis eines gesunden Humus konnte dann alles andere wachsen. Diese Form der Landwirtschaft haben wir nicht nur wirtschaftlich, sondern als Kulturimpuls begriffen, denn hinter diesem Ansatz, die Erde wieder fruchtbar zu machen, steckt sehr viel mehr an neuen Ideen. Im Englischen wird das im Wort *agriculture* deutlich. Es geht tatsächlich um eine Boden-*Kultur*. Das ist etwas anderes als Land-*Wirtschaft*. Eigentlich hat man in der Landwirtschaft sehr wenig wirtschaftliche Erträge. Der Mehrwert entsteht erst, wenn man diese Rohstoffe, so wie wir es tun, zu Heilmitteln, zu Nahrungsmitteln oder zu Kleidung weiterverarbeitet. Dieser Ansatz der Weiterverarbeitung und Entwicklung ist durchaus auch eine Metapher für die Sekem-Gemeinschaft. Es ging ja nicht nur um dieses Stück Wüste, das begrünt werden sollte. Das sollte ja nur der Ausgangspunkt sein für die Entwicklung und Heilung der Menschen und des Landes. Ein wesentlicher Schritt war dabei dann die Entwicklung eines natürlichen Pflanzenschutzes für die ägyptische Baumwolle. Das führte dazu, dass mittlerweile auf Tausenden von Hektar in Ägypten biologisch Baumwolle angebaut wird.

In Ihren Worten erscheinen immer wieder die drei Begriffe Wirtschaft, Kultur und Recht …

Das sind die drei Säulen von Sekem. Vom ersten Tag an haben wir dafür drei Institutionen geschaffen: eine Firma, die Mehrwert schaffen sollte, eine NGO zur kulturellen Entwicklung, die sich um die Erziehung und um die Gesundheit und um die Kunst kümmern sollte, und eine Kooperative, die sich um die Rechtslage der Menschen kümmern sollte. Diese drei sollten nicht gegeneinander wirken, sondern zusammen so etwas wie eine Sinfonie spielen. Wir wollten in Sekem endlich den alten Fehler von Entwicklungsinitiativen überwinden, der regelmäßig darin besteht, dass die Wirtschaft mit ihren Impulsen voranschreitet und die Kultur mühsam hinterherhinkt. Hier sollten beide gemeinsam wachsen. So haben wir auf der Basis der Agrarkultur gewirtschaftet, biologisch-dynamisch den Boden bearbeitet und Heilpflanzen, Gemüse, Baumwolle und Gewürze angebaut. In der Landwirtschaft arbeiten mittlerweile ein paar Tausend Menschen daran, die Rohstoffe zu liefern. Was als organische Rohware von den Feldern geliefert wird, wird in Sekem zu Phytopharmaka, zu Lebensmitteln und zu Bekleidung verarbeitet. In unseren Betrieben arbeiten über 2000 Menschen, die ihre Rechte und Pflichten kennenlernen, sie weiterentwickeln und schützen. Und aus dem Mehrwert, der auf dieser Basis erwirtschaftet wird, entstehen die Schulen, die kulturelle Arbeit, die Forschung – alles Elemente, die wiederum für die Entwicklung der Persönlichkeit da sind. Das ist eigentlich genau das Modell der Dreigliederung, was schon vor 100 Jahren Rudolf Steiner in einem ersten Entwurf vorgedacht hat. Aber das Sekem-Modell ist nicht nur anthroposophisch beeinflusst, sondern dabei auch ganz konform mit dem Islam und entspricht darüber hinaus den Anforderungen für Entwicklung in einer globalisierten Welt.

Ist mit diesem aktualisierten Modell der Dreigliederung Sekem dann so etwas wie eine nachhaltige Kultur im Miniaturformat?

Das ist das, was Sekem sein will – ein funktionierendes Modell für die Welt. Nennen Sie es ein Experiment, einen Versuch für die Zukunft. So etwas kann man sich am Schreibtisch zwar ausdenken, aber erst, wenn man es umsetzt, sieht man, wie viele Korrekturen, wie viel Ausdauer, vielleicht auch Kompromissbereitschaft, aber auch wie viel Weisheit dafür notwendig ist. Wenn man Zukunft erschafft, darf man nicht auf den perfekten Plan warten, sondern muss seine Vision von heute auf morgen realisieren. Man muss dabei nicht in detaillierten Phasen und Etappen denken, denn die ergeben sich beim Aufbau wie von selbst. Man kann auch ganz klein anfangen, muss aber konsequent den ganzheitlichen Ansatz bewahren, also immer die drei Glieder des sozialen Lebens im Auge behalten. Das schließt ein, qualitativ gut, ökologisch und verantwortungsbewusst zu wirtschaften, sich immer um die Individualität oder Persönlichkeitsbildung, um Forschung und um Kunst zu kümmern. Gleichzeitig muss man sich immer mit dem größeren politischen Umfeld und der Lage der Menschenrechte auseinandersetzen. All das sollte vom Moment der Umsetzung an bedacht werden – auch wenn man ganz klein anfängt. Dann ist Wachstum möglich. Und wir haben mit fast 30 Prozent eine gute jährliche Wachstumsrate. So ein Wachstumstempo ist aber nur gesund, wenn die Menschen, die das professionell machen, innerlich auch mitwachsen. Und dafür trainieren wir sie in den kulturellen und rechtlichen Vereinen und Institutionen. Bildung ist das Geheimnis vom Erfolg Sekems.

Sekem versteht sich ja als zivilgesellschaftliche Initiative. Ist die kulturelle Säule, von der Sie sprechen, ein zivilgesellschaftlicher Impuls?

Das kann man so sagen. Der Verein für kulturelle Entwicklung hat die Aufgabe, die Menschen aus- und fortzubilden. Alle Menschen, die in Sekem arbeiten, von einfachen Arbeitern bis hin zu den Medizinern und Managern, sind in einem ständigen Lern- und Entwicklungsprozess. Dieser Verein, der insgesamt 500 Mitarbeiter hat, kümmert sich auch um die Erziehung der Jugend – vom Kindergarten über die Grundschule bis zum Gymnasium und der Lehrlingsausbildung – und ist Träger des medizinischen Zentrums sowie der Akademie für Forschung. Weil all diese Kulturaktivitäten sehr viel Geld benötigen, kooperieren sie mit den wirtschaftlichen Institutionen, also den Firmen der Sekem-Holding. Die Firmengruppe wiederum spendet Millionen an die kulturellen Einrichtungen, die außerdem Spenden aus aller Welt erhalten. Während Kinder, Jugendliche und Erwachsene konstant darin ausgebildet werden, ihre praktischen und geistigen Fähigkeiten zu entwickeln, wird auch ihr freier Wille gefördert. Und mit den gesundheitlichen und therapeutischen Angeboten und der entsprechenden Forschung dazu werden so letztlich Antworten und Lösungen für alle existenziellen Fragen erarbeitet.

In der Laudatio des Alternativen Nobelpreises für Sekem nannte man diesen kombinierten Ansatz aus Wirtschaftlichkeit und Kultur »Ökonomie der Liebe« …

Diesen Begriff haben eigentlich unsere ökonomischen Partner geprägt, welche die landwirtschaftlichen Produkte herstellen und mit ihnen handeln. »Ökonomie der Liebe« basiert darauf, dass alle am Wirtschaftskreislauf Beteiligten – vom Bauern über den Verarbeiter, den Händler, Transporteur bis zum Verkäufer im In- und Ausland – einmal im Jahr zusammenkommen und sich austauschen. Es werden von allen Beteiligten Pläne gemacht. Der ägyptische Bauer erfährt genauso wie der Händler in Deutschland, zu welchem Preis was verkauft wird und welche Gewinne jeder Einzelne für ein Produkt verbucht. Das heißt, die Sache ist von A bis Z transparent. Deswegen nannte man das die »Ökonomie der Liebe«.

Wie interpretieren Sie selbst dieses sehr anspruchsvolle Label?

Wenn man einem solchen Begriff gerecht werden will, dann ist das eine ständige Herausforderung. Sekems Wirtschaften soll ethisch sein, also auf jeden Fall die Erde nicht ausnützen und mit den Bodenschätzen sorgsam umgehen. Wenn wir die Erde gut pflegen und die Pflanzen, die darauf wachsen, so gesund zubereiten, dass der Mensch dadurch selber gesünder wird, kann Wirtschaft florieren und gedeihen. Wirtschaft muss heißen, dass solche Kreisläufe der Gesundung und der Heilung angestoßen werden und dabei der Mensch im Zentrum unseres Interesses bleibt. Dieser dauernde Kreislauf basiert darauf, dass wir die Natur achtsam verwandeln und aus ihr immer neue Produkte, Dienstleistungen und Kommunikationsmittel entwickeln. Das so entstehende Wachstum ist legitim, solange es der Menschenentwicklung dient. Das ist dann wirklich ein Wirtschaften, das man »Ökonomie der Liebe« nennen kann. Man kann dabei ruhig multinational sein und auf dem globalen Markt operieren. Es ist nicht schädlich, viele Betriebe in aller Welt zu haben, solange diese der Erde, den Menschen und der Gemeinschaft dienen.

Sie haben mittlerweile eine ganze Reihe von Unternehmen gegründet, die miteinander vernetzt arbeiten und die gleichzeitig einen großen Teil ihrer Einkünfte und Profite in Kultur, in Bildung, in inneres Wachstum ihrer Mitarbeiter reinvestieren. Da fragt man sich natürlich in einer Zeit, in der es allen Unternehmen schlecht geht, wie das geht und warum Sie das machen.

Sekem hat eine enorme Wachstumsrate. Und um zu wachsen, braucht Sekem sehr viele Investitionen. Wir kooperieren mit Banken wie der GLS, der Triodos und der DEG, die unsere ethischen Prinzipien teilen und für die der Profit nicht das einzige Ziel ist. Um aber dieses große Unternehmen mit allen Gesetzmäßigkeiten des Wirtschaftens und Wachsens im In- und Ausland am Leben zu erhalten, braucht man moderne Technologie und modernes Management. Also müssen die Menschen, die in so einem Netzwerk arbeiten, lernen, damit sie erst sich selbst und dann in Folge das Ganze weiterentwickeln. Auch deshalb gehen die Profite an die kulturellen Einrichtungen, denn der ganze Organismus profitiert und entwickelt sich durch kontinuierliche Bildung.

Also geht es nicht nur um eine Wertschöpfung im Sinne einer Profitmaximierung, sondern um eine Wertschöpfung auf ganz vielen verschiedenen Ebenen?

Wenn man denkt, Wirtschaft wäre nur eine Maschine, die das Geld vermehrt, dann ist das ein sehr reduziertes Begreifen von Wirtschaft. Es geht um *human development*, also wörtlich um »Menschen-Entwicklung«. Der Mensch steht im Zentrum unseres Interesses. Und was wir bewirken wollen, ist ein Prozess, in dem sich der

Mensch entwickelt. Dafür gibt es viele Methoden. Wenn er arbeitet, dann lernt er mehr als das, was er kennt – und dadurch erwacht er. Er soll nicht nur lesen und schreiben lernen, sondern wir wollen auch bei einem Akademiker oder Arbeiter wissen, wie seine Persönlichkeit wachsen kann. Wenn die Persönlichkeit sich entwickelt, kann sie noch mehr an Qualitäten erkennen und entsprechend verantwortungsvolle Dienstleistungen und Produkte schaffen. Das gilt auch für die Forschung: Die persönliche Entwicklung ist die ethische Basis und Grundlage jeder Inspiration dafür, neue Ideen aus der Zukunft in die Gegenwart hereinzuholen. Deshalb sollte Wirtschaft, wie eigentlich alles, was wir in unserem Leben tun, der Persönlichkeitsentwicklung dienen. Erwacht der Mensch, dann wird er für die Erde, für seine Mitmenschen, für die Pflanzen und Tiere sorgen. Denn das Unheil, das wir anrichten, entsteht aus der Unkenntnis von Zusammenhängen.

Führt das auch zu einer anderen Definition von Wachstum?

Zusammengefasst bedeutet der Begriff Wachstum die Entwicklung von Mensch, Gesellschaft und Erde. Da ist unsere globale Wachstumsbilanz heute noch sehr ernüchternd. Deshalb haben wir überall auf der Welt eine ganze Menge zu tun, wenn wir wirkliches Wachstum wollen. In Sekem versuchen wir, im Wirtschaftlichen genau so viel zu wachsen, wie wir es kulturell und menschenrechtlich schaffen, damit das Gleichgewicht, die Harmonie zwischen den drei Gliedern der Gesellschaft immer gewährleistet ist. Wenn wir die Balance finden, dann stellen wir uns auch risikoreichen Ideen. Die Zukunft hängt immer vom Abwägen ab.

Kommen wir noch einmal zum Begriff der Zivilgesellschaft zurück, aus der ja hier Zukunft entwickelt wird …

Ich glaube, es gibt für Länder wie Ägypten gar keine andere Hoffnung als die Zivilgesellschaft. Sie zu entwickeln heißt, dass nicht länger mehr nur Regierungen über uns entscheiden, sondern dass wir unser Schicksal selber in die Hand nehmen können. Zivilgesellschaftliche Initiativen bedeuten, dass wir Bürger überall neue ethische und ökologische Ideen für unsere Gemeinschaften entwickeln und umsetzen können. Dabei können wir durchaus auch Regierungen beraten, die angesichts der enormen Herausforderungen heute auch den Austausch mit der Zivilgesellschaft suchen. Zivilgesellschaft kann und sollte zudem auch die Ökonomie beeinflussen, indem die Konsumenten sich als Verbraucher organisieren und den Unternehmen sagen, was für eine Qualität und Nachhaltigkeit sie von den Produkten erwarten. Wenn Länder an der Schwelle zu einer neuen Entwicklung stehen, dann werden die Menschen entweder durch Initiativen ihrer Regierungen oder durch den Einfluss ihrer Zivilgesellschaft verändert. Im Moment kann ich nicht erkennen, dass die Regierungen wirkliche Reformen voranbringen. Aber ich sehe, dass die Zivilgesellschaft hier und in vielen anderen Ländern eine enorme Aufgabe und sehr viel Potenzial hat. Die Menschen sind auch bereit dazu, Verantwortung zu übernehmen. Es zeigt sich, dass die Bevölkerung mittlerweile viel mehr Vertrauen in die Zivilgesellschaft hat als in die Regierungen. Dabei ist es aus meiner Sicht wichtig, dass die Zivilgesellschaft Regierungen nicht ersetzen kann. Ihre Aufgabe ist es, den herrschenden Institutionen deutlich zu machen, dass sie keine isoliert regierende Macht ist. Regieren heißt die Bürger demokratisch einbeziehen. Zivilgesellschaft bedeutet, uns auch selber zu regierenden und Verantwortung tragenden Menschen zu machen. Die Regierungen wissen, dass sie auf die Mitarbeit der Zivilgesellschaft angewiesen sind.

Beschreibt der moderne Begriff des Social Entrepeneur Ihre Rolle hier in Sekem?

Der Begriff des *Social Entrepeneur* ist ein neuer Terminus. Sekem aber ist viel älter als dieser Begriff. Ich würde deshalb sagen, Sekem enthält *social entrepeneurship*, ist aber insgesamt in seinem Ansatz viel umfassender. Wenn Sie Sekem aus der erwähnten Perspektive der drei autonomen Glieder des sozialen Lebens anschauen, dann sind wir *ökonomisch* an die Weltwirtschaft angeschlossen – denn wir produzieren für den internationalen Markt und haben unsere Netzwerke in aller Welt. Auch die *Sekem Foundation* für Bildung, Kunst, Gesundheit, Forschung ist eine autonome Einrichtung. Ebenso für sich selber steht der Verein für Menschenrechte, der sich aktiv in die Politik des Landes einmischt und sich für die Einhaltung der Menschenrechte einsetzt. Dabei überlappen sich die Ebenen dieser drei autonomen Kreise. In der Sekem-Wirtschaft fungiert beispielsweise der Verein für Menschenrechte wie ein Betriebsrat. Die kulturellen Institutionen der Initiative beraten aber auf Nachfrage auch die Regierung und geben ihre Erfahrungen weiter, damit Reformideen umgesetzt werden können. Und die Unternehmen können die Rolle einnehmen, mit der Regierung zu kooperieren, zu diskutieren und neue Ideen zu entwickeln. Es geht immer um die Harmonie zwischen diesen drei Gliedern der Gesellschaft. Und somit ist Sekem mehr als ein Projekt sozialen Unternehmertums. Sekem ist eine lebendige Gemeinschaft, die alle Lebensbereiche integriert.

Braucht ein solches Modell eine neue Form internationaler Kooperation?

Ohne Austausch mit Europa gäbe es Sekem nicht. Diese Initiative wurde nur durch die Partnerschaft mit Europa möglich – eine geistige, seelische und auch physische Partnerschaft, in der man miteinander handelt und gemeinsam Ideen, Kunst und Produkte hervorbringt. Die auf ethischen und ökologischen Werten basierende internationale Zusammenarbeit muss heute überall angestrebt werden. Stellen Sie sich nur vor, wir würden weiter wie bisher wirtschaften, obwohl sich mittlerweile wegen unserer Fehler das Klima verändert und in der Gesellschaft soziale Krankheiten auftreten wie Armut, Gewalt und Fundamentalismus. Nationale Lösungen machen keinen Sinn mehr. Selbst wenn man glaubt, man könne heute in Europa noch gut leben – was aber machen dann die nächsten Generationen? Haben wir gegenüber unseren Nachfahren überhaupt noch Verantwortungsgefühl, wenn wir so weitermachen wie bisher? Wir müssen uns gegenseitig helfen! Das zu erkennen und danach zu handeln, heißt Verantwortungsgefühl zu entwickeln. Denn was ich heute denke und tue, hat Auswirkungen auf die Zukunft. Nachhaltig handeln heißt, sich seiner globalen Verantwortung für die Zukunft bewusst zu sein.

Sie haben schon sehr früh die Ausrichtung auf die Zukunft institutionalisiert und einen Zukunftsrat gegründet. Welche Rolle hat der?

Er ist eigentlich das Herz der gesamten Initiative. Er hat die Aufgabe, das Wissen mit der Vision zu verbinden, ständig neue Impulse zu geben und für einen Ausgleich zwischen den innovativen Kräften zu sorgen. Der Sekem-Zukunftsrat berät alle Teile von Sekem und trägt die Ideen weiter. In ihm arbeiten Menschen, die sich mit der Vision auseinandersetzen und sie auch in der Außenwelt vertreten. Sie tun das aber nicht missionarisch, sondern sollen auch immer wieder zu sich zurückkehren und geistig an sich arbeiten, um wach zu sein für die Zukünfte, die sich entwickeln. Der Rat besteht also aus Freunden, die von der Sekem-Idee erfüllt sind und weiter forschen wollen. Solcherart Forschung ist aus meiner Sicht die einzige Möglichkeit, das Neue immer wieder zu entdecken und das Zukünftige in die Gegenwart hereinzuholen. Dabei geht es aber eben um Forschung in allen Bereichen des Lebens: nicht nur auf wirtschaftlichem und naturwissenschaftlichem, sondern auch auf geisteswissenschaftlichem Gebiet. Solange eine derartig ganzheitliche Forschung stattfindet, wird sich die Gemeinschaft ständig entwickeln und erneuern. Dann kann man auch alte Formen hinter sich lassen, neue suchen und Menschen dazu ausbilden, mehr Verantwortung zu übernehmen und den Kopf für neue kulturelle Ideen frei zu bekommen, statt nur an Profite zu denken. Deshalb glaube ich, der Sekem-Zukunftsrat ist das Geheimnis unseres Erfolgs.

Inwieweit ist Sekem auch durch Krisen zu dem geworden, was es heute ist?

Es gab viele Krisen, die uns weiterbrachten: Als wir daran arbeiteten, den flächendeckenden Einsatz von Pestiziden auf Baumwollfeldern zu beenden, die vom Flugzeug aus versprüht wurden und schreckliche gesundheitliche und ökologische Folgen in Ägypten hatten, wurden wir mit harten Bandagen bekämpft, was zu einer großen Krise führte. Man war – mit gewissem Recht – sehr wütend auf uns, weil die chemische Industrie durch unsere Initiative Milliardenverluste machte. Die Medien verbreiteten damals üble Gerüchte und machten uns den Vorwurf, die Sonne heidnisch anzubeten. Das war wirklich eine teuflische Idee unserer Gegner, die unser Leben unmittelbar gefährdete. Aber zugleich wurde diese Verleumdung zur großen Chance, weil ich jene, die gegen uns waren, einladen und ihnen zeigen konnte, dass unsere Arbeit tief im Islam verankert war und wir eigentlich nach den göttlichen Prinzipien des Koran lebten. Da ich den Islam gut kenne und von ihm auch sehr inspiriert bin, haben die Menschen, die uns besucht haben, das sehr gut verstanden. Das ging so weit, dass sie uns dann später sogar in der Außenwelt verteidigten. Es kommt in solchen Situationen – wo etwas Neues das Alte bedroht – darauf an, dass man wirklich auf die Beziehung zwischen den Menschen setzt, nicht auf Worte und ideologische Positionen. Man muss verstehen können, was in anderen passiert, ihre Ängste ernst nehmen, an das gemeinsame Ziel appellieren und ihnen dann die Alternativen zeigen. Denn es war ja unsere ethisch aufrichtige Intention, die Menschen und die Erde von diesen hochgefährlichen Pestiziden zu befreien. Damit konnten wir überzeugen, sobald das Vorurteil aus dem Weg geräumt war. Heute ist die biologische Schädlingsbekämpfung, die hier entwickelt wurde, ein Modell, das überall in der Welt übernommen wird. Ich weiß nicht, ob das ohne diese Krise passiert wäre.

Wie also wird in Sekem auf Krisen reagiert?

Wenn man im Nachhinein darüber nachdenkt und die Zusammenhänge reflektiert, dann waren die Schwierigkeiten die Übungen, die man brauchte, um sich und die Idee zu stärken. Also ging es nach jeder Krise mit mehr Kraft und mehr Einsicht weiter. Krisen entstehen ja meistens daraus, dass in schwierigen Situationen das Neue nicht ohne weiteres angenommen wird, weil man nicht genügend tolerante Menschen hat, die eine schnelle Entfaltung des Neuen verstehen. Das Fehlen des Bewusstseins für das Potenzial des Neuen ist unser großes Handicap. Krisen fordern also Bildung und Kommunikation. Denn eigentlich ist die Sehnsucht und Suche nach dem Neuen ja in jedem Menschen als Keim angelegt. Aber die Macht der Gewohnheit ist stärker. Ich würde sagen, 96 Prozent in uns wollen, dass alles so bleibt, wie es ist. Also geht es bei der Überwindung von Stillstand und Krisen zentral um die Entwicklung von Bewusstsein. Deshalb ist es eines unserer höchsten Ziele, den Menschen dabei zu helfen, das Neue erfassen zu können.

Was sollte – angesichts der aktuellen Krisen – das Neue und Andere in der Wirtschaft sein?

Wir hatten bislang eine Art Wirtschaft, in der sich die Akteure nur am *shareholder value* orientierten und kurzfristig Profite machen wollten. In meinen Augen ist diese Art der Ökonomie am Ende, sie wird vergehen. Heute kommen »grüne Banken« ans Tageslicht, weil immer mehr Menschen, die ihr Geld anlegen, damit gute, nachhaltige Projekte fördern wollen. Es wird bald die Zeit kommen, wo Investoren für ihre Einlagen gemessen haben wollen, wie menschlich, ethisch und gerecht ein Betrieb arbeitet, Angaben darüber verlangen, wie viel ökologische Qualität in Produkten und Dienstleistungen liegt und wie sie der Zukunft dienen. Die Zeit wird kommen, wo der Markt nicht mehr von billigen Produkten dominiert wird, sondern von hochwertigen, verantwortungsvollen Produkten, die der Produzent für den Konsumenten herstellt –

eben weil er ihn als seinen Bruder oder seine Schwester wahrnimmt und nicht länger betrügen will. Die Zeit, in der solche wirtschaftliche Verantwortung erwacht, wird kommen. Schon heute wird sie von immer mehr Menschen als Notwendigkeit gesehen und eingefordert.

Sie haben kürzlich erst den Weltzukunftsrat für eine Konferenz über die Zukunft der Finanzen in Sekem zu Gast gehabt. Was waren die für Sie wichtigsten Ergebnisse?

Wir alle teilten die Überzeugung, dass wir eine lebendige Ökonomie brauchen, die dem Menschen und der Erde dient. Zu den besonders interessanten Vorschlägen des Treffens zur Zukunft der Finanzen und der Wirtschaft gehörte der Appell, künftige Institutionen zur Kontrolle des Finanzmarktes auch mit Vertretern aus der Zivilgesellschaft, der Realökonomie und der Parlamente zu besetzen. Wenn die Verluste der Banken durch die Staatsgarantien letztlich vom Steuerzahler ausgeglichen werden, braucht er auch die Mehrheit in den Kontrollgremien. Das würde dazu führen, dass den Banken Regeln auferlegt werden, die dazu führen, dass der Finanzsektor der Gesellschaft und Realwirtschaft dient. Zudem schlagen wir vor, alle Rettungsmaßnahmen von Banken und Unternehmen daran zu knüpfen, ob sie nachhaltig und ökologisch wirtschaften und entsprechende Kreditrichtlinien haben. Außerdem plädieren wir dafür, dass Regierungen nach und nach die Berechnung des Wachstums so verändern, dass neben dem Bruttosozialprodukt gleichwertig auch Kriterien wie menschliche Entwicklung und Lebensqualität entscheidungsrelevant werden. Noch weiter geht unsere Forderung, lokale und regionale komplementäre Währungen zu unterstützen, weil sie dabei helfen können, Ökonomien von unten nach oben zu stabilisieren.

In Sekem haben Sie die Rolle eines Pioniers. Welche Rolle haben Vorreiter und Avantgardisten in Zeiten von Krisen und Übergängen?

In allen Gesellschaften war es zu allen Zeiten so, dass sich nicht die gesamte Gruppe entwickeln wollte, sondern immer nur einige. Wir wissen nicht, woher diese Wenigen, die sich so für eine Aufgabe vorbereiten, kommen, auch was sie dazu motiviert, wissen wir nicht. Vielleicht ist das vom Himmel so gewollt, und sie haben eine besonders gute Verbindung dorthin. Diese Pioniere einer anderen Zukunft sind Vorbilder. Man vertraut ihnen, man liebt und achtet sie, man möchte so sein wie sie. Von daher ist es ihre Rolle, die Gemeinschaft mit sich zu ziehen. Wir werden solche Personen noch eine Weile brauchen.

Woher aber nehmen die Pioniere das Vertrauen?

In den meisten Fällen aus ihrem Glauben oder der Spiritualität. Ich selbst bin Moslem. Und mein Vertrauen entsteht aus der Liebe zu Allah. Ich bin davon überzeugt, dass wir – solange wir ethisch und ökologisch mit innovativen Ideen und Unternehmungen auf die Bedürfnisse der Gemeinschaft reagieren – auch Unterstützung von Allah erhalten.

Unser Prophet sagt: Wenn man vertraut, dann sollte man ständig etwas tun. Er sagt wie schon Jesus: »Wenn man den Weltuntergang vor sich hat und hält noch einen kleinen Setzling in der Hand, dann sollte man ihn immer noch einpflanzen.« Dieses ständige Vertrauen in die Zukunft ist ja eigentlich das, was Menschen auszeichnen kann. Dazu braucht es ein gewisses Maß an Gottverbundenheit, was auch immer das Göttliche für den Einzelnen ist. Wenn man eine Vision hat, muss man viel Vertrauen in das größere Ganze haben und aus diesem Gottvertrauen dann mit viel Mut planen. Das braucht keine religiöse Strenge und keinen Fundamentalismus. Denn der Fundamentalismus ist letztlich eine menschliche Schwäche, die es überall gibt und die immer Ausdruck von Rückständigkeit ist. Aber er hat weder etwas mit dem Islam zu tun, noch mit dem Christentum oder dem Hinduismus. Es hat nur mit Unwissenheit zu tun, die immer dann durchbricht, wenn uns der Teufel reitet.

Ist Sekem auch auf dem krisenreichen Gebiet der Glaubenskonflikte ein Modell?

Ich hoffe, dass das so ist. Es nützt nichts, den Fundamentalismus nur zu verurteilen. Wir müssen ihm vielmehr brauchbare Initiativen entgegensetzen. In Sekem sind sehr erfolgreich, menschlich und friedvoll Menschen verschiedener Religionen tätig und zeigen, dass die Vielfalt der Religionen in einer Gemeinschaft möglich ist. Auch hier ist die Krise eine Chance: In der arabischen Welt glauben die Menschen, dass sie einer kulturellen Invasion des Westens ausgesetzt sind. Und tatsächlich ist es so, dass fast alles, was in diesen Ländern als wünschenswert gilt, aus dem Westen stammt. Hinter dieser Angst vor kultureller Überfremdung liegt eigentlich das Bedürfnis der Menschen, sich selber zu finden. Weil ihnen das nicht gelingt, greifen sie also zu den Fundamenten, zu den alten Traditionen, die heute aber nicht mehr gelten können. Sie stehen also eigentlich zwischen den gleichermaßen unzureichenden Antworten des Westens und des Fundamentalismus. Aber was gibt es zwischen diesen Polen? Was gilt heute als Erneuerung? Da besteht ein Riesenvakuum: Das ist es, was wir in Sekem füllen wollen. Wir wollen diese Fragen beantworten, indem wir den Islam nicht nur theoretisch neu interpretieren, sondern auch überzeugend ausführen und zugleich selbstbewusst vom Westen das Beste nehmen, ohne uns auszuliefern. Zugleich ist deutlich geworden, dass der Islam heute eine Reformation braucht. Wir haben viele Jahre lang daran gearbeitet, den Koran zu interpretieren und den Inhalt der Worte zu verstehen. Und wir haben entdecken können, dass alles, was wir in Sekem machen, mit den Grundlagen des Islam übereinstimmt. Unser Modell wurde zwar auch durch die anthroposophische Arbeit, die ich in Europa kennen gelernt habe, inspiriert. Trotzdem aber basiert alles, was wir in Sekem tun – die Erziehung, die Landwirtschaft, die Medizin, die Wirtschaft –, auf den Grundlagen des Islam und widerspricht ihm nicht. Das verstehen Moslems erst, wenn sie das Beispiel sehen. Dann aber können die Menschen begreifen, dass der Islam moderne Antworten auf die Fragen von heute gibt, und brauchen nicht verzweifelt als Fundamentalisten in der Vergangenheit nach Lösungen zu suchen.

Und doch scheint die Suche nach lebenswerter Zukunft hier wie eine spirituelle Disziplin …

Gott ist nicht irgendwo und ich bin hier weit weg von ihm. Ich verstehe Glaube anders: Das Göttliche ist mein Ideal, und ich kann mich bemühen, in mir göttliche Qualitäten zu kultivieren. Vielleicht schaffe ich das nicht in einem Leben, dieses Ziel zu erreichen, aber ich kann mich in jedem Fall an diesen Attributen messen und läutern. Die alten Texte können anders gelesen werden und so auch Neues hervorbringen. *Chalq* steht im Koran für die Schöpfung. Der Schöpfer ist *Chaliq* und alles ist sein *Chalq*, die Schöpfung. Im Koran sagt Allah, wenn man es zeitgemäß übersetzt: »Wir werden ihnen unser Zeichen im Kosmos und im Inneren ihrer Seele zeigen. Und sie werden merken, wie der Mikrokosmos mit dem Makrokosmos übereinstimmt.« Das heißt in anderen Worten, dass wir ein Teil der Schöpfung und niemals von ihr getrennt sind. Es bedeutet, dass es im Kosmos und auf der Erde nichts gibt, was nicht mit uns zu tun hat. Es betont, dass wir vielmehr ein Teil dessen sind, ohne diese Schöpfung gar nicht existieren könnten und nach unseren Möglichkeiten Verantwortung für sie übernehmen müssen. Tun wir das, dann wird unsere Arbeit ein Gebet und gleicht einer spirituellen Disziplin.

Braucht es also eine neue Synthese von Spiritualität, Wissenschaft und sozialer Aktion?

Die Menschheit weiß das ja seit Jahren, was sie tut und dass es nicht gut ist. Die Umweltzerstörungen der vergangenen Jahrhunderte – dieser egoistische Impuls – geschahen völlig bewusst. Keiner hat da etwas gemacht, ohne zumindest zu ahnen, was die Folgen sein könnten. Auch die Europäer wussten, was sie der Umwelt mit ihrem ökonomischen Wachstum antun, das war kein Versehen. Sie wussten, was die Chemie im Boden bewirkt. Es wurde aus egoistischen Motiven gemacht. Die Haltung war: »Nach mir die Sintflut.« Nun scheint sie mit der Klimaerwärmung tatsächlich zu kommen. Was wir daraus aber letztlich lernen können, ist Folgendes: Man kann nicht nur nach den Regeln der Wissenschaft leben. Man kann ebenso wenig aber auch nur nach den Regeln der Religion leben. Man kann nur mit der Würdigung von Wissenschaft *und* Religion leben. Erst aus der Synthese können wir für Erde, Wasser und Luft Verantwortung übernehmen. Erst im Zusammenspiel beider Denkweisen ist der Fluss mehr als ein Stück Infrastruktur oder Abflussrohr, und wir können beginnen, sein Wesen zu verstehen, zu respektieren und zu fördern. Religion, Wissenschaft und Kunst sind eine Einheit, deren Trennung verheerende Wirkung provoziert. Gemeinsam aber können sie uns ein Gefühl der Verantwortung für die Zukunft geben. Wie wir diese Verantwortung handelnd umsetzen, beruht auf beinharter Arbeit und Forschung und hat mit der Religion unmittelbar wenig zu tun. Die Religion wirkt dann eher wie ein Motor und ist damit außerordentlich wichtig. Die Ausführung aber – wie hier am Beispiel von Sekem alles zu organisieren, Tausende von Hektar zu bebauen oder Tausenden von Menschen Arbeit zu geben – vollzieht sich rein nach wissenschaftlichen Prinzipien, mit neuer Technologie und vielen trockenen Managementprinzipien. Ohne Wissenschaft, ohne Kunst, ohne vertieftes religiöses Verständnis aber gibt es keine Nachhaltigkeit. Dann bohren wir in der Erde, ohne zu verstehen, was wir da machen. Das heißt, Kunst, Wissenschaft und Religion sind eins, was man ehren und pflegen muss. Und die Früchte des Zusammenwirkens von Kunst, Wissenschaft und Religion zeigen sich im Wirtschaftsleben, im Kulturleben und in den Menschenrechtsfragen.

Also geht es im Endeffekt um eine neue Gemeinschaft zwischen Menschen und Kulturen, zwischen Wissenschaft und Glaube, zwischen Zivilisation und Natur?

Unser Hauptanliegen ist es, die zentrale Frage zu beantworten: Wie kann man eine lebendige Gemeinschaft bilden? Eine Gemeinschaft, die arbeitet und lernt und menschlichen Umgang miteinander pflegt? Eine Gemeinschaft, die so, wie Goethe sagt, »nicht aus eins besteht, sondern aus vielem«, also aus der Vielfalt der Tätigkeiten, der Vielfalt der Menschen, aus verschiedenen Religionen, Kontinenten und Rassen. Das ist für die Zukunft notwendig und das wird kommen. Und ich hoffe, wir haben gezeigt, dass es möglich ist. Das Interesse des Weltwirtschaftsforums, der UN, des Global Compact und der *Right Livelihood Foundation* an Sekem beruht genau darauf. Die ökonomische Phase des nackten *Shareholder value*, wo sich der Mensch alleine durch Aktiengewinne verwirklichte, transformiert sich heute in eine andere Form des Wirtschaftens, in der es darum gehen wird zu erkennen, welche soziale Verantwortung wir zu tragen haben. Und dafür hat Sekem seit 30 Jahren ein Modell vorzuweisen.

Entsteht da ein Netzwerk aus neuen Projekten, abseits und durchaus auch im Widerspruch zu dem, was wir als globalisierte Wirtschaft begreifen?

Globalisierung ist im Wirtschaftlichen eine Tatsache. Und das sollten wir einfach auch so akzeptieren und nutzen. Globalisierung kann in meinen Augen ein Ideal sein: ein Traum, der von den Menschen fordert zusammenzurücken! Da können Brüder und Schwestern zusammenkommen, kommunizieren, ihre Kulturen kennenlernen. In dem Kennenlernen des Anderen aber erkennt der Mensch auch seine eigene Kultur und Religion. Er lernt Wahrheiten, die andere Religionen und Kulturen beinhalten, und fängt an, Respekt und Ehrfurcht vor der Vielfalt der menschlichen Ideen zu haben. So kann die Globalisierung etwas potenziell Positives sein.

Selbst was die oft verschmähten »multinationalen Unternehmen« machen, wenn sie global Produkte verkaufen, ist nicht nur schlecht. Das macht auch Sekem. Schlecht ist nur die Qualität mancher Produkte, die Art ihrer Herstellung, die Ausbeutung von Mensch und Natur, der Mangel an Gerechtigkeit. Das führt zu einem absoluten Materialismus, in dem man nur konsumiert und dadurch nicht gesünder, wacher und mehr Mensch wird, sondern nur Käufer bleibt. Das ist nicht Sinn der Globalisierung. Das ist genau das Gegenteil.

Es scheint, als hätten Sie in Sekem mit diesen Ansichten den Mikrokosmos einer kooperativen zukunftsfähigen Welt erschaffen …

Das ist die Hoffnung. Wenn man von einer solchen Vision erfüllt ist und die Idee ethisch gut und humanistisch ist, dem Leben und der Gemeinschaft dient, dann braucht man keine Angst zu haben, ob das in der Realität möglich und zu schaffen ist. Wenn man voller Liebe und Begeisterung für seine Idee ist, fühlt man sich als Teilnehmender und wird von der Idee wie auf einer Welle getragen. Dann hat man auch keine Angst vor Konkurrenz! Als Sekem gegründet wurde, haben viele gesagt: »Die können nicht überleben! Wie wollen sie in einem armen Land Qualitätsprodukte erzeugen oder sogar verkaufen?« Heute produzieren wir 50 Prozent unserer Produkte für Ägypten, und die Ägypter schätzen diese wertvollen Produkte viel mehr als jemals zuvor. Wenn man aus einer visionären Idee von Zukunft handelt, dann *lebt* man. Dann ist man begeistert von dem, was man tut. Und dann merkt man auch, dass man nie allein ist. Man findet immer Brüder und Schwestern, die einen unterstützen.

Haben Sie immer noch das Gefühl, ständig auf dem Weg zu Ihrer Vision zu sein?

Man geht einer Sache entgegen, um ein Ziel zu erreichen. Und wenn man zurückschaut, hat man auch etwas erreicht. Wenn es aber um Menschheitsentwicklung geht, dann braucht man Generationen. Auch deshalb entsteht nun aus der Sekem-Initiative die Heliopolis-Universität, in der wir das Wissen aus drei Jahrzehnten darüber, wie man Zukunft erschaffen kann, weitergeben. Dieses Ziel, das Land über Generationen hinweg in die Zukunft hinein zu entwickeln, haben wir uns vom ersten Tag an gesetzt. Das ist der größere Rahmen.

Aber für die langfristigen Visionen nehmen Sie sich die Zeit…?

Da haben wir Jahrhunderte Zeit, und wir fühlen uns nach dreißig Jahren immer noch so am Anfang! Und doch hat meine eigene Vision eine neue, weitere Ebene erreicht. Von Sekem ausgehend will ich einen Rat schaffen, der gemeinsam mit anderen Institutionen weltweit daran arbeitet, eine bessere Zukunft zu entwickeln. Dieser Rat soll keine abstrakte Einrichtung sein, sondern eine konkrete Botschaft in die Welt tragen: Dass es nichts Kraftvolleres gibt als das unsichtbare Netz des Lebens, das die Herzen aller Menschen verbindet. Dieses Gewebe reicht tiefer als unsere Rationalität. Lange bevor wir jemandem die Hand schütteln, sind wir auf der Herzensebene schon unsichtbaren Fäden gefolgt. Dieses Netz aus vielen Fäden ist realer als die gefährlichste Waffe und unerreichbar für äußere Gewalt. Nur aus ihm kann wirklicher Friede und lebenswerte Zukunft entstehen. Wer auf die Effektivität dieses Netzwerkes vertraut, praktiziert die wirkungsvollste Form sozialer Kunst und wird dabei immer von einer großen Energie und Ausdauer getragen werden. Diese Fäden, die alles verbinden, zu sehen und in der Lage zu sein, sie selber zu knüpfen, ist das eigentliche Werkzeug sozialer Netzwerke, welche heute aus Krisen die Zukunft neu erschaffen.

V. TEIL

Treibhäuser der Zukunft

Es geht darum, Zukünfte täglich sichtbarer zu machen

Im Dialog mit dem globalen Zukunftsaktivisten Jakob v. Uexküll

Jakob v. Uexküll, 1944 im schwedischen Uppsala geboren, ist professioneller Philatelist, Journalist, Dolmetscher, Autor, zeitweilig Europa-Abgeordneter der deutschen Grünen, Stifter und international agierender Netzwerker der Zivilgesellschaft. Er studierte in Oxford Politik, Philosophie und Wirtschaft. 1980 gründete er die »Right Livelihood Foundation«, die den Alternativen Nobelpreis verleiht. Er begründete zudem auch das »Other Economic Summit« (TOES), war im Vorstand von Greenpeace Deutschland und ist Mitglied der »Global Commission to Fund the United Nations«. In den letzten Jahren hat er den »Welt-Zukunftsrat« (World Future Council) aufgebaut, in dem Aktivisten und Pioniere der Zivilgesellschaft ethische Maßstäbe im Interesse zukünftiger Generationen formulieren, vertreten und schützen. www.rightlivelihood.org, www.worldfuturecouncil.org

Die alternative und globalisierungskritische Presse zeichnet ein bedrohliches Bild der Krise, in der einerseits vor dem totalen ökonomischen Kollaps und ökologischen GAUs gewarnt und andererseits das Ende des Kapitalismus ersehnt wird. Wie groß ist der Umfang der gegenwärtigen Krise?

Es kommt sehr vieles gleichzeitig auf uns zu: Die Finanzkrise und die sozialen Grenzen des Wachstums scheinen jetzt die ökologischen Grenzen zu überflügeln. Aber trotzdem basieren ja alle Krisen auf denselben Wurzeln. Viele haben deshalb seit Jahren die Klima- und die Finanzkrise vorausgesehen. Offen war nur, in welcher Geschwindigkeit sie kommen würden. Sicher ist: Die alte Ordnung funktioniert nicht mehr. Nach wie vor bestehen die alten Risiken weiter: Morgen schon könnten durch ein neues Tschernobyl in Osteuropa große Teile unseres Kontinents unbewohnbar werden. Das Leiden der Menschen in der Dritten Welt nimmt Tag für Tag zu. Der Trend, dass wir Wasser, Luft und Erde zerstören und uns selbst vergiften, ist ja ungebrochen. In Kürze kommt nicht nur eine neue Ölkrise auf uns zu, sondern auch andere wichtige Ressourcen werden in den nächsten Jahrzehnten ausgehen. Der absehbare Rückgang der Ölförderung wird besonders schwer zu meistern sein, weil unser Wohlstand ja nicht per se auf Öl beruht, sondern auf dem Zugang zu billigem Erdöl. Das heißt, die teure Erschließung der wenigen übrigen Vorräte rettet uns dann auch nicht. Dann kommen absehbar die Wasserkrise und Nahrungskrise. Da ist es schon ein Vorteil, dass die Finanzkrise als Erstes kam, weil die am leichtesten zu beeinflussen ist und man bei ihr am ehesten mit dem Umsteuern anfangen kann. Insgesamt ist zu sagen: Wir müssen global in vielen Bereichen ganz neue Modelle finden, und zwar sehr schnell.

Ist das Kapitel des Raubtierkapitalismus zu Ende?

Zumindest wird immer mehr Menschen klar, dass wir nicht länger auf eine Cowboy-Wirtschaft setzen können, bei der es wie im Wilden Westen keine Regeln gibt. Weil die Ideologie des Marktes versprochen hatte, dass alle vom großen Wachstumskuchen kosten dürften, hat man sich jahrzehntelang um Gerechtigkeit nicht mehr wirklich gesorgt. Jetzt wissen wir, dass es die gerechte Hand des Marktes nicht gibt. Also kommen die Fragen der Gerechtigkeit wieder sehr aktuell und radikal auf uns zu. Sie fordern eine Wirtschaft, die anerkennt, dass die Ressourcen begrenzt sind und wir miteinander kooperieren müssen.* Sicherlich wird es innerhalb dieser kooperativen Ordnung Möglichkeiten geben für die Konkurrenz um

* Jakob v. Uexküll: *Das sind wir unseren Kindern schuldig. Für die Zukunft der Welt*, Europäische Verlagsanstalt, Frankfurt

die besten Lösungen. Tun wir das nicht, werden wir bei der zunehmenden Verknappung in eine Zukunft voller Konflikte stürzen. Nicht linke Kritiker oder alternative Warner, sondern eine Studie des britischen Verteidigungsministeriums hat 2008 gesagt: »Wenn wir das zunehmende Klimachaos mit all seinen Konsequenzen nicht meistern, dann steuern wir auf Konflikte im Ausmaß der beiden Weltkriege zu, die Jahrhunderte währen werden.«

Sind wir also auf Kollisionskurs mit unserer eigenen Zukunft?

Der britische Ökonom Keynes, der ja jetzt in der Finanzkrise wieder gerne zitiert wird, hat einmal gesagt: »Das Problem ist nicht, Konzepte für die Zukunft zu entwickeln. Das Problem ist, die alten Ideen zu überwinden.« Es gab eine Studie des amerikanischen Zukunftsmagazins »The Futurist« vor einigen Jahren, die Dutzende Bücher von Zukunftsforschern untersucht hatte und festgestellt hatte, dass nur zwei davon die Umweltkrise überhaupt erwähnten, die Klimakrise natürlich noch weniger. Wir haben bisher – nicht nur seit Jahrzehnten, sondern seit über einem Jahrhundert – einen Zukunftsoptimismus gepflegt, der davon ausging, dass es keine Grenzen gäbe und Wachstum und Technologie alle unsere Probleme lösen würden. Ich glaube, wir haben das Problem, dass wir uns nach dem Zusammenbruch des Kommunismus zu sehr in einer Weltanschauung eingerichtet haben, die angeblich das »Ende der Geschichte« sein sollte. Man glaubte, man lebe in der besten aller Welten und es könne nur noch alles besser werden. Weil es gelungen war, einige Grenzen zu überwinden, dachte man, man könne alle Grenzen überwinden. Die Naturwissenschaftler nennen das »den Fehler des erfolgreichen ersten Schritts«. Und plötzlich merkt man, dass das überhaupt nicht haltbar ist. Wir erkennen, dass einige Grenzen absolut sind: In einer endlichen Welt kann man nicht unendlich wachsen, natürliche Grenzen können nicht durch wirtschaftliches Wachstum überwunden werden. Und da sind wir jetzt sicherlich auf einem Kollisionskurs. Das heißt nicht, dass wir jetzt zwangsläufig gegen eine Wand fahren, es keine Zukunft gibt, alles hoffnungslos ist. Im Gegenteil: Es gibt sehr viele alternative Wege. Das ist, glaube ich, die Hauptbotschaft: Es gibt nicht *die* Alternative. Wir müssen uns wieder vergegenwärtigen, dass es sehr viele Wege gibt und dass wir selbst Einfluss darauf haben, wie diese Wege sein werden.

Sind ernstzunehmende Reformen denn bereits in Sicht?

Da ist die Lage voller Widersprüche. Wir stehen vor der Tatsache, dass die offiziellen Erklärungen aus den Konferenzen der Regierungschefs oft genauso apokalyptisch klingen wie einige Jahre zuvor die Erklärungen von grünen Fundis. Und trotzdem gibt es kaum problemadäquate Lösungen, die praktisch umgesetzt werden. Die meisten Politiker meinen, die Menschen wären nicht bereit, irgendwelche Opfer zu bringen, damit wir in eine nachhaltige umweltgerechte Weltordnung eintreten. Zugleich ist die Politik gegenüber den kurzfristigen Interessen der Wirtschaft immer mehr in den Hintergrund getreten. Man sagt seit Jahren: »Natürlich muss das alles getan werden, aber es darf nicht die GATT-Verhandlungen stören, es darf nicht die EU-Verhandlungen stören, es darf das Wachstum nicht bremsen!« Es darf eigentlich überhaupt nichts kosten. So geht das natürlich nicht. Wenn wir global nicht mehr darauf vertrauen können, dass der Kuchen immer wächst, dann müssen wir dafür sorgen, dass es nicht wie heute immer nur Übergangslösungen gibt. Das neue Modell muss eines sein, das auf Zusammenarbeit baut und nicht auf immer stärkere werdende Konflikte um immer knapper werdende Ressourcen.

Es herrscht ja ein Gefühl des generellen Verlustes des Glaubens an Lösungen. Sind sie vorhanden? Und kommen Lösungen von Regierungsstellen, die ja doch mehr darauf ausgerichtet sind, den Status quo zu erhalten, anstatt ihn zu überwinden …?

Sie kommen nicht von Regierungsstellen, da muss man schon Druck ausüben. Aber Staatsverdrossenheit macht keinen Sinn, weil alle Lösungen letztendlich von den Regierungen gesetzlich verankert werden müssen. Martin Luther King hat einmal gesagt: »Gesetze bewegen nicht das Herz, aber sie begrenzen die Macht der Herzlosen.« Und das ist, glaube ich, ein sehr wichtiger Punkt: Wir brauchen den Druck von unten. Aber der alleine reicht nicht aus. Denn die meisten Menschen sind keine Dissidenten oder Don Quijotes. Sie wollen nicht kämpfen und ihr Leben umstellen und dabei das Gefühl haben, dass es eigentlich gar nichts nutzt, weil die Regeln ihrer Gesellschaft nur geringere menschliche Qualitäten fördern. Sie wollen das Gefühl haben, dass alle am selben Strang ziehen. Deswegen braucht es Druck von unten und Lösungen oben. An Lösungen fehlt es nicht.

Lassen die sich in ihrer Fülle überhaupt noch benennen?

Wir müssen alles umdenken. Jede Planung, jede Strategie, jedes Programm muss von dem Standpunkt »Wie retten wir die Umwelt?« jetzt neu konzipiert werden. Das heißt nicht, dass es keine anderen wichtigen Fragen gäbe, aber alle Fragen müssen von diesem Standpunkt aus neu durchdacht werden. Die Rettung der Umwelt muss zum zentralen Organisationsprinzip der Zivilisation werden. Die entsprechende Einsicht ist oft schon da. Was fehlt, ist die Fähigkeit oder der Mut, die eigene Partei auf diese Linie zu bringen. Und dazu braucht es dann den Druck von unten. Zugleich geht es um Kooperationen auf globaler Ebene. Dazu brauchen wir neue Institutionen, neue Regelungen, neue Gesetze. Wir müssen uns auch politisch mehr engagieren, denn Visionen brauchen Fahrpläne. Ohne die richtigen Institutionen werden wir sie nicht umsetzen können. Ein gutes Beispiel dafür ist jetzt gerade die Gründung von IRENA, der »Internationalen Agentur zur Förderung regenerativer Energien«, einer Initiative des deutschen Parlamentariers und alternativen Nobelpreisträgers Hermann Scheer, die dann von der Bundesregierung aufgegriffen und kürzlich in Bonn gegründet wurde – und 75 Länder haben gleich mitgemacht. Ökonomisch müssen wir begreifen, dass die Wirtschaft ein völlig abhängiges Untersystem unserer natürlichen Umwelt ist. Der eigentliche Wohlstand, den wir haben, besteht aus unserem Wissen, aus unserer Arbeitskraft, aus unserer Initiative, unserem Erfindungsreichtum – und der ist ja genauso groß, wie er vor einem Jahr war.

Also ist die Finanzkrise für Sie gar nicht so dramatisch?

Sie hat dramatische Folgen und öffnet neue Chancen. Die tatsächlichen Schulden, die wir hinterlassen, sind natürlich Schulden durch Naturzerstörung. Geldschulden können immer umgeschuldet oder gestundet werden. Das ist bei Umweltschulden aber nicht der Fall. Deshalb meine ich, dass die Finanzkrise viel leichter zu lösen ist. Einen Finanzbankrott, einen Staatsbankrott gab es in der Geschichte schon oft. Und der war innerhalb von Jahren, höchstens innerhalb von einigen Jahrzehnten in den schlimmsten Fällen überwunden. Aber ein Umweltbankrott kann Jahrtausende währen. Der finanzielle Verlust, den wir in der finanziellen Krise erlitten haben, ist eigentlich eine Rückkehr zur Realität. Ich glaube, dass gerade diese Rückkehr uns zu einem grundsätzlichen Umdenken zwingen wird, denn diese Blase, die auf dem Finanzsektor entstanden ist, hat natürlich zur Ausbeutung der Umwelt, dem Glauben an ewiges Wachstum und zur Ignoranz gegenüber natürlichen Grenzen beigetragen. Deshalb liefert die Krise nun eine gute Basis dafür, dass wir wieder anfangen, in realistischen Größenordnungen zu denken und in die Schaffung von wirklichem Reichtum statt von Finanzblasen zu investieren. Es ist klar, dass die Rückbesinnung auf die Realität – auf das, was Wohlstand tatsächlich bedeutet – hoffentlich dazu führen wird, dass wir nicht mehr eine gesunde Erde – Wasser, Erde, Luft – zerstören oder opfern, weil wir meinen, wir würden dadurch reicher werden. Die Finanzkrise hat gezeigt, dass das ein Trugschluss war. Durch die Finanzkrise haben wir jetzt eine Atempause bekommen, um unser Weltbild zu überprüfen. Wir können uns jetzt rückbesinnen auf das, was wirklich für unser Leben und Wohlergehen wichtig ist. Und dieses Umdenken muss natürlich sehr schnell geschehen, denn die Nahrungs-, Wasser- und Ressourcenkrise steht schon vor der Tür. Wir haben keine Jahrzehnte mehr Zeit, wir haben allenfalls Jahre, vielleicht sogar noch weniger. Die Finanzkrise hat auch gezeigt, wie schnell ganze Weltanschauungen einbrechen und Systeme sich verändern können.

Geht das ohne eine Abkehr von der Globalisierung und die Rückbesinnung aufs Lokale?

Ich denke, wir müssen uns wieder mehr auf die lokale und regionale Ebene besinnen. Wir können nicht weiter globalisieren, denn diese Globalisierung ist kein Destillat der Interessen aller Menschen des Globus, sondern liegt im Interesse einer kleinen Minderheit, die lediglich versprochen hat, dass die große Mehrheit auch davon profitieren wird. Jetzt wissen wir, dass das nicht funktionieren wird. Die Rückbesinnung auf die lokale und regionale Ebene wird also ein Aspekt der Wende sein müssen. Auch weil wir da nur kleinere Fehler machen – denn wir machen als Menschen immer wieder Fehler –, die wir dann auch wieder leichter korrigieren können.

Muss die Marktwirtschaft dabei überwunden werden?

Es ist ja schon längst keine Marktwirtschaft mehr, die sich in die Gesellschaft einfügt, sondern es ist eine Marktherrschaft, die versucht, alle anderen Bereiche der Gesellschaft zu kontrollieren. Das muss überwunden werden. Die Menschen in der Dritten Welt haben längst das Gefühl, dass diese Ökonomie ein Krieg gegen die Armen ist. Wir hören aus allen Ländern, dass die Lebensqualität der Mehrheit der Bevölkerung in den letzen 10 bis 20 Jahren gesunken ist. Das wird im Gesundheits- und Erziehungssystem besonders deutlich, weil dafür angeblich kein Geld mehr da ist. Gleichzeitig hindert man die Menschen immer mehr daran, sich selbst zu versorgen, weil das ja nicht zum offiziellen Wirtschaftswachstum beiträgt. Die Menschen merken, dass das eine total verrückte Ideologie ist: Heute stellt sich die Frage, welches wirtschaftliche System wir uns sozial, ökologisch, menschlich, gesellschaftlich leisten können. Es ist auch die Frage, welches ökonomische System wir uns kulturell leisten können, weil ja auch die Kultur zerstört wird. Der Unverschämtheit, regionale Kultur dem internationalen Wettbewerb zu opfern, muss man natürlich immer wieder Zeichen entgegensetzen. Wir können uns nicht länger erlauben, dass die Ökonomie, die ein Teil der Gesellschaft ist, alles andere bestimmt. Im Gegenteil: Wir müssen uns überlegen, ob wir uns eine solche Ökonomie noch weiter leisten können, die sagt, wir können uns eine vernünftige Erziehung, ein vernünftiges Gesundheitssystem, eine soziale Versorgung alter und kranker Menschen oder die Rettung der Umwelt nicht leisten.

Was heißt das beispielsweise für den politischen Umgang mit spekulativen Finanzgeschäften?

Wenn diese Finanzspekulationen nicht auf der juristischen Eigentums- und Finanzgarantie der Regierungen basieren würden, dann wären sie auch übermorgen verschwunden. Es gibt viele Länder, in denen z. B. Wett- und Spielschulden vor Gericht nicht einklagbar sind, weil das als unmoralisch gilt. Wenn wir diese ganzen unnützen und unproduktiven Finanzspekulationen genauso kategorisieren – dass sie nicht vom Staat garantiert und nicht vor Gericht einklagbar sind –, dann werden sie auch wieder verschwinden. Wenn die Politik solche Entscheidungen trifft, können wir der wirklichen produktiven Wirtschaft wieder erlauben zu wachsen und den Menschen helfen, eine ökologisch nachhaltige Kultur und Zukunft zu schaffen. Gerade jetzt werden doch Lösungen diskutiert, die man vor einem Jahr überhaupt nicht in Betracht gezogen hätte. Ein erstaunlicher Wandel hat innerhalb von Monaten stattgefunden. Und das sage ich immer wieder: Wenn der politische Wille und der Druck von unten da ist, dann brauchen große Veränderungen keine Jahrzehnte, sondern können in Monaten kommen. Das hat man erlebt, als Großbritannien und die USA Ende der 30er-Jahre begannen, gegen den Faschismus zu mobilisieren, das hat man zwischen 1989 bis 1991 erlebt, als der Kommunismus zusammenbrach. Und vor einer solchen Wende, die noch globaler und noch umfangreicher sein wird, stehen wir jetzt.

Gibt es konkrete Vorschläge für erste Schritte?

Der von mir gegründete *World Future Council* (WFC)* schlägt einen radikalen Kurswechsel in der nationalen und internationalen Wirtschaftspolitik vor, der weit über die bisherigen Schritte zur Bekämpfung der Finanzkrise hinausgeht. Wir fordern ein neues Aktien- und Unternehmensrecht, das Eigentümer für die gesellschaftlichen und ökologischen Schäden verantwortlich macht, die ihr Unternehmen anrichtet. Ein Teil dieses neuen Regelwerks ist, das Gehalt von Vorständen auf das höchstens 25-Fache des am schlechtesten bezahlten Mitarbeiters eines Unternehmens zu beschränken. Denn in keinem Unternehmen hängt der Erfolg allein vom Vorstandschef ab. Außerdem sind internationale Vereinbarungen über die Pflichten und Rechte von Unternehmen überfällig. Die Finanzkrise bietet nach Einschätzung des WFC die einmalige Chance für einen grünen Strukturwandel der Wirtschaft, der die globalen Probleme des Klimawandels und der Armut löst und Millionen neuer Arbeitsplätze schafft. Statt mit Milliarden von Euro an neuem Geld das Bankensystem zu stützen, sollten Staaten diesen Strukturwandel finanzieren. Und statt wie bisher vor allem die Einkommen von Arbeitnehmern zu besteuern, sollten sich Abgaben an Umweltschäden und Ressourcenverbrauch orientieren, was neue Arbeitsplätze schaffen und den grünen Strukturwandel fördern würde. Staatsgarantien für Unternehmen, etwa in der Automobilindustrie, sollten an die Entwicklung umweltschonender Technologien gekoppelt werden. Die Rettung bankrotter Banken muss an die Bedingung geknüpft werden, dass sie Kredite für nachhaltige Projekte vergeben. In der Aufsicht dieser Banken müssen Unternehmer, Vertreter der Zivilgesellschaft und Parlamentsabgeordnete ein Ve-

* www.worldfuturecouncil.org

torecht haben, um sicherzustellen, dass die Banken dem Interesse der Allgemeinheit dienen und nicht nur ihren eigenen Gewinn maximieren. Um die Spekulation auf den Finanzmärkten auf einfache Weise einzudämmen, sollte die Rechtssicherheit bei spekulativen Finanztransaktionen aufgehoben werden. Diese Geschäfte sind dann zwar auch künftig erlaubt, doch die Vertragspartner können im Schadensfall ihr Recht nicht vor Gericht einklagen. Zudem sollten kleinere, weniger gewinnorientierte Banken, die sich an diesen spekulativen Geschäften nicht beteiligen, gefördert werden. Ratingagenturen und Wirtschaftsprüfungsgesellschaften sollten nicht mehr von Unternehmen direkt bezahlt werden, sondern müssten unter staatliche Aufsicht gestellt und von einer Unternehmenssteuer finanziert werden.

Welche Stimmen gelten in einer Krise, bei der die alten Glaubenssätze verloren gehen, eigentlich noch als glaubwürdig? Denn die politischen Kräfte haben ja an Glaubwürdigkeit verloren …

Das ist das allergrößte Problem. Denn ohne glaubwürdige Führung und ohne Vertrauen kann man praktisch nichts erreichen. Das sehen wir jetzt gerade an der Bankenkrise: Weil niemand mehr Vertrauen hat, gibt es keine Kredite. In der Politik ist es genauso. Es gab von dem Historiker der Zivilisation, Prof. Arnold Toynbee, eine Studie über den Untergang von Zivilisationen. Er hat festgestellt, dass der häufigste Grund für den Untergang von Zivilisationen der Vertrauensverlust in die Eliten war – man hat ihnen nicht mehr geglaubt. Wenn diese Glaubwürdigkeit noch da ist, kann man praktisch alles erreichen und auch große Opfer fordern. Wie man damit arbeitet, hat Winston Churchill vorgemacht und wird heute von Präsident Obama versucht. Das Problem ist, dass wir in unseren Ländern hier in Europa noch immer dieselben Politiker haben, die diese Krisen verursacht haben und jetzt plötzlich das Gegenteil von dem erzählen, was sie vor ein paar Jahren sagten und uns jetzt einreden wollen, dass sie auch qualifiziert sind, diese Krisen zu lösen. Da ist es klar, dass die meisten Menschen das nicht glauben.

Liegt in der Krise also so was wie ein historischer Auftrag des Neuanfangs?

Wir stehen tatsächlich vor einer einmaligen Aufgabe. Das gab es noch nie in der Geschichte der Welt, dass wir eine Krise hatten, die derartig global war, die derartig viele Gebiete umfasste und in vielen Bereichen auch völlig neu ist. Und gleichzeitig sind all die Möglichkeiten da, eine friedliche und umweltgerechte Weltordnung zu schaffen. Es gibt keine technologischen oder ökonomischen Grenzen, die das verhindern. Es gibt nur politische, psychologische Grenzen. Und die können wir natürlich überwinden. Und es sind durch Menschen geschaffene Probleme, die durch Menschen gelöst werden können. Die Lösungen sind da. Ich glaube, wir werden in den nächsten Jahren entscheiden, ob die Menschen in 500 Jahren wieder in der Steinzeit leben oder ob sie die ganzen Möglichkeiten, die sich jetzt bieten, wirklich nutzen werden. Viele Generationen haben gedacht, sie lebten in einer ganz entscheidenden Epoche, denn das gibt ja der eigenen Existenz auch eine höhere Bedeutung. Aber heute ist es ganz offensichtlich, dass wir in einer historisch einmaligen Zeit leben. Wir hatten noch nie solche Möglichkeiten. Es gab nie solche Gefahren, solche riesigen Herausforderungen – sowohl global wie auch in dem Ausmaß ihrer Nachwirkungen. Auch die Art, auf diese Herausforderungen zu reagieren, muss neu sein: Wir müssen auf sehr vielen Gebieten umdenken, aber nicht sitzen und warten, bis wir das perfekte Modell haben. Es gibt kein komplettes neues Modell, wie die Gesellschaft jetzt unter diesen neuen Umständen funktionieren wird. Was man zeigen muss, sind die ersten Schritte. Und wenn da erst mal eine Wende eingeleitet ist, dann werden die nächsten Schritte schon klarer werden.

Wird die schwierige Phase des Übergangs ohne Konflikte möglich sein?

Ich glaube, es wäre – wenn man die derzeitigen Machtverhältnisse sieht – sehr naiv zu glauben, dass diese Wandlung unmerklich geschieht und das alte System irgendwie verschwindet. Das wird nicht ohne Konflikte gehen. Das Hoffnungsvolle daran ist, dass viele Vertreter der gegenwärtigen Ordnung auch nicht wirklich an ihren Fortbestand glauben, wenn man sie nur befragt. Es liegt an uns, Auswege zu zeigen. Und die können nicht nur durch lokale Initiativen entstehen, seien es Landkommunen und Ökodörfer, wie wichtig die auch sind. Sondern da geht es natürlich auch darum, was wir auf nationalem und globalem Niveau machen.

Sie haben als Stifter des »Alternativen Nobelpreises« zahlreiche Modelle auf regionaler, nationaler und internationaler Ebene identifiziert und ausgezeichnet. Geht es da seit 30 Jahren um die Suche nach praktikablen Lösungen?

Mich hat immer interessiert, wie man Veränderungen praktisch durchsetzen kann. Ich wusste aufgrund meiner Reisen, dass es sehr viele funktionierende Lösungen gab, aber sie einfach nicht ernst genommen wurden. Und dann wurde mir klar, dass Pioniere neuer Lösungen ernst genommen werden, wenn sie einen Nobelpreis bekommen haben. Dann werden sie von den Medien wahrgenommen und können sagen, was sie wollen, es wird publiziert. Daraus entstand die Idee von wenigstens zwei weiteren Nobelpreisen für die Umwelt und für die Dritte Welt. Als das Nobel-Komitee mein Angebot ablehnte, habe ich das mit meinen begrenzten Ressourcen selbst versucht. Und es ist ja zum Glück gelungen.

Zeigen die mittlerweile weit über 100 Preisträger und Preisträgerinnen also exemplarisch, welche Zukünfte bereits heute möglich sind?

Ja, ich glaube, das ist es, was unsere Preisträger tun. Sie sind Beispiele für Menschen, die angefangen haben, ihr Leben selbst in die Hand zu nehmen. Die nicht gewartet haben, sondern die selbst angefangen haben, heute das eine und morgen das Nächste zu tun. Sie stehen für die Erkenntnis, dass der Einzelne sehr viel tun kann und nicht ausgeliefert ist. Es ist wichtig zu begreifen, dass die Zukunft nicht von irgendwelchen Experten vorgeschrieben wird, sondern wir unsere eigene Zukunft wählen. Dass Experten dazu da sind, von uns gefragt zu werden, wenn wir eine spezielle Information brauchen, aber nicht, um unser Leben zu bestimmen und zu regieren. Die mit dem Alternativen Nobelpreis ausgezeichneten Modellprojekte entstehen meist lokal und regional. Aber sie sind eigentlich immer auch beispielhafte Projekte, die nicht nur von einer charismatischen Person abhängen, sondern eine Reife erreicht haben, die es möglich macht, dass die Ideen in anderen Ländern übernommen werden können. Außerdem weckt so ein Preis ja auch die lokalen Eliten auf. Wenn diese Projekte in Ländern der Dritten Welt bekannt werden, dann öffnen sich Türen, die vorher verschlossen waren. Ein Preisträger sagte: »Bevor wir den Preis bekamen, kamen wir mit einem Anliegen nicht mal am Pförtner im Ministerium vorbei. Nachdem wir den Preis bekommen haben, steht der Minister selbst an der Tür.« Das ist natürlich die Wirkung, die wir erreichen wollen. Ich glaube, auch »von oben« muss eine viel größere Bereitschaft entwickelt werden, den zivilgesellschaftlichen Initiativen aktive, aber auch passive Unterstützung zu geben, indem man diese Menschen nicht blockiert und bedroht, sondern sieht und sie dafür würdigt, dass sie etwas für die Zukunft tun und das auch unterstützt werden muss.

Und doch scheint es sich dabei bislang nur um winzige Schritte in die richtige Richtung zu handeln …

Es ist ganz klar, dass wir die Wende bislang nicht geschafft haben und dass das Leben für sehr viele Menschen auf der Erde noch schwerer geworden ist. Aber wir haben unglaublich vielen Menschen Hoffnung gegeben. Und das war immer das Ziel des Preises. Der Preis soll natürlich die Preisträger ehren und unterstützen und bekannter machen, damit ihre Arbeit auch verbreitet wird. Aber gleichzeitig soll er anderen Menschen auf ganz anderen Gebieten Mut machen, das zu tun was die amerikanischen Indianer »*To walk your talk*« nennen – also: Den Weg auch zu gehen, nicht immer nur darüber zu reden. Nicht zu sagen: »Ich habe da so eine tolle Idee, aber leider hat der Bundeskanzler auf meinen Brief nicht geantwortet, und die Experten kommen nicht, und die Banken geben mir kein Geld, und das Fernsehen gibt mir keine Zeit.« Unsere Preisträger sind demgegenüber Menschen, die nicht auf die Banken und die Experten und den Brief vom Präsidenten gewartet haben, sondern unter großen Schwierigkeiten einfach angefangen haben. Das inspiriert und motiviert sehr viele andere Menschen. Der »Alternative Nobelpreis« setzt halt andere Prioritäten. Prioritäten, die heute die richtigen sind.

Also brauchen wir eine Vielzahl von zivilgesellschaftlichen Modellprojekten, die alternative Zukünfte skizzieren und heute schon vorleben?

Das Wort »Alternative« ist eigentlich schon falsch. Denn es gibt zu den Alternativen auf vielen Gebieten gar keine Alternative mehr. Es geht hier um positive Zukünfte, es geht um funktionierende andere Wege. Die sind jetzt relevant und werden täglich relevanter, wenn das gegenwärtige Wirtschaftssystem und das ökologische System immer mehr zusammenbrechen. Es sind auch keine exotischen Randphänomene mehr. Diese Projekte haben zum Teil eine Million oder mehr Mitglieder, zum Beispiel das afrikanische »*Green Belt Movement*« von Wangari Maathai. Auch die japanische »Seikatsu«-Konsumenten-Initiative hat eine halbe Million Mitglieder.

Sind das Rettungsboote für die Zeit nach solchen Zusammenbrüchen?

Die sitzen nicht rum und warten auf die Katastrophe. Es ist keineswegs so, dass da im Warten auf die Zeit danach Projekte auf Eis liegen. Es geht darum, Zukünfte täglich sichtbarer zu machen. Ich glaube nicht, dass »die Katastrophe« von einem Tag auf den anderen kommt und es am Tag danach die totale Umwandlung gibt. Meiner Meinung nach wird der Übergang ein allmählicher sein.

Aber in Zeiten wachsender Krisen ist es wichtig, dass man da das Gefühl hat, es gibt andere Alternativen als den Ruf nach dem starken Mann.

Wie erklären Sie sich dieses Abgeschnittensein von tieferen Zeithorizonten, für die wir kollektiv offenbar keine Verantwortung mehr tragen wollen?

Das ist ein Teil der herrschenden Ideologie, die den Menschen einreden will: »Ihr seid nur ein Stück Materie! Und um euch zu verwirklichen, müsst ihr dann so viel materiellen Reichtum anhäufen wie möglich – ein andere Methode gibt's nicht.« Ein tieferer Sinn im Leben wird ausgegrenzt. Die Weltanschauung der Moderne sieht uns Menschen nicht als Teil eines lebendigen größeren Ganzen, sondern als reine Zufallsprodukte, die nur durch Versuch und Irrtum entstanden sind. Diese eigentlich sinnlose Existenz in einer fehlerhaften Welt verspricht dann die Wissenschaft zu verbessern. Aber weil das Leben trotzdem sinnlos bleibt, wird der Konsum als einzige Möglichkeit dargestellt, es mit Sinn zu füllen. So eine Weltsicht ermutigt natürlich nicht gerade zu Verantwortung gegenüber zukünftigen Generationen. Ich habe in der Schweiz diese Autoaufkleber gesehen mit Aufschriften wie »Mein Auto fährt auch ohne Wald!« oder »Was hat die Zukunft je für mich getan?« Die wurden erst als Witz verkauft. Dann hat man festgestellt, dass mehr und mehr Menschen sie kauften und das tatsächlich ernst meinten. Es gibt eine anerzogene Verantwortungslosigkeit in dieser Konsumkultur, die uns täglich darin bestärkt, möglichst unreif und ohne Verantwortung mit der Natur und den Interessen zukünftiger Generationen umzugehen. Man hat gar nicht mehr diese Verbindung, wo die jetzige Generation sich als Teil eines Zyklus sieht. Man konzentriert sich auf das Hier und Jetzt und wird täglich dazu animiert, den größeren Rahmen zu ignorieren.

Klingt nach einer Betriebsanleitung für den Untergang …

Wenn ich aufwachse und glaube, dass das Materielle das einzig Reale ist und um mich zu realisieren, ich so viel materiellen Reichtum wie möglich anhäufen muss, dann schaffe ich natürlich die Voraussetzungen für eine totale Katastrophe, für einen Krieg aller gegen alle. Tatsächlich sind frühere Zivilisationen, die sich rein materialistisch oder über Machtkonzentration definierten, auch untergegangen. In deren letzten Zügen ihres Niedergangs gab es ähnliche Beispiele ignoranter Oberflächlichkeit. Interessant ist der Verlauf des Zerfalls. Man hat meistens nicht zu einem Mittelweg zurückgefunden, sondern es gab Jahrhunderte des Rückschritts, des Aberglaubens, der Kämpfe um Ressourcen, des Terrors, der Kriege. Das Rettende in solchen regionalen kulturellen Zusammenbrüchen waren dann meist irgendwelche neuen Impulse von außen. So wurde nach dem Fall des Römischen Reiches Wissen bewahrt und sickerte dann aus den keltischen Klöstern langsam wieder zurück in dieses barbarisierte Kerneuropa. Nur haben wir heute leider das Problem, dass wir eine globale Gesellschaft sind. Da gibt es keinen Außenrand, von dem das Wissen wieder zurücksickern wird. Deshalb ist die Situation heute noch ernster.

Greifen wir aber trotz dieser »Zukunftsignoranz« nicht heute schon in das Leben von künftigen Generationen ein?

Wir tun das täglich in einer unglaublichen Art und Weise. Es ist uns gelungen, das Klima zu destabilisieren. Das war vor Kurzem noch unvorstellbar. Wir verändern das Leben: Multinationale konkurrierende Unternehmen, die möglichst viel Profit machen wollen, haben die Kontrolle über die Blaupausen des Lebens. Oder denken wir nur an die radioaktiven Abfälle der Atomindustrie, die für Hunderttausende von Jahren so hochgiftig sein werden, dass sie verborgen aufbewahrt werden müssen, damit niemand an sie rankommt. Man hat ja darüber nachgedacht, wie man künftige Generationen in Tausenden von Jahren vor dieser Gefahr warnen kann.

Und hat dann gemerkt, es gibt gar keine Sprache, die so lange überdauert. Deshalb hat die US-Regierung dann bei Semiotikern und Anthropologen nachgefragt, was man da machen könnte. Und die haben gesagt, man bräuchte eine Art erbliche Kaste, die von Generation zu Generation dieses Wissen und diese Warnungen vererbt. Das ist natürlich eine Groteske, dass die Moderne derartige Verhältnisse für die Nachwelt schafft, nur damit sie ein oder zwei Generationen bequem leben kann und sich auf eine erbliche Priesterschaft verlassen soll, um die Nachwelt vor den Folgen zu warnen. Darin zeigt sich die gesamte Verrücktheit unseres Lebensstils, der die Zukunft vergessen hat. Ich glaube, wir müssen durch neue Modelle Visionen schaffen. Wir müssen uns fragen: Was gibt es denn für andere Werte? Ist es »normal«, dass ich so wenig mit anderen Menschen zu tun habe, so wenig Gemeinschaft habe, die Zukunft vergesse und den Sinn des Lebens nur in bezahlter Arbeit finden kann?

Brauchen diese neuen Werte dann nicht eine viel weitere spirituelle Orientierung?

Werte für eine lebenswerte Zukunft sind nur in vielen ihrer globalen Konsequenzen neu. Sie sind natürlich sehr alt, wenn es darum geht, uns mit einem Wissen wiederzuverknüpfen, was schon immer da war. Das ist ja auch die Funktion der Religionen. Der Begriff stammt vom lateinischen »religare«, es ist die »Rückbindung«, die in diesem Wort steckt. Es geht nicht darum, irgendein neues Dogma zu verbreiten, sondern es geht um die Wiederentdeckung von Wegen, Wissen und Erfahrungen, die wir ausgeschlossen haben, weil es heißt, sie seien nicht real. Sie seien ausschließlich subjektiv und dürften nicht ernst genommen werden, weil sie nicht an weißen Mäusen im Laboratorium nachvollzogen werden können. Das ist natürlich Unsinn. Wir müssen den Freiraum haben für Erfahrungen an uns selbst. Denn dann merken wir sehr schnell, dass wir Teile einer größeren Einheit sind und dass unser Selbst nicht nur an unserer Haut endet, sondern dass auch die Natur dazugehört. Wir können uns nicht dagegen abschotten. Und wenn wir das versuchen zu tun, merken wir ja, was passiert. Die Basis dieser neuen Werte sind sowohl spirituelle Erfahrung und gleichzeitig etwas sehr Rationales.

Gibt es kulturübergreifende ethische Werte für die Gestaltung der Zukunft?

Ja, die gibt es. Die wurden beispielsweise in der Erdcharta vereint, einem Dokument, das in jahrelanger Arbeit nach der Konsultation mit Zehntausenden Personen und Institutionen in aller Welt zusammengestellt wurde. Diese Erdcharta ist auch ein Gründungsdokument des *World Future Council*. Aber ich benutzte eigentlich immer nur einen Wert, weil ich meine, das reicht. Das ist kein afrikanischer, kein europäischer, sondern ein allgemein menschlicher Wert. Der ist so stark, weil er ein Brutinstinkt ist und lautet: »Wir wollen unseren Kindern und nachfolgenden Generationen eine Welt übergeben, die möglichst in besserem Zustand ist, als wie wir sie vorgefunden haben, wenigstens aber nicht im schlechteren Zustand.« Und auf dieser Basis kann man schon sehr viel aufbauen. Das wollen letztlich alle. Aber unsere Vorfahren und die jetzt Verantwortlichen haben fälschlicherweise angenommen, alle Probleme durch die Fokussierung auf Wirtschaftswachstum und Technologie lösen zu können. Heute sehen wir, dass die Kosten dieses Wachstums größer sind als dessen Vorteile. Wir wissen, dass trotz des enormen Wirtschaftswachstums amerikanische Mütter heute unglücklicher und amerikanische Kinder heute ungesünder sind als vor einer Generation. Also muss man sich auf eine neue Basis konzentrieren: Und die lautet, dass ich diese Welt nicht weiter zerstören darf. Denn wenn ich sie einmal destabilisiert habe, dann wird es – wenn es überhaupt möglich ist – nach heutigem Wissen sehr lange dauern, sie wieder zu reparieren.

War diese Einsicht der erste Impuls für eine Vertretung künftiger Generationen?

In mir hat sich langsam die Einsicht herausgeschält, dass wir eine Lobbyorganisation für die Interessen der Umwelt, der Zukunft und der dann lebenden Generationen brauchen. Wir sind zwar demokratisch vielfältig vertreten. Wir können als Bürger wählen, wir haben Organisationen, die uns als Verbraucher, als Arbeiter, als Arbeitgeber vertreten. Aber es gab bislang keine starke Organisation, die uns jetzt in unserer Eigenschaft als Mitglieder des globalen Ökosystems vertrat und welche die Interessen der Zukunft vertrat. Diese Idee führte schließlich zur Gründung des »Weltzukunftsrates«, der im Mai 2007 erstmals einberufen wurde. Die 50 Mitglieder des *World Future Council* sind Pioniere und Visionäre aus der ganzen Welt.* Sie kommen aus Regierungen, Parlamenten, der Zivilgesellschaft, der Geschäftswelt, der Wissenschaft und der Kultur. Sie wurden nach einem weltweiten Konsultationsprozess aus mehr als 500 vorgeschlagenen Persönlichkeiten ausgewählt, mit dem Ziel, ein möglichst breites Spektrum von Wissen und Weisheit zu verbinden. Die Mitglieder behaupten nicht, irgendjemand anderen zu vertreten. Aber sie bilden zusammen eine Stimme, die unsere gemeinsame Verantwortung und unsere gemeinsamen Werte als Bürger dieser Erde betont und den Rechten zukünftiger Generationen Gehör verschafft. Wir haben ja bisher keine »earth community«, keine Weltgemeinschaft, sondern wir haben eine globale Nicht-Gemeinschaft von individualisierten Bürgern, die aufgefordert werden, immer miteinander zu konkurrieren. Also müssen wir dem Globalisierungsmodell – ich sage immer des *»Competition for the cheapest«* – ein Globalisierungsmodell entgegensetzen, was auf Kooperation beruht und auf *»cooperation for the best«*.

* Jakob v. Uexküll und Herbert Giradet: *Die Zukunft gestalten – World Future Council: Aufgaben des Weltzukunftsrates*, Kamphausen-Verlag 2008

Ist das, was Sie nun auf internationaler Ebene umsetzen, schon einmal national gelungen?

In der Schweiz ist seit Jahren damit experimentiert worden, einen Zukunftsrat zu schaffen. Zuerst dachte man an eine Art Dritte Kammer der Legislative, die auch über ein Veto zu tagespolitischen Entscheidungen verfügen sollte. Das ist bisher nicht gelungen. Aber man hat mittlerweile dort angefangen, auf kantonaler Ebene Zukunftsräte einzuführen, die auch in der Verfassung verankert sind. Da steht sinngemäß: »Die Regierung wird bei der Vorbereitung auf die Zukunft durch den Zukunftsrat unterstützt und beraten.« Das sind also Institutionen, welche von den Regierungen und dem Parlament des Kantons berücksichtigt werden müssen. Sie haben keine Beschlussmacht, aber die Regierung muss sich rechtfertigen, wenn sie ihre Einwände ignoriert. Ich glaube, dieses Modell – kein Vetorecht, aber starken Einfluss – funktioniert auf lokaler und regionaler Ebene gut. Es gibt in deutschen Städten, zum Beispiel in München, auch die Initiative für einen »Münchner Zukunftsrat«. Es gibt in einigen Ländern auch Zukunftsräte durch freistehende NGOs, wobei man da das Gefühl hat, dass der Einfluss nicht größer sein wird als bei irgendeiner anderen NGO. Am besten wären viele Arten institutioneller Vertretung der zukünftigen Generationen. Zukunftsräte sollten dabei nicht nur irgendwelche lose beratenden Gremien sein, sondern Einrichtungen, die zwar keine formelle politische Macht haben, aber die doch von den Machthabenden ernst genommen werden. Sicher wären auch nationale Zukunftsräte wichtig. Dabei wäre eine Verankerung dieses Ansatzes durch Ausschüsse für Zukunftsfragen in den Parlamenten wichtig. Damit sie bei der nächsten Wahl nicht von vorne anfangen müssen, könnte man sich vorstellen, dass einige von zivilgesellschaftlichen Organisationen oder Wirtschaftsverbänden für mindestens acht Jahre ernannt werden, um dann auch zu längerfristigem Denken zu animieren.

Sind die Zukunftswerkstätten von Robert Jungk regionale Keimzellen eines solchen Ansatzes?

Robert Jungk war ja schon vor vielen Jahren einer unser Preisträger. Seine Zukunftswerkstätten waren auf der Idee gegründet, dass Menschen lernen, dass die Zukunft nicht irgendwie vorgeschrieben ist, sondern von uns selber erschaffen wird. Damit brachte er auch den Gedanken ein, dass die Zukunft nicht erst mit der nächsten Generation beginnt, sondern schon in der nächsten Sekunde oder Minute. Er machte als einer der ersten klar, dass es nicht darum geht, die Probleme von heute zu ignorieren und nur über das zu diskutieren, was in dreißig, vierzig oder 500 Jahren passiert. Die Zukunftswerkstätten gaben den Menschen das Gefühl, dass es eine andere Zukunft als das globale Chaos gibt, dass wir auch Einflussmöglichkeiten haben und dass wir die Grundvoraussetzungen für die Zukunft auch selbst in die Hand nehmen müssen. Was wir jetzt versuchen, steht schon in dieser Tradition.

Gibt es für einen solchen Zukunftsrat historische Vorbilder?

In der Welt unserer Vorfahren gab es tatsächlich in vielen Zivilisationen solche Einrichtungen. Das war im vorkolonialen Indien ganz formell organisiert. Da gab es »Räte der Seher in die Zukunft«, die sogar eine Art Vetorecht über politische Entscheidungen mit Auswirkungen auf die Zukunft hatten. In anderen Weltteilen war das mehr informell. Bei den Ureinwohnern Nordamerikas gab es einen Ältestenrat, der sich um die Folgen der gefassten Beschlüsse für die nächsten sieben Generationen kümmern musste. Dieses Modell ist heute noch als *»Seventh Generation Principle«* bekannt. In Afrika waren es neben der jetzt lebenden jene Generationen, die vor uns und nach uns lebten, die auch in den Beschlussfassungen respektiert und bedacht wurden. Heute aber, wo unsere Beschlüsse ebenso wie unsere Unterlassungssünden Auswirkungen haben, die geografisch und zeitlich viel umfassender sind als damals, hatten wir bisher keine solchen Institutionen. Wir leben ja in einer Zeit, wo sogar geologische Zeiträume moralisch relevant sind. Denn so lang können ja die Folgen unserer Handlungen reichen. Aber es gab kein Sprachrohr, keine Institution, welche die Interessen der zukünftigen Generationen vertrat. Das haben wir versucht zu schaffen.

Ist der Rat so etwas wie ein weltweites nicht-regierungsamtliches Gewissen oder eher eine Zusammenstellung vieler lokaler Lösungen, die nun gebündelt werden, damit sie auf eine globale Ebene gehoben werden können?

Ich glaube, es gibt viele Vorstellungen, was der Weltzukunftsrat machen könnte, wofür er aber zurzeit noch gar nicht die Ressourcen hat. Ich kann nur davon ausgehen, was der Rat im Augenblick tut. Und da gibt es zwei Säulen. Das eine ist die Aufgabe, zukünftigen Generationen eine Stimme zu geben. Das andere Standbein des WFC ist diese Identifizierung und Beihilfe bei der Durchsetzung von *»best policies«*, also den besten politischen Lösungen. Die erste Säule hat durchaus politische Vorläufer in der Geschichte: Es gab während der amerikanischen Unabhängigkeitsbewegung gegenüber England den Slogan *»no taxtion without representation«* – »keine Steuern ohne das Recht auf Mitbestimmung« vertreten zu sein. Heute besteuern wir quasi zukünftige Generationen und ihre Lebenschancen, aber sie haben dabei keine Stimme. Und der WFC hat es sich zur Aufgabe gemacht, immer wieder zu prüfen, ob das, was wir kollektiv derzeit machen, erdgemäß und zukunftsgemäß ist. Und wenn dem nicht so ist, Alarm zu schlagen.

Nützt das ohne jegliches Druckmittel der Exekutive und der Gerichte?

Er kann solche Handlungen gegen die Zukunft nicht abschaffen, aber er kann Öffentlichkeit herstellen und Alternativen aufzeigen. Zudem sind wir durchaus auch schon in Gesprächen mit den Richtern am Internationalen Gerichtshof in Den Haag darüber, ob man Verhalten, das zukunftsgefährdend ist – also »Verbrechen gegen zukünftige Generationen« – als kriminell ahnden oder ächten könnte.

Das wird sicherlich noch recht lange dauern, bis tatsächlich einmal irgendwelche »Zukunftsverbrecher« vor Gericht gestellt werden. Aber ich glaube, die moralische Wirkung einer solchen Idee wird schon viel früher eintreten. Aktuell aber steht die Analyse und Präsentation von schon vorhandenen Lösungsansätzen im Mittelpunkt der Arbeit. Wir identifizieren beispielsweise, wo es die beste solare Bauverordnung in einer Stadt gibt – das ist die von Barcelona. Wir finden heraus, wo es das beste Verkehrsmodell in einer armen Großstadt gibt, die sich auch keine U-Bahn leisten kann – das ist das Modell von Bogotá in Kolumbien. Und dann können sich andere Städte und Regionen an diesen Lösungswegen orientieren.

Welche Erfolge konnten Sie bislang verbuchen?

Wir haben uns angesichts der globalen Erwärmung besonders auf die Verbreitung erneuerbarer Energien konzentriert und festgestellt, das beste effektivste Gesetz für die Verwendung von regenerativen Energien ist das aus Deutschland stammende Einspeisegesetz. Also ging es darum, das so schnell wie möglich zu verbreiten. Das wird jetzt schon in 40 Ländern und Regionen praktiziert. Wir haben die erste tiefgreifende Studie darüber publiziert, wir haben mit dem BBC zusammen einen Film gemacht, der von 150 Millionen Haushalten gesehen werden konnte, wir haben Publikationen und Hearings gemacht. Wir organisieren Expertentreffen mit Parlamentariern aus verschiedenen Ländern und haben eine spezielle Webseite, wo Parlamentarier und Juristen sich ansehen können, was es schon an Gesetzesmodellen gibt. Dann können sie sich ein Modell zusammenstellen, was für ihr Land am besten passt, und es einbringen. Wir haben erlebt, dass man so recht schnell Fronten aufbrechen kann. Großbritannien hatte ein anderes Gesetz, wollte das auch nicht ändern – aber es war offensichtlich schlecht. Großbritannien nutzt 1/15 der Windenergie, die Deutschland produziert, obwohl in Großbritannien aufgrund der Insellage natürlich mehr Wind weht. Wir haben uns mit einem britischen Parlamentarier zusammengetan, bald waren es 35. Die öffentliche Kampagne dazu wurde besonders von »Friends of the Earth« gemacht. Und innerhalb eines Jahres hat die britische Regierung nachgegeben und plant jetzt ein Einspeisegesetz. Ich glaube, gerade diese Zusammenarbeit von Kampagnen der großen NGOs und der speziellen Arbeit, die der WFC macht, ist ein sehr spannendes Modell. Und ich hoffe, dass es uns gelingen wird, das weiter auszubauen. Und bei der anderen Hälfte der Weltbevölkerung, die ohne Netzanschluss lebt, propagieren wir weltweit eine andere Lösung, die der alternative Nobelpreisträger Dipal Barua aus Bangladesh entwickelt hat: nämlich freistehende Solarmodule, die mit Mikrokrediten finanziert werden.

Das klingt nach einem Marsch in kleinen Schritten durch die Institutionen und einer mühsamen Überzeugungsarbeit von Parlamentariern. Nimmt das die Öffentlichkeit als Erfolg des Weltzukunftsrates wahr? Oder benötigen Sie die großen Aktionen – das Kapern einer Ölplattform wie bei Greenpeace –, um als Weltgewissen wahrgenommen zu werden?

Sicherlich hat Greenpeace mehr Publizität. Und sicherlich sind Gesetze für viele Menschen langweilig. Aber das ist ja gerade der Grund, weshalb Martin Luther King sagte, sie »bewegen nicht das Herz, aber sie behindern die Herzlosen«. Wenn wir nicht die richtigen Gesetze haben, können wir nicht genug bewirken und bleiben auf Dauer Dissidenten. Ich habe nie diese Trennung zwischen der politischen und der gesellschaftlichen Ebene gesehen. Für mich war das immer eins. Und wir müssen uns fraglos mehr politisch engagieren. Wir können nicht diese Wand zwischen Zivilgesellschaft und Politik aufstellen. Da muss mehr Durchlässigkeit entstehen. Wir merken, dass Parlamentarier oft gar nicht die Ressourcen haben, um zu wissen, welche Lösungen es in anderen Ländern gibt. Wenn es uns gelingt, innerhalb eines Jahres in Großbritannien auf diesem zentralen Gebiet eine Gesetzesänderung zu erreichen, dann ist das auch kein kleiner Schritt. Auch in den USA, in Australien und Südafrika haben wir jetzt die Erfahrung gemacht, dass auf Grund unserer Arbeit solche Gesetze eingeführt werden. Mit mehr

Ressourcen könnten wir dieses Modell auch auf andere Gebiete ausweiten: Wo gibt es z. B. die besten Ökosteuern? Auch das muss sich schnell verbreiten. Wir brauchen eine Öko-Effizienz-Revolution. Wir brauchen auf anderen Gebieten entsprechende Reformen, die es teilweise schon gibt: ein Grundrecht auf Wasser, ein Recht auf Lebensmittel, das es in mehreren brasilianischen Städten schon gibt. Mit freiwilligen Abkommen ist da wenig getan. Wir müssen das, was wir wollen, irgendwie auch gesetzlich verankern. Das sind alles sehr interessante Modelle, aus denen sich dann Modellgesetze entwickeln können. Man muss wegkommen von dem Glauben, dass solche lokalen Lösungen etwas Langweiliges und Unerhebliches seien. Die gesetzlichen Rahmenbedingungen sind vielmehr ganz zentral, um Veränderungen zu erreichen. Wir müssen diese Strukturen der *global governance* vergrößern, wir müssen sie stärken. Und das ist eine ganz zentrale Rolle vom WFC, dass wir diese Herausforderung aus ethischer Sicht angehen und die praktische Umsetzung begleiten.*

Ist der Rat dann so etwas wie eine alternative UN, eine NGO im transnationalen Format als zivilgesellschaftliche Antwort auf die globalisierte Welt?

Wir sind keine Nichtregierungsorganisation. Bei uns ist ja die Zivilgesellschaft vertreten, aber es ist auch die Politik vertreten. Wir haben ein Mitglied, das als Umweltminister von Äthiopien aktives Regierungsmitglied ist. Wir haben Unternehmer und mehrere Parlamentarier dabei sowie Personen aus der Forschung, aus der Kultur und natürlich aus der Zivilgesellschaft. Es geht vielmehr darum, diese Grenzen zu überwinden und innovative Kräfte zu bündeln. Wir sind eine Institution, die unsere Werte als Bürger vertritt, nicht nur unsere Werte als Konsumenten. Wir sehen ja ganz genau: In der jetzigen Weltordnung hat ja nicht eine Deregulierung stattge-

* Jakob v. Uexküll und Herbert Giradet (Hrsg.): *Zukunft ist möglich. Wege aus dem Klimachaos*, Europäische Verlagsanstalt 2009

funden, sondern eine Umregulierung im Interesse einer kleinen reichen Minderheit von multinationalen Unternehmen. Wir müssen jetzt dafür sorgen, dass wir internationale Regeln schaffen, die im Interesse der großen Mehrheit der Bürger sind. Also ist das Ganze immer ein Prozess von der Diagnose bis zur Lösung.

Aber es geht mehr um moralischen Einfluss als um politische Programme?

Natürlich geht es um moralische, um ethische Macht. Aber die soll man nicht unterschätzen. Da gibt es ein riesiges Potenzial, das in der globalen Zusammenarbeit eigentlich nicht genutzt wird. In sehr vielen Ländern des Südens gibt es jetzt demokratisch gewählte Parlamentarier, die oft das Gefühl haben, dass sie weniger konsultiert werden als Nichtregierungsorganisationen und die sehr gerne bei zukunftsorientierten Initiativen mitmachen würden. Deswegen hatten wir den Gedanken, den *World Future Council* mit der Initiative des *e-Parlaments* zu verbinden, um die Parlamentarier der Welt elektronisch zu vernetzen. So könnten Parlamentarier aus vielen Ländern öffentlichkeitswirksam ihre Meinung kundtun. Außerdem könnten Kooperationen aufgebaut werden zwischen Parlamenten und dem Weltzukunftsrat. So etwas geht aber eben nur, wenn es eine bekannte, permanente Institution mit respektierten Persönlichkeiten und Pionieren gibt.

Ist es dabei ein Risiko, dass der Weltzukunftsrat über Sponsoren wie die Stadt Hamburg oder den Inhaber des Otto Versands finanziert wurde?

Der WFC ist eine Organisation von heute. Vor zwei, drei Jahren wäre das noch nicht möglich gewesen. Wir merken jetzt aber täglich, dass auch die Eliten erkennen, dass sie auf dem falschen Weg sind. Dass 50 Prozent der Finanzierung aus dem von der CDU regierten Hamburg kamen, zeigt ja, dass heute die politische Offenheit und das Interesse an solchen Lösungen da sind. Das erste Land, das bei uns anfragte, ob der WFC dort beratend für die Regierung tätig werden könne, war eins der konservativsten Ölscheichtümer im Nahen Osten. Und als ich den Berater des Kronprinzen fragte, ob ihnen unsere Vorschläge nicht viel zu radikal seien, da sagte er nur: »Nein, es geht um Lösungen. Und wir brauchen heute dringend Lösungen!« Die Verantwortlichen wissen, dass wir auf ein globales Chaos zusteuern, wenn wir so weitermachen und *»business as usual«* nicht mehr funktioniert. Das heißt, die Türen sind offen, wir können ein neu entstandenes Vakuum mit unseren Lösungen füllen. Es wird nicht leicht sein, weil viele ja noch von der gegenwärtigen Ordnung profitieren. Aber durch die Krise sind Lücken entstanden, in die wir stoßen können. Es gibt in Staat und Wirtschaft ein wachsendes und höchst akutes Interesse an Lösungen. Zudem fangen wir ja nicht bei null an. Wir kommen nicht mit irgendwelchen Theorien. Sondern wir sagen: »Schaut mal, das hier funktioniert schon.« Außerdem sind wir eine eigenständige Organisation, wir sind nicht abhängig von Regierungen, die uns einberufen können und wieder auflösen können. Aber man muss natürlich betonen: Die Zukunft des WFC ist noch ungesichert. Wir haben eine Finanzierung von der Stadt Hamburg und von Dr. Michael Otto, die läuft aber Ende 2009 aus.

Der kulturelle Wandel wird auch ohne den Weltzukunftsrat stattfinden. Heißt das, es ist einerseits Aufgabe, Bewusstsein zu schaffen und andererseits, einen Übergangsprozess mit ganz neuen Koalitionen zu erleichtern?

Ja sicher! Diesen Übergangsprozess zu erleichtern, ist für mich das zentrale Thema, denn die Veränderungen kommen auf uns zu. Wir müssen neue Strukturen gründen, die auf Zusammenarbeit gebaut sind, und anerkennen, dass wir teilen müssen. Die Rehabilitierung der Politik, die durch die Finanzkrise jetzt passiert, ist sicherlich hilfreich. Man kann nicht mehr behaupten, dass der Markt das alles von alleine schafft. Die Wichtigkeit des politischen Primats, der politischen Gestaltung wird jetzt wieder gesehen. Und was die Wirtschaft angeht: Ich sage immer, »die Wirtschaft« gibt es gar nicht. Es gibt Unternehmer, die sind kurzfristige Profit- und Besitzstandwahrer – deren Tage sind gezählt. Als das Automobil eingeführt wurde, waren die Pferdedroschken-Hersteller auch sehr schnell weg vom Fenster. Aber es gibt natürlich auch Unternehmer, die diesen Namen verdienen und wirklich sehr viel Gutes unternehmen. Es geht darum zu sehen: Wer ist Teil der Lösung und wer ist Teil des Problems. Meine Erfahrung ist, dass man da keine Trennung zwischen den Parteien machen kann. Naturgesetze sind weder rechts noch links.

Bleibt die Frage, ob sich der Umbau der Gesellschaft finanzieren lässt?

Das sind keine wirtschaftlich-politischen Fragen mehr. Das sind ethisch-moralische Überlebensfragen. Und auf der Ebene haben die Vertreter der gegenwärtigen Ordnung wenig zu erwidern. Wenn sie behaupten, das wäre alles zu teuer, müssen wir fragen: »Ist es zu teuer, das Leben unserer Kinder und Enkel zu retten?« Wir haben alles, was wir brauchen. Wir haben die Kenntnisse, wir haben die Arbeitskraft und wir haben das wissenschaftliche Wissen. Wenn behauptet wird, es fehle an Geld, dann ist das der größte Blödsinn. Zu sagen: Wir können es nicht machen, denn es ist kein Geld da, das ist genauso dumm, wie wenn ich sage: »Ich kann das Haus nicht weiterbauen, weil ich keine Zentimeter mehr habe.« Es fehlt heute wirklich nur an politischem Mut. Es gibt unglaublich viele Ressourcen, die eingesetzt werden können, wenn der politische Wille da ist. Wir können die Währungsspekulation unterbinden durch eine kleine Währungsumtauschsteuer. Das würde weder den Handel noch den Tourismus schädigen, aber die Spekulation beenden und große Finanzmittel einbringen. Eine Besteuerung des Flugbenzins brächte 100 Milliarden Euro pro Jahr in den OECD-Staaten. Eine Umschichtung von nur 20 Prozent der weltweiten Rüstungsausgaben würde für alle diese einzelnen Probleme, vor denen wir stehen, eine Wende ermöglichen. Die Ressourcen sind da, wenn der politische Wille da ist. Alles, was eine Gesellschaft tun kann, das kann sie auch finanzieren!

Sind wir heute in einer Situation, wo Zukunftsforschung nicht mehr in einer Vorhersage besteht, sondern in Strategien der aktiven Mitgestaltung der Zukunft?

Man darf wählen zwischen verschiedenen Produkten, aber man darf nicht wählen zwischen verschiedenen Wirtschaftssystemen. Wir werden die Gesellschaft und Wirtschaft mehr demokratisieren müssen. Wir werden die Zukunft wieder in die Hand nehmen müssen, weil die Zukunftsforscher uns Märchen erzählt haben. Ihre positiven Utopien waren vollkommen unrealistisch. Auch die politischen Entscheidungsträger haben uns Märchen erzählt. Sie waren gefangen in einer Weltanschauung, in der die Finanzmärkte regierten, denen man sich anpassen musste, damit es allen besser geht. Diese Herrschaft der Märkte hat sich als Trugschluss herausgestellt. Die Zukünfte, die heute zur Wahl stehen, sind natürlich unter diesen Umständen völlig andere. Viele hoffen noch, dass das alte System wiederbelebt werden kann. Andere haben bereits verstanden, dass das nicht gehen wird – und sehen gerade jetzt ganz spannende neue Möglichkeiten und neue Zukünfte sich auftun. Ein normales Leben ist eigentlich für all jene, die sich dessen bewusst sind, nicht möglich. Wenn wir eine Zukunft wollen, hat jeder meiner Meinung nach die Pflicht, so viel wie möglich zu tun. Aber ich glaube, das sollte nicht jetzt dazu führen, dass man sich paralysiert und verzweifelt fühlt.

Sind Sie Pessimist oder Optimist, was unsere Chancen für lebenswerte Zukünfte betrifft?

Ich halte weder was von einem Pessimismus, der behauptet, das habe sowieso keinen Zweck, noch von einem Optimismus, der meint, es wird alles gut werden. Ich sage: Ich bin Possibilist. Jeder hat irgendwelche Möglichkeiten, kann irgendwelche Nischen finden, hat irgendwelche Gedanken, irgendwelche Träume. Ich sage: Fang doch einfach an.

Ich handle, also bin ich

Im Dialog mit der Umwelt- und Ernährungsaktivistin Frances Moore Lappé

Frances Moore Lappé wurde 1944 in Oregon geboren und arbeitet seit den 60er-Jahren als Aktivistin gegen den Welthunger. Sie erhielt 1987 den Alternativen Nobelpreis »für die Aufdeckung der politischen und wirtschaftlichen Ursachen des Hungers in der Welt«. Frances Moore Lappé plädiert für eine Ernährungssouveränität jedes einzelnen Landes und gehört zu den stärksten Kritikern einer globalisierten industriellen oder gentechnisch manipulierten Landwirtschaft. Sie gründete weltweit agierende Initiativen wie »Food First« *(Institute for Food and Development Policy)*, das »Living Democracy Movement« sowie das »Small Planet Institute«. Ihr Buch »Diet for a Small Planet« wurde mit mehr als drei Millionen verkauften Exemplaren zu einem Weltbestseller. Fünfzehn weitere Bücher folgten, die in 20 Sprachen weltweit Verbreitung fanden, an weiteren 150 Büchern arbeitete sie als Koautorin. Für ihre Aktivitäten hat sie 17 Ehrendoktortitel erhalten. Frances Moore Lappé ist Mitglied des Weltzukunftsrates.
www.smallplanetinstitute.org; www.foodfirst.org

Warum verändern wir die Welt nicht, obwohl wir doch gegenwärtig mit derart vielen Krisen konfrontiert sind?

Ich glaube, das liegt schlicht daran, dass man uns immer wieder eingeredet hat, wie machtlos wir seien. Diese Sozialisation in Sachen Machtlosigkeit führt zu der Überzeugung, wir wären unfähig, diese Krisen angehen und bewältigen zu können. Deshalb verlassen wir uns auch lieber darauf, dass irgendjemand irgendwie das Ding schon schaukeln wird. Indem wir das tun, missachten wir aber zugleich die Tatsache, dass für jedes große Problem dieser globalen

Krise längst Lösungen vorhanden sind – sei es die Schadstoffbelastung, das Hungerproblem oder der Klimawandel. Worin besteht also die wirkliche Krise? Es sind nicht die Herausforderungen, sondern das verbreitete Gefühl, nicht an der praktischen Umsetzung dieser Lösungsansätze teilnehmen zu können. Das Problem ist also nicht »die Krise«! Das wirkliche Problem ist das Gefühl der Machtlosigkeit, dieser Eindruck, mit gebundenen Händen dazustehen und nichts tun zu können. Wir sind in einer Spirale des Machtentzugs gefangen, die uns immer machtloser werden lässt.* Das wirkliche Problem ist also das Gefühl der Menschen, keine Macht zu haben, die vorhandenen Lösungen ins Leben zu bringen.

Ist es also eine Frage der Wahrnehmung? Kommt es darauf an, wie wir uns selbst sehen und die globale Situation entsprechend interpretieren?

Ja, es kommt vor allem auf die Sichtweise an. Offenbar hat uns diese falsche Wahrnehmung unserer eigenen Natur und der Art und Weise, wie wir Teil der Natur sind, in diese ökologische und soziale Krise geführt. Diese eingeschränkte Weltanschauung hilft uns nicht mehr weiter. Im gegenwärtigen Zusammenbruch entstehen nun aber überall neue Perspektiven. Die Ökologie kann uns hier eine große Lehrmeisterin sein, da sich in ihr Muster finden lassen, die zeigen, wie Beziehungen in lebenden Systemen nachhaltig organisiert werden und wie Systeme durch eine ausgewogene, breit gefächerte, voneinander abhängige Macht belastbarer werden.

Bislang haben wir Menschen das Gegenteil getan. Wir haben sehr instabile und dysfunktionale Systeme erschaffen, weil wir diese allgegenwärtigen Vernetzungen ignoriert haben und stattdessen glaubten, die Konzentration von Macht würde dem Leben dienen.

* Frances Moore Lappé und Jeffrey Perkins: *You have the Power. Choosing Courage in a Culture of Fear*, Tarcher 2005

Wollen Sie damit sagen, dass die gegenwärtige Krisensituation so etwas wie eine Chance darstellt, den Lauf der Dinge zu wenden?

Im Augenblick ist meine bevorzugte Metapher eine meteorologische: Ich glaube, wir befinden uns inmitten gewaltiger Stürme, sei es der Sturm auf dem Finanzmarkt oder der Sturm des ökologischen Kollaps. In Stürmen werden oft Bäume umgeworfen, wodurch wir zum ersten Mal einen Blick auf die Wurzeln werfen können. Durch die Krise mit all ihren umgestürzten Bäumen haben wir nun wenigstens die Möglichkeit, die Wurzeln zu sehen und an ihnen zu erkennen, wo die Probleme liegen und wie sie wirklich gelöst werden können. Die Frage ist nun, ob wir den Mut haben, diese Wurzeln genau anzusehen und uns zu vergegenwärtigen, was sie deutlich machen.

Derzeit habe ich die große Hoffnung, dass der neue US-Präsident Barack Obama den Mut aufbringt, die nun zutage liegenden Gründe für die gegenwärtige Lage klar zu benennen. Die breite Unterstützung, die er von so vielen Seiten erhält, gibt ihm zumindest eine entsprechende Bewegungsfreiheit. Allerdings bringt er bislang immer noch Personen in seinen inneren Kreis, die daran beteiligt waren, jene Regeln zu entwerfen, die zur finanziellen Krise führten.

Ihr politisches Engagement begann mit dem Problem des Hungers in der Welt. Was lässt sich aus diesen Erfahrungen über die Wurzeln der gegenwärtigen Krise sagen?

Ich begann mir als sehr verzweifelte junge Frau im Alter von 26 Jahren die Frage zu stellen, wie mein alltägliches Tun mit dem Leiden zusammenhängt, das so offensichtlich in der Welt herrschte. Auf der Basis meiner jugendlichen Intuition konzentrierte ich mich auf etwas sehr Praktisches – nämlich die Nahrung – und dachte, dass ich mir damit die scheinbaren Geheimnisse der Ökonomie und Politik erschließen könnte. Zu jener Zeit in den 60er-Jahren vermittelten uns nicht nur die Experten, sondern auch die Medien, dass die Nahrungsmittel global ausgehen würden, weil die Grenzen der Erde, uns zu ernähren, erreicht worden seien. Ich wollte wissen, ob dies wirklich der Fall war, und zog mich mit meinen Fragen für viele Wochen in Bibliotheken zurück. Sehr bald schon stellte ich fest, dass die so genannten Experten falsch lagen.* Ich kam nämlich zu dem Ergebnis, dass es genug Nahrungsmittel gab und gibt, um uns alle satt zu machen. Was mein Leben dann allerdings auf den Kopf stellte, war die Einsicht, dass ich als Bürgerin der westlichen Welt selber aktive Teilnehmerin eines politischen und ökonomischen Systems war, welches diese enorme Fülle für sich beanspruchte, sie dann aber schrumpfen ließ und so reduzierte, sodass global eine Mangelsituation entstand. Das lässt sich an jeder Supermarkttheke erklären. Nehmen Sie als Beispiel nur einmal unser angeblich effizientes amerikanisches agroindustrielles System, das 16 Pfund Getreide und Soja verbraucht, um ein einziges Pfund Fleisch zu produzieren. Auf solche Weise erzeugen wir aktiv Knappheit.

Welche tieferen Fragen mussten Sie stellen, um das zu begreifen?

Meine vielen Fragen konzentrierten sich zunächst auf wenige: Warum gibt es Hunger in einer Welt der Fülle? Oder: Warum erzeugen wir Knappheit? Und viele Bücher später in den 1990er-Jahren wurde daraus die Frage: Wie kommt es, dass wir als Gesellschaften eine Welt hervorbringen, die wir als Individuen niemals wollen oder wählen würden? Hier erhebt doch niemand seine Stimme, um zu verkünden: »Ja, ich will, dass täglich hundert Kinder verhungern!« Trotzdem berichtet uns die WHO, dass heute täglich 15 000 bis 30 000 Kinder an Unterernährung sterben. Ebenso steht doch niemand morgens auf und sagt: »Prima, lasst uns den Planeten zerstören und die Arten vernichten!« Also lautet die Frage: Warum erschaffen wir als Gesellschaft eine Welt, die unseren gesunden Menschenverstand verletzt und unsere angeborene Sensibilität missachtet?

* Frances Moore Lappé: *Diet for a Small Planet*, Ballantine Books 1979; und: Frances Moore Lappé: *Food First*, Ballantine Books 1980

Welche Antwort haben Sie auf diese Frage gefunden?

Ich bin für mich zu dem Ergebnis gekommen, dass am Beginn all dessen, was uns machtlos macht, das Paradigma des Mangels steht – die Prämisse, dass es von allem *nicht genug* gibt.* Aus dieser Perspektive gibt es nicht genug Nahrung, nicht genug Energie, nicht ausreichend viele Parkplätze in der Stadt – einfach von allem nicht genug. Und was bei diesem Weltbild noch schlimmer ist: Es vermittelt, dass es in uns Menschen generell zu wenig Gutherzigkeit gibt. Die alles dominierende Botschaft lautet: Das Einzige, worauf wir uns beim Aufbau unserer politischen und ökonomischen Systeme verlassen können, ist die Tatsache, dass Menschen egozentrierte, materialistische und konkurrierende Wesen sind. Woran wir also mit fester Überzeugung glauben, ist ein Mangel an Gütern und Güte. Wenn man ein derartiges Selbst- und Weltbild mit sich herumträgt, liegt es nahe, die Verantwortung für das eigene Schicksal anderen anzuvertrauen. Wenn man glaubt, wir seien letztlich alle mehr oder weniger Betrüger, die miteinander im Konkurrenzkampf liegen und nichts Gutes dabei hervorbringen, dann ist es selbstverständlich, in unserer Aussichtslosigkeit unser Schicksal an scheinbar Klügere und Bessere zu delegieren: Seien es irgendwelche gewählten Politiker, Geschäftsführer und Topmanager oder die alles regelnde unfehlbare »Magie des Marktes«, wie es Ronald Reagan genannt hat.

Also dominiert das Paradigma des Mangels nicht nur beim Hungerproblem, vielmehr scheint es das Hauptproblem der gegenwärtigen Krise zu sein. Denn wir erleben eine Knappheit des Geldes, der Arbeitsplätze und des Mangels an zukunftsfähigen Lösungen. Können wir diese Wahrnehmung verändern?

Um dieses Bild korrigieren zu können, müssen wir eine Ebene tiefer gehen. Der deutsche Sozialphilosoph Erich Fromm schrieb ein-

* Frances Moore Lappé, Joseph Collins und Peter Rosset: *World Hunger. Twelfe Myths*, Grove/Atlantic Books 1998

mal, es sei die Humanität des Menschen, die ihn so inhuman macht. In seinem Buch über die »Anatomie der menschlichen Destruktivität«* erklärt er, dass es unser normaler Zustand sei, die Welt durch vorgegebene Orientierungsrahmen wahrzunehmen, die wie eine »mentale Landkarte« funktionieren. Mit anderen Worten: Wir sehen die Welt konstant durch Filter, und es gibt in der menschlichen Wahrnehmung keine ungefilterte Wirklichkeit. Diese Filter bestimmen maßgeblich, was wir wahrnehmen können und was nicht. Sie geben vor, was wir über die menschliche Natur glauben und determinieren damit auch, was wir für machbar und möglich halten.

Diese Filter mögen angemessen und akzeptabel sein, solange sie dem Leben dienen und es im Wesentlichen bejahen.

In dieser kritischen Zeit ist aber sehr deutlich geworden, dass die gesellschaftlich vorherrschenden »mentalen Landkarten« einen fundamental falschen Denkrahmen vermitteln und das Leben zerstören. Meine Hypothese ist, dass diese vorherrschenden und weitgehend unsichtbaren »mentalen Landkarten« im Begriff sind, uns umzubringen.** Um das zu verhindern, müssen wir zuallererst realisieren, welche lebenszerstörenden Glaubenssätze wir gleichsam wie einen unsichtbaren Äther einatmen und über die Sozialisation durch Erziehung, Werbung und den Anpassungsdruck der Gesellschaft wie selbstverständlich aufnehmen.

Denn es ist diese gefährliche Mischung aus Knappheitsvorstellungen und Ohnmachtsgefühlen, die uns in eine Spirale der Krise und Depression führt. Ich gehe dabei so weit zu sagen, dass die weltweit auftretenden Depressionen die schlimmste globale Pandemie geworden sind. Menschen werden depressiv, weil positive und prosoziale Qualitäten im herrschenden Weltbild weder anerkannt noch ermutigt, sondern vielmehr unterdrückt werden. Heute schon gilt die Depression als viertwichtigster Grund für Berufsunfähig-

* Erich Fromm: *Anatomie der menschlichen Destruktivität*, Deutsche Verlags-Anstalt, Stuttgart 1974

** Frances Moore Lappé: *Packen wir's an. Klarheit, Kreativität und Mut in einer verrückt gewordenen Welt*, J. Kamphausen-Verlag, Bielefeld 2009

keit und den Verlust von produktiven Menschen. Und man rechnet damit, dass Depressionen auf dieser Liste schon bald zur Nummer zwei werden. Wir stehen jetzt schon vor einer Situation, wo es weltweit fünfzig Prozent mehr Selbstmorde als Morde gibt.

Können Sie für diese Dynamik, die zu Zerstörung und Machtlosigkeit führt, Beispiele nennen?

Wir lassen uns zum Beispiel von der absurden Idee vereinnahmen, dass der Markt sich in sich selbst regulieren würde und wir Menschen so selbstsüchtig und beschränkt sind, dass, wenn wir in diese Magie eingreifen, wir das ganze Spiel vermasseln würden. Und besonders in meiner Lebenszeit begannen wir an diese bizarre Idee zu glauben, dass ein Markt dann am besten funktioniere, wenn er einem *einzigen* Grundsatz folgt – und das, obwohl wir die unterschiedlichsten Märkte hatten, seitdem wir in menschlichen Gemeinschaften leben und die Geschichte uns viele Arten zeigt, wie Märkte organisiert werden können. Trotzdem gilt in der Ökonomie heutzutage eine unbestrittene Regel, die da lautet: »Höchste Zinsen für bestehende Reichtümer, höchster Gewinn für diejenigen, die sich ihre Anteile am Wohlstand bereits gesichert haben.« Wohin hat uns das geführt? In eine Welt, in der 400 Personen über ebenso so viel Reichtum verfügen wie die gesamte einkommensarme Hälfte der Weltbevölkerung.

In den USA kontrolliert die Familie Wal-Mart, die ihren Einzelhandelskonzern nicht nur zum größten Arbeitgeber, sondern auch zum umsatzstärksten Unternehmen der Welt gemacht hat, so viel Reichtum wie die unteren 40 Prozent aller amerikanischen Haushalte zusammengenommen. Derart konzentrierter Reichtum beeinflusst dann natürlich politische Entscheidungen – was man in den USA in extremer Form beobachten kann. Bevor es zum aktuellen Kollaps der Märkte kam, konnte man sehr schön beobachten, wie die wirtschaftlichen Eliten immer mehr Gesetze und Bestimmungen durchsetzten, die ihnen noch höhere Profite garantierten. Der Einfluss der Wall-Street-Lobby auf die Gesetze, die schließlich zu diesem Crash führten, war enorm. Was aber ist da eigentlich passiert?

Wenn man etwas tiefer schaut, erkennt man, dass da für Milliarden von Menschen künstlich eine Knappheit *erzeugt* wurde. Sie dient dann wieder dazu, die Vorstellung zu bestätigen, dass es nicht genug gäbe – und gleichermaßen die Prämisse, dass an der Wall Street sowieso alle nur geldgierig sind. Und erneut wird so unser entmutigendes Selbstbild unterfüttert, das davon ausgeht: »Menschen sind doch nur habgierige, egoistische Geldscheffler.« Und so dreht sich die Spirale weiter nach unten: Die Menschen fühlen sich noch machtloser und zementieren zugleich die Wurzel ihrer Probleme. Auch hier wird also wieder deutlich, dass die eigentliche Krise diese Spirale des »Machtentzugs« ist.

Wie aber lässt sich dieser zerstörerische Teufelskreis so wenden, dass die Spirale sich umkehrt und eine Entwicklung ermöglicht, die dem Leben dient?

Genau darum geht es! Und die gute Nachricht ist, dass zeitgleich zur zunehmenden Zerstörung überall die Menschen aufwachen und – besonders in den letzten Jahrzehnten – beginnen, diese destruktive Spirale zu durchbrechen und umzudrehen. Eine Spirale aber, die diese verheerende Dynamik ersetzt, muss von einer ganz anderen Grundhaltung ausgehen! Sie baut auf das Paradigma der Fülle und die Prämisse des Überflusses statt auf Mangel und Not. Es ist heute offensichtlich, dass es auf dieser Erde genug Nahrung für alle gibt, wenn wir uns für eine Landwirtschaft und Produktion entscheiden würden, die den Gesetzen der Natur entspricht und mit dem Leben kooperiert.*

Es gibt auch mehr als genug Energie, wie der deutsche Politiker und Solar-Pionier Herrmann Scheer betont: Jeden Tag versorgt die Sonne die Erde mit einer Energiemenge, die 15 000-mal größer ist als die Menge an fossilen Treibstoffen, die wir derzeit verbrauchen.

* vgl. auch das Gespräch mit Vandana Shiva in diesem Buch

Trotzdem klingt das doch ein bisschen sehr optimistisch, dass wir nur unsere Art der Wahrnehmung zu ändern hätten, um alles zum Guten zu wenden …

Aber eine andere Wahrnehmung ist die wesentliche Voraussetzung! Die Erschaffung einer lebensfördernden Spirale der Ermächtigung und Ermutigung meint nicht, das bisherige Selbstbild auf den Kopf zu stellen und einfach zu behaupten: »Wir sind gar nicht böse, sondern nur gut«. Das wäre mehr als blauäugig. Ich betone vielmehr, dass die Erkenntnislage sehr eindeutig ist, ganz egal, ob wir die menschliche Sozialgeschichte betrachten oder die verhaltenspsychologischen Laborexperimente, in denen wir Menschen getestet wurden. Klar ist: Wir haben *sowohl* das Potenzial, um gegeneinander grausam und brutal zu sein, *als auch* die Veranlagung für Kooperation, Mitgefühl, Gerechtigkeit und kreative Macht. Wenn wir beides in uns tragen, können wir die ganze fruchtlose Debatte, ob wir nun gut oder böse sind, einfach fallen lassen. Wir können stattdessen als Spezies endlich reif und erwachsen werden, indem wir anerkennen und realisieren: »Oh, es sind nicht nur einige unserer Gattung, die brutal und grausam sind, sondern das ist in uns allen als Möglichkeit vorhanden!« Diese Anschauung ist nicht notwendigerweise nihilistisch oder pessimistisch. Sie bietet vielmehr die Chance dafür, die wirklich notwendigen Fragen zu stellen. Nämlich: Was wissen wir eigentlich über die Bedingungen, die das ebenso vorhandene Beste in uns hervorbringen und das Schlechteste in uns in Schach halten?

Was bedeutet das nun für die notwendige Drehung der Spirale in Richtung auf eine lebensbejahende Zukunft?

Wenn wir erst einmal akzeptieren können, dass wir diese sehr tiefen prosozialen Bedürfnisse und Veranlagungen haben – Fairness, Kooperation, Mitgefühl und Wirkungskraft, damit meine ich die Macht, etwas zu kreieren, Einfluss zu nehmen –, dann können wir natürlich auch daran glauben, uns angesichts bislang unüberbrückbarer Differenzen an einen Tisch setzen und Konflikte aushandeln und bewältigen zu können. Dann halten wir es für möglich und machbar, gemeinsame ethische Werte finden und benennen zu können.* Dann wird es schließlich zur realen Möglichkeit, auch Pläne und Lösungen zu entwerfen, die uns *allen* dienen. Dann dreht sich die Spirale so um, dass wir nicht länger glauben, machtlos zu sein, sondern das Potenzial erkennen, genau jene Regeln und Normen gestalten zu können, die das *Beste* in uns fördern und zum Tragen bringen. Dann realisieren wir, dass *wir* die Zukunft und ihre Bedingungen selbst erschaffen können. Wenn wir uns dieser Dynamik bewusst werden, begreifen wir auch die Hauptursachen für die Spirale in den Untergang: Wir können dann nämlich verstehen, dass *jede* Konzentration von Macht dazu beiträgt, nur das Schlimmste in uns zu fördern. Wir verstehen, dass jede Anonymität, jedes Einander-nicht-Kennen, Grausamkeit begünstigt und zu gegenseitigen Schuldzuweisungen führt. Ausgehend von so einer Einsicht können wir dann aber *bewusst* eine Spirale der Ermutigung und Ermächtigung einschlagen.

Und das ist ein sehr klarer Weg: Wir müssen dafür Regeln und Normen erschaffen, die sicherstellen, dass Macht zu jeder Zeit aufgeteilt und im Gleichgewicht bleibt. Wir müssen die Anonymität durch den Aufbau wirklicher Gemeinschaften überwinden. Und wir müssen uns und unseren Kindern beibringen, nicht länger auf simple Schuldzuweisungen zu setzen und für irgendwelche Probleme pauschal George W. Bush oder Osama bin Laden verantwortlich zu machen. Sondern stattdessen lernen zu erkennen, dass wir gemeinsam verantwortlich sind für das, was auf der Erde geschieht.

Verlangt das nicht wiederum einen wesentlichen Wandel in der Art, wie wir an politischen Prozessen teilnehmen?

In unserem Land ist die Teilnahme an Wahlen freiwillig. Konzentrierter Reichtum hat einen großen Einfluss darauf, wer gewählt wird und wie Politik in Washington gestaltet wird. Das führt offen-

* Frances Moore Lappé und Jeffrey Perkins: *You have the Power. Choosing Courage in a Culture of Fear*, Tarcher 2005

bar zu der Idee von einer sehr »dünnen« Demokratie.* Sie erscheint dann quasi als etwas, was wir zwar »haben«, nicht aber als etwas, das wir betreiben, leben und *tun*. Demokratie erscheint uns dann nur als ein Bündel von Institutionen, über die wir glücklicherweise verfügen, weil wir sie als solche geerbt haben, ohne groß noch etwas dafür tun zu müssen. So eine Vorstellung von Demokratie beruht auf einer Sichtweise der menschlichen Natur, die uns eigentlich darauf reduziert, im Wesentlichen glückliche Zuschauer zu sein. Ganz so, als dürften wir uns glücklich schätzen, dass die wesentlichen Errungenschaften uns schon fertig übergeben worden sind. Genau das ist aus meiner Wahrnehmung aber eine sehr verzerrte Sicht unseres Wesens. Jetzt ist der Augenblick gekommen, diese »dünne Demokratie« durch eine sehr andere lebendige Demokratie zu ersetzen.

Wie lässt sich eine lebendige Demokratie erkennen?

Durch eine Lebensart und einen Kanon von Werten, die sich mit den besten Potenzialen menschlicher Wesensart verbindet: Unserem Wunsch nach Fairness, unserer Freude an Kooperation und unserer Fähigkeit, füreinander Verantwortung zu übernehmen. Werte, die uns zu Handelnden werden lassen, statt Quengler zu bleiben. Werte, die uns aus der Passivität holen: Noch bilden wir uns ein, das gute Leben bestünde darin, vor einem Fernseher zu sitzen und sich unterhalten zu lassen. Dies ist aus meiner Sicht jedoch eine Missachtung der tiefen und essentiellen menschlichen Natur. Denn in Wirklichkeit sind wir Handelnde, die miteinander die Zukunft erschaffen. Eine Demokratie, die sich darauf beschränkt, dass wir nur Zuschauer von anderswo ablaufenden Ereignissen sind, ist eigentlich ein Verstoß gegen die menschliche Natur. Studien und Forschungen zeigen derzeit, dass der Glaube der Menschen an Demokratie abnimmt, anstatt zu wachsen. Angesichts dessen, was die

* Frances Moore Lappé, Rachel Burton und Anna Lappé: *Democracy's Edge. Choosing to Save Our Country by Bringing Democracy to Life*, Verlag Jossey Bass 2005

»dünnen« Demokratien in den USA und Europa mit dem Kollaps des Finanzsystems produziert haben, ist das auch nachvollziehbar.

Um von meinem Land zu sprechen, den USA: Geben wir nicht selbst ein schlechtes Bild von der Demokratie ab, wenn wir tolerieren, dass eins von fünf unserer Kinder unter Armut zu leiden hat?

Warum sollte das ein Modell sein, dem andere folgen sollen? Es kommt mir so vor, als würde unsere Administration anderen die »dünne« Demokratie aufbürden wollen anstatt zu erkennen, dass unsere größte Macht darin besteht, ein positives Beispiel vorzuleben, das andere kopieren wollen und für sich selbst erkämpfen würden. Deshalb meine ich, wir können die weltweite Entwicklung der Demokratie am besten fördern, indem wir sie in unserem eigenen Leben verwirklichen.

Demokratie ist eine lebendige Praxis, die auf ständige Verbesserung ausgerichtet ist, nicht auf das krampfhafte Festhalten am Status quo. Sie soll mehr Bedeutung in unser Leben bringen und Fairness um uns herum, und nicht zuletzt auch wirkliche Schönheit, die aus dem Zusammenwirken mit der Natur entsteht.

Welche Möglichkeiten der Veränderung und Einflussnahme entstehen, wenn wir Demokratie als eine lebendige Praxis verstehen?

Aus dieser Perspektive erkennen wir, wie fatal die Vorstellung einer Demokratie ist, die abgeschlossen scheint und uns darauf beschränkt, zu wählen und zu konsumieren. Sie jedoch als lebendiges System zu sehen, als tägliche Praxis, als eine Kultur des Engagements – das ist etwas, mit dem wir zwar nicht auf die Welt kommen, das wir jedoch lernen können, weil wir die Veranlagung dafür haben. Hinsichtlich dieser Vorstellung von Demokratie als einer gemeinsam erlernbaren Praxis möchte ich gern auf Erich Fromm zurückkommen. Er sagte, wir sollten Rene Descartes' Prämisse des »Ich denke, also bin ich« verwerfen, weil diese Idee nicht geeignet sei, das Potenzial unseres Wesens wirklich zum Ausdruck zu bringen. Er schlug stattdessen den Satz »Ich handle und bewirke, also bin ich« vor. Danach lebe ich.

Was ändert sich dann in unserer Wahrnehmung?

Dann wird es möglich, die immer weiter in die Krise führende Spirale des Machtentzugs und der Selbstmorde in die andere Richtung zu wenden. Mit so einer Grundhaltung entsteht eine Spirale der Ermächtigung, in der wir die Komplexität unseres Wesens erkennen und die Verantwortung übernehmen, um selbst jenen Regeln und Normen zur Geltung zu verhelfen, die wir brauchen, um kooperativ zu handeln und die Fähigkeit zu entfalten, die vor uns liegenden Probleme zu lösen. Demokratie ist dann nicht mehr nur ein von einer Regierung etabliertes System, sondern wird zu einem Bündel von positiven Werten, die in allen Aspekten des öffentlichen Lebens ihren Ausdruck finden. Dann müssen wir diese Werte nicht zu Hause lassen, wenn wir zur Arbeit oder in die Schule gehen. Wir können dann von diesem Gemeinsinn ausgehen und seinen tragenden und funktionierenden Werten: der Integration, der Fairness und der gegenseitigen Verantwortlichkeit. Das Spiel der Schuldzuweisungen ist dann zu Ende. Sobald wir uns in diese Richtung bewegen und die neuen Normen und Regeln erschaffen, wird die aufwärtsgerichtete Spirale der Ermächtigung und Ermutigung beschleunigt und gestärkt.

Was lässt sich in einer solchen kreativen Dynamik anders machen?

Sehr Grundsätzliches: Dann hören wir auf, aus der Vorstellung von Knappheit heraus zu handeln. Dann glauben wir an unsere eigene Macht, Wege in die Zukunft zu gestalten. Dann fürchten wir nicht das, was anscheinend unmöglich ist, sondern versuchen, was möglich ist. Ich will Ihnen ein paar Beispiele geben:

In Brasilien begannen die Bürger die Spirale zurückzudrehen, indem sie sich die Entscheidungen über öffentliche Gelder und Etats zurückeroberten und die Haushaltsplanung nicht länger den Lobbyisten der reichen Eliten überließen.

Initiativen laufen zurzeit in drei US-Staaten, in denen Wahlkämpfe tatsächlich öffentlich und ohne Spendengelder finanziert werden. Das hatte bereits zur Folge, dass sich gewöhnliche Bürger um öffentliche Ämter beworben haben und die reale Chance hatten, gewählt zu werden. Im amerikanischen Bundesstaat Maine, wo 85 Prozent der Bewerber ohne finanzielle Unterstützung von Konzernen antraten, konnten die Abgeordneten dann aufgrund dieser neuen Unabhängigkeit und gegen die massiv versuchte Einflussnahme der Konzerne wirklich historische Umweltgesetze verabschieden.

Wenn wir beginnen, solche lebensbejahenden Werte auch in der Ökonomie anzuwenden, dann entdecken wir die schnell wachsende Bewegung des Fair Trade, wo sich Konsumenten bewusst dafür entscheiden, fair produzierte Waren zu erwerben. Was vor etwa zwanzig Jahren nur auf dem Enthusiasmus einiger weniger Aktivisten beruhte, ist in England mittlerweile zu einem Wirtschaftsfaktor geworden, der so umfangreich ist wie der Umsatz von Alkohol. Und wer jemals in einem englischen Pub war, kann sich vorstellen, was das heißt!

Aus der Perspektive einer das Leben anreichernden Ökonomie wird plötzlich auch sichtbar, dass sich der Umfang kooperativer Ökonomie in den letzten dreißig Jahren sogar verdoppelt hat. Als ich das letzte Mal die Rangliste des *Weltwirtschaftsforums* über die erfolgreichsten Unternehmen anschaute, waren unter den besten vier Unternehmen die drei Firmen, die zugleich den höchsten Anteil von Kooperativen in ihrem Unternehmen umgesetzt hatten.

Zeigt sich ein derartiger Wandel der Perspektive auch in Ihrem primären Arbeitsgebiet, dem Hunger in der Welt?

Vor einigen Jahren reiste ich mit meiner Tochter um die Welt. Dabei jenen Menschen zu begegnen, die diese lebendige Demokratie praktisch zur Welt bringen, war eine Erfahrung, die mein Leben veränderte. Ein Ort, den wir besuchten, war die viertgrößte Stadt in Brasilien, Bella Horizonte. Der dort 1994 neu gewählte kommunale Stadtrat hatte sich während des Wahlkampfes erstmals für ein Grundrecht auf Nahrung für alle Bürger der Stadt ausgesprochen.

Sie änderten also wirklich den bisherigen Denkrahmen, indem sie die Ernährung zum essentiellen Lebensrecht machten. Sie sagten ihren Bürgern so in anderen Worten: »Selbst wenn du zu arm bist, um dir auf dem Markt etwas zu kaufen, bist du immer noch ein Bürger unseres Gemeinwesens, und wir sind für dich verantwortlich.« Statt jedoch einfach Nahrungsmittel auszuteilen und die Betroffenen damit in eine noch größere Abhängigkeit vom Staat zu bringen, führten sie Menschen aus Unternehmen und Institutionen zusammen, um gemeinsam nachhaltige Lösungen zu finden, mit denen sich die Menschen selbst helfen konnten. So entstand ein Beratungsgremium, in dem alle, die sonst gegeneinander agierten, miteinander kooperierten, um die Probleme der Hungernden zu lösen. Sie erfanden kooperativ Dutzende von Erneuerungen und Initiativen. So wurden beispielsweise kleine Parzellen innerhalb der Stadt ortsansässigen Farmern zur Verfügung gestellt, um dort ihre organisch erzeugten Lebensmittel anzubieten, deren Preise auch von armen Menschen bezahlt werden konnten.*

Mit dieser und vielen anderen kooperativen Aktionen konnte Bella Horizonte die Kindersterblichkeit, der wohl genaueste Indikator für Unterernährung, innerhalb weniger Jahre *halbieren*. Die geschätzten Kosten dafür betrugen einen Penny pro Einwohner und Tag. Das zeigte mir, wie leicht es sein kann, den Rahmen der Wahrnehmung zu verändern und gemeinsam Probleme zu lösen, wenn man sich von mentalen Zwangsjacken befreit.

Es scheint also, dass die Änderung des Mangel-Paradigmas auch in der Dritten Welt anwendbar ist?

Sicher, sie liefern uns sogar die Beispiele dafür, wie das funktionieren kann. Der südindische Staat Kerala führt beispielsweise seit den 70er-Jahren vor, wie man mit einem Pro-Kopf-Einkommen, das nur fünf Prozent des amerikanischen Pro-Kopf-Einkommens aus-

* Frances Moore Lappé und Anna Lappé: *Hoffnungsträger. Ein internationaler Reiseführer zu grünen Initiativen*, Riemann Verlag, München 2001

macht, ein durchschnittliches Lebensalter und Bildungsgrade erreichen kann, die denen der industrialisierten Länder nahe kommen. Hier kann der Westen von einem partizipatorischen Prozess der Bildung und Mobilisierung lernen, der einen großen Anteil der Bevölkerung mit einbezog.*

Damit kann man Erfolge erzielen, die niemand je für möglich gehalten hätte. Ein anderes Beispiel ist das »*Green Belt Movement*« in Kenia, wo Frauen entdeckten, dass sie sich gemeinsam die Fähigkeiten beibringen konnten, Gärten zur Selbstversorgung anzulegen und Bäume für ihr Brennholz zu pflanzen. Sie pflanzten dabei nicht nur 20 Millionen Bäume, sondern begannen durch dieses Engagement auch, sich um tiefere soziale Spannungen in ihren Gemeinden zu kümmern.** Dort hat sich so viel positiv verändert, dass der Ansatz zu einem globalen Modell wurde, von dem viel zu lernen ist.

Ein weiteres Beispiel ist die »Bewegung der landlosen Bauern« in Brasilien. Sie zeigten der Welt nicht nur, wie man neue Unternehmen gründet, sondern auch, wie man neu geschaffene Gemeinden verwaltet. Sie gründeten tausende neue Gemeinschaften und lernten, indem sie ihre gewählte Führung in vorbildlicher Form gleichermaßen mit Männern und Frauen besetzten. Sie bauten auch Tausende von Schulen – und ich könnte endlos mit solchen Beispielen fortfahren.*** Entscheidend ist, dass es diese kraftvollen Beispiele gibt, auch wenn sie in den Nachrichten der großen Medien fast nicht auftauchen. Das ist ja auch der Grund dafür, dass die meisten Menschen nicht erfahren, dass andere Wege gangbar sind. Deshalb sollten wir eigentlich alle Geschichtenerzähler werden, die solche Beispiele weitererzählen. Denn Menschen können nur erschaffen, was sie sich vorstellen können. Und wir könnten uns sehr

* www.kssp.org ; vgl. auch: Geseko v. Lüpke: *Die Alternative. Wege und Weltbilder des Alternativen Nobelpreises*, Riemann Verlag, München, S. 250ff.

** ebd.: S. 125–135; und: Geseko v. Lüpke und Peter Erlenwein: *Projekte der Hoffnung. Ausblicke auf eine andere Globalisierung*, hier: Gespräch mit Wangari Maathai, S. 128ff., Ökom-Verlag 2006, siehe auch: www.greenbeltmovement.org

*** Frances Moore Lappé und Anna Lappé: *Hoffnungsträger. Ein internationaler Reiseführer zu grünen Initiativen*, Riemann Verlag, München 2001

viel vorstellen, was weit über diese unzureichende Demokratie und dieses gescheiterte Marktsystem hinausführen würde. Wir müssen also alle an der Erzählung solcher neuen Geschichten teilnehmen! Wir brauchen eine neue Geschichte unserer menschlichen Möglichkeiten, die geerdet ist und auf Erfahrung ruht. Das hat nicht weniger als den Charakter einer neuen sozialen Schöpfungsgeschichte.

Wird angesichts dieser guten Botschaften nicht umso deutlicher, dass wir mehrheitlich immer noch in einer entgegengesetzten Wahrnehmungswelt leben?

Wir sind sicher immer noch sehr im Paradigma der Knappheit gefangen. Es handelt sich dabei aber auch um ein sich selbst verstärkendes Paradigma: Denn solche Muster wie die zunehmende Konzentration von Macht zerstören unsere schöpferischen Kräfte und erzeugen dadurch erst wirkliche Knappheit im Leben der Menschen. Und das führt dann zu einer sich selbst erfüllenden Prophezeiung, wo wir dann erneut bestätigt bekommen: »Schaut, es gibt wirklich nicht genug!« Die Wende, die wir inmitten dieser sich vertiefenden Krise nun hoffentlich vollziehen können, beginnt damit, wirklich zu verstehen, wie wir aktiv Knappheit und Mangel *erzeugen.* Das meine ich auch und sogar in erster Linie in Bezug auf den angeblichen Mangel an Nahrung. Denn tatsächlich hat weltweit pro Kopf die Fülle an Nahrungsmitteln zugenommen, seit ich begann, mich in den 1960ern mit diesem Thema zu befassen: Die globale Produktion landwirtschaftlicher Produkte ist in dieser Zeit um über 20 Prozent gewachsen. Doch allein in den letzten beiden Jahren ist die Zahl der Hungernden um über hundert Millionen Menschen gestiegen. Diese Ausbreitung von Hunger ist ein ebenso absurder wie trauriger Rekord.

Wie kommen wir aus diesem sich selbst verstärkenden Teufelskreis heraus, in dem wir Mangel erzeugen und dann behaupten, Knappheit sei eine fundamentale Realität?

Um uns davon befreien zu können, müssen wir zur Kenntnis nehmen, dass wir durch das, was wir tun, kein wirkliches Wachstum erzeugen. Wir *sprechen* zwar über ökonomisches Wachstum, das ist aber enorm irreführend, weil wir in diesem System so viel Abfall und Zerstörung produzieren. Vor einigen Monaten berichtete eine Titelgeschichte in der *New York Times*, dass 56 Prozent der in den USA produzierten Energie nutzlos verschwendet wird. Ferner wird fast die Hälfte der Nahrungsmittel zu Abfall. Und insgesamt werden mehr als 90 Prozent der Rohstoffe vergeudet, die zur Herstellung der Konsumprodukte eingesetzt werden. Auf diese Art erzeugen wir genau den Mangel, von dem wir sagen, dass wir ihn so sehr fürchten. Und wir tun das, weil wir von der Voraussetzung ausgehen, dass es nicht genug gibt: dass es zu wenig Güter in der Welt und zu wenig Güte in uns gibt, um die Regeln so zu gestalten, dass es möglich wird, die wirkliche Fülle der Welt zu erfahren und zu nutzen.

Sagen Sie also mit anderen Worten, dass Knappheit und Mangel nur eine Fantasie sind, dass es nur eine Illusion ist?

Nein, ich sage, dass wir Mangel aus der Fülle *erzeugen*. Deshalb existiert Knappheit. Die fundamentale Realität lautet aber gleichzeitig, dass wir Fülle erschaffen können, wenn wir uns an den Gesetzen und Regelwerken der Natur orientieren. Wenn wir aber die Naturgesetze missachten – so wie bei der Absurdität, 16 Pfund Getreide und Soja zu verfüttern, um ein Pfund Rindfleisch zu erhalten –, dann erzeugen wir eine Knappheit an Getreide. Das Potenzial für Fülle für jeden ist da, wenn wir uns nach der Natur richten, sie nicht manipulieren oder zerstören. Das können wir tun, wenn wir davon ausgehen, dass es genug für alle gibt. Ich behaupte: Der Mangel, den wir erfahren, ist eine Täuschung. Er ist das Ergebnis einiger unbewiesener Annahmen, die unser ökonomisches System antreiben.

Was ist dann der eigentliche Grund für Hunger in der Welt. Liegt es an der strukturell falschen Verteilung oder an falschen ökonomischen Annahmen oder an mangelhafter Demokratie?

Die Verteilung ist nur ein Symptom und Symbol des tiefer liegenden Problems, dass Menschen nicht daran glauben, die Fähigkeit und Kraft zu haben, eine wirklich lebendige Demokratie zu schaffen, die mit der Natur arbeitet. Die Wurzel der gegenwärtigen Probleme ist die Tatsache, dass das herrschende Paradigma nicht nur dem Wesen des Menschen widerspricht, sondern zudem auch noch unvereinbar ist mit dem Regelwerk der natürlichen Welt. Wir zerstören durch die Übernutzung von Ökosystemen die Regenerationsfähigkeit der Natur. Die Produktion von Nahrung für alle scheitert nicht daran, dass der Bedarf zu groß ist. Sie versagt nur, weil sie in der Falle dieses verschwenderischen Systems sitzt. Gleiches gilt für unser gegenwärtiges Wirtschaftssystem, das nicht mit der menschlichen Natur zusammenpasst. Denn unsere ökonomischen und politischen Systeme verlassen sich in hohem Maße auf Machtkonzentrationen, womit sie aber das Übelste in uns zum Tragen bringen: Gefühlskälte und Härte gegeneinander und eine Brutalität, die als Anlage in jedem von uns steckt.

Bedeutet das dann letztlich, dass die Wurzel des Problems eine falsche Sozialisation ist, ein fehlerhaftes Selbstbild, eine Fehleinschätzung unserer Potenziale?

Ich erwähnte ja schon einmal, wie befreiend es sein kann, unsere Potenziale für das Gute und das Schlechte gleichermaßen anzuerkennen. Tun wir das, dann sind wir in der Lage, bewusst Regeln und Normen zu entwerfen, die das Übelste in uns in Schach halten, während sie das Beste freisetzen. Solche positiven Regeln sind meist genau die Kehrseite dessen, was das Übelste auslöst. Das ist mein entscheidender Punkt – das Problem ist gewissermaßen nicht das Problem selbst – es ist nicht die Finanzkrise oder die Hungerkrise. Das einzige wirkliche Problem, das wir zu bewältigen haben, besteht darin, dass sich Menschen zu ohnmächtig fühlen, um sich ihres gesunden Menschverstandes zu bedienen und ihren gesunden Menschenverstand entschieden anzuwenden.* Die meisten Menschen denken, dass all diese Probleme von Mächtigeren gelöst werden müssen – wir dazu aber nicht in der Lage sind.

Welcher Weg könnte dahin führen, Menschen zu anderem Handeln zu ermächtigen, damit sie das tun, was sie glauben und fühlen?

Ein wesentliches Problem liegt darin, dass wir eine sehr begrenzte Vorstellung von Macht haben. Wir stellen uns Macht vor als etwas, das uns gegeben wird – als ein Ding, das man entweder hat oder nicht hat. Heute entsteht allmählich ein Verständnis davon, dass Macht immer mit Beziehung zusammenhängt und deswegen niemand jemals vollständig machtlos ist. Wir sollten also die Vorstellung von Macht als einer fixen Größe, die entweder der eine oder der andere besitzt, fallen lassen und uns »Macht« als Beziehung denken. Dann bedeutet Macht mit anderen Worten: »Alles, was ich tue, wird dich beeinflussen«. Weil das so ist, hat jeder eine Art Macht, die er einsetzen kann. Solange wir leben, haben wir diese Macht. Wir sollten uns daran erinnern, dass die lateinische Wort-Wurzel von Macht (potentia/potestas) einfach bedeutet »zu etwas imstande sein«. Es ist also grundlegend, dass wir unsere eigene Macht und die Art und Weise, wie wir andere wahrnehmen, durchdenken. Das ist wohl der Schlüssel.

Welche Vision von Demokratie haben Sie für die Zeit in 30 Jahren, wenn es gelingen sollte, die Spirale zu wenden und Zukunftsfähigkeit zu erschaffen?

Wenn lebendige Demokratie sich wirklich als neue Vision des Zusammenlebens in der Gesellschaft zeigen würde, dann sähe unser

* vgl. auch: Frances Moore Lappé: *Packen wir's an! Klarheit, Kreativität und Mut in einer verrückt gewordenen Welt*, J. Kamphausen-Verlag, Bielefeld 2009

Erziehungssystem bald sehr anders aus. Wir würden dann von frühen Jahren an unsere Kinder in den Künsten der Demokratie unterrichten, sodass junge Menschen die Zuversicht gewinnen, vor Konflikten nicht davonlaufen zu müssen. In der Schule würde trainiert werden, für uns selbst einzutreten, was dann später im Arbeitsleben gebraucht wird. Der Kern der lebendigen Demokratie liegt in der Idee, dass wir zwar als soziale Wesen geboren sind, aber die Künste der Demokratie zu lernen haben: Verhandeln lernen, Konflikte nicht als Fehler zu sehen, sondern als eine gute Entwicklung, die verschiedenen Interessen zu artikulieren und zusammenzubringen. Von zentraler Bedeutung ist, ob wir wirklichen Dialog zulassen können: Aktives Zuhören, Verhandeln, Mediation, Beratung, und natürlich auch das Feiern von Festen – das sind einige Punkte, die ich als die Künste der Demokratie bezeichne. Ich glaube, wenn wir uns in dieses neue Stadium einer lebensbejahenden Gesellschaft hineinbewegen wollen, dann sind das die Fähigkeiten und Künste, die wir brauchen. Zusammenleben ist ein lebenslanger Lernprozess, wir können das nicht einfach anderen überlassen.

Hat dieser Ansatz dann auch Konsequenzen auf der Ebene der Ökonomie?

Die entstehenden Strukturen könnten sich in der Zukunft ähnlich entwickeln wie die Kooperativen in der Region Emilia Romagna in Norditalien. Dort werden jetzt schon etwa 30 bis 40 Prozent des Bruttoinlandsproduktes generiert. Zwei von drei Menschen in Emilia Romagna sind Mitglied einer Kooperative. Sie vernetzen sich und unterstützen einander mit geringen Beiträgen zu einem gemeinsamen Fonds, der ihnen dann beim Marketing und bei Finanzierungen hilft. Dieses Stadium auf dem Weg in eine andere Zukunft ist ein notwendiger Schritt: nicht länger am Arbeitsplatz isoliert zu sein, Netzwerke bilden und einander unterstützen. Kooperationen bedeuten nicht eine Auflösung der privaten Sphäre, sondern ein wachsendes gemeinsames Vertrauen darin, dass wir bestimmte menschliche zentrale Werte teilen, die in allen Lebensbereichen gelten und anwendbar sind. Dann brauchen wir nicht länger das, was uns an menschlichen Werten wichtig ist, nur auf die eigenen vier Wände zu beschränken. Sondern wir können sie ebenso anwenden, wenn wir zur Arbeit gehen oder unser Geld investieren. Denn auch wenn wir investieren, denken wir doch darüber nach, ob und wie wir mit unserem Geld etwas Gutes fördern können. Deswegen können wir den Sinn und Zweck einer Investition nicht länger ignorieren. Es soll uns im Gegenteil Spaß machen, zu entdecken, dass wir die Macht haben, das zu unterstützen, was gut ist und uns wichtig ist.

All diese Beispiele scheinen zu besagen, dass die Zukunft nicht von Zukunftsforschern oder zentralisierter Planung gestaltet wird, sondern von Menschen an der Basis, die ihre Welt ändern. Würden Sie sagen, dass sich Zukunft aus dem gesunden Eigeninteresse normaler Menschen entwickelt, in der Krise eine bessere Welt zu bauen?

Die andere Zukunft entwickelt sich aus einem Eigeninteresse von Menschen, die gelernt haben, dass wir außerhalb von Gemeinschaft weder leben noch gedeihen können. Wir sind soziale Wesen. »Interesse« kommt von dem lateinischen »*inter-esse*«, was frei übersetzt heißt »mitten unter denen sein, die ich liebe«. So ist der Begriff Eigeninteresse auch als »gesundes Leben in Gemeinschaft« zu verstehen. Wir können, wo immer wir sind, mit welcher Neugier auch immer, Teil und Mitgestalter dieser neue Menschheitsgeschichte werden. Entscheidend ist dabei, dass wir nicht verstecken, was wir tun, sondern unsere Geschichte offen erzählen, damit wir und unsere Freunde die Verbindungen zwischen dem, was wir, und dem, was unser Nachbar macht, sehen können. Während wir handeln, sollten wir den Wert der verschiedenen Aktionen und Initiativen dieser neu entstehenden Zukunft gleichermaßen wertschätzen: Sei es eine komplementäre Währung, die unsere Gemeinde über das zusammenbrechende ökonomische System hinaus stärken kann, oder sei es eines der anderen Beispiele, über die ich sprach – Kooperativen, demokratische Schulen und faire Ökonomie.

Welche innere Haltung müssen wir haben, um die Stärke und das Vertrauen entwickeln zu können, die wir brauchen, um diese andere Zukunft zu erreichen?

Ich nenne es eine Haltung der »mutigen Demut«. Zuerst möchte ich über den Mut sprechen: Wir müssen anerkennen, dass wir alle das kulturelle Produkt von archaischen Stammesgesellschaften sind, die im Verlauf ihrer Geschichte viel über die Angst zu lernen hatten. Im Prozess dieser kulturellen Evolution haben wir gelernt, auf eine bestimmte Art und Weise auf körperliche Phänomene zu reagieren, die mit der Angst zusammenhängen. In meinem Fall ist mit Angst ein heftig klopfendes Herz verbunden. Unsere Kulturgeschichte hat uns bislang glauben lassen, dass diese Gefühle bedeuten, dass wir in einer falschen und gefährlichen Situation sind, aus der wir am besten sofort verschwinden sollten. Die Evolution hat uns gelehrt, für gefährliche Situationen dreierlei Optionen zu haben: wie gelähmt zu verharren, zu kämpfen oder zu fliehen. Bislang waren das die einzigen Lösungen der Evolution im Umgang mit Angst. Vor einer anderen Reaktionsweise haben wir aus anderen guten Gründen auch Angst. Denn durch Tausende Jahre menschlicher Geschichte haben wir gelernt, dass es das Allerschrecklichste ist, bei Fehlverhalten vom Stamm ausgeschlossen zu werden.

Und so fürchten wir uns davor, von anderen abgelehnt und verstoßen zu werden, wenn wir etwas tun, was nicht die Bestätigung der Mehrheit hat. Immer wenn wir riskieren, unsere Kritik an den herrschenden Verhältnissen zu äußern, meldet sich dieser Schrecken und löst eine Angst vor Isolation aus. Diese archaische Reaktion haben wir bis ins 21. Jahrhundert transportiert. Doch was geschieht im 21. Jahrhundert mit diesen archaischen Gewohnheiten? Sie müssen verändert werden, weil sie nicht mehr stimmen! Denn inzwischen ist dieser größte Stamm, den wir »zivilisierten Hyper-Stamm« nennen können, auf einem selbstmörderischen Pfad unterwegs. Wenn wir uns individuell von diesem Pfad ablösen, woanders hingehen, abspringen oder in eine andere Richtung schwimmen, führt das inzwischen nicht mehr wie in stammesgeschichtlichen

Zeiten zum Tod durch Ausschluss und Vertreibung, sondern bedeutet einen Schritt hin zum Überleben.

Müssen wir also, um eine andere Zukunft zu erschaffen, unsere Ängste überprüfen und lernen, unsere Gefühle anders zu interpretieren?

Um eine wirklich lebendige und lebensdienliche Gesellschaft zu erschaffen, haben wir die Definition von Angst zu verändern. Denn wenn wir das nicht tun, hält uns die Angst davon ab, als Zukunftspioniere das Nötige zu tun. Wir haben die Möglichkeit in Betracht zu ziehen, dass Angst schlichtweg eine Art Information ist und kein Urteilsspruch. Angst kann im Gegenteil die Energie sein, die wir nutzen könnten, um die Spirale in Richtung Leben zu wenden. Wir können zu einer Wahrnehmung kommen, in der das Körpergefühl der Angst uns vermitteln will, dass wir genau *da* sind, wo wir sein *sollten*. Dann würde uns das Gefühl der Angst sagen »Geh!« oder »Weiter so!« anstatt »Halt!«, »Erstarrung!« oder »Flucht!«. Wenn wir die Angst aus ihrem engen Rahmen befreien, werden wir bemerken, dass wir *mit* ihr gehen können, statt uns von ihr lähmen zu lassen. Mithilfe solcher Gedanken entwickelte ich im Lauf der Jahre einige Tricks: Ich merkte, dass mein Herz immer zu klopfen anfing, sobald ich auf etwas anderes reagierte als meine Umgebung – und gewöhnlich wertete ich das dann als Anzeichen von Angst, die mich bremste. Diese antrainierte Verbindung zwischen Herzklopfen und Angst musste ich bewusst aufbrechen und das Gefühl der Angst in einen neuen Interpretationsrahmen stellen. Inzwischen kann ich mein klopfendes Herz als »inneren Applaus« interpretieren. Inzwischen sagt mir mein klopfendes Herz, wann ich mit meinen Gefühlen richtig liege. Was war da passiert? Ich hatte mein inneres Wissen von »richtig« und »falsch« von meiner Angst vor Isolation, Ablehnung und der Gefahr der Verstoßung entkoppelt. Ich glaube, das ist für den Aufbau einer ganz neuen Zukunft enorm wichtig. Denn das Neue macht Angst! Anders zu leben macht Angst! Die Abkehr von den dominanten Überzeugungen unseres »Stammes« macht Angst! Wenn wir diese Spirale in Richtung Leben wenden wollen, müssen wir uns von dem Glauben verabschieden, dafür erst die Angst überwinden zu müssen. Wenn wir unsere Wahrheit leben wollen, müssen wir die Bedeutung von Angst in unserem Leben neu definieren. Es geht also nicht darum, die Angst loszuwerden oder sie zu überwinden, sondern *mit* der Angst aufrecht zu gehen. Das ist nicht einfach – und das bezeichne ich als »Mut«. Denn es braucht fraglos Mut, auf eine neue Art mit Angst umzugehen, bei der man nicht über sie hinweg-, sondern *mit* ihr vorwärtsgeht.

Und was können Sie uns über den erwähnten Begriff der Demut sagen?

Ich habe irgendwann einmal realisiert, dass ich die Entwicklungen, die mich heute am meisten begeistern und inspirieren, vor dreißig Jahren noch für völlig unmöglich gehalten habe. Jetzt kann ich ganz ehrlich sagen: »Moment einmal! Ich kann nicht wirklich sagen, was passieren wird! Das ist nicht möglich, ich habe mich schon so oft geirrt und die Möglichkeiten unterschätzt!« In dieser Haltung liegt ein Stück Demut. Ich definiere »Demut« als den Verlust des Glaubens daran, dass wir Menschen alles kontrollieren könnten und wüssten, was möglich ist und geschehen wird. Demut ist das Eingeständnis, dass es nicht möglich ist zu wissen, was möglich ist. Die Dinge sind zu sehr in Bewegung, um wirklich etwas zu prognostizieren. Außerdem orientieren sich unsere Erwartungen und Urteile so sehr an den Erfahrungen der Vergangenheit, während doch jeder gegenwärtige Moment etwas völlig Neues ist. In diesem Sinne würde ich sagen: Wenn es nicht möglich ist zu wissen, was möglich ist, sind wir frei, sehr vieles für möglich zu halten! Wir haben die Freiheit für jede denkbare Zukunft, ohne den exakten Beweis führen zu müssen, ob es irgendeine Chance dafür gibt, sie erfolgreich umzusetzen. Das können wir nicht voraussehen, aber wir können uns einfach nur dafür einsetzen. Wir können uns mit aller Kraft dafür einsetzen, selbst wenn wir nur die Chance von einem halben Prozent sehen, dass so etwas wie lebendige Demokratie wirklich aufblühen wird – eben weil wir es nicht wissen können.

Was bedeutet das für das Engagement des Einzelnen für eine andere Zukunft?

Da kann ich nur von mir sprechen. Ich setze mich auch für das halbe Prozent ein, weil es auf jeden Fall die beste Art ist, zu leben. Das ist vielleicht nicht jedermanns Sache. Diese Art von Demut wird, muss ich gestehen, mit dem Alter auch etwas leichter. Aber ich will noch ein paar ermutigende Beispiele geben: Niemand hätte erwartet, dass so etwas wie die brasilianische Landreform möglich gewesen wäre. Diese Landreformbewegung, die von der Basis ausging, entpuppte sich dann aber als die größte soziale Bewegung in der westlichen Hemisphäre. Als ich einen ihrer Anführer fragte, wodurch sie so erfolgreich wurden, sagte er: »Erfolg? Darum ging es nicht! Wir taten nur, was getan werden musste!« Es ist also nicht möglich zu wissen, was möglich ist. Wir müssen begreifen, dass genau darin unsere größte Freiheit liegt!

Ein anderes Beispiel: Niemand hätte sich vorstellen können, dass die sieben Bäume, die Wangari Maathai in Kenia pflanzte, zu einer Bewegung führen würde, die *zwanzig Millionen* Bäume pflanzt. Wenn jemand mich, als ich im Alter meiner Tochter war, gefragt hätte, »Glaubst du, dass so etwas geschehen kann?«, wäre meine Antwort ein klares »Nein!« gewesen. Besonders jetzt, wo wir erkennen, wie sehr wir die für unser Überleben entscheidenden Ökosysteme ausgehöhlt haben, ist es unmöglich, positiv wie negativ zu wissen, was passieren wird und welche Entwicklung möglich ist. In so einer Situation macht auch das nutzlose Spiel keinen Sinn mehr, erst noch auf irgendwelche letzten Beweise zu warten, bevor wir unser Leben einer anderen, besseren Zukunft widmen. Lasst uns stattdessen unserem Herzen und unseren Bedürfnissen folgen. Lasst uns handeln, um lebendig zu sein! Wenn es nicht möglich ist zu wissen, was möglich ist, dann sind wir frei, die Welt so zu erschaffen, wie wir sie alle wollen.

Nachwort
Nächste Schritte

Wenn Krisen zu Lehrmeistern werden

Der Wechsel, der in den einundzwanzig vorliegenden Gesprächen gefordert wird, ist gewaltig. Es geht um nicht weniger als einen völlig neuen Blick auf die Welt, eine gänzlich veränderte Perspektive auf das Phänomen von Krisen, ja, auf den Umgang mit der Zukunft überhaupt.

Denn die Krise ist noch lange nicht vorbei. Sie wird in einer zweiten Welle durch den Mangel an Kreditgeldern zu Rezession und Insolvenzen, zu weiterer Arbeitslosigkeit, wachsender Ungleichheit und sozialen Konflikten führen. Wer die aktuelle Krise nur auf verantwortungslose Banker oder ungesicherte Immobiliengeschäfte zurückführt, denkt nicht weit genug. Denn die Geldwirtschaft ist nur Ausdruck eines Weltbildes, das in viel größerem Maßstab auf Spekulation, auf Pump und das Risiko des biosphärischen Bankrotts setzt. In der Warteschleife stehen schon die Krisen rund ums Öl, um die Ernährung, um das Wasser, um das Klima. Die Wellen der Destabilisierung werden uns mit wachsender Gewalt treffen, wenn *wir* nicht aus der aktuellen Krise lernen. »Wir« ist dabei mehr als nur die Politik. Die »Kultur« in all ihrer Vielfalt steht vor der Herausforderung, sich selbst aus der sprachlosen Lähmung zu retten. Sie muss mit allen Formen des Ausdrucks und der Kreativität die zivilisatorischen Mythen aufbrechen, die Krise, Kollaps und Untergang provozieren. Sie muss begreifen, dass sie sonst Teil der Problems bleibt, anstatt Teil der Lösung zu werden. Sie muss erkennen, dass auch ihr Überleben in Frage steht, wenn die Gesellschaft immer mehr in Schieflage gerät. Und sie muss, um eine Metapher zu nutzen, Rettungsboote anbieten, bevor die Titanic sinkt.

Die Dynamik von Krisen wird heute auch in den klassischen Naturwissenschaften untersucht, sogar von jenen Disziplinen, die sonst so gerne als Grundlage des rationalen Weltbildes hergenommen, in diesem Fall aber kaum angewandt und verstanden werden. Biologie und Physik konstatieren längst, dass Leben aus konstanten krisenhaften Ungleichgewichten besteht, die sich immer wieder neu austarieren, balancieren, fließend verändern. Fazit: Die bislang so unterschiedlichen Wege von Natur und Kultur, mit Krisen umzugehen, müssen sich annähern. Was in der Natur eine evolutionäre Kraft ist, darf in der Gesellschaft nicht länger nur als Gefahr gesehen werden.

Für die Erkenntnis, dass andauernde Veränderungsprozesse normal sind und nicht zu Chaos, sondern zu immer mehr Ordnung in höherer Komplexität führen, wurde Ilya Prigogine schon 1977 mit dem Chemie-Nobelpreis ausgezeichnet. Ferner lehrt uns die Chemie, dass stabile Systeme tote Systeme sind. Stabilität, das kann man der Politik ins Stammbuch schreiben, bedeutet das Ende von Lebendigkeit und Überleben. Ein ewiger stabiler Gleichgewichtszustand, so ergänzt wiederum die Physik, existiert nur in der totalen Auflösung aller Strukturen, im Zuge derer alle Unterschiede und Energiezustände so nivelliert und gleichmäßig verteilt sind, dass sich nichts mehr regt. Die Thermodynamik nennt das Chaos einen Zustand der Gleichförmigkeit, der Leblosigkeit, der tödlichen Auflösung aller Gegensätze. Kultur und Gesellschaft aber folgen den Gesetzen des Lebens: Zukunft entsteht universal aus dynamischen Veränderungen, bei denen auf Krisen mit kreativen evolutionären Lösungen reagiert wird, welche die Balance auf einem Gleichgewichtszustand höherer Ordnung wiederherstellen.

Wenn wir kulturell davon Abschied nehmen, dass Zukunft nicht durch unsere angeblich so genialen menschlichen Pläne und Erfindungen entsteht, sondern vielmehr durch das Scheitern, durch den Verlust der Kontrolle, durch Krisen und durch aus der aktuellen Not wachsende Kreativität, dann stellt das auch die Arbeit der großen Denkfabriken, der Trend- und Zukunftsforscher in Frage, die Zukünfte so gerne »erfinden« wollen. Der hier vorgestellte Ansatz läuft demgegenüber eher darauf hinaus, die Illusion der Kontrolle und Determiniertheit aufzugeben. Er plädiert vielmehr dafür, die

Keimlinge des Neuen wahrzunehmen, die Knospen einer anderen Welt aufzuspüren und sich von der entstehenden Zukunft *finden* zu lassen.

So ein Wechsel bedeutet, sich vom menschlichen Überlegenheitskomplex zu verabschieden, der – allen Ergebnissen der Grundlagenforschung zum Trotz – immer noch davon ausgeht, dass Zukunft planbar wäre. Und der nach wie vor meint, dass wir Menschen es sind, die als einzig reflektierende Wesen die Aufgabe hätten, das komplexe Projekt der weiteren Evolution in die Zukunft zu planen, zu gestalten und zu verantworten. Hier ist eine Schrumpfung des aufgeblasenen menschlichen Selbstbildes unvermeidbar. Die hier versammelten Philosophen, Naturwissenschaftlerinnen und Aktivisten gehen demgegenüber davon aus, dass dem komplexen Netzwerk des Lebens seine eigene Intelligenz und Dynamik innewohnt. Sie handeln aus der Überzeugung, dass es benennbare Regeln und Gesetze der Natur und des Überlebens gibt, an die sich alle Mitglieder dieses Netzwerks anzupassen haben, wenn Zukunft in immer wieder sich ausgleichender Balance die Erhaltung und weitere Entfaltung des Lebensnetzes garantieren soll.

Dieser Wechsel bedeutet zudem anzuerkennen, dass die existenzielle Bedrohung, vor der die Erdbevölkerung heute durch eine noch nie da gewesene Häufung von Krisen steht, im Kern aus einer mangelhaften Wahrnehmung herrührt. Zu den Kernelementen dieser eingeschränkten Weltbilder gehört der tiefe Glaube daran, dass wir die komplexe Wirklichkeit in handhabbar fixierte Schubladen einseitig definierter Realitäten aufteilen könnten, die sich dann so reparieren lassen wie der Vergaser eines Motors. Diese weit verbreitete, Ganzheiten auftrennende, mechanisierende und reduktionistische Weltsicht folgt unausgesprochen dem fast religiösen Glauben, dass wir kulturell auf dem richtigen Weg sind, in der besten aller möglichen Welten leben und im Prinzip wüssten, wie die Entwicklung weitergeht. Auftretende Probleme sind aus dieser Sicht kleinere Unstimmigkeiten, die es zu beseitigen gilt; Betriebsunfälle, die wegen Unachtsamkeit vorkommen, aber nicht das Unternehmen an sich in Frage stellen. Deshalb ist die Reaktionsweise politischer und ökonomischer Führungspersönlichkeiten und Autoritäten fast immer und überall die gleiche: Sie arbeiten – egal wie groß die Krise ist – daran, den *Status quo* wiederherzustellen. Es soll – so ist ihr vielfach proklamiertes Ziel – wieder so werden wie der scheinbar stabile Zustand vor der Krise. Durch die in diesem Band gesammelten Gespräche zieht sich wie ein roter Faden die ganz andere Sichtweise, dass sich die Zukunft in einem komplexen dynamischen *Prozess* entfaltet – in dem alles möglich ist, nur keine Rückkehr zum Alten.

Das Kernproblem einer nicht-nachhaltigen menschlichen Gesellschaft, die mit ihrer beschränkten Weltsicht natürliche Systeme zerstört, ist also ein kulturelles. Es geht um Wahrnehmung, Denksysteme, ethische Werte sowie die Fähigkeit, Muster und Strukturen, Beziehungen und Zusammenhänge zu erkennen. Es geht darum, den weitgehend verkümmerten Muskel der Imagination und der kreativen Phantasie so aufzutrainieren, dass in unseren geistigen Innenwelten neue Einsichten, Konzepte, Modelle und Handlungsansätze entstehen. Mit deren Hilfe können wir an der Gestaltung der Zukunft so mitwirken, dass wir mit dem evolutionären Prozess kooperieren und ihn in einem lebensdienlichen Sinne vorwärtsbringen, anstatt ihn an die Wand zu fahren.

Gehen wir aber davon aus, dass es dieses mangelhafte und beschränkte Weltbild ist, das solche Zukunft gefährdet und uns Menschen in letzter Konsequenz aus der weiteren Entfaltung der Zukunft herauszuwerfen droht, dann ist der Kern der Krise ein *kulturelles Bildungsproblem.* Da grundsätzlich neue Ansätze für ganzheitliche Wahrnehmung, alternative Weltbilder, systemische Analysen bisher den Mainstream des Bildungssystems noch nicht wirklich erreicht haben, besteht ein wesentlicher nächster Schritt sicherlich darin, dieses Bildungsangebot zu schaffen.

Die zahllosen Vorschläge in diesem Buch, kreativ auf die Krise der Gegenwart zu reagieren, machen dreierlei deutlich: Zunächst, dass es sich dabei *nicht* nur um eine Krise der Ökonomie oder des Geldsystems handelt. Vielmehr zeigt es sich, dass auch hier nur Symptome einer *tiefer* liegenden Krise zum Vorschein kommen.

Zweitens, dass die jetzige Krise zu den ersten Vorboten einer weit umfassenderen Dynamik gehört und ein Phänomen darstellt, auf das sich noch relativ leicht reagieren lässt. Drittens, dass die Lösungen für die Geld- und Finanzkrise und die meisten noch kommenden Destabilisierungen längst vorhanden sind. Sie werden allerdings nur sehr verhalten umgesetzt, weil der Fokus immer noch viel zu sehr darauf gelegt ist, den Status quo wiederherzustellen.

Doch der Korrekturprozess hat begonnen. Die aktuelle »Kreditklemme«, die *Bernard Lietaer* als »zweite Krisenwelle« des Bankencrashs definierte, führt bereits jetzt dazu, dass sich Unternehmen von den Banken abwenden und sich gegenseitig finanziell absichern – auch wenn niemand dezidiert von der »WIR«-Währung spricht, von der im Buch zu lesen war. Und auch *Margrit Kennedys* Vorschlag einer Art Lagergebühr für angehäufte Reichtümer findet schon Anwendung. Mitte Juli 2009 führte die schwedische Zentralbank als erste einen »Negativ-Zins« für alle Banken ein, die ihr Geld bei der Reichsbank liegen lassen. Die Absicht dieser einzigartigen Maßnahme ist klar: Das Geld soll raus ins Wirtschaftssystem, statt weiterhin im Stillstand Gewinne zu erwirtschaften. Das Zinssystem beginnt zu wackeln. Doch gesamtgesellschaftlich geschieht noch viel zu wenig.

Kaum jemals war es notwendiger als heute, die Krise als Chance zu nutzen – vielleicht als letzte, bevor Änderungen durch eine sich verschärfende Dynamik wieder sehr schwer werden. Kaum jemals war es auch vielversprechender, die sich aus der Krise entwickelnde Veränderungsbereitschaft bei den betroffenen Individuen, Gemeinschaften und Gesellschaften aufzugreifen und zu fördern. Zurzeit hat sich ein Fenster geöffnet, in dem für einen vorübergehenden Moment weitreichende Handlungen möglich erscheinen. Diesen Moment gilt es zu nutzen, bestehende Modelle, Philosophien, Praktiken und Anschauungen zu sichten, zu sammeln und auszuprobieren – das gilt für Politik, Zivilgesellschaft und Wissenschaft gleichermaßen.

Ein neuer Blick auf Zukunft

Die Zukunft, um die sich alle sorgen, ist nicht mehr das, was sie einmal war. Solange die kulturelle Entwicklung im Zeitlupentempo geschah, war die Zukunft eine Utopie, die sich nicht selten als radikaler Gegenentwurf der Gegenwart darstellte. Manchmal auch als weit vorausgreifende Ideal- oder Schreckenswelt (man denke an Orwells »1984«), deren imaginäre Projektion entweder wie ein Magnet oder wie eine Warnung Einfluss auf die Entwicklungen der Gegenwart nehmen sollte. In jedem Fall war die Zukunft weit weg: Die Verhältnisse der Gegenwart schienen so stabil, dass die absehbare Zukunft lange nur die ewige Fortsetzung des Alten war. Das ist vorbei. Die Zukunft ist immer näher gekommen. Nicht selten werden Zukunftserwartungen von der Gegenwart eingeholt: Bevor sich die Kultur und Politik kritisch mit den Auswirkungen absehbarer Entwicklungen auseinandersetzen kann, wird das Jetzt vom Morgen überholt. Schätzungen gehen davon aus, dass sich der Wissensstand heute alle sieben Monate verdoppelt. Damit hat er sich in gut einem Jahr vervierfacht, in fünfeinhalb Jahren aber schon um das 64-Fache vermehrt. Wie soll man da auch nur zehn Jahre weit planen? Selbst die Arbeit mit verschiedenen alternierenden Szenarien gleicht dann mehr einem hypothetischen Sandkastenspiel als einer Analyse von möglichen Realitäten.

Deshalb ist der Begriff »Zukunft« neu zu definieren. *Joanna Macy* erinnerte daran, dass die Gesellschaft der Gegenwart sich auf einer relativ kleinen »Zeitinsel« befindet und die verantwortliche Auseinandersetzung zu den Tiefen der Zukunft weitgehend ausschließt, obwohl gegenwärtiges Handeln schon heute Konsequenzen über Tausende von Jahren zeitigt. Dass sich das ändern muss, forderte unter anderem *Jakob v. Uexküll*. Denn die gegenwärtige Welt greift mit ihren modernen Technologien bereits in hohem Maße in Zukünfte ein, die weit über die Lebensspanne ihrer Erfinder hinausreichen. Das gilt nicht nur für die Atomtechnik und ihre Jahrhunderttausende strahlenden Hinterlassenschaften oder die komplexe Dynamik von genetisch veränderten Organismen für die

Zukunft der Evolution. Das gilt in besonderem Maße auch für die wachsende Zahl der so genannten *converging technologies* (Nano-, Bio-, Informatik- und Kognitionsforschung), die das Potenzial haben, die kulturelle und materielle Wirklichkeit so grundlegend und schnell zu verändern, dass die wissenschaftliche Fiktion darüber ständig von der Realität überholt wird. *Nicanor Perlas* hat in diesem Buch darauf hingewiesen, dass diese neue technologische Revolution soziale Verschiebungen und Krisen provozieren wird, die denen der ersten industriellen Revolution kaum nachstehen: Er warnte vor einer Zukunft, die von Mischwesen aus Mensch und Maschine – sogenannten *Cyborgs* – geprägt sein wird, wenn es keine spirituelle Neubesinnung auf die innersten Werte des Menschseins gibt.

Die Auseinandersetzung mit Zukunft ist also außerordentlich komplex und nicht leicht zu fassen. Gab es früher noch eine weitgehend gemeinsame Vorstellung von Zukunft als kollektiver Utopie, so gibt es heute kaum mehr utopische Gesamtentwürfe. Das scheitert an der Überfülle dessen, was möglich erscheint, was verwirklichbar, was sozial wünschbar ist. Die Zeit für Lösungen aber verkürzt sich, seitdem sich die zivilisatorischen Überlebensfragen stellen. Zwar fehlt es nicht an Lösungen, doch alles, was tiefere Konsequenzen verlangt, wird nicht wahr- oder ernst genommen. Denn das gesamte Wissen der Menschheit und ihre technischen Fähigkeiten sind heute immer noch weitgehend auf eine Zukunft ausgerichtet, die weniger einen Neuanfang verspricht als eine weitere Steigerung und dynamische Fortsetzung des bisher Erreichten. Optimisten sehen in diesem »Mehr vom Gleichen« unbegrenzte Potenziale, Pessimisten befürchten, dass daraus ein »Wachstum in den Untergang« wird. Weitgehende Übereinstimmung herrscht nur darüber, dass sich die Vorstellung von Planbarkeit immer mehr als unerfüllbarer Traum erweist. Die Dynamik der Entwicklung ist nicht länger mehr wirklich beherrschbar. Damit ist die Zukunft ungewisser als je zuvor.

Erweist sich die Planbarkeit von Zukunft aber als weitgehende Illusion, dann muss diese Einsicht Konsequenzen haben. *Ega Fried-*

man hat darauf hingewiesen, dass es entgegen unseren kulturellen Mythen nicht die Sicherheiten sind, die den Lauf der Welt bestimmen, sondern die höchst unwahrscheinlichen Einbrüche des Unerwarteten – also die existenziellen Krisen.* Wir müssen lernen, Krisen in ihrer evolutionären Dynamik zu verstehen, anstatt sie mit allen Mitteln verhindern und abwehren zu wollen – was meistens zu ihrer Eskalation führt. Wir müssen zudem lernen, nicht länger mit unserem Krisenmanagement die brüchigen Bedingungen des Status quo wiederherzustellen, sondern die Krise als dynamischen Prozess der Transformation zu begreifen, der entsprechende Optionen der Beeinflussung eröffnet.

Wenn wir von einer Zukunfts-Agenda sprechen, müssen wir von einer *Agenda der Ungewissheiten* sprechen. Wenn darauf Forschung, Dialoge und Strategien aufgebaut werden sollen, muss sich die Planung von Zukunft weniger mit Utopien als vielmehr mit potenziellen Instabilitäten beschäftigen. Dass diese kommen werden, gilt als gewiss, nur wie, in welcher Dramatik und Verdichtung sie uns treffen, ist ungewiss. Allein schon die Erwärmung des Weltklimas, einer von vielen Krisenfaktoren, wird die gesellschaftlichen Entwicklungen der nächsten 20 Jahre extrem beeinflussen. Dazu werden nicht nur Stürme, Überschwemmungen und materielle Schäden nie da gewesenen Ausmaßes gehören, sondern auch enorme Migrationsbewegungen in aller Welt und ein enormer Einwanderungsdruck nach Zentraleuropa. *Elisabet Sahtouris* erinnerte hier daran, dass von den 20 globalen Megastädten 13 an Meeresküsten liegen und untergehen werden. Zu dieser Dynamik gehören aber auch das Abschmelzen der Gletscher, die entsprechende Verödung der Flüsse, die resultierende Versteppung landschaftlicher Gebiete und der Rückgang des Trinkwassers. Zwei Drittel der Weltbevölkerung werden laut wissenschaftlicher Prognosen 2025 ohne Zugang zu Frischwasser sein. Die materiellen, sozialen und kulturellen Folgen einer solchen Veränderung von Existenzbedingungen sind kaum vorstellbar.

* vgl. dazu auch: Nassim Nicholas Taleb: *Der schwarze Schwan. Die Macht höchst unwahrscheinlicher Ereignisse*, Hanser Velag, München 2008

Auch schon die gegenwärtige Plünderung von nicht regenerativen Ressourcen greift in Zukünfte ein, die diesseits und jenseits der biologischen Existenz der heutigen Nutznießer liegen. Allein die *Peak-Oil*-Diskussion der letzten Jahre macht deutlich, dass wir uns kollektiv in den letzten Jahren einer untergehenden *fossilen Kultur* befinden, ohne dass Politik und Wissenschaft bislang wirklich Szenarien entwickelt hätten, wie eine *nach-fossile Kultur* aussehen kann und muss. Diese Zukünfte gilt es voraussichtlich schon in der Lebensspanne der heute Dreißigjährigen zu managen.

Eine Auseinandersetzung mit den innovativen Potenzialen dieser absolut absehbaren Zukunft fand bisher fast nicht statt. Ein Umbau wird sich nicht als großer Wurf realisieren lassen – dazu ist es längst zu spät. Die sich gegenseitig beeinflussenden und sich beschleunigenden Zukunftsentwicklungen werden von uns stattdessen wohl eher ein konstantes systemisches Krisenmanagement auf höchstem Niveau fordern. Was wir heute brauchen, sind nicht länger Planungsbürokraten oder Zukunftsutopisten, sondern kreative *Chaospiloten**, die uns durch Phasen der Unsicherheiten hindurchbringen. Wir brauchen weder Futuristen, die eine Flucht in den intergalaktischen Raum planen, noch Schönredner, die alles wieder zurückdrehen wollen, sondern innovative, anpassungsfähige, hochflexible Pioniere und Vordenkerinnen, die in scheinbar unlösbaren Krisenmomenten einen kühlen Kopf bewahren, den schmalen Grat zwischen Chaos und neuer Balance kennen und angstfrei begehen. Es wird kulturell darum gehen, Fähigkeiten zu entwickeln, mit großer Frustrationstoleranz und spielerischer Freude Krisen so zu nutzen, dass aus ihnen immer wieder das Bestmögliche entsteht. Angesichts der zunehmenden Destabilisierungen müssen die politischen Manager der Zukunft Artisten ähneln, die mit multiplen Krisen jonglieren. Dafür wird bislang kaum jemand ausgebildet, weil das Handlungsziel nicht »kreative Veränderung«, sondern »Wahrung des Bisherigen« lautet.

Wir wollen die Zukunft kennen. Dieser Wunsch wird besonders dann populär, wenn die Zukunftsangst steigt. Bis jetzt pendeln die

* vgl. die Website einer einzigartigen Bildungs-Initiative: www.kaospilots.dk

Menschen hin und her zwischen den Mahnungen der einen und den Beschwichtigungen der anderen, sorgen und beruhigen sich, ahnen die heraufziehende Gefahr und stürzen sich aus dem Gefühl der Hilflosigkeit hektisch in die aktuellen Geschäfte des Alltags. Die dunklen Wolken, die wir auf dem Weg in die Zukunft vor uns sehen, verleiten viele dazu, jammernd am Wegesrand sitzen zu bleiben und den hoffnungslosen Zustand der Welt zu beklagen. Oder sie stürzen sich ohne Visionen abseits des Wegs in den süßen Nebel der oberflächlichen Ablenkung, den die Unterhaltungsindustrie der Spaßgesellschaft bereitstellt. Beide Reaktionen sind Ausdruck eines tiefen Pessimismus. Geschieht die Auseinandersetzung mit der Zukunft aus Angst, dann ist das dahinterstehende Motiv nicht die Neugier am Unbekannten, sondern die Vorsorge, um vor unliebsamen und bedrohlichen Überraschungen gefeit zu sein. Dann ist das Verlangen nach *Kontrolle* der Zukunft auf die Bewahrung des Bestands ausgerichtet, auf Sicherung des Erreichten und des Status quo. Und als Optimisten gelten im Gegensatz dazu dann jene, die unbekümmert und ohne zu bremsen mitten in das Schlechtwettergebiet hineinlaufen und blind darauf vertrauen, dass die technischen Errungenschaften der Moderne sie nicht nur vor Blitz und Hagelschlag, sondern auch vor dem Klimawandel ausreichend schützen werden. Statt dieser wenig hilfreichen Handlungsmuster braucht es heute einen Ansatz, der über das Vertraute und kulturell Überlieferte hinausführt.

All diese Dynamiken verweisen darauf, dass es zur kreativen Gestaltung von Zukünften unabdingbar ist, der Kultur ein Verständnis von Übergängen zu vermitteln. Denn nur so kann das Potenzial erfahrbar werden, das aus Krisen erwächst. Momente sozialer Hysterie in gesellschaftlichen Krisen zu managen verlangt, die Dynamik solcher Prozesse zu kennen, die ja eigentlich Ausdruck von sich selbst organisierenden Heilungsprozessen innerhalb lebender Systeme sind. Wenn Menschen in Momenten der Krise begreifen, dass ihr Leben nie mehr so sein wird wie vorher, dann löst das Angst, Unsicherheit und Abwehr aus. Angst aber macht tendenziell vorsichtig und verhindert die Bereitschaft, Neues zu denken oder

Innovationen zu erproben. Sie kann sogar lähmen und apathisch machen. Erst die not-wendige Auseinandersetzung mit Krisen setzt kreative Potenziale frei. Um Zukünfte zu gestalten, so empfahl *Frances Moore Lappé*, müssen wir Angst nicht länger als Aufforderung zu Lähmung oder Flucht verstehen, sondern als Handlungsimpuls begreifen lernen, was auch tiefe persönliche Transformationsprozesse voraussetzt.

Im Zustand der Angst und Abwehr befinden sich schon heute weite Teile der Gesellschaft. Doch solche Abwehr ist nicht das Ende eines Übergangs, denn fundamentale Umbrüche gestalten sich dreigliedrig. Die erste Phase ist die krisenhafte *Abtrennung von dem Alten*, die dritte Phase ist die *Angliederung an das Neue*. Die Phase *dazwischen*, die »Übergangszeit«, ist dabei das eigentlich Spannende. In diesem Schwellenbereich funktioniert das Alte nicht mehr, und das Neue ist noch nicht wirklich sichtbar, es ist eine Zone des Weder-noch. Es ist diese Phase der Unsicherheit, der Orientierungslosigkeit, des Kontrollverlusts, der Auflösens überholter Weltbilder und Identitäten, in der wir uns heute befinden. *Joanna Macy* nutzte die Metapher, dass wir heute zugleich »Sterbebegleiter für das Alte und Hebammen für das Neue« seien. Beide Prozesse sind mit Trauer, Angst und Schmerz verbunden, ja sie fordern vielleicht sogar kollektive Schattenarbeit. Aber die Hebammen-Metapher macht deutlich, dass der Prozess weit größer ist als der menschliche Anspruch, ihn zu regulieren oder gar aufzuhalten. Sterbe- und Geburtsprozesse gehen schlicht über die humanen Einflussmöglichkeiten hinaus. Man mag sie eine Zeit lang aufhalten können, man kann sie gestalten und erleichtern, verhindern aber kann man sie nicht.

»Einstweilen glauben die herrschenden Eliten noch, dass sie mit kleinen Nachregulierungen durchkommen. Mit *Wenden* eben«, schrieb jüngst der deutsche Schriftsteller und Journalist Mathias Greffrath und fragte provokativ: »Wohin sollten die Ausreisewilligen des späten Kapitalismus auch gehen? Wir leben im tief deprimierten Frieden, einer Art Breschnew-Periode des allerspätesten Kapitalismus.« Doch solche Perioden des Stillstandes voller halbherziger Reformen sind trotz aller restaurativer Tendenzen immer auch ungewollt Nährlösungen für neue Zukünfte. Sie lassen in allen möglichen Organisationen und Institutionen, die eigentlich nur noch Blockaden schaffen, veränderungswillige Minderheiten entstehen, die sich nutzen lassen. *Nicanor Perlas* hat hier darauf hingewiesen, dass die Koalitionen weiter werden müssen, ideologieübergreifend und alte Feindbilder überwindend, niemanden ausschließend, um damit die Zukunftsfähigen aus ihren brüchigen Loyalitäten zu befreien. Dafür dienen Krisen als Zündfunke.

Wie gut sich Krisen nutzen lassen, um bislang schwer Vermittelbares umzusetzen, wurde bislang fast nur von konservativ-restaurativen Kräften in Politik und Wirtschaft genutzt. Naomi Kleins vieldiskutiertes Buch *Die Schockstrategie** ist eine einzige große Anklage dieser Praxis. Sie zeigt auf, wie das künstliche Herbeiführen von destabilisierenden Krisen genutzt wird, um demokratisch nicht durchsetzbare Politik im Notstand durchzudrücken. Sie erklärt im Detail, wie beispielsweise die Hochwasserkatastrophe in New Orleans gnadenlos dazu missbraucht wurde, im Handstreich ein stabiles öffentliches Schulsystem durch die Totalprivatisierung des Bildungswesens zu ersetzen, weil die Bevölkerung im Schockzustand war. Sie warnt davor, wie konservative Kräfte gar bewusst Krisen schaffen, um in Phasen der Destabilisierung imperiale Ziele, Demokratieabbau und Profitsteigerung zu ermöglichen. Das gleicht der kruden Strategie terroristischer Gruppen, die durch Anschläge Destabilisierung und polizeistaatliche Methoden bewirken wollen, um so eine breite Mehrheit für Revolutionen zu ermöglichen. Diese Strategie gilt es nicht nachzumachen. Erst recht nicht in Zeiten, wo sich alle Revolution erledigt, weil das umstrittene System unter seinem eigenen Gewicht kollabiert. Zukunftsorientierte Politik sollte aber trotzdem die Destabilisierung dieses langsamen Zusammenbruchs nutzen. Sie kann den Kollaps und seine Auswirkungen abfedern und zugleich all jene zivilgesellschaftlichen Alternativmodelle

* Naomi Klein: *Die Schockstrategie. Der Aufstieg des Katastrophen-Kapitalismus*, Fischer-Verlag, Frankfurt 2007

einbringen, die schon längst erfolgreich andere Zukünfte erprobt haben.

Frances Moore Lappé hat aufgezeigt, dass die vorherrschenden »mentalen Landkarten« unserer Kultur »einen fundamental falschen Denkrahmen vermitteln und das Leben zerstören«. Eine kreative Zukunftspolitik fordert deshalb zwangsläufig auch die Infragestellung kultureller Paradigmen, die unsere kollektive Zukunftsfähigkeit gefährden. Hierbei scheint es besonders wichtig, den Begriff der *»Partizipation«* neu zu begreifen. Versteht man Partizipation als *Teilhabe*, dann rückt unmittelbar auch der Begriff der *Kooperation* in den Mittelpunkt. Bislang blieb in der Sozialwissenschaft und Kulturforschung weitgehend unbeachtet, dass die Auseinandersetzung mit dem Begriff der »Kooperation« so etwas wie einen roten Faden in der modernen wissenschaftlichen Diskussion und Erkenntnistheorie darstellt. Fast alle modernen Naturwissenschaften beschäftigen sich heute mehr und mehr mit kooperativen Beziehungsstrukturen statt mit isolierten Objekten. Kooperative lebende Systeme und ihre Interdependenzen gehören zu den innovativsten Forschungsfeldern. Aus all diesen Erkenntnissen hat sich in der jüngsten Zeit ein kooperatives Paradigma entwickelt, das dem über Jahrhunderte vorherrschenden Paradigma der Konkurrenz gegenübersteht.* Neuere Forschung versteht Konkurrenz nicht länger als beherrschenden Mechanismus der Evolution, sondern sieht den Wettbewerb als integralen Teil viel umfassenderer Kooperationsprozesse. Dieses neue gesellschaftliche Paradigma gilt es zu verstehen und in seiner Relevanz für eine lebendige, kooperative Demokratie zu entdecken.

Will man die komplexe Wirklichkeit auf einer neuen Ebene begreifen, dann ist der Rückgriff auf die modernen Einsichten der Grundlagenforschung unvermeidlich. Und die Schlüsselbegriffe sind außer dem Begriff der Kooperation die Einsichten in die Komplexität und die Dynamik von Systemen. Lebende Systeme, so hat sich herausgestellt, sind in ihrer Komplexität unkalkulierbar. Je

* siehe unter anderem: Joachim Bauer: *Prinzip Menschlichkeit. Warum wir von Natur aus kooperieren*, Hoffmann und Campe, Hamburg 2006

größer die Systeme werden, desto unkalkulierbarer wird ihre Zukunft. In globalen Systemen müsste die sicherste Aussage »Expect the unexpected« lauten! Prognosen lassen sich eigentlich nur noch dann machen, wenn Systeme überschaubar bleiben. Unter anderem aus dieser Einsicht entstand eine Bewegung des *»Small is beautiful«*. Mit anderen Worten, wer Zukunft wieder relativ planbar machen will, kann dies nur durch einen – ohnehin unverzichtbaren – Rückbau zu dezentralen Lösungen erreichen, in regionalen Wirtschaftskreisläufen, überschaubarer lokaler Energieversorgung, verringerter Komplexität.

Lebende Systeme sind in ihren Prozessen nicht-linear. Sie funktionieren nicht nach statistischen Durchschnittswerten, sondern synergetisch. Sie können sich hochschaukeln und in positivem Feedback plötzliche Umbrüche auslösen – die Geschichte ist voll von solchen Prozessen. In der grundsätzlich neuen Sicht auf die Wirklichkeit, die nicht primär stabil, sondern instabil ist mit sensibel sich immer wieder neu austarierenden Gleichgewichtszuständen, ist dann tatsächlich das Unwahrscheinliche wahrscheinlich, wie es *Hans-Peter Dürr* im Buch erläutert hat. Denn in ihnen können minimale Veränderungen der Ausgangsbedingungen maximale Folgen zeitigen. Der »Schmetterlingseffekt« zeigt aber auch, welches enorme und noch nicht wirklich realisierte Potenzial dann selbst bei kleinsten Initiativen liegen kann, den Lauf der Dinge zu verändern.

Wenn hier nun behauptet wird, dass sich Zukunft prinzipiell immer weniger planen lässt, dann stellt sich die Frage, wie eine andere Zukunft überhaupt skizziert und erarbeitet werden, geschweige denn unterstützt und befördert werden kann. Bedeutet die Einsicht in die Unplanbarkeit das Ende aller Prognostik? Muss aus der Einsicht, dass sich Zukunft im Wesentlichen aus nicht selten unerwarteten Krisen entwickelt, das Ende der Zukunftsforschung konstatiert werden?

Nein, aber wenn ein neues Denken angestrebt wird, dann muss sich auch die Zukunftsforschung ändern. Statt großartige Visionen zu formulieren, geht es dann darum zu erkennen, wo sich aus der krisenhaften Gegenwart heraus ganz praktische Alternativen entwickeln, die als Zukunftsmodelle dienen können. Und wenn diese Alternativen nicht mehr im akademischen Elfenbeinturm erdacht werden, sondern vor Ort – dort, wo die Krise am meisten danach ruft, eine Not zu wenden –, dann kommt die Zivilgesellschaft ins Spiel. Und damit alle, die im Kleinen oder Großen an einer anderen Zukunft bauen. Dann wird Zukunft zu einem Akt der Partizipation. Dann können Staat und Kultur an Modellen teilhaben, die schon bestehen und in der Gegenwart Zukunft erschaffen. Dieses kreative Potenzial, das in Krisen frei wird, abzuschöpfen, wäre der Sinn einer *partizipativen Zukunftsforschung*. Sie entspräche dem, was die in diesem Buch versammelten Pioniere fordern.

Wege in eine partizipative Zukunftsforschung

Die klassische Zukunftsforschung der letzten Jahrzehnte hat sich im Wesentlichen darauf beschränkt, auf Grund empirischer Daten Gegenwartszustände in der Gesellschaft so fortzuschreiben, dass daraus Zukunftsszenarien ableitbar wurden. Ebenso ist letztlich die noch relativ junge Disziplin der Trendforschung vorgegangen, die sich bemühte, aus der analytischen Beobachtung von Verhaltensweisen, Konsumformen, künstlerischen und geisteswissenschaftlichen Tendenzen zukünftige Lebensweisen, wirtschaftliche Entwicklungspotenziale und soziale Entwicklungen vorherzusagen. Diese Ansätze versuchten in der Regel, die überaus komplexe Dynamik gesellschaftlicher Evolution zu erfassen, um durch die schiere Fülle der gesammelten Daten und der aus ihnen ablesbaren Dynamik die Zukunft berechenbarer zu machen. Angesichts der ständigen Beschleunigung von verfügbarem Wissen hat sich unsere Fähigkeit zur Prognose allerdings zusehends verringert. Klassische Zukunftsforschung ist nur dazu geeignet, Szenarien zu errechnen, die sich aus einer linearen Fortschreibung gegenwärtiger Tendenzen ergeben. Sie hat damit zwar weiterhin das Potenzial, uns vor Augen zu führen, welche Krisen wir mit der Fortschreibung des Staus quo generieren, kann aber kaum über den Horizont der Welt hinausschauen, deren integraler Bestandteil sie ist. Zukunftsberatung, die auf soziale Innovationen abzielt, verlangt nach anderen Ansätzen. Zudem haben klassische Zukunfts- und Trendforschung oft leichtfertig in der Zukunft erkennbare Krisen als technologisch generell lösbar eingeschätzt und damit ausschließlich innerhalb bestehender Denksysteme und Paradigmen erörtert. Eine Infragestellung kultureller und weltanschaulicher Wertesysteme wurde von der Fokussierung auf Machtfragen und technologische Machbarkeit verdrängt. Dabei lässt sich die Zukunftsforschung der Neuzeit in verschiedene Abschnitte, Zielsetzungen und Methoden einteilen, die es zu kennen gilt, wenn man Zukunftsforschung neu definieren will.

An der Wende vom 19. zum 20. Jahrhundert wurden zahlreiche langfristige Zukunftsbilder entwickelt, die überwiegend davon geprägt waren, technische Entwicklungen euphorisch in die Zukunft zu denken. Schon damals ging es häufig darum, im Auftrag von Unternehmen Marktpotenziale und Einsatzmöglichkeiten aktueller Erfindungen einzuschätzen. In der Zeit zwischen den Weltkriegen war Zukunftsforschung weitgehend identisch mit Planung von Großprojekten und dem systematischen Aufbau von Kriegswirtschaften. Man kann in den 30er-, 40er-Jahren des 20. Jahrhunderts also von einer Kriegsoptionsforschung mit *militärischer Ausrichtung* sprechen. Eine wissenschaftlich basierte Zukunftsforschung begann 1948 mit der von der *Douglas Aircraft Company* eingerichteten *RAND Corporation*, die sich zunächst auch auf militärstrategische Fragen konzentrierte. Es folgte in den 50er- und 60er-Jahren die Phase der Machbarkeitsforschung, die vorwiegend *staatlichen Aufträgen* folgte und auf Basis eine Technologiegläubigkeit Großprojekte vorbereiten und begründen sollte.

Gleichzeitig entwickelte sich aus den Schrecken des Zweiten Weltkrieges eine humanistischen und pazifistischen Grundwerten verpflichtete Schule der *Futurologie*, die sich von der Technologiefixierung abgrenzte. Besonders Ossip K. Flechtheim* versuchte,

* Ossip K. Flechtheim: *Futurologie. Der Kampf um die Zukunft*, Verlag Wissenschaft. & Politik, Köln 1982

nachhaltige Planung und ethische Philosophie der Zukunft zu einer neuen Einheit zusammenzufügen. Aus diesem Impuls heraus entwickelte sich in den späten 60er-, den 70er- und 80er-Jahren die ökologische Zukunftsforschung, die besonders in der Prognose der »Grenzen des Wachstums« im Bericht des *Club of Rome* zum Ausdruck kam und mit Robert Jungks *Zukunftswerkstätten** in zivilgesellschaftlichen Initiativen zum Erdenken alternativer Zukünfte aufgegriffen wurde. Sie richtete sich einerseits darauf aus, vor der Fortsetzung rein materialistischer Politik und Wirtschaft zu warnen, um die absehbare Folge von Katastrophen *vorzeitig zu verhindern*. Gleichzeitig ging es darum, *Auswahlkriterien zu entwickeln*, nach denen entschieden werden sollte, welche Innovation wir wollen und welche Zukunftsszenarien ausgewählt werden sollen, also *welche Zukunft gesamtgesellschaftlich gewünscht wird*. Doch dieser Ansatz setzte sich gesamtgesellschaftlich nicht wirklich durch.

Staatlich und planungstechnisch wurden in der jüngsten Vergangenheit der 90er-Jahre die Methoden der Zukunftsforschung vielmehr dafür eingesetzt, Technikfolgeneinschätzung oder Regionalentwicklungsplanung zu betreiben. Sie wurde zur *Dienstleistung*. Und sie entwickelte sich immer mehr zur Trendforschung im Sinne einer Markt- und Produktforschung für kommerzielle Auftraggeber. Zukunftsforschung hatte die Zukunft selbst aus dem Blick verloren und diente primär den Geschäftsinteressen der Gegenwart.

Die zunehmende Einsicht in die mangelnde Nachhaltigkeit staatlicher Zukunftsplanung und der Widerstand gegen rein profitorientierte Nutzung von Zukunftsforschung führten schließlich aber in den 80er- und 90er-Jahren sowie im gegenwärtigen Jahrzehnt zum Aufbau von Zukunftsmodellen durch zivilgesellschaftliche Initiativen, in denen nicht nur spekuliert, sondern auch *modelliert* wurde. Aus dieser Schule stammen die Gesprächspartner, die in diesem Buch zu Wort kamen. Ihre Perspektiven lassen sich am ehesten unter dem Begriff einer *partizipativen Zukunftsforschung* zusammen-

* Robert Jungk und Norbert Müllert: *Zukunftswerkstätten. Mit Phantasie gegen Routine und Resignation*, Heyne-Verlag, München 2000

fassen. Und in diesem Ansatz scheint eine wesentliche und neue Chance für eine zukunftsfähige Gestaltung und Bildung zu liegen.

Statt sich nur auf Empirie und kumulative Detailforschung zu beschränken, braucht moderne *partizipative Zukunftsforschung* einen interdisziplinären Ansatz, der die großen Bögen kultureller Evolution erkennt. Er geht davon aus, dass sich Zukunft ständig aus der Not, vorhandene Krisen zu wenden, selbstständig entwickelt. *Partizipative Zukunftsforschung* würde dementsprechend bedeuten, an der Entwicklung von Zukünften forschend teilzunehmen, zu *partizipieren*, um sie für andere gesellschaftliche Bereiche verfügbar zu machen. Statt erfolglos Innovationsprozesse dominieren zu wollen, würde *teilnehmende* Sozialforschung herausarbeiten, unter welchen Umständen evolutionäre gesellschaftliche Prozesse optimal beeinflusst werden können. Darin liegt, im Unterschied zum gescheiterten Anspruch der Steuerung, der ganz neue Ansatz der *kreativen partizipativen Prozessbegleitung* evolutionärer Dynamiken, von der der Mensch und die von ihm geschaffenen Strukturen ein integraler Teil sind.

Zeitgenössische Zukunftsforschung hätte also einerseits die Aufgabe, mit Szenarien vor den Folgen einer Politik des »Weiter so!« zu warnen. Sie könnte andererseits überall auf der Welt alternative Lösungen identifizieren und als Modelle vorstellen. Sie könnte als soziale Disziplin darüber hinaus Menschen darin ausbilden und trainieren, in den zu erwartenden Umbrüchen und Krisen der Zukunft Institutionen und Individuen so zu beraten, dass die Krise nicht zur Hysterie führt, sondern als Chance für ein Mehr an Zukunftsfähigkeit genutzt wird. Sie würde anerkennen, dass Zukunft nicht nur das ist, was wir möglicherweise im Jahr 2020 vorfinden werden, sondern dass Zukunft etwas ist, was schon geschieht und sich heute in Nischen entwickelt. Die dort gefundenen Lösungen müssen identifiziert werden, um die Bürger gegen bevorstehende Krisen mit Lösungen zu wappnen.

Die neue Bedeutung der Zivilgesellschaft

Ist Planbarkeit bei komplexen Systemen beschränkt, dann fordert diese Einsicht eine Abkehr von zentralistischen, transnationalen, generellen und »großen« Lösungen. Vielmehr werden überschaubare, regionale, temporäre, dezentrale, angepasste Strategien wichtiger. Damit aber treten auch ganz andere Vorbilder und Modelle in den Vordergrund. Anstatt theoretisch und akademisch Zukunft zu planen (die dann nicht stattfindet), geht es darum, vor Ort Zukünfte zu entdecken, die sich aus Krisen bereits entwickelt haben. Das bedeutet, dass besonders die zahllosen Initiativen der internationalen Zivilgesellschaft in den Fokus der Erarbeitung von Zukunftsfähigkeit geraten, die abseits vom Status quo Lösungen entwickelt haben und die lebbare Alternativen bereitstellen. Zukunftsforschung, die auf Realität und kultureller Überlebensfähigkeit basiert, muss also in der Gegenwart *schon bestehende Zukünfte* ausmachen, anerkennen, kritisch begleiten, fördern und verbreiten. In diesem Kontext müssen neue soziale Bewegungen und Experimente nicht länger als skurrile Gegenkulturen abgetan werden, sondern als »Treibhäuser der Zukunft« wahrgenommen werden. Denn in ihnen verschmelzen kulturelle Vision, moderne Ethik und zeitgenössische Technologie.

Nachhaltige Zukunft wird häufig an den Orten in der Welt entwickelt, an denen die Auswirkungen der globalen Krise am deutlichsten spürbar sind: dort, wo die Bodenerosion die Landschaft versteppen lässt, die Verelendung in den Slums der Großstädte zunimmt, die Menschenrechte mit Füßen getreten werden, die Luftverschmutzung krank macht. Sie wird von Menschen erdacht, die nicht im Dienste des vorherrschenden Systems stehen und sich von dem fast religiösen Glauben an das ewige Wirtschaftswachstum längst verabschiedet haben.

Spätestens Ende der 80er-Jahre begann das deutliche Wachstum einer Zivilgesellschaft, die bei Prozessen Mitsprache einforderte, die eine Bedrohung für die Zukunft darstellten. Die Zivilgesellschaft wollte aus einem wertebewussten, kritischen kulturellen Impuls heraus die Gestaltung von Zukünften nicht Staat und Wirtschaft überlassen, sondern an der Wahl der möglichen Zukünfte beteiligt werden. Sie verstand sich als ein Korrektiv, das den Allmachtsanspruch der Wissenschaften in Frage stellte und alternative Zukunftsszenarien suchte.

Eine der faszinierendsten Krisenreaktionen der jüngeren Vergangenheit war das rasante Wachstum der zivilgesellschaftlichen *Transition-Towns* – einer »Bewegung für die Stadt des Übergangs«. Im Jahr 2006 erkannte der irische Permakultur-Aktivist Rob Hopkins, dass mit dem Klimawandel und der einbrechenden Ölförderung eine dramatische Krisendynamik vor uns liegt, auf die weder Politik noch Wissenschaft bislang angemessen reagieren. Die von ihm gegründete *Transition-Town*-Bewegung* begann zunächst in der eigenen Gemeinde der irischen Kleinstadt Kinsale damit, nach Möglichkeiten zu suchen, den hohen lokalen Verbrauch von fossilen Rohstoffen auf eine energiesparende Nutzung regenerativer Rohstoffe umzustellen. Ziel der Bürgerbewegung war es, Bewusstsein für die Dramatik des kommenden Mangels an Öl zu schaffen und individuell nach Alternativen zu suchen. Dazu gehören eine radikale Regionalisierung der Wirtschaft am Beispiel funktionierender Ökosysteme, die lokale Selbstversorgung mit Nahrungsmitteln und Energie sowie die Einführung von nachhaltiger Bildung, alternativer Gesundheitsvorsorge und regionalen Währungen. Die Bewegung wuchs in kürzester Zeit exponentiell: Schon ein Jahr nach der Gründung der Bewegung hatten sich dreißig Städte auf den britischen Inseln zu *Transition Towns* erklärt, weitere 400 in aller Welt schlossen sich an. Da die Initiativen sehr schnell merkten, wie allumfassend die Abhängigkeit der modernen Gesellschaften vom Öl ist, entwickelten sie nach dem Beispiel der Anonymen Alkoholiker ein Entzugsprogramm, das mit viel Kreativität und kultureller Aktion propagiert und umgesetzt wurde. Kern der Bewegung sind nicht die Angst- und Panikmache angesichts eines bedrohlichen

* Rob Hopkins: *Energiewende. Das Handbuch: Anleitung für zukunftsfähige Lebensweisen*, Zweitausendeins-Verlag 2008, weitere Infos unter http://transitionculture.org

Szenarios von Mangel und Not, sondern der Spaß und die Herausforderung, während eines außerordentlichen und faszinierenden Zeitpunkts der Menschheitsgeschichte kreativ auf die Krise zu reagieren. Der Schwerpunkt dieser Bewegung liegt auf sozialem Austausch, dem Aufbau von Netzwerken und der Schaffung von Modellprojekten. Was daraus in kürzester Zeit entstand, war eine *Transition Culture* – eine Kultur des Wandels, die lebendig und mit positiven Visionen auf die Krise eingeht und sie nutzt. Hier werden die Potenziale der Zivilgesellschaft vor Ort aufgegriffen und in positive, optimistische kulturelle Impulse umgesetzt. Es wird also lokal Zukunft geschaffen. Der Erfolg spricht für sich. Mitte 2009 hatte sich die Zahl der »Städte im Wandel« auf mehrere Tausend erhöht. Der Zauber der Idee scheint darin zu bestehen, die gegenwärtigen wie die kommenden Krisen anzuerkennen, statt sie zu verdrängen, und aus der aufbrechenden Spannung eine »Kultur des Wandels« entstehen zu lassen. Das ist ein exemplarischer Prozess.

Auch dieses Buch widmet sich der dunklen Realität eines beginnenden Zusammenbruchs ebenso wie den positiven Visionen, die daraus überall auf der Welt entstehen. Daraus lässt sich so etwas Paradoxes ablesen wie ein »dunkler Optimismus«*, der einerseits realisiert, was für eine wunderbare Welt wir als Menschheit erschaffen könnten, und zugleich schonungslos anerkennt, wie weit wir noch davon entfernt sind. Die hier versammelten Gesprächspartner und -partnerinnen forderten, ebenso wie der *Transition-Town*-Ansatz, den Mut, den Tatsachen ins Auge zu schauen: Nämlich, dass die vor uns liegenden Jahre noch weit herausfordernder werden dürften als die Gegenwart. Und sie wollen Lust machen auf das Mitmachen in der Kultur des Wandels. In dieser Not wendenden Kreativität liegt der Schlüssel.

Joanna Macys Metapher von Sterbebegleitung und Hebammenkunst trifft auch hier den Punkt. Trotzdem obliegt es der Wahl eines jeden Individuums, die persönliche Aufmerksamkeit entweder pessimistisch auf den unaufhaltbaren Niedergang einer industriel-

* vgl auch die lohnende Website www.darkoptimism.org

len fossilen Zivilisation zu richten oder optimistisch auf den von ihr skizzierten »großen Wandel«, der aus unserer Kreativität, Klarsicht, Inspiration und Vision entstehen kann. Daran als Geburtshelfer oder Hebamme teilnehmen zu können, wird aber offenbar erst dann möglich, wenn wir die lähmende Angst vor den dunklen Aspekten der kollektiven Zukunft überwinden. Den Schmerz über den Zusammenbruch zu spüren und die Verluste des Gewohnten zu betrauern, ist unverzichtbar, wenn wir in uns das Mitgefühl berühren wollen, das uns erst wieder zu Handelnden und Liebenden in einer Welt des Wandels macht. Die Krise in letzter Konsequenz auszuleuchten, bedeutet Hingabe an die Unsicherheit, an das Unerwartete, an das Unkontrollierbare. Weil diese tiefen Gefühle während des Weges durch die gegenwärtigen und kommenden Krisen berührt werden, hat der Umgang mit ihnen ebenso spirituelle wie emotionale, intellektuelle und körperliche Komponenten. Auf all diesen Ebenen vorbereitet zu sein, ist entscheidend für die Art und den Inhalt der Aktivitäten, die aus der Krise entstehen, für die neue Welt, die wir errichten, für die Werkzeuge, die wir dabei benutzen, für die Aktionen, die wir dafür im politischen Alltag wählen.

Es ist eine Arbeit, die dem inneren Wachstum dient. Sie muss von der Angst zur Ermutigung gehen, von der Machtlosigkeit zum Selbstbewusstsein, von der Verzweiflung zum Vergnügen am Wandel. Fraglos wird der Zündfunke, der jeden und jede Einzelne zum Handeln bringt, wohl meist aus einer Mischung aus Angst, Ärger und Trauer bestehen. Der Schmerz über den Zustand der Welt muss so groß werden, dass es einen Gewinn an Lebensqualität bedeutet, etwas dagegen zu tun. Ein Zusammenbruch und die Vision einer kulturellen Neugeburt sind nichts voneinander Getrenntes, sondern brauchen sich gegenseitig: Die Krise des Zusammenbruchs ist es, die die Vision möglich macht, und die Vision lässt den Zusammenbruch sogar zu einer wünschenswerten Option werden, weil erst in der Destabilisierung Veränderung durchgesetzt werden kann. Die initiatorische Chance, durch die Krise an Weisheit und Mitgefühl zu wachsen, muss ergriffen werden, um als Kultur eine neue Stufe der Reife zu erreichen.

Die »Rückkehr zur Normalität« – von der die Politik allenthalben redet – ist dabei gleichbedeutend mit einer vertanen Chance zum Wandel und einer Weigerung zu lernen. Die »Rückkehr zur Normalität«, so beschreibt es die amerikanische Philosophin Caroline Baker sarkastisch in ihrem Buch »Heiliger Zusammenbruch«*, bedeutet die Rückkehr zum Konsumrausch, wo der Kauf von nutzlosen Billigprodukten die innere Leere kurzfristig auffüllt. Sie bedeutet die Rückkehr zum normalen zivilisatorischen Wahnsinn, wo Menschen Dinge tun, die sie nicht tun wollen, um überhöhte Kosten, Steuern und Zinsen zu decken. Sie bedeutet die Fortschreibung der »Normalität« aussterbender Arten, sterbender Wälder, schmelzender Gletscher, leer gefischter, lebloser Ozeane. »Normalität« im alten Kontext heißt, keinen Bezug zur Natur zu haben oder die Mitwelt so auszubeuten, wie es einem gerade beliebt. Diese »Normalität« hat keinen anderen Sinn des Lebens anzubieten als zu konsumieren, zu schuften, oberflächliche Dinge zu tun und vorm Fernseher einzuschlafen.

Weil die in der Krise aufbrechende Möglichkeit des Wandels das Potenzial enthält, eine Kultur mit mehr Sinn und Lebensqualität zu erschaffen, ist die Rückkehr zum Status quo das Verkehrteste, was angestrebt werden könnte. Krisen wecken die Menschen aus dem Alltagsschlaf und stoßen sie mit der Nase auf das, was sie wirklich wollten, bevor sie systemkonform eingeschlafen sind.

Solange die Angst überwiegt, wird sich nichts ändern. Erst wenn wir die Krise als Option, als Spielplatz für Neues, als Potenzial für Innovation begreifen, wird sich das Nötige tun. Die Gratwanderung ist nicht einfach: Wenn die Möglichkeiten, die sich aus Krisen ergeben, mehr fordern, als wir meinen vertragen zu können, dann flüchten wir uns in Zorn und Wut. Wenn ein Wutausbruch nichts anderes hervorbringt als eine individuelle Katharsis, dann wird die zunehmende Krisendynamik die gesellschaftlichen Verhältnisse verschlimmern. Wenn Menschen aber lernen, eine ausreichende Menge an Verzweiflung als inneres Feuer für engagierte Aktionen

* Caroline Baker: *Sacred Demise. Walking the Spiritual Path of Industrial Civilisation Collaps*, 2009

zu nutzen, dann können diese Gefühle zum engagierten Aufbau einer erwachsenen Zivilisation führen, die wirklichen menschlichen Werten dient und das größere Lebensnetz bewahrt.

Zukunftskritik und Zukunftsentwürfe wachsen also aus einer kritischen und engagierten Wahrnehmung der Gegenwart. Der philippinische Pionier einer globalen Zivilgesellschaft, *Nicanor Perlas*, hat in diesem Buch deutlich gemacht, dass eben jene Initiativen – von der kleinen Bürgerinitiative an den »Graswurzeln« der Gemeinden bis zu den internationalen NGOs wie *Greenpeace* oder das *World Future Council* – die kulturelle Kraft des Wandels darstellen. Solche Initiativen sind mit den Problemen praktisch konfrontiert, sie handeln in direktem Bezug zu den lokalen Bedingungen, sie entwickeln in enormer Vielfalt und Diversität realistische Gegenentwürfe und erproben sie unter den härtesten Bedingungen. Sie schaffen damit die kulturelle Grundlage für ein neues Denken, aus dem eine andere Ökonomie und Politik entstehen kann. Von diesen Initiativen, ihren Ansätzen und ihren Lösungen, gilt es in Zeiten der Krise zu lernen.

Bildung für eine andere Zukunft

Durch die Grenzen unserer irdischen Lebenserhaltungssysteme ist ein radikaler Umbau der gesamten Kultur, Technologie, Ernährung, Wirtschafts- und Sozialstruktur der westlichen Gesellschaften schon rein physikalisch nicht mehr vermeidbar. Dieser Umbau findet jedoch bisher nicht einmal im Ansatz statt. Eines der stärksten Symptome der gegenwärtigen Krise besteht gerade darin, dass auf die Herausforderungen entweder gar nicht oder nur mit veralteten Rezepten geantwortet wird – vielfach mit solchen, welche die Schärfe der augenblicklichen Situation erst heraufbeschworen haben. Gegenüber den planetarischen Notwendigkeiten erhalten wir heute im Wesentlichen einen Status quo, statt die Wurzeln der Probleme erreichende zukunftsfähige Lösungen zu befördern. Man denke nur an den Aufruf der Welteliten im Herbst der Finanzkrise

2008, die unisono an die Erdbevölkerung appellieren, *Wachstum durch Konsum* zu steigern, obwohl wir alle wissen, dass Oberfläche, Rohstoffe und Recyclingkapazität des Planeten endlich sind und dass wir schon bisher das 2,5-Fache dessen verbrauchen, was die Erde an Ressourcen regenerieren kann. An dieser Paradoxie zeigt sich: Wir brauchen nichts mehr als eine zukunftsfähige, komplexe Krisendynamiken erkennende, das Leben fördernde Bildung, Kultur, Administration und Wirtschaft. Das lebensgefährliche zivilisatorische Vakuum muss dringend gefüllt werden.

Gebraucht werden heute kulturell-ethische Visionen, nachhaltige und ganzheitliche weltanschauliche Perspektiven, eine auf die Weiterentwicklung menschlichen Bewusstseins ausgerichtete Spiritualität, neue wissenschaftsethische Maßstäbe, fehlerfreundliche, dezentrale und regenerative Technologien und gesellschaftliche Konzepte, die auf Partnerschaft und Kooperation basieren. Gebraucht werden *Projekte*, die in aller Welt an der Lösung der dringendsten Probleme mitarbeiten und dieses lösungsorientierte Lernen an praktischen Projekten zur Basis einer neuen Lernkultur machen. Gebraucht werden Erfahrungen und Methoden der dialogischen und gewaltfreien Kommunikation, die die Basis für neue Organisationsstrukturen liefern. Gebraucht werden Erfahrungen und Ansätze, neue soziale und ökologische Gemeinschaften aufzubauen bzw. bestehende Gemeinden in ökonomisch autarke und ökologisch nachhaltige dezentrale Einheiten umzubauen. Gebraucht werden Methoden und Ansätze, einen umfassenden evolutionären Paradigmen-, Weltbild-, Kultur- und Gesellschaftswandel, der auf persönlicher Transformation beruht, zu initiieren, zu begleiten und zu bestätigen. Gebraucht werden Ausbildungsangebote für eine Zivilgesellschaft, die es trotz ihrer zentralen Rolle im Kampf um eine überlebensfähige Zukunft bislang nicht gibt. Gebraucht werden darum, kurzum, Institutionen, die eine solche Synthese, solchen Transfer, solche Horizonteröffnung unterstützen und bündeln. Das ist das Ziel der sich im Aufbau befindenden Akademie der »Zukunftspioniere«.

Ein entscheidender Schritt muss sein, Erkenntnisse und Praktiken, Wissen und Fühlen über die Welt neu zu erarbeiten und neu zu vermitteln. Mit dem großflächigen Ausprobieren neuer Denkmodelle können wir nicht länger warten. Die Zeit für nötige wirtschaftliche und politische Transformationen wird knapp. Die wirtschaftlichen, klimatischen, ökologischen und kulturellen Krisen werden sich aller Voraussicht nach in den kommenden Jahren sprunghaft verschärfen und gegenseitig beschleunigen. Bestehende Strukturen sind in diesem fundamentalen kulturellen Wandlungsprozess überall bedroht. Die unserer Zivilisation möglicherweise bevorstehenden Umbrüche benötigen eine intensive vorausschauende Begleitung. Das gilt auch deshalb, weil nicht angenommen werden darf, dass es sich bei den möglichen Umschwüngen »bloß« um isolierte Verschlechterungen der Klima- und Umweltbedingungen, der Wirtschaftslage etc. handeln wird, die aber die Gesellschaft als solche unberührt lassen werden. Im Gegenteil: Mittlerweile haben auch die Vereinten Nationen die offizielle Lesart eingeführt, dass großklimatische und ökologische Umwälzungen die entscheidende Bedrohung für Menschenrechte und politische Freiheiten darstellen. Ein krisenhaftes Durchlaufen von Zusammenbruchsstadien wird daher unweigerlich eine Verschärfung politischer Konflikte und Verteilungskämpfe bedeuten, die unmittelbar die Demokratie selbst bedrohen werden.

Wir Menschen sind in der Lage, grundlegend anders zu denken und zu handeln, um unser Leben lebenswert und die Erde auch für folgende Generationen bewohnbar zu halten. Wir können die Ressourcen unseres Planeten schonend nutzen und sogar wieder auffüllen. Wir können Zusammenleben als Gemeinschaft starker Einzelner auf der Basis dessen begreifen, was uns als Menschen universell verbindet – mit ausreichend Raum für Schwäche. Wir können so wirtschaften, dass es für alle reicht. Wir können neue Organe der Wahrnehmung ausbilden, unser Bewusstsein so erweitern, dass sich Erfahrung kreativer vernetzt als bisher. Wir können uns selbst, einander, unseren Lebensraum und das Universum immer besser verstehen, ohne das Staunen zu verlieren. Es gibt Menschen, die unbeirrbar das Wohl der Welt im Blick haben und mit ihren praktisch gewordenen Visionen Leiden lindern. Es gibt die Räume, in denen das Neue entsteht und sich mit zeitlosem Wissen frisch kombiniert. Es gibt die Prozesse, die den Not wendenden Wandel in Gang setzen und beschleunigen. Die in diesem Buch zusammengefassten Denkweisen einer anderen Welt sind in dieser Funktion auch Lehren und Vermittlungen anderer Zukünfte. Ihr Potenzial gilt es in viel größerem Maße zu nutzen. Das ist das Ziel eines Bildungsangebots, das in den nächsten Jahren die enorme Nachfrage für andere Zukunftsentwürfe mit dem vorhandenen Angebot erfahrener und kreativer Praktiker und Denker zusammenbringen will: in Konferenzen und Kursen, in Beratung und Lehre, in Bildungseinrichtungen und in Projekten lernend vor Ort.

Zur Mitarbeit sind die Pioniere der internationalen Zivilgesellschaft eingeladen. Zu ihnen gehören nicht nur die GesprächspartnerInnen dieses Buches, sondern auch die mehr als hundert Preisträger und Preisträgerinnen des Alternativen Nobelpreises und andere Pioniere eines ganzheitlichen Denkens und Handelns. In Zusammenarbeit mit dem *Right Livelihood College* und in Kooperation mit anderen innovativen Bildungseinrichtungen in aller Welt wird daraus eine Bildungsinitiative entstehen, die nicht länger auf zukunftsfähige Impulse aus den Universitäten wartet, sondern sie selbst gestaltet. In den zivilgesellschaftlichen Laboren für neue Ideen werden hier Alternativen nicht nur theoretisch durchgespielt, sondern in Zusammenarbeit mit geprüften Initiativen der internationalen Zivilgesellschaft und mit der Methodik des *Action Learning* praktisch erarbeitet und erfahrbar.

Die Bildungsinitiative hat den Namen *Die Zukunftspioniere* und ist im Internet unter der Adresse *www.zukunftspioniere.org* zu finden. Mit ihr soll das weiterentwickelt werden, was hier vermittelt wurde. Wir freuen uns, Sie dort wiederzusehen.

Wenn der Wind des Wandels weht,
bauen die einen Schutzmauern,
und die anderen bauen Windmühlen.

Chinesisches Sprichwort